社科文献  学术文库

| 文史哲研究系列 |

被"废除不平等条约"遮蔽的

北洋修约史

（1912~1928）

TREATY REVISION CAMPAIGN OF
THE BEIJING GOVERNMENT, 1912-1928:
OUT OF THE SHADOW OF THE"ABROGATION OF
UNEQUAL TREATIES"

（修订本）

唐启华　著

社会科学文献出版社
SOCIAL SCIENCES ACADEMIC PRESS (CHINA)

出版说明

社会科学文献出版社成立于 1985 年。三十年来，特别是 1998 年二次创业以来，秉持"创社科经典，出传世文献"的出版理念和"权威、前沿、原创"的产品定位，社科文献人以专业的精神、用心的态度，在学术出版领域辛勤耕耘，将一个员工不过二十、年最高出书百余种的小社，发展为员工超过三百人、年出书近两千种、广受业界和学界关注，并有一定国际知名度的专业学术出版机构。

"旧书不厌百回读，熟读深思子自知。"经典是人类文化思想精粹的积淀，是文化思想传承的重要载体。作为出版者，也许最大的安慰和骄傲，就是经典能出自自己之手。早在 2010 年社会科学文献出版社成立二十五周年之际，我们就开始筹划出版社科文献学术文库，全面梳理已出版的学术著作，希望从中选出精品力作，纳入文库，以此回望我们走过的路，作为对自己成长历程的一种纪念。然工作启动后我们方知这实在不是一件容易的事。对于文库入选图书的具体范围、入选标准以及文库的最终目标等，大家多有分歧，多次讨论也难以一致。慎重起见，我们放缓工作节奏，多方征求学界意见，走访业内同仁，围绕上述文库入选标准等反复研讨，终于达成以下共识：

一、社科文献学术文库是学术精品的传播平台。入选文库的图书必须是出版五年以上、对学科发展有重要影响、得到学界广泛认可的精品力作。

二、社科文献学术文库是一个开放的平台。主要呈现社科文献出版社创立以来长期的学术出版积淀，是对我们以往学术出版发展历程与重要学术成果的集中展示。同时，文库也收录外社出版的学术精品。

三、社科文献学术文库遵从学界认识与判断。在遵循一般学术图书基本要求的前提下，文库将严格以学术价值为取舍，以学界专家意见为准绳，入选文库的书目最终都须通过各该学术领域权威学者的审核。

四、社科文献学术文库遵循严格的学术规范。学术规范是学术研究、学术交流和学术传播的基础，只有遵守共同的学术规范才能真正实现学术的交流与传播，学者也才能在此基础上切磋琢磨、砥砺学问，共同推动学术的进步。因而文库要在学术规范上从严要求。

根据以上共识，我们制定了文库操作方案，对入选范围、标准、程序、学术规范等一一做了规定。社科文献学术文库收录当代中国学者的哲学社会科学优秀原创理论著作，分为文史哲、社会政法、经济、国际问题、马克思主义等五个系列。文库以基础理论研究为主，包括专著和主题明确的文集，应用对策研究暂不列入。

多年来，海内外学界为社科文献出版社的成长提供了丰富营养，给予了鼎力支持。社科文献也在努力为学者、学界、学术贡献着力量。在此，学术出版者、学人、学界，已经成为一个学术共同体。我们恳切希望学界同仁和我们一道做好文库出版工作，让经典名篇，"传之其人，通邑大都"，启迪后学，薪火不灭。

社会科学文献出版社
2015 年 8 月

社科文献学术文库学术委员会

（以姓氏笔画为序）

作者简介

唐启华 1955 年生于台湾基隆，台中东海大学历史系学士、硕士，英国伦敦政经学院国际关系史系博士。曾任台中中兴大学历史系副教授、教授，台北政治大学历史系教授、特聘教授、系主任，台湾中国近代史学会理事长、中国历史学会理事长、东海大学历史系教授兼主任。现任东海大学历史系教授。主要著作有《北京政府与国际联盟，1919~1928》《被"废除不平等条约"遮蔽的北洋修约史（1912~1928)》《巴黎和会与中国外交》《洪宪帝制外交》等。

内容提要

　　摆脱条约束缚，恢复中国主权完整及国际地位平等，是近代中国外交主要目标之一。迄今，中国摆脱条约束缚的叙述范式是"废除不平等条约"，台海两岸均以"废约"历程为主轴诠释外交史。本书则以"修约"为主线，探讨北洋修约之历程及其意义。

　　清末力行新政，仿日本以改革内政取得列强同意改正条约之先例，进行制订法典、设立新式法院等司法改革，为收回领事裁判权做准备，并数次尝试修约。民国肇造后，即坚持与无约国谈判建交时，平等互惠不再给予特权。1915年签订之《中华智利通好条约》，首开未明文让予领事裁判权之先河，被誉为第一个平等条约。1917年8月，北京政府对德、奥宣战，废止中德、中奥条约，为解除条约束缚，打开一个难能可贵的缺口。

　　1919年，北京政府在巴黎和会要求列强舍弃在华条约特权。对无约国愿与中国订约者，以平等为原则，并先后与玻利维亚、波斯、芬兰签署平等相互条约。对战败及革命之德、奥、俄三国，北京政府坚持改订平等新约。1921年5月签署之《中德协约》是第一个平等新约。甚且，德国为了赎回侨民产业，同意支付战事赔偿及俘虏收容费，中国得到独一无二的战争赔款。《中奥商约》于1925年10月签订，除平等政治条款外，还详列通商条款，是第一个平等互惠之通商条约。

俄国自革命后，两次发表对华宣言，自愿放弃帝俄自中国掠夺之土地及各种特权，并自 1920 年起，多次派遣代表来华谈判复交。1924 年 5 月，签订《中俄协定》，同意放弃部分特权，并"在会议中"废止旧约，订立平等新约。然而中俄会议没有获致具体成果，未能订立新约。俄国旧约特权，因北京政府坚持，以《密件议定书》规范"概不施行"。

1925 年五卅惨案发生后，北京政府于 1926 年初，决定引用"情势变迁"原则，采取"到期修约"方针，陆续与条约期满国家个别谈判修改，并毅然于 11 月 6 日宣布废止《中比条约》，适逢英国宣布对华新政策，主张顺应中国修约要求，比利时乃决定让步，1927 年 1 月中比修约谈判开始。其后英、日、法、西等国皆展开修约谈判。1928 年北京政府在倾覆前，与波兰、希腊两国签订平等条约。

本书重建过去长期遭遮蔽的北洋修约历程，指出摆脱不平等条约束缚，是贯穿清末、北洋、南京各政权一致的目标。北京政府时期，在条约观念、修约策略上，有重要而持续的发展，并与广州外交相辅相成，获致不俗的成果，成为日后南京政府改订新约的重要依据。若能注意到中国外交的全面性，以及清末、北洋到南京外交的连续性，应能体认北洋修约在近代中国外交史中，实居于承先启后的关键地位。

Abstract

From 1842 to 1943, China suffered infringement of its sovereignty as a result of a series of "Unequal Treaties." After it agreed to become part of the international legal order, the Chinese government adopted the principle of sovereign equality in an effort to rid itself of the burden imposed by those treaties. There were two basic approaches: abrogation and revision. In the 1920s Dr. Sun Yat-sen famously called for "abrogation of the unequal treaties", a catchphrase that both the Kuomintang (KMT) and the Chinese Communist Party (CCP) used to win support from the public and boost their own political power. However, abrogation was not nearly as effective as revising existing treaties for purposes of protecting and restoring national sovereignty, especially from the viewpoint of international law.

In late Qing, eighteen countries signed treaties with China that offered them a range of privileges and that were detrimental to Chinese sovereignty. Soon after the founding of the Republic of China in 1912, the government in Beijing passed a resolution requiring any new treaty to grant equal rights and privileges to each signatory.

After World War I, the Chinese government asked to have treaty revision included in the agendas of both the Paris Peace Conference of 1919 and the Washington Conference of 1921. The request was met only with empty gestures of sympathy, and no concrete resolution was passed. In the meantime, the Soviet

Union made two offers to the Chinese government to relinquish unconditionally privileges that had been granted them in treaties signed by Tsarist Russia. Dr. Sun Yat-sen and many Chinese accepted the Soviet offers, and the two countries formed an alliance that opposed imperialism and championed the abrogation of unequal treaties.

After the May 30th Incident in 1925, public opinion in China turned against the treaty system. In a memorandum sent to the governments of countries that had signed unequal treaties with China, the Chinese government in Beijing claimed that since all these international treaties had been negotiated decades earlier, when conditions both inside and outside China were very different, they ought now to be revised to stay valid and continue to be applicable. In their joint response, eight imperial powers said that they would consider the request but that the revisions would depend on the Chinese government's willingness and ability to abide by them.

When it became clear that pleas for wholesale treaty revision were not going to be taken seriously, the Beijing government, under mounting pressure to abolish the unequal treaties, resorted to a different approach. It would, citing the principle that changes in circumstances warrant changes in the terms of the treaties, renegotiate with each individual country of concern over revisions when an existing treaty with it expires. This would become the dominant strategy for achieving treaty revision.

In 1926, three treaties, with France, Japan and Belgium, respectively, were due to expire. The Chinese government notified each concerned government of its intent to see terms of the renewed treaties revised. France and Japan agreed but dragged their feet on negotiations citing a myriad of excuses. Belgium rejected China's proposal outright, claiming that China had no right to renounce a bilateral treaty unilaterally. The Chinese government in Beijing announced its decision to renounce the Treaty between China and Belgium on November 6. Yet not long after that, Belgium, finding itself increasingly isolated in its unwillingness to budge, compromised and agreed to renegotiation and withdrawing the lawsuit it had filed at The Hague.

This case greatly boosted China's confidence in its ability to tackle the issue of outdated treaties. Between 1926 and 1928, the Chinese government in Beijing made great strides on this front. It renounced two treaties, and forced several countries to negotiate new treaties with China, a testament to the effectiveness of the approach they had adopted, an approach that the Nationalist government made maximum use of without openly admitting to doing so.

目　录

Contents

绪　论

摆脱条约束缚，恢复中国主权完整及国际地位平等，是近代中国外交主要目标之一。迄今，中国摆脱条约束缚的叙述典范是"废除不平等条约"，台海两岸均以"废约"历程为主轴诠释外交史。在此叙述结构下，广州、武汉到南京国民政府的"革命外交"恒居于民国外交史的正统地位，其废约成果常被凸显。本书则以"修约"为主线，探讨北洋修约之历程及其意义。① 一方面依据档案，重建北洋修约案例，探索其外交政策与交涉策略之发展；一方面将实证研究与革命史观对话，希望能更丰富多元地理解民国外交史。

研究动机

近代中国与世界接触以来，饱尝屈辱与挫折，"不平等条约"可称是最明显的伤痕。1920 年代以来，"反帝废约""废除不平等条约"等爱国宣传，即深入人心，自此是谁"废除不平等条约"，终结百年国

---

① "北洋"一词常带有贬义，严谨之学术用语应该是北京政府（1912～1928），但此用法易与 1949 年后混淆，用"北洋修约"指称民初北京政府修改条约之表现，意涵比较明确，本书使用此词并无贬义。

耻，与政权的合法性密切相关。国民政府受惠于五卅之后反帝反军阀激情，于大革命之后取得政权，强调其始终致力废约，并在抗战期间，签订《中美新约》《中英新约》等，废除"不平等条约"，但贬抑轴心国（日本、意大利等）交还特权给汪精卫政权之重要性。中共则称，国民政府废除"不平等条约"的成果，实则有许多利权尚未收回，强调是中共最先提出废约主张，并进行了坚持不懈的奋斗；1949 年建国后，彻底清扫帝国主义势力及影响，解除了套在中华民族身上的"不平等条约"的锁链。最后，香港、澳门的回归，才算真正终结百年国耻。①

美国学者何伟亚（James L. Hevia）指出，国耻和由此引发的反帝思想，是中国共产党建立新中国的核心因素。② 王栋认为，不平等条约的论述成为中国定义与再定义其过去的一种方式。③ 这种论述，数十年来借由教科书一再复制，组成庞大革命爱国叙事结构，成为近代史研究的"典范"，影响了数代人的想法。

由于国共两党皆以反帝、反军阀、废约为民初历史诠释的基调，两岸学界对当时外交史的研究，咸集中于广州、武汉到南京国民政府"革命外交"的发展历程。北京政府被视为革命的对立面，外交上纵使有零星的优异表现，但是不能突破大格局的局限，北洋修约的成果遂因政治不正确，长期遭到忽视与扭曲，可说完全被"废除不平等条约"遮蔽。

独尊"革命"，在非常时期或有其必要，但数十年来非常成为常态，不免有负面影响，遮蔽了外交史中丰富的其他面向，窄化了我们对近代史理解的视野，也扭曲了对史实的诠释，导致中国外交史研

---

① 李育民：《中国共产党反对不平等条约的历史考察》，《中共党史研究》2003 年第 5 期，第 36～47 页；王建朗：《中国废除不平等条约的历程》，江西人民出版社，2000，第 392 页。

② 何伟亚：《英国的课业：19 世纪中国的帝国主义教程》，刘天路、邓红风译，社会科学文献出版社，2007，第 365～366 页。

③ Dong Wang, *China's Unequal Treaties: Narrating National History*, Lanham: Lexington Books, 2005, p. 138.

究，不注重外交常轨之交涉谈判，只注重谴责帝国主义侵略，宣扬"革命外交"之必要性。经数十年之反复宣传，国人常认为所有中外约章皆属"不平等条约"，必须废除。

由于外交史研究注重对照多国档案，透过多元观点，相对客观地重建史实，加之国际交涉，须以中央政府为主体，笔者在爬梳中外档案时，不断看到与主流诠释不尽相同的历史图像，激发了全面探索北洋外交历史地位及意义的想法。原本只想尽可能使用档案做基础研究，累积成果重现民初外交的实相，然而随着研究的进行，越来越感到过去一元、单线、二分法的历史叙述过于贫瘠，遮蔽了太多史实，外交史实证研究与主流历史叙述间的矛盾，无法回避也不能勉强调和，不得不正面面对。

"废除不平等条约"的再思考

摆脱条约束缚，是举国一致的目标，"修约"与"废约"都是达成此目标的手段。"修约"循法律路线，依据法理要求改订平等条约；若对手国坚持不肯修订旧约时，则可诉诸革命及民意，走政治路线"废约"，摆脱旧约束缚，目的仍在重订平等条约。"修约""废约"两者应是相辅相成，可以视时势、环境及本身实力，做不同的选择或交互运用。但在1925年五卅惨案之后，国共两党力主"反帝废约"，强调废除与修改为截然不同之二事，将"修约"定义为与帝国主义妥协投降的卖国行为，抨击北洋之请求修改是"与虎谋皮"；只有广州政府勇于断然废约，才能解除束缚，摆脱半殖民地地位。[①] 自此，"修约""废约"成了泾渭分明不能调和的两条路线。经过革命党数十年之宣扬"废约"，抨击中外旧约是"不平等条

---

① 《国民党中央执行委员会关于废除不平等条约的宣言》（1925年6月28日），程道德、郑月明、饶戈平编《中华民国外交史资料选编（1919～1931）》，北京大学出版社，1985，第321～322页。

约"，具有高度不道德性，强调以法理方式修约之不可行，唯有诉诸革命，才能一举扫除之，① "修约"在国人心目中已根深蒂固地成为负面名词。

无论修约或废约，皆避不开"不平等条约"一词。此词负载了百年民族悲情，政治意涵浓厚，很难做学术讨论。王栋认为："在近代中国人脑海中，没有哪个词能比'不平等条约'更能激起强烈的民族情绪。自20世纪20年代以来，'不平等条约'一直被用作统一民众的一个象征、符号和媒介。"② 又称："'不平等条约'在中国百年国耻之集体记忆中，居于中心位置。在条约世纪结束后的半个世纪中，'不平等条约'一词仍不断被重复与谴责，全无消退迹象。"③ 张建华也指出：不平等条约问题代表了近代中国对外关系的整体面貌。一方面，外国列强侵略中国，十分注重利用条约的拘束力来建立和维护它们在中国的特权地位，由此形成了它们对中国实行半殖民地统治的不平等条约制度；另一方面，近代中国反对外来侵略和压迫、争取民族独立解放斗争的主要指向也正是不平等条约，进入20世纪以后，废除不平等条约逐渐成为中国各界各党各派共同的要求和斗争目标。在这个意义上，我们可以说：一部中国近代史，就是一部围绕着不平等条约而展开的历史。④

---

① 典型的说法，如周鲠生云："从现代的国际法观点说，帝国主义、殖民主义国家强加于别国的不平等条约是掠夺性的、强制性的、根本不合法的，没有继续存在的任何道义的或法律的根据，因而受害的缔约一方完全有权主张废除或径行取消"。见氏著《国际法》下册，武汉大学出版社，2007，第577页。

② 王栋：《20世纪20年代"不平等条约"口号之检讨》，《史学月刊》2002年第5期，第60～67页。

③ Dong Wang, *China's Unequal Treaties: Narrating National History*, p. 1.

④ 张建华：《晚清中国人的国际法知识与国家平等观念——中国不平等条约概念的起源研究》，博士学位论文，北京大学，2003，第1页。郑则民也有类似的看法，称："研究不平等条约问题，是中国近代史研究中一个重要的方面，涉及中外关系史和国际法等多方面知识，能够有力地揭发资本帝国主义国家侵略中国的罪行，提供开展爱国主义教育的好教材"。见氏著《关于不平等条约的若干问题——与张振鹍先生商榷》，《近代史研究》2000年第1期，第237页。

考绎中文"不平等条约"一词之起源，1897年《时务报》已见此词，云："日本国外务大臣大隈伯爵，以西二月十六日于众议院演说曰：我国外交盖以进取文明为宗旨……我国与欧美诸邦订盟，误作不平等之条约，迄来实四十余年。"① 不过，这是翻译日本外务大臣之用语，且非专有名词。1906年1月25日《新民丛报》有文章云："一言以蔽之，领事裁判权者，实不平等条约之结果也。"8月20日，又有文章称："我国与诸国所结条约，皆不平等条约也，与日本改正条约前之情形正同。"② 这应是"不平等条约"一词最早公开出现者。不久之后，革命党亦使用此词。③

清季立宪派与革命党之使用"不平等条约"一词，应受到日本学者的影响。但张建华指出，虽然日本之条约改正给中国以启示，日本国际法学界教研成果是清末国际法知识的主要来源，然而没有证据表明，中国人的"不平等条约"概念直接源自日本。日本政府虽然对于"不平等条约"问题认识准确，但未刻意使用此概念，因该概念意味着对"不平等条约"合法性及效力的怀疑，体现了国家平等原则和条约必须信守原则的矛盾，不为当时的国际法所承认；而明治政府强调接受和遵循国际法观念和规则，以换取西方国家的信任和接纳，不可能在外交实践中使用"不平等条约"概念。④ 加以日本对东亚各国也实行帝国主义外交，要求享受种种条约特权，因此刻意避开使用"不平等条约"一词，以免刺激东亚各国修改条约之

① 《东文报译·日本古城贞吉译"日本外交标准"》（光绪二十三年二月十日），《时务报》第20册，第27页下至第28页上。

② 希白：《上海领事裁判及会审制度》，饮冰：《中日改约问题与最惠国条款》，《新民丛报》第4年第1号（原73号），光绪三十二年一月一日，第32页；第4年第13号（原85号），光绪三十二年七月一日，第36页。

③ 张建华：《孙中山与中国不平等条约概念的起始》，中国史学会编《辛亥革命与20世纪的中国》下册，中央文献出版社，2002，第1927页。

④ 张建华：《晚清中国人的国际法知识与国家平等观念——中国不平等条约概念的起源研究》，第125、118~119页。

要求。①

基本上，清末民初正值帝国主义外交高潮，弱肉强食被视为天经地义，中国赖列强均势，免于瓜分已属万幸；加以列强在华条约利益一致，中外实力差距太大，知识界很难从国际法中为中国找到摆脱条约地位的出路。② 当时朝野基本上依循日本"条约改正"模式，偶尔有人使用"不平等条约"一词，并未普遍流传，内涵也不明确。

1915年"二十一条"交涉期间，国人之国家观念弘扬，加以北京政府借参战废除德、奥旧约，又援引美、俄新外交观念，追求自由平等国际地位始有实现之可能。张建华指出：威尔逊（Woodrow Wilson）及俄国对华宣言，没有直接使用不平等条约概念，但是对中国人进一步认识国家主权平等原则及使用不平等条约概念发生了积极的影响。迨1919年五四运动时，中国民族主义大盛，朝野使用"不平等条约"一词者渐多。③

诸如1917年，平佚在《东方杂志》撰文，即使用修改"不平等条约"一词。④ 1918年底，陈独秀撰文，指出威尔逊第十四条人类平等倘能通过，"欧美各国对亚洲人不平等的待遇和各种不平等条约便自然从根消灭了"。⑤ 巴黎和会期间，张謇、熊希龄、林长民、王宠惠等人，于1919年2月16日成立"中国国民外交协会"，其宗旨之一，即废更中国所受"不平等条约"及以威逼利诱或秘密缔结之条约合同及其他国际文件。⑥ 1920年，新疆督军杨增新建议外交部修改《伊犁

---

① 信夫清三郎编《日本外交史》上册，天津社会科学院日本问题研究所译，商务印书馆，1980，第172～177页。

② 田涛：《19世纪下半期中国知识界的国际法观念》，《近代史研究》2000年第2期。

③ 张建华：《孙中山与中国不平等条约概念的起始》，中国史学会编《辛亥革命与20世纪的中国》下册，第1930～1931页。

④ 平佚：《对德绝交之经过》，《东方杂志》第14卷第4号，1917年4月15日，第18页。

⑤ 只眼（陈独秀）：《欧战后东洋民族之觉悟及要求》，《每周评论》第2号，1918年12月29日。

⑥ 《张謇等（国民外交协会）呈陈拟关于外交事项办法意见书》，附于《国务院函》（1919年4月25日），台北中研院近代史研究所档案馆外交档案：03-37-008-02-016。以下所引"外交档案"均为该馆所藏，不再注明。

条约》时，多次用"不平等条约"一词。① 华盛顿会议期间，北京外交部训令中国代表，提案包括："修正不平等条约，使中国在国际间立于平等地位。"②

1923 年以后，"不平等条约"一词在中国大量使用，则与孙中山密切相关。③ 张建华指出：孙中山这个概念，显然受苏联影响，但苏联本身并未使用此词。④ 孙中山及广州政府频繁使用此词，主要是为唤醒民众进行反帝反军阀斗争，具有浓厚的政治宣传成分，并未明确厘清法律上的指涉范围，内涵也含混多变。

此后，"不平等条约"一词被频繁使用，但很难明确定义。参与北洋及国民政府修废条约的王宠惠就认为："不平等条约"非国际法专有名词。⑤ 国际法学者王铁崖亦称："不平等条约"被批评为一个太含糊的概念，而且被视为属于政治的性质而不属于法律的性质，不容易找到一个确切的定义，在国际法学者们中也没有一致的意见。⑥

但在中国，学者不断尝试对"不平等条约"下定义，典型者如王宠惠认为："凡条约中规定缔约国一方享有片面特权，另一方负有片面义务，而根据国际公法，此种片面特权与片面义务，并非为一

---

① 如 No. 479《收新疆省长（杨增新）咨》附《新疆新订伊犁中俄临时通商全案——呈政府（皓）电》（1920 年 5 月 21 日），《中俄关系史料·一般交涉（中华民国九年）》（以下简称《中俄关系史料》），台北，中研院近代史研究所，1968，第 300 页。

② 《外交部致代表团电》（1921 年 11 月 11 日），中国社会科学院近代史研究所《近代史资料》编辑室主编《秘笈录存》，中国社会科学出版社，1984，第 388 页。

③ 王栋：《20 世纪 20 年代"不平等条约"口号之检讨》，《史学月刊》2002 年第 5 期，第 60~67 页。

④ 张建华：《晚清中国人的国际法知识与国家平等观念——中国不平等条约概念的起源研究》，第 118 页。

⑤ 王宠惠：《废除不平等条约之回顾与前瞻》（1942 年 1 月 16 日），《困学斋文存》，台北，"中华丛书委员会"印行，1957，第 60 页。

⑥ 王铁崖：《中国与国际法——历史与当代》，邓正来编《王铁崖文选》，中国政法大学出版社，2003，第 315 页。

般国家所应享有或负担者，即为不平等条约。"① 王铁崖也认为："不平等条约这个概念的主要特征：一是不平等条约含有不平等和非互惠性质的内容；另一个是不平等条约是使用武力或武力威胁所强加的。"② 1999~2000 年大陆学界对"不平等条约"定义有过讨论。③ 台湾学界也于 2002 年有过讨论。④ 近年，年轻学者侯中军专攻此一课题，⑤ 提出一个条约是否平等，取决于两个因素：条约缔结形式和程序是否平等；条约的内容是否对等，是否损害了中国的主权，其中尤以后者为主要根据。依据该标准统计，他认为近代中国订立了 736 个条约，其中 343 个是不平等条约，与近代中国签订不平等条约的国家有 23 个。⑥

然而，定义"不平等条约"或有其国内政治史的意义，在外交史与国际法上的意义并不大。因为"不平等条约"概念的提出和使用，意味着对条约的合法性及效力的怀疑与挑战，进而主张要"废除"之。但是太过强调"不平等条约"在道德上之瑕疵，及中国"废约"在道德上之优越性，会有自相矛盾之处。清政府也曾在外国享有条约

---

① 王宠惠：《废除不平等条约之回顾与前瞻》，《困学斋文存》，第 60 页。

② 王铁崖：《中国与国际法——历史与当代》，《王铁崖文选》，第 255、315 页。

③ 见张振鹍《论不平等条约——兼析〈中外旧约章汇编〉》《"二十一条"不是条约——评〈中国近代不平等条约选编与介绍〉》，《近代史研究》1993 年第 2 期、1999 年第 3 期；郑则民《关于不平等条约的若干问题——与张振鹍先生商榷》，张振鹍《再说"二十一条"不是条约——答郑则民先生》，均见《近代史研究》2000 年第 1 期。

④ 中正文教基金会主办，"国民政府废除不平等条约六十周年纪念学术讨论会"，台北阳明山，2002 年 10 月 18~20 日。相关讨论参见唐启华《"不平等条约"定义及相关问题引言大纲》（未刊）；川岛真《从废除不平等条约史看"外交史"的空间》，《近代史学会通讯》第 16 期，2002 年 12 月，台北，中研院近代史研究所，第 11~14 页。

⑤ 见侯中军的系列论文：《近代中国的不平等条约：标准与数量考析》，博士学位论文，中国社会科学院研究生院，2006；《不平等条约研究的若干理论问题——条约概念与近代中国的实践》，《人文杂志》2006 年第 6 期；《不平等概念与近代中国的不平等条约》，《中国社会科学院研究生院学报》2006 年第 2 期；《近代中国不平等条约及其评判标准的探讨》，《历史研究》2009 年第 1 期。

⑥ 侯中军：《近代中国不平等条约及其评判标准的探讨》，《历史研究》2009 年第 1 期，第 64 页。

特权，如在朝鲜有专管租界三处（仁川、釜山、元山），另外在甑南浦等公共租界中也有中国租界，并享有领事裁判权。[①] 《马关条约》之前，中国与日本互享领事裁判权，[②] 日本曾多次要求修约，取消中国在日本之领事裁判权。[③] 中国与墨西哥、秘鲁互享最惠国待遇，1920年代中国向各国要求修约时，墨西哥也要求中国放弃在墨之最惠国待遇。[④]

此外，"废除不平等条约"在国家实践上意义不大。1925～1927年，国民政府厉行"革命外交"，高唱"废约"，但那时尚非国际承认之中央政府，也未曾真正废除过条约。四一二之后，南京国民政府逐渐回归国际外交常轨，强调"改订新约"，自此"废除不平等条约"失去国际交涉上的实质意义。

"废约"主要作用应是对内的，因中国摆脱"不平等条约"束缚历程之历史诠释与现实政治密切相关，并非单纯的学术问题。[⑤] 加以国共两党皆以孙中山的传人自居，孙中山被描述为"废除不平等条

---

① 清政府依据1882年《中朝商民水陆通商章程》第2条，在朝鲜享有领事裁判权（滨下武志：《中国、东亚与全球经济》，王玉茹、赵劲松、张玮译，社会科学文献出版社，2009，第117～118页）。关于清政府在朝鲜之租界问题，参见川岛真『中国近代外交の形成』第Ⅲ部第一章、名古屋大學出版會、2004、368頁。

② 1871年《中日修好条规》第8条："两国贸易指定各口，彼此均可设理事官，约束己国商民，凡交涉、财产诉讼案件，皆归审理，各按己国律例核办。"直到1895年签订《中日马关新约》，中日旧约被废除。

③ 参见五百旗頭薫「隣國日本の近代化—日本の條約改正と日清關係」岡本隆司・川島真主編『中國近代外交の胎動』東京大學出版會、2009。

④ 详见本书第八章第七节。

⑤ 川岛真指出：废除不平等条约史本身有极其复杂的背景。第一，因其与国家或政权的独立、存在基础攸关，究竟是谁废除不平等条约的事实成为诉求正统性的资产。从而，对想夺取政权或已夺得政权的势力而言，废除不平等条约是与"运动""宣传""动员"等语汇结合的存在。第二，作为"运动"的废除不平等条约，未必与外交史的脉络相一致。第三，就当时亲身经验的人或接受后来历史教育的人而言，他们的"记忆"基本上是处于"宣传""运动"的理论架构之中。第四，现在的学界也受此影响，让人觉得似乎有把废除不平等条约史等同于"宣传""动员""运动"史的倾向。见氏著《从废除不平等条约史看"外交史"的空间》，《近代史学会通讯》第16期，第11页；『中國近代外交の形成』、204～210頁。

约"的提出者与倡导者，他在《总理遗嘱》中提出"在最短期内废除不平等条约"的诉求，"废约"遂成为外交史的基调。然而，外交史的关怀与政治史不尽相同，虽不能忽视运动宣传对外交的影响，但必须以实证研究为基础。只注重"废约"的中国外交史太过贫瘠单调，过去长期被遮蔽的修约史，实有重新审视的必要。

北洋修约史的定义

摆脱条约束缚的另一途径是修约。条约是国家之间有拘束力的协议，"条约必须信守"是历史悠久的西方法律传统，国际法上所谓修改条约，主要指谈判缔结新的条约，代替旧条约或旧条约中的某些条款。通常，需要不时修改的是通商条约，而不是涉及领土转移、结束战争的和平条约。条约可以修改，但修改条约不应否定"条约必须信守"原则。

"修约"一词，在近代中国外交实践中，较常见的用法有三：一是清末西方列强为扩大条约特权而实行的例行性修约；二是日本学界着重的"条约改正"；三是清末民初中国自身认识到条约的危害后，以消除其中的不公正条款，改订平等新约为目标的修约。

第一种用法，指英、美、法等国在 1842 年《南京条约》之后，为扩大条约特权，曾依据"修约条款"数度提出修约交涉，并引发第二次鸦片战争。这种意义的修约，与本书关系较远。

第二种用法，指日本学界强调的正规外交史研究取向，认为"不平等条约"是在文明国与非文明国之间签订的，经由改革内政完备法制完成"文明国化"，即可逐步废除"不平等条约"，如日本"改正条约"之先例。此种研究取向，注重迈向文明国的国内基础准备，及以此为背景的修改条约谈判、条约无效通知与缔结新条约、经由战争或国际会议提高国际地位的历程；着重与国际法、外国历史比较，依据各国档案做实证研究，将外交史与国际政治史相连接。这种取向的"修约"，注重依循法律路线之外交谈判，以合于国际法的程序与方式，摆脱旧约中束缚主权的条款。[1]

第三种用法，指清季以来中国修约的发展，自 1867 年总理衙门筹备修订《天津条约》，征询各省督抚意见，随即有蒲安臣（Anson Burlingame）使团的派遣，及 1868 年中美《蒲安臣条约》的签订，有史家认为此约解决了中美间的修约问题。[2] 然后有 1870 年之中英修约交涉，可惜功败垂成。清政府真正认识到条约的危害，有意识地进行消除其中不公正条款的修约，应始自甲午战后。从 1896 年到 1931 年九一八事变为止，中国历届政府一直朝改订平等新约努力，在此期间尝试过各种方式，融合法律与政治路线，并与国际局势、潮流相呼应，努力摆脱条约束缚。这个历程丰富多彩，展现了中国近代史的许多特色。

清末民初，中国大体上走"文明国化"的道路，对内改革法制预备立宪，对外参与海牙保和会，签署国际公约，希望能以文明国一员的身份，加入国际社会，适用国际公法。[3] 1915 年"二十一条"交涉以后有变化，到 1919 年巴黎和会及五四运动期间，职业外交官结合爱国群众运动，致力于维护国权，收回已失权利，追求"平等"国际地位。依 1926 年底北京外交部的说法，则是：

> 溯自民国建国以来，中国政府即抱一种果决愿望，使中国在国际团体中得与其它各国处于平等地位……中国政府为期达成此项愿望起见，屡次循外交之途径及在各国际会议中，设法将中国与各国所订严重限制中国自由、行使正当权利之不平等条款……予以终止……一方面在凡尔赛及华盛顿两会议并在此次北京关税

---

① 川岛真：《从废除不平等条约史看"外交史"的空间》，《近代史学会通讯》第 16 期，第 12 页。

② 李定一：《中美早期外交史》，台北，传记文学出版社，1978，第 464 页。

③ 参见唐启华《清末民初中国对"海牙保和会"之参与（1899~1917）》，（台北）《政治大学历史学报》第 23 期，2005 年 5 月，第 45~90 页。

> 特别会议中,屡次提出修改不平等条约问题;一方面对于新约之
> 缔结设除以平等相互主义及彼此尊重领土主权为原则者概不允
> 订。凡依照此种新基础而订立之条约为数日增月进……中国政府
> 依此政策,对于现行各约大概得于满期时通告终止者现正努力设
> 法改订,俾于各约期满时,所有一切不平等及陈旧之条款不使复
> 见之于新约。①

本书着重于这种意义上的修约,以北洋政府时期追求"平等"国际地
位,对外修约、订约之努力与成就为研究范围。

在以"革命史"为主流论述的两岸学界,北洋修约主要被视为
"革命外交"的对立面,带有负面意涵。"革命史"将是否主张无条件
"废除不平等条约"作为爱国主义和反革命、好和坏的分水岭;着重于
是谁最早提出并坚持"废约",而非仅主张"取消"或"改正"。王栋
指出:北洋修约在口号上及宣传上,都不如国民政府之废约;国共两党
用简洁易懂的方法,把技术上复杂艰涩的"不平等条约"描述成限制
中国进步的主要障碍,其媒体宣传迎合并激发了大众情绪;北洋外交
家的理性辩论措辞无法相比,国共两党发动的公众运动成功地赢得人
心。② 李育民亦指出:中共主张废约,而不是"枝枝节节"地修约,
因此不赞成对条约内容做细致的探讨,研究某国某约某条不对。③ 迄
今,两岸学界的中国外交史研究多属"革命史"取向,对北洋修约的
个案研究虽为数不少,但未见有系统的研究,亦欠缺全面性的诠释。

---

① 《外交部对于交涉终止中比条约之宣言》(1926年11月6日),中国第二历史档案馆
编《中华民国史档案资料汇编》(以下简称《资料汇编》)第3辑外交,江苏古籍出版社,
1991,第962~963页。

② 王栋:《20世纪20年代"不平等条约"口号之检讨》,《史学月刊》2002年第5期,
第60~67页。

③ 李育民:《中国共产党反对不平等条约的历史考察》,《中共党史研究》2003年第5
期,第36~47页。

北洋修约研究回顾

西方汉学界对中国外交史有坚强的研究传统，对北洋外交注意较早，评价也比较正面。研究北洋外交的古典著作为波赖（Robert Pollard）于1933年出版的 *China's Foreign Relations, 1917 – 1931*。该书称此阶段中国外交是"收回国权时期"（Period of Recovery），对北洋修约评价相当高。[1]

1970年代前后，西方学界研究北洋史者，对北洋外交皆有不错的评价。如研究北洋政治的白鲁恂（Lucian Pye）即称：北京外交官是中国最成功的文人领袖，他们巧妙地利用国际均势及当时的世界同情，达成与中国国力全不相称的成果。[2] 黎安友（Andrew Nathan）亦称："由于各派系都知道对外关系属专业问题，关系全中国之利益，因此外交部基本上得以超然北京各派系之外，独立执行外交政策。"[3] 研究中苏交涉的梁肇庭（Leong Sow-theng）云：由于北京政府依赖列强之承认，使得外交部相当程度地免于军阀之干涉，比起其他政府部门更能独立决策而具延续性，部内及驻外人员，都是依据专长挑选出来；外交专家具有强烈的国家观念，靠他们的训练及工作，致力于中国国际地位的提升。又云：北京外交部比大多数人所知的权力更大、更独立、更具连续性，有更佳的人才、更积极的政策以及民族主义的动机。[4]

---

[1]　Robert Pollard, *China's Foreign Relations, 1917 – 1931*, New York：Macmillan, 1933。中译本见《最近中国外交关系》，曹明道译，正中书局，1935。"收回国权时期"之说应系继承 H. B. Morse 之"冲突时期"（Period of Conflict, 1834 – 1860）、"屈从时期"（Period of Submission, 1861 – 1893）、"被制服时期"（Period of Subjection, 1894 – 1911）。参见川岛真『中國近代外交の形成』，52頁。

[2]　Lucian Pye, *Warlord Politics：Conflict and Coalition in the Modernization of Republican China*, New York：Praeger, 1971, p. 152.

[3]　Andrew Nathan, *Peking Politics, 1918 – 1923：Factionalism and the Failure of Constitutionalism*, Berkeley：University of California, 1976, p. 67.

[4]　Leong Sow-theng, *Sino-Soviet Diplomatic Relations, 1917 – 1926*, Canberra：Australian National University, 1976, p. xx & pp. 294 – 295.

1990 年代以来，比较重要的研究有，张勇进（Zhang Yong-jin）指出，中国参与巴黎和会，是加入形成中的国际社会的开端。① 研究中俄关系的艾朴如（Bruce A. Elleman）认为，1920 年代苏联对华平等基本上是个骗局，实际上仍保持在华大部分的特权，北京外交部明知吃亏也不拆穿，借此向西方国家施压，中苏互相利用，各取所需。② 冯绍基（Edmond S. K. Fung）研究英国与国民政府关系，指出英国对华新政策成功度过反英高潮，保全了在华主要利益；此书在英国对华政策方面有很深入的探究，但比较忽略北京政府的角色。③ 美国哈佛大学教授柯伟林（William C. Kirby）研究近代中国国际化历程，他认为民国时期的中国外交相当不简单，在内乱不断、国际地位低落时，居然将清朝移留下来的版图，大致维持完整，是不可忽视的成就。④ 旅美学者徐国琦研究中国与欧战，对北洋外交多所赞誉，称："在第一次世界大战期间，中国在近代史上首次表达了要求平等加入国际社会的愿望，并且为达到这个目的有所行动。"⑤

日本学界也注意到北洋外交的重要性，坂野正高于 1951 年发表《自第一次世界大战到五卅：收回国权运动史备忘录》，指出："北京外交当局者于国内政治的混乱中，不拘于北京政权之盛衰，乘国际环境之变化，及国内涌起之收回国权之舆论为背景，有步骤地实实在在

① Zhang Yong-jin, *China in the International System, 1918－1920: The Middle Kingdom at the Periphery*, Macmillan, London, 1991.

② Bruce A. Elleman, *Diplomacy and Deception: The Secret History of Sino-Soviet Diplomatic Relations, 1917－1927*, New York: M. E. Sharpe, 1997.

③ Edmond S. K. Fung, *The Diplomacy of Imperial Retreat: Britain's South China Policy, 1924－1931*, New York: Oxford Univ. Press, 1991.

④ William C. Kirby, "The Internationalization of China: Foreign Relations at Home and Abroad in the Republican Era," *The China Quarterly*, No. 150, June 1997.

⑤ Xu Guoqi, *China and the Great War: China's Pursuit of a New National Identity and Internationalization*, New York: Cambridge University Press, 2005。中译本见徐国琦《中国与大战》，马建标译，上海三联书店，2008，第 13 页。

地向外国权益收回之事业前进。"① 1970 年代以来,日本学界主流认为北京政府为军阀傀儡,脱离民众,外交上无成果。② 近年,川岛真对北洋外交的研究取得突出的成果,他以坚实的实证研究为基础,论述北洋时期中国外交的近代化。除了对制度、事件等做正统外交史的高水平研究之外,提出传统外交的底流——宗主、大国化、空间认识等各种因素对 20 世纪中国与东亚外交产生的持续影响,发人深省。川岛真对北洋修约稍持保留态度,指出:部分台湾及大陆学者将"修约外交"③ 视为北京政府一贯的外交方式,常被用为北洋外交的代名词,但未深入探讨因"最惠国待遇",列强利益一致,必须采用革命方式一举解决;因此,若过高评价北洋外交的成果,会有被质疑其欠缺实际支配能力,履行条约能力薄弱,国际政治中发言权受到限制等之危险,应注意到其与广州政府间之竞争,全面思考。④

1920～1930 年代,中国学界在外交史研究方面取得相当不俗的成绩。蒋廷黻、张忠绂、郭斌佳等受西方训练的学者,以学术标准编辑史料,研究中外关系,出版了一批高水平的作品。当时的外交史名作,对北洋外交评价颇能持平。⑤ 但国民政府成立后,不断抨击北洋

---

① 坂野正高「第一次世界大戰から五三〇まで:國權回收運動史覺書」植田捷雄編『現代中國を繞る世界の外交』野村書店、1951、1～67 頁。
② 川島真『中國近代外交の形成』、53 頁。
③ 此处川岛真主要指习五一及唐启华,唐启华曾以北洋"修约外交"之名发表过多篇论文,以与广州"革命外交"相对应,近年考虑到 1923 年以前,南北皆主修约,以"修约外交"称呼 1923 年以前之北洋外交努力,意义殊不明确,应聚焦于追求国际平等地位之修约订约,称之为"修约",以与"废约"相对应。
④ 川島真「日本における民國外交史研究の回顧と展望(上)——北京政府期」『近きに在りて』第 31 號、1997 年 5 月、57～58 頁。类似的论点,亦见氏著『中國近代外交の形成』、50～52 頁。
⑤ 如王芸生《六十年来中国与日本》,对袁世凯在"二十一条"交涉中的表现,评价颇高,见该书第 6 卷(天津大公报社,1933),第 397 页"编者赘言"。蒋廷黻对该卷的书评亦称:"关于二十一条的交涉,袁世凯、曹汝霖、陆宗舆诸人都是爱国者,并且在当时形势之下,他们的外交已做到尽头。"见蒋廷黻《民国初年之中日关系——〈六十年来中国与日本〉第六卷》,《大公报》1933 年 9 月 18 日,第 3 版。

外交卖国。[①] 此后随着党化教育的深化，袁世凯及北洋政府持续遭丑化。

1949年以后的台湾史学界，因1955年中研院近代史研究所成立，以整理《外交档案（1861~1928）》为起家基础，培养出一批扎实严谨的"南港学派"学界前辈，[②] 中国外交史研究一度勃兴；但70年代以来，外交史研究比较沉寂。基本上，早期台湾学界强调"革命外交"的重要性，对北洋外交相对忽视；近二十年来由于《外交档案》开放并完成数字化，年轻学者以较开阔的视野运用一手史料，得出许多与过去观点相当不同的研究成果，但尚未能提出较全面的诠释架构，至今主流观点，仍是站在肯定国民政府废约的角度，批评北洋修约。[③]

大陆史学界的近代外交史研究，过去是"爱国主义"教育的重要组成部分，强调列强侵略及国人奋勇抗争的"革命史"。随着改革开放的深化，部分学者逐渐以"现代化"角度，肯定清末民初在实业、教育、司法等方面的改革成果；对政治、外交方面仍较保守，但已不再只强调对外屈辱的一面，开始以学术研究的严谨态度，平允面对中外交往的历程。[④] 对北洋修约史，早期有零星的研究，[⑤] 近年出现较肯定的声音，如王建朗即认为：中国的废约，是几代人和包括北京政

---

① 例如北伐完成后，王正廷于1928年6月14日就南京国民政府外交部长职，李烈钧代表中央党部致辞，即称："我国在满清及军阀之时，所有外交都是失败，简直是卖国之外交。"见《申报》1928年6月15日，第4版。

② 费正清在当时把中研院近史所称为"南港学派"，将其视为全球范围内中国研究一个重要据点，与他所在的哈佛大学和美国西岸的华盛顿大学相提并论。参见王晴佳《台湾史学五十年（1950~2000）》，台北，麦田出版社，2002，第46页。

③ 代表性作品如李恩涵《北伐前后的"革命外交"（1925~1931）》，台北，中研院近代史研究所，1993。

④ 参见王建朗、郦永庆《50年来的近代中外关系史研究》，《近代史研究》1999年第5期；张振鹍《近代中外关系史研究50年：回顾与展望》，《河北学刊》2000年第6期。

⑤ 如习五一《论废止中比不平等条约——兼评北洋政府的修约外交》，《近代史研究》1986年第2期。

府的数届政府不断努力的结果；并指出："北洋政府曾经被作为卖国政府的代名词，但随着研究的深入，人们发现，对于北京政府的外交不能一概否认。"① 有学者肯定北洋时期是中国外交史中重要的承先启后阶段，外交机构趋于专业化与技术化，外交思想反映出独立自主、完全平等的民族主义思想。② 杨天宏对北洋修约给予极高的肯定。③ 2004 年夏，复旦大学举办"北洋时期的中国外交"国际学术讨论会，更是第一次以北洋外交为主题的学术会议。④

简言之，大陆学界早期对北洋外交持严厉批判态度，近年来有重大转变，部分学者开始注意到北洋时期的重要性，突破过去观念上的束缚，比较能实事求是地肯定北洋外交的成绩。但主流观点仍强调中共在废约历程中的关键角色，北洋修约最多只居于辅助地位。⑤

整体而言，近十多年来在欧美、日本、中国都出现对北洋外交的新研究成果，学界对北洋外交的评价，也日益肯定。然而，主流诠释仍以废约史为主线，对北洋修约史的历史地位，尚未有宏观全面的讨论。

本书研究取向

本书以"修约"为中心，试图提出对北洋修约史的全面诠释。主

---

① 王建朗：《中国废除不平等条约的历程》；《中国废除不平等条约的历史考察》，《历史研究》1997 年第 5 期，第 19 页；王建朗、郦永庆：《50 年来的近代中外关系史研究》，《近代史研究》1999 年第 5 期，第 142 页。

② 郭剑林、王继庆：《北洋政府外交近代化略论》，《学术研究》1994 年第 3 期。这些观点，在郭剑林主编《北洋政府简史》（天津古籍出版社，2000）第十三章"北洋政府的外交政策"（苏全有执笔）中，有更进一步的发挥。

③ 杨天宏：《北洋外交与"治外法权"的撤废——基于法权会议所作的历史考察》，《近代史研究》2005 年第 3 期。

④ 金光耀、王建朗主编《北洋时期的中国外交》，复旦大学出版社，2006。

⑤ 如李育民云："为解除不平等条约的枷锁，中华民族进行了一百多年坚韧不拔的长期斗争，各届政府均作了不同程度的努力与奋争……中国共产党和它领导的新中国最为坚决，正是由于其坚定不移的立场，才真正结束了不平等条约时代。"见氏著《中国废约史》，中华书局，2005，第1074～1075 页。

要的研究取向如下。

1. 以实证研究重建北洋修约史

本书主要依据中外档案做实证研究。外交史研究之特色，在于必须以中央政府为国际交涉之主体，而外交交涉一定会牵涉其他国家，本书立基于北洋外交档案，并尽可能使用多国档案做对照研究，依循近代实证史学源头之兰克学派传统，追求相对客观，试图重现史实。[1]

本书主要使用台北中研院近史所藏《外交档案》《外交部档案》，"国史馆"[2] 藏《外交部档案》，党史馆藏国民党《中央政治会议速记录》等档案，以及报章杂志、回忆录、前人研究成果。其中以《外交档案（1861～1928）》最为重要，该档案包括总理衙门、外务部、北洋外交部三个阶段，主要反映了北京外交部的观点，提供与过去国共两党宣传相当不一样的近代史诠释视野。外国档案方面，主要使用英国《外交档案》（FO Files）、《美国外交文书》（FRUS）以及《日本外交文书》等。

2. 以北京为中央政府的探讨

本书以北洋修约为中心，从北京政府为当时中国中央政府，对外交涉之主体的事实出发，探索北洋修约之整体发展脉络。当时北京政府虽然衰微，但仍是被各国承认的中央政府，在国际上代表中国，维护国家利益；外交官是代表全国的职业专才，超越党派政争之上。因此本书对北洋政府抱同情心理，平允看待北洋领袖及外交官之表现。

3. 注意北京与广州、奉天、新疆等地方外交的互动

本书从全中国外交的视野，同时注意到广州、奉天、新疆等地方政权与中央在对外交涉时的互动，建构当时中国外交的总体相。尤其

---

[1] 近年历史学研究有所谓"文化转向"（culture turn），注重追求"意义"，并认为"史实"无法重建。笔者认为欧美史学实证研究基础深厚，在此根基上做"意义"之探索有其价值。然而近代中国历史学深受国族建构影响，充斥国族神话与政治宣传，实证研究的根基仍相对薄弱。在此情况下若一味追随西方探索意义，放弃史实之追寻，则容易陷入无根的虚无状态，十分危险。

[2] 原文无引号，系编者所加。此类情况，下同。

注重北京及广州（及后来之武汉、南京国民政府）外交之相互关系，如环绕《中俄协定》签署之南北外交，及北伐前后，北洋修约与国民政府"革命外交"废约之互动等。同时注意到中苏交涉时，奉天、新疆等地方当局与北洋修约之关系。

4. 探讨环绕北洋修约之国际多边互动

本书同时研究中国与日、德、俄、英、法、西、比等国之交涉及互动，厘清复杂多元交涉脉络的关系，尽可能以开阔视野，破除狭隘民族主义排外心理，体认到各国皆各有立场，必然维护自身国家利益，不以中国角度非议列强。这样的研究取向难度比双边外交研究高很多，但因此可获得全局观，也可与各国外交史研究接轨与对话，将中国外交与世界外交的发展历程结合。

5. 外交史与国际法的对话

北洋修约谈判个案甚多，可将中国外交史与国际法争议联结起来。本书试图纳入国际法的视野，探索诸如条约之修改与废除的法理论争、中国对"情势变迁"原则之运用与发展等，探索中国修约的法理症结，以及修约努力对国际法理的冲击，或可对建立中国特色之国际法与国际关系理论提供案例。

6. 探索史实与神话之边际

本书除依据档案尽可能还原史实外，也试图依据史实探索政治神话的源头。近代中国外交常与内政发展相纠结，扭曲偏颇之处甚多，北洋时期革命党利用宣传舆论抨击北洋外交卖国，局外人不知真相，常被误导。史家依据档案实证研究，呈现的历史图像，与数十年来宣传造成的集体记忆，有相当的差异。本书试图将实证研究与神话形成（政治权力介入历史书写）的历程做对照，检讨诸多写进教科书的宣传与神话之误谬，希望有助于国人回归史实，减少政治对历史的滥用。同时，也以同情心理解当时国人的民族主义激情，易受宣传影响，希冀一举"废除不平等条约"之集体心态。

第一章

清季官方修约观念与实践

一　前言

鸦片战争后，清政府与西方国家建立条约关系，最初是英、法、美等国要求修约，酿成英法联军之役。到 1867 年总理衙门筹备修订《天津条约》，可称为清政府讨论修约的滥觞。随即有蒲安臣使团的派遣及 1868 年中美《蒲安臣条约》的签订，然后有 1870 年之中英修约交涉。同时清政府与各国陆续订约，北洋大臣李鸿章所订中日、中秘（鲁）、中巴（西）诸约，已有防止领事裁判权扩大和相互最惠国的规定，比前此诸约进步颇多。①

甲午战后，中国局势艰危，国权沦丧愈巨。迨《辛丑和约》、日俄战争之后，国人注重主权观念大起，朝野仿效日本维新，希冀以文明化的法制改革，争取列强逐步放弃条约特权。此外，《辛丑和约》规定之与各国修订商约，稍稍取得英、美、日三国之修约善意。其后

① 钱泰：《中国不平等条约之缘起及其废除之经过》，台北，"国防研究院"，1959，第 84~85 页。

有《中荷领约》之签订，与《中俄商约》之修约谈判，修改条约的观念逐步落实下来。清末之修约历程，反映了当时修约观念的演变，是外交史中值得注意的课题。

整体而论，过去台海两岸对此课题的研究，受到革命史观影响较大，对清末外交多持负面批评，也缺乏贯穿清末到民国外交的连续性视野，多着重于早期维新派、变法派与革命派的修约主张，认定清政府昏庸腐败。但在野人士的主张，有多大实质影响，很难判断，不宜过度强调其重要性。近年研究晚清中外关系者，对清政府的外交稍能平允看待，[1] 然而多未能使用总理衙门及外务部档案，对清政府的条约与修约观点理解不足，对修约成就的评价，也限于表面。本章使用《外交档案》及清末外交官之著作，着重于清政府及外交官修约观念发展，并由实际案例交涉过程，考察清末官方修约实践之努力与限制。

二 晚清官方修约观念的发展

清政府最早修改条约的实践，有学者认为是乾隆三十三年（1768）与俄国签订《恰克图条约附款》（又称《修改恰克图界约第十款》），即对雍正五年（1727）的《恰克图条约》进行修改。[2] 但此修约系针对逃犯问题做更详细的规定，与"不平等条约"特权无关。

其后之修约，则系西方各国主动。道光二十二年（1842）中英《南京条约》没有关于修约的条文，道光二十四年中美《望厦条约》和中法《黄埔条约》规定 12 年后两国可修约，成为清季修约的源头。

---

① 主要研究成果，如王尔敏《晚清商约外交》（香港中文大学出版社，1998）、李永胜《清末中外修订商约交涉研究》（南开大学出版社，2005）、戴东阳《晚清驻外使臣与不平等条约体系》（博士学位论文，北京大学，2000）等，都注意到清季外交的正面成就。李育民《中国废约史》第三章对清末修约尝试，也有部分的肯定。

② 见张建华《清朝早期的条约实践与条约观念（1689~1869）》，国民政府废除不平等条约六十周年学术讨论会会议论文，台北阳明山，2002 年 10 月。

咸丰十一年（1861）的中德《通商条约》规定了德国的单方面修约权，[1] 同治四年（1865）的中比《通商条约》也有同样的条文，清末规定片面修约权的只有这两个条约。

英国于咸丰四年提出修约要求，遭清政府拒绝后，遂有第二次鸦片战争之役，订立《天津条约》和《北京条约》。此后，原来讳言"修约"的清政府，对"修约"的态度发生重大改变。一方面，"修约"作为条约权利，签约双方都要遵守，这是国际法应有之义，更何况还有拒绝"修约"的教训；另一方面，清政府也明白"修约"可以修掉对自己不利的条款，维护自己的权利。[2]

咸丰八年中英《天津条约》第 27 款规定："新订税则并通商各款，日后彼此两国再欲重修，以十年为限"。同治六年将届预定十年修约之期，清政府吸取教训，派蒲安臣使团与各国交涉改约事，并寄谕廷臣，奏议预筹修约事宜。当时朝中重臣如曾国藩、左宗棠、刘坤一、沈葆桢、丁宝桢、李鸿章、吴棠、马新贻、李瀚章等，都参与了讨论。廷臣基本上对于条约，只重增加税饷，其余各事多主拖延应付，显示他们对近代条约知识的缺乏，仍存留天朝上国心态，把条约视作杜绝衅端的羁縻工具。[3]

同治六年至八年，中英之间进行了条约修订谈判，在谈判中，中方坚持"届期换约，原应两得其益"的立场，对于英方开放中国内地的要求，要求洋人在内地须守中国律例，归地方官管辖；又向英国要求"英国有益于在英之通商各国，则中国亦同之……英商在中国条约内已得之益，将来华商在英国亦一体照沾"，实际上已经触及领事裁

---

① 该约第 41 款规定："日后布国暨德意志通商税务公会和约各国，若于现议章程条款内有欲行通变之处，应俟自章程互换之日至满十年为止，先期六个月备文知照中国，如何酌量更改，方可再行筹议。若未曾先期声明，则章程仍照此次议定办理，复俟十年再行更改"。见王铁崖编《中外旧约章汇编》第 1 册，生活·读书·新知三联书店，1957，第 170 页。

② 李兆祥：《近代中国的外交转型研究》，中国社会科学出版社，2008，第 155 页。

③ 戴东阳：《晚清驻外使臣与不平等条约体系》，第 48 页。

判权和片面最惠国待遇问题。不过，此时清朝政府的真实意图是以攻为守，抵制英国提出的诸多要求，并非有决心去修改有关领事裁判权和片面最惠国待遇的规定。[①] 同治八年达成的中英《新定条约》（又称《阿礼国协定》），令英国政府不能满意，最终决定不予批准。有学者认为 1868 年的中英修约谈判，是近代中国修改不平等条约的起点。[②] 然而，严谨论之，当时尚无"不平等条约"的观念。

同治七年六月初九日（1868 年 7 月 28 日），中美《续增条约》（或称《蒲安臣条约》）第 6 条规定：中国人至美国，或经历各处，或常行居住，美国亦必按照相待最优之国所得经历与常住之利益，俾中国人一体均沾。[③] 自此，中国在条约中也有相互最惠待遇。

同时，清政府开始有修改对己不利条款的想法，在与各国签订的条约中，尽量做一些与天津、北京条约不同的规定，或置换一些条文的词句。同治十年《中日修好条规》，条文全由中方制定，反映了当时清政府的条约观。条约本身故意叫作条规，表现清政府期待这个条约和先前与西方诸国签订的条约有所不同。大臣中有人意识到利益均沾一条的贻害，曾国藩建议在对日条规中删去此条，被清政府接纳。[④] 清政府以此为蓝本，后来与秘鲁、巴西立约，亦稍异于前。

光绪元年（1875）马嘉理案起，次年中英签订《烟台条约》。总理衙门检讨此约以及同时与德、法、俄等国谈判修约经验，由海关总税务司赫德（Robert Hart）起草，于光绪四年周咨出使大臣，表明清政府对修约问题的立场，云：

---

① 《总理衙门奏筹办英国修约大概情形折》（同治七年十二月二十一日），《筹办夷务始末（同治朝）》卷63，台北，文海出版社，1971。

② 参见潘延光《1867～1870 年的中英修约》，硕士学位论文，北京大学，2000。该文认为，此次中英修约，既是"天朝外交"的余韵，也是中国人走向近代外交的初步。

③ 王铁崖编《中外旧约章汇编》第 1 册，第 262 页。

④ 廖敏淑：《清代对外通商制度》，近代中国、东亚与世界国际学术讨论会会议论文，山东日照，2006 年 8 月，第 367 页。

查条约每届十年准修一次，其如何增删改换，自系出于两国情愿。同治八年，本衙门与英国大臣初次将英国条约应修各款议妥，虽和衷商酌将及两载之久，而英国未允其大臣所拟各端，示意新约未能照行。近年又有德国修约之事，德国大臣商议各端，有中国万难照允者，往来辩论，迄今亦无定说。因思更修条约，贵将两国之意先行说明，而此事内有四要端，诚恐本衙门意见仍有未达明之处，如货物出入内地，一也；厘捐，二也；不归管辖，三也；一体均沾，四也。以上四端，现拟为贵大臣缕陈之。

最后总结云："各国条约原有修好及永远相安之意，而其永远相安之道，所重者则在彼此互从各国各有自主之权耳。"①

光绪初年，清政府陆续派遣驻外使臣，这批人对修约的体会，比较深刻。光绪五年初曾纪泽抵伦敦到任，使馆随员马格里（Halliday Macartney）于 3 月 28 日建议："修约之事，宜由中国发端，明告西洋各国，云某年之约有不便于吾民者，现定于某年某月约期届满之时截止，不复遵行，则各国必求颁一新约，易就范围。西洋诸小国以此求更换英法之约者屡矣。惟发函于各公使，须在截止之前一年许。"曾纪泽联想到赫德也曾有此说，认为"主人寻客，名正言顺，无所庸其顾忌也"。曾纪泽还受到日本的影响。同年 4 月 16 日，日本驻英公使上野景范因换约之事奉召回国，曾纪泽赴宴，在日记中，他详细记录了日本修约的前因后果。② 同年夏，马建忠在《复李伯相札议中外官交涉仪式洋货入内地免厘禀》中，提出修改条约税则的主张。同时，薛福成撰写《筹洋刍议·约章》，系统论述中国受条约之害并提出修

---

① 《详论修约事宜由》（光绪四年正月），外交档案：01 - 21 - 012 - 02 - 001，收于中国海关编《中国海关的起源、发展和活动汇编》第 1 卷，第 630～633 页；亦见赫德《这些从秦国来——中国问题论集》，叶凤美译，天津古籍出版社，2005，第 140～146 页。
② 《曾纪泽遗集·日记》，岳麓书社，1983，第 370～375 页。

约主张，他的条约思想明显受驻外使臣何如璋和曾纪泽的影响。①

光绪六年四月十三日，曾纪泽与中国海关伦敦税务司金登干（James D. Campbell）谈起中英和约有不公之处，宜于修约之年照会更改。曾纪泽在日记中写下修约的具体设想："余谓改约之事，宜从弱小之国办起，年年有修约之国，即年年有更正之条约，至英、德、法、俄、美诸大国修约之年，彼亦迫于公论，不能夺我自主之权利，则中国恢复权利而不著痕迹矣。"②随后，曾纪泽在与俄国改订《伊犁条约》交涉时，将界约和商约问题区分开来，提出"重界轻商"原则，进而指出了修改商约的具体设想，将商约寄托于将来的修约，云：

> 中国自与西洋立约以来，每值修约之年，该公使等必多方要挟，一似熟年修改之说，专为彼族留下不尽之途，而于中华毫无利益者。其实，彼施于我者，我固可还而施之于彼。诚能深通商务之利弊，酌量公法之平颇，则条约之不善，正赖此修改之文得以挽回于异日，夫固非彼族所得专利也。③

这应是中国外交官中，最早展现的修约意识。光绪七年中俄《改订伊犁条约》签署，挽回不少崇厚约中丧失的利权。

光绪十三年正月十六日，曾纪泽即将离任返华时，写下著名的《中国先睡后醒论》，文中提及中国目前最应整顿者数事，包括"重修和约以合堂堂中国之国体"，具体而言，"拟于第三次十年换约之期，将此数条废去重立，以免后患"，"中国决派钦使，分诣各国，往复妥

---

① 戴东阳：《晚清驻外使臣与不平等条约体系》，第 47 页。
② 《曾纪泽遗集·日记》，第 387 页。
③ 《为中俄伊犁交涉敬陈管见疏》（光绪六年四月十九日），《近代中国对西方及列强认识资料汇编》第 3 辑第 1 分册，台北，中研院近代史研究所，1986，第 234 页。

议，必不能隐忍不问"。①

光绪六年，驻日公使何如璋受日本条约改正影响，致函总理衙门及两江总督刘坤一，系统介绍日本的修约运动。② 他也曾致函曾纪泽，提出仿照日本与西方各国改订税则。③ 光绪七年，何如璋任期届满归国前夕，上书军机大臣左宗棠，再次剖析中外条约的危害性，明确提出 "竭力以改约" 的主张。④

光绪六年，总署向英国提出关税值百抽十的要求。由于英国 "以为不便"，总理衙门要各关局 "详言之"。⑤ 日本法制改革有初步成效后，向欧美列强交涉条约改正时，也与清政府交涉取消领事裁判权。⑥ 光绪十四年，日本公使盐田三郎函总理衙门，论领事裁判权，总署以日本与欧美修约未有结果，不肯修改。⑦ 光绪十五年，回国任总署大臣的曾纪泽，与盐田三郎密商，中日协同一致，分头从废除原与欧美各国订定的协议税则入手，作为两国撤除所有条约束缚的初步行动。曾纪泽 "亟欲乘机改定"，但总署 "昧于操纵，畏难苟安，拒而不纳"。⑧ 光绪十七年二月二十八日，总税务司赫德回复总署修约意见，有一段有意义的讨论，称：

修约一事，照会内可否写明 "旧约为废" 字样一层，现闻各

---

① 曾纪泽：《中国先睡后醒论》，初用英文发表，中译见何启、胡礼垣《新政真诠初编》，格致新报馆，1901，曾论书后附录。

② 《与总署总办论日本改定税则书》、《与刘岘庄制府论日本议改条约书》（1880 年），温廷敬辑《茶阳三家文钞》卷 2，台北，文海出版社，1967，第 15 页；卷 3，第 9 页。

③ 《与出使英法国大臣曾袭侯书》，《茶阳三家文钞》卷 3，第 8 页。

④ 《上左爵相书》，《茶阳三家文钞》卷 3，第 15 页。

⑤ 薛福成：《洋货加税免厘议》（1881 年），丁凤麟、王欣之编《薛福成选集》，上海人民出版社，1987，第 154 页。

⑥ 参见五百旗头薫「隣國日本の近代化—日本の條約改正と日清關係」岡本隆司・川島真主編『中國近代外交の胎動』東京大學出版會、2009。

⑦ 《函述前送专条仍希按照原议办理由》（光绪十四年六月三十日），外交档案：01 - 21 - 054 - 06 - 002。

⑧ 《陈炽集》，中华书局，1997，第 81 页。

国无此说。修约事内原有此意，惟新约未定以前，各应照旧约办理，以致为废之字样，无裨于事。至兑银一层，既拟将税则各旧数留而不改，则用照会商定兑换之数，亦可得免修约之累。缘修约举行，彼不定有何项新拟出，其余拟修各款，无关紧要，修否无大出入，似毋庸议。其十年之限，系于本年三月二十日期满。[1]

基本上，甲午以前，中国内忧外患不断，清政府冀望自强有成，大臣多视条约为羁縻夷人之工具，希望守定条约以弭衅，对修约并不热衷，只有对修改税则增加关税收入，兴趣较浓。

三　清季到期修约的实践

甲午之后，清政府对修约比较积极，光绪二十二年有与英国谈判修改税则及与西班牙修约之尝试。

清政府虽早有增加关税的想法，但正式的作为始自《马关条约》订立后。由于日本在 1894 年已和主要列强签订新约，收回关税自主权，加以《马关条约》承担巨额赔款，清政府财政十分困难，于是有谋求修订税则，实行加税之举。[2] 1895 年 7 月 25 日，户部上奏："为今之计，宜将有约各国进出口税则，悉心参考，知我吃亏所在，先与英国商订。"[3] 次年 2 月 22 日，清政府派李鸿章出使俄、英、法、德、美五国，总理衙门奏请李氏与各国商请加税。[4]

---

① 《酌议举行修约事宜由》（光绪十七年三月初一日），外交档案：01 - 21 - 049 - 05 - 001。此次议修者不知是何约，推测为咸丰十一年二月十五日（1861 年 3 月 25 日）中英《长江各口通商暂订章程》，或是议修税则。

② 李永胜：《清末中外修订商约交涉研究》，第 115 页。王尔敏指出："真能提具挽回利权办法从修改商约入手，实当即始自盛宣怀光绪十一年（1885）之创议与光绪二十二年（1896）之正式奏陈朝廷"。见王尔敏《晚清商约外交》，第 138 页。

③ 《户部尚书熙敬等奏请整顿洋税逐渐收回权利片》，王彦威纂辑，王亮编《清季外交史料》卷 116，台北，文海出版社，1985，第 2～3 页。

④ 《总署奏拟增进口洋税酌筹办法请饬相机办理折》，《清季外交史料》卷 120，第 2～3 页。

由于协定关税牵涉最惠国待遇，必须得有约国全数同意，中国才能修改税则。1858 年税则系按当时市价百分之五的从量税订定，到 1896 年，物价已有变动，加以国际银价跌落，中国海关在许多商品上征得的关税只有百分之二三。总署建议仍按照 1858 年的税率，但改为按照金本位之英镑价格而不是照白银计算，作为一种临时办法。[①]

李鸿章赴俄贺沙皇加冕，并往各国聘问，商议修订海关税课事宜。[②] 李氏先在俄、德、法接洽，各国皆称只要英国同意，都愿照办。七月初六日，李氏与英外部大臣沙侯（Lord Salisbury）商议，表示中国公帑支绌，因日本赔款过巨，筹还国债本利，款无从出。而关税因银价下跌，镑亏甚巨，请修改税则，照镑价征关税。沙侯表示：此系改定税则，必须修约时逐件细商。李氏云：修改税则与补加镑价系两件事，现在请加镑价不必逐件细议，将来修改税则，又是另一件事，自应逐件细酌；并强调英日所订新税则，其镑价六个月一定，中日不应歧视。沙侯以英中商务重于英日，且英日约系前任外相金伯理（Earl Kimberley）所订，未与商会商议，坚持中英条约将届重修，届时再议。双方争辩甚烈。李氏云：修约改定税则或应在中国商议，补加镑价必由英外部做主，应在伦敦定议；我即启程，务望沙侯极力主持，将来与龚照瑗钦差接议妥订。沙侯云：必须与同人细商。[③] 这次商议虽无具体结果，但已启两年后中英修约之契机。

清政府持续关注此事，光绪二十三年五月，命驻英公使张荫桓到任后即与英政府接洽加税事。七月张使报告：英外相允加税，已饬驻

① 马士：《中华帝国对外关系史》第 3 卷，上海书店出版社，2000，第 111 页。
② 光绪二十二年《五月二十九日给英国公使窦照会》云："聘问修睦，并奉谕旨于亲递国书后，与贵国外部商议税课事宜。"见外交档案：01－19－005－02－033。
③ 光绪二十二年《九月初一日收出使大臣李鸿章七月初七日洋字第五号函》，外交档案：01－19－005－02－049；参见《专使李鸿章致总署报与沙侯会议照镑加税电》（光绪二十二年七月初六日），《清季外交史料》卷 122，第 6 页下至第 7 页上。

北京英使与总署妥议，因商务在华，此间无可辩论。①

该年底，总理衙门筹备修约事宜，总税务司赫德到总署，谈及明年五、六月间，英、法、美三国均届修约期限。光绪二十四年正月，总署请赫德详查洋文约章，法、美两国究应何年修约。② 赫德复函称：按照1858年中英《天津条约》，每届十年修改税则并通商各款为期，是以至光绪二十四年五月以后，十二月以前，可以知照议改，俟两国商定日期，再行会议。按照1844年中美《望厦条约》，每届十二年其贸易及海面各款应行修改，是以至光绪三十年方为此次修改之期。惟若他国愿为修改，似美国亦可不拘定限，一律允从。按照1858年中法《天津条约》，税则系每届七年可以修改，若有应行更易章程条款之处，系每届十二年可以修改；是以法国税则系至光绪二十六年为下次修改之期，而条款系至光绪三十二年，方为下次修改之期，两项并无彼此先期知照之限。按照1861年中德《天津条约》，自章程互换之日起，满十年为止，先期六个月备文知照，如何酌改，再行酌议。此约系同治元年五月十一日互换，是以至光绪二十八年五月间，方届修改之期，应于二十七年十一月间备文知照定期修改。③

总署遂于三月初三日上奏：

> 窃查英约……扣至本年五月初八日，四届十年期满，历时既久，交涉情形日新月异，要在因时制宜，俾臻妥善。税则一项，近年金贵银贱，中国受亏日甚，尤须及早议增，以裨税饷。中国

---

① 《旨寄张荫桓使事竣后着即讲论加税及免厘事电》（光绪二十三年五月初五日）、《出使大臣张荫桓致总署英外部允加税未索免厘电》（光绪二十三年七月初三日），《清季外交史料》卷126，第1页、第25页下。

② 《请详查约章法美两国究应某年修约见复由》（光绪二十四年正月十五日），外交档案：01-21-049-06-001。

③ 《正月十八日总税务司赫德函》（光绪二十四年正月十八日），外交档案：01-21-049-06-002。

商务，英居十分之八，果能先与英国商定，各国当能允从。臣鸿、臣荫桓先后奉旨前往英国，与商加税事宜，该国外部曾以修约届期再行商议为词。上年冬间，英国使臣窦纳乐来臣衙门会晤，亦道及此意。臣等公同商酌，拟将英约依限修改，借得早定加税之议，其它取益防损，亦当随宜酌量。如蒙俞允，即由臣等照会英国使臣转达外部声明立案，一面就原约条款逐一复核，拟定稿本，再与该国使臣会商。际兹时事多艰，臣等非敢谓一经修改，便可收回利权，惟当竭尽愚忱，冀收得尺得寸之效。①

奉朱批"依议"。十七日（4月7日）总理衙门照会英国公使：中国希望修改税则及条约中的通商各款，请转达外部。次日，英使窦纳乐（Claude MacDonald）报告伦敦英外相沙侯，云：中英天津条约即将四届十年期满，中国政府依该约第27款，正式照会要求修改税则。② 然而，当时正值瓜分危机，总理衙门忙于处理第二次英德借款、德国租借胶州湾及俄国租借旅大等急务，英国修约尚非首要。此外，总署于五月奏请与各国开议酌加进口税，③ 进行得也并不顺利。

光绪二十五年十月七日，盛宣怀上《条陈筹饷事宜》，建议与各国商议，将进口税依税则确实值百抽五，称："加税一事，与各国屡议未成。查咸丰十年新定通商税则善后条约第一款，载明应核作时价，照值百抽五例征税，现在金贵银贱，但须扼定此一语，将各口进出口税则，照时价另行核估，自无所用其加税。现届十年换约限期，

---

① 《具奏拟修英约请旨遵行由》（光绪二十四年三月初三日），外交档案：01-21-049-06-003；亦见《总署奏英约条款限期届满须酌量重议片》（光绪二十四年三月初三日），《清季外交史料》卷130，第16页上。《张荫桓日记》（上海书店出版社，2004，第520页）云：三月初三日（3月22日），总署具奏两折五片，包括英国修约。

② MacDonald to Salisbury, 8 April 1898, FO405/77, No. 43.

③ 《总署奏遵议陈其璋请与各国开议酌加进口税折》（光绪二十四年五月十七日），《清季外交史料》卷132，第11页上至第12页下。

应及时认真迅与开议"，并建议对原规定免税品实行征税。清廷派盛宣怀、聂缉规会同赫德迅速筹议。① 三十日，总理衙门照会英国公使要求修约，称：

> 照得届期修改税则一事，曾于光绪二十四年三月十七日，照章于六个月之前，备文照会，请转达外部在案。本应即时举行，而尚未开办之时，又值贵大臣回国，是以迟延至今。现闻知贵大臣回任，相应将修改税则之举再为照知，以便定期开议。再本年十月十六日准军机处交片，军机大臣面奉谕旨：各口关税应即时照现在实价核估，着派盛宣怀、聂缉规会同赫德查照条约，迅速筹议，仍应由总理各国事务衙门综核办理，钦此。等因前来，本衙门合即恭录谕旨，一并照请贵大臣查复施行。②

然时值拳民大起，中国政局动荡，清政府无暇讨论进行加税或确实值百抽五问题，与英国加税交涉又告中止。

中西修约之缘起，与吕宋设领事相关。清政府多次要求西班牙准中国在菲律宾设领事，以保护侨民，西国则屡屡推诿。光绪十七年初，出使美、日（日斯巴尼亚，即西班牙）、秘大臣崔国因，建议以禁吕宋彩票在中国发行，作为抵制。③ 光绪二十年六月，给事中张嘉禄奏，请严禁商民行使吕宋赌票，"一面请饬令出使美、日、秘国大臣，先期知照，遇届更约年分，务将吕宋赌票一项，谕以利己损人，

---

① 《大清德宗景皇帝实录》卷 453，台北，鼎文书局，1980，第 1 页上至下，光绪二十五年十月庚寅。王尔敏《晚清商约外交》云：晚清十年之修订中外商约，原由中国自身之财政需要殷繁，省悟到与各国议增税，事在光绪二十五年，出于盛宣怀之策划建议，利用《天津条约》十年修约之规定，主动提出修约，未料为庚子所破坏。见该书第 273 页。

② 《照会英使请定期开议修改税则》（1899 年 12 月 2 日），外交档案：01-21-049-07-001；《大清德宗景皇帝实录》卷 453，第 1 页。

③ 《使美崔国因奏小吕宋议设领事日外部径直推辞宜另筹抵制折》（光绪十七年正月），《清季外交史料》卷 84，第 1~7 页。

永行停止"。初十日奉旨：钦此。军机处廷寄："着总理衙门咨行出使大臣设法阻止，以杜漏卮。"十四日，总署咨出使美、日、秘大臣杨儒遵照办理，称：各国皆禁吕宋票，要杨儒与西政府商禁，"谅彼亦不能以禁赌为条约所不载以相驳难。即不获已，而以小吕宋添设领事以为收束，苟能互为抵制，亦足伸我保护之权，而慰侨民之望"。①

　　光绪二十二年六月十八日，驻西班牙参赞应祖锡禀告杨儒，云：《中西条约》订于同治六年四月初七日（1867年5月10日），至光绪二十三年四月，为第三届修约之期。应于本年十月以前先行知照。"查原约所载权利，我轻彼重，挂漏甚多，就目前择要而言，当以添设小吕宋领事，并驳除该岛苛税为第一义。而彼国于此两事持之甚力，若第以空文诘辩，彼必仍前推诿，未必能就范围，似宜将应增应改各层，拟就条款，另拟可以抵制者数条，以为开办时立言地步"。建议可抵制西班牙驻华领事数目，加征彼国商人之税，并强调西国力弱，不致开衅。惟开办修约之初，应请总署先与西国公使切实筹商，"以示意出政府，势在必行，先破其胸中成见，然后由宪台审度机宜，次第筹办，或于此事，可望有成"。② 应祖锡同时致函总署，称："明知时局艰难，行之匪易，然非设法抵制，先由总署力任其肩，窃恐议而无成，于面子反不好看。"③ 七月初一日，杨儒函告总署中西修约之期。④ 初三日，总署批应祖锡禀，称：中西修约自应循章办理，"该参赞预筹增入各节，尚合机宜，仰候本大臣函请总理衙门照会驻京日公使践期开议续修，俟接复音再行饬知遵照可也"。⑤

————————

　　① 《总署第六号函》（光绪二十年六月十六日到），外交档案：01-40-003-02-001。
　　② 《驻日参赞应祖锡禀》（光绪二十二年六月十八日，二十九日到），外交档案：01-40-003-02-002。
　　③ 《刘随员等行程及中日修约事禀请鉴察由》（光绪二十二年六月十八日，二十九日到），外交档案：01-40-003-02-003。
　　④ 《杨儒致总署函》（光绪二十二年七月初一日），外交档案：01-40-003-02-004。
　　⑤ 《批驻日应参赞中日修约届期禀》（光绪二十二年七月初三日），外交档案：01-40-003-02-005。

九月初三日，总理衙门照会西班牙公使，称：

> 《中日条约》第二十三款内载，以后两国再欲重修条约以十年为期，期满须于六个月前先行知照等语。本衙门查中日约章订于同治六年四月初七日，计至光绪二十三年四月为第三届修约之期，按照原约二十三款，现有应行修订之处，相应预行照会贵大臣转达贵国外部届期商订可也。①

十二日，西班牙公使照复：依1867年5月10日生效之约，十年期满后，六个月内可提修约，贵国依据二十三款欲行修改之意，已报明本国外部大臣，现候本国政府饬知本大臣如何办理。②

同时，总署函杨儒称："原约所载权利，我轻彼重，殊觉偏枯，此番修约，除小吕宋设领事，驳除该岛苛税两大宗外，不无应行增改处，烦及荩筹，祈随时示知，以便酌核。"③ 十月十二日，杨儒照会西班牙外部："本大臣实有订修草约之权，务希贵大臣查核见复，以便本大臣将应修各款寄交应参赞亲诣商酌，随时电禀本大臣转电总理衙门核夺，以臻妥协。本大臣实予应参赞就近商酌之权，合并声明。"④

应祖锡亲送修约照会给西班牙外部，双方对修约内容有讨论，西外部询问此次修约是否为中国加税之事。应氏答以："此时未奉明文，尚难悬揣，大抵旧约历年已久，前后情形不同，凡约中已有应改，未有应增之事，皆须举办，不独加税一项已也。"应氏禀告：此次修约照会，在总署所定原文外，添入应改应增各事皆须逐项妥议字样。因

---

① 《光绪二十二年九月初三日发日使葛照会一件》，外交档案：01-21-026-06-006。
② 《光绪二十二年九月十二日收日公使葛照会》，外交档案：01-21-026-06-007。
③ 《总署大臣密函杨儒》（光绪二十二年九月二十二日，十一月十三日到，美字第二十四号），外交档案：01-40-003-02-012。
④ 《杨儒照会日外部泰托安》（光绪二十二年十月十二日），外交档案：01-40-003-02-010。

为修约照会中本应将欲修事项揭明，中西条约第二十三款止言修改税则及通商各事，并无设领事明文。照会谓欲在吕宋添设领事，若西班牙辩驳，可称：领事所以保商，本为通商内应有之事，条款中既有修改通商各事之文，则派设领事已包括在内，可以据理与辩。① 十一月初一日，西班牙外部复文，称：

> 应代办交到西历十一月十一号贵大臣照会一件，内开总理衙门欲将中日通商条约酌量妥为增改，贵大臣已有办理修约之权，因一时未能离美，拟转委应代办与本大臣就近商办等因。准此本大臣非不愿遵照贵大臣来文办理，惟查两国立约修约章程，皆须由两国特授全权之人，方能办理，此项案件未便再由全权大臣委员代办……此系为遵守公例起见，想贵大臣必能原谅也。②

光绪二十三年初，总署函杨儒，云："中日修约，减税、设官两层固应增入，其余有裨中国有益旅民之条，亦应酌增，即如该国吕宋票能杜其在中国出售，亦甚有关系也。余可类推，尊处原约俱在，即希酌夺办理。"③ 二月初二日，总署再函杨儒："此次修约，日廷拟在何处开议，如在日都开议，应由出使大臣与外部商酌；若在北京开议，应由日国驻京公使与总署商酌。"④ 然而，不久杨儒就奉调改驻俄、德。驻美、日、秘公使由伍廷芳接任。修约之事迁延，次年美西战争爆发，西班牙败绩，菲律宾改由美国管辖，中西修约之主要缘由消失，

---

① 《光绪二十二年十一月初一日应祖锡禀》（十五日到），外交档案：01 - 40 - 003 - 02 - 013。

② 《日外部照复文》（光绪二十二年十一月初一日），外交档案：01 - 40 - 003 - 02 - 014。

③ 《节录总署来函》（光绪二十三年正月初五日，二月二十五日到），外交档案：01 - 40 - 003 - 02 - 015。

④ 《总署大臣来函》（光绪二十三年二月初三日，三月十八日到，美字第二十八号），外交档案：01 - 40 - 003 - 02 - 016。

交涉也无疾而终。

总而言之，甲午之后由于财政需求殷繁，清政府有一连串较积极的修约加税努力，利用中外条约之到期修约条款，主动向各国提议修约。此外，1899 年《中韩通商条约》与《中墨通商条约》，贯彻了关税平等、对等的领判权以及相互最惠国待遇等原则，基本上是平等条约。① 但因庚子义和团运动，修约努力中止。到了辛丑和议，为保障列国之赔款，规定中外会议商约，已完全是外国主动。②

《辛丑和约》之后，清政府不能再以武力抗拒列强，转为推行新政，其目的之一，即在仿效日本以改革内政，取得列强同意修改条约。1902 年，清政府下谕成立"修订法律馆"，后又设"宪政编查馆"，起草新刑商法典及民刑诉讼法等新式法典。1907 年，拟定《法院编制法》，规定大理院以下的法院等级制，并设法科学校，培养人才。又设立新式监狱，逐步改革司法，为日后收回治外法权，踏出了难能可贵的第一步。此一努力得到英、日、美三国部分善意的赞助。

《辛丑和约》第 11 款规定修改商约，是中国对列强所承担的条约义务，但清政府因赔款债务巨大，对加税十分积极。中国代表在议约时，主张既是商定，中方就有权提出条款，英国代表马凯（James L. Mackay）与盛宣怀初议英约时，对修约做了两种解释，即执行《辛丑和约》规定与到期修改《天津条约》。因为中国代表的国权意识加强，在谈判中，力图挽回过去条约中已经失去的主权、利权，从被动应付转为主动提出一些条款。1902 年 9 月 15 日，中英《续议通商行船条约》（又称《马凯条约》）签订，规定对协定关税，若中国裁撤厘金，则同意加征关税；对领事裁判权，"中国深欲整齐本国律例，以期与各国律例改同一样，英国允愿尽力协助，以成此举。一俟查悉

---

① 戴东阳：《晚清驻外使臣与不平等条约体系》，第 80 页。
② 王尔敏：《晚清商约外交》，第 273 页。

中国律例情形及其审断办法，和一切相关事宜，皆臻妥善，英国即允放弃其治外法权"。1903 年 8 月，中日《通商行船续约》及中美《通商行船续订条约》相继签订，皆有同样的条款。这是中外条约史上，第一次确认中国将来可收回治外法权的规定。诸约中关于裁厘加税的规定，也有利于日后中国要求增加关税。从中英、中美、中日、中葡各商约订后，局面逐渐产生变化，即尚未议约各国对议约态度趋于消极，而清政府取主动之态势，不断催促各国议约。[1]

清季十年，中国民族意识被唤醒，民族主义运动逐渐兴起，诸如收回路权、矿权运动，抵制美货运动，拒俄运动等，都在这一时期发生。宣统三年（1911）五月，督办粤川汉铁路大臣端方奏请修改《辛丑和约》，以七月十五日为该约十年届满之期，应请饬下外务大臣妥速筹划，与领衔英使密商，将该约第七、九两款重加修订，京师至山海关十二处，毋膺再行驻兵；并将天津二十里内禁华兵屯扎取消，但清政府并未采取任何行动。[2]

四 中俄修约的缘起

清末最明确的修约行动，是宣统三年修改中俄《伊犁条约》交涉。中俄两国早自 1689 年《尼布楚条约》即开始通商互市。到雍正五年《恰克图条约》，蒙古边境展开通商贸易；咸丰元年《伊塔通商章程》签订，新疆边境也展开贸易。然而因清季国势衰微，中俄间订定多项通商条约，让俄国取得许多片面利益，其中影响最大者为光绪七年正月二十六日，曾纪泽与俄议定《改订返还伊犁条约》（或称《中俄改订条约二十款》，通称《伊犁条约》）及《中俄改订陆路通商章程》（或称《中俄续改陆路通商章程十七款》），此约较诸崇厚所订

---

① 李永胜：《清末中外修订商约交涉研究》，第 10、69~70 页。

② 《督办粤川汉铁路大臣端方奏辛丑和约已届十年所言第七第十两款亟应修改折》，《清宣统朝外交史料》卷 21，台北，文海出版社，1963，第 19~20 页。

之约，已有大幅改善，但当时以收回伊犁为重，给予俄国在新疆、蒙古诸多通商特权。

该约主要弊端在于税务，第 12 条规定：俄人在蒙古贸易不纳税，新疆暂不纳税，"俟将来商务兴旺，由两国议定税则，即将免税之例废弃"。第 15 条规定：俄国人民在中国内地及关外地方陆路通商，应照此约所附章程办理。而《中俄改订陆路通商章程》第 1 款规定：两国边界百里之内，中俄两国人民任便贸易均不纳税。第 5 款规定：俄商由俄国运来货物自陆路至天津（及肃州等处）者，应纳进口税则所载正税三分减一交纳。简言之，俄人在华经商特权独多，主要包括：（1）俄商在新疆、蒙古等处免税；（2）彼此百里内免税；（3）俄商享有税则三分减一。流弊所及有五端：一为税收短少，二为俄商得免税利益华商难与竞争，三为新疆回民多冒俄籍享受权利引起国籍纠纷，四为英商在新疆各处援最惠之例亦不纳税，五为三分减一办法满韩交界处亦援最惠之例一律办理。[1]

曾纪泽在谈判前，已确定"重界轻商"原则，认为通商条款可随时修改，故"定约之时，必商定若干年修改一次，所以保其利而去其弊也……诚能深通商务之利弊，酌量公法之平颇，则条约之不善，正赖此修改之文得以挽回于异日"。对于修改崇厚之约，"通商各条，惟当即其太甚者酌加更易，余者似宜从权应允，而采用李鸿章立法用人之说以补救之。如更有不善，则俟诸异日之修改"。[2]《伊犁条约》第 15 条规定："此约所载通商各条及所附陆路通商章程，自换约之日起十年后可以商议酌改，如十年限满前六个月未请商改，应仍照行十年"，保留了修约的可能。清政府在 1891 年及 1901 年两次十年限满，

---

① 审议处编《筹办中俄交涉事宜公署意见书》（1923 年 7 月 12 日），外交部中俄会议办事处刊印，1923，第 44 页上。

② 曾纪泽：《敬陈管见疏》（光绪六年四月十九日），《晚清外交使节文选译》，雷广臻译注，巴蜀书社，1997，第 66～67 页。

均未提议修改。第三次十年限满在宣统三年正月二十六日（1911 年 2月 12 日）到期。

辛丑之后，清政府与各国议改商约，对于陆路通商，也运用《伊犁条约》第三次十年限满，准备向俄国提议修改。因《伊犁条约》准俄民在天山南北两路各城贸易，暂不纳税。新疆设省之后，曾于光绪十三年开办税务，但因俄商免税，收税对华商不公平，十八年起华商也不征税。光绪二十七年，西安行在外务部行文北京外务部，云甘肃新疆巡抚饶应祺奏：新疆饷项支绌，拟请复办华商货税以资补救，但恐奸商假托俄商，必须同俄商货税一律完纳办理，方为平允，请外务部与俄使交涉。六月二十三日奉朱批：该部议奏。① 八月十一日，外务部照会俄使：条约中既有俟商务兴旺，由两国议定将免税之例废弃之语，此时议征俄商货税，自系因时变通，亦与约旨相合，请转达俄政府，听新疆税关一律征收。② 但未见俄使回复。

光绪三十二年二月，俄国驻北京公使璞科第（D. D. Pokotilov）照会外务部：俄政府按照《伊犁条约》，拟在乌里雅苏台设立领事。外务部答以：依约应先查明商务是否兴旺，再行商议。经调查后，以"此时商务尚未兴旺，遇有交涉事件，仍可照旧由库领商办，添设领事一节，自可从缓商议"。③

九月，驻海参崴商务委员桂芳到任后，请随各国例，将商务委员改为总领事，以保护华商，并以俄在东北各口岸设领相抵制。④

---

① 《收行在外务部文》（光绪二十七年七月二十七日），外交档案：02 - 13 - 015 - 02 -001。

② 《行俄国公使格照会》（光绪二十七年八月十一日），外交档案：02 - 13 - 015 - 02 -002。

③ 《收俄国公使璞科第照会》（光绪三十二年二月二十五日）、《发俄国公使璞科第照会》（光绪三十二年三月初二日）、《发俄国公使璞科第照会》（光绪三十二年闰四月十二日），外交档案：02 - 08 - 008 - 04 - 001、002、005。

④ 《收商务委员桂芳禀》（光绪三十二年九月二十九日），外交档案：02 - 08 - 008 -04 - 008。

次年八月，桂芳再禀日俄订约，在海参崴设领，请与俄商议。① 十一月，外务部照会璞科第，请在崴设总领事。璞使照复：以乌里雅苏台设领与海参崴设总领事交换。② 外务部复以：乌里雅苏台先非通商口岸，与崴埠情形不同，俄国可按《伊犁条约》另案商酌办理。璞使遂提出商办，外务部复以："既以乌城商务兴旺宜设领事，则按照原约亦应将税则一节，同时提议，以符条约"。③ 光绪三十四年中俄商议在海参崴、乌里雅苏台互设领事，外务部电令驻俄公使萨荫图向俄外部申明：俄国既要求乌城设领，足见商务兴旺，俟两国开议商约，应照光绪七年条约订定陆路税则。俄外部照复承允。④

不久，萨使电告，俄外部称：俄政府已允认中俄两国在崴埠、乌城互设领事，至照光绪七年约第十二条声明议订陆路税则一节，本部可保日后开议时，对此事一并商办，决不拒绝。⑤ 驻北京俄国公使廓索维慈（I. J. Korostovetz）亦照会：俄外部承诺 1911 年厘订商约。⑥ 俄方愿意商议陆路税则的表示，让外务部很兴奋，认定俄方已同意 1911 年到期修约，后来之提议修约，即根源于此。⑦

---

① 《收商务委员桂芳禀》（光绪三十三年八月十七日），外交档案：02 - 08 - 008 - 04 - 006。

② 《发俄国公使璞科第照会》（光绪三十三年十一月十五日）、《收俄国公使璞科第照会》（光绪三十三年十一月十七日），外交档案：02 - 08 - 008 - 04 - 010、011。

③ 《发俄国公使璞科第照会》（光绪三十三年十一月三十日）、《收俄国公使璞科第照会》（光绪三十三年十二月初四日）、《发俄国公使璞科第照会》（光绪三十三年十二月十一日），外交档案：02 - 08 - 008 - 04 - 012、013、014。

④ 《光绪三十四年六月二十八日收俄国萨大臣致丞参信》（光绪三十四年六月二十八日），外交档案：02 - 12 - 007 - 01 - 012。

⑤ 《收驻俄国大臣萨电》（光绪三十四年七月二十九日），外交档案：02 - 08 - 008 - 04 - 018。

⑥ 《收俄国公使廓照会》（光绪三十四年十二月二十九日），外交档案：02 - 08 - 008 - 04 - 019。

⑦ 《发赴俄修约大臣陆刘函》（宣统三年十一月十九日），外交档案：02 - 14 - 012 - 01 - 069。

宣统元年（1909）萨荫图报告：俄国自俄历三月一号改颁税则，所有远东海陆各埠免税之例，悉行删除。① 由于华货自亚洲入俄境向皆免税，此时开始征税，尤其是茶税特重，对华商影响甚大。东三省总督、新疆巡抚皆称华商运俄货物加重征税，违反百里免税之条；农工商部也咨请与俄交涉。② 外务部乃照会俄使：“俄国既将前约作废，中国亦应将约载边界百里内免税及蒙古地方天山南北各处俄商贸易暂不纳税各条，俱行作废”。③ 三月二十一日俄使照会：俄政府允将征收华货税款缓至 1910 年初实行。二十四日外务部照复：贵国政府曾允认俟 1911 年厘订商约时，议订陆路税则，请待两国厘订商约后再实行征收华货税项。④ 结果，俄政府将百里免税依旧，并同意中国所请，征税再缓至后年。⑤

宣统二年初，东三省总督锡良电外务部，请预备修改中俄陆路通商条约。二月，外务部分电沿边各督抚大臣将军都统等，“选派熟悉人员，各就地方现在情势，凡有关约载各节利弊若何，详细考查，拟具说帖，限本年内咨达本部”。⑥ 锡良复称：“闻俄人关于此事，考察调查不遗余力，而我一无预备，自应派员妥速预筹”。⑦ 海参崴总领事桂芳，建议双方利益对等，以保护华商及华侨遗产承受。⑧ 锡良又咨

---

① 《宣统元年闰二月二十九日收驻俄国大臣萨函》（宣统元年闰二月二十九日），外交档案：02－12－007－05－001。
② 《收农工商部文》（宣统元年闰二月十五日），外交档案：02－13－037－01－008。
③ 《发俄国公使照会》（宣统元年闰二月十五日），外交档案：02－13－037－01－006。
④ 《收俄廓使照会》（宣统元年三月二十一日）、《发俄廓使照会》（宣统元年三月二十四日），外交档案：02－13－037－01－012、013。
⑤ 《咨复库伦办事大臣》（宣统元年四月初八日），外交档案：02－13－037－02－002；《收俄廓使照会》（宣统元年十一月十二日），外交档案：02－13－037－02－014。
⑥ 《宣统二年六月初八日发边疆各省督抚大臣等暨商约大臣驻俄萨大臣咨》，外交档案：02－13－021－05－007。
⑦ 《宣统二年六月初一日收东三省总督文》，外交档案：02－13－021－05－005。俄国北满商会提出许多意见，希望将利权扩及满洲。见外交档案：02－12－007－05 各件。
⑧ 《收海参崴桂总领事禀——拟呈增改中俄条约各款说帖由》（宣统二年五月二十七日），外交档案：02－14－010－01－002。

请分界、商、税、杂务四类，详细调查。[①] 六月初八日，外务部命边疆各省督抚大臣等暨商约、驻俄大臣，分四类拟具说帖。[②]

七月二十日，萨荫图咨呈修改《中俄陆路通商章程》，建议"现届限满前六个月，似应照请商改，以符原约"。并附《说帖》建议应修改事项，包括：百里免税之例，酌量删除；陆路运货三分减一纳税，宜增加或抵制；进出口免税之物分别征税；黑龙江、乌苏里河行船，明订两国权限；俄国各处添设华领；尤其是俄民在蒙古及新疆贸易暂不纳税，现蒙疆俄商贸易兴旺，此次修约重点在议订税则，并设关开征。[③]

八月，外务部奏请向俄国提议修改条约，称："第三次十年限满之期将届，中俄陆路交通情形既属今昔迥殊，旧约施行日久，不尽合宜，亟应及时修改。请在约满前六个月照会俄使，提议修约"。[④] 奉朱批：依议。九月外务部派司员至蒙疆调查，并由西伯利亚铁路往返，顺道考察东三省通商情势，以期与各处派员所查互相印证，庶更详确。

当时，驻荷兰公使陆征祥在北京与荷使商谈《中荷领约》，领约签署后，清政府命陆征祥为谈判修订中俄商约大臣。十月二十六日外务部咨陆征祥，以中俄商约届满商改之期，自应及时修正，以补原约所未备，为研究预备修约，做将来开议之依据，拟在本部组织"俄约研究处"，请陆使总核一切。陆使于十一月初二日咨复同意办理，并请将关于改约事宜文卷报告及他国与俄国现行各条约，迅予检齐发

---

① 《外部咨锡良中俄陆路通商条约所拟调查纲目已分咨照办文》（宣统二年六月初六日），《清宣统朝外交史料》卷15，第23页。

② 《宣统二年六月初八日发边疆各省督抚大臣等暨商约大臣驻俄萨大臣咨》，外交档案：02-13-021-05-007。

③ 《收驻俄萨大臣（七月二十日）文——咨呈修改中俄陆路通商条约说帖由》（宣统二年八月初六日），外交档案：02-14-010-01-004。

④ 《奏为预备修改中俄通商条约派员调查以资筹议恭折仰祈圣鉴事》（宣统二年八月二十八日），外交档案：02-14-010-01-005。

交，以凭参核。①

外务部于十一月成立"中俄商约研究处"，命陆征祥主持，研商修约事宜，准备以各处商务渐臻兴旺为由，要求修改税则;② 并咨请各部:"酌派委员一二人，与本部所派之员随时会同商榷"③。度支部、税务处、农工商部皆派任委员，与代理海关总税务司裴世楷（Robert E. Bredon）共同参与。"中俄商约研究处"每周两次会议，密集开会讨论，十一月十三日第一次会议，决定先将中俄商约逐条研究。④ 二十六日第四次会议，拟定税务事项，决定分三层:甲、新疆蒙古等处照旧约免税者，应一律酌量收税。乙、彼此百里内免税一条，应废弃改为一律收税（但海参崴商会极愿保留百里免税之例）。丙、照原约所订税则三分减一者，应将铁路已通、未通之处分别办理。并要求在俄境设领。⑤ 二十九日第五次会议，因俄使照会要求在承化寺设领（详见下一小节），改为研究科布多设领与关内外贸易事。认为"条约修改在即，届时以互换利益为宗旨，彼必多所要求，吾亦势难概拒"，建议以承化寺设领"留作该约时通融地步"。但对领事裁判权，建议明订条款及时限制，"其自本年起以后续设或续议添设领事之处，则领事应有权利义务，应照国际通例，或订约两国彼此对待平等之例，不得再有特别之裁判权"。并明订条约，"凡以后各国领事来华视事，必须先由彼政府商请中国给予政府及地方官认可之文据，如领事有逾越权限情事，政府得令地方官向该领事将其文据收回，或另用相当之方法"。⑥

① 《收驻和陆大臣文咨呈》（宣统二年十一月初二日），外交档案:02-14-010-01-009。
② 见外交档案:02-14-010-01、02各件会议记录。
③ 《宣统二年十一月初五日收度支部片》，外交档案:02-13-021-05-020。
④ 见外交档案:02-14-010-01、02各件会议记录。
⑤ 《中俄商约研究处（二十六日第四次会议）节略》（宣统二年十一月二十七日），外交档案:02-14-010-01-012。
⑥ 《中俄商约研究处（十一月二十九日第五次会议）节略》（宣统二年十二月初五日），外交档案:02-14-010-02-001。

十二月初三日第六次会议，建议限制俄人在蒙古免税贸易，为免俄国反对，建议"将蒙古可以通商之处酌择其尤，开作通商地方，先与他国之一订定办法，俾俄人亦不能独生异议"。① 初六日第七次会议，对天山南北两路贸易俄商暂不纳税，认为"今伊、塔、喀、乌四处均经设有俄领，是其商务兴旺显然有据，自应一律收税"。② 初十日第八次会议，修正第四次陆路通商减税案。③ 十三日第九次会议，俄商路陆运货入内地，区分铁路已通、未通之处，分别办理。"旧约年限原以十年为期，现在时势进步，每岁不同，拟改定五年，庶日后易于操纵"。④ 十七日第十次会议，讨论税则，俄对华货征重税，茶税逾价二倍又六八，"亟应于修约之时，向彼提商，中国对于俄国商务，均经格外优予利益，俄国亦不应重抽华货之税，使中国商业日亏"。⑤ 二十日第十一次会议，原定讨论原约第十八条黑松航行，因案卷未齐，未能讨论。⑥ 二十四日第十二次会议，讨论黑松航行，力争黑龙江下游航权。并将历次旧约所关通商事宜之处，统筹详核，汇订新约，以新壁垒而杜纠葛。又确定此约应在限满前六个月内知照改约，五、六月间备文知照俄使。不久年关将届，研究暂停。⑦

宣统三年正月初五日起开第十三次会议，到十九日开第十七次会

---

① 《中俄商约研究处（十二月初三日第六次会议）节略》（宣统二年十二月初五日），外交档案：02 - 14 - 010 - 02 - 002。

② 《中俄商约研究处（十二月初六日第七次会议）节略》（宣统二年十二月初七日），外交档案：02 - 14 - 010 - 02 - 004。

③ 《中俄商约研究处（十二月初十日第八次会议）节略》（宣统二年十二月十六日），外交档案：02 - 14 - 010 - 02 - 006。

④ 《中俄商约研究处（十二月十三日第九次会议）节略》（宣统二年十二月十四日），外交档案：02 - 14 - 010 - 02 - 005。

⑤ 《中俄商约研究处（十二月十七日第十次会议）节略》（宣统二年十二月二十日），外交档案：02 - 14 - 010 - 02 - 009。

⑥ 《中俄商约研究处（十二月二十日第十一次会议）节略》（宣统二年十二月二十二日），外交档案：02 - 14 - 010 - 02 - 012。

⑦ 《中俄商约研究处（十二月二十四日第十二次会议）节略》（宣统二年十二月二十五日），外交档案：02 - 14 - 010 - 02 - 014。

议，因俄提六条照会，交涉事急（详见下一小节），改为讨论应对之道。认为俄方误会中国要求改约为不友善，廓使照会开列六条，虽一条不能或拒，几与宣战书无异。如果俄于改约之举，非其所愿，不妨暂从缓改，否则无论如何意见，尽可于议约之时，彼此互换。若约未开议，而先开列条款，要求预允，似属无此办法，总须和平商议。决定请电萨使照达俄外部探彼情形。[①] 此后，该会专意于俄使照会所提各案。

五　俄国对修约的抵制

当外务部积极筹备提议修约时，俄国先发制人，欲于改约之先，将旧约所得权利重行声明。宣统二年四月，俄国署理公使世清依据《伊犁条约》，俟商务兴旺，可在科布多添设领事，又以科布多办事大臣移驻承化寺，称现俄商贸易茂盛，请求在该处设立领事。六月外务部答以：据科布多办事大臣称，承化寺商务不旺，不允设领。[②] 俄署使又照会，称为保护阿尔泰地区俄商利益，请允在承化寺设领。外务部仍不应允，[③] 双方辩争。

12月2日，俄国政府大臣特别会议，讨论对中国要求修约之对策。外相沙查诺夫（S. Sazonov）主张在谈判开始之前，抢先以最后通牒方式，向中国提出俄国的要求，并以对中国边境进行军事挑衅来支持这些要求。[④] 会议批准他的主张，俄国做好军事外交部署后，开

---

① 《中俄商约研究处（正月十九日第十七次会议）节略》（宣统三年正月十九日），外交档案：02 - 14 - 010 - 03 - 002。

② 《俄世署使来照》（宣统二年四月二十七日）、《复俄世署使照会》（宣统二年六月十六日），外交档案：02 - 08 - 003 - 01 - 001、002。

③ 《俄世署使来照》（宣统二年六月二十八日）、《复俄廓使照会》（宣统二年八月二十五日），外交档案：02 - 08 - 003 - 01 - 003、004。

④ 《特别会议的议事录》（1910 年 12 月 2 日，圣彼得堡），西培脱等编《协约国外交与世界》第 27 期，纽约和伦敦出版，1921。引自樊明方《辛亥革命前后中俄关于修订〈伊犁条约〉的交涉》，《近代史研究》1986 年第 4 期，第 56～57 页。

始向中国下手。驻北京俄使廓索维慈借口蒙疆等处历年交涉未结各案，多次照会并至外务部诘问，谴责中国不遵守约章，欲于改约前先行议结，开列两国尚未定议清单35项。① 宣统三年正月十八日（1911年2月3日）正式照会外务部，谴责中国政府不肯遵守光绪七年条约，造成多起争端，并开列六端，要求中国切实遵行，否则俄国保留自由行动之权。② 由于俄国态度强横，中国舆论激昂，《东方杂志》报道俄使提出最后通牒，并以战争相威胁。③

二十二日外务部照复："来照所称中国政府不愿与俄照约敦睦，实属不解。至谓应留自由设立可用之法云云，甚非两国敦固交谊之意，并不料贵国出有此种看法，转为可惜"。④ 外部并派侍郎胡惟德向廓使解说，告以中国并无违约之处，来照所称殊觉不解，并请其将中国始终守约，遇事和商之宗旨转达俄政府。廓使谓：贵部复文既看重条约，又极顾邦交，语气和平，本国政府必可满意，当即电达圣彼得堡。⑤ 胡惟德表示承化寺设领一事亦可通融，"惟既设领事，足见商务旺兴，免税之条，照约即应废弃"。廓使云："此节俄政府不致为难，本大臣当为转达"。⑥

二十九日，俄廓使照会"贵部胡大臣与本大臣和衷面陈各节，本国政府视为足意，并大致宗旨愿副中国之意，将光绪七年条约内数段商订更改"。⑦ 廓使并面告外务部尚书邹嘉来、侍郎胡惟德：对中国照

①《收俄廓使信一件》（宣统二年十二月初二日），外交档案：02 - 26 - 027 - 01 - 001；《函送前面商之件俄文及汉译清单》，外交档案：02 - 08 - 003 - 01 - 007。

②《收俄廓使照会一件——中国政府不肯守约并开列要求六端如不允许将自由设法由》（宣统三年正月十八日），外交档案：02 - 26 - 027 - 01 - 002。

③《东方杂志》第8卷第1号，1911年1月，第12~13页。

④《照复》（宣统三年正月二十二日），外交档案：02 - 26 - 027 - 01 - 004。

⑤《致邮传部盛尚书函》（宣统三年正月二十三日），外交档案：02 - 26 - 027 - 01 - 008。

⑥《胡侍郎惟德赴俄馆与廓使问答摘录》（宣统三年正月二十二日），外交档案：02 - 08 - 003 - 01 - 013。

⑦《俄廓使节略》（宣统三年正月二十九日），外交档案：02 - 26 - 027 - 01 - 012。

复满意，但有不清楚处，“如谓调查后，确系商务兴旺，准俄国在科布多或承化寺设立领事云云。究竟此项问题与纳税问题系属两起，或抑系一起？是否纳税与设领问题同时举办？抑设领事后再议纳税？”邹、胡氏答以：依《伊犁条约》规定，“贵国既欲在科布多添设领事，即是商务兴旺之明证，免税一层，自须更改”。廓使云：“乌里雅苏台俄国设立领事，贵国并未因此牵涉纳税问题”。答以：“当时声明与中国在海参崴设立领事一事，彼此交换”。① 二月初八日，外务部复俄廓使照会，再次强调：依据条约，“科布多等处之设领，与税则一层，均与商务兴旺为同一之根据，按照约章，自应同时办理耳”。②

面对俄国之强硬态度，中俄商约研究处二月初十日会议，讨论修约之得失利害，建议改约宗旨，并拟意见书。对于是否应继续要求修改条约，主张改约者，曰该约问题早经宣布，若因俄国近日之举动，将该问题遽尔收回，未免太伤国体。但是改约之目的无非以权利为标准，然而无国力为外交后盾，俄方又不可能和衷相商，我方改约之正式公文尚未递送，欲改之条件尚未表明，彼且预伏戎机，将来实行改约之结果，彼此权利之得失，岂难预知。建议不能因体面虚名贸然要求修约，反而进一步损失国权。若不改全约，而将该约中之条款择要酌改，也不利。故不应依据第 15 条，要求到期改约，而应“实行旧约”。中国之目的在于废弃免税之例，故应只提出实行旧约第 12 条，以商务兴旺为由，将新疆免税之例废弃，双方议定税则。然则彼方要求设领，似亦难于峻拒。至于百里免税为相互，能改则改，不改亦无妨。总之，建议目前宜集中于征税问题，将来再议改约。③

十四日，俄廓使来照：“贵部节略前开设立科布多领事官及议定

---

① 《俄廓使到部问答摘录》（宣统三年正月二十九日），外交档案：02 - 08 - 003 - 01 - 013。

② 《致俄廓使节略摘录》（宣统三年二月初八日），外交档案：02 - 08 - 003 - 01 - 014。

③ 《俄约研究处节略——会议改约事》（宣统三年二月十一日），外交档案：02 - 14 - 010 - 03 - 007。

税则，均应同时办理等语，查条约并无此项明文"。① 并到部面称：俄政府不同意中国将设领与商订税则事相提并论。至于商订税则，载在约中，中国自可遵约提议，三年前俄国已应允。并允撤回承化寺设领，仍设在科布多。② 然而，不久又抗议中国舆论扭曲，煽动人心，要求"贵部设法消弭中国新闻纸暨北京及东三省人心浮动之机"。③ 二月十四日又有更强硬之第二次照会，称：

> 甚惜中国政府与俄国仍有不友之意，且一面允认俄中各约，一面以无据讲解侵夺俄商按约所得之利益。贵部节略前开，设立科布多领事官及议定税则均应同时办理等语。查条约并无此项明文……本国政府查贵国政府所称各节，与本处正月十八日照会内载第三第四两段均不相符。本国政府恐中国政府若不肯承认本处照会第三第四两段□意，则两国和好碍难仍旧也。本国政府劝商贵国政府，斟酌侵犯睦谊之患，中国政府若不全行允认本处照会第三第四两段，其患殆不免也。④

十六日，胡惟德往晤廓使，谈及俄国不愿同时商议设领与订税则，廓使云：本国既允照约商议，自期商议有成；至本国宗旨，固冀税则之愈宽愈好。胡氏云：科布多设领，自可允行。至税则即作为另案办理，不日再行提议。⑤ 十八日外务部照复，有关议定陆路税则事，称："查该约第十二款及光绪三十四年七月贵国外务大臣致萨钦差照

---

① 《俄廓使来照摘录》（宣统三年二月十四日），外交档案：02-08-003-01-014。
② 《俄廓使到部问答摘录》（宣统三年二月十四日），外交档案：02-08-003-01-015。
③ 《俄廓使照会》（宣统三年二月十一日），外交档案：02-26-027-01-017。
④ 《俄廓使（第二次）照会》（宣统三年二月十四日），外交档案：02-26-027-01-019。
⑤ 《胡侍郎往晤俄廓使问答摘录》（宣统三年二月二十六日），外交档案：02-08-003-01-017。

会中，均曾声明现在各处商务渐臻兴旺，税则一事，应由中国随时提议"。① 二十四日俄使又强硬照会，以中国拖延为由，强迫中国承认正月十八日照会各款，与约章相符，"若准此项表明之文，本国政府始能商议税则，以及俄商贸易茶叶之专章，或商改光绪七年条约某数条。惟应预行声明，倘届期未见……满意之复文，则本国政府仍留自由之举动，而因中国固执所出之患，当惟贵国政府是问"。② 由于俄国照会语气愈发强横，国内舆论排俄激烈。驻俄公使萨荫图认为：

> 窃以俄此次交涉因商约限满，恐修约时从前所得利益将有更改，欲于目前先占地步，实属显而易见。而政府口气则讳莫如深，谓与修约事全无关系。夫此约订立已三十年，修改之期在数月间，今忽开列各端，迫我守约，实出理论之外，目前约限未满，只能照约办事，至限满时彼此开议自当另行磋商。③

外务部无奈，只好屈从，于二十七日照复，承诺："中俄邦交素敦，于边界交涉事件，所互相依据者全在遵守约章顾全睦谊，是中国政府于正月十八日来照所开各节，并无异议，以期符合贵国政府按照条约办理之意。"④ 二十九日俄使照会，表示满意，云："冀贵国政府确守此项约章，且此次表明之意，作为嗣后敦固俄中素有睦谊之证据"。⑤ 对此次屈辱交涉，外务部总结云：

> 方今中国时局，外侮不止一国，边患非止一隅……（俄人）

---

① 《照复》（宣统三年二月十八日），外交档案：02-26-027-01-002。

② 《俄廓使照会》（宣统三年二月二十四日），外交档案：02-26-027-02-002。

③ 《驻俄萨大臣致丞参信一件》（宣统三年二月二十五日），外交档案：02-26-027-02-003。

④ 《照复》（宣统三年二月二十七日），外交档案：02-26-027-02-004。

⑤ 《俄廓使照会》（宣统三年二月二十九日），外交档案：02-26-027-02-006。

近者迭来照会，至再至三，强权相干，限期索复……相胁以武
力。彼逞强而我积弱，彼有恃而我无备，审时度势，自不得不曲
徇其情。且其来照所请求者，多系光绪七年条约之所允许……此
次俄人照会不过借口约章，实欲恢复近年所损失之威望，扩张蒙
古及西北一带之利权。其最为注意者尤在设领及任便贸易两事。
盖约许设领即应订定税则，而俄意在先行设领后议税则……今又
适当改约之岁，深恐我厘订税则废弃免税条文重为俄商不利，故
来照中有自由设立可用之法，以复侵犯本国政府及人民之利益等
语。其用意固已昭然……幸不致遽尔决裂，然国势至此，纵暂济
燃眉之急，讵能遏野心之萌……夫外交之道惟有依据条约，相机
因应，为责任所能勉尽，至于公理公法则皆视强弱以为转移。①

建议清政府：练兵并筑张库路以重边防。

六　中俄修约谈判

陆征祥在清末参与海牙保和会，表现杰出；② 又坚毅谈成《中荷
领约》，于宣统三年四月初十日签署，二十六日（5 月 22 日）清政府
批准。同日，外务部上奏：现已届《伊犁条约》限满前六个月内，派
陆征祥修约商之俄使转达俄外部，既无异议，修约之地商定在俄京，
请简派该大臣给予全权前往俄京会议修约。③ 外务部考虑到俄方保全
固有利益之强硬态度，议约时如冀挽回一切权利，势难办到，故拟定
议约宗旨，上奏云：

---

　　①　《致会议政务处说帖》（宣统三年三月初二日），外交档案：02 - 26 - 027 - 02 - 009。
　　②　参见唐启华《清末民初中国对"海牙保和会"之参与（1899 ~ 1917）》，（台北）
《政治大学历史学报》第 23 期，2005 年 5 月。
　　③　《会奏修改中俄通商条约请派全权大臣前往俄京会议由》（宣统三年四月二十六日），
外交档案：02 - 14 - 011 - 01 - 001。

此次修约，臣等窃以为应先提议商订税则，就其所已允许，以取因势利导之功，果能将旧约免税之条作废，裨益亦非浅鲜。此外凡关于通商各事宜，均应逐加详酌，彼此有所商改，必求取益防损。如有未能解决之问题，即仍暂照旧约办理。盖商务虽较前兴旺，究竟边陲与腹地不同，只当揆度时宜，未便过事强争，以免有妨两国睦谊。①

奉朱批：依议。二十七日照会俄使。

陆征祥于六月初十日抵圣彼得堡，与俄接洽修约，十二日晤俄署理外部南拉度甫（Neratoff）后，报告称："觇厥情形，约事恐难从速，惟彼允可先接洽"。② 又称："观南署外部所谈情形，尚无拒人千里之意，惟约事宗旨仍慎秘，坚称此举由中国发起，故必须先候中国开送节略，但大致亦必以和平单简能早结束为盼"。③

六月下旬，陆征祥赴海牙，将《中荷领约》在荷兰外交部互换。闰六月十三日返俄，二十三日（8月16日）觐见俄皇后，报告外务部称：俄皇接见礼节较公使隆重，辞色颇佳，有重温睦谊之可能，陆使也乘机向俄皇表达善意。④ 不久，俄政府任命驻东京头等公使玛列维赤（N. A. Malevsky-Malevitch）充修约全权大臣，与陆征祥公同商议修改《伊犁条约》。⑤ 七月八日（8月31日）双方在

---

① 《会奏修改中俄通商条约请派全权大臣前往俄京会议由》（宣统三年四月二十六日），外交档案：02-14-011-01-001；亦见《外务部奏》（宣统三年四月二十六日），《宣统政纪》卷53，台北，文海出版社，1989，第23页下至第25页上。
② 《收驻俄专使陆大臣信一件（六月十三日）》（宣统三年闰六月初四日），外交档案：02-14-011-01-017。
③ 《收驻俄专使陆大臣信一件（六月二十四日）》（宣统三年闰六月初九日），外交档案：02-14-011-01-019。
④ 《收驻俄专使陆大臣信一件（闰六月二十四日）》（宣统三年七月），外交档案：02-14-011-01-021。
⑤ 《收俄廓使信一件》（宣统三年闰六月二十九日），外交档案：02-14-011-01-023。

俄外交部行开议礼，交换全权状，约定会议办法，并遵守秘密。① 俄全权宣读开议修约颂词，云："两政府曾彼此预为商定将本约关于商务多数条款，纯全保存，只得将两国边境现在交通发达之情势，必须更易者易之"。② 中方则开列节略，要求商谈籍民、设领、免税、建造、行船等五端，表示只就"原约条款之不合现今情势，或解释文义不同者，稍加修正，俾于两国商务有益"。③ 陆征祥上奏称：修约事关系重要，现虽举行开议之礼，而彼中条件迄未明宣，将来如何情形，目前尚难逆料。并请免去驻俄公使职，专议修约。④

十四日，清政府改任陆征祥为驻俄公使，修约由陆征祥及驻荷兰公使刘镜人负责。⑤ 二十三日俄全权来使署，做正式会议前之商定，称原约十年期满可修者，只限于商务各条，籍民问题溢出商约范围，请陆使电商北京不谈。陆使答以原约大纲只界、商二端，除界务外，皆涉商务，所见殊不同。⑥ 陆使问何时会议，彼称现尚未定。陆使报告称：

查是日该全权来谈情形及其词气，极为敏妙，尚非正式谈判，而吾不允许彼可宕不会议之意，已寓其中，外交手段实属可

---

① 《收驻俄专使陆大臣信一件（七月初九日）》（宣统三年七月二十二日），外交档案：02-14-011-02-009。
② 《收修约陆大臣（十五日）文一件》（宣统三年七月二十九日），外交档案：02-14-011-02-012。
③ 《收驻俄大臣函——拟送约稿节略》（宣统三年闰六月二十三日），外交档案：02-14-012-01-028。由清政府决策中俄修约先议税则看，陆征祥提出五端，应属策略运用，重点仍在税则。
④ 《陆征祥附奏在俄暂难接任陈明先派代办一片奏朱批知道了钦此》（宣统三年八月十二日），外交档案：02-12-026-02-012。
⑤ 《宣统三年七月初三日收驻和国大臣陆征祥致丞参函》（宣统三年七月初三日），外交档案：02-12-026-02-006。
⑥ 《收驻俄专使陆大臣信一件（七月二十四日）》（宣统三年八月十一日），外交档案：02-14-011-02-014。

佩。征祥等再四斟酌，彼此初次晤谈，自难率然拒绝，然吾国所开节略只此五端，若因晤谈一次，遽允提出一端，日后太难为继，且彼中意愿究竟如何，至今秘不稍宣，未免用心叵测。是以允其据情电达，而拟于异日复告之时，设法催将彼中意愿迅速告知，再行统筹酌核。①

二十七日外务部照会俄廓使："本部已奏明派陆征祥为修约大臣，前往俄京会商，未经商定以前，一切仍旧约办理"。②

八月初八日，双方第一次晤谈，俄全权坚持将籍民问题先行删去，再顺序提议其他四端，执意甚坚。③ 陆使请俄全权表示俄方之所有意愿，渠称此次修约系由中政府发议，俄只立于被动之地位，是以实无意愿可言，今亦只就中国节略下税务、设领、租建、航行四端，逐一预备，现仅就第二端免税问题粗备概略。④ 由于俄方坚持删去籍民才能开第二次会，外务部十二日指示陆使：

　　籍民问题可允缓议，唯恐于免税、建造二端不无牵涉，可先议以下四端，俟大致议妥，应否议及籍民再酌。如俄政府于各端皆持平协商，我亦必不坚持己见。希酌将此意婉达，仍催将免税概略交出先议，并彼所有欲提议各节亦须先示大概，如有溢出商务范围外者，我亦请其提出缓议。⑤

① 《议约事籍民问题事》（宣统三年八月十一日），外交档案：02-14-011-02-014。
② 《发俄国公使廓照会》（宣统三年七月二十七日），外交档案：02-14-012-01-049。
③ 《八月初八日致外务部电》（宣统三年八月初八日），外交档案：02-14-011-02-014。
④ 《收修约刘陆大臣信一件（八月初九日）》（宣统三年八月二十五日），外交档案：02-14-011-02-016。
⑤ 《发驻俄修约陆大臣电》（宣统三年八月十二日），外交档案：02-14-012-01-056。

十八日，陆使面告俄全权遵示暂搁籍民问题，先谈第二端免税问题，俄全权称二、四、五端已备概略，第三端尚未齐，当赶于两星期内从速开示，待彼此接洽妥适，再定会期。①

次日（10 月 10 日）武昌起义，中国内乱。廓索维慈建议俄外部：向陆提出反提案，尽速谈判。② 九月十七日（11 月 7 日），俄全权面送节略四条，陆、刘使电称：俄要求多处设领，增加利益及航权，对于中国最重视的税务，反而要求蒙疆仍然免税，修改陆路章程，不提百里免税，与中方要求南辕北辙。③ 陆使建议对于税务，应与各国税则一律值百抽五，若办不到，则可照中越陆路通商办法减税，"无论多少，总须令其缴纳税项，以保主权……如仍不能收税，则与此次修约之宗旨，大相背触，不如设法罢议，而仍将旧约续行若干年"。④ 在给同僚的信函中，陆使详述此次会谈情形，云：马全权面交俄国节略，所允我者，只表面可观，其所要求者，大都多有关系，于收税一层犹复完全请免，前途情形已可以概见。再四斟酌，以为设领各处，如有不能不允者，或竟预筹开放，酌择关系较近者而招徕之。通航各江如有不能不允者，或亦要求对等，酌择能兴航业者而提倡之。总使其不得利益独沾，视为外府。尤拟先与提商第 12 条，将收税问题先行规定，倘彼竟坚持免税，似宁设法罢议，暂将旧约续行。所尤慨者，彼屡以此次修约系由中国提议为言，万一吾倡罢议之说，难保彼不以前言为口实，俾吾有所不能，此则势成骑虎。最后，

---

① 《修约大臣等致丞参信一件（八月十九日）》（宣统三年九月初五日），外交档案：02 - 14 - 011 - 02 - 017。

② 《驻北京公使致代理外交大臣涅拉托夫的电报》（1911 年 10 月 13 日），《帝国主义时代国际关系》第 2 辑第 18 卷下册，第 156 页。引自樊明方《辛亥革命前后中俄关于修订〈伊犁条约〉的交涉》，《近代史研究》1986 年第 4 期，第 63 页。

③ 《收驻俄陆和刘大臣（十七日）电》（宣统三年九月十八日），外交档案：02 - 14 - 012 - 01 - 061。

④ 《照录马全权面交修改千八八一年中俄商约节略》（宣统三年十月二十日），外交档案：02 - 14 - 012 - 01 - 064。

请指示："究竟其中可允者若干，万不能允者若干，又彼所不允而我万不能不请彼承允者若干，务恳详示方针，俾有趋向"。①

十九日（11月9日），清政府召袁世凯任内阁总理，二十六日袁氏责任内阁组成，胡惟德署理外务大臣。十月初一日陆征祥正式接任驻俄公使，已是武昌起义后一个半月。陆使与马全权续谈两次，十日，蒙古宣布独立，次日，陆、刘使电称：收税为此次修约主旨，此而不谐，尚何可议，但俄方态度，似欲收税，应先请废百里免税例，欲废该例，必须先给相当利益，而伊蒙等处之收税，尚在漠然之数，结果何堪设想。最后表示，熟审近情，万难胜任，乞奏请另简贤能，以免贻误。十六日外务部电："仍望勉为其难"。②

十一月六日（12月25日），陆、刘使电外务部，请代奏清帝退位，实行民主。次日，内阁奏片：陆电"语意趋重共和，以出使大臣，立论亦复如此，臣窃痛之"。③ 十三日（1912年1月1日），中华民国临时政府成立于南京，孙中山就任临时大总统。次日，陆使函告：与沙外部及马全权等晚宴杂谈，马全权表示北京近来诸多为难，约事谅难从速，准备回东京任所。陆使建议："吾国目前情形大局未定，议约亦正为难，如或乘机暂搁，似亦未始非计……姑俟国事敉平，再行开议，似亦无妨。"④

十九日（1月7日），外务部函陆使，称："此次修约，彼所要求不易就范，固在意中。所可异者，收税问题，为彼外部前所允诺，今仍全

① 《驻俄陆大臣致丞参信一件（九月二十九日）》（宣统三年十月二十日），外交档案：02-14-011-02-018。

② 《收驻俄大臣陆刘（十一日）电》（宣统三年十月十二日）、《发驻俄修约大臣陆电》（宣统三年十月十六日），外交档案：02-14-012-01-062、063。

③ 许师慎编纂《国父当选临时大总统实录》下册，台北，"国史馆"，1967，第174页；另参见唐启华《陆征祥与辛亥革命》，中国史学会编《辛亥革命与20世纪的中国》上册，中央文献出版社，2002，第850～879页。

④ 《驻俄陆大臣致丞参函一件（十一月十四日）》（宣统三年十二月初七日），外交档案：02-14-011-02-021。

然反对，实非意料所及"。若因此而罢议，咎亦非在我，但若仍可磋商，可照陆使意见，相机通融。三十日，陆使电："约事，马全权询问甚切，谓如缓议彼可先回东京。窃意大局未定，缓议未始非计，乞钧裁"。① 十二月初一日，陆使又请外务部代奏：以内忧外患，请清政府赞成共和，"速断宸衷，概然从众……臣重洋奉职，五内如焚，危机日迫，不敢不竭愚虑。倘尚不蒙鉴量，惟请迅简贤能来任使事"。② 次日，外务部电令：希照十九日函酌与磋商，如彼竟不受商，即可听缓议。六日，陆使复电："当谨遵，惟窃虑与其发而难收，似不如乘机暂缓，马全权现急于回东，故缓议可望赞同，可否再乞钧裁示遵"。③ 次日，外务部电："马全权既急于回东，约事可暂缓议"。陆使遵令。④

十二月十五日（2月2日）陆征祥与俄全权正式开会，将此次修约暂作结束。马全权先述俄方派假旋之廓索维慈为副全权，马全权离俄回东京任所后，由其接洽；次述送交答复节略，希望中方从速见复。陆使声明：此次修约之主旨以废弃1881年原约各项免税问题为重，改从一律收税，至于税则之重轻，不妨彼此从长计议，借留将来地步。陆使在致外务部函中，总结云："此时缓从缓议，虽非了局，然必愈于不缓耳。"⑤

十二月二十五日（2月12日）清帝下诏退位，北京临时政府令驻外公使照旧供职，改称外交代表。民国元年（1912）3月10日，袁世凯在北京就任临时大总统职，13日任命唐绍仪组阁，31日任命陆征祥为外交总长，陆氏一再请辞。4月，陆使电：俄外部派库朋斯

---

① 《发赴俄修约大臣陆刘函》（宣统三年十一月十九日）、《收驻俄陆和刘大臣电》（宣统三年十二月初一日），外交档案：02-14-012-01-068、070。
② 许师慎编纂《国父当选临时大总统实录》下册，第177页。
③ 《发驻俄修约大臣刘大臣（三十日）电》（宣统三年十二月初二日）、《收驻俄陆大臣电》（宣统三年十二月初六日），外交档案：02-14-012-01-071、072。
④ 《发驻俄修约大臣陆大臣电》（宣统三年十二月初七日）、《收驻俄陆大臣电》（宣统三年十二月初十日），外交档案：02-14-012-01-073、075。
⑤ 《收驻俄陆代表函》（中华民国元年3月2日），外交档案：02-14-012-01-077。

基（B. N. Krupensky）使华，授意库使到京一并提议商约事。俄当局有意将旧约续行十年，北京外交部询问陆使意见，陆使答以修约暂停，但旧约无续行之理，只能于未定期间暂且赓续，不能明订期限。陆使认为旧约续行，原系中方求之不得之事，现在俄方提出，正可利用。① 不久，陆征祥返国，行前晤沙外部，彼提约事续行十年，陆使告以约事无续行理，部署稍定当即续议。②

中华民国建立后，中俄修约谈判移到北京进行。1912 年 1 月 23 日，俄外相沙查诺夫建议沙皇：利用承认袁世凯的机会，要挟他答应俄国继续保有《伊犁条约》中的各项特权。③ 4 月初，俄国外交部确定对中俄修约方案：以中国政局变动为由，拒绝恢复修约谈判，将旧约延长十年或至少五六年。同时将已变得对俄不利的百里免税规定取消。④ 5 月，陆征祥返抵中国，观望一阵后，于 6 月 10 日正式接长外交部，旋因卷入组阁风潮辞职。1912 年俄库使抵北京，9 月初照会外交部，要求旧约展限十年，取消百里免税。⑤ 北京政府则要求取消俄货陆路进口税减纳三分之一，俄方坚持不让。⑥ 最后，清末民初修改中俄商约交涉，遂以旧约展限十年告终。

七　结语

本章探讨清季官方修约观念的发展，以及中英、中西、中俄三次

---

① 《收驻俄代表陆电》（中华民国元年 4 月 12 日），外交档案：02 - 14 - 012 - 01 - 078；《收驻俄国代表陆函》（中华民国元年 4 月 26 日），外交档案：02 - 14 - 012 - 01 - 080。

② 《收驻俄代表陆电》（中华民国元年 4 月 17 日），外交档案：02 - 14 - 012 - 01 - 079。

③ 《沙查诺夫上沙皇奏》（1912 年 1 月 23 日），见《红档杂志有关中国交涉史料选译》，张蓉初译，生活·读书·新知三联书店，1957，第 234 页。引自樊明方《辛亥革命前后中俄关于修订〈伊犁条约〉的交涉》，《近代史研究》1986 年第 4 期，第 65 页。

④ 《外交大臣沙查诺夫致财政大臣和工商大臣——科科弗采夫和季马舍夫函》（1912 年 4 月 13 日），《帝国主义时代国际关系》第 2 辑第 19 卷下册，第 404 页。引自樊明方《辛亥革命前后中俄关于修订〈伊犁条约〉的交涉》，《近代史研究》1986 年第 4 期，第 65 页。

⑤ 《照复俄库使中俄商约事》（时间不详），外交档案：03 - 23 - 091 - 03 - 017。

⑥ 《收驻俄刘公使电》（中华民国元年 12 月 28 日），外交档案：03 - 23 - 091 - 03 - 017。

到期修约的实践尝试。中英修约过去已有学者注意到，中西则从未被研究过。这两次修约，虽经提出，但因内外种种不利因素，未能持续推动。中俄修约是清末最主要的修约交涉，过去虽有学者撰过专文，但因未能使用档案，无法深入。

由清季修约观念发展历程考察，修约原是列强用以扩大在华利益的手段，最早的修约交涉，皆系列强主动提出。清政府原来以条约作为羁縻夷人的手段，加以当时条约之危害尚不明显，故不愿轻易修改。待遣使出洋后，部分外交官理解到修约是国际常态，并见日本不断试图修约以回复国权，逐渐有中国应主动修约的提议。清政府真正主动修约，则发端于《马关条约》之后，因财政需求，并见日本修约有成，加以朝野对条约之危害认识较深，乃依据条约"十年届满"条款，于1898年主动向英国、西班牙提出修约。然而甫提出照会要求到期修约，即因瓜分危机、戊戌政变、义和团运动及美西战争等内外不利因素而中止。这两次修约尝试，虽尚未实际展开谈判，但收回权益的意识已经萌芽。

《辛丑和约》之后，清政府的修约努力颇有值得注意之处，主要是与各国修改商约及中俄修约交涉两事，前者甚早受到学界重视，已有大量研究成果，后者则未受重视。[①] 与各国修订商约原属列强主动，但清政府乘机维护国权，稍得英、美、日国愿考虑修改税则及放弃领事裁判权之承诺。中俄修约交涉是个被忽略的重要个案，笔者认为此次修约为清末第一次，也是最后一次主动修约。樊明方已注意到此案，认为这次交涉"是根据中国要求进行的，中国希望通过修约减少前此条约造成的损失……这次修约的交涉是中国的一次用外交方式部分挽回已失权利的失败了的尝试"。[②]

---

① 如王尔敏《晚清商约外交》第279页云："关于晚清商约修约之主动权，七十年间全部操于列强之手。毫无一次特例"。笔者认为此说稍过，中俄修约交涉可为反证。

② 樊明方：《辛亥革命前后中俄关于修订〈伊犁条约〉的交涉》，《近代史研究》1986年第4期，第69~70页。

如上文所述，曾纪泽在 1881 年商订《伊犁条约》时，已有日后修约的设想，并预留余地。《辛丑和约》之后，清政府亟欲增加税收，照会俄国希望修约，但无下文。光绪朝末年，俄国依条约中"商务兴旺"条款，要求在乌里雅苏台设领，清政府顺水推舟，借同一条款要求征税，得俄方之承诺。然后乘条约十年届满，于 1911 年正式提出修约，并派陆征祥赴俄谈判。此次交涉，虽因国力太弱，遭到俄国强权之羞辱，最后勉强借辛亥革命，中止谈判，旧约延长，未达修约目的而告终。但是中国外交的新精神，已由此次交涉中可以略窥一二。

清政府的修约认识，最早应始于对"利益均沾"条款的贻害，其后因财政困难，希望增加关税收入，修约要点放在提高关税税则，按实价确实征税，以及因银价下跌，希望改用英镑或金价为征税标准。对俄则想去除陆路通商免税、减税的优惠。至于关税自主，当时还无暇计及。对于去除或限制领事裁判权，已有讨论与初步提议，但尚无实际行动。

中俄修约虽一无所成，但已展现依据十年修约条款，尝试以"到期修约"方式去除俄商免税优惠之企图。足见清季外交并非完全被动，有其国权意识萌发，与国内法制改革、立宪运动、收回路矿权相对应，对外要求修约的努力。若与民初北洋修约联系起来看，此次交涉从清末到辛亥革命期间持续进行，直到民国成立之后，继续由陆征祥在北京与俄使交涉，饶富清末民初外交传承的意味。此次交涉未达预期目的，修约仅凭恃条文是不够的，没有国力为后盾，只会增加羞辱。此案也开启民初修约的序幕，尤其是俄国革命之后，新疆当局屡次建议利用《伊犁条约》下一次十年期满时（1921 年），提议修约，去除俄商特权。

第二章

民初平等订约与修约的努力

清末，中国先后与英国、法国、美国、瑞典、挪威、俄国、德国、丹麦、荷兰、西班牙、比利时、意大利、奥地利、秘鲁、巴西、葡萄牙、日本、墨西哥 18 国订约，设使领通商务。这些"有约国"皆享协定关税、领事裁判权及最惠国待遇等，加以"无约国人民得请求有约国领事保护，归有约国领事裁判，凡在中国之外国人，均在中国法权之外矣"。[①] 民国肇造之后，即由国务会议（以下简称阁议）议决："嗣后对于满清遗留之各不平等条约不得续延，亦不得再订相似之约"。[②] 这个政策实际执行状况如何，可由民初数个订约案例考察之。

一 中华古巴订约谈判

清末，国人侨居中南美者颇多，清政府曾与秘鲁、巴西正式订约

---

① 钱泰：《中国不平等条约之缘起及其废除之经过》，第 21 页。

② 《收王参事会晤西馆问答》（1927 年 8 月 24 日），外交档案：03－23－062－01－012；亦见《外交部参事王曾思就〈中西草案〉与西班牙公使嘎利德谈话记录》（1927 年 8 月 24 日），《资料汇编》第 3 辑外交，第 1011 页。

通商。通好设领而未立约者，有古巴、巴拿马两国。其余无约国有智利、厄瓜多、阿根廷、哥伦比亚、玻利维亚、委内瑞拉、巴拉圭、乌拉圭、危地马拉、尼加拉瓜、哥斯达黎加、洪都拉斯、萨尔瓦多、多米尼加、海地等国，清政府皆商请美国驻使代为保护侨民。中国与古巴于光绪三年（1877）签署《会订古巴华工条款》，派设总、副领事前往驻扎，但未订定条约。宣统元年（1909）由驻美公使伍廷芳面商巴拿马总统，先派领事保护侨民，但未订约。[①] 该年八月初四日伍廷芳奏请：将无约各国请一律通好订约，简使设领，保护中南美各埠华侨。张荫棠接任驻美公使后，于宣统三年四月致函外交部，建议在巴拿马运河即将开通之际，"请趁此时间先与古巴、巴拿马订约，其余智利、厄瓜多等国，以次一律陆续订约，揆时度势，实难再缓，如蒙大部核定，即拟就近在华盛顿美京与各国驻使筹商"，并拟照光绪二十五年伍廷芳所订《中墨通商条约》为底稿。[②]

民国成立后，伍廷芳之子、时任约法会议议员的伍朝枢，于1914年初上条陈"请与亚欧美无约国速订条约派设公使领事"于大总统袁世凯，称：

> 无约各国，如欧洲之瑞士，亚洲之暹罗，美洲之古巴、巴拿马等国，或为世界国际会议之地，或为我国侨民群集之所，订约遣使，均关紧要，且我侨民之在南中美洲各国者，时受苛待，因无外交机关，以致呼吁无门，无从伸理。揆诸国家目前财力，自应权衡缓急，次第设施。[③]

---

① 《呈大总统——请派驻美夏公使议订古巴巴拿马两国条约由》（1914年3月4日），外交档案：03-23-014-01-006。

② 《驻美张大臣致臣参四月廿六日信》（宣统三年六月一日），外交档案：03-23-014-01-002。

③ 《呈大总统——请派驻美夏公使议订古巴巴拿马两国条约由》（1914年3月4日），外交档案：03-23-014-01-006。

袁世凯批示："甚有见，交外交部议办"。外交部经内部讨论后，认为：议订条约以古巴、巴拿马两国为最亟，遂电驻两国领事询问该国政府意见，得回复称两国外交部均表示极愿订约。外交部遂于3月4日呈请大总统："自宜趁此时机速与提议，如蒙允准，拟请派令新任驻美公使夏偕复于抵美后，迅速筹划商订条约事宜，并随时电商本部办理，以期妥洽"。① 得大总统批："准如所拟办理"。14日，外交部函令夏偕复："俟在美布置略定，即行前赴古巴、巴拿马两国，与各该国政府商订通商条约事宜"。②

1915年初，夏偕复赴古巴呈递国书，并赴该国外交部接洽订约事宜，告以中国极愿与古巴订一极平等之条约，中古两国人民应享来往居住之一切权利，均与最优待国之人民一律。古巴外交部则提出两问题：（1）古巴禁止华工入境，（2）旅古华侨承袭遗产问题，并请中国提出条约草案。夏使征集古巴侨商对订约意见后，于1月15日致函外交部建议云：

> 此次中国与古巴订立条约，国体所关，务宜事事平等。如两国人民彼此均照最优待国一律待遇，而古巴已隐占优胜；缘古巴人民在中国不受中国法律管辖，而中国人民须受古巴法律也。但使条文平等，将来收回治外法权，最优国待遇改易之时，则古巴人民之待遇，不烦重议而亦改易。

对受美国政策影响之禁华工问题，"如任其禁，则何所谓平等；不任其禁，则古巴亦难听命"；建议由中国于条约外，互换照会声明自行限制数目。并拟就中古条约草稿两份，甲稿短简，以最优国待遇一

---

① 《呈大总统——请派驻美夏公使议订古巴巴拿马两国条约由》（1914年3月4日），外交档案：03－23－014－01－006。

② 《函驻美夏公使》（1914年3月14日），外交档案：03－23－014－01－008。

语，包括一切，不另将各种问题详细开列，以免挂一漏万，而古政府或致多方挑剔。乙稿亦本此意而较详明，性质与通商条约为近。请外交部核定指示。①

外交部逐款详加研究后，复函指示：条约义取概括，以条文短简之甲稿为较妥。至于声明自行限制华工数目，外交部以为：

> 我既与以特别权利，不得不要求相当之酬报，酬报惟何？即要求古政府声明：凡古巴人民来华工作者，无论已来将来者，遇有民刑诉讼，悉归中国法庭审判……互相让步，以求公平之解决。且于实际上领事裁判权一层与古巴关系甚浅，因古巴人之在中国者，仅寥寥数人，他日来者为数亦不甚众多；今我所求于古巴者，诚不如古巴所求于我者也。如古巴坚持领事裁判权应与各国一律享受，不肯放松，则第二步应要求其允诺：一俟将来有一国允许取消领事裁判权者，古巴即一律允许取消。②

然因北京政局有中日"二十一条"交涉、洪宪帝制、张勋复辟及参战问题等大案相继发生，动荡不安，中古议约一事暂告停顿。

1915年底，顾维钧接任驻美公使，1917年报告外交部，称中南美各国多有苛待侨胞情事，似宜从速先与古巴、巴拿马妥订通商条约，再与各国次第商订，分别派设使领，以保商务而护侨民。当时北京政府已参加欧战，政局稍定，外交部遂于12月将旧约稿提交国务会议。28日，国务会议讨论，修改部分约稿条文后，议决："先查明各国之与古巴定约优待之点何在，然后再议应用何稿"。③ 结果中古订

---

① 《驻美使馆1月15日咨陈一件——古巴订约事》（1915年2月19日），外交档案：03-23-014-02-008。

② 《致驻美夏公使——古巴订约事》（1915年10月9日），外交档案：03-23-014-02-014。

③ 《收国务院函》（1917年12月26日），外交档案：03-23-015-01-011。

约屡议未成，"在古政府一方面固不视为必要，在我则关系甚大"。旅古华侨则迭次呈请速定条约，以资保护；但基本问题仍在于禁工与领判权。以后陆续有接洽，但都无成议。① 由此订约谈判过程看，民初外交部已注意到订约以平等互惠为原则，尤其坚持要取消领事裁判权；即使因此订约不成，也不让步。

二　中华智利订约谈判

民国成立尚未得世界各国承认之先，智利即与中国接洽，要求通使。1912 年 9 月，驻英代表刘玉麟报告称：智利驻英公使馆派员面称奉政府命令，拟派驻日本公使来华通好，以便将来订约通商，探询中国政府允否一体接待。② 外交部拟具说帖，10 月提出国务会议，称：

> 查五洲各国交通日辟，风气渐趋大同，是以欧美列邦，无论大小强弱，类多缔约通使，以为扩充商务，联络邦交之计。智利国居南美西偏，虽壤地狭小，而气候和平，物产丰富，近来中国商民侨居彼土者日见众多，似宜酌照古巴、秘鲁先例，增设驻扎专员，为之保护。现该国以通好为请，如可照允，拟一面准其派员来华，先予接待，视其意见如何，再为相机操纵；一面行知驻美代表，调查商务情形，研究利病所在，为将来订约之预备。③

阁议议决："智利来华通好，自应一体接待；惟将来订约通商，应酌量彼此条款若何，再行核定"。④

---

① 详情请参见外交档案：03 - 23 - 015 - 01 各往来文电。

② 《收驻英刘代表 9 月 15 日函》（1912 年 10 月 12 日），外交档案：03 - 23 - 016 - 01 - 010。

③ 《咨国务院——智利国请派员通好开具说帖议决由》（1912 年 10 月 19 日），外交档案：03 - 23 - 016 - 01 - 002。

④ 《收国务院函》（1912 年 10 月 28 日），外交档案：03 - 23 - 016 - 01 - 005。

11月8日，外交部电告驻英刘代表，并呈请大总统派员赴智利考查，以为订约之预备。① 同时驻英使馆报告接获智利驻英公使函称："奉有敝国政府训条，谓通使一节，倘有必须签订和约乃可办理，则敝政府亦正乐行，并饬与台端随时商办"。② 旅智利华侨亦请速与通好，12月16日联名电外交部称："旅智华侨生命四千，财产拾兆，既未通商，向无保护，受人凌辱，苦况难堪。今阅报悉智驻英公使谒刘使，且求我国通商，兹特电哀恳部长早日施行，借资保护"。次年4月30日又函呈外交部，恳请速与智利立约通商。③ 然而智利一年多未有回复，外交部乃于1914年初电令刘玉麟公使催询。④ 3月中旬，刘使复称："智政府属其驻英公使与麟先议通好约，随遣使到京再订商约，应否俯准，请示遵"。⑤ 外交部指示："智利订约办法，照准；约款随时电商，候部核夺"。⑥

于是中智双方在伦敦开始谈判通好条约，进展顺利。双方先各拟一草约，3月20日，刘玉麟在提出草约中，列有"不可任商人为领事一条"，27日，智使要求删去该条。28日，刘使复称：所拟删去一节，诚恐未易办到，因各种约章关于任命领事者，皆有此条，敝政府并不愿两国中以商人充任此职也。于是双方各修改草约，送本国政府核示，再行办理。⑦ 外交部获报后指示："智利约均妥，惟第二章第三条商人句上应加除名誉领事外六字，希先与智使接洽，电部再定"。⑧

---

① 《呈大总统说帖——请派员赴智利调查商务由》（1912年11月11日），外交档案：03-23-016-01-007。

② 《收驻英使馆10月17日函——照译智利驻英公使来函，十月十七号》（1912年11月15日），外交档案：03-23-016-01-008。

③ 《侨居智利国意基忌埠华商总会1913年4月30日呈一件——恳请速与智利国立约通商由》（1913年7月25日），外交档案：03-23-016-01-010。

④ 《致驻英刘公使电》（1914年2月19日），外交档案：03-23-016-01-011。

⑤ 《收驻英刘公使电》（1914年3月13日），外交档案：03-23-016-01-013。

⑥ 《发驻英刘公使电》（1914年3月14日），外交档案：03-23-016-01-014。

⑦ 《收驻英刘公使2日函》（1914年4月18日），外交档案：03-23-016-01-015。

⑧ 《发驻英刘公使电》（1914年4月29日），外交档案：03-23-016-01-016。

几经往还电商后，外交部与驻英使馆在 5 月底定妥约稿，准备呈准大总统后，派任刘使为全权签约。[①] 同时，驻日公使陆宗舆亦报告，称智利驻东京公使询及与中国订约事，"面求一询我国政府之意见，以为中智两国将来工商事业颇有关系，词甚恳切"。[②] 外交部告以："现在通好约已经议有条件，由本部呈请大总统鉴核，俟奉批令，即当遵照办理"。[③]

7 月下旬，刘玉麟报告：智使称政府委凭业已领到，至此双方已准备妥当，即可签约。[④] 外交部指示：应由新任驻英公使施肇基签订。[⑤] 8 月 3 日，外交部呈大总统袁世凯，称：

> 此次智利订约，意在先行通好，故于两国人民应互相友睦，及互派代表领事各节，均极注重。该约稿所载各款，如领事未到任之先，须求所驻国发给证书，方能就职视事；暨不准商人兼充领事等语，按诸历来通例，均属相符。其对于代表领事应享权利亦属彼此平等，毫无偏倚，似尚妥协。[⑥]

5 日，大总统批令："外交部呈拟与智利国签约通好，准予照办，即派施肇基为全权代表，并由部转行遵照"。[⑦]

就在此时，欧战爆发。9 月 21 日，驻日公使陆宗舆报告，智利驻日公使称：

---

① 见外交档案：03 - 23 - 016 - 01，5 月外交部与刘使往还各电文。
② 《收驻日本陆公使 5 月 30 日函》（1914 年 6 月 5 日），外交档案：03 - 23 - 021 - 02 - 007。
③ 《复驻日陆公使函》（1914 年 6 月 9 日），外交档案：03 - 23 - 016 - 01 - 020。
④ 《收驻英刘公使 22 日电》（1914 年 7 月 23 日），外交档案：03 - 23 - 016 - 01 - 021。
⑤ 《电驻英刘公使》（1914 年 7 月 27 日），外交档案：03 - 23 - 016 - 01 - 022。
⑥ 《呈大总统——拟与智利国签订通好约款呈请核示由》（1914 年 8 月 3 日），外交档案：03 - 23 - 016 - 01 - 023。
⑦ 《政事堂交批令一件》（1914 年 8 月 8 日），外交档案：03 - 23 - 016 - 01 - 024。

现下欧洲既有战事，且伦敦离智利国甚远，并非便于商榷之地；本使现拟于十月上旬乘南满铁道，由奉天赴北京观光贵国，并奉有智利政府内训，如蒙中国政府有意与智利联交，本使当可即在北京与贵国政府商订中智两国通好之草约，将来经两国政府批准之后，当再续议商约。①

29 日，外交部指示："智约已由刘使在英京与智使议定，经部呈准，派施公使前往签字，驻日智使来京，未便另议；接待一节，自可照办"。② 10 月 12 日，陆宗舆复称："驻日智利公使面请，可否从速令施公使即行签字，以便智利政府将驻华使馆经费，今冬即编入豫算"。22 日，外交部指示："该公使抵任后，自当将此事赶为办理。"③

1915 年 1 月 14 日，施肇基使抵英后，与智使互换全权文凭，将草约互相核对，报告称："已核对智利草约，序英文原有 direct 漏写，现照加，并将华文愿结两国之好改愿敦两国直接睦谊。又第一章英文照旧，华文于须永敦和好上加向来和好，以期两文相符。现缮稿，订期签押"。④ 2 月 18 日，在伦敦签署。⑤ 19 日，知照英外部。施使派员赍送条约回国，因罢工船期屡延，3 月 26 日始启程。⑥ 外交部收到约本后，6 月 3 日电施使称："赍回各件照收到，智利条约本部印缮呈批准。惟原送约本两份，是否以一份留部，一份预备作批准本互换，抑批准本由部另备，希电复"。⑦ 施使复称："询商智使，伊约未到智

---

① 《收驻日本陆公使 21 日函》（1914 年 9 月 29 日），外交档案：03－23－016－01－029。
② 《电驻日本陆公使》（1914 年 9 月 29 日），外交档案：03－23－016－01－030。
③ 《收驻日本陆公使 12 日函》（1914 年 10 月 19 日）、《复驻日本陆公使》（1914 年 10 月 22 日），外交档案：03－23－016－01－031、032。
④ 《收驻英施公使 22 日电》（1915 年 1 月 23 日），外交档案：03－23－016－01－033。
⑤ 《收驻英施公使 2 月 19 咨》（1915 年 6 月 2 日），外交档案：03－23－016－01－034。
⑥ 《收驻英使馆 3 月 26 日函》（1915 年 6 月 3 日），外交档案：03－23－016－01－035。
⑦ 《电驻英施公使》（1915 年 6 月 3 日），外交档案：03－23－016－01－036。

京, 时值选举, 缘批准或稍迟延; 至互换不用约本, 两元首各下批准令, 由各驻英使用文知照"。① 23 日, 外交部将约本呈大总统, 请将约本批准, 盖用国玺, 发交本部转寄该公使, 知照智利驻英公使订期互换, 以资遵守。24 日, 袁大总统批令: "经本大总统核阅, 应准钤用国玺"。②

智利方面批准较慢, 施使于 7 月报告: "函询智使, 据复彼国因须议院通过后呈经总统批准, 尚须时日, 俟有定期再行知会"。③ 直到1916 年 2 月 4 日, 施使电告: "智使通知已由大总统批准, 今日互换, 请代奏"。④ 外交部奏报洪宪皇帝: "此项条约已由智利大总统批准, 现于二月四日互换。"⑤

《中华智利通好条约》全文五款, 简单扼要, 规定两国通好, 互派外交代表。主要条款为第二款, 内容如下:

> 大中华民国政府
>
> 大智利民国政府均得派外交代表、总领事、正领事、副领事、代理领事驻扎彼国京城及许他国代表驻扎之重要城邑, 得享有同等之一切权利待遇, 其它特许免除之例, 均与其它最惠国之代表领事等一律。
>
> 总领事、正领事、副领事及代理领事于未到任之先, 须照通例请求所驻国政府发给证书, 方能就职视事。
>
> 立约两国均不准派商人充总领事或正领事、副领事及代理领

---

① 《收驻英施公使 10 日电》(1915 年 6 月 12 日), 外交档案: 03 - 23 - 016 - 01 - 037。
② 《具呈大总统——请批准中智条约由》(1915 年 6 月 23 日)、《收政事堂交批令一件》(1915 年 6 月 24 日), 外交档案: 03 - 23 - 016 - 01 - 040、041。
③ 《收驻英施公使 7 月 15 日函》(1915 年 9 月 29 日), 外交档案: 03 - 23 - 016 - 01 - 047。
④ 《收驻英施公使 4 日电》(1916 年 2 月 6 日), 外交档案: 03 - 23 - 016 - 01 - 048。
⑤ 《具奏中智条约互换日期由》(1916 年 2 月 15 日), 外交档案: 03 - 23 - 016 - 01 - 049。

事，惟可派为名誉领事，其应享之权限利益与各国之名誉领事相等。①

简言之，即双方外交代表互享最惠国待遇。此约因为双方权利义务对等，且未明文给予智利领事裁判权，故被视为鸦片战争以来中国对外签订的第一个平等条约，备受赞誉。②

就当时外交部内部文件考察，中智订约时采用浑括主义，以最惠国待遇浑括一切，不一一明订，并未明文给予智利领事裁判权。当时双方似皆认为最惠国待遇已包含领判权，③ 但是日后中国争回国权意识更清楚时，就不肯再如此承认。1924 年，智利驻上海领事要求行使领事裁判权时，外交部坚持最惠国待遇只指一般商务待遇，不能包括领判权。④ 智利虽提出北京外交团，但因外交部坚持不让，外交团也无计可施。无论如何，《中智条约》至少是条文中首次未明文给予领事裁判权者，给后来收回国权时有解释坚持的空间，已是订约上的一大突破。

三 中华瑞士订约谈判

1914 年 4 月 9 日，驻日公使陆宗舆电外交部，称："瑞士国公使云其政府颇愿与我立约，先以其个人意见以探得我国意见，乞裁示"。

---

① 见王铁崖编《中外旧约章汇编》第 2 册，生活·读书·新知三联书店，1959，第 1086～1087 页。

② 钱泰《中国不平等条约之缘起及其废除之经过》第 174 页称："最早订立之平等条约，为一九一五年二月十八日中国智利条约"。

③ 1917 年 4 月外交部与瑞士谈判订约时，因瑞士要求与各国同享领事裁判权，外交部认为："领事裁判权一节，各国既有先例，瑞士自不肯独异；现拟仿照民国四年所订智利条约，浑括大意，与彼订立通好约章"。可见当时外交部认为中智条约之最惠国待遇，实包括领事裁判权在内。见《咨呈国务院——拟与瑞士国提议设使订约开具节略请国务会议施行由》（1917 年 4 月 24 日），外交档案：03－23－021－02－014。

④ 钱泰：《中国不平等条约之缘起及其废除之经过》，第 174～175 页。

5月20日又电询："昨瑞士国公使又复询及，窃以欧洲多一立约之国遇事亦有便处，乞裁定示".[①] 外交部遂呈报大总统袁世凯：

> 查瑞士为欧洲中立国，居德、法、义各国之间，为世界国际会议之地，国际公会之事务所每设于瑞都，其重要殆与荷兰海牙相仿佛，我国商民之侨居彼土者虽属无多，然因国际之关系，若与立约设使，于外交上或有裨益。此次驻日瑞使探询及此，似可趁此时机酌与提议。[②]

24日，总统府政事堂函告，大总统批示：准如拟妥商办理。[③] 27日，外交部指示陆宗舆："瑞士约事，奉批照准；如瑞政府有委驻日瑞使先议通好条约之意，即希电部，候请派执事与议。"[④] 陆使随即照会瑞士公使，请其转达政府，并声明中国有与瑞士国联好之至意。瑞士公使表示感谢，俟其政府及议会议定后，当正式答复。[⑤] 不久，欧战爆发，中国全力应付日本要求，与瑞士之交涉暂时中止。

1917年2月1日，德国政府宣布将继续无限制潜艇政策，美国邀各中立国与其采取一致行动；北京政府遂于2月9日对德抗议，随后绝交。中德邦交中断，造成中国驻欧各使馆联络不便，驻德公使颜惠庆及驻奥公使沈瑞麟皆电请外交部在瑞士设使馆，以便联络各馆。[⑥]

---

① 《收驻日本陆公使电——朝鲜界及瑞士订约事》（1914年4月10日）、《收驻日本陆公使电——催复瑞士立约事》（1914年5月20日），外交档案：03-23-021-02-001、002。

② 《呈大总统——与瑞士国议约事》（1914年5月20日），外交档案：03-23-021-02-003。

③ 《政事堂函一件》（1914年5月24日），外交档案：03-23-021-02-005。

④ 《电驻日本陆公使——瑞士约事》（1914年5月27日），外交档案：03-23-021-02-006。

⑤ 《收驻日本陆公使5月30日函》（1914年6月5日），外交档案：03-23-021-02-007。

⑥ 《收驻奥沈公使14日电》（1917年2月16日），外交档案：03-23-021-02-008。

外交部遂于 2 月 15 日电令驻法公使胡惟德：速与瑞士接洽先派使通好续订商约，或先设领事。胡使接洽后复电称："已商瑞使电彼政府，得复即电达"。① 3 月 23 日，外交部又催问瑞士设使领事商办情形。② 4 月中，胡使电告外交部：

> 据瑞使得瑞政府复称：订约事，查法、义各国领事有裁判权，瑞士国未便独异；又旅华瑞人向托他国保护，如派使，即应遍设领事，一时极难实行云。当告以此时只先派使，其余可随后妥商，请伊婉达。本日据伊复称：据政府复，仍注意前日所提两层，如中瑞现在订约，能否开议，以中国与各国现行条约为样本，即可商订等语。③

外交总长伍廷芳批示：叙商略照智约办法，提出国务会议议决后再电复。外交部详加酌核后，以"领事裁判权一节，各国既有先例，瑞士自不肯独异；现拟仿照民国四年所订智利条约，浑括大意，与彼订立通好约章，先行设使"，准备于 24 日提请国务会议议决。④ 然而，此时北京因参战问题，总统府与国务院争执不下，5 月 23 日，大总统黎元洪免内阁总理段祺瑞职，政局动荡。6 月张勋入京，7 月初有"复辟"之举。14 日，段祺瑞再任国务总理，讨平张勋部，掌控北京政府，并于 8 月 14 日，对德奥宣战。在此政局混沌之际，阁议无从召开。

　　同时，中瑞订约事也发生变化。5 月 15 日，驻日公使章宗祥电外交部称："瑞使来询：中国政府是否有拟在瑞士设立使馆之事。"次

---

　　① 《电驻法胡公使——希与瑞士公使商办派使事由》（1917 年 2 月 15 日）、《收驻法胡公使 20 日电》（1917 年 2 月 23 日），外交档案：03 - 23 - 021 - 02 - 009、010。
　　② 《电驻法胡公使》（1917 年 3 月 23 日），外交档案：03 - 23 - 021 - 02 - 011。
　　③ 《收驻法胡公使 13 日电》（1917 年 4 月 15 日），外交档案：03 - 23 - 021 - 02 - 013。
　　④ 《咨呈国务院——拟与瑞士国提议设使订约开具节略请国务会议施行由》（1917 年 4 月 24 日），外交档案：03 - 23 - 021 - 02 - 014。

日，外交部复电："瑞士设使，政府确有此意。"① 19 日，章使又电："顷复瑞使，据称渠接政府来电，谓中国拟在瑞士设使，极表欢迎云云，渠又询向例拟派使以前必先议订两国通好条约，此次是否如此办法。"外交部函告：此事现既由胡使与驻法瑞使就近磋商，似不必再与东京瑞使接洽，致涉分歧。② 然而在段祺瑞平定复辟，掌控北京，与日本接近之时，章宗祥于 7 月底报告：驻日瑞使谓"该国政府训令嘱催询此事，并谓驻法瑞使对于东方情形不甚熟悉，恐难办理妥协，不如仍在东京商办；并希望于最惠国条款一节，亦照各国例一律享受等语"，请外交部指示。③ 外交部于是将此状况与 4 月所定"拟在瑞士设使订约办法"一并提交国务会议。④ 8 月 13 日，国务会议议决："由章公使就近与驻日瑞士公使，比照智利条约，妥为商订"。⑤ 次日，外交部指示章宗祥："所有通好条款酌照智利条约办理，于最惠国待遇一节，足副瑞士政府之意；至会议地点……改在东京商办，本部自可赞同……希即与瑞使妥切商办，以期早日就绪。"⑥ 于是订约谈判地点由巴黎转移到东京。

章使奉命后，即与瑞士公使开议；8 月 31 日报告，瑞使表示该国政府对领事裁判权一节颇为注重，认为 1915 年中智（利）条约规定不明，拟照 1908 年中瑞（典）条约第 10 条前半段条文办理，于约内声明，或作为该约附件。章使认为："瑞典约中既载有此节，则此次中瑞条约即预为声明，似无甚碍；将来我国如收回领事裁判权时，

---

① 《收驻日本章公使 15 日电》（1917 年 5 月 15 日）、《复驻日本章公使》（1917 年 5 月 16 日），外交档案：03-23-021-02-015、016。

② 《收驻日本章公使电》（1917 年 5 月 19 日）、《致驻日本章公使函》（1917 年 5 月 22 日），外交档案：03-23-021-02-017、018。

③ 《收驻日使馆 7 月 31 日函——瑞士设领请在东商办候复由》（1917 年 8 月 7 日），外交档案：03-23-021-02-021。

④ 《咨呈国务院》（1917 年 7 月 27 日），外交档案：03-23-021-02-020。

⑤ 《国务院公函》（1917 年 8 月 13 日），外交档案：03-23-021-02-022。

⑥ 《函驻日本章公使》（1917 年 8 月 14 日），外交档案：03-23-021-02-023。

瑞士自不能独异。"① 9月10日，外交部在国务会议提出两个方案：照瑞典约第10条全文，略加修改字句；或仍用浑括主义，声明关于领事裁判权一层，允照最惠国一律办理，一俟各国均允弃其治外法权，瑞士国亦必照办。阁议议决：用浑括主义办理。② 29日，外交部指示章使："领事裁判权一节……用浑括主义，于通好条约外，另文声明：关于领事裁判权一层，允照最惠国待遇，俟中国改良裁判有效，瑞士国必首先弃其领事裁判权云云。"③

10月5日，章使复电称：瑞约领事裁判权，已商允瑞士公使另文声明，唯瑞士公使不允首先字样，但允届时与各国同弃。④ 外交部同意。8日，章使又电："现瑞使又请附件内声明彼此通商条约未订以前，与最优待国之人民一体享受等语。查此事为各国商约通例，似属可行，希核示"。⑤ 外交部电示：可照准。章使即译送条约附件。⑥ 至此，条约内容似乎已然议定。

然而瑞士迟迟未有进一步消息，12月15日，外交部函询章使订约情形，云："现已两月有余，该约当早经签字，未审瑞士政府已否批准？现如于两国政府未批准以前，能否先行派使？希与驻日瑞使磋商见复"。⑦ 章使复函称："查此次与瑞使所拟订约稿，瑞使已函寄瑞士，须俟该国政府同意，彼此方可订期签字，然后再呈请两政府批

① 《收驻日使馆8月31日函——瑞士订约拟参用瑞典条约第十条由》（1917年9月8日），外交档案：03-23-021-02-025。按，1908年中瑞（典）通商条约第10条前半为："凡瑞典人被瑞典人或他国人控告，均归瑞典妥派官吏讯断，与中国官吏无涉；惟中国现正改良律例，及审判各事宜，兹特详明，一俟各国均允弃其治外法权，瑞典国亦必照办。"见黄月波、于能模、鲍厘人编《中外条约汇编》，商务印书馆，1935，第425页。
② 《咨呈国务院——瑞士设使事提请议决由》（1917年9月10日），外交档案：03-23-021-02-026。
③ 《复驻日章公使电》（1917年9月29日），外交档案：03-23-021-02-028。
④ 《收驻日本章公使5日电》（1917年10月6日），外交档案：03-23-021-02-029。
⑤ 《收驻日本章公使电》（1917年10月8日），外交档案：03-23-021-02-031。
⑥ 《收驻日本使馆16日函——译送瑞士条约附件》（1917年10月24日），外交档案：03-23-021-02-033。
⑦ 《函驻日本章公使》（1917年12月15日），外交档案：03-23-021-02-034。

准；此为一定程序……至先行派使一节，目下似不便提"。① 1918 年初，章使报告称："催询瑞使，据其口气，似该国政府所以迟迟未复，约有两因，一、中国南北未统一；二、条约文句与瑞典国不同，尚须研究等语。"并建议：将来和议瑞士必为最有关系之国，现在设使既尚需时日，正式派员亦有未便，似不妨先派重要人员，以个人游历资格，前往考查，或于交涉有益。② 2 月底，瑞士终于回复，章使报告称：订约事已得瑞外部复信，允照前提商之附件原文，唯末句同等权利及特许免除下，拟加英文数语，并声明商人歇业后，亦应派充领事等语；如部意赞同，数日内即可签字。③

外交部认为瑞士拟加之文句不妥，3 月 5 日电章使云："他国约文均无此种规定，既有照最惠国待遇之声明，似足满意；所请加入其它各种事务上权利一语，所包太广；瑞使本意何在，能探问明切见告否？倘漫无范围，未便照办，致启各国效尤之渐"。④ 其后几经往还磋商文字，到 4 月底终于定案；27 日章使报告："据瑞使函称，已接政府来电，允照中国政府之意订立条约……查瑞政府现不提前次请添之语，允照我政府之意订约，并已电派该使全权签字，自应请大部呈派本使全权，并先电知，以便定期签字"。⑤

5 月 4 日，外交部呈报大总统，称："查此项条约既经两国政府公同允认，似可即行缮写正本，以便两国全权签字，各送本国政府批准实行"。⑥ 9 日，电令章宗祥为全权代表，与瑞士签订通好条约。⑦ 最

① 《收驻日本使馆 12 月 26 日公函》（1918 年 1 月 2 日），外交档案：03 - 23 - 021 - 02 - 035。
② 《收驻日本章公使 7 日电》（1918 年 1 月 8 日），外交档案：03 - 23 - 021 - 02 - 036。
③ 《收日本章公使 26 日电》（1918 年 2 月 28 日），外交档案：03 - 23 - 021 - 02 - 038。
④ 《电驻日本章公使》（1918 年 3 月 9 日），外交档案：03 - 23 - 021 - 02 - 039。
⑤ 《收驻日本章公使 4 月 27 日电》（1918 年 5 月 1 日），外交档案：03 - 23 - 021 - 03 - 004。
⑥ 《呈大总统》（1918 年 5 月 4 日），外交档案：03 - 23 - 021 - 03 - 006。
⑦ 《电驻日本章公使》（1918 年 5 月 9 日），外交档案：03 - 23 - 021 - 03 - 008。

后双方校订约文，6 月 5 日，外交部派专人赍送约本赴日，9 日到东京，13 日签字。① 7 月 2 日大总统批准，署名用玺。批准约本于 11 月送交章宗祥。1919 年 1 月 5 日，派汪荣宝为出使瑞士特命全权公使。瑞士方面也于 1919 年中批准，时章使已于五四运动后被免职；9 月 12 日，驻日代办庄璟珂报告：瑞士公使称约本、换约任命状皆收到，不日换约；请求外交部特派发委状。② 10 月 8 日，双方在东京中国使馆互换。③

《中华瑞士通好条约》与《中华智利通好条约》内容大体相同，唯应瑞士之请，加一附件，内容如下：

> 关于领事裁判权（即治外法权），瑞士国领事应享有现在或将来允与最惠国领事之同等利权。俟中国将来司法制度改良有效时，瑞士国即与他缔约国同弃其在中国之领事裁判权。
>
> 将来尚须订正式通商条约，在此项条约未成立以前，两缔约国人民应享有现在或将来最惠国人民一切应得之同等权利及特许免除。④

此附件明文给予瑞士领事裁判权，久任外交部条约司司长的钱泰称："当时外交部中，曾有人劝阻，谓民国不宜开此恶例，惜中国因欧战将了，急欲在瑞士设使馆，探取情报，遂为瑞士所乘"。⑤ 此约签订之时，北京旧国会已停顿，新"安福国会"尚未召开，故由大总统径行

① 《呈大总统——请批准中瑞条约由》（1918 年 6 月 25 日），外交档案：03 - 23 - 021 - 03 - 021。
② 《收驻日庄代办电》（1919 年 9 月 12 日），外交档案：03 - 23 - 021 - 03 - 031。
③ 《收驻日庄代办 8 日电》（1919 年 10 月 9 日），外交档案：03 - 23 - 021 - 03 - 041。
④ 《中华瑞士通好条约》见外交档案：03 - 23 - 021 - 01 - 001；亦见王铁崖编《中外旧约章汇编》第 2 册，第 1374 页。
⑤ 钱泰：《中国不平等条约之缘起及其废除之经过》，第 33 页。

批准。① 直到 1923 年才送交国会审查，国会对约中治外法权条款不予承认。外交部以此为由，要求瑞士取消附件，命驻瑞士公使陆征祥展开交涉。但瑞士以该约批准交换在先，坚持不允，直至 1946 年 3 月 13 日，瑞士方与我换文，放弃领事裁判权。②

1926 年，驻比公使王景岐对中捷谈判发表意见时，提及：

> 我国向对小国外交，往往以为无害，遇事多所通融。在欧战中与瑞士订约，托词照最惠国待遇，仍给以关税协定及领事裁判之权，即其一端。该约进行甚密，本公使时在参事厅办事，微有所闻，力向长官痛陈弊害，未蒙采纳，至今耿耿于心。外交首要在不可轻受拘束，彼此亦纯属利益交换关系，岂有通融之可言。若以因其国小无害之故，一旦通融，日后欲求挽救，殊非易易。③

四　参战与废止德奥条约

1917 年，中国加入协约国集团参与欧战，为中国外交史上影响深远的大事，波赖（Robert Pollard）称参战"实为中国第一次的单独参加国际政治"。④ 中国参战之动机，在借此提升国际地位，与各国平等；并"把参战视为列席和会的入场券"⑤，以求公允解决山东问题。此外，有人认为可借机修正条约，收回已失国权，如力主参战的梁启

---

① 《咨呈国务院——智利瑞士两约请提交两院追认由》（1919 年 12 月 19 日），外交档案：03 - 23 - 021 - 03 - 046。

② 钱泰：《中国不平等条约之缘起及其废除之经过》，第 134 页。此约因此被视为最后一个给予外国领事裁判权的"不平等条约"。

③ 《收驻比使馆 6 月 14 日公函》（1926 年 7 月 3 日），外交档案：03 - 32 - 552 - 01 - 015。

④ Robert Pollard, *China's Foreign Relations*, *1917 - 1931*, p. 12.

⑤ 见 Stephen G. Craft, "Angling for an Invitation to Paris: China's Entry into the First World War," *The International History Review*, XVI, Toranto, 1994。

超即有此主张。1917 年 3 月 3 日，国民外交后援会在北京成立，鼓吹对德参战；梁启超演说云：

> 加入之后，我国受其影响甚巨，不能不先有条件之磋商，如赔款问题，关税问题，及修改辛丑条约等事，为我国希望已久而未达目的者。今即有此机会，自未可轻易放过耳。总之，此次加入，就消极言之，宜预定义务范围，免除困难；就积极言之，当为我中华民国国际上开一新纪元。[1]

5 月 8 日，梁启超发表《外交方针质言》，云参战 "其根本义乃在因应世界大势而为我国家熟筹将来所以自处之途……从积极进取方面言之，非乘此时有所自表见，不足以奋进以求厕身于国际团体之林；从消极维持现状言之，非与周遭关系密切之国同其利害，不复能蒙均势之庇"，[2] 主张对德、奥宣战。

北京政府把握对德、奥绝交，进而宣战的机会，收回两国在华各种条约特权。1917 年 3 月 14 日，大总统令宣布与德国断绝外交关系，中德间现行条约不因此而废止，仍保护在华德国人生命财产权利，令主管机关依据国际公法规则，拟具保护德国侨民章程。[3] 但对德国政府的特殊政治权利，则加以收回。德国撤回驻华领事，委托荷兰公使代为照顾在华利益，德国在华领事裁判权遂发生问题。15 日，北京政府颁布《审理德人刑事诉讼章程》，除关于刑律所载一部分之刑事诉讼，及关于治安事件，应由中国法院审理外；所有德国人民民刑诉讼事件，向由德国驻华领事审理者，暂许代理德国利益之荷兰领事审

---

① 《梁启超关于外交之演说》，《中华新报》1917 年 3 月 9 日。
② 梁启超：《外交方针质言（参战问题）》，《饮冰室文集》（35），台北，中华书局，1960 年，第 13 页。
③ 《政府公报》第 422 号，1917 年 3 月 15 日。

理。① 荷兰公使抗议，几经交涉，31 日外交部照会驻华荷兰公使，声明：

> 现在中德断绝邦交，所有因中德条约发生之领事裁判权，按照国际公法原则，不能委托他国代为行使。本国政府兹为优待旅华德侨起见，除关于本国刑律所载一部分之刑事犯罪，应由中国法庭审理外，所有德人民刑诉讼事件，向由德国驻华领事审理者，即由驻中国贵国领事审理。②

于是由荷使行使涉及德人案件的有限度领事裁判权。此外，北京政府收回德国在天津、汉口的租界，3 月 28 日，内务部公布《管理津、汉德国租界暂行章程》，改设特别区。③

8 月 14 日，中国对德、奥宣战，北京政府发表《宣战布告》云："所有以前我国与德、奥两国订立之条约，及其它国际条款国际协议属于中德、中奥之关系者，悉依据国际公法及惯例，一律废止"。④ 9 月 8 日，协约各国照会外交部，表示：愿意缓付庚子赔款五年；答应中国增加关税至切实从价值百抽五；允许中国军队为行使对德、奥人民监视起见，得进天津、大沽间的中立区域。

宣战后，北京政府进一步收回德、奥在华特权。8 月 14 日，大总统令各官署查照现行国际公法惯例，办理对德、奥宣战后一切事宜。⑤ 在废除德、奥治外法权方面，内务部公布《处置敌国人民条规》10

---

① 钱泰：《中国不平等条约之缘起及其废除之经过》，第 120～121 页。
② 外交部编《外交文牍——参战案》，台北，文海出版社，第 52 页；张水木：《德国无限制潜艇政策与中国参加欧战之经纬》，（台北）《中国历史学会史学集刊》第 9 期，1977 年 4 月。
③ Robert Pollard, *China's Foreign Relations, 1917–1931*, p. 20.
④ 《政府公报》第 567 号，1917 年 8 月 14 日。
⑤ 《东方杂志》第 14 卷第 9 号，1917 年 10 月 10 日，第 213 页。

条及《处置敌国人民条规施行办法》12 条;[1] 外交部依据参战后颁布管理敌侨办法，对无约国侨民收回领事裁判权，公布《审理敌国人民民刑诉讼暂行章程》5 条，规定："敌国人民之民刑诉讼，在战争期间，均由中国法院审判，其敌国人民与外国人民之民事诉讼，依据条约应归该外国领事审理者（即有约国人为被告之案件），不在此限。"[2] 并照会荷兰公使云：中国法院此后对于绝交以来由荷兰领事公堂受理的涉及德国人民各案件，行使其完全法权。荷使迭次反对，经北京政府据理驳复，遂收回德、奥在华之治外法权。[3] 同时，收回天津奥租界，改为特别区；及天津、塘沽、北戴河德国兵营，收容德国卫队，接管德国商船。[4]

在收回德、奥协定关税方面，12 月 25 日，财政、农商部及税务处拟具《国定关税条例》8 条，呈准公布。原为对德、奥而设，战后部处审订税目则例，对无约国商民一体适用，[5] 以无约各国之货物，适用国定税率；有约各国之货物，仍从条约之协定为主旨。原想实施国定税率，从德、奥诸国之货物入手，但总税务司借词海关记账困难，如果实行，德、奥货物亦将假借他国商人名义运入，仍不能达征税之目的，事遂中止。[6]

北京政府利用参战，把握第一次取消外国在华特权的机会，内外行政司法各界，恪谨守法，并于国务院内设战时国际问题讨论会，由各部派员组织，遇有问题，公开讨论解决。[7] 当时对于处置德侨及一

---

① 外交部编《外交文牍——参战案》，第 65～68 页。

② 《东方杂志》第 14 卷第 9 号，1917 年 10 月 10 日，第 203 页。

③ Robert Pollard, *China's Foreign Relations*, *1917－1931*, p. 38; 钱泰：《中国不平等条约之缘起及其废除之经过》，第 121 页。

④ 钱泰：《中国不平等条约之缘起及其废除之经过》，第 121 页。

⑤ 《收财政部咨》（1919 年 5 月 19 日），外交档案：03－34－010－01－001；《政府公报》第 698 号，1917 年 12 月 27 日。

⑥ 贾士毅：《关税与国权》，商务印书馆，1927，第 47～49 页。

⑦ 钱泰：《中国不平等条约之缘起及其废除之经过》，第 121 页。

切对德财产办法，大都参照日本成例，由内务、外交两部电嘱驻日使馆向日政府询取材料，日政府均一一供给，[①] 终能顺利制订推行。北京政府对德绝交，及对德、奥宣战后，虽得自协约国方面之利益极为有限，但却逐步解除德、奥在华之一切特权，实开中国摆脱条约束缚之先声。

五　结语

民国肇造之后，外交上承袭清末改革内政以修正条约的方针，然因内争不断，政局动荡，司法改革成效有限，中国主权仍受中外条约的层层束缚。尤其是 1915 年与日本"二十一条"交涉后签订的《民四条约》，因丧失许多国权，被时人目为"国耻"，认为是另一个"不平等条约"。1917 年参加欧战，对内引发复辟政争，导致南北分裂；对外因对日"西原借款"及签署《中日共同防敌协定》，经济上及军事上受到更多的控制，故国人对民初外交一般评价较低。

但是若由近代中国修约历程考察，民初出现一些新的方向，为日后修约运动所承袭。由 1912 年到 1918 年的几个订约谈判过程看，北京外交部在内外不利的处境中，已有以平等互惠订约的观念，并努力推动。对原无约国，在谈判订约时，不愿再给予领事裁判及协定关税等特权。如与古巴谈判订约时，要求事事平等，即使谈判不成，也不愿迁就。1915 年签订之《中华智利通好条约》，互享最惠国待遇，且未明文给予领事裁判权，被后世史家誉为第一个平等条约。但由《外交档案》看，当时外交部认为领事裁判权包括在最惠国待遇之内，待日后修约观念更强时，才坚持最惠国待遇不能包含领事裁判权。

1918 年签订的《中华瑞士通好条约》是最后一个给予外国领事

---

① 章宗祥：《东京之三年》，中国社会科学院近代史研究所近代史资料编辑组编《近代史资料》总 38 号，中华书局，1979，第 41 页。

裁判及协定关税等特权的 "不平等条约"。该约正文虽属平等互惠，但因瑞士坚持要与其他各国同等待遇，加以北京政府急欲在瑞士设使馆，终于在附件中做出让步，但也加入一条 "俟中国将来司法制度改良有效时，瑞士国即与他缔约国同弃其在中国之领事裁判权"。

对原有约国，则借参战废止了德、奥在华条约特权，打破了列强在华之联合控制。对德、奥宣战，废止中德、中奥条约，收回租界、领事裁判权及协定关税等不平等特权，是中国外交史上之创举。其中部分特权，如协定关税虽未能贯彻，但已打破清末以来列强联合对华的条约网，为日后逐步解除条约束缚，打开一个难能可贵的缺口。

总之，1912～1918 年北京政府的订约、修约努力，可称为北洋修约的萌芽期，或可称之为旧、新交替之过渡期。虽有其因国力不足的先天限制，有时无法强力贯彻宗旨，不免迁就，但已表现出当时外交部对新订各约，努力朝平等互惠的大方向努力，不愿再失权利。尤其参加欧战，更是一大契机，为废止旧约特权、收回已失国权开创了可贵的先例。

第三章

1919年修约方针的确立与推动

欧战结束后，1919 年间，北京政府修约方针具体形成并全面展开，本章分别就对战败国（德、奥）——废除旧约改订平等新约，对协约国——要求改正条约，对无约国及新成立诸国——坚持订定平条约三方面探讨之。

一 对战败国（德、奥）——废除旧约改订平等新约

1918 年 11 月 11 日，欧战停火。次年 1 月和平会议在巴黎召开。中国朝野对该会抱有极大期许，北京政府早在参战后，即积极筹划参与战后媾和事宜，外交部也设立筹备参与和会之组织，收集驻外公使报告与意见，研究应向和会提出诸问题。[①] 欧战停火后，国务院立即设立欧战和议筹备处，汇集资料。[②]

1919 年 1 月 18 日，巴黎和会开幕，26 个战胜国派代表出席，商议战后如何重建和平。3 月 8 日，中国代表团向大会提出《德、奥和

---

① 《顾维钧回忆录》第 1 分册，中华书局，1983，第 162 页。
② 《大公报》1918 年 11 月 18 日，第 1 版；12 月 4 日，第 2 版。参见廖敏淑《巴黎和会与中国外交》，硕士学位论文，台中，中兴大学，1998，第 46 页。

约中应列条件说帖》，此为近代中国首次以战胜国身份，对战败国提出要求。说帖强调："中国政府之意愿，大要在使从前用威吓手段或用实在武力，而向中国获得之领土与权利产业，仍归还中国，并除去其政治、经济、自由发展之各种限制"。具体条件计分九款：（1）废止战前各约章，收回胶澳租借地及山东路矿权；并声明：为推行工商业机会均等主义，拟将青岛及鲁省他处开放；（2）缔结平等商约，绝除最惠国条款；（3）脱离《辛丑和约》；（4）在中国境内之官产无条件让渡；（5）赔偿中国与人民之损失；（6）中国政府保留权利得照大会将来议决办法提出赔偿战费之要求；（7）偿还收养俘虏费；（8）归还辛丑年掠去之中国钦天监仪器及他项美术物品；（9）批准禁烟公约。① 这些要求多为大会接受，在对德《凡尔赛和约》（Treaty of Versailles）中，除山东问题外，列入第 128～134 各款。中国代表团所提对奥条件，除无第 8 款外，与对德条件完全相同；② 多列入对奥《圣日耳曼和约》（Treaty of St. Germain-en-Laye）第 113～117 各款。

中国代表团团长陆征祥认为废止旧约后，即将与德、奥商订通商条约；3 月 1 日，致电北京要求各相关部处派员，来法商询筹划。6 日，北京国务院复电：筹备商约事，阁议议决先由主管各机关在京讨论，预备草案，以便电法提交。③ 12 日，各相关机关派代表在税务处集会讨论，提出《筹备德、奥商约事请先将主旨决定由》说帖，17 日函交国务院。④ 23 日，国务会议议决：德奥前订各约作废，以对等地位另订条约，领事裁判权当然撤废，协定关税取消，本此旨由与议各员妥为筹拟。⑤

---

① 该说帖见陆征祥《参与欧洲和平大会分类报告》（七），外交档案：03-12-008-04-022；亦见《秘笈录存》，第 109～112 页。

② 《秘笈录存》，第 112～114 页。

③ 《收法京陆专使等 1 日电》（1919 年 3 月 4 日）、《电法京陆专使》（1919 年 3 月 6 日），外交档案：03-23-042-01-001、003。

④ 《国务会议说帖——筹备德、奥商约事请先将主旨决定由》（1919 年 3 月 17 日），外交档案：03-23-042-01-015。

⑤ 《国务院公函》（1919 年 3 月 23 日），外交档案：03-23-042-01-019。

25 日，外交部将此决议电告陆征祥。[①] 可知当时北京政府已确定对德、奥方针，废止旧约，另订平等新约，决不再给予领事裁判权及协定关税。

由于和会决定在对德和约中，转移德国在山东权利于日本，中国代表努力挽回，力争保留未果后，决定不出席 6 月 28 日的签署典礼。陆征祥电北京云：我国既未签德约，法律上中德战事状态可认为继续有效，拟请迅咨国会，建议宣告中德战事状态告终，通过后，即用大总统明令发表，愈速愈妙。[②] 7 月 3 日，广州军政府主席总裁岑春煊亦电大总统徐世昌，云协商和约我未签字，宜宣言对德恢复和平，并拟宣言文供徐氏参考。[③] 18 日，陆征祥再电请对德宣告战事终了，并拟建议书要旨。[④] 外交部复电：宣告中德战事终了事，正照尊电提交国会通过，拟俟奥约签字后，同时宣告。[⑤] 8 月 1 日、2 日，北京国会参、众两院通过终止对德战争状态。外交部函知各相关部处："现因对敌战争状态终止，所有恢复和平后善后办法亟应详为筹备，业经国务会议议决，由外交部召集院部及有关系各机关，派员到部组织临时委员会公同讨论，以期妥协"，[⑥] 并于 12 日开第一次会。

9 月 10 日，对奥《圣日耳曼和约》签字，中奥遂处于平等的无约国状态。15 日，大总统明令布告终止对德战争状态，[⑦] 中德遂也处于平等的无约国状态。18 日，大总统明令布告终止对奥战争状态，但

① 《电法京陆专使》（1919 年 3 月 25 日），外交档案：03 - 23 - 042 - 01 - 020。
② 《法京陆专使电》（1919 年 6 月 28 日），《秘笈录存》，第 224 ~ 225 页。
③ 《国务院交钞府秘书厅函一件——岑春煊江电交院部核办事》（1919 年 7 月 15 日），外交档案：03 - 23 - 046 - 01 - 010。
④ 《法京陆专使电》（1919 年 7 月 18 日），《秘笈录存》，第 225 页。
⑤ 《电法京陆总长》（1919 年 8 月 9 日），外交档案：03 - 23 - 046 - 01 - 024。
⑥ 《公函——院、内、财、陆、海、教、农、交部，督办边防事务处，税务处，管理敌产事务局——请派员到部讨论和平后善后办法》（1919 年 8 月 9 日），外交档案：03 - 23 - 046 - 01 - 025。
⑦ 《大总统布告》（1919 年 9 月 15 日），《秘笈录存》，第 225 页。

强调：在宣战后颁布关于德、奥人民之章程与条例，除经正式取消或修改者外，仍归有效。10月3日，又下一令：废止在战时颁布的《审理敌国人民民刑诉讼暂行章程》临时办法，嗣后关于德、奥两国人民之诉讼，均照《审理无约国人民民刑诉讼章程》办理。[①] 在此基础上，中德很快展开谈判，1921年5月20日《中德协约》在北京签订。《中奥通商条约》也于1925年10月19日在维也纳签订。

二 对协约国——要求修改条约

欧战停火到和会召开之际，中国受美国总统威尔逊的十四点和平计划影响，"公理战胜强权"之说甚为流行；"国民外交"蔚为风潮，朝野纷组团体关心外交，修改条约是关心的重点之一。这种舆论对外交部推动修约有一定的影响；如北京政府外交委员会[②]即拟定和会提案，包括破除势力范围、若干年内撤废领事裁判权、关税自由、撤退外国军队、停付庚子赔款等纲目，1月8日，国务院电知中国代表团照办。[③] 2月16日，社会名流张謇、熊希龄等发起国民外交协会，以"对外发表公正民意，为外交上之援助"为宗旨，发表其主张：促进国际联盟之实行；撤废势力范围；废除一切不平等条约；定期撤去领事裁判权；力争关税自由；取消庚子赔款余额；收回租借地域。[④] 3月30日，该会在北京大学开讲演大会，并于4月8日致电梁启超，请其代表该会向巴黎和会请愿。[⑤]

---

① 《政府公报》第1316号，1919年10月4日；《审理无约国人民民刑诉讼章程》，详见本章第三小节。
② 此外交委员会成立于1918年12月中旬，设于总统府内，以外交界元老汪大燮为委员长，于1919年5月3日结束。详见叶景莘《巴黎和会期间我国拒签和约运动的见闻》，《文史资料选辑》第2辑，中国文史出版社，1989。
③ 刘彦著，李方晨增订《中国外交史》，台北，三民书局，1962，第549页。
④ 《国务院公函》（1919年4月25日），外交档案：03-37-008-02-016；《东方杂志》第16卷第3号，1919年2月10日，第230页。
⑤ 《时报》1919年4月2日，第2张；丁文江、赵丰田编《梁任公先生年谱长编初稿》下册，台北，世界书局，1958，第557页。

朝野对修改条约的意见，多反映于中国代表团在和会提出的说帖中。北京外交部对巴黎和会本有极高之期许："原欲乘机解决我国际地位上一切根本问题"，① 故除提出《对德奥条件》之外，将中国所希望于协约各国者，于四、五月间，以《中国代表提出希望条件说帖》之名提交大会。绪言中云：

> 自二十世纪之初，中国于政治、行政、经济咸有可称。而自帝制改革、民国肇兴以来，进步尤为卓著。顾犹未能遂其发展之自由者，则苦于国际障碍之多也。诸障碍中，有本为昔日从权待变之办法，今事过境迁而因循未改者，亦有为近日不合法律公道之举动所迫成者。长此不变，必致滋生龃龉之端。案威总统十四要点所含公道、平等、尊重主权诸原则，业经联盟及共事诸国公同承认，今平和会议方欲借为基础，而建设新世界，苟不绝远东竞争之种子，其功未谓圆满也。
>
> 中国代表爰提出说帖，胪列诸问题，冀依主权国所不可少之土地完整、政治独立、经济自由诸原则，而加以纠正。庶障碍消除，而发展得遂其自由，幸甚。②

下分舍弃势力范围、撤退外国军队警察、裁撤外国邮局及有线无线电报机关、撤销领事裁判权、归还租借地、归还租界、关税自主权七项。并于结论中强调：

> 中国政府提出说帖于和平会议，非不知此类问题并不因此次世界战争而发生。然和平会议之目的，固不仅与敌国订立和约而

---

① 陆征祥：《参与欧洲和平大会分类报告》（九），外交档案：03-12-008-04-022。
② 《秘笈录存》，第 154 页。

已，亦将建设新世界，而以公道、平等、尊敬主权为基础。征以万国联合会约法，而益见其然。此次所提各问题，若不亟行纠正，必致种他日争持之因，而扰乱世界和局。故中国政府深望平和会议熟思而解决之。

说帖中对领事裁判权，要求："中国担任于1924年年底以前，（一）颁行五种法典，（二）在前有各府城设立审判厅。而各国则允将其领事裁判权及设在中国之特别法庭一并放弃"。对关税自主则要求："请宣言由中国与各国商订时期，此时期届满时，中国得自行改订关税"。①

此说帖虽经列入和会议程，唯大会以处置战败国为首要工作，协约国之间各问题，均置缓议。5月6日，和会议长正式通知中国代表：《希望条件》与《要求废除中日民四条约》两说帖，"联盟共事领袖各国最高会议充量承认此项问题之重要，但不能认为在和平会议权限以内，拟请俟万国联合会行政部能行使职权时，请其注意"。② 于是中国所提修改条约各项希望条件，被推诿给拟议中的国际联盟。威尔逊曾当英、法两总理面前，切实向陆征祥及顾维钧声称：俟联合会成立，必极力协助中国，改良中国现时所处国际地位，俾将各项不平等之待遇设法改善，危险状态设法免除，为一完全独立自主大国；并称日本代表对于此意，亦允赞助。陆征祥于报告中称："此事关系我国根本问题，一俟国际联合会成立，应即竭力设法早日提议也"。③ 然而国际联盟成立后，美国因内部政争未能加入，中国修约问题也遭冷落。④

---

① 《秘笈录存》，第179～181页。

② 《外交公报》第8期，1922年2月，台北，文海出版社，1987，第（专件）28页。

③ 陆征祥：《参与欧洲和平大会分类报告》（九），外交档案：03-12-008-04-022。

④ 国际联盟与中国修约提案，见唐启华《北京政府与国际联盟（1919～1928）》，台北，东大图书，1998，第二章第三节。

除正式提出《希望条件说帖》外，中国代表团在巴黎和会中竭力维护国权，争取收回领事裁判权。4 月初，经济股讨论对德和约，法国草案第五条有"缔约各国人民在中国关于商标情事，归各该国领事审理"等语。中国代表施肇基辩称："中德宣战，所有条约合同及敌人在中国享有特别权利，均已取消；治外法权亦在其列。嗣后中国与德奥订约，应以彼此平等为原则，故本席对于第五条加载和约，绝对不能赞成"。经主席英代表认可，各国代表亦无异议，即将该条取消。陆征祥电外交部称："此事关系所及，借以得觇各国对于领事裁判权之意见；他日我向各国提议收回，似可希望较易着手。"[1]

4 月 10 日，北京国务院因此电驻英、法、美、日、意五国公使，称：

> 我国收回德、奥领事裁判权一节，业由巴黎专使向和会联合分股声明，已无异议。至于五国收回办法，前月曾电致陆专使，声明五年内在旧府治筹设正式法厅及监狱，各种法典亦议于五年内订定颁行收回法权……此事关系綦重，必须先探各国政府意旨，相机提出，方能达到目的。[2]

指示各使随时探取情形电复，并设法疏通。驻意使馆复电，称："顷晤义外交次长遵探意旨，并向剖述该权种种弊害暨收回后中外共享之利益，渠颇动容，惟称须俟从详研究后方可答复，并称义国对于中国感情极佳，渠个人看法，此事时机确似已熟，且五年为期不失操切，

---

① 《收法京陆总长 1 日电》（1919 年 4 月 3 日），外交档案：03－34－001－02－008；亦见《秘笈录存》，第 124 页。

② 《收驻义使馆 4 月 16 日函》（1919 年 6 月 18 日），外交档案：03－34－001－02－016。

亦不嫌迟云云。"① 外交、司法两部遂会同呈请专设一"法律讨论会"，为收回领事裁判权做准备，"讨论我国已编各种法规，或翻译中外法例，综核同异，互为绍介。其关系司法制度，如收回领事裁判权，会审公堂，及随时发生司法问题，均可由该会筹议办法"。②

北京政府进一步推动司法改革，为收回领事裁判权做准备。6月，司法部呈准大总统《添厅计划大纲》，要在全国广设新式法院；强调"本部征集全国法官之意见，佥谓第一要着在遍设正式法厅及颁布法典两事……司法部现拟于五年内在旧府治筹设厅监；各种法典，亦拟于五年内拟定颁行。收回领事裁判权期限即以各种法典颁布时为准"。③

三　对无约国及新成立诸国——坚持订定平等条约

欧战之后，国际家庭扩大，中欧东欧原受德、奥、俄控制诸民族，纷纷独立。就国联会员而言，1920年成立时有40国，1926年增至50国，尚有非会员之美国、苏俄、德国、保加利亚等。中国在欧战前与18国订约，参战时德、奥约失效；俄国革命后，俄国特权取消；战时又与瑞士及智利签约，于1919年共计与17国有条约关系，大部分国家及新成立诸国，与中国处于无约状态。战前无约国人民在华，多受有约国包庇，得享条约特权；中国对德、奥宣战后，收回德、奥两国侨民在华领事裁判权及协定关税，并扩大适用于所有无约国侨民。欧战结束后，更扩大适用于新成立诸国，明确规定无约国侨民不可由有约国代管保护。此举不但收回许多因惯例丧失的国权，并对无约各国产生压力，使之急于与中国正式缔约。北京政府于订约谈判时，坚持平等互惠，获致丰硕的成果。

---

① 《收驻义王（曾思）秘书16日电》（1919年4月18日），外交档案：03-34-001-02-009。

② 《拟会同呈请设立法律讨论会节略》（未书日期），外交档案：03-34-001-02-019。

③ 《司法部拟具添厅计划大纲》，外交档案：03-34-001-02-014。

1919 年初，外交部鉴于欧战告终，各民族援依威尔逊之宣言，纷纷请求自立，将来立国后中国应如何与之订约，应即预定方针。又各民族人民多有侨居中国者，亦应预筹划一对待办法，以免问题纷起，乃备具议案提交国务会议。4 月初，阁议议决：由外交部会同内务、财政、司法、农商四部，各派员会议。5 日，外交部函邀各部派员，会商如何对待新独立各国在华侨民，及将来订约方针。[①] 9 日、11 日两次开会讨论，达成一"对待无约国办法"议决案，14 日呈报国务院，云：

> 此项提议系为纠正历来条约上不平等之惯例，而防止此后新订约之国家要求特殊待遇起见，自属用意深远……至此项议决案如用宣言书直接向和会，或其它方面发表，万一各国借口其它关系，有所反对，势难径自施行，转致进退失据。似不如先电陆专使，设法与各国为不正式之接洽；如各国并无异议，不妨在大会宣布，俾将来与各国订约多一重之保障。否则由政府作为对内法令，自行公布，各国或不致反对。[②]

17 日，外交部电询陆征祥的意见，云：

> 欧战告终，各民族纷纷请求自主，预料世界上将有多数新建设之国家；各该族人民现多侨居华境者，我国自应预定方针，将来各该民族立国后，如彼此订约，应以平等为原则，其有脱离祖国另建新邦者，不能要求继承其祖国与中国昔时条约上之权利。至现在侨居华境各该族人民所有课税诉讼等事，悉遵守中国法令

---

① 《函财政、司法、农商、内务部》（1919 年 4 月 5 日），外交档案：03 - 34 - 009 - 01 - 003。

② 《咨呈国务院——对待无约国办法事》（1919 年 4 月 14 日），外交档案：03 - 34 - 009 - 01 - 007。

办理。第三国有请求代为保护利益之事，应一律拒绝。以上各节……现经提出阁议，议决一面行知地方官遵办，一面由主管机关详拟管理无约国人民条约。可否根据现时新发生之情势，由尊处就近与各国代表接洽，借以表示方针。对内拟即以元首命令发表。请先酌核密示，各国意见如何，统希电复。①

26日，外交部函催国务院称："关于对待无约国办法一事，曾于本月十四日拟具院令暨文电稿，咨呈贵院在案。此事因对外关系，亟待确定进行，应请早日用明令发表，以便根据办理，相应函达贵院，即希核办早日见复为荷"。② 27日，大总统令：

厘定无约国人民管理条例：无约国人，在华居住游历，应遵守中国法令，不能由他国代为保护，曾于前清光绪三十四年九月由外务部通咨各省有案；此后所有无约各国，愿与中国彼此订约者，当然以平等为原则；其脱离祖国另建新邦者，亦当然不能继承其祖国昔时条约上各种权利。各该族人民现多侨居中国境内，所有课税诉讼等事，应悉遵守中国法令办理。倘第三国有要求代为保护利益之事，应即根据成案一律拒绝。此项无约国人民管理条例，亟应从速厘订，以资遵守。着由国务院分行各主管机关，迅速详拟呈办，并着各地方长官通饬所属一体遵照。③

于是确立对待无约国及新成立诸国方针，不承认其侨民在华享有条约特权，由各机关拟订管理办法。嗣后与无约国订约，均须缔结对等条

① 《发法京陆总长电》（1919年4月17日），外交档案：03-34-009-01-025。
② 《函国务院秘书厅》（1919年4月26日），外交档案：03-34-009-01-010。
③ 《大总统令——管理无约国人民案由》（1919年4月27日），外交档案：03-34-009-01-020。

约，不予约定税则及领事裁判权。

各机关陆续订定相关章程，5 月 23 日，北京政府公布《审理无约国人民民刑诉讼章程》6 条，规定除了某些特殊状况外，所有关于无约国人民各案，第一审均须在新式法院执行。6 月 13 日，公布《侨居境内无约国人民课税章程》6 条，规定无约国人民运货进口，应遵照国定关税条例完纳海关税课。22 日，颁布《管理无约国人民章程》11 条，规定无约国人民在内地居留、租屋、营业及游历的办法。24 日，农商部呈准《待遇无约国人民办法》2 条，规定无约国人民无取得关于农林、矿产、工商、渔牧等业特许之权。12 月 10 日，核准内务部所拟《管理无约国人民章程施行细则》9 条。① 这些办法颁布后，明确地将在华外国人区分为有约国与无约国，所有无约国及新成立诸国在华侨民，皆受中国法权管辖，负担国定税则与纳税义务。

对于与新成立诸国的交际方针，5 月 25 日，法籍法律顾问宝道（M. Georges Padoux）上《中国与由因俄国奥匈国分裂而新成立各国之交际》说帖，指出帝俄及奥匈帝国崩解后，新成立之国有芬兰、波兰、捷克、塞尔维亚、乌克兰、爱沙尼亚 6 国；另希腊、罗马尼亚二国与中国尚未订约；德、奥、匈因宣战而取消原有条约；因此有 11 个重要国家皆为无约国，将何以处之？建议先与其中之捷克及波兰两国商订，在关税特权及领事裁判权上稍予让步，似可将要求有约国承认之办法，商诸两国。如所拟办法得以成议，嗣后与无约国订约，均可援以为例；将来亦可据此办法与有约国交涉，则中国所提出和会之希望条件，得一一见诸实行矣。② 要言之，即先与波兰、捷克两国，以在巴黎和会中向协约国提出之对领事裁判权及关税自主之"希望条

---

① 《政府公报》第 1186 号，1919 年 5 月 24 日；第 1206 号，1919 年 6 月 14 日；第 1215 号，1919 年 6 月 23 日；第 1387 号，1919 年 12 月 17 日。

② 宝道：《中国与由因俄国奥匈国分裂而新成立各国之交际》（1919 年 5 月 25 日），外交档案：03－34－001－02－020。

件"，稍予让步，订约创造先例，作为过渡；再依此例与其他无约国订约，最后循例与有约国改约，则修约大功告成。

10 月 20 日，上海《字林西报》（North-China Daily News）社论谓：中国对于捷克、希腊、暹罗等国，将来商订条约，当能以治外法权畀此诸国，诸国中在欧战期内，多数系中国联盟国，若中国不畀以治外法权，是与德、奥为伍。北京外交部机关报英文《北京日报》（Peking Daily News）则刊出由总统府英籍顾问辛博森（Lenox Simpson）所撰之社论《新国条约》驳斥之，谓：中国之国际关系应依据与各国绝对平等原则，逐渐达成。日前总统明令，中欧新起诸国，若欲与中国订约，不能以治外法权相畀；德、奥若欲与中国重行订约，亦须照此条件，否则不能订约。中国视目前为着手撤废治外法权千载一时之机会，不能坐失。① 外交部政务司司长王继曾等也赞成辛博森之意见，于 11 月上说帖云：

> 对于其它新立国家，鉴诸既往许予领事裁判权之弊害，亦总以不许予订约国以领事裁判权方与平等及相互之原则相符。宝道顾问所拟之过渡办法，似只可作为将来磋商之让步，不能以为订约之标准……辛博森顾问特别报告所谓中国注意之要点，在与新立各国中之一国，订一无领事裁判权之标准条约，诚为扼要之言。②

至此，与新成立诸国订约亦确定须完全平等矣。

总之，1919 年，北京政府确立了对无约国及新成立诸国的交际方

---

① 《新国条约——译自十月二十日英文〈北京日报〉社论》（1919 年），外交档案：03 - 34 - 001 - 02 - 020。
② 《研究外交委员王继曾等共同说帖》（1919 年 11 月），外交档案：03 - 34 - 001 - 02 - 021。

针。首先，明确区分有约国与无约国，颁布章程管理无约国在华侨民，去除其条约特权，促使无约国及新成立诸国同中国订立商约。其次，确立与无约国及新成立诸国订定完全平等条约的方针，不再给予领事裁判权及最惠国待遇。以下就中国与无约国玻利维亚谈判订约历程做考察。①

四　中华玻利维亚通好条约

依北京政府新订约方针，与原无约国第一个谈成平等条约的是玻利维亚。中国与玻利维亚正式接触始于 1919 年 4 月，玻国驻日本公使与章宗祥接洽，表示拟与中国缔结平等通使条约，章使返国报告外交部。5 月 7 日，外交部指示驻日代办庄璟珂谈判方针云：

> 准章公使面称：南美玻利非亚国驻日公使曾与晤谈，拟与中国缔结平等通使条约等语，查无约各国愿与中国彼此订约者，当然以平等为原则，业有明令颁布，希先与玻使接洽，按照平等主义，拟订条文，或参照日玻约本，酌为增损，呈部候核；接洽后，玻使意见如何，并先电复。②

5 月 21 日，双方第一次晤谈，庄代办报告称："本早同刘秘书往晤玻使，经告以总统明令，及约章必须平等各等情，磋商结局，渠已有愿照中瑞条约除去附件之意，订来月一日作第二次会谈。查中瑞附件系定领事裁判等事，果能除去，正与平等原则相合。"③ 26 日，外交部去电表示同意；并电告在巴黎的外交总长陆征祥。陆氏复称："玻利

① 民初北京外交部另与无约国希腊，新成立国捷克、芬兰等，有接触和谈判，但因谈判周期较长，置于本书第七章中讨论。
② 《电驻日本庄代办》（1919 年 5 月 7 日），外交档案：03 - 23 - 090 - 01 - 001。
③ 《收驻日本庄代办 21 日电》（1919 年 5 月 22 日），外交档案：03 - 23 - 090 - 01 - 002。

非亚既定在东京订约，请再切令庄代办注意领事裁判权等条件，嗣后如再有与他国缔约之事，似以在欧或美办理为宜。”① 显然有摆脱欧战以来中国外交受日本牵制的用意。

庄璟珂本此宗旨，坚持不给予领事裁判权之方针，与驻日玻使往返磋商数次，以中瑞条约为基础，商议签订；唯因除去领事裁判权之附件，颇费唇舌，该使原有允意，后乃以赴华旅行向北京外交部径商为词，一时遂暂搁。② 8 月 12 日，庄璟珂报告称：驻日玻使称已奉本国政府训令，当能遵照原案缔结通好条约，并拟径往北京办理此事，一俟订有起程日期再行奉告。③ 外交部指示除去附件既得玻使之同意，嘱再继续进行。庄氏遵电婉达该使，并派秘书与该馆员迭为疏通；9 月 27 日，得玻使派员声称已得政府训令，准照前议在东京立约；唯立约以后，须经国会之批准，盼能于 10 月底办竣，以便邮送。庄氏遂按照原议，以中瑞通好条约为根据，除去附件，拟定草稿，与玻使晤谈两次，双方审查皆无异议，只将英文易为西班牙文，如有疑义之时以法文为准。10 月 9 日，庄氏将中、西、法文约稿寄送外交部，并总结谈判经过，称：“查各国在我中国皆有领事裁判特权，此次中玻条约几经磋商，幸得良果，将来收回各国领事裁判权似亦可借此以为根据”。④ 28 日，大总统指令：特派庄璟珂为全权代表，与玻利维亚国签订通好条约。⑤

外交部又电令庄氏，要求玻使互换照会，特别声明约内第二条之最惠国特权与领事裁判权无涉。玻使认为除去附件即是除去领事裁判

---

① 《收法京陆总长 23 日电》（1919 年 5 月 28 日），外交档案：03 - 23 - 090 - 01 - 004。

② 《收驻日使馆 10 月 9 日公函》（1919 年 10 月 18 日），外交档案：03 - 23 - 090 - 01 - 011。

③ 《收驻日使馆 8 月 12 日公函》（1919 年 8 月 22 日），外交档案：03 - 23 - 090 - 01 - 005。

④ 《收驻日使馆 10 月 9 日公函》（1919 年 10 月 18 日），外交档案：03 - 23 - 090 - 01 - 011。

⑤ 《政府公报》第 1341 号，1919 年 11 月 1 日。

权,若必特加声明,转多痕迹,不肯允诺。双方往返辩争,商定之事几即中止;后经庄氏多方剖释,并以世界对华之趋势,及中国代表在巴黎和会之声明等情事为辞,向玻使切实说明,彼始让步,同意互换照会,做特别声明。庄氏报告称:"除去领事裁判权之目的,遂得完满达到"。①

12 月 3 日,双方在东京中国使馆签约,并互换照会两件。一件声明本约未经两国元首批准前,不得宣布;另一件即关于领事裁判权者。中国驻日使馆致玻国驻日公使:"为照会事,查本日签订之通好条约,其第二条中最惠国待遇一节,并不包含在华之领事裁判权在内(毫无疑义),相应照会贵公使查照可也,须至照会者"。玻使照复如仪。② 签约后宴会中玻使演说:玻国地广物丰,将来当依华工之力大为开拓,彼此通商设使,经济提携,互得实益。庄氏报告称:"查我国民生困苦,移工殖利一道,着为要图,玻使所陈倚借华工云云,较至诸他国之绝对禁拒,已有天壤之感。而除去领事裁判一节,一经设领,即见实行;我国现正设法撤回此项特权,此约或亦足为其先导"。③

1920 年 3 月,外交部将此约呈报大总统徐世昌,并提交国会讨论。④ 4 月 4 日,奉大总统指令:"中玻议订通好条约业经国会通过,应准钤用国玺,由该部转寄驻日本代办庄璟珂,订期互换,以资遵守"。⑤ 1921 年 6 月,玻国照会:该约已经国会通过。⑥ 10 月,外交部指示驻

---

① 《收驻日使馆 12 月 6 日公函》(1919 年 12 月 16 日),外交档案:03 - 23 - 090 - 01 - 037。

② 《照录驻日使署致驻日本玻利维亚公使照会》及《照译玻利维亚驻日本公使模罗斯照会》(1919 年 12 月 3 日),附于《收驻日本庄代办函》(1920 年 4 月 10 日),外交档案:03 - 23 - 090 - 01 - 047。

③ 《收驻日使馆 10 月 9 日公函》(1919 年 10 月 18 日),外交档案:03 - 23 - 090 - 01 - 011。

④ 《呈大总统——呈请中玻约本提交国会通过批准用玺由》及《咨呈国务院——请代递关于中玻订约呈文由》(1920 年 3 月 8 日),外交档案:03 - 23 - 090 - 01 - 040、041。

⑤ 《函驻日本庄代办》(1920 年 5 月 22 日),外交档案:03 - 23 - 090 - 01 - 054。

⑥ 《玻利非亚外部 6 月 29 日照会》(1921 年 9 月 30 日),外交档案:03 - 23 - 090 - 01 - 060。

日公使胡惟德催询云：中玻条约现既通过玻国国会，想不久当可批准，即希先向驻日本玻使接洽换约事宜。1922 年 2 月，胡使复称：玻利维亚现无驻日本公使，系委托智利驻日本公使兼办，本使商经该公使转电玻国政府，兹准复电，称该国政府对于此项条约已表赞成，唯尚未批准，一俟批准，即可交换。[①] 不料年余仍无消息，1923 年 8 月 23 日，外交部指示驻智利代办欧阳庚：未悉该约现在玻国已否批准，即希就近向驻智利玻国公使询明。11 月 22 日，欧阳庚报告称：与玻国驻智利代办交涉，得渠转达玻国政府。不久玻国外交次长复电：日内即寄与该代办全权证书，以便交换中玻通好条约。[②] 1924 年 3 月 14 日，外交部指示欧阳庚：玻政府请在智利换约，应予照办，拟即呈派执事为换约代表，并将约本邮寄，希先通知驻智玻代办。5 月 7 日，又电告：奉指令派执事为全权代表，希即与玻代办接洽，从速预备互换，约本昨已寄发。[③] 9 月 6 日，欧阳庚收到约本，次日往见玻代表，将全权书及约本互相交阅，却发现玻国代表交出之条约系副本。欧阳庚要求互换原本，玻代表电玻政府请示，10 月底玻政府复电，称其外交部只有原约一份，应以批准书签证副本互换。欧阳庚遂电外交部请示，12 月初外交部电令：可即以原约与彼副本互换。双方商定细节后，17 日下午于玻使馆互换。[④]

五　结语

过去学界讨论 1919 年中国外交，多以巴黎和会外交失败，民间

---

① 《函驻日本胡公使》（1921 年 10 月 7 日）、《收驻日本使馆 1 月 31 日函》（1922 年 2 月 5 日），外交档案：03 - 23 - 090 - 01 - 061、066。
② 《致智利欧阳代办函》（1923 年 8 月 23 日）、《收驻智利使馆 1923 年 11 月 22 日函》（1924 年 2 月 2 日），外交档案：03 - 23 - 090 - 01 - 067、068。
③ 《致驻智利欧阳代办电》（1924 年 3 月 14 日）、《驻智利欧阳代办电》（1924 年 5 月 7 日），外交档案：03 - 23 - 090 - 01 - 072、078。
④ 《收驻智利欧阳代办 1924 年 12 月 19 日呈》（1925 年 2 月 17 日）、《收驻智利代办 18 日电》（1924 年 12 月 19 日），外交档案：03 - 23 - 090 - 02 - 001。

兴起五四爱国运动，才得以稍稍挽回国权。然而由上文可知，1919 年北京政府的修约方针已然成形，并全面展开，而且获致初步的成果。这些修约成果，既有国内外有利的背景，也有北京外交部本身的努力。就国际局势而言，欧战使列强对华的联合阵线分裂，两阵营皆拉拢中国；中国之参战，得以取消德、奥在华条约特权，及协约国方面稍稍放宽条约束缚，使"条约体系"对华压力减轻。加以美国总统威尔逊倡导十四点和平计划，强调以公理战胜强权，加深国人对旧日帝国主义压迫的不满，民族自决与拥护弱小民族权利的原则，更可作为中国外交攻守的利器。巴黎和会中国以战胜国姿态出席，也是修约的一大契机。就国内局势而言，参加欧战以来，民族意识逐渐觉醒，朝野皆要求平等的国际地位，争取主权国家所应具有的各种权利。提出修改条约主张的，不只是广州政府而已。北京外交部内审国内昂扬之舆情，外察国际有利局势，继承清末民初以来修约的方向，在 1919年中，确立修约的策略，不论是在巴黎以陆征祥为首的和会代表团，或是在北京代理部务的外交次长陈箓，都坚持原则，努力不懈。

1919 年，北京之修约朝三个方向同时进行。对战败国，如德、奥，继承 1917 年绝交宣战以来之方针，在和会中提出《对德奥条件》说帖，要求废除旧约，重订平等条约，得到允准，日后得以成功订立平等新约。俄国革命后，退出协约阵营，并宣言放弃在华特权，对列强形成道德上的压力。此外，值得注意的是中国于 1919 年 9 月 10 日在巴黎和会中签署对奥《圣日耳曼和约》后，成为国际联盟创始会员之一，中国以平等地位加入扩大的国际家庭，并多次在此国际组织中，诉诸国际公理正义，要求修约。

对协约国，尤其是五强为首的 17 个"有约国"，中国代表团在和会中总括朝野修约各种建议，向大会提出《希望条件说帖》，要求以五强为首的协约各国同意修改条约。此说帖虽遭和会议长推诿给国际联盟，未能达成"乘机解决我国际地位上一切根本问题"的目的，但已是中国首次在国际会议中，提出对条约束缚的不满，要求改正，取得部分西方舆论之同情。此外，北京政府承袭清末新政以来的方针，继续推动司法革新，为收回国权做准备。协约国五强是战后国际秩序的主导者，也是在华既得利益最多者，中国与它们的修约交涉，反而是最棘手、进展最慢的。

另一个重要的新方向，即对无约国及战后新成立诸国，坚持平等订约，不再给予领事裁判权及最惠国待遇。欧战之后，国际家庭扩大，北京政府明确区分"有约国"与"无约国"；对无约国及新成立诸国以大总统明令：不再给予领事裁判权等权利，将许多在华外侨纳入中国法权管辖，并与玻利维亚签订完全平等互惠的通好条约，成功地创造了难能可贵的先例，为日后修约奠下了坚实的基础。英国驻华使馆致伦敦的 1919 年度报告（China Annual Report, 1919）中，即注意到这一新趋势。①

---

① FO405/229, China Annual Report, 1919, para. 130。原文云：The Chinese Government is negotiating commercial treaties with these countries without according their nationals any extra-territorial privileges, and intends to follow on these lines with all new States entering into relations with her, including former enemy States。

第四章

《中德协约》与《中奥商约》的签订

北京政府之修约方针经民初之萌芽，到 1919 年已明确形成并全面展开。1920～1925 年，尽管国内政局动荡，南北分裂，内战不断，北京外交部仍排除万难持续推动，本章探讨对"战败国"之德、奥，重订平等新约之历程。

第一节　《中德协约》的谈判与签订

1921 年《中德协约及其它文件》（简称《中德协约》）是中国外交史上第一个平等新约，其重要性早已受到中外学界的肯定，部分学者对此课题做过扎实的个案研究。[①] 然而，近年来中国方面相关档案史料，或开放使用，或相续刊行；加以学界对北京政府时期的外交史研究，逐渐由孤立的个案研究，朝向较全面的整合与诠释。因此，本

---

① 最重要之研究为张水木《巴黎和会与中德协约》一文，原刊于（台北）《中国历史学会史学集刊》第 13 期，1981 年 5 月，第 277～352 页；后收录于"中华文化复兴运动推行委员会"主编《中国近代现代史论集》第 23 编，台北，台湾商务印书馆，1986，第 399～500 页。唯当时外交档案之使用不方便，"国史馆"《外交部档案》尚未开放。

课题仍有运用中外档案及新史料进一步考察，并将其置于北洋修约脉络中，探索前因后果的空间。

一　从参战到巴黎和会的中德条约关系

自咸丰十一年（1861）普鲁士与清政府订约建交以来，德国在华势力发展迅速；欧战之前有天津、汉口两处租界，以山东为势力范围，拥有胶州湾租借地，及胶济铁路等许多独占权益。德国政府及民间在华投资庞大，除政府对铁路、矿山等的投资外，民间投资主要有1896年、1898年两次英德借款，及津浦（1908年、1910年）、湖广（1911年）铁路借款，1913年善后大借款等；在华企业主要有德华银行、井陉矿务，主要商社有西门子、礼和、美最时等洋行，是清末民初主要条约列强之一。

1914年夏，欧战爆发，中华民国政府持中立政策。1917年3月14日，北京政府宣布对德断绝外交关系，仍按照国际公法及惯例，尊重两国现行一般条约。8月14日，北京政府进一步宣布对德国进入战争状态，废止中德间条约、合同或协约。中国宣战后之义务，对外应出兵欧洲助战，对内应铲除德国在华势力；但北京政府忙于武力统一，并未善尽参战义务。对外未曾派兵赴欧参战，只有大批华工应募到欧洲战地工作；对内也未尽收管德侨财产及拘束德侨之责，遭协约国列强公使之质疑，强烈建议中国如欲恢复协约国一员之名誉，应"在国内早日设法妥为保护协商国之利益及正当拘束敌侨，更将尸位或径直亲德之员更换，代以赞成政府宣言而能实行之员"。① 在协约各国监督下，北京政府才较认真地没收德国政府在华公产，收回租界，收管德侨财产，收容德国战俘，遣送德侨返国。②

1918年11月11日，欧战停火。驻丹麦公使颜惠庆，在中德绝交前为

---

① 《领衔英朱使面交说帖一件——中国为交战国》（1918年10月31日），外交档案：03－36－177－02－005
② 北京政府对德各项措施，参见本章第二节。

驻德兼驻丹公使，是当时驻外使节中最了解对德事务者，于 11 月下旬草拟对德、奥、匈媾和条件 14 条，于 12 月 11 日分电北京外交部及驻法公使胡惟德，以备中国在和会中对德提出要求之参考。[①] 主要内容为：德国应支付中国战俘收容费，赔偿战事损失，彼此发还收管私产，过去签订条约、合同均归无效，德国声明胶州湾任日本处置俾日本依其宣言交还中国，德国允中国备价收回山东铁路矿产，双方订约时放弃治外法权、协定关税及最惠国待遇，放弃天津、汉口租界，中德完全平等自由相待。[②]

外交部接到颜使草案后，复电称：中国恢复德、奥国交，颁给专使训条三项：（1）旧约一律撤废；（2）损失补偿当与各国一律办理；（3）此后订约立于平等地位。对胶州湾及山东，颜使意见与政府宗旨稍有出入，盖我国此次加入和议，对于远东问题当以免去一二国独断为要，如指明由德国承认日本政府宣言为正当，适足招各国责言而启日本独断。山东路矿现由日本占据，必须将主权确定，打消日本势力。其余各条大致可接受，酌量提出和会。18 日，颜惠庆电复外交部，称：颁给专使训条简要，唯训条与约稿性质稍有不同，并对胶州湾问题提出进一步说明，认为完全由日德自行独断，由各国监督，中国不闻不问似较妥慎。山东路矿可暂缓提议，待机集款收回。[③]

和会期间，中国代表团于 3 月 8 日提出《德奥和约中应列条件》说帖，其中对德和约应列条件九款，即以颜惠庆建议各款为基础。[④] 4

---

① 《驻丹颜公使 11 日电》（1918 年 12 月 13 日），外交档案：03－37－011－03－013；《颜惠庆日记》第 1 卷（上海市档案馆译，中国档案出版社，1996，第 784 页），1918 年 11 月 21 日称：草拟对德条约共 13 条。

② 《颜公使 19 日电》（1918 年 12 月 20 日），外交档案：03－37－011－03－014。

③ 《颜公使 19 日电》（1918 年 12 月 20 日），外交档案：03－37－011－03－014。

④ 《颜惠庆日记》第 1 卷（第 830 页），1919 年 2 月 27 日条称："与顾一起再细阅一遍要向德国提出的各种要求，实际上就是我所建议的那些，战争赔款问题暂予保留"。颜氏于 1919 年 1～3 月在巴黎，虽未列入中国全权代表，但以襄办公使名义辅佐全权，可参加代表团内部会议，且有表决权，并以其资望与个人交谊，调解陆征祥、王正廷、施肇基及顾维钧各全权间的争执。

月下旬和会宣布对德和约大纲，29 日中国提出修正草案。[1] 除山东问题于 30 日三国会议议定德国前在胶州及山东省所有各项权利，一概放弃，交于日本；其余中国所提条款大致获得同意。5 月 2 日，陆征祥电外交部，称："我国于对德各项，如领事裁判权之撤销、津汉各租界之收回、关税之自由、赔款之废止、债务之没收、损失之赔偿、天文仪器之索还等类，大致均已商允各国列入草约"。[2] 7 日，对德《凡尔赛和约》公布，除了第 156~158 款规定德国在山东权利归日本享有，招致中国强烈不满外，和约第 128~134 款规范中德关系，其内容大要为：

第 128 款：德国放弃 1901 年《辛丑和约》之利益、特权及赔款。

第 129 款：德国放弃 1902 年中国新税则协议，及 1905 年、1912 年关于黄埔之协议之利益、特权。

第 130 款：德国将山东之外的在华公产，除外交使领馆外，让与中国；唯北京使馆区内德产，不得辛丑列强同意，不能有所处置。

第 131 款：德国归还庚子拳乱期间掳去之天文仪器。

第 132 款：德国放弃天津、汉口租界。

第 133 款：德国放弃欧战后在华德侨、德产遭捕获、没收、拘禁、遣返而发生之要求。

第 134 款：德国放弃广州沙面英租界、上海法租界内公产予英、法、中政府。[3]

颜惠庆对此和约内容并不满意，他在日记中写道："我国向德国所提的要求大大缩减了，关于治外法权和缔结新约只字未提"。[4] 6 月 28 日，《凡尔赛和约》签字日，中国代表因对山东条款力争保留被

---

① 《法京陆专使电》各件（1919 年 4 月 16~30 日），《秘笈录存》，第 138~139 页。
② 《法京陆专使等电》（1919 年 5 月 2 日），《秘笈录存》，第 145 页。
③ 《法京陆专使电》（1919 年 5 月 8 日），《秘笈录存》，第 200~202 页。
④ 《颜惠庆日记》第 1 卷，第 859 页，1919 年 5 月 8 日。按对奥《圣日耳曼和约》中，亦无去除在华领事裁判权之条文，直到 1925 年中奥商约签订，奥国在华领事裁判权才告结束。

拒，拒绝签署该约。

拒签和约后，北京政府考虑对德善后问题。7月2日，外交部电询巴黎陆征祥：和约我国似未签字，此后对于外交如何应付，有无确实把握，希速详示。① 并电驻外各使馆："不签字后对德对日交涉均应和平镇静妥筹办理，尊处有何卓见，及驻在国对于我国不签字言论，随时电部以备参考"。②

3日，广州军政府主席总裁岑春煊电北京，建议政府宣言对德国解除战争状态恢复和平，并表示将另电商"中德如何磋商订约"。③ 外交部原拟照会驻北京各协约国公使，由中国政府单方面声明终止战事状态；但以"此事对外既有种种关系，似应熟加筹虑，持以镇静，以免流弊"，④ 委交美籍法律顾问德尼斯（William Cullen Dennis）研究。17日，德尼斯呈交意见书，认为若中国政府单方面声明终止战事状态，则任凭德国允许与否，且亦对旧约之存废发生歧异；建议先探德国意见，是否赞同中德间战事状态与协约各国同时终止？如赞同，对废除中德条约是否认为有效？若德国愿照此办理，与中国恢复邦交，同处平等地位，中国便可承认连带之条款，如归还德人财产，及允许德人来华等事。至条约细则，尽可从缓商议，然日后仍须妥订正式详细条约。对中国政府欲照会协约国公使一事，德尼斯认为，"此项照会措词须从笼统，惟可将中国对协约各国始终一致，暨中国希望中德战事与协约各国同时终止之意叙入，并可告以中国已设法办理以期达此目的矣"；⑤ 但反对同时照会中立国公使。

---

① 《致陆总长电》（1919年7月2日），外交档案：03-23-046-01-006。

② 《通电驻外各使馆》（1919年7月5日），外交档案：03-23-046-01-013。

③ 《国务院交钞府秘书厅函一件——岑春煊江电交院部核办事》（1919年7月15日），外交档案：03-23-046-01-017。

④ 《函总理钧启——送德顾问说帖》（1919年7月19日），外交档案：03-23-046-01-018。

⑤ 《照译德尼斯顾问对于拟致驻京各使对德休战照会意见书》（1919年7月21日），外交档案：03-23-046-01-020。

18 日，陆征祥电北京，主张由国会通过中德战事终了。外交部复电称：拟俟奥约签字后，同时宣告。8 月初，北京国会通过对德战事终了。[1] 9 月 10 日，对奥《圣日耳曼和约》签字，中国由陆征祥、王正廷代表签署。15 日，大总统明令布告终止对德战争状态，强调"我国因约内关于山东三款未能赞同，故拒绝签约。但其余各款，我国固与协约国始终一致承认。协约各国对德战事状态既已终了，我国为协约国之一，对德地位当然相同"。[2]

二　中德单独议约之接触

中德双方在欧战停火后就开始接触。1918 年 12 月 21 日，颜惠庆日记中记载：在公使馆见到杨度的儿子，"卜尔熙领事请他带来消息：德国现在态度和解，愿意放弃治外法权；在处理山东问题上也向着中国"。[3] 巴黎和会期间，中国即筹备中德商约，1919 年 3 月 1 日，陆征祥电和约一成，即须与德、奥商办商约，头绪纷繁，亟应及早筹备，拟请税务处、总税务司、财政部、农商部各派素娴关务之员，检齐卷据随带一同来法商询以资筹划。[4] 北京阁议议决："先由主管各机关派员在京会同讨论，预备草案，以便电法提交，如有必须派员临时再酌"。[5] 12 日，各机关代表在税务处集会讨论，17 日，外交部提出《筹备德奥商约主旨说帖》交国务院，指出："从前与各国缔结条约，大都因发生事故而来，故条款所列皆属片面优益，而无对等利权，至若领事裁判之权，关税协定之法，尤与主权国体关碍实多。今若与德、奥两国复归于好，前订各约既经一律作废，即应祛除一切损碍，

---

① 《电法京陆总长》（1919 年 8 月 9 日），外交档案：03 - 23 - 046 - 01 - 022。

② 《大总统布告》（1919 年 9 月 15 日），《秘笈录存》，第 225～226 页。

③ 《颜惠庆日记》第 1 卷，第 798 页。卜尔熙（Herbert von Borch）战前任德国驻汕头领事，战时任职于德国外交部新闻司。

④ 《收法京陆专使等 1 日电》（1919 年 3 月 4 日），外交档案：03 - 23 - 042 - 01 - 001。

⑤ 《电法京陆专使》（1919 年 3 月 6 日），外交档案：03 - 23 - 042 - 01 - 003。

另订公平条件，以期彼此权利之相当"。①

23 日，国务院函复外交部，称阁议认为与德、奥订约和他国修约不同，确定宗旨：以对等地位另订条约，领事裁判权当然撤废，协定关税取消。② 25 日，外交部将此宗旨电告陆征祥，称：

> 查从前与各国缔结各约，多系片面优益，殊不平等；尤以领事裁判权暨关税协定法，为最有妨碍。今若与德、奥复归于好，自应另订公平条件。顾欲冀领事裁判权之撤废，则内地必准令杂居；欲关税协定法之取消，则厘金必允予减免，此二者必须熟权利害，斟酌至当。其余款目，亦应悉心筹议，期得对等之利益。业将此意拟具说帖，送经阁议通过，并咨由各部处，饬知议约各员遵照办理。③

然而《凡尔赛和约》中并未提及中德另订平等新约之事，且因山东条款，中国拒签该和约。英国驻北京公使朱尔典（John Newell Jordan）认为中国拒签和约对德国有利，中德各有所需，德国可能以放弃治外法权讨好中国，换取优惠关税；中国可得一平等新约的成功先例，迫其他列强追随。《凡尔赛和约》促使中德接近，减少协约国对中国决策的影响力。④

拒签和约后，北京政府因"对敌战争状态终止，所有恢复和平后善后办法亟应详为筹备"，国务会议议决：由外交部召集院、部及有关系各机关，派员组织临时委员会，到外交部公同讨论。此"院部处

---

① 《外交部说帖》（1919 年 3 月 17 日），外交档案：03 - 23 - 042 - 01 - 002。
② 《国务院公函》（1919 年 3 月 23 日），外交档案：03 - 23 - 042 - 01 - 004。
③ 《电法京陆专使》（1919 年 3 月 25 日），外交档案：03 - 23 - 042 - 01 - 020。
④ Jordan to Curzon, 7 July 1919, [118937], in D. C. Watt & K. Bourne eds., *BDFA* (*British Documents on Foreign Affairs*), Part Ⅱ, Series E, New York: University Publication of America, 1994, vol. 23, pp. 82 - 83.

委员会"自 8 月 12 日起开会。① 同时，颜惠庆于 7 月中旬派使馆秘书张允恺到柏林与德国接触。陆征祥也于 10 月初派代表团成员、外交部参事刘崇杰到柏林进行调查。② 中德展开实质接触。

中德间之战争状态虽于 9 月 15 日以大总统令方式终止，但两国新关系应依循何种依据？1919 年下半年，北京政府为应否追认《凡尔赛和约》，或单独与德国议约，犹豫不决。拒签德约后，陆征祥 7 月 3 日电北京，称与各全权筹商善后办法二端：一为奥约需往签字，则中国仍在协约国团体之内，仍可为国际联盟发起会员之一；二为对于德约自应先望他国能为我调停，较诸我即径与日商，稍合步骤；此间如能商妥，拟即补签德约。③ 当时美国国务卿兰辛（Robert Lansing）有意调停中日争执，于 7 月中旬拟出调停办法。④ 后来因美国国会不批准《凡尔赛和约》，美国单独与德商议和约，调停之事，遂作罢论。

8 月 2 日，日本外相内田康哉声明：日本之一贯政策为中国承认《凡尔赛和约》后，即由中日谈判将山东主权归还中国，"日本所欲保持者，不外中国已许德国经济上之特权而已"。⑤ 内田宣言之后，少数报纸有中国将补签德约之说；在巴黎之日本代表芳泽谦吉亦曾劝告顾维钧，速行补签德约，并由中日直接开始交涉。⑥ 但是国人大多反对中日直接交涉山东问题，顾维钧也坚持反对补签和约，8 月 14 日电北京云："于彼（法、美）未批准德约以前，就目下情

---

① 《公函——院，内、财、陆、海、教、农、交部，督办边防事务处，税务处，管理敌产事务局——请派员到部讨论和平善后办法》（1919 年 8 月 9 日），外交档案：03 - 23 - 046 - 01 - 025。

② 《颜惠庆日记》第 1 卷，第 885、921 页，1919 年 7 月 14 日、10 月 2 日。

③ 《法京陆专使等电》（1919 年 7 月 3 日），《秘笈录存》，第 230~231 页。

④ 《法京陆专使电》（1919 年 7 月 19 日），《秘笈录存》，第 237 页。

⑤ 《驻日本庄代办电》（1919 年 8 月 3 日），《秘笈录存》，第 240~241 页。

⑥ 顾维钧：《续参与欧洲和平大会分类报告》（一）"续办德约善后事宜情形"，外交档案：03 - 12 - 008 - 04 - 022。

形,在我似仍以暂不补签为宜"。① 陆征祥亦持同一见解,17 日电北京,建议:目前美国上议院反对和约仍力,按照事实与国际上对我良好之空气,我国补签问题尚未达相当之时机,似应坚持静候,一面仍与各方密切进行。② 陆征祥与顾维钧详加研究后,均以山东问题在彼时仍应坚持静候,21 日再电北京,建议山东问题不宜中日直接交涉,将来视情势发展可有三种做法:其一,待美国保留山东条款后,中国援例要求保留,补签德约,待美国与各国重行磋商办法,或可得较优结果;其二,若美国批准全约,再与日本交涉;其三,如认为与日本直接磋商为不利,或磋商后无效,则向国际联盟提案。③

23 日,北京政府电令:"奉大总统谕:外务关系重要,奥约签字后,委员团即应解散,陆总长即行回国……顾专使暂留巴黎,办理德约事宜,该约关系尤巨,所有善后进行方法,仍应由陆总长于未回国以前,商同各使妥慎筹划,期有确切办法,以图挽济,是为至要"。④ 10 月,陆氏等陆续离巴黎返国,顾维钧留法,继续办理德约善后事宜及会签保加利亚、匈牙利等和约。顾氏认为中国因山东问题拒签德约,故办理德约善后事宜,即筹划山东问题之解决办法。后来见美国单独与德商议和约,顾氏更坚决反对承认《凡尔赛和约》,力主中国应与德国单独议约。⑤

---

① 《法京顾专使电》(1919 年 8 月 14 日),《秘笈录存》,第 244~245 页。
② 《法京陆专使电》(1919 年 8 月 17 日),《秘笈录存》,第 246 页。
③ 《收法京陆总长 21 日电》(1919 年 8 月 24 日),外交档案:03-33-151-2-027。
④ 《国务院致陆专使电》(1919 年 8 月 23 日),《秘笈录存》,第 253 页。当时王正廷也想留在巴黎,"彼以德约未了,心有不安……将来德约签字时,仍可列名"。见《法京陆专使电》(1919 年 9 月 20 日),《秘笈录存》,第 254 页。
⑤ 《颜惠庆日记》第 1 卷,第 941 页,1919 年 11 月 20 日。山东问题因中国坚拒与日本直接交涉,北京政府准备提出国际联盟。1920 年 12 月国联第一届大会,因美国未加入,形势对中国不利,中国代表顾维钧未提出此案,只宣言保留提案权利,拟于次年提出国联行政院或第二届大会。不久美国提议召开华盛顿会议,山东问题在华会解决。

　　北京外交部顾问宝道则持相反意见，10 月底呈交意见书，认为中德单独媾和，德国必甚愿意，对于政治条款必肯让步；但是对于经济、财政、海关条款，则多困难之点，交涉将甚为棘手。中国孤立无援，与德国直接议和，将有交涉延长艰难之虞，而所得结果，仍极微薄。如果实行《凡尔赛和约》，除关于山东各条款外，于中国皆为有利，结果速而较优。比较得失后，建议中国采取未签和约而可享其规定利益之法，中国只需知照德国，重申 9 月 15 日总统布告终止对德战争状态之要旨，强调中国因山东三款拒绝签约，其余各款，中国与协约国始终一致承认。现条约既由各国批准实行，中国除山东各款外，其余条款均可承认，兹甚愿与德国从速解决自断绝邦交后之种种问题，决定实行该条约之规定；然后知照德国、签约国及和会秘书处。此建议等于承认《凡尔赛和约》。宝道又致函代理部务次长陈箓，强调承认《凡尔赛和约》，可使中国对德复交居有利地位，应在未被他国质疑前进行；建议中德开议必先得德国承认和约，故应在德国未表示意见前，先知照各国声明中国政府承认和约，以巩固中国地位；重申《凡尔赛和约》"所许中国对德之利益，已达极点，中国与德国直接交涉，万难得此结果。纵能得之，亦须许以其它利益为交换条件"。①

　　北京政府面临两难之局，11 月 18 日，院部处委员会讨论宝道意见书，结论是：实行《凡尔赛和约》可解决中德问题，但是（1）若各国不承认，中国进退维谷；（2）山东问题棘手。外交部电询陆征祥意见。② 此时颜惠庆建议与德国保持接触，11 月上旬电陆征祥，称："德人在华商业繁多，急欲恢复旧状，愚见将来中德订约似应先由德

---

　　① 《顾问宝道关系中德恢复和平意见书》（1919 年 10 月 28 日）、《照译宝顾问上次长函》（1919 年 11 月 18 日），外交档案：03 - 23 - 046 - 02 - 019、020。
　　② 《国务院 22 日函——中德恢复和平事，附二件》（1919 年 11 月 24 日），外交档案：03 - 23 - 046 - 02 - 023。

国方面发起，庶几就范"。① 其时，陆氏正路过意大利返国，22 日指示颜使与德国外交部保持接触，并将刘崇杰以私人身份赴柏林与德外交部官员克里平（Knipping）的会谈记录寄给颜使。② 29 日，颜使电告陆氏：已派张允恺赴柏林。次日，又指示张允恺在柏林应持"忍耐又谨慎地等待"的态度。12 月 2 日，颜使电告外交部：德国人和奥国人愿回中国。外交部复电指示：只有家眷留在中国的德国人，或中国雇用的德国专家可以入境。③

不久，德国果然通过各种渠道，主动提出要求，12 月 13 日，张允恺电告颜使，德国认为中德间亟须解决三件事。④ 18 日，颜使电告外交部，云奉总长电令派员以非正式名义暂驻柏林，现接该员电称：德政府盼望我国者三事，一是请中国勿再收没德侨及公司财产。二是准德人自由在华贸易，勿留难来往中国护照，自由寄发邮物电信，并准发密电；以上各节，将来再定条件；商约未定前，德人听中国法律办理。三是拟请中国政府承认前天津副领事 Siebert 为非正式外交官，在北京代表德人事，由前德华银行之 Eggeling 同办。颜使认为："按德政府并不表示订约意见，仅提出要求，殊与我派员驻德意旨背驰；应提出阁议，决定抵制条件，电示，以凭转达德政府"。⑤

外交部接到报告，正拟逐条驳复德国要求时，又接颜使电称德政

---

① 《收法京陆总长 20 日电》（1919 年 11 月 23 日），外交档案：03 - 23 - 042 - 02 - 003；《颜惠庆日记》第 1 卷，第 936 页，1919 年 11 月 8 日。

② 《颜惠庆日记》第 1 卷，第 940、942 页，1919 年 11 月 19 日、22 日。克里平原任上海总领事，曾于 1918 年春奉德国驻华公使辛策（Herr von Hintze）之命，联络孙中山，以金钱支持国民党倒段。参见李国祁《德国档案中有关中国参加第一次世界大战的几项记载》，《中国现代史专题研究报告》第 4 辑，台北，"中华民国史料研究中心"，1971。唯此会谈记录笔者在外交档案中未曾寻获，内容不得而知。

③ 《颜惠庆日记》第 1 卷，第 944、945、951 页，1919 年 11 月 29 日、30 日，12 月 2 日、14 日。

④ 《颜惠庆日记》第 1 卷，第 950 页，1919 年 12 月 13 日。

⑤ 《收驻丹颜公使电》（1919 年 12 月 18 日），外交档案：03 - 23 - 046 - 02 - 028。

府交来中德订约节略一件，[①] 表示：

（1）中德恢复和平，德政府愿照新有主义，与中国订约，注重商务。

（2）未订约前，德政府请中政府本互相主义，规定临时办法。

甲、取消处置敌国人民及其私产之条规，并停止执行战时条例，准两国商民自由往来贸易、函电；

乙、德政府进出口商务，按照中政府上年八月一日新税则纳税，在德华侨，德政府允照最优国对待，且德政府承认张秘书官为中政府非正式代表，请中政府承认前天津副领事 Siebert 为德政府非正式代表，并准德国即派相当人员至华，以便重联正式关系。

（3）何时何地开订新约，请中政府即复。

（4）以上各节，请中政府即日议决。[②]

外交部研议德国要求，认为关键问题在于海关税则。自1842年《南京条约》以来，中英会商中国海关税则，大抵以值百抽五为率，至1858年《天津条约》确定此标准，中国丧失关税自主权。事实上各项进口货品税率，因常年未修订，实质上连5%都不到。清政府在《辛丑和约》之后，为增财源以筹赔款，于1902年与各国议定进口税照当时货价确实值百抽五，但未能实施。到了民国初年，货价又上涨，税率实质上不到3%，北京政府屡次要求修改税则，列强以种种理由拖延。至1917年8月中国参加欧战，协约各国答应中国参战条件之一，就是增加关税至切实从价值百抽五。次年1月，各国与

---

① 此件疑即梁启超携回之书面建议。梁氏在巴黎和会期间游欧，扮演某种外交角色，他于1919年12月至次年1月访问德国。颜惠庆12月18日电告外交部：梁氏到柏林。12月下旬张允恺函告颜氏："通过巴黎的夏元烈，已将给克尼平的复信送出"。30日张允恺回哥本哈根，"他说梁启超已回到巴黎，带来了德国的书面建议（第一节询问新条约的谈判应在何时何地开始）；梁认为我国与德国的谈判应以坦率为指导原则"。见《颜惠庆日记》第1卷，第952~956页，1919年12月18~30日。

② 《外交部说帖》（1920年初），外交档案：03-36-177-01-001。

中国代表在上海召开修改现行进口税则委员会，至 12 月 19 日签订《修改各国通商进口税则》，经各国政府批准后，于 1919 年 8 月 1 日施行。然而这两次改订税则，"亦不过改订货价，而值百抽五之率则仍旧惯"。① 此外，北京政府为摆脱协定关税之束缚，利用对德、奥宣战机会，于 1917 年 12 月 25 日公布《国定关税条例》八款，进口外国货除有条约协定者，区分为奢侈品、无益品、资用品、必要品，分别课以 5% ~ 100% 之税率。② 此国定关税本系针对德、奥而设，战后北京政府除在巴黎和会中要求关税自主外，并将国定关税扩大到所有"无约国"，1919 年 6 月 13 日公布《侨居境内无约国人民课税章程》，规定："无约国人民运货进口应遵照国定关税条例完纳海关税课"。③

当此北京政府正努力收回关税自主权之时，德国表示只愿照 1919年 8 月 1 日之海关新税则纳税，外交部非常不满，提出说帖称：税务一项，前经国务会议议决，"嗣后无论何国订约，均须按照国定税率办理"，现若与德国订约，自应抱定此旨，德政府所拟按照新税则纳税一节，断难照允。又第一条称，愿照新有主义订约一节，本国政府自应表示赞同。对于订约之时间、地点及派员来华各节，现在中国对于德约尚未签字，此事自应暂从缓议。1920 年 1 月 12 日，国务会议议决："照外交部所拟办理"。④ 26 日，外交部函告各相关部会对德处理方针，云：

> 其自愿来华者，需具有事理经中政府特许，方准入境。寄发密电邮信，德国对于华侨尚未弛禁，中国碍难独宽。税务一项，

---

① 参见《希望条件说帖》，《秘笈录存》，第 177 页。
② 《政府公报》第 698 号，1917 年 12 月 27 日。
③ 《政府公报》第 1206 号，1919 年 6 月 14 日。然而此国定税则因海关总税务司以实施困难为由，未能执行。
④ 《外交部说帖》（1920 年初），外交档案：03 - 36 - 177 - 01 - 001。

前经阁议议决：嗣后无论何国订约，均须按照国定税率办理。德国未便独异。所请按照新税则纳税一节，碍难照允。Siebert……Eggeling……当此德约尚未签字之时，如以该二员为非正式代表，我国不便承认；即将来补签德约，此等人员亦难接待。至订约之时期、地点及派员来华各节，在德约未经签字以前，应暂从缓议。①

颜惠庆将外交部之指示转交德国外交部，不久收到德政府答复节略，大体注重先行派员来华为非正式之协商。颜使认为："德约补签尚无时期，德政府既急于订约，似不宜过于拒绝，不如利用其机，详细思议，俟补签后实行"。② 3 月 9 日，颜惠庆在柏林与德外交部官员克里平非正式晤谈，德国暂时同意尊重中国关税自主，并承认中国对外国人民之法律管辖权，破除了双方谈判的主要障碍。③ 同时荷兰驻北京公使欧登科（W. J. Oudendijk）到外交部晤商，谓德政府意欲派遣四员来华，非正式地与中政府商订通商办法。外交部答以尚须详密考虑，缓日再复，并以此事关系重大，请国务院召集主管各部会议公同讨论。④ 院部处委员会迭次讨论，3 月中旬议决：接受德国政府派遣非正式代表来华商谈；德国要求停止清理德侨私产，可酌度情形分别办理；检查邮电已渐从宽大；税则问题应查照国定税则办理。并送交国务会议通过。⑤ 5 月 20 日，欧登科函告外交部：德国政府荐举三员非正式代表，甚望中政府默认其享受外交官之待遇。6 月 19 日，外

---

① 《公函——农商、内务、财政、交通部，管理敌产局——核复对德事项函达查照由》（1920 年 1 月 26 日），外交档案：03 - 23 - 042 - 02 - 004。

② 《咨呈国务院》（1920 年 3 月 2 日），外交档案：03 - 23 - 042 - 02 - 008。

③ Lorne Eugene Glaim, *Sino-German Relations*, *1919 - 1925*: *German Diplomatic*, *Economic*, *and Cultural Reentry into China After World War I*, Ph. D. thesis, Washington State Univ. , U. S. A. , 1973. p. 57. 英国外交档案亦记载颜惠庆到过柏林，见 Kilmarnock（Berlin）to Curzon, 2 June 1920, FO371/5338［F1037/830/10］。该报告称颜惠庆正返国，是接任外交总长人选之一。

④ 《咨呈国务院》（1920 年 3 月 2 日），外交档案：03 - 23 - 042 - 02 - 008。

⑤ 《国务院 14 日函》（1920 年 3 月 15 日），外交档案：03 - 23 - 042 - 02 - 010。

交部函复荷使："本国政府自可予以相当之待遇"。①

德国政府派卜尔熙等四名非正式代表来华谈判。②四人乘日轮，6月21日抵神户，由陆路经朝鲜赴北京。北京政府在顾维钧建议之下，退出协约国对德赔偿委员会，以得较大之谈判自由度。8月9日，德国应允归还1901年掳去之北京天文仪器运抵神户，转往中国。双方皆表达善意，有助于谈判顺利进行。③

三 中德谈判，1920年8月至1921年1月

1920年7月14~23日，直皖战争在北京附近进行，直系获胜，北京政府随之改组。8月9日，新内阁成立，由靳云鹏任总理，原安福系之财政总长李思浩、交通总长曾毓隽、司法总长朱深等，为周自齐、叶恭绰、董康取代；颜惠庆任外交总长，④开启了北洋外交中的"颜顾体制"或"外交系"⑤主掌外交的阶段。日本反对中德单独议约之阻力，随皖系下台而消除。颜惠庆对德国十分了解，对中德谈判有利，他任命外交部参事王景岐为主谈代表，秘书王曾思为其助手。卜尔熙形容王景岐"十分聪明，又具显著的公正感与机智"。⑥两人

① 《收和欧使5月20日函》（1920年6月19日）、《函复和欧使》（1920年6月14日、19日），外交档案：03-23-042-02-012、013。此外，德国新任驻日大使索尔夫（Dr. Wilhelm Solf）于1920年春在东京与中国外交人员有正式之接触。见 Robert Pollard, *China's Foreign Relations, 1917-1931*, p. 100。

② 卜尔熙原任驻汕头领事，战时任职于德国外交部新闻司，另外三人为 Alexander Tigges；Enno Brackle，原任天津副领事、领事；华根纳（Wilhelm Wagner），原任北京副领事。

③ Glaim, pp. 53-55.

④ 陆征祥于1920年初返国后，不愿再长外交，部务仍由陈箓代理至8月。颜惠庆于1920年初返华，正值直皖政争，居于天津，直皖战后入阁主外交。

⑤ 1920年8月至1924年10月，直系控制北京政府时期，外交部主要由颜惠庆、顾维钧主持，川岛真称之为"颜顾体制"（川岛真「中華民國北京政府の國際聯盟外交」『史學雜誌』104-12、1995年12月；「中華民國北京政府の外交官試験」『中国の社会と文化』第11號、1996）。关于"外交系"，参见金光耀《外交系初探》，载金光耀、王建朗主编《北洋时期的中国外交》。1920~1927年颜惠庆、顾维钧、王正廷主掌北京外交部，甚至多次担任阁揆。

⑥ Glaim, pp. 60-63.

在谈判期间成为好友，王氏曾建议颜惠庆在一些关键议题上做出让步。

7月下旬，卜尔熙等人抵达北京，24日由荷兰公使介绍，于陈箓私宅非正式会晤。陈箓热诚接待，但表示目下北京政局动乱不适合谈判。事后陈箓告诉英国代办，中国在柏林已派有非官方代表，德代表来华，地位亦然；德代表急于谈成条约，尤其希望享有优惠关税，中方不可能应允。①

北京政局稳定后，中德谈判展开。8月28日，王景岐、王曾思拜访卜尔熙等于旧德国使馆之德国医院，广泛交换意见。中方表示只要德国正式照会中国，声明愿意履行《凡尔赛和约》第128～134款对华义务，就可开始谈判——临时协商。卜尔熙表示中方需先准德人经商，交还被收管之德产；并建议将来中德关系，分为三步进行。第一步，德政府正式照会中政府，声明履行《凡尔赛和约》中关于中国之各条款；同时中政府明令取消战时待遇敌侨之法令，将德人与无约国人民一律待遇。其在华德人原有之产业，未经清理者，交还原主。至战事赔偿问题，可在临时协商中规定之。第二步，订结临时协商，恢复外交及商务上之关系。第三步，两国通使之后，由外交代表议定通商条约。临时协商之内容，当载明两国恢复外交及商务上之关系，而以某种为条件，德方建议由中方提出条件。中方强调不可允"最惠国条款"，并要求俘虏收容费。德方则要求中国勿加入协约国之赔偿委员会，并强调"速将德人产业停止清理"一层。②

双方初步接触后，颜惠庆对德方姿态稍高不满。9月初，荷使

---

① Clive to FO, 4 Aug. 1920, FO371/5338 [F1748/830/10].
② 《王景岐、王曾思约晤德国非正式代表谈话一件》（1920年8月31日），外交档案：03-23-042-03-006。但是德方史料显示，德国当时正力图修改《凡尔赛和约》，且若答应中国就没有什么好谈的了。卜尔熙给颜惠庆一私人信函，解释德国代表团无此权限，德方立场是所有凡尔赛条款皆应在中德条约谈判中一并讨论，不应是谈判之先决条件。中国接受此一答复，安排第二次谈判。见Glaim, pp. 68-69。

欧登科会晤颜惠庆，表示卜尔熙请求谒见，颜氏告以德方对于税则一层，所望太奢；欧使答以彼等甚愿容易商量。颜氏称接任伊始，事务甚繁，可于下周会晤卜尔熙，并强调："只要德国放弃其过分之希望，余本赞成与德国先行恢复商务关系，以备渐归旧好。否则如现时之非常情形，本国亦只得以无约国人民待遇来华德人，凡无护照者，一概不许入境。总之，德国之希望当限于商务之恢复，不应再作政治念头。"①

北京外交部明确表达谈判立场后，双方展开密集谈判。8 日，举行谈判仪式后，王景岐宣示中国要求：德国全盘承担《凡尔赛和约》义务，德国应同意（1）放弃领事裁判权，（2）废止最惠国地位，（3）如《凡尔赛和约》第 130 条所述放弃北京使馆区操场（Glacis）产权，（4）赔偿中国拘禁德国军人及部分平民之俘虏收容费用。② 会后，王景岐将草拟之中德临时协商草案四条交给德方代表。③

15 日，双方第二次谈判，卜尔熙答复中方四条件，认为只有关税上之最惠国待遇要保留，以保护德国商人。理由是：中国依据《凡尔赛和约》在德可享最惠国待遇，若德人在华无最惠国待遇为不公平，建议双方所纳进出口关税一律，因此要求更改德国放弃最惠国待遇要求之声明。中方表示同意，不坚持将此点列入声明。德方又提废止德人领事裁判权后，在华德人应在新设地方法庭审理等要求。中方则催

---

① 《和馆问答》（1920 年 9 月 10 日），外交档案：03 - 23 - 042 - 03 - 008。
② Glaim, pp. 69 - 70.
③ 中方所提中德协约草稿内容如下：（1）两缔约国得互派正式外交代表，该代表等彼此均得于所驻国享受国际公法所许之特典及免除。（2）两缔约国于已有他国驻扎领事或副领事之处，得互派领事、副领事及代理领事，并予以相当之待遇。（3）两国中之一国人民，居于其他一国境内，得遵所在国之法律及章程，在其他各国人民所能游历及经营工商事业之地，前往为同样之事业。两国人民彼此身家财产应受所在国地方司法官署之管辖，并服从其法律。其所纳一切赋税，不得超过各该本国人民。（4）两缔约国承认各种课税物，悉照各本国国内章程办理，但彼此运来之原料或制造品，其所抽之进出口通过各税，不得视本国人民所完纳者有所增加，而奢侈品不在此例。此件成为日后中德协约之主要内容。见《王景岐交提送德委员洋文草案一件附洋文》（1920 年 9 月 14 日），外交档案：03 - 23 - 042 - 03 - 010。

请德方于下次晤面时，提出承担《凡尔赛和约》对华义务之声明书草案。①

22 日继续谈判。双方都提出对《凡尔赛和约》之声明书稿，德方表示中方草稿较佳可用，内容为："德国声明对于中国申认一九一九年六月廿八日威尔塞条约第一百廿八条至一百三十四条所负之义务，并承认中国对于德国有权享用该约内他项条款所发生之权利及利益"。唯德方要求中国声明不加入协约国赔偿委员会。德方又提出旅华德侨反对撤去领事裁判权，要求中方以换文保证德人在华司法权益，并提出函稿：希望德人在华词讼，中国以新法令新法庭审理，准德籍律师出庭，并设法处置现时在上海华洋会审公廨之案件。双方再谈中德协约内容，德方主张删去中方所提草案第四条中"奢侈品例外"一句，并建议加入两技术性条款：第五条"本协商须以中、德、法三国文字书写，遇有疑义当以法文为依据"；第六条"本协商自签字之日起发生效力"。至此，中德协约骨架已定。较大之歧见在于停止清理并归还收管德侨财产问题，德方指出德商十分重视此事，甚望中国保证于中德协约签字之时，将此项财产归还原主。中方承诺"当向管理机关商议"。最后双方约定"下次会议可以将拟定各声明文件、协定条款等最后之条文校阅"，甚至已谈及交换全权签字之事。②

24 日继续谈判，先谈山东问题，因中日《民四条约》中规定"日本在山东之权益以德国同意让与为前提"；中方提交一声明书稿，要求德国声明"无将胶州转让日本之意"，并强调此事极关紧要，中国人民闻中德订有协商，首先注意即问协商内山东问题如何措辞，故

---

① 《王景岐、张煜全、王曾思约晤德代表纪略》（1920 年 9 月 20 日），外交档案：03 - 23 - 042 - 03 - 011。

② 《张煜全、王景岐、王曾思会晤德代表纪要》（1920 年 9 月 28 日），外交档案：03 - 23 - 042 - 03 - 012。关于中国是否加入协约国赔偿委员会及收管与变卖德产问题，见本章第二节。

深愿德国有所表示。德方因不愿得罪日本及协约国,只表示愿加考虑。续谈归还德产问题,中方表示不可能保证无条件归还,只能即行停止变卖德人产业,及让德人原主有优先收买权。德方强调若财产不能归还,恐即开始通商亦是徒然,要求尽速商定办法。[①]

25 日继续讨论各件文稿。关于山东问题声明,因德方不愿得罪协约国,文字上做部分修正。至于德人财产处置办法,双方进一步讨论已清理者之变卖与交还,及停止清理与双方债务清算等问题,载入议事录。关于俘虏收容费用,中方提议 300 万元整款;德方答以尚需斟酌,暂勿列入会议录。最后,双方准备将议定各项文件及会议录等,各自转达政府核办。[②]

30 日再谈,德方对汉口继续变卖德人财产各案,表达强烈不满,要求即行停止。德国代表坦言:德国政府之所以急于恢复睦谊,愿与中国缔结平等相互之条约者,盖以德人在华有财产可以收回,为经商之余地;若有用之财产变卖尽净,德国有何兴趣与中国缔结此项条约。德代表还强硬表示暂缓将谈成之协约各草案电达柏林,以为抵制。中方表示协约未签署前,不能停止清理德产,但允诺转请主管机关从缓办理,于协约未定之前,不得为断然之处分。德方进一步要求保证将来德人在华投资、产业免被没收,中方允诺。第一阶段之谈判至此大致结束,确定《声明文件及协商草案以及会议录》,交双方政府核定。谈判结束时,双方代表互致谢忱。[③]

9 月份,中德密集谈判,已商定协约各项原则及草案,送交本国政府核办;双方对谈判结果似皆满意。10 月 1 日下午 4 点,王景岐与

---

① 《张煜全、王景岐、王曾思会晤德国非正式代表 von Borch, Schirmmer Wagner 等会谈纪要》(1920 年 10 月 14 日),外交档案:03 - 23 - 042 - 03 - 013。

② 《张煜全、王景岐、王曾思约会德国非正式代表卜尔熙与师谋等会谈》(1920 年 10 月 14 日),外交档案:03 - 23 - 042 - 03 - 014。

③ 《王景岐、张煜全、王曾思约晤德国非正式代表会谈》(1920 年 10 月 21 日),外交档案:03 - 23 - 042 - 03 - 016。

德国代表会面，稍事修改会议录。①

第二阶段中德谈判自 11 月初展开，德国代表收到柏林训令后，双方就协约各草案商谈具体文句修改。3 日，双方谈判，中方提出德华银行、井陉矿务公司皆与德国政府有某种关联，非仅为私人公司，应排除于普通所拟处理德人财产办法之外。德方坚持两者皆是私人企业，中方要求改为中德合办，德方表示不便解决；最后决定将来再定办法。接着进入正题，德方表示接到柏林训令，德国政府愿将协商草案及声明文件签字，但须修正两处：一是关于《凡尔赛和约》之声明中，"及其它条款中国视为有关系者"一句，改为"及其它条款于中国对德有特别关系者，由两国日后商定"。德国不能概括承认《凡尔赛和约》之有效，要求中国列举欲引用之条款。中方要求依原案，德方坚持修改。事实上要中国列举也有困难，因此就德方提案修改，中方坚持要去除"特别"二字；最后，草拟数稿，德方电柏林请示。二是会议录形式由问答体修改，中方同意，但强调会议录之记载不是订约原则，乃系条约中原则之如何实行，非订正约之根据。②

5 日续谈。中方表示前日会议各节，外交部同官会议不同意，提出四点要求修改：（1）会议录之形式与履行义务问题：德国恐无履行义务，故要求将问答体裁改正；中方不愿改，认为签字后自有效力。讨论后决定不修改会议录，改用交换公函方式解决；德国致函中国将德国应向中国声明保证之事件详列其中，并询问中国应向德国声明之事件，中方函复声明中国拟办之各项事件。（2）德华银行、井陉矿务公司事：中方要求改为"将来另定办法"。德方不反对井陉归中德合办，但不愿将德华银行改为中德合办。讨论无结果，暂时搁置。（3）《凡尔

---

① 《王参事接见德代表会谈》（1920 年 10 月 21 日），外交档案：03 - 23 - 042 - 03 - 015。

② 《王景岐约晤德国非正式代表卜尔熙等会议第十二次纪要》（1920 年 11 月 11 日），外交档案：03 - 23 - 042 - 03 - 018。

赛和约》声明事：中方拟三文稿，回外交部讨论。（4）将会议录第11款纳入协约为第6条。[①]

9日继续谈判，中方表明《凡尔赛和约》声明问题，中国欲在实际上能有权引用和约中各条款中国视为有关系者，不过欲维持中国之国际体面，中国既为协约国之一，则对于和约自应要求与协约各国同居平等之地位。德华银行问题，中方主用"不在此例"，德方主"容后另议"；王景岐建议，德华银行与井陉矿务公司财产之处理，当由中国主管机关与之另商办法。德方允电柏林请训。最后讨论交换公函文稿，德方将声明文件及公函草稿电达柏林请示。[②] 至此，第二阶段商谈告一段落，德方将修改各件再送柏林定夺。

北京外交部希望能早日得到德方之全盘答复，以提交11月15日开幕之国会；但因通信缓慢，而当时德国与欧洲各国关系恶化，尤其是莱茵区问题，使德国注意力转移。加以柏林对《凡尔赛和约》声明内容、赎回德产及关税上之最惠国待遇等问题，有所坚持，迟迟不肯定案，谈判一时陷入僵局。22日，德国代表告诉中方代表：昨得柏林来电，云日前所商量事件，因与各部接洽，未能即复，本星期内当再行电告。[③] 12月8日，双方再谈，德方表示：接到柏林外交部长4日电报，内述与国会内各政党及各机关尚未接洽清楚，日内当再将决定办法电告云云。中方对德方延搁反复不满，王景岐威胁云：中德自8月以来业已谈判四月有余，外交部因有会议之故，对于所有战事特别法令，曾劝阻各部会暂缓执行；如果德方一再延搁，外交部拟一面将各特别法令仍听执行如前，一面与德国代表议约。对德侨财产问题，

---

① 《王景岐约晤德国非正式代表卜尔熙等会议第十三次纪要》（1920年11月11日），外交档案：03-23-042-03-019。

② 《王景岐约晤德国非正式代表卜尔熙等会议第十四次纪要》（1920年11月），外交档案：03-23-043-01-011。

③ 《王参事景岐会晤德国代表华根纳问答纪要第十五次》（1920年11月），外交档案：03-23-043-01-010。

中德本议定一种普通原则，今德方又提及此问题者，王景岐强调：各种办法两方会议已经决定，若重行讨论则系推翻旧案，于会议手续不合；并称前此所有各问题业均同意，以后应讨论者仅在中国在《凡尔赛和约》内援引之范围而已。①

12月10日，柏林来电，对德侨财产问题提议：将德国政府持有之中国国家债票存一中立银行，作为中国将来索取赔偿之担保抵押，请中国停止清理并归还德侨财产。中方以核完赔款需时甚长，不愿停止，仍请德方电催柏林对《凡尔赛和约》范围尽速答复。② 27日双方会谈，德方表示仍未得柏林复电指示。王景岐强调，自前次会议迄今又逾三星期，清理德产受其他部会很大压力，不能长久停止，要德方催柏林做决定性之答复。双方议定以1921年1月10日为限，届时柏林若无确实答复，中方即依1920年8月10日前办法清理德产。对于关税问题，德方要求保证享有最惠国待遇，在华德商不会负担较他国商人为高之关税。中方表示同意，但要保留关税自主权。王景岐强调：近日暹罗与美国新订条约，已承认关税自主权及领事裁判权收回，中国正拟仿照办理，实不能于任何条约或协约内束缚关税自主权。对于《凡尔赛和约》声明问题，王景岐提议：若德国不愿声明，可将下半部以秘密公函为之；强调中国不重形式，只要保留与协约各国处于同等地位。③

1921年1月初，双方继续谈判。德方重视德产问题，7日又提出柏林欲以津浦铁路债券存200万两于中国银行，作为将来支付中国战事赔偿之保证，一举赎回德人财产。中方表示欲先知德国对各草案之

① 《王景岐、张煜全接见德代表华根纳问答纪要第十六次》（1920年12月），外交档案：03-23-043-01-006。

② 《王景岐、张煜全接见德代表华根纳问答纪要第十七次》（1920年12月），外交档案：03-23-043-01-007。

③ 《王景岐、张煜全等约晤德国非正式代表卜尔熙、华根纳等会谈纪要第十八次》（1920年12月），外交档案：03-23-043-01-008。

意见，再议处理财产事，且此事须与财政主管当局商量；并强调已暂停清理德产四月余，仍以 1 月 10 日为期限。德方又要求最惠国待遇，强调最惠国待遇之条文几成德国修订条约之一原则，恐难除却。中方答以最惠国待遇条文，对中国而言有特别意义，在收回关税自主权之前不能给予。德方称德国在协约条款中承认中国关税自主，而德商在华反于关税上受不平等之对待，殊欠公允。中方强调中国政府并无在关税上歧视德商之意思，目的仅在保留关税自主权。最后德方要求中国书面保证绝无歧视之事。①

谈判至此，彼此对各问题的立场已很清楚，只剩技术上如何磋商出双方都可接受的形式，以及文字上的修饰。双方皆展示善意，26 日续谈，对最关键的德方《凡尔赛和约》声明稿终于达成协议，卜尔熙提议由德方给中方一文件，承认中国在和约中之权利，但在正式声明中只提第 128～134 条；外交部接受此一做法。关于山东问题声明，德方知此为中国之面子问题，不能不提，唯要求修改文字，提出一字句模棱之文稿，中方表示可接受。《凡尔赛和约》与山东问题声明书解决，排除了主要障碍，其他问题进行顺利。最惠国待遇问题，中方设法做出让德国在华商务实质上享有公平地位之保证：当国定关税未普通施行以前，中国政府有意许德货入口暂照通用之税率完纳关税。德方对此表示满意，送交柏林核可。俘虏费收容费问题，德方原则上同意支付 300 万元之整款。德产问题，双方协议自签字日起停止清理，协约批准日起归还德产。②

26 日之谈判圆满结束，双方同意两声明书之文字，并以一系列之文件、协议及换文，解决了所有的问题，作为将来订定正式条约之基

---

① 《王景岐、张煜全等约晤德国非正式代表卜尔熙、华根纳等会谈纪要第二十次》(1921 年 1 月 7 日)，外交档案：03－23－043－01－013。

② 《王景岐、张煜全等约晤德国代表卜尔熙、师谋、华根纳等会谈纪要第廿三次》(1921 年 2 月 1 日)，外交档案：03－23－043－01－014；Glaim, pp. 68－80。

础。30 日，颜惠庆参加王景岐的婚礼，次日在日记中写道："德国人几乎已准备签署非正式协议"。2 月 1 日又记载："答应给王景岐……授以实职"。① 3 日，外交部邀财政、交通、农商部及管理特种财产事务局，派员会商各相关问题具体办法。提交国务会议讨论通过后，10 日拟妥《中德协约事呈稿》，将德国声明各件、中德协约草案及详细办法往来公函上呈大总统，并请选派全权签押。② 谈判到此似已圆满结束，准备签署协约。

四 最后磋商与签约，1921 年 2～5 月

然而实际签字又拖了三个多月才举行，双方还有一些歧见待协调，主要障碍仍在归还德侨私产办法。中方坚持德国支付部分现金赎回，德方不肯，双方反复交涉。至 2 月 28 日颜惠庆以谈判破裂为威胁，德方才稍稍让步，但是仍辩论不休。3 月 24 日，英国驻北京公使艾斯顿（Beilby Alston）向伦敦报告，颜惠庆告诉他："中德谈判进行缓慢，因为德方所有问题都要送交议会一个特别委员会，而交还或赎回德产及赔偿等复杂问题，无法如此处理。建议先恢复外交及领事来往，把商约谈判放在后面，德代表正等柏林指示"。③ 4 月 6 日，伦敦指示驻德使馆密切注意此事发展。20 日，驻德使馆回报：中德约稿已送到议会外交委员会，德国在北京代表被授权签约，但中国政府有迟疑，至今未签约；条约内容对华有利。④ 北京外交部也认为"刻下所未决者，仅德侨财产之处置"。⑤ 4 月 7 日，双方终于达成协议，德国同意付中国 400 万元国币，另以德发中国铁路债票作抵，一举赎回德

---

① 《颜惠庆日记》第 2 卷，第 9～10 页。

② 《中德协约事呈稿》（1921 年 2 月 10 日拟），外交档案：03-23-044-02-008。

③ Alston to Curzon, 24 March 1921, FO371/6617 [F1117/96/10].

④ Lord D'Abernon (Berlin) to Curzon, 20 April 1921, FO371/6617 [F1525/96/10].

⑤ 《和约研究会说帖——议复对德方针由》（1921 年 4 月 3 日），外交档案：03-23-045-01-015。

产，中方则同意停止清理德产，收到现金后将尚未清理者归还原主。这才将最棘手的难题解决。①

4~5月，外交部将中德协约草案送财政部、农商部、交通部等各相关机关，各机关签注意见后，外交部一一说明。② 颜惠庆努力与各相关部处协调，主要是化解财政部与特种财产管理局的阻力，并与卜尔熙讨论各机关之异议。克服种种困难后，5月10日，中德协约案最后送交国务会议讨论。③ 外交部在说帖中称，中德谈判八个月，会议近四十次，终于议定《中德协约》七条及声明文件、互换公函等，"金系实用主权尊崇与平等及相互之原则"；强调"各项文件，似于我国利益尚称妥协"，列举中德订约对中国有利之处八点：

(1) 获《凡尔赛和约》中之权利而不受其约束；

(2) 实行废止德国领事裁判权；

(3) 完复关税国定主权；

(4) 山东问题将来我更持之有据；

(5) 《凡尔赛和约》未行指明之德国在京之操场声明收回；

(6) 收容俘虏之费原为和约所放弃，德国仍许偿我；

(7) 此次协商可为异日修订他国条约之模型；

(8) 德国地胜民勤，科学发达，我于此时与彼稍事联络，于我将来国际地位未始无益。

并称：至于约文之解释、司法上之保证及处置德人财产详细办法，均由双方会议时，议妥办法，与德国代表拟出往来公函两件。对较棘手之德国要求关税享最惠国待遇，而中国坚持关税自主一节，协

---

① 归还德产问题，参见本章第二节。

② 《中德协约案——各机关签注及外交部说明》，"国史馆"藏《外交部档案》：缩影147。以下所引《外交部档案》皆为该馆所藏，不再注明。颜氏曾告诉英国公使：有部会要求修正，但应不会延迟太久。见 Alston to Curzon, 6 May 1921, FO371/6617［F1739/96/10］。

③ 《颜惠庆日记》第2卷，第26~36页，1921年4月7日至5月10日。

约中承认中国关税自主之大原则，但事实上对于德国仅能暂准其与他国一律对待。并附一《关税说明书》详细说明此事，强调：

> 事实上即使国定税则已行颁布，对于德国商货能否一律按章征收，亦毫无把握……此事焦点盖在旧约未改，又未能索取出产地证书之故……是以于关税条约未改以前，德国货物虽有特定税则，仍可托人纳税也。国定税则既未能得有实效，似可由我自由对德完全施用八年八月之新税则，或其同类之章程，总以关税一层对于德国商家暂准与他国一律为准。最后始允由我国委员单方声明：于国定税率未普通施行之前，德货入口得暂按通用税率完纳关税。仅将本国国内行政决定办法向之通告。法理上、事实上似于我国均无损碍。[①]

11日，国务院通知外交部《中德协约》通过，[②] 18日，大总统任命颜惠庆为签约全权。20日，双方代表在北京外交部签字。

《中德协约及其它文件》共15页，包括：

（1）德国声明文件——声明中德基于平等相互主义，恢复友谊通商关系；德国承担《凡尔赛和约》第128~134条之义务；因战事及和约已抛弃山东权利，故失去归还中国之能力；允任取消在华之领事裁判权；抛弃北京使馆区德国使馆操场；准备偿还俘虏收容费。

（2）中国复文。

（3）《中德协约》七条——双方派使设领；两国人民在彼国各遵所在国法律；关税各依所在国法令规定；本日签订各件为日后商议正约之根据。

---

① 《说帖——国务会议用》（1921年5月），外交档案：03-23-044-02-002。
② 《国务院函》（1921年5月11日），外交档案：03-23-043-02-003。

（4）关于引用《凡尔赛和约》各款之利益德国来函（暂不宣布）——德国表明刻下不能笼统承认《凡尔赛和约》，但不反对中国享受第128~134条之外其他有关系条款之权利。

（5）中国复函（暂不宣布）。

（6）关于解释条文德国来函——德国表示愿以在华德产价值之半数，以四百万元现款及铁路债券，赔偿中国战事损失。询问：中国归还德产，在华德侨司法上之保障等问题。

中国复函——声明自签约日起停止德产之清理，并将于本协约批准后，完全归还德产；德华银行、井陉矿务另商办法；保障德侨在华财产及司法上之权利；在国定税则未普通施行之前，德货入口，得暂照通用税率完纳关税；中国无意加入协约国赔偿委员会。①

《中德协约》签字后，两国恢复邦交与商务关系。留下一些问题日后协商，主要是战事赔偿与债务清理，及商订正式通商条约。双方对此约都满意，签字当日颜惠庆在日记中称："德国很满意，希望王景岐去柏林"。② 5月25日，外交部呈请大总统奖励商订协约出力人员，以参事王景岐始终其事，擘画周详，相应机宜，悉臻妥协，请以全权公使任用。代理参事张煜全、一等秘书官王曾思，襄同办理，勤劳备著，各颁勋章。6月9日，大总统"照准"。③ 8月2日，大总统令：任命王景岐为驻比利时国特命全权公使，张煜全为外交部参事。13日令：王景岐给予二等大绶嘉禾章。④

北京因国会停闭，⑤ 6月14日，外交部呈大总统徐世昌：民国元

---

① 《中德协约及其它文件》全文见外交档案：03－23－044－02－008。
② 《颜惠庆日记》第2卷，第39页。
③ 《请奖叙商订中德协约出力人员呈》（1921年5月25日呈大总统），《外交公报》第1期，1921年7月，第（金载）8页。
④ 《外交公报》第4期，1921年10月，第（金载）1、5页。
⑤ 旧国会直到1923年1月才又召开，讨论并批准智利、瑞士、波斯及中德协约。国会审查中德协约事，参见《致众议院外交委员会节略》（1923年3月），外交档案：03－23－044－05－006。

年《临时约法》第 35 条: 大总统经参议院之同意, 得缔结条约。唯现在国会尚未召集, 开会需时, 而该约之互换又未便久稽时日, 拟请先行批准, 俟国会开会时, 再行提请追认。请大总统予以批准盖用国玺, 发交本部, 由外交总长副署后, 再行知照德政府, 订期互换, 以资遵守。① 28 日, 奉大总统批准。德国国会于 6 月下旬批准该约, 函告张允恺, 并电卜尔熙转告外交部: 中国政府批准协约照会, 卜代表有收受资格。拟以外交次长博邺 (Adolf von Boye) 充驻华公使, 请求中国政府赞成。② 7 月 1 日, 双方在外交部互换照会, 声明批准, 即日生效。③ 中国暂派张允恺为驻德代办;④ 24 日, 任命原驻比利时公使魏宸组为驻德公使。

1922 年初, 博邺抵华履任, 3 月初会晤颜惠庆, 要求尽速正式交换两国政府批准文件, "以便早日完结恢复两国友好之一切手续"。⑤ 20 日, 颜惠庆与博邺在北京外交部互换批准约本。⑥

五 各方反应与余波

《中德协约》的签订, 受到国内各界的好评。颜惠庆认为: 德国既已受《凡尔赛和约》惩膺, 态度不免柔驯, 同时因热望与我国早日发生商务关系, 一切颇事迁就, 故所缔之《中德协约》, 完全基于平等互惠原则。"该项条约公布后, 一般印象极佳, 实为民国成立以来,

---

① 《具呈大总统——请批准中德协约由》(1921 年 6 月 14 日), 外交档案: 03 – 23 – 043 – 03 – 003。

② 《收驻和王公使 27 电》(1921 年 6 月 29 日), 外交档案: 03 – 23 – 043 – 03 – 010。博邺于 1901～1904 年在华, 曾署上海总领事一年。英国外交档案则称, 5 月 25 日驻德使馆报告: 德国将派外交部商务司长 Herr Boye 使华, 原定之俄国科长前北京使馆参赞 Baron Maltzahn 宁愿留在柏林。见 Lord D'Abernon (Berlin) to Curzon, 25 May 1921, FO371/06617 [F1993/96/10]。

③ 《笔录》(1921 年 7 月 1 日), 外交档案: 03 – 23 – 044 – 02 – 004。

④ 《颜惠庆日记》第 2 卷, 第 49～50 页, 1921 年 7 月 1 日。

⑤ 《德馆问答》(1922 年 3 月 8 日), 外交档案: 03 – 23 – 044 – 03 – 004。

⑥ 《呈报互换中德协约由》(1922 年 3 月 22 日), 外交档案: 03 – 23 – 044 – 03 – 005。

第一次对外签订的平等条约"。① 驻日公使胡惟德于签约后电外交部，称："《中德协约》荩筹各条，收复主权，可为他约改良之模范，无任倾佩，敬为中国前途贺"。② 罗家伦在《东方杂志》专文评论云："根据于此一纸新约，举凡凡尔赛和约中所规定之一切权利，吾国已安然获得之。且根据新约，吾国得收回其丧失已久之关税自主权及治外法权，使吾国国际地位，顿形增高。数十年来，吾国外交之足以扬眉吐气者，惟此一事而已。"③ 王正廷亦称："自昔我国与各国缔结条约，多属势力不平等关系，结片面屈辱之约。今中德协约，较之胶州湾条约、辛丑条约，实有霄汉之别。俯仰今昔，感慨系之，不得谓非我国当时宣布参战之功"。④

当时驻北京外国使节也认为这是中国外交一大胜利，如巴西驻华公使阿威士（M. J. de P. Rodrigues Alves）告诉颜惠庆："中德协约业经签字，领事裁判权德国已允取消，此事关系至巨，嗣后任何一国与中国订约，当随德国之榜样"。⑤ 荷兰公使欧登科亦对颜氏云："德以战败之时势，让与贵国各项权利，此固德之意料所及，但不能谓非贵国之胜利也"。⑥

但是《中德协约》签字批准后，产生了一些始料未及的复杂外交问题，余波荡漾。协约国列强对战事赔偿，⑦ 德华银行、井陉矿务之

---

① 颜惠庆：《颜惠庆自传》，姚崧龄译，台北，传记文学出版社，1982，第109~110页。

② 《收驻日本胡公使电》（1921年5月21日），外交档案：03-23-043-02-010。

③ 罗罗：《中德关系之未来》，《东方杂志》第18卷第10号，1921年5月25日，第5~6页。

④ 王正廷：《中国近代外交概要》，外交研究社，1928，第98页。

⑤ 《总长会晤巴西阿使记略》（1921年5月25日），外交档案：03-23-043-02-014。

⑥ 《和馆问答》（1921年7月13日），外交档案：03-23-043-04-014。

⑦ 协约国赔偿委员会向德政府宣布，谓中德新约不能与协商各国权利抵触。见《收院秘书厅函》（1921年7月7日），外交档案：03-23-043-03-015。详情参见本章第二节。

复业，及北京使馆区内德产之处置等问题，有许多意见。[①] 5 月 25 日，法国驻北京慕代办（M. Mangras）会晤颜惠庆，提及处置东交民巷内德华银行房屋事，表示：照《中德协约》德华银行得与中国主管机关另订办法，本代办以为，将来使馆界内德华银行之房屋，如欲归还原主，非商得外交团之同意不可，此节似已载明《凡尔赛和约》（第 130 条）之内。颜氏答称："此条似与德华银行如果交还原主无甚关系，如改作别用则另一问题也"。[②] 7 月 5 日，北京公使团会议，讨论使馆区德国操场归还中国事。次日，领衔葡萄牙驻华公使符礼德（M. Batalha de Freitas）拜访颜惠庆，提出抗议照会，称：

> 外交团以曾签字于一九零一年善后条约各国之名义，认为必须将下列两点向中国政府声明，以期免除将来一切误会。（一）三面环绕使馆界之操场，由前门至哈达门，并包括在该地内之皇城一部分，根据上述条约第七款，为使馆界；（二）签字于善后条约各国于一九零四年六月十三号，以特别缔结条约，协同认可诸操场应属于使馆界，作为公共产业，故无论操场之任何部分，并不附属于德国使馆；再则德国与该善后条约之关系业已断绝，绝无将该操场之任何部分让渡于中国之权。[③]

13 日，荷兰公使欧登科拜会颜惠庆，提及德国使署兵营已为荷兰使馆卫队所占，应由荷兰兵营保留，理由是："贵国一经加入欧战，德署卫队即被收容，当时使团提出使馆界保卫问题，本署立即出任是责，

---

① Alston to Curzon, 21 June 1921, FO371/6617［F2910/96/10］.

② 《总长会晤法慕代办问答》（1921 年 5 月 25 日），外交档案：03-23-043-02-015。

③ 《总长会晤葡符使问答》（1921 年 7 月 6 日）、《领袖公使葡符使来照》（1921 年 7 月），外交档案：03-23-043-03-018、019。

遂添调卫兵驻扎德前兵营，以至今日"。[1] 颜氏答应再研究。28 日，领衔公使又致函外交部，抗议中国交还德华银行北京、汉口财产，违反与协约国之协定。[2]

此外，失去条约特权后的德国重返中国时，引发许多新问题，冲击列强在华特权地位。首先是德国使领重返中国，仅能享一般国际法所承认之待遇，北京外交团及各地领事团要如何对待之？外交团几经讨论后，于 1922 年初决定：接受德使领参加一般会议，但不能参加有关治外法权及《辛丑和约》事宜的会议。英国公使艾斯顿认为，为保持欧洲成员国之一致，使团应无条件支持德国公使恢复战前地位，如此对各国都有裨益。[3]

其次是德人在华地位问题。德国允认取消在华之领事裁判权，中国允认给予司法保障："在中国德人诉讼案件，当全由新设之法庭，以新法律审理，有上诉之权，并用正式之诉讼手续办理，于讼案期间，德籍律师及翻译，经法庭正式认可者，得用为辅助"。[4] 德国原来担心中国不能完全履行此保证，结果中国法官公平审案，失去治外法权并未给在华德人带来不便。反倒是英国外交部担心，德人在华因丧失治外法权，反而可得在内地自由居住通商之利益，取得商业优势，会迫使条约列强追随放弃特权。只是中国政府未把握此大好机会，仍多方限制德国人居住旅行范围；同时中国内地之司法条件太差，监狱太脏，也阻吓德国人进入。[5]

《中德协约》签订后，双方外交及贸易关系迅速恢复，1921 年底，英国驻北京使馆向伦敦报告：在华德人工作勤奋，成功恢复在华

---

① 《总长会晤和欧使问答》(1921 年 7 月 13 日)，外交档案：03 - 23 - 043 - 04 - 001。

② Alston to Curzon, 10 Aug. 1921, FO371/6617 [F3473/96/10].

③ Alston to Curzon, 4 March 1922, FO371/8027 [F1427/535/10].

④ 见《中德协约及其它文件》中之《关于解释条文德国来函中国复函》。

⑤ E. Teichman's minute, 11 May, Alston to Curzon, 6 May 1921, FO371/6617 [F1737/96/10].

商业地位，尤其在汉口；德国并在上海、广州及其他几个地方恢复领事馆。① 次年 6 月报告：德人决心重回战前在华贸易地位，重建领事馆。② 7 月 11 日又报告：大批中国学生赴德国留学，德商在华恢复商业，德使馆人员满额，领事馆遍布中国，外交人员尽可能不参与国际活动。③ 德国放弃在华特权，得到中国人的好感，使德国商人意外得到较其他国家人民更有利的位置，对推展商业反而有帮助。有位中国外交官在 1930 年写道：治外法权的丧失，使德国商务活动赢得了优越的地位，在没有德国领事法庭、炮艇和使馆卫队保护的情况下，它重新获得了商业的据点。例如，在五卅惨案之后，1925～1926 年抵制英货期间，德国商行在华南得到广州政府及商家两方面的格外优待，获利匪浅。到 1927 年，德国在华商行及侨民人数都已超过 1913 年，中德双方均将此归功于新的平等关系。④ 在此基础上，中德关系到南京国民政府时期更达于高峰。

六 结语

1921 年《中德协约》本质上是临时协定性质，中德签约后，双方解除宣战以来颁布之各种战时措施与法令，恢复正常之外交与商务关系。留下战事赔偿及债务问题、商订正式通商条约两件事，待日后解决。前者于 1924 年双方以换文方式解决，后者则一直未曾商订，但是并未妨碍中德关系之迅速发展。

中国利用参加欧战机会，废止德、奥旧约，并得以协约国一员的

---

① Alston to Curzon, China Intelligence Summary, 23 Dec. 1921, FO371/8012 [F780/193/10].
② Clive to Curzon, China Intelligence Summary, 27 June 1922, FO371/8012 [F2636/193/10].
③ Clive to Curzon, 11 July 1922, FO371/8010 [F2655/164/10].
④ 柯伟林：《蒋介石政府与纳粹德国》，陈谦平等译，中国青年出版社，1994，第24、32 页。

身份参与巴黎和会，公同订定对德和约。在和会前拟定对德和约条件，并正式向和会提出《德奥和约中应列条件》九款。结果和会议定的对德《凡尔赛和约》，除山东条款招致国人强烈不满，第 128 - 134 款虽将中国其他要求大部分纳入，但未明订德国放弃在华治外法权，也未提及另订平等新约。此外，战事赔偿要由协约国赔偿委员会统筹处理，俘虏收容费各国一律放弃。简言之，除山东三款外，中国之要求未完全达到，并不能满意。

中国因山东问题拒签和约，以大总统布告方式，中止中德间战争状态，但是北京政府在补签和约或中德单独议约之间犹豫不决，唯与德国一直保持非正式接触。直到 1920 年初，德国表达议约善意，北京政府乃决定接受德国政府派非正式代表来华商谈。中国遂脱离协约国团体，单独与德国议约，逐步走向自主外交。

北京外交部掌握德国亟欲重返中国市场之筹码，等待德方先提出议约要求，并确定谈判宗旨，宣布德人来华必须得中国允许，坚持关税自主、放弃领事裁判权及最惠国待遇、德国须承担《凡尔赛和约》对华义务等条件，坚持要去除所有旧约的不公正条款，订定完全平等之新约。加以北京政府手中握有大批德侨在华私产，使得谈判时中国更居于有利地位。德国急于恢复对华商务，在谈判过程中，基本接受中国条件，采取舍名求实方针，注重德国人民在华失去条约特权后，如何实质上享有关税上之公平竞争地位与司法上之保障。同时，为了早日收回在华德侨私产，作为重回中国市场的根基，德国在赔偿问题上做了许多让步，同意支付中国战事损失、俘虏收容费等不愿给其他协约国的利益，换取中国停止清理并归还德产。谈判中双方虽有争执，但大致圆满结束，中国成功地与一个旧条约列强缔结完全平等的新条约，北京政府的外交可称成功。德国则取得实质上与条约列强同等之关税，司法上享公平对待之承诺，成功重回中国市场。中德对此结果皆表满意，双方关系发展迅速。

《中德协约》的签订，使中国虽未签署《凡尔赛和约》，却完全享受到和约中的利益，避免受和约中山东条款的约束，甚至还得到协约国所无之俘虏收容费。战事赔偿方面，中国若加入协约国赔偿委员会，必定拿不到赔偿；单独议约则取得巨额赔偿，使法、比等国眼红。更重要的是，中国与德国订定了第一个完全平等的新条约，德国放弃一切在华特权，尊重中国完全主权。甚至于中国可比照《凡尔赛和约》规定，在德国享有最惠国待遇，德国却无法在中国享有此权利，可说是对德国"不平等"的一款。对山东问题，德国声明：因战事及《凡尔赛和约》，失去将山东权利产业归还中国之能力；强化中国对山东问题之立场，对日后中日谈判颇有帮助。总而言之，中国在巴黎和会拒签对德和约，其意义不仅在山东问题，更促成中德单独议约，使中国得到远超过《凡尔赛和约》的收获。

颜惠庆是中德谈判中中方的灵魂人物。颜氏欧战前任驻德公使，中德宣战后，驻节丹麦，熟谙德国政情；停战后，多次向北京提出对德条件之建议。1920 年返国，直皖战后出任外交总长，正逢中德谈判开始。颜氏慎选外交部参事王景岐任中方主谈代表，王氏在巴黎和会期间，奉陆征祥之命，与捷克代表在巴黎接触议约，草拟平等约稿；中捷条约虽未谈成，这份平等约稿转成《中德协约》的基础。[①] 颜氏掌握有利局势，坚持宗旨，与相关各部会协调；王氏以其对条约的研究，秉持宗旨，调和中德歧见，终能达成此维护国权的重要成果。

《中德协约》是北洋修约历程中重要的里程碑，其意义与重要性，应置于整个修约的传承与发展中来考察，更能凸显。自民国建

---

① 捷克约稿见 No. 848《收法京陆总长 13 日电》（1919 年 9 月 15 日），《中俄关系史料·俄政变与一般交涉》（2），台北，中研院近代史研究所，1960，第 496～497 页；《中德协约已签字，两国邦交正式恢复》（《申报》1921 年 5 月 23 日，第 6 版）称："协约草案系以我国曾向捷克代表提出之草案为蓝本"。

立之后，北京外交部力谋摆脱旧条约之弊害，欧战之后，更确立平等订约的政策，全面展开修约。在巴黎和会中，中国代表首次向列强提出修约要求，另成功与玻利维亚签订通好条约。但是玻利维亚系小国，原来未与中国有约，且签订于东京，在国际上及国内影响较小。德国则不同，原与中国订有"不平等条约"，虽然战败，仍是欧陆大国，加以是德国主动提议订约，谈判又在北京进行，意义重大。

就条约内容而论，民初平等议约时，北京外交部对侵犯中国主权最大的领事裁判权、协定关税及最惠国待遇三款，已坚持要去除领事裁判权，但仍互享最惠国待遇，且对关税自主一层，未有规范。最惠国条款本为友好国家间相互给予之常事，但对中国而言，此款有实质上"不平等"的特殊意义，必须去除；但在民初，只能做到声明最惠国待遇不包含领事裁判权在内。至于关税自主，只有利用参战机会颁布《国定关税条例》，并于和会中希冀各国同意，然而尚无实际成效。

中德谈判在以上修约脉络中展开，北京外交部把握有利时机，坚持新约必须完全平等。谈判时，双方对协约内容无何歧见，谈判重点在于附件之声明书及解释公函各件。《中德协约》是第一个明文规范无最惠国待遇、治外法权、协定关税，完全平等互惠的条约，并成为日后中外订约之范本，一方面可作为日后与各国议定新约之范例，[①]另一方面也松动列强在华之特权地位，对协约国列强修改旧约产生道义上的压力。

《中德协约》唯一美中不足的，是在《解释条文中国复函》中，有"在国定税率未普通施行之前，德货入口得暂照通用税率完

---

① 1922年初，与委内瑞拉谈判时，外交部即依据《中德协约》，拟定平等通好约稿八款，作为订约基础，指示驻法公使陈箓："本部现将该项通好条约稿拟就，计共八款，参照近年签订新约宗旨，取用平等相互主义，凡旧时许予他国之领事裁判、关税协定及最惠条款概为剔除，以免流弊……即希与驻法委使酌量进行。"见《函驻法陈公使》（1922年3月1日），外交档案：03-23-094-02-005。

纳关税"一段，等于给予德国关税上实质之最惠国待遇。直到北伐之后，南京国民政府与德国签署的关税条约中，才取消此项规定。①

第二节　德国对中国战事赔偿问题

第一次世界大战后之德国赔偿问题，十分棘手。② 《中德协约》中德国允诺偿付中国战事赔偿，后屡经谈判，至 1924 年双方换文解决此问题。③ 中国学界过去未对此问题做过学术研究，仅《颜惠庆自传》等书中略有提及。④ 本节主要使用《外交档案》《外交部档案》《颜惠庆日记》，及依据财政部档案印行之《民国外债档案史料》⑤ 等相关史料，当时报章杂志报道，辅以使用德国外交档案之 Lorne Eugene Glaim 英文博士论文，以及英国外交档案，重建中国自 1917 年

---

① 1928 年 8 月 17 日，南京国民政府外交部长王正廷与德国公使卜尔熙签署《中德关税条约》，第一条规定："两缔约国以达到关税事项待遇之绝对平等及补充中华民国十年（一九二一年）五月二十一日之中德协约为目的，议订：对于一切关税及其关系事项在彼此领土内享受之待遇，应与任何其它国享受之待遇毫无区别。两缔约国之一，不论在何种情形之下，在其领土内，不得向彼国人民所运输进口之货物征收较高于本国人民或任何他国人民所完纳之关税、内地税或何项捐款。按照中华民国十年（一九二一年）五月二十一日中德协约附带换文内所载'在国定税率未普通施行之前，德货入口得暂照通用税率完纳关税'一节，应即取消"。见王铁崖编《中外旧约章汇编》第 3 册，生活·读书·新知三联书店，1962，第630～631 页。

② 战后协约国要求德国认罪，负担天文数字的巨额赔款，引发许多纠葛。参见王绳组主编《国际关系史》第 4 卷，世界知识出版社，1995，第六章。

③ 当时财政部档案称此案为"对德索偿"，外交档案中正式名称为"解决中德战事赔偿及债务办法"换文；当时报纸、杂志多称之为"德发债票案"。英国外交档案称之为中德财政协定（Sino-German Financial Settlement）。

④ 《颜惠庆自传》第 110 页中提及"德国为赔偿我国参战损失，包括管理德俘等开支在内，曾付出巨额款项，波尔君交来的支票，在经我背的款项中，金额可称最巨"。此外，曾友豪《民国外交史》（商务印书馆，1926，第 123～125 页）、蒋恭晟《中德外交史》（中华书局，1929）、吴景平《从胶澳被占到科尔访华——中德关系 1861～1992》（福建人民出版社，1993，第 122～123 页）均略有提及。讨论稍详者为 Robert Pollard, *China's Foreign Relations, 1917–1931*，中译本见波赖《最近中国外交关系》"德国赔款"一节。

⑤ 财政科学研究所、中国第二历史档案馆编《民国外债档案史料》，档案出版社，1990。

参战后处置德产，到 1924 年中德战事赔偿换文的交涉历程，探讨北洋修约之复杂财政层面。

一 欧战期间北京政府对德产的处置

1917 年 3 月 14 日，北京政府宣布对德断绝外交关系，仍按照国际公法及惯例，尊重两国现行一般条约，对德人在华之合法权益，给予合理之照顾；但为顾及中国利益及因应新情势之需要，亦对德国政府在华特殊权益加以改变，对德人在华若干权益做调整。诸如：内务部及陆军部颁布《各省区保护德国侨民出境办法》《中国境内德国商民教士保护办法》《德国在中国财产处理办法》等限制办法，将德国在华武装部队一律解除武装，拘留于俘虏营内或准予离华；在华之德国商船一律由中国收管；中国政府永远停付对德国政府之赔款，暂时停付对德国人民之债款；德国在华公私财产，或看守或封存，必要时可移置或变卖。德国则委托中立国荷兰使馆代管在华财产。[①]

8 月 14 日，北京政府宣布对德、奥进入战争状态。中国参战之义务除应出兵外，对内为铲除敌国在华势力，协约各国驻华使领馆都密切注意此事。北京政府除宣布废止中德、中奥间条约、合同或协约，更进一步颁布《处置敌国人民条规》《禁止与敌国通商条例》等法规，规定在华德侨向地方官厅登录，经核准后仍准居原地，唯游历、旅行则一律禁止；其不便保护或认为必要时，即令其移居指定地点，或发给护照令其出境。在中国各机关任职之德、奥人员一并解职。对德债款，原由总税务司在关税收入项下按月拨还盐务稽核所收账，均停止还本付息。[②]

---

① 北京政府对德绝交及宣战后颁布各种法规，见外交档案·欧战档《停付德奥款项》；外交部统计科印《民国九年分外交年鉴》，1921，附录；北京外交部《外交文牍：民国元年至十年·参战案——处置敌国人民财产办法》，台北，文海出版社，1973。近人研究见张水木《德国无限制潜艇政策与中国参加欧战之经纬》，（台北）《中国历史学会史学集刊》第 9 期，1977 年 4 月。

② 贾士毅：《民国续财政史》，商务印书馆，1933，第四编，第 46 页。

设立俘虏收容所收容德、奥使馆卫队，及南京德船水兵及各省军事人员。① 在处置德侨私产方面，颁布《处置敌国人民条规》，规定："指令移居或出境者之财产不能携行时，由该管地方官厅查明封存，或设法保管。其自愿委托他人看管者，需得该管地方官厅之许可"。② 查封或保管之敌产，必要时可清理变卖，将变价金额造册注明。

德国在华金融机构德华银行被勒令停止营业，查封清理。8月18日，荷兰公使贝拉斯（Jonkheer Frans Beelaerts van Blokland）照会外交部，严重抗议，以该银行纯系私有，与德国政府毫无关系，要求中国于战争期间遵守海牙公约，尊重私有财产，撤销清理，并交还没收之该行财产。28日，外交部照复：银行业于市面金融至有关系，此次我国与德、奥两国立于战争地位，所有敌国银行自应停止其营业，由政府派员接收保管。中国如此办法，实与各国先例相符，按诸海牙各约，亦无违背之处，不能承认来照抗议各节。③ 财政部派中国银行总裁王克敏办理接收该行事宜，31日，于中国银行总管理处成立"德华银行总清理处"，清算本行及上海、天津、广州、济南、汉口各分行。④

然而北京政府并未严格执行处理德侨财产各法规，引起协约各国驻华外交人员不满，督促中国政府认真执行，彻底铲除德国在华势力。1918年10月30日，领衔英国驻华公使朱尔典向外交部送一说帖，质疑中国之交战国地位，云：中国为交战国，自当以实力襄助协约国，并在国内拘束敌侨，撤换亲德官员。但是中国事实上对处置德侨诸法规并未认真执行，且有地方亲德官员包庇德侨之事。须

---

① 陆军部开列本部、江苏、奉天、吉林、黑龙江、淞沪护军使署收容俘虏费用，第一批共1052574元。见《收陆军部函》（1919年2月19日），外交档案：03-36-095-05-003。

② 见《处置敌国人民条规》及《处置敌国人民条规施行办法》等，《外交文牍》第1册，第65页下至第68页下。

③ 《驻京和贝使致外交总长照会》《外交总长致驻京和贝使照会》，《外交文牍》第1册，第69页上至第71页下。

④ 《处置敌侨财产——接收德华银行》，见外交档案：03-36-142-02各件。

严格收容、遣返德侨，迅速清理德产，彻底铲除德国在华势力。① 受到协约国压力，北京政府到欧战结束才开始严格没收敌产及遣送敌侨；在华有超过 3000 名德侨应被遣返，到 1919 年 4 月初共遣送了 2227 人。② 内务部负责遣送大批德侨离境，需款甚多；财政部于 1 月 27 日商请道胜、汇丰、汇理、正金等 8 家银行，共同认借银元 50 万，作为处理敌侨经费之用，规定于同年 8～12 月盐余项下由各该行逐月扣还。③

清理德产方面，欧战虽已于 1918 年 11 月停火，但中德间战争状态尚未结束，1919 年 1 月 25 日，北京政府颁布《管理敌国人民财产条例》，27 日颁《施行细则》；成立"管理敌国人民财产事务局"（以下简称"敌产局"），任命淞沪护军使卢永祥为局长。④ 又于 2 月 10 日颁《敌国人民财产管理费用支付规则》、3 月 19 日颁《敌国人民财产清理规则》、4 月 21 日颁《补订敌国人民欠外债务清偿办法》等一连串法令，敌国人民存留之财产由地方官厅接收保管，必要时可由敌产局清理拍卖。⑤

巴黎和会中，中国拒签对德和约，直到 9 月 15 日北京政府以大总统令，解除对德战争状态，不再称敌国，在与德未订约以前，暂时认为是无约国。⑥ 9 月底，国务会议议决解除处置德、奥人民各办法，

① 《说帖——中国为交战国》、《领衔英朱使面交说帖一件》（1918 年 10 月 31 日），外交档案：03-36-177-02-005。
② 英国主导遣返在华德侨最力，并提供船只运送。1919 年 3 月 13 日以三艘船遣返 1800 人，4 月 3 日一艘船自上海遣返 382 人，并在香港加入华南及西南之德侨 45 人。剩下约 900 人，6 月中旬英国通知中国拟于次月再遣一船载送，然而当时中国对巴黎和会对德和约不满，不愿再与协约国合作，遂停止遣返德侨。见 China Annual Report, 1919, p. 29, FO405/229。
③ 《民国外债档案史料》第 7 卷，第 25～29 页。
④ North China Star, Tientsin, 27 Jan. 1919, p. 7。引自 Glaim, p. 49ff。
⑤ 详见《民国九年分外交年鉴》，附录。
⑥ 《现因对敌战争地位行将终止，所有恢复和平后办法，亟应详加讨论，兹条议如左》（1920 年 1 月 17 日国务会议通过），外交档案：03-36-059-03-002。本件应就是通称之《对德事说帖》。

10 月 9 日通电各省区。关于敌产清理事项,规定:所有德人产业,仍应照旧管理,并可体察情形,其有亟须清理之必要者,不妨仍旧办理。关于德人在华之债权债务事项,规定:应照和约所订办法,特设清债处,将清理敌产所得款项,列入专账,做日后索取赔偿之担任,或作为在德华人产业及德人欠款之抵偿金。较特殊之敌侨财产,如直隶井陉矿务局,系中国政府与德人合办事业,由外交、财政、农商部,敌产局,直隶省长公署会派委员清理。① 敌产局改为 "管理特种财产事务局" (以下简称 "特产局");9 月 20 日,颁布《管理特种财产条例》,规定:凡德奥人民之财产,均由该局依据以前公布之管理敌产条例,及其附属之一切规则、命令办理。由于中国第一次处理外侨财产事务,没有经验,该局于 1920 年 12 月 9 日请外交部转请驻外各使馆:"凡有关各该国处置德、奥财产法令章程办法事实等件,请即广为设法搜集,迅速径寄本局,以资参考。"② 11 日,外交部电驻日、英、美、法、意、比各使馆照办。

简言之,北京政府在参战名义下,永久取消对德庚子赔款,暂时停付德国债款,没收德国在华庞大产业,保管清理庞杂德侨财产,取得了很大的财政利益,并成为日后对德索赔之有利筹码。

二 巴黎和会中对德求偿问题

欧战停火后,北京政府筹备参加和平会议,广征各方意见。驻丹麦公使颜惠庆草拟对德条件 13 条,其中与战事赔偿有关者为第 2、3、4 条,分别建议索取收容德国战俘费用,要求德国赔偿中国人民所受之战争损失,收管德产尚未清理者应发还原主。③ 北京外交部为中国

---

① 《变更处置敌侨办法》,见外交档案:03-36-059 各件。

② 《管理特产局呈》(1920 年 12 月 9 日),外交档案:03-36-117-04-003。

③ 《驻丹颜公使 11 日电》(1918 年 12 月 13 日到),外交档案:03-37-011-03-014;《颜惠庆日记》第 1 卷,第 784 页,1918 年 11 月 21 日。

恢复德、奥国交，颁给巴黎议和专使训条三项：旧约一律撤废，损失补偿当与各国一律办理，此后订约立于平等地位。[1]

1919 年 1 月，巴黎和会开幕，赔偿损失股由英、法、美、意、日五强，及比利时、希腊、罗马尼亚、塞尔维亚等国代表组成。中国代表团决定依据他国办法一致进行，由魏宸组负责其事。3 月初，和会又成立财政、经济两股，筹备和约内应列一切财政、经济条款，中国选入经济股，由施肇基及专门委员严鹤龄、郭泰祺出席，但基本上参与不多。[2]

中国早在战时已搜集官民损失调查资料，[3] 和会中据各省及各机关册报，共 12200 余万元；嗣加列参战军费 10050 余万元，共 22300 余万元。[4] 中国代表团团长陆征祥电告北京，以开列数目过多，想系将损失赔偿与战败赔偿混为一谈，误会提出，外人必笑我战时出力甚少，战后索款甚多，于他项土地主权之要求，反生不良影响。故于 3 月 7 日只斟酌向和会正式提出对德要求：（1）华工生命每名恤金 1000 元，计 196 万余元；（2）陇海损失 7404 万法郎；（3）在外华人华厂损失 269 万余元，325 万余法郎，3100 余镑，7210255 万余马克；（4）购械未交，追还原补入各款 113000 余两，339000 元，15000 余镑，14787000 余马克；（5）俘虏收容费 206 万余元；（6）山东损失未列数，俟全案到后择其确数。军事费用，另款声明，如各国索取时，中国当然同等要求；利息一项，亦另行声明采用此次普通原则。[5]

8 日，中国代表团又向和会提出《德奥和约中应列条件》说帖，

---

① 《颜公使 19 日电》（1919 年 12 月 20 日），外交档案：03 - 37 - 011 - 03 - 014。

② 陆征祥：《参与欧洲和平大会分类报告》，外交档案：03 - 12 - 008 - 04 - 021。

③ 民国 7 年 11 月农商部 764 号训令，中国人民凡因战事受生命财产之损害者，应分别种类额数，造具清册报部查核。见外交档案：03 - 36 - 118 - 04 - 004。

④ 《财政交通两部提出国务会议议案》，《东方杂志》第 21 卷第 15 号，1924 年 8 月 10 日，第 145 页。

⑤ 《法京陆专使等电》（1919 年 3 月 7 日），《秘笈录存》，第 108～109 页。

包括对德约要求九款，与赔偿有关者为：（4）在中国境内之官产，无条件让渡，中国对德人在华私产均愿归还；（5）赔偿中国政府与人民因战事之损失；（6）中国政府保留权利，得照大会将来议决办法提出赔偿战费之要求；（7）偿还收养俘虏费。① 军事费用赔偿部分，各国均提出要求，唯美国始终坚持不要求之主张，中国代表团探听各方舆论，经详审讨论后，27日电告决定与美国一致，放弃要求赔偿军事费用。4月1日，北京国务院复电同意，称：中国参战出力较少，自以与美表示一致，直截不提，最为得体。②

对德《凡尔赛和约》成立后，按第233条和会赔偿损失股另成立"赔偿事宜筹备委员会"（Reparation Commission，以下简称"赔偿委员会"），1920年1月10日德约互换生效后，正式办事。2月17日，赔偿委员会函告中国代表团：中国虽未批准对德和约，如有与中国利益相关时，该股得请中国以非正式派员到会。留在巴黎处理和会事务的顾维钧，周察局势及中国欠德债务情形后，于5月29日致电外交部，主张中国不宜加入赔偿委员会与各国合并办理，理由为：其一，各国对德要求甚多，中国各案即使证据完全，能否分得杯羹，尚难逆赌；其二，中国未签德约，在委员会内地位，比其他协约国差；其三，各协约国于欠敌债务，按约均当清理，我国欠德之数，较索偿者为多，计扣抵外尚须找德7000余万元，若因加入该委员会，我欠德债务转为欠协约之款，则该委员会催偿，更难应付，未免得不偿失。因此建议：中国既未签约，按照美国前例，对德经济问题，本可自由办理；与德直接交涉，虽我欠敌之款仍当清理，德国或可予我以较为有利之商议。6月8日，国务院、外交部复电指示："我国向德赔偿案，周察现势，熟权利害，自以不与各国合并办理较为有利，业经国

---

① 《法京陆专使等电》（1919年3月11日），《秘笈录存》，第109页。
② 《法京陆专使等电》（1919年3月27日）、《国务院复陆专使电》（4月1日），《秘笈录存》，第122～123页。

务会议议决照办，希即查照。"① 自此，中国确定脱离协约国团体，自行与德国磋商和约及战事赔偿问题。

三 《中德协约》中的战事赔偿条款

中国虽拒签《凡尔赛和约》，但中、德都愿重联友谊，恢复通商。双方自 1920 年 8 月起正式谈判，经 8 个月，40 余次会议，于 1921 年 5 月 20 日签订《中德协约》。谈判期间德方最重视的，除政治性条款，就是停止清理并归还德侨财产，以便早日恢复其在华商业势力，故自始即要求中国尽速取消战时待遇敌侨诸法令，停止清理德产，归还原主。如德国代表卜尔熙明言："德国政府之所以急于恢复睦谊，愿与中国缔结平等相互之条约者，盖以德人在华而有财产可以收回为经商之余地。若有用之财产变（卖）清净，德国政府有何兴趣与中国缔结此项条约"。② 外交部因此同意暂时停止清理德产，以得德国其他方面之让步。

1921 年初，中德谈判已解决绝大部分问题，剩下的主要就是归还德产办法。由于被保管的德侨私产，除已清理拍卖者，许多已被特产局抵押借款使用，故财政部坚持德国须以现金或购买中国政府国库券方式赎回，德国不肯，只愿以贸易盈余方式支付。③ 中方也有因不愿归还德产而反对签署《中德协约》的声浪。北京政府初时并不明了收管敌侨私产的性质，以为可如没收敌国政府公产般，视为战利品，故要求德国以高价赎回德产。然在谈判中，德方指出：各国政府收管敌国侨民财产，不过以为担保将来向敌国政府要求赔偿之抵押，并非制裁个人；故清理敌侨财产只是暂时收管，并非没收，中国政府并无所

---

① 顾维钧：《续参与欧洲和平大会分类报告》（1920 年 12 月），外交档案：03 - 12 - 008 - 04 - 022。

② 《王、张、王约晤德国非正式代表会谈》（1920 年 9 月 30 日），外交档案：03 - 23 - 042 - 03 - 012。

③ Glaim, p. 78.

有权，恢复和平后即应归还原主。① 外交部明了此点后，在协约草案农商部签注中说明："产系私人所有，既未能没收，又未受清理，与原主接洽，势所不免。"②

然而清理德侨财产为一笔烂账。原来北京政府在战时受协约各国催促从速全部清理，以铲除德国在远东经济势力，但其时以价格问题，无从出售，故由政府收买；而政府收买者，又多抵押借款，花用殆尽，造成复杂的产权问题。例如，特产局标卖北京德华银行房屋，因迭次投标，数目均与原估价格相差太巨，未能出售；为收束起见，将该处房屋作价 30 万元，暂时归为财政部收买。③ 财政部又以之抵押于中法及明华银行，借款共 40 万元。④ 此外，北京政府也视特产局手中庞大德产为肥羊，多方设法以之抵押借款，渡过财政难关。例如 1920 年 5 月 22 日，国务院因经费支绌，商允北京汇理银行，由特产局用天津德商产业作抵，暂向该行押借 20 万元，国务院用 18 万元，内务部用 2 万元；限期半年，年息一分二厘。到期后无款可拨，由财政部与银行商定，将原借款转做部借，并准自 1921 年 1 月至 4 月由上海汇理银行在盐余项下分月拨还。⑤ 又如 1921 年 2 月 13 日，国务院嘱特产局以武汉全部特产为抵押，向日本东洋拓殖会社青岛支店举借日金 300 万元。⑥

财政部更是经常动用特产局手中德产，抵借现款救急。如 1921 年初，财政部为度过年关，需款孔急，要特产局借钱；特产局乃于 1 月 28 日，以拍卖天津特别第一区（原德租界）之德人财产名义，向

---

① 见 1920 年 9 月 24 日谈判记录，外交档案：03 - 23 - 042 - 02 - 011。

② 《中德协约案——各机关签注及外交部说明》，《外交部档案》：缩影 147，第 382 页。

③ 《收财政部 18 日咨》（1920 年 6 月 22 日），外交档案：03 - 36 - 134 - 02 - 006。

④ 《中德协约案——各机关签注及外交部说明》，《外交部档案》：缩影 147，第 369 ~ 370 页。

⑤ 《民国外债档案史料》第 7 卷，第 414 ~ 418 页。

⑥ 《民国外债档案史料》第 8 卷，第 11 ~ 18 页。

东豫公司抵借银 28 万两，合洋 422566 元 7 角。① 又于 6 月 8 日，以天津德产作抵向太平贸易公司借得 20 万元，财政部到期还不出钱，仍要特产局将借款筹商展缓。24 日，财政部又因需款，以特产局担保，向北京边业银行、东陆银行各借 50 万元，一个月为期。② 特产局背负还款压力，得知中德谈判中对德产以归还原主为原则，而已清理者也要归还变卖价款，自然十分不情愿，坚持德方赔偿现金，以偿还该局各项借款，否则反对到底。

外交总长颜惠庆夹在两者之间，十分为难。一面极力促使财政部勿做不合理之高价要求；一面向德方施压，以排除谈判障碍，早日签约。1921 年 2 月 28 日，颜氏召卜尔熙到外交部，强硬表示政府内反对中德订约的声浪很高，只有尽快达成协议才能平息各种质疑；并威胁要停止谈判，透露中国政府拍卖部分德产之计划。卜尔熙虽知颜氏可能只是恫吓，但不愿冒险，立即向柏林反映，很快得到授权接受中国的条件。最后在讨价还价中达成协议，德国妥协，同意在战事赔偿项下，付现金 400 万元给特产局；另以铁路债票作抵，一举赎回所有德产。特产局则同意停止清理德产，并在收到钱后，将尚未清理者归还原主。中德谈判最棘手的难题解决后，双方于 5 月 20 日签约。③

《中德协约》中关于战事赔偿及德产之规定，德国在《德国声明文件》中承诺："准备将中国各处收容德国军人之费，偿还中国政府。"并在《关于解释条文德国来函一件——德国卜代表致外交总长公函》中进一步解释：

（二）赔偿损失：德国声明文件内所称"准备偿还中国各收容之费"一节，其意当谓德国于按照威赛条约中原则，赔偿中国

---

① 《特产局函财政部》（1921 年 2 月 2 日），外交档案：03 - 36 - 134 - 03 - 002。
② 《财政部公函》（1921 年 6 月 24 日），外交档案：03 - 36 - 134 - 04 - 001。
③ Glaim, pp. 78 - 79；《颜惠庆日记》第 2 卷，第 14 ~ 39 页，1921 年 2 月 17 日至 5 月 20 日。

损失外，德国仍愿偿还中国各处收容之费。德国政府担任照已清理之在华德侨财产所得各款之半，及未受清理各产业价值总数之半，随后协定一笔整款，以现款四百万元，及津浦、湖广铁路债券，交与中国政府，做为战事赔偿之一部分。[1]

此即通称之"中德协约附件公函第二节"。中国方面，则在《外交总长复德国卜代表公函》中答复：

（五）中德债务之清理：中国政府无意加入威赛条约二百九十六条所设公共清理处。再者，因为德国政府照以上所述，将战事赔偿之一部分交与中国政府，中国政府承担自签约之日，切实停止一切德人财产之清理，并于收到上项偿款之时，及中德协约批准后，将以前清理后所得各款，及被扣留各产业，归还原主。上列办法对于威赛条约第一百三十三条第二节所载清理扣留及管理德人财产各事务，作为一种结束。德华银行及井陉矿务，当由中国主管机关与之另商办法，惟北京及汉口德华未经清理之银行房舍，得照上一节办法归还原主。[2]

在此协约中，德国同意支付收容俘虏费用。欧洲各国以收容战俘费用互相抵消，对德和约中并未要求德国赔偿，中国则因无战俘被德国收容，要求德国赔偿中国收容德国战俘之费用。1920年8月28日中德第一次谈判时，王景岐就提出此要求，德方表示"并无十分困难"。[3] 9月25日谈判时，王景岐提出："俘虏费用一项业经德国承认，中国请

① 王铁崖编《中外旧约章汇编》第3册，第170～171页。
② 王铁崖编《中外旧约章汇编》第3册，第172～173页。
③ 《王景岐、王曾思约晤德国非正式代表谈话一件》（1920年8月28日），外交档案：03－23－042－03－006。

求时拟作一笔整数，不必复交细账；此数在巴黎大会提出时，系二百余万元，随后加增，大约当在三百万元上下。"① 德方不同意，1921年1月26日第23次谈判时，卜尔熙提出：300万元之整款，似不能视为一种条件，非此则不签约，要求将此款从声明文件中删去，加入于赔款项下，俟协商签字后核算。王景岐答以此款与赔款性质不同，乃一种债务性质，并称："为免生计算需时起见，所以提出一笔整款三百万元之数目；此数系各省开报前来，中央政府汇集而成者，中间或有若干款中德意见不能同一，惟中国政府为德俘事实上用去者为此款项。"② 德方未再争辩。外交部视此为一胜利，2月10日拟《中德协约事呈稿》，提及中国于约中所获利益八点，第六点即云："收容俘虏之费原为和约所放弃，德国仍许偿我。"③

《中德协约》签订后，引起法国及协约国赔偿委员会之关切。法国关心德国赔偿问题，遣驻北京代办于5月25日向外交部询问；颜惠庆极力淡化赔款之性质，强调此战事赔偿专为赎还德人在华之私产，而且数目不多。④ 7月初，法文《北京政闻报》载，赔偿委员会对《中德协约》中处分德人在华财产有意见，向德国政府明白宣布：德国与中国新订条约不能与《凡尔赛和约》让与协约各国之权利有所抵触。并称：中国于订《中德协约》时，与《凡尔赛和约》未能一致。总统府对此有顾虑，交一说帖请外交部注意，云："赔偿委员会如果声明中国新约不能与让与协商各国之权利抵触，似对于处置德人财产办法，亦宜熟加考虑，总期办定之后，不致因赔偿委员会之阻难

① 《张、王、王约会德国非正式代表卜尔熙等会谈》（1920年9月25日），外交档案：03-23-042-03-011。

② 《王景岐、张煜全约晤德国正式代表卜尔熙、师谋、华根纳等在同文俱乐部会谈廿三次》（1921年1月26日），外交档案：03-23-043-01-014。

③ 《中德协约事呈稿》（1921年2月10日拟），外交档案：03-23-044-02-008。

④ 《总长会晤法慕代办问答》（1921年5月25日），外交档案：03-23-043-02-015。

而须回改, 方为妥善"。① 好在赔偿委员会于 9 月 2 日讨论《中德协约》问题时, 决议: "德国持有之德发中国铁路债票, 除已卖出以抵付食物, 及履行《中德协约》者外, 应交赔偿委员会",② 并未质疑中德间之财务安排。

四 首批赔偿的支付与归还德产争执

《中德协约》规定: 德国应赔偿中国参战所受之损失, 先付首批现金 400 万元, 并偿还收容德国军人费用 300 万元, 中国则承诺停止清理并开始归还德产。特产局收到现金后, 即开始交还手中德产, 但是许多德商私产属其他部会主管, 如汉口码头、栈房为交通部所有, 德国学校为教育部主管, 德华银行由财政部清理, 并陉矿务由农商部主管等; 各主管部会多已将手中德产抵押借款使用, 但在《中德协约》中未得好处, 不情愿配合外交部归还原主, 引起种种纠纷。德国认为中德订约为两政府间的协定, 特产局、交通部、教育部等, 都是中国政府部门, 对北京政府未履行条约义务十分不满。

《中德协约》经双方政府批准, 于 7 月 1 日在北京换文生效。北京政府希望尽快拿到钱, 德国则希望尽快收回产业。德方声明在 9 月 30 日前交清 400 万元整款, 8 月初双方议定先交 100 万元。握有多数德产之特产局, 以向银行抵押各借款到期在即, 希望德国早日付款; 8 月初函外交部: "现边业、东陆等银行催索日急, 实属穷于应付, 大部能否再设法催促"③。外交部遂向卜尔熙催询, 并电驻柏林代办张允恺, 指示: "德国赎产之款议定先交百万, 尚未交付, 希催德政府

---

① 《收院秘书厅函》(1921 年 7 月 7 日), 外交档案: 03 - 23 - 043 - 03 - 011。

② See Annex 1063 and Minutes No. 218 of the Reparation Commission, 引自 Treasury to FO, 31 Dec. 1923, FO371/10231 [F6/6/10]。另见 Glaim, pp. 119 - 120。

③ 《特种财产局函》、《郭秘书长函》(1921 年 8 月 6 日、8 日), 外交档案: 03 - 36 - 123 - 03 - 003、004;《颜惠庆日记》第 2 卷, 第 43 页, 1921 年 6 月 6 日; 第 57 页, 1921 年 8 月 2 日。

速办。"① 18 日，德使馆交 100 万元支票给特产局，要求该局派员协同 3 个月内将北京、天津、北戴河德产发还。② 特产局得款后，还清欠边业、东陆银行的借款。③

然而，双方为发还德产起争议，德国拒绝继续付款。9 月 6 日，外交部照会卜尔熙，称："中政府以收管德侨财产抵借之款均已到期，催付甚急，如贵政府不从速将前项整款续行交付，除以所抵德侨财产清偿债务外，实属别无办法。"④ 德方答复：已于 8 月 18 日将第一次现款 100 万元交清，但特产局册内所载北京、天津及北戴河之财产，有重要地基尚未归还，故至今对于完竣归还以上三处之德侨财产之事，尚未能呈报本国政府；要求外交部派人会商办法。⑤ 当时北京政府财政困窘，希望能在中秋节前多得款项。14 日，颜惠庆与卜尔熙会晤，卜氏再次抗议京、津交还德产不顺利，云：交款百万元，原望所发还德产可值 200 万元，今两星期内所收还产业，不值 50 万元，若更无确实保证，不敢再交款项，以免柏林责问。并表示特产局如能给以文书证明以上各产业均能还给，则将于即日交付现款 100 万元，并每隔五日交付 50 万元，共 250 万元，各处德产当即陆续发还。颜氏答以：当与特产局局长言之，"若能于节前赶行交款，则厚意隆情当为财政当局所感佩也"。⑥

20 日，德使馆交外交部现洋支票 100 万元，另 27 日到期支票两张，30 日到期支票一张，各 50 万元；并照会称：此次所交之款，京兆、直隶、湖北等省应当归还之德侨产业，切勿延迟归还，并保证自

---

① 《电驻德张代办》（1921 年 8 月 9 日），外交档案：03 - 36 - 123 - 03 - 005。
② 《德卜代使照会》（1921 年 8 月 18 日），外交档案：03 - 36 - 123 - 03 - 012。
③ 《函财政部》（1921 年 8 月 24 日），外交档案：03 - 36 - 134 - 04 - 009。
④ 《照会德卜代使》（1921 年 9 月 6 日），外交档案：03 - 36 - 119 - 03 - 004。
⑤ 《德馆 7 日照会》（1921 年 9 月 8 日），外交档案：03 - 36 - 119 - 03 - 005。
⑥ 《收总长会晤德卜署使问答》（1921 年 9 月 14 日），外交档案：03 - 36 - 119 - 02 - 005；《颜惠庆日记》第 2 卷，第 70 页，1921 年 9 月 14 日。

交款之日起，将该产业停止管理，即行发还。① 外交部将支票转交特产局。② 不料又因交还汉口、上海码头、货栈发生争议，27 日双方谈判，特产局以该产业非其管辖，要外交部与交通部商议。谈判破裂后，德国拒绝兑现到期支票，特产局也停止发还汉口德产。③ 直到 10 月 7 日，德使馆以中方有善意回应，才同意将到期支票付款。④ 但是德国对交还德产进度仍是不满，扣住最后 50 万元不付。⑤ 此外，当时西南五省不服从北京号令，德使馆请求自行与广州交涉归还事宜，外交部不置可否。⑥ 到 1922 年初，德方才将首批战事赔偿 400 万元现金完全付清；特产局也于是年 12 月撤销。⑦ 唯双方对发还德产问题仍是争执不断。

俘虏收容费部分，中国在巴黎和会中曾提出 206 万余元；中德谈判期间，中国则要求 300 万元，德方认为中国要价太高，但不想为此小问题多费唇舌。⑧ 此数目虽未明订于《中德协约》之中，但即如此执行。300 万元分 12 期，德国自 1921 年 7 月起每月付 25 万元，到 1922 年 3 月前九批都按时交付。⑨ 但自 4 月第十批起，德国以中国未履行交还德产承诺拒付，经外交部催交后，延至 5 月才交。第十一批

---

① 《德馆 20 日照会》（1921 年 9 月 22 日），外交档案：03 - 36 - 119 - 03 - 011。

② 《管理特种财产事务局函》（1921 年 9 月 20 日），外交档案：03 - 36 - 119 - 03 - 010。《颜惠庆日记》第 2 卷，第 72 页，1921 年 9 月 20 日条称："签发了敌产的支票，为外交部保留了最后的 50 万元"。

③ 《特种财产局 26 日函》（1921 年 9 月 28 日）、《管理特种财产事务局 4 日呈》（1921 年 10 月 6 日），外交档案：03 - 36 - 119 - 03 - 012、163 - 07 - 001。谈判情形见《颜惠庆日记》第 2 卷，第 74 页，1921 年 9 月 27 日；外交档案：03 - 36 - 119 - 02 各件。

④ 《德馆照会》（1921 年 10 月 7 日），外交档案：03 - 36 - 163 - 09 - 003。

⑤ 《次长会晤德卜尔熙参赞问答》（1921 年 12 月 20 日）、《函特产局》（1922 年 1 月 9 日），外交档案：03 - 36 - 164 - 04 - 003、06 - 002。

⑥ 《张参事煜全会晤德卜代使问答》（1921 年 9 月 20 日），外交档案：03 - 36 - 119 - 02 - 009。

⑦ 《国务院函》（1922 年 12 月 31 日），外交档案：03 - 36 - 165 - 05 - 022。

⑧ Glaim, pp. 77 - 78。

⑨ "德国偿还俘房收容费案"，见外交档案：03 - 36 - 111 - 07 各件。

收容费则延至 7 月 6 日交付，并提出抗议，称："此款在湖南、汉口、上海、天津及北戴河之各项财产交涉，如贵国政府屡次所谓之双方满意之办法未定以先，实有碍难交付之处"；① 最后之第十二批收容费，则拒绝再付。18 日，外交部派员向德使馆催交，德方答以："悬案之多，急须清理，故政府有悬案未结不再交收容费之训令，以催迫中国政府"。②

此案拖延甚久。1923 年 10 月，外交部再派员与德使馆交涉，德方强调："德国方面亦以中国未能履行其义务，故德国政府电令扣留收容费不交，以待各问题之解决……收容费总有交付之一日，其迟与早全在中国以其能履行其义务为断也"。③ 12 月，外交部再派员催促德使馆遵照条约如数清缴，德国公使博邺答云："接本国政府训令，非得贵政府将下列两项交涉办理完竣，恐难遵付此款，（一）交还汉堡码头地皮，（二）允交汉口德文学校。盖此项俘虏费早已储在北京，如贵部即将上列两项办理，敝处当刻日交款"。④ 直到 1924 年 6 月 4 日，中德换文前夕，德国才交付最后一批俘虏收容费 25 万元支票。⑤

五 1922~1923年战事赔偿谈判与德发债票问题

《中德协约》中，德国允诺照已受清理之在华德侨财产所得各款之半，及未受清理各产业价值总数之半，以现金 400 万元及德发津浦、湖广铁路债票抵赔，作为战事赔偿之一部分，但确切赔偿总额及方式尚有待商议。1921 年 5 月，外交部即咨请财政部准备对德索赔事

① 《德馆照会》（1922 年 7 月 6 日），外交档案：03-36-111-07-024。
② 《德馆会晤问答》（1922 年 7 月 18 日），外交档案：03-11-015-01-009。
③ 《张参事（1923 年 10 月 30 日）会晤德馆卜参议问答——德俘收容费事》（1923 年 11 月 19 日），外交档案：03-36-111-07-025。
④ 《周秘书与德博使谈话纪要——催缴俘虏费及汉口德校事》（1923 年 12 月 3 日），外交档案：03-11-015-02-014。
⑤ 《德使照会》（1924 年 6 月 4 日），外交档案：03-20-079-014-010。

宜，称："查我国与德国商订暂行通商条件，业已将次就绪，而该国对于我国战时所受损失，应付赔款，尚待磋议，自应从速造具清册，捡齐各项证据，庶便于适当时机提出索赔"。① 财政部自9月1日起开会讨论此事。② 到1922年梁士诒内阁时定案，如前文所述，各省及机关册报共12200余万元，加上参战军费10050余万元，共22300余万元。但按《凡尔赛和约》，军费无可索偿，各省册报又多间接损失，德国认为不合理；加以双方都有更重要的问题要处理，此案遂暂时搁置。直到1922年华盛顿会议结束，山东问题解决，北京政府才又注意此案。德国则受制于赔偿委员会，一旦赎回在华德产、债券，即会被征收；1922～1923年更因赔款问题与协约国起争执，导致1923年初法、比进兵鲁尔区，加以国内经济问题严重，根本无暇东顾；直到1924年局势稍稳之后，双方才达成协议。

至于用来抵偿的德发各种中国债票，问题十分复杂。中国原欠德国债务，除政府间的庚子赔款因战争取消，其余如1896年英德借款、1898年英德续借款、1908年津浦铁路、1910年续津浦铁路、1911年湖广铁路、1913年善后大借款等德发部分债票，属民间债务性质，虽不致因战事而取消，但自1917年8月14日宣战后，北京政府即停付各德发债票本息。

其中津浦、湖广铁路债票部分，原拨交德华银行备付本息之款，宣战后即行停拨，亦未将应拨之款另行存储。1919年6月11日，外交部通告各国驻北京公使，非敌国人民持有津浦、湖广铁路债票者，仍由汇丰银行代付；德国发行部分，作为抵偿中国对德宣战之损失，我政府无付给本息义务。遭到各国公使抗议后，交通部稍做让步，改称："如有在中德绝交以前，确为协约国及中立国人民所持有，实因

---

① 《发财政部咨——向德索赔事请注意由》（1921年5月18日），外交档案：03-36-127-06-007。

② 《收财政部公函》（1922年9月4日），外交档案：03-36-147-03-014。

战事阻碍，未领利息者，但有确实证明担保办法，我政府或可认为有效。"① 至于英德、续英德、善后借款德发债票部分应付之款，中国政府虽宣布冻结，而由关税、盐税等担保的还本付息款项，仍按期由海关及盐务稽核所，折合金镑之数拨存伦敦外国银行。② 1919 年 12 月 15 日，外交部命顾维钧在巴黎和会中声明：6 月底以前未向各银行取款者，"一律认为敌人所有，作为留抵我国参战损失之用，不能作为交易债券"，但是并未正式知照北京外交团，引起种种纠纷；顾维钧认为此事"关系国家信用"，请财政部明确指示办法。③

1920 年 4 月 27 日，北京政府通知伦敦汇丰银行总办阿迪司④（Charles Addis），德发债票本息，不仅原来津浦、湖广两路借款债票已拟停付；现连英德、续英德、善后三次德发债券，中签还本之债票及到期息票一律限制付款。驻英公使施肇基建议仿英国，凡将息票或债票请求付款者，均须出具切结声明，并非为敌人或德人之所有权，以维持中国在伦敦债券市场之信用。施请财政、交通两部"迅定办法勿误时机为要；倘我国无一定之办法，则伦敦证券交易所势或趋于极端，而将中国之债券交易由正式证券交易表内一笔勾消"，⑤ 将对汇丰银行造成困扰。北京政府遂决定英德、善后借款德发部分债票，仿津浦、湖广铁路债票限制办法，非敌国人持有者，确非在中德宣战期内购诸敌人方面，及与敌人无利益关系者，得由

---

① 《财政部公债司 1 日致周司长函——附 4 月 24 日"复驻英施公使电"》（1920 年 5 月 4 日），外交档案：03 - 20 - 061 - 01 - 006。

② 见《宝道关于清理没收在中国德侨私人财产问题的条陈》，《民国外债档案史料》第 1 卷，第 249 页。

③ 《财政部公债司 1 日致周司长函——附 4 月 24 日"复驻英施公使电"》（1920 年 5 月 4 日）、《收法京 11 日来电》（1920 年 5 月 30 日），外交档案：03 - 20 - 061 - 01 - 006、015。

④ 阿迪司曾任汇丰银行董事长，民初主导国际银行团（International Consortium），欧战后进入英格兰银行（Bank of England）领导核心。参见 R. A. Dayer, *Finance and Empire*：*Sir Charles Addis, 1861 - 1945*, London, Macmillan, 1988。

⑤ 《收驻英施公使 1 日电》（1920 年 5 月 3 日），外交档案：03 - 20 - 061 - 01 - 004。

原持票人出具声明书，呈交中国驻英使馆核准付款。[①] 各国迭有请放松者，外交部答以："德发债票限制办法，在对德索偿案未解决以前，实未便有所通融。"[②] 而驻英使馆聘律师查核证据，索价甚昂，成为北京政府一大负担。

中德战事赔偿谈判北京政府方面由财政部主导，交通部为辅，外交部居于从旁协助地位。财政部委托法籍顾问宝道及秘书程锡庚与德使馆接洽。1922 年 11 月 3 日，宝道向财政部提出交涉意见，建议中国政府首先须将德侨财产被清理与没收各款之价值编辑统计，然后与德国使馆磋商，俟有成议，以此数之半订出德国预缴战事赔偿之一部分，再议以铁路债票支付之法；认为取得铁路债票后，汇兑率及交付中国之作价易起争执，应特别注意；并建议取得现金之法，中国政府与德国政府须先协定，将应付中国之款，全数由海关及盐务稽核所存在外国银行，备付 1896 年、1898 年、1913 年德发部分各借款，作为德国人所执之债票还本付息之用之存款项下扣除。如此则中国可得 1917 年 8 月以来两次英德借款与善后借款到期息票之数的现金。宝道又称："如德华银行问题同时发生，德人愿意让步，亟欲将德华银行复业以为交换条件，则中国政府所得利益或可更多"。[③] 当时协约国赔偿委员会千方百计要从德国手中挖取现金，而不可得，宝道建议之法，实为"奇策"：德国不需付现金，而中国取得善后等借款息票后，再宣布恢复还本付息，即可自英、法、俄、日银行领取四五年来关、盐款按时支付之还本付息储备金。此条陈建议之办法成为后来北京政府解决此案之原则。但因中德双方对德国应赔偿总额及中国政府欠德侨债务数额之认定差距颇大，谈判陷入胶着。

---

① 《收财政部函》（1922 年 1 月 24 日），外交档案：03 - 36 - 165 - 01 - 001。
② 《交通部咨》（1921 年 12 月 30 日），外交档案：03 - 20 - 062 - 01 - 002。
③ 《宝道关于清理没收在中国德侨私人财产问题的条陈》，《民国外债档案史料》第 1 卷，第 248～255 页。

1923 年初，北京政府财政日益困难，急于从外交着手，取得德国赔款纾困。2 月，审计院有人提议：中国要求德国赔款颇巨，德国所承认者甚少，因相差甚巨，当局者不肯负责交涉，致令久悬不决，坐视应得之款，呆存外国银行，不能提用；因此建议："我国对德本无甚大恶感，为表示国际上之道义计，应速与德国善意交涉，将要求赔款数目，与以相当之让步。赔款数目早日决定，则此现存外国银行之一百余万镑，可实时提回应用"。[1]

6 月 5 日，宝道、程锡庚与卜尔熙等在德馆磋商中德赔款问题。卜尔熙表示德国政府不能以现金交付赔款，只愿以收自民间之中国债票缴出以代之，拟付债票约 700 万镑（约国币 6000 多万元）；到期息票则只愿交还一半。中国须偿还欠德债务（约国币 4000 万元），民间要求赔款不在内。宝道以此数与中国求偿之数 22300 余万元相去太远，若予允诺，势非大为让步不可；唯中国政府以为中德赔款问题，亟宜从速解决，俾两国间友谊上及商业上种种障碍可以去除，于是提出五项修正与保留：要求德国政府完全收回德人持有之中国债票；善后借款到期息票全数无条件交还中国政府；中国欠德债务由德国归还之债票息票中抵还，中国政府不另付款；德华银行复业后仍委托办理各项债票还本付息事宜；中国则取消冻结令承认各项债票有效。[2] 财政部接到报告后，于 7 月 4 日指示：中国要求赔偿总数 22300 余万，德国只认 11000 余万元，相差尚巨。但德国允诺民间债务自行清理，而参战军费本来就很难要求；因此为解决悬案起见，应准照德使馆所开各节，大致予以承认。但要宝、程二人向德馆就修正与保留之五事交涉，主要是"善后借款德发债票到期息票一百余万镑，应全数交与

---

① 《院交抄杨汝梅（审计院第一厅长）呈——拟从外交上设想维持财政办法，另缮清折，请采择施行由》（1923 年 2 月 14 日），外交档案：03 - 36 - 166 - 01 - 002。

② 《宝道、程锡庚关于中德赔款问题之声明书》（1923 年 6 月 7 日），《民国外债档案史料》第 1 卷，第 255 ~ 258 页。

中国，作为赔偿，不能仅交半数"。[1]

7～8月，宝道、程锡庚依财政部指示与德使馆先后交涉7次，洽商结果，修正保留各项多得德方同意，并进一步提出一原则：所有因中国战事行为而发生之德人要求，应一律在交还德国之债票项下清结；而清理德侨私人财产所得之款，亦应由债票项下偿还。讨论再三，德方终于同意此原则，使中国财务负担大为减轻。再于具体讨论交还债票数目及处理方式时，以对中国有利方式解决，共增收约679万元。依协商结果，中国可得债票、到期息票等共约9500万元，由交还债票而清还之债务约4300万元，加上已收之400万元现金，合计14200万元。中国只需交还德华银行产业，偿清欠德债务约2600万元。收支相抵，中国净得11600万元。德国所得为收回280万镑给中国政府之德籍债权人，并能恢复德华银行。宝道等强调：德使馆代表屡谓所拟办法，为德使馆最后之让步；如中国另提较苛之条件，必不能承认。若谈判破裂，交国际仲裁，中国要求之战事赔偿至多可得4000万元。因此他建议："不可使德人决裂，并宜乘列强未知交涉内容时，予德人以同意换文草稿"，[2] 并拟妥一"暂拟换文草稿"备用。

8月5日，此报告书及换文草稿呈送署理财政总长王克敏，王氏训示通知德国使馆，谓："中国政府所拟对德要求赔偿战时所受之损失，以及中德间各项债务问题，愿与德国政府按照该报告书内所附之换文草稿书中所载各节实行解决。"[3] 德国使馆立即向柏林请示是否同意。

然而，柏林迟迟未做回复，主要是对德发债票停付本息发生争

---

① 《财政部关于德国赔偿事致程锡庚、宝道令函稿》（1923年7月4日），《民国外债档案史料》第1卷，第258～259页。

② 《关于中德赔偿事宜第二次报告》（1923年8月5日），《民国外债档案史料》第1卷，第259～269页。

③ 《关于与德使馆参赞会谈德国赔款修正案报告书》（1924年1月26日），《民国外债档案史料》第1卷，第269页。

议。财政部、交通部为确定德发债票之数目，以便清理中德债务，拟定审查非敌国人民持有之债票，以两个月为限，自 7 月 12 日登报之日起至 9 月 11 日止，逾限后始行声明者，中国政府概不承认。外交部于 8 月 2 日通知各国驻北京使馆，各国多抗议期限过短，并表示不愿舍弃权利。英国外交部极关心此事，认为会影响英籍债票持有人之利益；英国驻华公使麻克类（Ronald Macleay）照会中国外交部，表示英国不放弃权利，不受中国宣布期限之限制。① 9 月 5 日，北京外交部照复：为与德国达成财务协议，有设定期限之必要，请英国政府谅解，勿再要求保留权利。② 到期之后，北京政府于 10 月宣布各项德发债票，在协约国及中立国人手中必须偿还者，共 251.5 万镑；在德国人手中者约 860 万余镑，约合国币 10320 万元。国务会议议决：未经送审之德发债票，均暂行停付本息。当时《东方杂志》报道："当局目的，在提用存在伦敦银行应付此项债票之基金及利息，以为军政费之用"。③

德国政府原来就对北京政府发还德产情形，以及长期冻结德发中国债票不满，对北京政府这个决定更是不能接受，认为此举等于实质宣称德发债票无效。10 月 30 日，卜尔熙与外交部秘书会晤时即称：贵国国务会议议决取消对德债票之信，传至德国，日昨方接政府电令，将所有赔偿各问题停止进行，以待中国政府收回成命。他强调德国债票停止付息还本系战时非常之举，不可因战争而取消债务；中国以为此举可坐获现款千万，但此款既不可得，恐尚将因谈判中止失去

---

① 英国外交部关心中德谈判之进行，其驻北京使馆通过汇丰银行北京经理 E. G. Hillier、盐务稽核总所英籍会办韦尔敦（Ernest Wilton），取得财政部有关中德谈判报告，认定北京政府设定期限与中德谈判有关。见 Macleay to FO, Aug. ~ Oct. 1923, FO371/9220〔F1919/ F2252/ F2301/ F2346/ F2673/ F2688/1066/10〕。

② Macleay to FO, 8 Sept. 1923, FO371/9220〔F3108/1066/10〕.

③ 见外交档案：03 - 20 - 063 各件；《东方杂志》第 21 卷第 13 号，1924 年 7 月 10 日，第 4 ~ 5 页。

巨万。卜最后强硬表示："债票可以贸然取销，不问对方之意愿如何，则德国在在可危……此问题较之特产问题尤为重要，在此问题未解决前，不便再向柏林提议收容费之交付。"① 次日，德国以公使博郵名义正式照会外交部提出抗议，称："阁议对于政府所欠之债款为一方面之声明，宣布无效，本国政府绝难承认。"②

外交部接获德国抗议后，请国务院及财政部审慎考虑。③ 待接获财政部回复后，1924 年 1 月 4 日，照复德使解释云：德发债票截止审查后，阁议议决所有德发债票均暂行停付本息，并非宣布无效；此时中国要求参战损失赔偿，既尚未议决，前项逾限未经送核之债票，自应继续前定限制办法，暂行停付本息。德国公使所指各节，似不无误会。④

六　1924年《解决中德战事赔偿及债务办法》等三换文

1923 年 6 月黎元洪下野，10 月曹锟被国会选为大总统，曹氏就职后提名孙宝琦组阁，次年 1 月孙氏就职，王克敏继任财政总长。1924 年初，北京政府财政窘迫，因参战暂时停付之庚子赔款进入还本付息之高峰，曹锟、吴佩孚也需要巨款以支应军事费用；王克敏亟思以解决德国债票与金法郎两悬案，取得收入，渡过难关。德国方面则于 1924 年春经济复苏，内外危机解除，有余力可注意亚洲问题，中德谈判遂得以突破僵局加速进行。

1924 年 1 月 5 日，外交部电令驻柏林代办胡世泽，与德外、财两

---

① 《张参事（1923 年 10 月 30 日）会晤德馆卜参议问答——德俘收容费事》（1923 年 11 月 19 日），外交档案：03-36-111-07-025。

② 《收德博使照会》（1923 年 10 月 31 日），外交档案：03-20-063-01-011。

③ 《致国务院财政部公函——德使抗议德发债票宣布无效希核复由》（1923 年 11 月 8 日），外交档案：03-20-063-01-015。

④ 《收财政、交通部函》（1923 年 12 月 27 日）、《照会德博使》（1924 年 1 月 4 日），外交档案：03-20-062-02-001。

部长接洽，说明此事已迁延日久，若不迅予解决，于中德商务及国际信用，均甚不便，究竟德政府意见如何，望询明电复，以便核办。14日，胡世泽函复："往晤德外部，据称……本部亦深望此事早日解决，既经贵公使催促，当即日再电驻京德使，催其迅速办理。"① 不久德国政府训令驻北京使馆：对于 1923 年 8 月双方草拟之办法未能一一承认，要求修正。1 月 25 日，宝道、程锡庚奉命再赴德使馆，询问德国政府所提出之修正案究竟如何措辞。德国使馆称尚未收到柏林之修正案，不能具体谈判。宝、程要求再催询德政府，26 日报告财政部，称：在德国使馆未将各项详细情形调查清楚以前，此项赔款问题无从进行。②

2 月，德政府提出具体办法，财政部认为大致尚属可行，略做修正，交德国使馆电请柏林同意，并于 27 日函外交部，请指示驻德使馆：向德国外交部说明我国修正案较之去年 8 月草拟办法已经让步，应请德政府从长计议，俾历年悬案得以速行解决。29 日，外交部指示胡世泽照办。③ 3 月 4 日，胡世泽报告：德东方股长表示本国政府亦愿早日解决此案，现已通知有关系各部于下星期内会议，决议后即行径电本国驻使转达贵国政府。15 日，外交部密函告知财政部。④

德国政府内部多次会议后，提出最后解决办法，财政部认为"尚属可行"，唯德方要求付给德华银行现款 450 万元赔偿损失一节，财政部不同意，只肯稍做让步，交 100 万元债券。经协商后，得德国使馆与银行驻沪经理谅解，并各电柏林请示。4 月 18 日，外交部

---

① 《收驻德使馆 1 月 14 日函》（1924 年 2 月 8 日），外交档案：03 - 36 - 126 - 07 - 005。

② 《关于与德使馆参赞会谈德国赔款修正案报告书》（1924 年 1 月 26 日），《民国外债档案史料》第 1 卷，第 269～271 页。

③ 《财政部函》（1924 年 2 月 27 日）附《致柏林中国使馆电》，外交档案：03 - 36 - 152 - 10 - 001。

④ 《驻德使馆一等秘书胡世泽 4 日函》（1924 年 3 月 31 日）、《密函财政部》（1924 年 3 月 15 日），外交档案：03 - 36 - 152 - 10 - 007、002。

指示胡世泽：

> 事关紧要，望执事亲访德外部，说明此系我国最后之让步办
> 法，不愿再行开议。中德邦交素睦，德政府对于我国委曲成全之
> 办法，谅能善意容纳；否则中德问题将长此不能解决，而德华银
> 行亦永远不能复业，中国政府势不能代德政府任其咎也。①

王克敏秘密办理此交涉，又急于结案，引起外界议论，传言纷
纷，怀疑对德让步过巨；加以王氏欲同时解决金法郎案，国会议员反
对声浪很高。众议院议员叶夏声首先提出质问；3月初，众议员林树
椿等二十多人又联名提质问书，质疑王克敏派宝道、程锡庚与德使馆
秘密协商，允减半数赔偿。②4月初，众议院议员彭汉遗亦拟到外交
部调查案卷。③北京政府皆未明确答复。4月下旬，又有议员梁昌浩
等提质问书，以政府欲以德国赔款与德发债票两相抵消，只为尽速提
领存于伦敦外国银行之债票息金，让步太多，损失太巨；认为此案损
失远在金法郎案以上，提出种种疑点，要求迅予答复。④

王克敏不为反对声浪所动，执意进行到底，加紧与德国秘密协
商，双方争执焦点在于中国应交付德华银行金额之多少。4月30日，
驻德使馆电告：德政府意在得款200万元交给银行，较之财政部前次
让步之214287.5英镑（合国币180余万元），约差10余万元，请中
国不必固执，俾德国政府得以从容解决。5月2日，财政部电令胡世

---

① 《财政部为德华银行复业付款事致柏林中国使馆电稿》（1924年4月18日），《民国
外债档案史料》第1卷，第272～273页。

② 《国务院函——抄送众议员林树椿等质问政府如何办理德国赔款案书一件，请速拟具
答复由》（1924年3月5日），外交档案：03 - 36 - 152 - 10 - 003。

③ 《众议院秘书厅函——本院议员彭汉遗等因德赔款等问题拟来部调查案卷由》（1924
年4月7日），外交档案：03 - 36 - 152 - 10 - 009。

④ 《国务院为议员质问对德索赔事致财政部公函》（1924年4月23日），《民国外债档
案史料》第1卷，第273～276页。

泽：我国前电办法，本已极端让步，不能再予通融；唯不欲以十余万之数，使德国政府为难，愿再让步到以德发债票194万余元交于德华银行；但声明该项办法，必须德国政府对于其他各点完全同意，方能实行。财部要胡氏再访德外部，说明此中经过；最后强调："我国对于此案十分迁就，无非为推广商务及巩固邦交起见，德政府有代表德国人民之权，不能借口于银行与德商再事迁延也。"① 6 日，胡世泽复电：遵电向德政府声明，唯云尚有困难问题，希望于四星期内可得结果。② 最后，德国接受此办法，5 月 22 日终于定议，双方商谈最后细节。6 月 1 日，外交总长顾维钧与德国公使博郏等完成协议之细节。报载：是日全体阁员与德人将前此双方议就之条件，互相研究其当否，并经长时间之讨论，众人认大致无差，遂加最后之决定。③ 2 日，胡世泽电外交部，称：德外部极盼中德赔偿事早日签字。④

北京内阁对此案之解决方式与程序有不同意见，争执不休。财政总长王克敏得大总统曹锟支持，欲同时解决金法郎案与德发债票案，并主张不必交议，更不必报告国会。总理孙宝琦坚持不肯办金法郎案，主张德国赔偿案一定要经国会通过，绝不秘密办理，并多次以辞职相要挟，与府派阁员相持不下。王克敏也作态要辞职。⑤ 最后由农商总长颜惠庆（孙之妹婿）缓颊，与外交总长顾维钧、教育总长张国淦同做调人，阁员频频集会。⑥ 最后于 6 月 3 日下午在孙宅会议，两派妥协，决定缓办金法郎案，先解决德债案。程序上以阁议名义通过解决德赔款及债务办法后，呈报大总统，得批准照办后，由孙出席国

---

① 《财政部为德华银行复业付款事再致柏林使馆电稿》（1924 年 5 月 2 日），《民国外债档案史料》第 1 卷，第 276 页。当时一英镑合国币 8. 421 元。

② 《收驻德胡秘书 6 日电》（1924 年 5 月 7 日），外交档案：03 – 36 – 167 – 01 – 017。

③ 《申报》1924 年 6 月 10 日，第 6 版。

④ 《收驻德胡代办 2 日电》（1924 年 6 月 3 日），外交档案：03 – 36 – 167 – 03 – 001。

⑤ 见《申报》1924 年 6 月 2 日，第 6 版；3 日，第 3 版；5 日，第 4 版；6 日，第 7 版各相关报道。

⑥ 《颜惠庆日记》第 2 卷，第 143 ~ 147 页，1924 年 5 月 16 日至 6 月 4 日。

会报告，但不先交议，即行签字；并由全体阁员签名于议事录上，表示共同负责，同时分头疏通议员。报载府方愿做让步，因协约国方面已风闻此事，意欲介入，德方告以时机紧迫，必须迅速结案；加以洛阳吴佩孚屡催军费，不能不从速解决。孙宝琦做出让步，同意此案由大总统指令办理，对国会只先做报告，径行批准后再交议。如此，政府经费至少能维持3个月，渡过秋节难关。①

依此程序，3日，财政、交通两部将《关于解决中德战事赔偿及债务办法》，连同驻京德使馆拟定之互换照会文稿，提交国务会议讨论。议案中称：本案解决，中国净得赔款约8346万余元，此数较财部表册中，除去参战军费、据约无可索偿及中德民间债务自行清理外，业已有过无不及；德国所得之利益，仅德华银行复业，与代理债票（湖广除外）还本付息事务两项；德发债票之恢复本息，系我国遵照合同与契约法，对于各国持票人原有之义务，既非增加负担，更非德国人所独得者也。② 阁议通过后，4日，财政、交通部汇呈大总统；同日，大总统批准，交外交部查照办理。③ 5日，孙宝琦率阁员到国会报告此案，声称依法政府可签字后再交议院，两院议员质疑程序违背宪法第85、110条，议院秩序大乱。经政府多方疏通议员，许事成后补发两月欠费，反对声浪因而大减。④ 同时，德使馆于4日送交未批俘房收容费25万元支票，排除了交涉之最后障碍。⑤

6日，外交总长顾维钧与德国公使博邮互换照会，即通称之《解决德华银行事务换文》，中国政府保证交还银行账册及北京、汉口不

---

① 见《颜惠庆日记》第2卷，第147页，1924年6月3日；《申报》1924年6月7日，第4版；《晨报》1924年6月8日，第2版。

② 《财政部、交通部关于中德战事赔款及债务问题提交国务会议议案稿》（1924年6月3日），《民国外债档案史料》第1卷，第277～279页。

③ 《收国务院函——密件》（1924年6月4日），外交档案：03-20-079-01-001。

④ 《五日众院开会》，《申报》1924年6月6日，第3版；《颜惠庆日记》第2卷，第148页，1924年6月5日；《申报》1924年6月6日，第4版。

⑤ 《收德使馆照会》（1924年6月4日），外交档案：03-20-079-01-003。

动产，并以价值195万元之德国交还铁路债券补偿该行各处业经清理之不动产，让德华银行得以复业。此外，中国政府拟将德华恢复至战前地位，连同其各种借款合同内发行银行之职务，并执行各种手续（湖广铁路借款合同内各项职务除外）。中国将尽快使德发各债券再生效以表示诚意。① 此举解除了德国在中国主要私产之索赔，使德华银行复业，并恢复战前地位，唯湖广铁路债票改由中国银行团经理。②

7日，顾氏与德使再互换两照会，即通称之《解决中德战事赔偿及债务问题换文》，规定：为履行《中德协约》附件公函第二节，中国政府全数放还扣留之德侨私产；德国付中国津浦、湖广铁路债票作为赔款之一部分；并交善后借款到期之息票916万余元与中国政府。德国政府担任解决德国私人对中国政府所有之索偿，作为支付中国战争赔偿之其余部分。中国则宣布铁路借款及善后借款恢复还本付息。此安排作为双方所有索偿之最后解决。③ 此照会之附件，即通称之《结束放还中国扣留之德侨私人财产换文》，明定放还德侨在汉口私产不动产五处，言明："在上列各项财产放还后，所有关于不动产各种问题，认为结束"。④ 同日，外交、财政、交通三部会呈大总统，请颁

---

① 此换文全文见外交档案：03-20-079-01-002；王铁崖编《中外旧约章汇编》第3册，第442~444页；《外交部公布之中德交涉文件》，《东方杂志》第21卷第15号，1924年8月10日，第148~149页。

② 见《电驻英朱代办——中行承续德华湖广合同权利事》（1924年7月8日），外交档案：03-20-079-04-003；Macleay to FO, 15 July 1924, FO371/10232［F2857/6/10］。

③ 此换文全文见外交档案：03-20-079-01-002；王铁崖编《中外旧约章汇编》第3册，第444~449页；《外交部公布之中德交涉文件》，《东方杂志》第21卷第15号，1924年8月10日，第147~148页。

④ 此换文全文见外交档案：03-20-079-01-002；王铁崖编《中外旧约章汇编》第3册，第449~450页。德国曾要求暂勿公布此件，称："以奉本国外交部电令，关于归还汉河地基汉口学校各轮船公司地基之照会，请中国政府勿庸宣布"。外交部答以："查此事前经贵公使选派员到部声述贵国政府对于赔偿委员会应付为难情形，提议暂缓宣布，本部自所深悉。此项互换文件，中国政府以国内舆论甚为注意，深欲早日全体公布，如留出一件不予宣布，或致引起误会。但既准贵公使照会声请，只可暂不发表以副雅意，盼贵公使一俟贵国方面无守秘密必要时，即行见告，以便补行发表"。见《照会德博使密件》（1924年7月12日），外交档案：03-20-079-04-006。

布命令，将津浦、湖广铁路，善后大借款及英德借款之德发债票恢复付息还本。① 同时，外交部命驻英代办朱兆莘致伦敦汇丰银行公函：将德发中国政府债票自7月4日恢复还本付息。

此三换文解决了1917年参战以来中德间复杂的财产纠纷，以及1921年《中德协约》遗留下来的财务问题。到底中国得多少战事赔偿？依据《解决中德战事赔偿及债务问题换文》，双方同意中国陆续交还之德产共值6900万～7000万元，德国赔偿放还财产价值之半，即3450万～3500万元；分别付以：

（1）1921年已付现金　　　　　　　　4000000元

（2）1908年津浦铁路借款债票　　　　8016792元

　　　1910年津浦续铁路借款债票　　　5279967元

　　　1911年湖广铁路借款债票　　　　1703308.9元

　　　以上中签债票及到期息票至

　　　1924年6月15日　　　　　　　<u>15839909.45元</u>

　　　　　　　　　合计　　　　　　34839977.35元②

（3）德国交与中国善后大借款到期息票作为取消中止履行令之

　　　代价1087768镑×8.421=　　　<u>9160094.3元</u>

　　　　　　　　　总计　　　　　　44000071.65元

另外，中国政府所欠清理德侨财产款项及德商各种债务，悉数由德国政府代为清还；这笔债务中方估计约4000万元，③ 是则赔偿总额约8400万元。

---

① 《呈为德发债票恢复还本付息恭呈仰祈批准事》（1924年6月7日），外交档案：03-20-079-01-016。

② 第二项之金额，均系各债票票面金额按市价分别以68%、66%、53%等计算，再折合成国币得出，详见换文本文。

③ 中国政府将清理德产及对德商债务的烂摊子——中国政府对德华银行、礼和洋行等德商之旧欠，拨还德人财产之代价，民间对德商之旧欠——移给德国政府。德国政府估计这笔债务约5200万元，尚不包括1923年直隶省与德国外交部解决之井陉矿务协议。见Glaim, pp. 123-124。

此三换文补全了《中德协约》，虽尚待谈判正式商约，中德间自1917 年宣战以来的各种问题已基本解决，两国关系恢复正常。中、德政府对此种财政安排都感满意。北京政府密电各省军民长官，称：原来要求战事赔款总额约 22300 万元，其中军事费约 10500 万元，已与协约国一致抛弃，实为约 11700 万元。但各机关开列之损失，有属私人债务应自理者，有系间接损失难以认证者，可议者仅 4000 万 ~ 5000 万，又多证据不完全。自 1922 年 11 月起，争论一年七个月，开会三四十次，往来电文亦数十道，始行定议；认为得此结果似尚圆满，寻求支持。[①] 各省疆吏多表认可，如山东省长熊炳琦复电云："外交既多困难，财政又复极窘，赔款问题若不迅即解决，恐将来又生波折；既已换文，似应即签定协约；至国会疑问，亦系必经之争执。但求国家无损，不必多所顾虑也。"[②] 北京政府除收回债票、息票可减轻财政负担外，还可以善后借款到期息票取得现金以解决财政困难。此办法对中国相当有利，只要承认一部分债券，就可有大笔收入；中国所得远超出谈判中对德减低偿还总额之让步。

德国政府对换文之安排也满意，德方在谈判中利用北京政府亟欲取得现金之心理，成功减低赔偿总额；名义上虽要付出约 3500 万元，实际上除 1921 ~ 1922 年支付的 400 万元现金外，都以收自民间之部分中国债票、息票支付。这些债票、息票原来遭到冻结，形同废纸，中国宣布恢复还本付息后，市场价格必然上扬，德国政府手中保留之部分债票、息票，也将随之价格飙涨。德侨收回在华私人财产，并由德政府补偿债权损失；加以德华银行重回中国市场，使战时财务损失减到最低。德国虽要付一些赔偿，但国会着眼于重返中国市场之重大经济利益，很快批准此换文。[③]

① 《外、财、交三部致各省军民长官密电》（1924 年 6 月 6 日），外交档案：03 - 20 - 079 - 01 - 011。

② 《收山东熊（炳琦）省长密佳电》（1924 年 6 月 10 日），外交档案：03 - 36 - 167 - 03 - 003。

③ Glaim, pp. 123 - 125.

七　中德换文之余波

中德迅速秘密议定《战事赔偿与债务解决办法》，并强渡关山，完成外交程序，但是余波汹涌，仍有不少后遗症待解决。双方约定暂时保密，直到 7 月 12 日外交、财政、交通三部才正式公布内容。对此案解决方式之阻力主要来自协约国及赔偿委员会之抗议，外国银行拖延付款，国会反对意见及各方争夺赔款支配。

1. 协约国及赔偿委员会之抗议

德国政府以向人民取得之债票交付中国政府，中国再以其中一部分偿还对德人债务，此做法涉及赔款委员会之权限。部分协约国，尤其是法国及比利时，在欧战中损失惨重，自认为有取得德国赔偿之优先权，多年来向德国索债屡遭抵制，而"参战不力"之中国却得此巨额意外之财，对中德换文自然十分不满；加以反对德华银行复业并恢复在华地位，多次向北京政府提出抗议。幸英国持不干涉态度，减缓了北京政府所受之压力。

7 月 2 日，驻北京法国公使傅乐猷（M. A. J. de Fleuriau）访外长顾维钧，口头抗议德发债票协定事，称：

> 凡尔赛条约定有明文，嗣后协约国赔偿委员会曾援引中德协定与法政府商定，谓德政府将来与中国解决财产问题只能以抵债赔款为限。此次新协定以中国债票偿付驻华德人，实属反背上项商定之办法，法政府已向柏林提出抗议……法国抗议在于德政府不应将中国债票先付给与德人，以偿其债务。[①]

随后法国公使于 3 日、4 日两次照会外交部，正式提出抗议，对中

---

① 《法馆会晤问答》（1924 年 7 月 2 日），外交档案：03 - 11 - 009 - 04 - 004。

德换文内所有违背德国承认赔偿委员会之义务及各种影响，表示抗议与保留权利。10 日，北京政府国务会议讨论此事。16 日，顾维钧照复法使，表示中国政府绝难承受法国之抗议；并于驳复第二次照会中郑重声明："中政府对于中德协定之实施，绝不受德国对协约国约定担任的任何义务之影响。"① 9 日，法使第三次照会，抗阻德华银行复业，谓：中国政府于 1920 年 6 月 17 日曾将德华银行在东交民巷房产作为抵押，向中法实业银行借款 20 万元，"兹德华银行在中法实业管理公司尚未收受该款以前，不可用其被中国政府所抵押之房屋"。② 后由财部交涉数次，安排由汇理银行经手之盐余，自 9 月起每月拨还中法实业银行 3 万元，到拨清为止，法国才不再留难。③

法国又称德华银行复业违背北京政府 1919 年之承诺。④ 外交部则辩称原来之承诺，因后来中国拒签《凡尔赛和约》，单独与德议约，状况改变而失效。⑤ 法国对此说辞不满，认为此举牵涉善后借款协定各国政府及银行团利益，邀请英国共同向北京抗议。英国外交部咨询伦敦财金界领袖阿迪司意见，阿迪司认为德华复业英国损失有限，而将其重新纳入列强对华财政合作之利益更大，因此英国不应反对，英

---

① Macleay to FO, 15 July 1924, FO371/10232［F2856/6/10］；《申报》1924 年 7 月 20 日，第 10 版。

② 《翻译法使照会》（1924 年 7 月 9 日），外交档案：03 - 20 - 079 - 04 - 005。

③ 《咨财政部——德华银行房屋抵押中法银行借款分期偿还事，法使照称阅悉》（1924 年 8 月 20 日），外交档案：03 - 20 - 079 - 04 - 016；《国闻周报》第 1 卷第 2 期，1924 年 7 月 31 日，第 20 页。

④ 1919 年 5 月，英、日、法、俄四国驻北京公使分别照会外交部，请将善后借款合同内德国银行团权利革除，并分给其他各银行。外交部咨财政部应如何答复，财政部复称："查德国对于我国既立于敌国地位，所有善后借款合同内规定之德银团应享权利利益，将来和议成立时自应完全铲除，不令再为复活。至该项权利利益，中国为参战国之一，所有德享于借款合同内应享之权利利益，应由中国自行组织之银团承受，未便分给四国银行。惟在中国自行组织之银团未成立以前，此项权利利益自当暂存付于四国银行。"20 日，外部照复各使。见《收财政部咨》（1919 年 6 月 11 日），外交档案：03 - 36 - 124 - 02 - 006。

⑤ Macleay to FO, 7 June 1924, FO371/10231［F1859/6/10］。

国外交部遂决定不加入法国抗议。[①] 法国则一再催促英国，而英国驻华公使麻克类支持法国立场，并建议英国应向北京政府追索旧债。英国外交部终于在 8 月 21 日稍做让步，指示麻克类可加入法国抗议中国政府违背 1919 年之承诺。[②] 9 月 4 日，法、日、英驻北京公使联名照会外交部，抗议中国未经银行团及相关各国同意径自与德国协议德华复业。[③]

此外，比利时也曾邀请英国与法、比共同向柏林抗议中德换文侵及赔偿委员会权限，英国认为此事应交由赔偿委员会处理，三国政府不宜介入。[④] 赔偿委员会对中德达成财政协定虽不高兴，认为德国政府未尽事先充分告知之义务，但基本上认定中德换文只是 1921 年《中德协约》之完成，并不违背委员会 1921 年 9 月 2 日决议之精神，没有理由反对，只下令德国禁卖复活后之中国债票。[⑤] 德国则向委员会保证遵守决议，并将交还中国后剩余的价值 300 万英镑之中国政府债票，交给赔偿委员会，才大致消弭了协约国的不满。[⑥]

另外，各国以北京政府将有大笔收入，纷纷要求清偿旧欠。如美国使馆要求：鉴于中国政府有进账，奉本国政府训令，中国各机关现欠各项美国人之款项，共计美金 3000 万元有余，希望能将前项所获之款，拨出公允之一部分，以偿未付之美国债项。8 月 6 日，财政部咨复："此次中德协定我国政府所获赔偿之数，多为债票息票，其可

---

① Addis to FO, 3 June 1924, FO371/10231 [F1827/6/10].

② French Ambassador to FO, 29 July & 11 Aug. 1924, FO371/10232 [F2587/F2737/6/10]. Macleay to FO, 21 June 1924, FO371/10231 [F2048/6/10]; 14 Aug. 1924, FO371/10232 [F2749/6/10].

③ Macleay to FO, 5 Sept. 1924, FO371/10232 [F3444/6/10].

④ Belgian Ambassador to FO, 28 & 30 June 1924, FO371/10232 [F2119/F2146/6/10].

⑤ Treasury to FO, 26 June 1924, FO371/10231 [F2099/6/10]; 2 Sept. 1924, FO371/10232 [F2989/6/10].

⑥ Macleay to FO, 18 Aug. 1924, FO371/10232 [F3023/6/10].

得之现款，为数本属无多，美使所请各节，本部实有为难。"① 8 月 21 日，英使麻克类亦以中德协定成立，有大宗款项自汇丰银行放回，要求中国政府偿还 5 项旧欠。② 财政部只能拖延，不久直奉战起，此事不了了之。

2. 外国银行拖延付款

德国交还各种债票息票，数量庞大，6 月 8 日，外交、财政、交通部电令驻英代办朱兆莘：将德国交到之债票息票点收后，送交伦敦中部银行（Midland Bank）保管。驻英使馆收到德国使馆付给 85 箱债票息票，连日清点，于 21 日点收完竣，"即日将本馆所备收据暨致汇丰银行函，面交德国大使，一面嘱中部银行将该项债息票妥为保管"。③ 7 月 1 日，朱兆莘电告外交部：中部银行定于下星期一将所收德发铁路债票息票注销，检同原单及废票装箱运京。④ 5 日，财政部指示暂缓注销债票。⑤ 同时，驻英使馆于 7 月 1 日《伦敦泰晤士报》（London Times）上刊登广告，宣布德发中国各债票自 4 日起恢复还本付息。⑥

然而北京政府以收到的德发善后借款到期息票，向伦敦各国银行兑现时，却遭到种种阻碍。汇丰银行表示愿意付款，但因储备金不够等技术问题，只能分批慢慢付。⑦ 而法、俄、日三国银行团则借故拖

① 《收财政部咨》（1924 年 8 月 6 日），外交档案：03 - 20 - 079 - 04 - 012。

② 《英麻使致总长函》（1924 年 8 月 22 日）、《收财政部咨》（10 月 3 日），外交档案：03 - 20 - 079 - 04 - 017。

③ 《驻英使馆函》（1924 年 7 月 28 日），外交档案：03 - 36 - 152 - 11 - 003。

④ 《收驻英朱代办 1 日电——转交部德票等事》（1924 年 7 月 2 日），外交档案：03 - 20 - 062 - 03 - 005。

⑤ 《收驻英朱代办电》（1924 年 7 月 9 日），外交档案：03 - 20 - 062 - 03 - 007。这些债票后来似并未注销，一直存于伦敦中部银行，直到国民政府时期，才陆续转存国内银行。见藏于中研院近代史研究所档案馆之《驻英使馆档》第 57 册 "德发津浦铁路债票"。

⑥ Macleay to FO, 15 July 1924, FO371/10232 [F2857/6/10].

⑦ 《收驻英朱代办 4 日电——转财交两部德票事》（1924 年 7 月 5 日）、《收驻英朱代办 7 日电》（1924 年 7 月 8 日），外交档案：03 - 20 - 062 - 03 - 009、011；《收驻英朱代办电》（1924 年 7 月 31 日），外交档案：03 - 36 - 167 - 04 - 005。

延不付，尤其是法国阻挠最力。法国政府在多次向中国抗议同时，就下令汇理银行禁付善后借款息金，使财政困窘的北京政府心急如焚，极力与三国交涉。① 7 月 5 日，道胜银行致函外交部，表示已接盐务稽核所款项 30 万镑，以付善后德票部分之息票；但借口《中俄协定》于 5 月 31 日签字，银行地位不稳，提出中国政府担保该行在华私人事业地位，并继续办理经手之各项借款还本付息，及保管关盐两税，中东铁路合组委员会等要求。② 16 日，外交部复函称：自对德宣战后，分存于道胜等行之德款，本专备该项债票还本付息之用；今德发债票之还本付息业经恢复，该行自应照办以尽代理人之责；其他无关之事不应牵入，如再延迟，中国政府不得不按照法律手续办理。③ 几经交涉，8 月 2 日，朱兆莘电告：中部银行已收到道胜善后息款 18 万镑。④

法国、日本方面，北京政府努力疏通。8 月初，财政部以汇理银行不付德票息款，曾有起诉之说，但尚未实行；后与法国代办及汇理洽商，渐趋融洽，遂电致伦敦律师，停止进行诉讼。法国政府对诉讼之说颇不谅解，外、财两部除向法代办解释外，27 日会衔密电驻法公使陈箓，指示："希速向法外部详细解释，请其即饬汇理照付为要。"⑤ 直到 9 月初，法、日银行才同意交付善后借款息款约 60 万英镑，⑥ 拖延将近两个月。

---

① Macleay to FO, 12 & 14 July 1924, FO371/10232 [F2321/F2856/6/10]；《申报》1924 年 7 月 17 日，第 3、6 版。《国闻周报》第 1 卷第 1 期，1924 年 7 月 23 日，第 21 页；第 2 期，7 月 31 日，第 20 页；第 3 期，8 月 7 日，第 33 页。

② 《道胜银行函》（1924 年 7 月 7 日），外交档案：03 - 20 - 062 - 03 - 010。

③ 《程锡庚致周司长函——致道胜银行函》（1924 年 7 月 10 日）、《函道胜银行》（1924 年 7 月 16 日），外交档案：03 - 20 - 062 - 03 - 014、018。

④ 《收驻英朱代办电》（1924 年 8 月 4 日），外交档案：03 - 20 - 079 - 04 - 011。

⑤ 《密函王总长》（1924 年 8 月 28 日），外交档案：03 - 20 - 079 - 04 - 019。

⑥ Macleay to FO, 2 Sept. 1924, FO371/10232 [F2992/6/10]。麻克类报告中称：法国可能是因中国威胁要提出诉讼，以及德国交 300 万镑中国债票给赔偿委员会，才停止抵制行动。

3. 国会反对意见

北京政府为辟财源以纾财政困境，迅速秘密解决德案，不交国会批准径行换文，又迟迟不肯公布内容，引起国会及各界种种揣测，传言纷纷。主要攻击点为：（1）此案解决方式太便宜德国，中国损失过大，怀疑有暗盘交易；（2）此案未经国会讨论通过，不合法定程序；（3）得款徒供军阀内争之用。北京政府一面争取各省疆吏之支持，强调程序合法，并称"在事实上亦难交议，盖以防欧洲赔偿委员会之干涉也。现在各协约国正在注意，虑有阻碍，在债票未交以前，仍宜慎密，暂勿宣布为要"。① 一面大力疏通议员，以发给两院每人800元岁费为条件，但国会议员仍有反对者，力主非经国会审查议决不生效力。也有议员为政府疏通，极力护航，纷争时起。

6月9日，参议院开议，讨论"为德发债票与德国赔款事咨请政府依法提交国会议定决议案"，议论纷沓，未决而散。议员张我华提数万字之议案，指出许多疑点，要求政府解释。面对国会及各界质疑声浪，政府方面之说辞，谓外交形势紧迫，不得不迅速处置，中央财源已穷，此项收入，拟专做国会、教育、军费，将来用途公开；先批准后交议，不背宪法。13日，众议院为是否变更议程先议德债案，引起政府党与反政府党斗殴，无结果而散。② 其后质疑者不断，种种黑幕传言甚多。如直隶省议会质疑政府，称：

> 侧闻德发债票案政府已秘密签字，国库损失在两万万以上，实属骇人听闻；虽道路传言，遽难征信，第政府办理此案，其交涉结果既未提交国会，又不宣示国人，真相莫明，殊足滋人疑窦。查财政公开为立宪国家之原则，若政府秘密结约，不惜辱国

---

① 《外、财、交三部致各省军民长官密电》（1924年6月6日），外交档案：03-20-079-01-011。

② 《申报》1924年6月12日，第10版；10日，第3版；14日，第4版。

丧权，其将何辞以对全国。万望速将此案提交国会审议，并将交涉始末情形据实宣布，以明真相，俾释群疑。①

28 日，参院临时秘书长张我华访外交总长顾维钧，问德债政府是否交议。顾氏答以："当然交议，惟对内对外则尚有困难问题，对内为总理因病尚未到院，对外则尚有谋破坏者，若经尽情揭布，恐破坏者即从而破坏，政府秘此非对内，实为对外有不得已之苦衷。"② 7 月 2 日，参议院通过议员张我华"政府当局交涉德国赔款及德发债票，丧失权利损害国库急图补救决议案"。③ 10 日，《晨报》有"德发债票果有大黑幕耶——损失固属可惊，疑案尤在德华借款"之报道。北京政府在各方压力下，直到 7 月 12 日才公布全案内容；但公布后各方仍不断提出质疑。④

各界之质疑引发政潮，内阁中孙、王本就不合，此案办成后孙宝琦即持消极态度，多次不出席阁议。7 月 1 日，孙氏再提辞呈，内阁随之总辞。2 日，曹锟批准孙氏辞职，阁员留任，由外交总长顾维钧代理总理。5 日，曹锟咨请国会，提名颜惠庆组阁，至 9 月 12 日众议院投票通过提名，16 日，颜氏就国务总理职，两日后二次直奉战争爆发。

对德国战事赔偿最肯定的是研究系，《时事新报》社评云："到了今日可算参战的利益已见于数字了。"⑤ 中共则批判严厉，陈独秀云："对德战争中，中国人民尤其是赴法的华工，受了不少损失，所得赔款名为二万万元以上的巨额，东折西扣，一无所有，实际上只收回伦

---

① 《收直隶省议会代电》（1924 年 6 月 27 日），外交档案：03 - 20 - 062 - 03 - 003。
② 《申报》1924 年 6 月 30 日，第 7 版。
③ 《申报》1924 年 7 月 5 日，第 7 版。
④ 《申报》1924 年 7 月 15 日，第 7 版；《晨报》1924 年 7 月 14 日，第 2 版。
⑤ 萧楚侣：《对德参战之功过》（读者之声），《向导》第 70 期，1924 年 6 月 18 日，第 563 页。

敦存款九百万元，供军阀挥霍，北京军阀官僚们营私误国的黑幕重重，即此德国赔款一端，已令国民不能容忍。"①

4. 各方争夺赔款

曹锟及王克敏亟欲办成德案，以为得 900 余万元现款，可渡过秋节难关；王克敏原定用途为统一费 600 万，余为三个月政费。② 结果事与愿违，报载："德发债票，成而未成，而索款者，已十百倍余能得之款。""放还之款，尚未交到，而各方索饷者，已相继而起，国会政府，分配为难。""德债未成以前，以为德债一旦成，可以满足各方之欲望，而不料德债成后，非但无以满各方之欲望，且将以一身为怨府。"③

各省疆吏以中央得意外之财，纷纷索饷。④ 各省也纷纷要索战争损失，如青岛总商会即函请将德付现款及德发债票准予赔偿青岛商民所受日德直接战事之损失。⑤ 湖南省长赵恒惕亦要求索偿，并派员到京接洽。⑥ 到 7 月初，财政部计算各疆吏师旅及京外机关，"共请德款总数为五千二百余万，但实得现款为九百三十余万，除汇水及律师费与汇丰小借款扣项，不过九百万"。"前经财政部拨付两院岁费两月，总数约七十余万元，剩余之款，不过八百二十余万元。"⑦ 王克敏无法应付，向曹锟请示支配办法。"据曹锟意见，以为各省军费不应另外领取，应按照协饷单拨付；惟援粤军费，可特别通融。并以各师旅协

---

① 独秀：《德国对华赔款问题》（时事评论），《向导》第 69 期，1924 年 6 月 11 日，第 549 页。

② 《申报》1924 年 6 月 7 日，第 4 版；12 日，第 7 版。

③ 《申报》1924 年 6 月 21 日，第 6 版；15 日星期增刊，第 1 版；11 日，第 3 版。

④ 《申报》1924 年 6 月 27 日（第 4 版）报道："计洛吴二百万，苏齐、鄂萧、赣蔡各一百万，杜锡圭一百四十万，温树德一百六十万，京冯六十万，直王二十万，统计已近九百万，府尚不在内。"

⑤ 《收青岛总商会函——请将德付现款及德发债票准予赔偿青岛商民所受日德直接战事之损失由》（1924 年 6 月 25 日），外交档案：03 - 20 - 062 - 03 - 002。

⑥ 《湖南省长电》（1924 年 7 月 15 日），外交档案：03 - 20 - 062 - 03 - 017。

⑦ 《申报》1924 年 7 月 10 日，第 4 版；13 日，第 7 版。

饷应拨之款，分三个月拨还……计除各师旅协饷外，尚可支配中央各项政费约三个月。"终于在 7 月 11 日阁议议定："德债收回之款，以一半拨充军费，一半为四个月政费。"①

然而，8 月底江浙齐卢之战爆发，继而引发 9 月 18 日第二次直奉之役，所有德票得款，都消耗于内战之中。英国公使密报："苏、浙即将开火，直、奉间也紧张，吴佩孚亟需战费，财政总长与汇丰买办商量，以出售在伦敦之德发债票，筹一百万英镑之战费。"② 是则，不但善后息票兑换之现款悉数投入战火，甚至还打算将收回之德发债票再行出售，筹募战费。

八　结语

本节研究参战后中德间复杂的财政纠葛，及延伸出来的战事赔偿与债务问题。1917 年，中国对德绝交、宣战，随即颁布一连串法令，实行没收德国政府在华公产、收管清理在华德侨财产、勒令德华银行停业、冻结德国发行各项中国债票之还本付息、收容德国军人为俘虏、遣送德侨返国等战时措施，以铲除德国在华势力。战后中国在巴黎和会中提出种种对德战事赔偿要求，但因中国拒签对德《凡尔赛和约》，未能落实；中国也未加入协约国对德赔偿委员会。中德遂单独谈判，于 1921 年 5 月 20 日签订《中德协约》，德国为取回被收管德侨财产，以便重返中国市场，在约中对中国做出种种让步，除外交上完全平等，并同意支付中国战事赔偿。由于《中德协约》"仅具通好大纲，为后日定一平等相互各大原则之基础，故条文从简"，③ 留下战事赔偿及正式商约谈判两个问题，待日后解决。正式

---

① 《申报》1924 年 7 月 13 日，第 7 版；11 日，第 6 版。

② Macleay to FO, 26 Aug. 1924, FO371/10232 ［F2911/6/10］.

③ 外交部对农商部签注之说明，见《中德协约案——各机关签注及外交部说明》，《外交部档案》：缩影 147，第 383 页。

通商条约后来一直没有谈成，^① 战事赔偿问题则经三年谈判，终于在 1924 年 6 月 6 日、7 日，以中德互换《解决中德战事赔偿与债务办法》等三换文解决。

1924 年中德换文，是 1921 年《中德协约》的补充，解决了中德间自宣战以来的财务问题，其根本性质在赎回德产。北京政府因手中握有大批收管的德产，自始即以清理德产为要挟，迫使德国一再让步。在谈判过程中，北京政府虽降低赔款总数，但争取到由德国政府清理中国政府欠德商之债务，极大地减少了中国之债务负担；此外还取得部分现金收入，北京政府相当满意。德国不愿付《凡尔赛和约》之赔款，对协约国赔偿委员会消极抵制；对未签和约的中国却不顾阻力愿意支付战事赔偿，主要原因即在赎回在华德产，并使德华银行复业，早日恢复在华商务，有其正面意义。整体而论，《中德协约》不仅是近代中国第一个平等新约，而且是第一个，也是唯一的，对外以战胜国身份取得战事赔偿，在中国外交史上有其重大意义。^②

然而，这个得来不易的"战事赔偿"一直未受国人注意，在外交史中长期被忽略。过去台海两岸对北洋时期中德关系的研究，忽略了 1921～1924 年战事赔偿谈判及换文。究其原因，可能与当时为规避协约国赔款委员会的干预，中德双方都刻意采取低姿态，避免用战争赔款名义有关。而此案解决之时，正逢《中俄协定》《奉俄协定》签字，国人注意力未集于此；此案又常与金法郎案相提并论，重要性常为金案所掩。加以此案以"德发债票"名义解决，引发激烈政争，取

---

① 北洋政府时期双方一直未谈判正式商约。南京国民政府曾于 1928 年 8 月 17 日与德国签订《中德关税条约》，第 2 条即规定："两缔约国应于最短期内，由以完全均一及平等待遇之原则为基础，开议商订通商及航海条约"。但后来也一直未谈成。参见 1928 年 10 月条约委员会所拟《中德通商航行条约草案》22 条，《中德修约案》，《外交部档案》：缩影 147，第 424～446 页。

② 第二次世界大战后，台海两岸先后对日放弃战争赔偿要求，使德国赔偿成为至今中国唯一对外取得之战争赔款。

款过程一波三折，兼之得款又虚掷于军阀内战，在在都减低了时人对此案的注意与评价。后人又因对北洋外交的误解，忽略了当时中国争取国权的努力与成果。

本节研究可帮助学界重新思考中国参战问题。就中国参战之财政层面而言，中国未实质出兵，却能取得德国战事赔偿，可谓付出少而收获大。战前德国在华拥有庞大资产，德国人持有大笔中国政府债票，中国政府尚欠德国商社大笔债务。财政部认为依 1924 年换文安排，中国所得赔偿总数约 8400 万元；此外宣战期间，中国所捕获之德国船只，均作为战利品，不予发还或赔偿；收回天津、汉口德国租界；德国部分庚子赔款，不再支付。该项庚子赔款，连同船只估价、租界代价及此次所得赔款，共合约 2.5 亿元之多。"参战而后，未发一兵，未遣一夫，得此巨数赔偿，不可谓非意外。"① 当时民间多批评赔款总数太少，且秘密交涉疑点丛丛，批准程序有瑕疵；但以中国对欧战之贡献而言，所得远超过支出。较之于战时损失惨重的法、比等国，战后多方胁迫尚不能从德国多得现金；中国参战有名无实，却能得相当之收获，难怪让各国眼红，受多方阻挠。由此一角度看，参战对中国内政方面固然有不良影响，但就外交及财政而言，实有不容忽视的收获。

整体而言，中德双方对《凡尔赛和约》都不满，中国以未签和约而得以单独与德议约，并规避赔偿委员会得到战事赔偿，实为意外之收获。巴黎和会之中国外交虽因山东交涉失利，被时人称为"外交失败"，但由整个宣战到赔偿换文过程看，北京政府实际上享受了《凡尔赛和约》中对中国有利的条款，避免了不利的条款（因拒签和约不受山东条款拘束，后来得以在华盛顿会议时解决），并在与德单独交

---

① 《财政部交通部关于中德战事赔偿及债务问题提交国务会议议案稿》（1924 年 6 月 3 日），《民国外债档案史料》第 1 卷，第 277～279 页。德方则称整体损失，包括赔偿、财产损失及私人债权，至少在 1.25 亿元。见 Glaim, p. 127。

涉中，取得和约中未有的好处（德国战事赔偿，若中国签和约加入赔偿委员会，必定得不到赔偿）。由这个角度看，中国在巴黎和会之所谓"外交失败"，有其因祸得福之处。

第三节 《中奥商约》的谈判与签订

德、奥同为欧战之战败国，中国因加入协约国阵营对德、奥宣战，得以废除旧约，战后以战胜国身份参与巴黎和会，提出《德奥和约中应列条件》说帖。对德因山东问题，中国拒签和约，日后以中德单独订约解决。但《中德协约》是通好条约，着重解决政治问题，对于通商条款部分，只定出原则，细节条款留诸日后。对奥《圣日耳曼和约》则顺利签署，在中国表示不愿恢复旧约后，两国以无约国基于平等立场谈判成新约。1925 年 10 月 19 日，《中奥通商条约》在维也纳签订。此约为正式商约，对通商事宜规范详备，被誉为中外订约以来最平等详备者，成为日后中外商订新约之范例，唯至今学界对于此约研究甚少。① 此约展现了北京外交部对"平等条约"的看法，在中国修约史上有其重要性。

一 中奥订约经过

奥匈帝国与清政府于同治八年（1869）七月二十五日在天津签订《中奥通商条约》45 款，十年十月十五日在上海互换。该约内容与西方各国条约大体相同，是典型的"不平等条约"。

1917 年 8 月 14 日，中国对德、奥宣战，废止德、奥条约。战后奥国由大帝国成为小国，新成立捷克、匈牙利等国。1919 年巴黎和

① 仅见廖敏淑《第一个平等新约——一九二五年中奥通商商约之初步研究》，（台中）《中兴史学》第 3 期，1997 年 5 月，第 111~136 页。

会，中国于 3 月 8 日对大会提出《德奥和约中应列条件》说帖，对奥条件要旨为：（1）中奥两国间之条约，因战事而废止；（2）以后新订通商修好条约，应以中奥平等交换之原则为根据，奥国舍弃最惠国之待遇；（3）奥国脱离《辛丑和约》；（4）奥国割让其在中国境内之官产；（5）赔偿中国人民之损失；（6）保留要索战事赔偿之权利；（7）缴还战俘收容及养赡之费用；（8）担任将海牙所订万国禁烟公约画押批准。[①]

其间，意大利要求继承天津奥租界，中国婉拒之。当和会讨论对奥和约时，奥国曾提出对案，要求：（1）对奥赔款，仍应照付；（2）天津奥租界，或其他中国境内之奥国公产，由中国备价收回；（3）奥国人民在中国，仍享有最惠国待遇；（4）奥国人民在中国之动产不动产，应加保全，或予以赔偿；（5）奥国人民被遣送，奥船被没收，应否给予赔款，将来与中国直接商定。经中国代表严词驳斥，仍维持和会原提草案。[②]

中国对德因山东问题，拒在《凡尔赛和约》上签字，对奥《圣日耳曼和约》则于 1919 年 9 月 10 日签字，其中第 113～117 五款采纳中国意见。中国结束与奥国战争状态，收回奥国在华特殊权利，并得以加入国际联盟，摆脱拒签德约后的孤立状态。顾维钧请尽速批准对奥和约，以便早日加入国际联盟，1920 年 1 月 24 日电北京，云："联盟会既已成立，大会之期当不远，我国未签德约，入会资格首凭奥约……宜及早提交国会批准。"外交部复电："奥约正值两院闭会，提交批准恐尚需时日。"[③] 6 月 18 日，终于批准奥约。7 月 16 日，各国在巴黎法外部举行正式存储奥约批准文件礼，驻比公使魏宸组代表中

---

① 《秘笈录存》，第 112 页。

② 陆征祥：《参与欧洲和平大会分类报告》（八），外交档案：03 - 12 - 008 - 04 - 022；另参见钱泰《中国不平等条约之缘起及其废除之经过》，第 125 页。

③ 《收法京顾专使 24 日电》（1920 年 1 月 27 日）、《发法京顾专使电》（1920 年 2 月 17 日），外交档案：03 - 23 - 047 - 01 - 002、004。

国参加，中国正式成为国际联盟创始会员国之一。

《圣日耳曼和约》第 241 条规定：该约实行 6 个月内，协约国可要求恢复与旧奥匈所订条约。外交部和约研究会主张：中奥旧约为我国片面的义务，于我国毫无利益，中奥宣战，所有中奥条约业经宣言废止，实为我国改订条约之唯一机会，当然不通告恢复旧约。[①] 于是中奥之间旧约废除，两国遂处于无约状态。中奥自 1921 年 9 月正式接触，谈判新约，到 1925 年 10 月才签约，主要因为双方都内外多事，而中国又坚持平等相互原则，导致费时 4 年才大功告成。

1921 年 5 月《中德协约》签署，9 月奥国主动请求订约，6 日驻奥公使黄荣良电北京外交部，称："奥外部正式派员来馆，声称中奥商约本国政府深愿早日商订，惟现在敝政府财政困难，派员赴中国实力有所未逮，切盼就地与贵公使商订，如贵政府能表同意，本国政府拟派商务司长为议约专员。"外交部指示："中奥商约事可即在奥京就近商订，请由尊处根据平等相互主义拟具约稿送部审查核定，奥政府有无意见亦可与彼接洽。"[②] 15 日，黄使往晤奥外部，表达奉命可在奥京议商约，奥外部表示：此次商约既为敝国政府暨商民所切望，则磋议条款时，但能迁就者，敝国政府无不勉力迁就；双方议定在中国使馆议约。黄使乃拟具约稿，"大体条款，本诸中德协约声明文件，参酌中奥情形，凡利益所在，尽力图之，弊害所在，尽力剔之，一俟商有端倪，即将草稿送请鉴核"。[③]

然而奥国内外多事。25 日，黄使报告：奥国外部因事繁，中奥商约尚难即日开议，建议此次商约既为彼方所提议，在我自不必过事催

---

① 《收和约研究会函》(1921 年 1 月 28 日)、《发英艾使照会——中奥间并无应行复活之双方条约》(1921 年 2 月 1 日)，外交档案：03-23-048-01-002、003。

② 《收驻奥黄（荣良）公使 6 日电》(1921 年 9 月 7 日)、《电驻奥黄公使》(1921 年 9 月 9 日)，外交档案：03-23-048-03-003、004。

③ 《收驻奥黄公使 10 月 18 日咨》(1921 年 12 月 14 日)，外交档案：03-23-048-03-008。

促，转有失势之嫌。此外，约稿虽已拟就，但恐有遗漏，请外交部提供约稿以资遵循。①

1922 年 5 月 6 日，外交部电黄使："本部现拟中奥商约草案，惟未悉协商参战各国于批准圣日耳曼条约后，与订商约者共有几国？内容若何？希先撮要电部，并另觅寄印本为盼。"黄使复电：捷克、罗马尼亚、南斯拉夫已与奥国订立商约。另有法、意、波兰三国正与奥协议商约；英、比、日本以按照《圣日耳曼和约》有优惠权，故无与奥协订商约之必要。而奥外部派员来馆，声称深盼早日订定中奥商约，面交节略 9 节，欲参酌《中德协约》，其中第 6 节要求进出口关税之最惠国待遇。黄使再催外交部速寄中奥商约草案，以便与奥国商议。②

10 月 13 日，外交部寄送商约草案 22 条及《答复奥国政府节略》，称：深愿以尊重主权平等相互之原则缔立商约，因此项原则为中国订立新约之精神。唯关于进出货税若依据最惠国条款办理，仍不免有涉及协定税则之嫌，殊难照允。其他最惠条款，现与各国订立新约均未允许，故亦不能独许奥国。另逐条回复，训令黄使尽速与奥国商议。12 月 14 日，黄使电称："约稿收到，本日与奥外交总长接洽，日内正式开议。"③

11 月 17 日，农商部询问：奥国商约是否已在商订中，上海中华国货维持会请于订约时务达国定税则目的。24 日，外交部咨复："查吾国现与他国缔结新约，皆取平等相互主义，凡旧约积弊，如协定税

---

① 《收驻奥使馆 10 月 25 日函》（1921 年 12 月 27 日），外交档案：03 - 23 - 048 - 03 - 009。

② 《电驻奥黄公使》（1922 年 5 月 6 日）、《收驻奥黄公使电》（1922 年 5 月 13 日）、《收驻奥黄公使 5 月 12 日函》（1922 年 6 月 24 日），外交档案：03 - 23 - 048 - 03 - 011、012、014。

③ 《函驻奥黄公使》（1922 年 10 月 13 日）、《收驻奥黄公使 14 日电》（1922 年 12 月 15 日），外交档案：03 - 23 - 048 - 03 - 017、006。

则及领事裁判权、最惠国条款等项，均拟概予剔除，以维主权。此次与奥订立商约，亦仍依此宗旨接洽商订。"① 北京外交部议约宗旨，于此明白显示。

黄荣良送交中方约稿后，屡次催询，奥方每称事关约章，应俟各相关机关分别研究妥协，方能磋议，拖了一年。直至 1923 年 12 月 11 日奥国始送约稿，并请改在奥外部会议。又因负责议约之通商司司长徐纳（Schuler）赴罗马尼亚议约，耽搁时日，至 1924 年 1 月 25 日始开第一次会，双方逐条辩驳。2 月 1 日，奥方来函声叙修改各条，并附节略一件，换文一通，约 11 日再议。黄使逐条力驳，奥方允酌量再改。9 日又来函声叙，争议焦点在于领事待遇及关税。4 月 3 日，第三次会议，仍多争执。中旬，黄使两次派员催询，该司长称现商部暨本部公法股正在讨论，容当订期协议。4 月底，黄使向北京报告：议约三次已有端倪，但奥方坚持关税、领事待遇不愿照中国约稿要求，每次会议时，皆坚持甚力。赔偿问题，一再声称现奥国不过前奥匈帝国之一小部，赔偿义务只能照比例负担一部分；且欧战期间奥人在中国之财产为英、法所没收者，当同时谋求解决等语。黄使归纳云："窥彼方意旨，对于以上各争点，明知在我因利害关系太重，不肯放松；在彼畏国会攻击，国民责难，亦不能让步。"② 在另一电中，黄使总结交涉结果云："查中奥关系极少，此间无一华商，我方似不应稍事迁就，致将来与他国立约有所借口，彼以关税不能取得中德约中优点，现益冷视，预料此约不易图成。"③

5 月 6 日，外交部指示：

---

① 《农商部咨》（1922 年 11 月 17 日）、《咨复农商部》（1922 年 11 月 24 日），外交档案：03 - 23 - 048 - 03 - 018、019。

② 《收驻奥黄公使 4 月 30 日函》（1924 年 5 月 29 日），外交档案：03 - 23 - 049 - 01 - 005。

③ 《收驻奥黄公使 28 日电》（1924 年 4 月 29 日），外交档案：03 - 23 - 049 - 01 - 002。

关税及领事待遇等款，部拟草案均为近订新约主旨，势难迁就。奥政府去年在津设领，近复在沪设领，依国际惯例，非经约定本难接待，中政府为顾全友谊起见，特别通融照允。惟未订商约，领事职务及待遇均无根据，诸多未便，即希向奥政府声明催订商约，以期设领等问题得早解决。①

9日，黄使复电：遵部旨访奥外部切实谈判，据称未立约先派领事本多不便，唯奥国年来筹划生计，未遑兼顾，并非轻视中奥商业，当饬主管机关赶速办理。②

5月中旬，黄使与奥司长第四次议约，初时奥方尚持异议，后来完全容纳中国意见，黄使提出其他原稿未载者，彼亦允照办。谈判似很顺利，但会后又迁延多日，奥方之约稿犹未能送交。黄使催询后，奥方表示对财产问题不能依《中德协约》以赔款作开议之代价。黄使遂建议外交部，财产及赔偿问题需要考虑：（1）奥国空虚，各国未要求赔款，多保留25年再议；（2）国联会议决定贷款并派专家整理奥国财政；（3）事涉英、法；（4）欧战以后，各国竞争实业商务，东欧各国多渴望与中国立约通商，但原奥匈帝国分出各国赔偿分担处理棘手；（5）《中德协约》以有交换条件而获得赔款等费，此次中奥商约以尊重主权为主旨，以平等相互利益为原则，正约之外并无换文。但是中奥商约若暂置财产问题于不议，不知内情者，将不免责难，请外交部指示应如何处理。③

7月22日，外交部分函司法、财政、农商各部，希就主管事项，

---

① 《电驻奥黄公使》（1924年5月6日），外交档案：03-23-049-01-003。

② 《收驻奥黄公使9日电》（1924年5月10日），外交档案：03-23-049-01-004。

③ 《驻奥黄公使函》（1924年7月14日），外交档案：03-23-049-01-008；亦见《驻奥公使馆陈述关于中奥商约交涉中财产赔款等问题意见致外交部公函》（1924年7月14日），《资料汇编》第3辑外交，第1055～1056页。

尤其是奥外部所提修改之司法裁判、财产问题、商标问题等，签注意见。24 日，又函财政部，希对财产问题迅予核复。①

8 月 5 日，黄使函告，奥方送最后会议约稿，甚望中政府照此予以同意。黄使认为：此次磋议中奥商约，会议次数不多，争议颇为困难；其最重要之点为领事裁判权允认取消，关税税则各依国内法规定，领事待遇遵照国际公法，会审公堂案件不援德约要求，商标问题遵守我国商标法，并在商标局挂号。是大体皆与我国近年与他国立约主旨相同，似可照稿订立。② 黄使又致函次长沈瑞麟，称：鄙见所及，若财产问题与商约同时磋商，不仅该问题不易解决，且商约恐亦不能订定。建议将财产问题待日后分别办理。③ 外交部接函后，9 月 5 日函催财、农、法三部：前函迄未准复，复接奥外部修正约稿，此次修正约稿大致尚属妥协，且未涉及财政问题，如贵部别无意见，即拟由本部函达黄公使签订。④

当时北京政局正因中德战事赔偿换文闹得满城风雨，总理孙宝琦下台，各省疆吏争夺德款。8 月 23 日，驻洛阳之直鲁豫巡阅副使吴佩孚询问外长顾维钧中奥商约问题。外交部复函称：此次中国与奥国订约，完全系普通商约性质，并未涉及财政问题，与奥款合同无关。⑤

9 月 15 日，司法部复函，无何重大意见。⑥ 23 日，财政部复函，分别对奥约草案及黄使所提财产问题签注详细意见，表示赔偿军费可

① 《函司法、财政、农商部》（1924 年 7 月 22 日）、《函财政部——中奥商约事》（1924 年 7 月 24 日），外交档案：03 - 23 - 049 - 01 - 009、010。

② 《收驻奥黄公使 8 月 5 日函》（1924 年 8 月 25 日），外交档案：03 - 23 - 049 - 01 - 013。

③ 《收驻奥黄公使致次长函》（1924 年 9 月 19 日），外交档案：03 - 23 - 049 - 01 - 019。

④ 《函财、农、法部》（1924 年 9 月 5 日），外交档案：03 - 23 - 049 - 01 - 014。

⑤ 《洛阳巡阅使署薛撼岳致顾总长函照译》（1924 年 8 月 24 日）、《函薛撼岳先生》（1924 年 9 月 16 日），外交档案：03 - 23 - 049 - 01 - 012、016。

⑥ 《司法部函》（1924 年 9 月 15 日），外交档案：03 - 23 - 049 - 01 - 017。

与协约国一致，俟25年再议，但对欧战期间代垫救济及保护遣送奥侨款项，及驱逐舰船款两案，仍请据理力争。① 24 日，农商部复函，认为约稿大致妥协，唯对税则平等及商标注册等问题，请外交部再酌核办理。② 外交部汇整各部意见后，29 日拟《中奥订约议案》，就财政部要求将英、荷及我国代垫救济遣送奥侨费用，共 629622 元及交还奥船厂承建驱逐舰订金英金 2.6 万镑，提出阁议。议案称："拟即致电黄公使，商令奥政府即行偿付；如彼坚持前议，仍加延宕，拟与彼商订换文，令其承认赔偿之原则，及其应担之部分，至没收奥厂定价，亦一并定期付还。"10 月 21 日，国务院函告：国务会议议决照办。③

至此，中奥对于商约内容歧见已大致消除，中国对赔偿军费允许缓议，对收容遣送奥侨费用及驱逐舰定金两案，同意搁置，以换文方式由奥国原则上承认即可。11 月 10 日，外交部电令黄荣良照阁议决议办理，"如彼允许，即呈派全权照签商约"。④ 此时，黄使请假三个月回国省视，外交部指示：奥约已议妥，望将该约签订后再行回国。⑤ 黄使随即往晤奥外部磋商，得悉奥国内阁将总辞，偿还各款须先商各继承国分担，再交内阁国会解决，预料非三个月内所能竣事，于是决定先回国，然后尽快回任，不致耽误奥约签订。⑥ 外交部复：可即先行回国，至赔偿一节，如不能偿还现款，部意先

① 《财政部函》两件（1924 年 9 月 24 日），外交档案：03－23－049－01－018、020。中国海军部向奥国地亚士洋行转向士地俾劳勉图厂订造驱逐舰一艘，已付定价英金 2.6 万镑，欧战爆发后被奥国陆军部没收，战后该船归属意大利，中方要求奥国政府向该船厂索回中国损失或赔偿之。奥国政府认为已付款于船厂购买该舰，应由中国直接与该船厂接洽。

② 《农商部咨》（1924 年 9 月 24 日），外交档案：03－23－049－02－002。

③ 《中奥订约议案》（1924 年 9 月 29 日拟）、《国务院函》（1924 年 10 月 21 日），外交档案：03－23－049－02－003、004。

④ 《电驻奥黄公使》（1924 年 11 月 10 日），外交档案：03－23－049－02－005。

⑤ 《电驻奥黄公使》（1924 年 11 月 19 日），外交档案：03－23－049－02－007。

⑥ 《收驻奥黄公使 19 日电》（1924 年 11 月 20 日），外交档案：03－23－049－02－008。

行换文承认偿还原则,及声明担任将来各继承国协定后奥国应担之部分,亦可通融。① 25 日,黄使再与奥司长晤谈。12 月 3 日,奥外部复函,遣送费应有详细清单,驱逐舰订金应与船厂交涉。② 黄使随即返国。

1925 年 1 月,奥国驻天津总领事包尔(Paul Bauer)访北京外交部,称奉奥政府命,询问中国政府对于中奥商约尚有何项条件方能签订。外交部告以若赔偿与船费两事双方商定换文,即可签约。包尔请求将换文底稿抄给一份。外交部与内政、财政两部商拟换文底稿,寄驻奥使馆转交奥外部,另命驻意公使唐在复与船厂交涉。③ 5 月,唐使报告意大利船厂以收到金额与中国所说不同,只愿照收到金额 60% 退还中国,唐使要求加付利息。④ 6 月 30 日,外交部指示:财政部表示要付利息交货,或如数退款,仍应付利息及赔偿未履约损失,以英镑计价。⑤ 双方继续交涉。

3 月 26 日,黄使离华返任,携外交部修订约稿及换文三件。4 月 15 日,抵维也纳,即与奥外部麻达雅(Mataja)接洽,准备开议中奥商约。⑥ 21 日,第一次会议,对于中方修订约文,奥外部完全同意;对于遣送垫款问题,奥方认为遣返费用各国均已取消,而中国遣送之中实系奥国国籍者,为数寥寥,认偿亦无几,同意外交部所拟之换文,但对时间做限定。5 月 12 日,开第二次会,讨论驱逐舰问题,奥方表示已付款于船厂购舰,何能再负偿还之责,中国应与船厂交涉,船厂现属意大利。双方再三争辩,最后奥外部声称为促商约早日签订

---

① 《电驻奥黄公使》(1924 年 11 月 23 日),外交档案:03 - 23 - 049 - 02 - 009。

② 《收驻奥使馆函》(1924 年 12 月 27 日),外交档案:03 - 23 - 049 - 02 - 013。

③ 《致驻奥黄公使函》(1925 年 1 月 23 日)、《收驻义唐公使 1 月 31 日电》(1925 年 2 月 1 日),外交档案:03 - 23 - 049 - 02 - 018、019。

④ 《收驻义使馆 5 月 10 日函》(1925 年 6 月 1 日),外交档案:03 - 23 - 050 - 02 - 001。

⑤ 《函驻义唐公使》(1925 年 6 月 30 日),外交档案:03 - 23 - 050 - 02 - 009。

⑥ 《收驻奥黄公使咨陈》(1925 年 5 月 11 日),外交档案:03 - 23 - 050 - 01 - 018。

起见，允用中国外交部所拟第二换文解决。①

27 日，外交部指示：驱逐舰事，彼允用部拟第二换文，可即照办；唯关于奥侨费用，中国垫付者多在 1918 年 10 月以前，不宜再加限制，望再与奥外部磋商，以便早日签订商约。② 6 月 2 日，双方再议，奥方以奥地利于 1918 年 10 月 31 日正式成立，以前奥匈债务应由各国共担，故坚持加入年份限定。③ 双方继续讨论两件换文之文字，有关遣返奥侨费用换文，奥政府承认赔偿之原则及应负担之费用。有关军舰定价换文，声明订商约于该问题毫无影响，将来由双方同意解决。到 6 月 19 日，奥方已接受中方意见，剩下条约文字细节，继续磋商。④

7 月 15 日，奥外部将德文约稿送到，驻奥使馆 17 日寄北京。⑤ 8 月 2 日，外交部收到约稿，24 日拟妥议案，提出阁议。议案称："现在欧洲各国愿与吾国订约通商者，已有数起，顾以吾国所持主义上之关系，率多观望。前与俄、德所订各约，亦仅属协定大纲。此次中奥商约，规定详密，如能早日订定，树之风声，于订约前途不无裨益。" 9 月 3 日，阁议通过。

奥国则于 7 月 17 日阁议通过约稿，至此双方均认可约文，外交部令黄使与奥政府接洽签订日期。⑥ 9 月 8 日，黄使复电：奥政府拟简派总理或外交总长为签约全权代表，现均在日内瓦开会，俟回奥后即可签约；并询问德文约稿是否已核准。10 日，外交部复电：德文约

---

① 《收驻奥黄公使 14 日电》（1925 年 5 月 15 日）、《收驻奥黄公使 5 月 18 日函》（1925 年 6 月 8 日），外交档案：03－23－050－01－019、02－003。
② 《电驻奥黄公使》（1925 年 5 月 27 日），外交档案：03－23－050－01－020。
③ 《收驻奥使馆 6 月 10 日函》（1925 年 6 月 29 日），外交档案：03－23－050－02－010。
④ 《收驻奥黄公使 22 日电》（1925 年 6 月 23 日）、《电驻奥黄公使》（1925 年 6 月 26 日）、《电驻奥黄公使》（1925 年 7 月 15 日），外交档案：03－23－050－02－006、008、012。
⑤ 《收驻奥黄公使 17 日电》（1925 年 7 月 18 日）、《收驻奥黄公使 7 月 17 日函》（1925 年 8 月 2 日），外交档案：03－23－050－02－013、015。
⑥ 《电驻奥黄公使》（1925 年 9 月 5 日），外交档案：03－23－051－01－001。

稿尚属妥善，希即照缮。① 11 日，外交部奉执政指令：委派黄荣良为全权代表签订中奥商约。15 日，电告黄使。② 奥国外交部要求签约全权证书须经执政签字，届时互换校阅，请转呈速发，以便照签。外交部遂请执政在全权证书上署名盖章，24 日寄往奥国。③

10 月 19 日，《中奥通商条约》在维也纳签署。④ 23 日，外交部电黄使："中奥商约为中外缔约以来最平等详备之条约，经执事商妥签订，深为嘉慰；希即将签字约本从速寄部，以便缮写约本呈请批准。"⑤ 11 月 16 日，外交部电黄使：奥约可照德约办理，俟签字约本寄到，即照缮呈请批准，嘱黄使与奥外部接洽，从速批准，以便早日互换。⑥

1926 年 1 月 25 日，临时执政段祺瑞批准奥约。⑦ 27 日，外交部电黄使："奉明令，特派黄荣良为互换中奥通商条约全权代表。约本不日交寄，希先向奥政府接洽，以便早日互换。"⑧ 3 月 4 日，奥国批准该约。⑨ 27 日，黄使函告：约本尚未收到。⑩

4 月 30 日，外交部电黄使：中奥约本交新任驻葡公使王廷璋带欧，因交通阻滞，至 4 月 23 日方起程，约本将送至驻德使馆，请

---

① 《收驻奥黄公使 8 日电》（1925 年 9 月 8 日）、《电驻奥黄公使》（1925 年 9 月 10 日），外交档案：03 - 23 - 051 - 01 - 002、003。

② 《电驻奥黄公使》（1925 年 9 月 15 日），外交档案：03 - 23 - 051 - 01 - 006。

③ 《收驻奥黄公使 15 日电》（1925 年 9 月 16 日）、《电驻奥黄公使》（1925 年 9 月 22 日）、《发驻奥黄公使电》（1925 年 10 月 3 日），外交档案：03 - 23 - 051 - 01 - 004、007、010。

④ 《收驻奥黄公使 19 日电》（1925 年 10 月 20 日），外交档案：03 - 23 - 051 - 01 - 014。该约全文，见王铁崖编《中外旧约章汇编》第 3 册，第 570～574 页。

⑤ 《发驻奥黄公使电》（1925 年 10 月 23 日），外交档案：03 - 23 - 051 - 01 - 015。

⑥ 《驻奥使馆 11 月 18 日函》（1925 年 12 月 25 日），外交档案：03 - 23 - 051 - 02 - 002。

⑦ 《电驻奥黄公使》（1926 年 1 月 27 日），外交档案：03 - 23 - 051 - 02 - 010。

⑧ 《电驻奥黄公使》（1926 年 1 月 27 日），外交档案：03 - 23 - 051 - 02 - 009。

⑨ Viscount Chilston（Vienna），14 July 1926，FO371/11691［F2898/2898/10］。

⑩ 《驻奥使馆 3 月 27 日函》（1926 年 4 月 19 日），外交档案：03 - 23 - 051 - 02 - 016。

黄使派员往取。① 6 月 11 日，黄使电：奥约批准本已到。15 日，中奥双方换约。② 三个月后即发生效力，7 月 10 日《政府公报》刊出此约。

二　各方对中奥商约之评论

此约之签订在五卅与关税特别会议召开之间，其时"革命外交"兴起，舆论鼓吹"废除不平等条约"，加以中奥关系并不密切，此约之签订未受国人之注意。然此约在北洋修约史中很重要，是北伐前后订约重要的先例。

北京外交部自认为《中奥通商条约》为中外缔约以来最平等详备之条约。自 1919 年中国坚持平等订约原则以来，各国率多观望，签订之《中德协约》《中俄协定》，仅属原则大纲，内容简略，寥寥数条。此次《中奥通商条约》21 款，规定详密，将《中德协约》之原则，进一步具体落实，成为日后中国与各国议定新约之先例与蓝本。1926 年 9 月，国际联盟第七届大会在日内瓦召开，适逢《中奥通商条约》生效，中国代表朱兆莘即在大会中演说：中国久受不平等条约之害，切望旧约已满期或将满期者，重加修正，悉以中奥新约为标准。③孟森在《申报》评论 1926 年中国外交时，亦云："其间有订成较为平等之一国条约，则为中奥通商之约"。④

综观《中奥通商条约》，条文确实体现了中国坚持的平等相互原

---

① 《电驻奥黄公使》（1926 年 4 月 30 日），外交档案：03 - 23 - 051 - 02 - 017。

② 《收驻奥黄公使 11 日电》（1926 年 6 月 12 日）、《收驻奥黄公使 15 日电》（1926 年 6 月 16 日），外交档案：03 - 23 - 051 - 01 - 018、020。

③ 《收国联代表处 10 月 9 日公函》（1926 年 12 月 15 日），外交档案：03 - 33 - 038 - 01 - 015；《参与国际联合会第七届大会总报告》，《外交公报》第 71 期，1927 年 5 月，第（专件）13～14 页；唐启华：《北京政府与国际联盟（1919～1928）》，第 108～109 页。

④ 孟森（心史）：《一年间之外交》，《申报·国庆纪念增刊》1926 年 10 月 10 日，第 24 版。

则，中国对奥国赔偿军费问题，未多做坚持；对遣返奥侨费用及驱逐舰定价两案，同意暂时搁置，以换文得奥国承认日后磋商。在关税、法权及最惠国方面，则自始坚持，终得奥国让步。唯在关税税则方面，稍有模糊空间。[①]

1926 年 8 月 3 日，驻比公使王景岐函外交部，云：收到《中奥通商条约》，所订各节甚当，至以为庆。但有效时间定为十年，似嫌过长。盖近来各国经济变迁，一日千里，至难预料，建议嗣后与各国订立商约，如能不预定有效时间，仅订一方如欲废约时，得于事前若干个月预先知照，如此则我国得体察本国经济状况，因时修改，似较有伸缩之余地。否则即定有效时间，亦务求缩短为便。[②] 9 月 2 日，外交部复函："查国际联合会公布各国登记之新订各约，大都取短期主义，此项办法较为灵敏，本部近年拟定各新约草案，多以五年为修约期限，正与贵使所见相同。"[③]

外国之评论方面，美国外交史家波赖称《中奥商约》是北京政府修约的第一项新条约，在法权、关税等方面都平等。[④] 英国外交部密切考察《中奥通商条约》，远东司某司员认为它"很有意思也很重要，它显示了中国对什么是'平等条约'的概念。它完全互惠，除了对雇用律师之条款"。[⑤] 另一司员逐条评论后，总评之："此约相当完整地扩充了《中德协约》包含的原则……整个条约是在互惠的基础上，奥

---

① 1928 年 3 月，北京外交部与波兰商议订约时，关税事项照奥约第 8 款草拟。该款第二段："凡此缔约国所产之未制或已制各货物输入彼缔约国时，应互相享受平等之待遇。"外交部内部讨论该款时，条约司司长钱泰指出："字句较为含混，因彼时奥国要求最惠国条款，我国未允，后经黄公使与奥方往返磋商，成此条文，在奥国视之，以为此系最惠国条款之变相，惟在我方视之，不过一种通常条文。"见条约研究会第 45 次会，1928 年 3 月 8 日，《前外交部条约研究会会议录》，《外交部档案》：缩影05000－143，第 1719 页。

② 《收驻比使馆 8 月 3 日函》（1926 年 8 月 21 日），外交档案：03－23－052－01－001。

③ 《函驻比王公使》（1926 年 9 月 2 日），外交档案：03－23－052－01－003。

④ 波赖：《最近中国外交关系》，第 242～243 页。

⑤ Gwatkin's minute, 3 Aug., on Viscount Chilston (Vienna) to FO, 14 July 1926, FO371/11691 [F2898/2898/10].

国虽放弃治外法权，但得如下之保障：第四款允许在诉讼中用外国律师；第七款免除兵役；第十款保护生病者之财产；第十二款保障商业企业；第十三款保障航运。"[1] 英国驻北京使馆代办欧玛利（Owen O' Malley）与波兰代表论及《中奥通商条约》时，云："该约追随《中德协约》的主线而有些增加，德、奥完全将其国民民刑案件交中国新式法庭。德奥约有一点不同，德国人只能用德国律师，奥人可用奥国及他国律师。"[2]

《中奥通商条约》谈判期间，正是北洋修约的重要发展阶段，《中德协约》《中俄协定》相继签订，北京外交部坚持收回国权，平等相互订约原则，毅力进行。此约在五卅惨案之后不久签订，增强了中国对外订约之地位，并成为此后北京与各国平等订约之蓝本。

---

[1] W. Stark Toller 's minute, 3 Aug. , on Viscount Chilston (Vienna) to FO, 14 July 1926, FO371/11691〔F2898/2898/10〕.

[2] O'Malley to FO, 29 July 1926, FO371/11691〔F3320/2898/10〕.

第五章

废除《中日民四条约》交涉

北洋时期最恶名昭彰的"不平等条约",就是《中日民四条约》(即一般所谓"二十一条")。该约自谈判到签署后,中国朝野始终反对,用各种方法抵制,并不断在国际会议上要求废止,日本则坚持在满蒙之条约权益,双方冲突不断。此案在北洋修约的观念及实务发展历程中,占了十分重要的地位。然而,"二十一条"交涉,自始迄今一直被赋予浓厚之政治意味,长期以来被塑造成政治神话,许多宣传积非成是,众口铄金,至今在海峡两岸仍未能进入纯粹学术研究的范畴。

本章首先厘清一些多年来以讹传讹、积非成是的史实,诸如"二十一条"名称、"二十一条"内容与意涵、"二十一条"神话与袁世凯卖国称帝等。其次探讨中国朝野对该约之抵制与主张废止之国内法与国际法论点。最后探讨废除《中日民四条约》交涉与 1920 年代中国修约运动的关联性。①

---

① 近年之相关研究参见唐启华《中国废止〈中日民四条约〉之法理论点与修约运动的发展》,Seoul Conference on "Reconsideration of the so-called Korean Protectorate Treaty of Japan,1905",2007 年 8 月;唐启华《中国对"二十一条"的抵制:兼论外交史中的神话与史实》,黄宽重主编《基调与变奏:七到二十世纪的中国》(3),台北,政治大学历史学系,2008,第 333~350 页;吴翎君《1923 年北京政府废除〈中日民四条约〉之法理诉求》,(台北)《新史学》第 19 卷第 3 期,2008 年 9 月,第 157~186 页。

一　袁世凯与中日"二十一条"交涉

"二十一条"在中国早已成为日本侵华野心，企图将中国纳为保护国的象征，常被用以激发反日民族主义。此案又因伴随袁世凯为遂行帝制，以接受"二十一条"换取日本支持的说法，"帝国主义"与"窃国大盗"互相勾结，丧权辱国莫此为甚，数十年来，成为"反帝反军阀"宣传的铁证。然而，此种宣传与外交史实证研究成果相去甚远，实有重新思索与检讨的必要。

1914 年秋，日本利用欧战爆发，以英日同盟为由对德宣战，进攻胶州湾，并乘机对中国提出种种要求，欲借此一举解决中日间各悬案。1915 年 1 月 18 日，日本驻华公使日置益向中国政府提出"二十一条"要求。双方以此为基础，自 2 月 2 日开始谈判，经二十余次会议讨论，中国始终坚持以尊重中外成约、不损及中国领土主权完整、不违反门户开放与机会均等为原则进行谈判，对日本所提各款要求再三辩驳。日本乃于 4 月 17 日第 24 次会议后决定暂时中止谈判，20 日举行阁议，决定提出最后让步案，于双方争执最烈之第二号关于日人杂居权、土地所有权、农耕权、司法管辖权等均参酌中国意见而有所让步，日本优越地位亦予删除，第三号汉冶萍公司独占矿权一款亦予以撤回，第四号沿岸不割让同意由中国自行宣言，唯仍坚持东部内蒙古问题需另以其他方式约订，第五号除警察一款已经撤回外，其余六款亦坚持至少须采取以双方在议事录上签字约定的方式通过，此外亦提出归还胶澳具体办法，希望以此诱使中国接受修正案。日置益于 26 日第 25 次会议时，向外交总长陆征祥提交日本最后让步案 24 款，并提示归还胶澳办法，希望中国尽快接受。陆征祥详细阅读两遍后，仍针对东部内蒙古、汉冶萍公司以及第五号各款表示无法同意，仅承诺于 30 日提出答复。①

---

① 参见吕慎华《袁世凯政府与中日二十一条交涉》，硕士学位论文，台中，中兴大学，2000，第 96～103 页。

　　5月1日，中国提出新修正案，日本不满，决心提出最后通牒，经元老阁员会议、御前会议，决定将第五号要求除福建一款外悉数撤回，以此为日本政府最后立场。日置益于7日将最后通牒及附属说明书七款致送陆征祥，要求中国须于原则上完全接受4月26日日本最后修正案内容中第一至四号及第五号福建不割让条款，并限令于9日下午6时以前答复，否则将执行必要之手段；同时附加七款说明书，表示对于福建不割让、南满土地权、东部内蒙古事项以及汉冶萍公司等条文，可酌情采用中国5月1日修正案内容。袁世凯政府紧急商议后，认为日本已将最严苛之第五号各款保留，已非亡国条件，为避免开战，乃接受日本条件。

　　此后，双方即分别准备签约事宜，在条约文字内容上仍有不少折冲。最后，于1915年5月25日在北京外交部签署《中日民四条约》。6月8日，中国驻日公使陆宗舆与日本外相加藤高明在东京换约。由"二十一条"原案与《中日民四条约》约文比较，可知中国完全接受者仅第一号总纲及第一款日本继承德国在山东权利一条，其余各款或由日本自行撤回，或改以换文方式约定，或将原案修正语气、限制范围。中国虽于南满、东蒙部分损失甚多，然迫使日本将于中国主权损害最重之第五号条文除福建一款外全数撤回，使中国损失相较于原案已尽可能减至最低程度。[1]

　　对袁世凯在"二十一条"交涉时的表现，有英国学者评价颇高，认为完全压倒日本外相加藤高明，戚世皓的研究也有相似看法。[2] 至于袁氏接受日本条件换取日本支持实行帝制之说，虽经革命党人不断宣扬，[3] 但

---

　　[1] "二十一条"原案及《中日民四条约》内容比较，参见吕慎华《袁世凯政府与中日二十一条交涉》，第117~127页。

　　[2] Peter Lowe, *Great Britain and Japan, 1911 - 1915*, London, Macmillan, 1969, p. 251; Madeleine Chi, *China Diplomacy, 1914 - 1918*, Cambridge Mass., Harvard Univ. Press, 1970, p. 60.

　　[3] 参见林明德《近代中日关系史》（台北，三民书局，1984，第91页）引用居正、游晦原、刘彦之说。

早有学者质疑之。[1] 更有学者指出袁氏施行帝制失败之主因，就是因为日本政府决心"倒袁"。[2]

中国学界对袁世凯外交与帝制的评价，有一个变化过程。最具代表性的，莫过于王芸生之《六十年来中国与日本》一书。王芸生在1933年该书第六卷，对袁世凯在"二十一条"交涉中的评价是："综观二十一条交涉之始末经过，今以事后之明论之，中国方面可谓错误甚少。若袁世凯之果决，陆征祥之磋磨，曹汝霖陆宗舆之机变，蔡廷幹顾维钧等之活动，皆前此历次对外交涉所少见者。"又称："及二十一条要求提出，中国政府乃聚精会神以应付。自兹以往，中国外交政策颇为正确，在技术上亦多可取之处。"[3] 蒋廷黻对该卷的书评中，亦称："关于二十一条的交涉，袁世凯、曹汝霖、陆宗舆诸人都是爱国者，并且在当时形势之下，他们的外交已做到尽头。"[4] 足见到1930年代，学界对袁世凯外交尚能公允待之。

但是随着党化教育的深化，国共两党不断丑化袁世凯，数十年来，袁氏"窃国大盗"的形象深入人心。王芸生同书之1980年新版及2005年之八卷本，对袁氏的评价就大不相同了。王芸生在新版中，对袁氏"二十一条"交涉之评价，改为："自欧战之起以迄青岛之陷，除陆宗舆迭电警告外，北京政府主政诸人直无知大祸之将临者，此殆过信'交换利益'之小术故也……民四条约签订之后，善后之筹议，亦颇精密……乃未几袁世凯竟帝制自为，隳国民方新之气，重启内乱

---

① 早年如王芸生《六十年来中国与日本》第6卷（大公报社，1933）就力辟此说。张忠绂《中华民国外交史》（重庆，正中书局，1943，第180~181页）也认为王芸生之说有道理。近人如戚世皓《袁世凯称帝前后（1914~1916）：日本、英国、美国档案之分析与利用》（《汉学研究》第7卷第2期，台北，1989年12月，第205~223页）就指出"二十一条"与洪宪帝制无确切关系。

② 张忠绂：《中华民国外交史》，第180页；林明德：《近代中日关系史》，第128页。

③ 王芸生：《六十年来中国与日本》第6卷，第398~400页。

④ 蒋廷黻：《民国初年之中日关系——〈六十年来中国与日本〉第六卷》，《大公报》1933年9月18日，第3版。

外侮之机，国事乃不堪问。袁世凯之所以为袁世凯，终以窃国大盗终其身也。"① 1930 年代以来，超过一甲子的政治宣传，使恶名昭彰的"二十一条"与袁世凯为称帝而卖国紧密联结。早年强调日本侵略中国，提出亡国之"二十一条要求"，并以最后通牒方式逼迫中国接受，即所谓"五七国耻"，逐渐为强调袁世凯为了实行帝制，屈服日本要求之所谓"五九国耻"所取代。②

二　所谓"二十一条"名称问题

到目前为止，学界及一般民众对中日"二十一条"交涉及所订条约之名称仍有许多误解。在中国，"二十一条"早已成为反帝废约运动的宣传重点，一般人常将日本提出的"二十一条要求"与交涉之后签订的《中日民四条约》混淆，常以为"二十一条"就是条约名称。对 1922 年华盛顿会议中，山东问题基本解决后，日本宣布放弃三条权利，剩下未解决的部分条约与换文，仍然统称为"二十一条"。到 1923 年北京国会议员仍是要求取消"二十一条"。所谓"二十一条"之定义到底如何？其间内容的变化如何？应先弄清楚。

严格来讲，"二十一条"指的是 1915 年 1 月 18 日，日本驻华公使向中华民国政府提出的日方要求。双方以此为基础，展开激烈交涉，到 5 月 9 日中国迫于情势，接受日方最后通牒，中日于 25 日在北

① 王芸生：《六十年来中国与日本》第 6 卷，生活·读书·新知三联书店，1980，第 309~310 页。

② 1915 年交涉后，各界通常以 5 月 7 日，即日本提出最后通牒之日为国耻。1919 年 5 月 20 日江苏教育会通告全省各学校，以每年 5 月 9 日，即袁世凯接受"二十一条"之日为国耻纪念日。此后，商界通常以 5 月 7 日为国耻日，学界通常取 5 月 9 日。北伐统一后，国民党中常会于 1930 年正式定 5 月 9 日为国定国耻纪念日。参见罗志田《救国抑救民？"二十一条"时期的反日运动与辛亥五四期间的社会思潮》，《乱世潜流：民族主义与民国政治》，上海古籍出版社，2001，第 74~76 页及第 103 页注43。有关近代中国对"二十一条"国耻的记忆与遗忘，可参见 Paul A. Cohen, *China Unbound: Evolving Perspectives on the Chinese Past*, London and New York, Routledge Curzon, 2003, Ch6-Remembering and Forgetting National Humiliation in Twentieth-century China。

京签署《关于山东省之条约》、《关于南满洲及东部内蒙古之条约》及 13 件换文。

当时北京政府外交部对该两条约及 13 件换文，使用之正式名称为《一九一五年五月二十五日中日两国政府所订之条约及换文》，[①] 简称《一九一五年中日协定》[②] 或《一九一五年中日条约及换文》[③]。日本称之为《大正四年日中条约及换文》。[④] 又有学者总称之为《中日北京条约》或《中日民四条约》。[⑤] 准此，严谨之学术用语，应为《民国四年（或一九一五年）五月二十五日缔结之中日条约及换文》，可简称为《中日民四条约及换文》《一九一五年中日条约及换文》，或可再简称为《一九一五年中日协定》、《中日民四条约》或《中日北京条约》等。本书使用《中日民四条约》，简称《民四条约》。

“二十一条”一词，充满政治宣传意味。长久以来中国朝野一直对“二十一条”要求与《中日民四条约》不加区分地混用，隐含日本对中国提出亡国要求，并以最后通牒逼迫中国接受，加以袁世凯为了称帝，签订此卖国条约，认为“二十一条”要求与《中日民四条约》同义。“二十一条”一词众口铄金、积非成是，在“国耻史”与北洋军阀“卖国史”上有不可动摇的重要地位。事实上，早在 1915 年中日交涉时，许多国人不明了交涉真相，常以“二十一条”指称《中日民四条约》，1919 年五四运动期间，即有“取消二十一款条约”

① 巴黎和会中国代表提出《请求废止一九一五年五月二十五日中日两国政府所订之条约及换文》（China's demand for the abrogation, by the Conference, of the Treaties and Notes concluded with Japan on May 25th, 1919）。见顾维钧编《参与国际联合会调查委员会中国代表处说帖》，商务印书馆，1932，第 10 页。
② 《废除一九一五年中日协定说帖》，《秘笈录存》，第 181 页。
③ 华会中国代表用语，见《参与国际联合会调查委员会中国代表处说帖》，第 10 页。
④ 1923 年日本照复用语，见外交档案：03-33-099-01-002。
⑤ 见王铁崖编《中外旧约章汇编》第 2 册，第 1114 页。

之标语,① 即使北京外交部也混用之, 早在 1919 年巴黎和会, 王正廷就使用"废除二十一款"及"废除二十一条"之名。② 可见在 1920 年前后, 以"二十一条""二十一款条约"指称《中日民四条约》, 已是约定俗成的用法。此后, "废除二十一条""废止二十一条",③ 经不断宣传复制, 成为反帝废约运动重要目标之一。

华盛顿会议时, 日本代表币原喜重郎于 1922 年 2 月 2 日就指出: "《1915 年之条约及换文》, 每多谓为'二十一条要求', 实与事实不合, 且属极大之舛误。照此名词, 皆以为日本力持原来之全部提案及中国接受其全部。实则日本之第一次提案中, 除第五项外, 尚有数条, 业经完全取消, 或大加修改, 以应中国政府意愿, 然后草就最后提案, 交与中国而请其承受。"④ 但是中国朝野依然故我, 1923 年国会议决取消《民四条约》时, 议员们在议案中大量使用"二十一条"、《二十一条各条约换文》、《中日协约二十一条》、《二十一条各条约换文》、《二十一条各约》之名。⑤ 外交部内部说帖也有云"《民国四年中日条约及换文》(亦称二十一条)"者。⑥ 外交部与驻外使节联系时, 亦如此用。⑦

---

① 《紧要新闻——山东问题中之学生界行动》,《晨报》1919 年 5 月 5 日, 第 2 版。

② 《王正廷就巴黎和会我方提案及日方活动情况事致吴景濂电》(1919 年 3 月 6 日)、《伍廷芳为转送王正廷伍朝枢特使关于已将我国主张的提案提交大会的来电事致吴景濂专函》(1919 年 4 月 20 日), 李家璘、郭鸿林、郑华编《北洋军阀史料》卷 3, 天津古籍出版社, 1996, 第 297、320 页。

③ 如《时事述评——"废止二十一条"的中国国民外交》,《东方杂志》第 20 卷第 7 号, 1923 年 4 月 10 日, 第 2 页。

④ 《东方杂志》第 19 卷第 6 号, 1922 年 3 月 25 日, 第 122 页。

⑤ 如《议员刘彦致总长(8 日)函》(1922 年 9 月 21 日)、《议员张树森等提案一件——咨请政府将中日协约二十一条即行宣布无效案》附《众议员张树森致总长(11 日)函》(1922 年 10 月 12 日), 外交档案: 03 - 33 - 098 - 03 - 006、009。

⑥ 《外交部说帖》(1922 年底 1923 年初), 外交档案: 03 - 33 - 098 - 03 - 013。

⑦ 如《极密电驻美容代办》(1923 年 1 月 27 日)云: "中日二十一条协约及换文现经国会议决"; 《驻日本廖代办一日电》(1923 年 3 月 1 日)云: "连日各报纷载中政府已通过阁议取消二十一条"。分见外交档案: 03 - 33 - 098 - 03 - 018、017。

到南京国民政府时期，"二十一条"与《中日民四条约》已无法区分。在王卓然、刘达人主编的《外交大辞典》中，两者几乎混同。[①] 因此，1932 年《国联调查团报告书》称："中国人民，无论其为官吏或平民，均深信'二十一条'一词实际上与'一九一五年条约与换文'同义。"[②]

经过数十年来报章杂志、教科书甚至学术专著的以讹传讹，今日一般人观念混沌不清。十余年前，大陆学者就为此问题，有过笔战。中国社会科学院近代史研究所研究员张振鹍指出："二十一条是《民四条约》的缘起，而《民四条约》是二十一条的结局"；并强调其实在交涉过程中，日本条件受中国顽抗，最后签订的条约"有所减缓"；八十多年来，有人用"二十一条条约"指称《民四条约》，用词不严谨；但"二十一条"绝非条约名称。[③] 另一学者则列举许多史学著作，使用"二十一条"作为条约名称，强调"二十一条"是条约，"这是目前正在发行的不少著作的共识"。[④] 张振鹍再撰一文指出 1915 年 1 月 18 日日本向中国提出之"二十一条要求"不是条约。5 月 25 日中日签订的是《关于山东省之条约》4 条及附属换文 2 件；《关于南满州及东部内蒙古之条约》9 条及附属换文 11 件；总称《民四条约》。[⑤] 这个笔战，反映了学界至今对"二十一条"的观念仍然模糊。

三 《中日民四条约》的内容

中国方面对"二十一条"与《中日民四条约》不太区分，而

---

① 王卓然、刘达人主编《外交大辞典》，中华书局，1937，第 13～19 页，"二十一条件"条。

② 国际问题研究社编《国联调查团报告书》，国际问题研究社，1932，第 94 页。

③ 参见张振鹍《"二十一条"不是条约——评〈中国近代不平等条约选编与介绍〉》，《近代史研究》1999 年第 3 期，第 4～5 页。

④ 郑则民：《关于不平等条约的若干问题——与张振鹍先生商榷》，《近代史研究》2000 年第 1 期，第 222 页。

⑤ 张振鹍：《再说"二十一条"不是条约——答郑则民先生》，《近代史研究》2000 年第 1 期，第 252 页。

《中日民四条约》一词之意涵也几经变迁，陆续有部分被新约取代，或是日本自行宣布放弃，是则所谓"二十一条"一词指涉的内容，经过多次演变，不能含混待之。

《中日民四条约》在 1915 年 5 月 25 日签订时，包括 2 个条约及 13 件换文。即《关于山东省之条约》及附属换文 2 件：《关于山东事项之换文》《关于山东开埠事项之换文》；《关于南满洲及东部内蒙古之条约》及附属换文 8 件：《关于旅大南满安奉期限之换文》《关于东部内蒙古开埠事项之换文》《关于南满洲开矿事项之换文》《关于南满洲东部内蒙古铁路课税事项之换文》《关于南满洲聘用顾问事项之换文》《关于南满洲商租解释换文》《关于南满洲东部内蒙古接洽警察法令课税之换文》《关于南满洲东部内蒙古条约第二至第五条延期实行之换文》；另外有《关于汉冶萍事项之换文》《关于福建事项之换文》《关于交还胶澳之换文》3 件换文。

1922 年 2 月华盛顿会议中，中日签订《解决山东悬案条约》，于是《关于山东省之条约》及《关于交还胶澳之换文》被新约取代。① 另外，日本代表币原声明放弃《关于南满洲东部内蒙古铁路课税事项之换文》、《关于南满洲聘用顾问事项之换文》及"二十一条"第五号"日后商协"之权利。但对南满东蒙问题，日本视为关键利益，坚持条约有效，并全力阻止在会议中提出，美国也采取拖延手段，于是华盛顿会议中并未讨论。有论者认为华会中，"以日本之声明放弃及另案之解决，已将是项条约及换文，去其三分之二

---

① 《关于山东省之条约》之两件附属换文，中国认为失效，日本认为没有。参见堀川武夫『極東國際政治史序説—二十一箇條の研究』有斐閣、1958、390~401 页；"二十一箇條要求變遷一覽表""'二十一条'情况变迁表"，中日条约研究会编印《中日条约全辑》，南京，1932，第 403~410 页；王卓然、刘达人主编《外交大辞典》（第 16~18 页）依据荒木贞夫陆相（九一八事变后）上日皇奏章，言及"二十一条件"实效列表，及 Westel W. Willoughby, *Foreign Rights and Interests in China*, Baltimore：Johns Hopkins Press, 1927, pp. 240 – 241, Unsurrendered Japanese Rights Under Treaties and Agreements of May 25, 1915。

之效力，其余三分之一，中国亦得有在适当机会谋适当解决之权利"。①

于是，1922 年之后所谓"二十一条"，指的主要是《关于南满洲及东部内蒙古之条约》及附属换文。② 但中国不肯承认"二十一条"，1923 年初，国会议决废止其余各条，3 月 10 日外交部照会日本使馆，声明："所有民国四年五月二十五日缔结之中日条约及换文，除已经解决及已经贵国政府声明放弃并撤回所有保留各项外，应即全部废止，并希指定日期以便商酌旅大接收办法，及关于民国四年中日条约及换文作废后之各项问题。"③ 14 日，日本政府照复，坚决否认，云其余各条："贵国政府欲将两国间有效存在之条约及换文，任意废弃，不但非所以谋中日两国国民亲善之道，且有背于国际通义，此日本政府断难承认者也。"④ 于是，日本在满蒙之利益遂成悬案，日本事实享有旅大租借地、南满及安奉铁道延期 99 年；日本国臣民在南满东蒙之土地商租、自由往来、营业权。对于前者，中国除不承认外莫可奈何。对于后者，中国朝野则极力抵制，衍生出更多的悬案与冲突，影响到九一八事变的发生。

对于中日有关满蒙权益之争执，1932 年《国联调查团报告书》说得很清楚：

> 1915 年中日条约与换文，即所谓"二十一条"之结果也。
> 此项争执，多关系南满及东部内蒙古，因除汉冶萍公司问题外，

---

① 张梓生：《中日二十一条交涉之解剖》，《东方杂志》第 20 卷第 4 号，1923 年 2 月 25 日，第 19 页。
② 《关于南满洲及东部内蒙古之条约》第七条吉长铁路借款合同，已于 1917 年中日改订吉长铁路借款合同时解决。
③ 《训令驻日代办廖恩焘》（密件，1923 年 3 月 5 日），外交档案：03-33-098-04-001。
④ 《日本使馆照会》（1923 年 3 月 14 日），外交档案：03-33-099-01-002。

其它在 1915 年商订之协定，非经代以新协定，即经日本自动放弃。在满洲之争执关于下列规定：

（一）关东租借地之日本所有期展至九十九年（1997）；

（二）南满及安奉铁路之日本所有期延长九十九年（2002～2007）；

（三）允准日本臣民在南满内地，即在根据条约或其它开放与外人居住经商之地域以外者，有商租地亩之权；

（四）允准日本臣民在南满内地有居住往来并经营工商业之权，及在东部内蒙古有参加中日合办农业之权。

上项允准与让与，日人有无法律权利享受，胥视一九一五年条约与换文之效力而定，而华人固继续否认该约与换文有束缚彼等之力。中国人民，无论其为官吏或平民，均深信"二十一条"一词实际上与"一九一五年条约与换文"同义，并以为中国之目的，应为解除该约之束缚；凡是种种，无论几何专门之解释与理由，不能稍移其志……中国方面既坚持一九一五年之条约"根本无效"，故对于该约关于满洲之规定，除情势必要外，不予履行……日人颇多怨言……坚持该约关于满洲之各项规定为有效，日本政府与人民，似属一致。①

是则"二十一条"之名称与内容，实与中国人对《中日民四条约》之有效性认定与否密切关联，不纯粹是学术或法律问题。

如上述，无论是所谓"二十一条"或是《中日民四条约》，事实上主要指涉满蒙问题。中国中央政府与地方当局，对于日本在条约中取得之满蒙权益，均多方抵制，深恐日本国臣民在南满东蒙取得特殊利益。"向来中国官吏在此两区所感受行政上之困难、束缚、困苦之

---

① 《国联调查团报告书》，第 93～95 页。

使之不能发生实效者，亦将增加矣。从前使高丽变成日本行省之领土制度，益将便于推广矣。"[1] 中国唯恐满蒙将步朝鲜之后尘，成为日本的殖民地。

四 袁世凯对满蒙权益的维护

1915 年 5 月 9 日，袁世凯虽决心接受最后通牒，唯对于条约及换文之文字仍颇为谨慎，预防日本借约文语意不明，对条约权利做扩大解释。日本在"二十一条"第二号，要求日本国臣民在南满及东蒙享有土地商租权、耕作权、杂居权等，中国始终坚持排除东蒙，并将日人杂居权限于商埠。最后于 5 月 25 日签署之《关于南满洲及东部内蒙古之条约》，主要条文如下：

> 第二条　日本国臣民在南满洲及东部内蒙古为盖造商工业应用之房厂，或为经营农业，得商租其需用地亩。
>
> 第三条　日本国臣民得在南满洲任便居住往来，并经营商工业等各项生意。
>
> 第四条　如有日本国臣民及中国人民，愿在东内蒙古合办农业及随附工业时，中国政府可允准之。
>
> 第五条　前三条所载之日本国臣民，除须将照例所领之护照，向地方官注册外，应服从中国警察法令及课税。

对中国而言，权利方面的损失既已成定局，乃积极谋求事后的补救。中日条约签署后，袁世凯指示参政院于 6 月 11、19 两日会议中讨论制订《惩办国贼条例》事宜，并于 22 日正式公布实施，规定"私与外国人订立契约，损害本国之国家权利者，处卖国罪，死刑"，

---

① 中国代表团提交巴黎和会《废止二十一条说帖》，《秘笈录存》，第 185 页。

以法律规定吓阻人民与外国人订立契约。[1] 此外，袁世凯师法日俄战争后召开"会商东三省事宜会议"之故智，指示外交部召开"中日满蒙条约善后会议"。[2] 由于条约于三个月后（即8月25日）实施，中国善用极力争取所得之三个月期间，确立东部内蒙古范围，并预先规划相关配套法令及措施，力图将日本在南满、东蒙所得权利尽可能限制于最小范围。

中日满蒙条约善后会议自6月24日至7月31日举行，于关系最深之商租地亩、任便居住往来营生、东蒙合办农工业、日人服从中国警察法令及课税四款，在相当范围内制定法律或命令以限制日本权利。国务卿徐世昌指示外交部邀集相关部会共同讨论新约实施准备事宜，并依据袁世凯意见，参酌奉天、吉林地方官意见，于会后相关各部拟定《商租地亩须知》《租用土地登记规则》《核办日本臣民在南满洲办矿须知》《护照注册章程》《中日合办东部内蒙古农业及附随工业规则》《中日合办东部内蒙古农业及附随工业须知》《南满中日人民土地诉讼办法》等规章，并整理南满现行警察法令及税课条文。至于难以明确界定范围之日人在华杂居营生项目，则授权地方官自行决定实施办法，努力于最大范围内限制日本人民在满蒙之权利。

日本向中国所提出"二十一条"要求，目的在对已获权益要求肯定，及未获权益的进一步扩张。原本期待中日新约的签订与实施，能根本解决中日现存问题，使日本在南满、东蒙取得之优越地位，得以稳定发展。但中国所筹拟之对策，使日本人不唯不能享受特权，反而处处受限。因日本始终不肯承认中国所颁布之相关法令，而日人又不断来华，东三省地方官乃不得不另谋他法，自行订定相关规则以限制日人权利；然以日本立场而言，中国所拟之警察法令与课税须与日本

---

[1]　吕慎华：《袁世凯政府与中日二十一条交涉》，第119~120页。

[2]　会议之经过与结果，详见吕慎华《"中日满蒙条约善后会议"研究》，胡春惠、周惠民主编《两岸三地历史学研究生论文发表会论文集》，台北，政治大学，2001，第339~360页。

协议后始为有效，因此中国限制日人权利之法令与条例，在日本视为中国无诚意履行新约之排日、不友好举动，中日双方各行其是。因此，日本虽视"二十一条"要求为解决中日悬案之必要手段，事实上却产生更多悬案。中日交涉结束后，中日条约及附属换文所带给日本的利益，除旅大租借地以及南满、安奉两铁路归还期限延长外，对于日本在华地位并无实质帮助，反而刺激中国民族主义对抗日本，日本移民并未因在东三省南部取得杂居权及土地租借权而大量增加，而绝大多数日本移民则仍受限于旅大租借地及南满铁路附属地区内，未能如预期般在东三省商租土地、任便居住往来。

五 中国朝野要求废止《民四条约》之法理依据

中国朝野多次提出要求废除《中日民四条约》，其依据之理由颇能呈现当时中国的国际法认识。1919 年巴黎和会，北京代表反对将民四协定提出和会，担心广州借此攻击北京政府。广州政府代表坚持提出，《废除一九一五年中日协定说帖》① 由陈友仁拟定，经中国代表团顾问莫礼循（George E. Morrison）、柏卓安（John MacLeavy Brown）及宝道等修改，并得美国代表团协助，② 于 4 月 15 日提出和会，北京代表对此说帖相当被动。③ 《说帖》中列举要求废除之理由有五：（1）此项协定因欧战而发生，解决问题之权利完全属于和会；（2）中日条约与和会本于公道正义防止未来战争之原则相违背；（3）中日条约违反英、法、俄、美四国与日本缔结保障中国政治独立及领土完全

---

① 见《秘笈录存》，第 181～198 页。

② 波赖：《最近中国外交关系史》，第 49 页；骆惠敏编《清末民初政情内幕》下册，刘桂梁等译，知识出版社，1986，第 790～815 页。

③ 北京政府代表会后向政府提出之《参与欧洲和平大会分类报告》中，完全没有《废除一九一五年中日协定说帖》之报告，只有在《山东问题》中约略述及。广州借"二十一条"攻击北京政府，巴黎和会、华盛顿会议皆然。参见波赖《最近中国外交关系史》，第 48 页。

之协议抵触；（4）此协定是在日本胁迫之下谈判与签署的，非中国自愿；（5）此条约具临时性质，日本在允许中国参战前，先行与各国定秘密条约，确保中日条约权益。而此种秘密条约，违背交战国承认之和平原则；但是，议长认为此问题非属和会权限之内，未予受理。其后，北京政府曾拟将"二十一条"问题提出于 1920 年国际联盟第一届大会，但因国际局势不利而中止。①

1921 年底，华盛顿会议前夕，朱经农指出年来国人所提出废止《中日民四条约》之理由，可分为五端：（1）此约成于胁迫（Under Duress），违反国际法自由协议之原则（Free of Action），在理不能认为有效。（2）因情势之变迁（Vital change of circumstances），此约已不复适用于今日。（3）此约与美国前总统威尔逊所宣布十四条件（Fourteen Points）不合，为公理计，为正谊计，今后无继续存在之理由。（4）此约种将来战争之恶因，将有危害于世界之和平（It endangers the peace of the world），应援据国际联盟约法第 19 条、第 20 条之规定，提交联盟议会重行审议。倘与该约法之精神相抵触，则请立予废止。（5）此约未经中国国会同意，不能发生效力。②

华盛顿会议中，中国代表王宠惠于 1922 年 2 月 4 日提出废止中日协定要求，声明中国理由如下：（1）中国要求交互之让与，而日本并未提供任何对象，故《中日条约》所引出之利益，完全为片面的。（2）《中日条约》要点，破坏中国与他国之条约。（3）《中日条约》

---

① 参见唐启华《北京政府与国际联盟（1919~1928）》，第 81~94 页。
② 朱经农：《废止一九一五年中日条约及其附属文件之研究》，《东方杂志》第 18 卷第 18~19 号，"太平洋会议专号"，1921 年 10 月 20 日。1912 年 3 月 11 日《临时约法》第 35 条："临时大总统经参议院之同意，得宣战媾和及缔结条约。"袁世凯 1914 年 5 月 1 日公布《新约法》第 25 条："大总统缔结条约。但变更领土，或增加人民负担之条款，须经立法院之同意。"1915 年 5 月 25 日签署《中日民四条约》时，实行《新约法》，应该无违法之虞。认为此约因未经国会同意而无效，就要先认定袁世凯实行帝制，是国贼，否定其地位。此乃政治问题，非法律问题。"情势变迁"原则，认为条约效力之继续，基于"事状如恒"条款（clausula rebus sic stantibus），一旦条约成立时之特殊情势消灭，当事者即有解除条约之权利。

与会议所通过关于中国之原则，不能兼容。（4）《中日条约》已引起中日间之历久误解；设不即废弃之，将来必至扰乱两国之亲善关系，且将障碍召集此会所欲获得者之实现。①

1923年1月19日，中国参议院通过"民国四年中日二十一条约及换文议决无效"案，理由是：（1）该协约系迫胁而成，按之国际法当然无效；（2）该协约未经国会同意，按之约法当然无效；（3）该协约迭经政府代表根据上述理由在国际会议席上声明取消，当然无效。②

3月10日，北京政府外交部《发日本公使照会》，称：中日条约及换文，本国舆论始终反对，本国政府迭次在巴黎、华盛顿会议提出此案，要求取消，原以全国民意为根据。兹本国国会议决中日条约及换文无效，而旅大租期又将届满，本政府特向贵政府重行声明，该约应即全部废止，并希指定日期以便商酌旅大接收办法，及该约作废后之各项问题。③ 14日，日本政府回复称：此实出于日本政府之意外，且颇为遗憾；强调中国政府将两国间"有效存在"之条约及换文，任意废弃，不但非所以谋中日两国国民亲善之道，且有悖于国际通义，日本政府断难承认。④

1923年初，旅大租借地原来25年租借期即将届满，国会议决废止《中日民四条约》时，周鲠生认为收回旅大中国之法律依据薄弱，应另求有力之法律依据，不从根本上对于中日条约之效力加以攻击，而依据"情势变迁"条约不适用之理由，以行一方"宣告解约"（Denunciation）之权利；主张《中日民四条约》缔结以后，迄于现今，其间民国内外情势，已发生极重大的变化，条约义务之维持有

---

① 《东方杂志》第19卷第6号，1922年3月25日，第124页。
② 参见吴翎君《1923年北京政府废除〈中日民四条约〉之法理诉求》，（台北）《新史学》第19卷第3期，2008年9月，第157～186页。
③ 《发日本公使照会》（1923年3月10日），外交档案：03-33-101-02-004。
④ 《日本外相内田康哉复中国驻日代理公使廖恩焘》（1923年3月14日），外交档案：03-33-099-01-020。

与国家之生存发达不兼容者，尤其是旅顺大连租借期限之延长，在现今情势之下，再无容认之理由：（1）就国际情况言，东亚均势，已经大变（德俄已非远东威胁，日本无长据旅大之理由）。（2）华会以后租借地之收回已成一般之趋势，尤其英国以"情势变迁"宣言归还威海卫。民国今日方将提前收回所有外国在中国的租借地，断无反于依原约租借已满期之旅大反任其延长租借之理。（3）中日条约缔结以来，民国内政情状，已经过重大的变化，决不能再容本国领土长在外国政府支配之下，为国内祸乱应谋之策源地。其结论是：《中日民四条约》缔结以后，有重大的情势变迁发生，使中国有依此理由单独宣告解约之权利，比起只靠国会未通过与威逼签字之理由，笼统地主张中日条约无效者，法律的根据较为强固。且情势变迁解除条约之原则载于《国际联盟盟约》第 19 条。建议：第一步，先以情势变迁为由向日本交涉废约；第二步，如日本拒绝，我国可对中日条约行使一方宣告解约之权能；第三步，若日本仍不交出旅大，则诉诸国际仲裁。①

初步归纳，1919～1923 年中国朝野历次要求废止《中日民四条约》之理由如下：（1）该约系日本以武力胁迫签订，违反国际法自由协议之原则；（2）该约系临时性质，中国参战后情势变迁，不复适用；（3）该约是片面的权利义务关系，有欠公允；（4）该约未经国会同意；（5）中国从未承认该约，屡次在国际会议要求废止；（6）该约破坏中国与他国签订之条约；（7）该约违反巴黎和会维护和平防止战争之原则；（8）该约违反华会《九国公约》尊重中国领土主权完整之原则；（9）该约违反《国联盟约》；（10）该约已引起中日间之历久误解与冲突，为远东和平之障碍；另外，周鲠生认为收回旅大中国

---

① 周鲠生：《国际条约成立之条件（旅大问题之法律的观察）》，北京大学《社会科学季刊》第 1 卷第 3 号，1923 年 5 月，第 422～428 页。

之法律依据薄弱，主张不从根本上对于中日条约之效力加以攻击，而依据情势变迁条约不适用之理由，以行一方"宣告解约"之权利。基本上，中国朝野提出许多废止《中日民四条约》之法理依据，但是理由不够坚强，强调正义公理和平等空泛之原则，无法强力挑战日方坚持之严格法律观点。但这些理由已可反映出当时中国对条约及国际法观念的演进历程，中国对"不平等条约"观念之发展，不是只有广州政府、孙中山受苏联影响之处，更有民初以来长期与日本在废除中日条约交涉过程中，发展出来之观念。

国际法观念在1920年代有重大演变，欧战之前被视为正当之以战争为胁迫、秘密外交等强权外交手段，在巴黎和会、华盛顿会议之后，已备受攻击，遭到公开外交、公理正义原则、裁军非战等"新外交"观念的冲击。加以《国联盟约》《九国公约》的签订，在在使日本提出"二十一条"，并以武力胁迫中国接受，在1915年当时被认为是没有什么不对的"旧外交"手段，几年之后，就受到"新外交"的质疑，遭到美国威尔逊主义（Wilsonianism）、苏联列宁主义（Leninism）、[①] 中国民族主义（Nationalism）三方面的挑战。日本虽坚持《中日民四条约》在法理上的效力，但在道德地位上，已严重削弱。中国虽无坚强法理论点，但已在公理正义上居于优势，在实务上能以各种抵制手段，拒绝履行条约义务，进而要求修改、废止不平等的旧约。

---

① 欧战末期美国总统威尔逊及俄国革命领袖列宁，从不同角度抨击帝国主义外交，并提出国际秩序的新构想，竞争全球新外交的主导地位。简言之，列宁主义认为欧战暴露了资本主义的严重内在矛盾，要以社会主义革命来消灭帝国主义，寻求将大战转变成世界革命，希冀以一群社会主义先锋，领导世界无产阶级革命，将人类从资本主义、帝国主义中解放出来。威尔逊主义主张用和平方式，以渐进理性改革来解决资本主义内部问题，以国际法处理国际冲突，维持自由资本主义世界秩序，免于帝国主义及社会主义革命的威胁，并使具使命感的美国，以其道德及物质上的优势，领导此世界秩序。参见 N. Gordon Levin, Jr. , *Woodrow Wilson and World Politics: America's Response to War and Revolution*, New York: Oxford University, 1968, pp. 1 – 13。

六 张作霖对《满蒙条约》的抵制

"二十一条"交涉时期,时任二十七师师长的张作霖,强烈反对对日让步。《满蒙条约》签订后,张作霖向中央建议各种抵制措施:(1)关于南满的范围:张氏反对将辽西划入南满,建议日方若执意要将辽西划入,必须同意接受奉省订立的警察章程、课税条例、商租规则、护照注册章程、南满办矿须知、合办农业及附随工业规则等,上述规则和章程皆为"二十一条"签订后奉省当局所制定;另外,日本必须放弃在南满洲的领事裁判权。(2)关于土地商租权:张作霖主张通过各地官府来控制土地商租活动,还试图在课税方面采取措施,以防止土地流失到日本人手中;坚持商租契约的确立,必须报请中国地方官府立案,否则就无效的原则。(3)限制日本设立领事馆:张氏敦请北京政府,日本设领事分馆之地,不得任意设置警所;对预设日本领事分馆各县之警察,先期整饬,建立完备之警政,并设置交涉员。[①]这些建议虽未能成功实施,但已显示张作霖对日方要求的不满。

1916 年 4 月,张作霖任奉天督军兼省长,对日采取模棱两可的态度,表面亲日,但取缔密谋"满蒙独立"的宗社党,并以武力击溃日本支持的蒙匪巴布札布。[②] 1918 年 9 月,张氏任东三省巡阅使,掌控东北军政大权。直皖战争之后,日本政府于 1921 年 5 月召开与满蒙相关的会议,议决:(1)《关于对满蒙的政策》,重申所谓满蒙地区与日本有特殊关系,各国必须确认日本在满蒙享有特殊地位和利益;只有在此前提下,日本才可与该地区有关的其他列强交往。(2)《关于对张作霖的态度》,决定通过张氏来维护满蒙利益。[③] 日本扶植张作

---

① 车维汉、朱虹、王秀华:《奉系对外关系》,辽海出版社,2000,第 39 ~ 55 页;王海晨:《张作霖与"二十一条"交涉》,《历史研究》2002 年第 2 期,第 158、154 页。

② 王海晨:《从"满蒙交涉"看张作霖对日谋略》,《史学月刊》2004 年第 8 期,第 39 页。

③ 车维汉、朱虹、王秀华:《奉系对外关系》,第 122 ~ 123 页。

霖，主要目的在于维护满蒙的特殊地位，希望张氏专心致力于东三省之治安，不要进出中央。

1923 年废除"二十一条"和收回旅大运动兴起后，1 月，张作霖向南满铁道公司总裁川村表示，他将镇压示威游行。4 月 23 日，张作霖召集属下举行奉天会议，通过决议："为避免招致日本人的反感，不要积极力争收回旅大，但另一方面，也不要过分激烈地反对目前的运动，以免引起国民的怀疑。"日本人认为，奉系当局对排日和收回利权运动，一方面予以适当地压制，一方面又利用之，试图从日本方面获取某种让步，以达到收回实利的目的。[1] 事实上，张作霖认定《满蒙条约》无效，[2] 多次密令限制日本国臣民之居住权与营业权，对《满蒙条约》多方抵制，[3] 不断以商租条约尚未议定为由，颁布禁止日韩人商租土地之法令，命令各县知事严重取缔日韩人租用田房。[4]

1924 年 5 月，第二次直奉战争前夕，日本外务、陆军、海军、大藏四省共同制定《对华政策纲领》。其中（三）满蒙要确保帝国在该地域的地位和势力的扩张，尤其要执行向北满伸张势力的方针，支持指导张氏，维持满蒙秩序，有必要在自卫的场合，采取必要的措施。1925 年底郭松龄倒戈，张作霖情势危急时，关东军支持张氏，但提出许多确保与扩张满蒙利益的条件，要求：（1）日本臣民在东三省和东部内蒙古，均享有商租权，与当地居民一样有居住和经营工商业权

---

① 车维汉、朱虹、王秀华：《奉系对外关系》，第 172~174 页。
② 如 1926 年 6 月 9 日，奉天交涉公署向抚顺地方审判厅发出"有关禁止商租的指令"，称：查民四条约，乃日本强迫我国签署者，绝不承认其为有效。见满铁太平洋问题调查准备会编印《东北官宪所发排日法令辑》，1931。
③ 水野明：《东北军阀政权研究》，郑梁生译，台北，"国立编译馆"，1998，第四章。
④ 满铁太平洋问题调查准备会编印《东北官宪所发排日法令辑》列出：（1）妨害商租相关法令 59 号；（2）压迫在满韩人相关法令 13 号；（3）与排日相关的一般法令 12 号。妨害商租相关法令部分，集中于 1923 年以后，也就是中国国会议决 1915 年中日协约无效案之后，尤其是 1925 年到 1927 年。到北伐完成东北易帜以后，九一八事变之前，又有一连串之严禁土地盗卖条例的颁布。

利；（2）间岛地区行政权的移让；（3）吉敦铁路的延长，并与图们江以东的朝鲜铁路接轨和联运；（4）洮昌道所属各县均准日本开设领事馆；（5）以上四项的详细实施办法，另由中日外交机关共同协商决定。张氏当时迫于形势应允，但事后反悔不肯实行，指使省议会反对签密约，以搪塞日本。[①] 据云张氏曾说过："咱们绝对不能承认日本二十一条要求以内事项，以免让东三省父老骂我张作霖是卖国贼"。[②]

1926 年底，张作霖在天津就任安国军大元帅之后，日本就"满蒙悬案"问题，加紧同张交涉：（1）铁路平行线问题；（2）征收二五附加税问题；（3）关于土地商租权和日本人、朝鲜人的居住及营业问题；张氏都不愿意让步，双方关系日益恶化。1927 年 6 月，日本政府出兵山东后，召开如何对应中国情势的"东方会议"，讨论重点之一就是满蒙经济权益问题。当时认为主要困难在于：

（一）在南满洲铁道公司附属地、租借地以外没有土地所有权；

（二）商租权未解决；

（三）交通机构没有配全；

（四）没有确定一贯的满蒙政策，并且在实践这些政策方面，没有采取坚定不变的行动。

外务省在会中提出《关于满蒙政治形势的安定及解决悬案问题》，建议"借此机会促使解决日中双方在该地的经济发展所需的诸悬案"，尤其是土地商租问题，把商租权当作"发展日侨经济的极为重要的问题"，要在 1928 年解决。7 月 7 日会议闭幕时，田中外相做了《对华

---

① 车维汉、朱虹、王秀华：《奉系对外关系》，第 187～188、218～220 页。
② 罗靖寰：《我所知道的张作霖的对日外交》，《天津文史资料选辑》第 2 辑，天津人民出版社，1979，第 27 页。

政策纲领》的训示八条，其中第六条云："满蒙特别是东三省，在国防和国民的生存上有着重大的利害关系，所以我国不仅要予以特殊的考虑。而且在该地维持和平，发展经济，使它成为国内外人士安居的地方。对此，作为接壤邻邦之我国，不能不感到特殊的责任"。第七条："对于尊重我国在满蒙之特殊地位，并认真采取安定该地政局措施的东三省实力派，帝国政府应予以适当的支持"。①

"东方会议"后，田中先后派遣日本驻奉天总领事吉田茂、驻华公使芳泽谦吉和满铁总裁山本条太郎，与张作霖展开扩展满蒙权益的交涉。1927 年 7 月 11 日，吉田茂向张作霖提出解决违反条约及其他各种悬案问题的要求。② 因吉田之高压，双方关系紧张，引起东北人民排日。9 月，芳泽又在北京对张提出《满蒙觉书》，引发东三省民众抗议。③ 不久，田中任命山本条太郎为满铁社长，10 月在北京与张会谈，达成满蒙五路谅解之《张·山本协定》。田中希望张氏退出关外后，继续加强扩大满蒙权益之谈判，进行满蒙分离策略。但关东军视张氏为日本在满蒙权益之障碍，将之炸死。

总之，从 1916 年到 1928 年，张作霖对"二十一条"进行了有力地抵制，衍生出数百件满蒙悬案。④ 由于张作霖始终不肯执行《关于南满洲及东部内蒙古之条约》，并通过省长或县知事下达了一系列所谓《东北官宪排日法令》，使商租、杂居始终成为悬案。1927 年中日谈判修改商约时，外交总长王荫泰云：东北日人杂居不多，"一方面

---

① 俞辛焞：《近代日本外交研究》，天津古籍出版社，2006，第 207～213 页。
② 衛藤瀋吉『東アジア政治史研究』東京大學出版會、1968、210～212 頁。
③ 车维汉、朱虹、王秀华：《奉系对外关系》，第 241～245 页。
④ 对日本而言，所谓满蒙悬案，就是"以驱逐满铁为目的而铺设竞争线路；否认商租权，使日本的企业无法开张的行政手段；积欠巨额贷款不还，或正在漠视于其契约之行为；或对在满洲的韩人施以有如狂暴般的压抑等，这些都是日本对满蒙悬案之代表性交涉对象"。归纳起来说，就是铁路平行线问题，土地商租权问题，日本人居住、营业问题，以及韩人杂居问题。见梨本祐淳『滿蒙重要懸案の解説』日本書院、1931、2 頁；水野明《东北军阀政权研究》第四章。

因当轴无形中取缔甚严，一方面日人一经租得房屋，即借口种种理由盘据不去"。① 史家金毓黻亦云："作霖之遭日人嫉恨也，由于对日交涉无所屈挠。民国四年，日本向我提二十一条……许口人杂居及商租土地，则为东三省存亡所系，日人尝胁作霖履约，作霖不应，急饬地方官民不得以房地外赁，违者处以重辟。厥后日人屡以商租房地向民间尝试，终无一人应者，由是二十一条等于废纸矣"。② 日本对张氏之漠视日本在满蒙条约上之利益，称之为"违反条约"，③ 或"漠视条约"，④ 无法容忍之。

张学良接掌东三省后，延续张作霖之政策，除建筑满铁平行线外，屡颁禁止租售土地予外国人之命令与办法，尤其加强对韩人的取缔。关东军认为中国漠视日本条约权益，侵犯日本条约利益，又不肯解决悬案，断然发动九一八事变，希望借成立"满洲国"，一举彻底解决满蒙悬案；并不惜退出国联，不断压迫中国承认"满洲国"，乃至中日战争爆发。"珍珠港事件"后，1941 年 12 月 9 日，《国民政府对日本宣战布告》云："兹特正式对日宣战，昭告中外，所有一切条约协定合同，有涉及中日间之关系者，一律废止"。1915 年"二十一条"交涉以来之满蒙问题，最终以战争手段解决。

七 结语

日本早视满蒙为禁脔，甲午战后为三国所阻，日俄战后得南满铁路与旅大租借地，再乘欧战天佑之机，出兵胶州湾，进而提出"二十

---

① 1927 年 8 月 26 日条约研究会第 31 次常会会议录，《前外交部条约研究会会议录》，《外交部档案》：缩影 05000 – 143，第 1180 ~ 1218 页。

② 金毓黻：《张作霖别传》，《吉林文史资料选辑》第 4 辑，吉林人民出版社，1983，第 245 页。

③ 林久治郎『滿州事變と奉天總領事』原書房、1978、160 頁。

④ 吉田茂对打通吉海路，屡以"漠视条约"向张抗议。见國際聯盟支那調查外務省準備委員會編『日本と滿蒙』國際聯盟支那調查外務省準備委員會、1932。

一条”要求，不惜以武力胁迫，逼中国签订《中日民四条约》，一举解决满蒙问题。“二十一条”虽被视为近代中国“国耻史”中的一大里程碑，但事实上中国朝野始终抵制之。交涉期间，袁世凯全力周旋，迫使日本以最后通牒威胁，并主动撤去危害最大的第五号，其余各条也做了许多修改。签署的《中日民四条约》，较诸“二十一条”原案，已打了很大的折扣。中国被迫签约后，袁世凯以法律手段限制日本条约权益。然而在革命史观下，数十年来“二十一条”的损害被夸大，袁世凯、张作霖都成了卖国媚日的国贼，北洋政府也被讥为亲日，这些政治神话已成为教科书中的基调，导致国人长期将“二十一条”与《中日民四条约》相混淆。1933 年蒋廷黻就感慨地说：“局外人的评论外交最易不公不平，尤其在国事紧张的时候；更足证为中国的外交当局者不但对付外人难，对付国人尤难。”[1]

中国朝野对《中日民四条约》不断否认与抵制，可说是北洋修约的一个特色。中国否认该约之合法与有效，屡次在国际会议上要求废止，主要的法理依据是“公理正义”、“情势变迁”与“武力胁迫”。但美国威尔逊主义之公理正义原则，流于理想，徒托空言没有实效。“情势变迁”原则在法理上虽然有道理，但在实务上很难执行。至于“武力胁迫”，1920 年代正值国际法对强迫（coercion）之见解转变，欧战之前认为加诸签约代表人身威胁签订之条约无效，但加诸国家的强迫所签订之条约，仍属有效。欧战之后，理想主义对公理正义有较多的考虑，1919 年《国际联盟盟约》已否定暴力威胁，1928 年《巴黎非战公约》，确定侵略战争非法。《中日民四条约》可说是国际法上新旧观念交替之际的案例。中国运用国际法各种理由，想在国际会议中废止该约，但是法理基础不够充分，遇到日本坚持不让，英美也只

---

① 蒋廷黻：《民国初年之中日关系——〈六十年来中国与日本〉第六卷》，《大公报》1933 年 9 月 18 日，第 3 版。

能对日妥协。法律途径有其限度，中国只有改走法理之外的途径。

中国朝野不断抵制该约，民间持续抵制日货，东北地方官也颁布各种法令，限制日本臣民在南满东蒙之商租权。1923 年旅大租约到期，国会议决废止《中日民四条约》，外交部照会日本政府，但日本坚持该约有效，引发国内法与国际条约何者优先的法理争议。在实务上，中国千方百计限制日本权益，造成更多之满蒙悬案，日本认为中方"漠视条约"，不惜用一切手段维护条约权益，中日无法和解。法理路线走到尽头，革命废约遂成为唯一的选择。俄国革命后，其发布两次对华宣言，否认帝国主义及"不平等条约"，在中国受到热烈欢迎，与《中日民四条约》应有密切关联。

中日"二十一条"交涉与废除《民四条约》运动，是中国朝野主张废除"不平等条约"重要的根源，也是国际法观念发展的重要触媒；用法理与抵制相结合，即始于此案。长远来说，中日条约争议应是中国民族主义发扬的主要根源，1920 年代初期，苏联影响之"反帝废约"暂时居于主导地位，以英国为主要攻击对象。到北伐末期济南惨案以后，中日冲突又成为中国外交主要问题，迨满蒙悬案交涉与九一八事变的爆发，更成为中国存亡之关键。在此期间，英、美、苏、日与中国修约，有复杂重要的国际与国内之互动关系。

第六章

《中俄协定》与北洋修约

  1924 年 5 月 31 日签署的《中俄解决悬案大纲协定》（简称《中俄协定》）是北洋修约史中十分重要，同时也是遭误解最多的个案之一。此协定是北京政府与革命国家交涉、订立的第一个平等条约，对列强在华均势影响很大，引发外交团领衔之争。此案交涉时之南北外交互动，对广州外交及孙中山之"联俄容共"影响也很大。对于理解北洋修约及广州"革命外交"，尤其是南北外交之互动，此案关系甚大。然而，由于此案数十年来与"联俄容共""反帝废约"密切相关，许多当时的政治宣传，诸如苏联自愿放弃在华特权、平等对华、协助中国"反帝废约"等，在革命党相继执政之后，被写入教科书中，不断复制宣扬，误导许多历史诠释，扭曲、遮蔽了真相，至今仍深刻影响学界，实有依据档案史料重做基础研究，厘清"史实"与"神话"的必要。

  过去学界在讨论中苏谈判时，常认为谈判的基础是苏俄两次宣言，并在《中俄协定》第三条正式承认废止旧约重订新约。苏俄执行对华平等、尊重中国主权之新外交，协助中国"反帝废约"之说，数十年来似乎已成定论。然而，此说基本上反映了苏俄及当时亲苏之国共两党的观点，认为中俄旧约的废除，全系苏俄的慷慨大度，北京政府在外交上追随协约国列强，一再拖延承认苏俄，最后在民意舆论强大压力之下，才勉强与苏俄订约，坐享苏俄对华平等慷慨的成果。

笔者认为这种强调苏联善意及民意压力，忽视北京政府外交努力的思路，常引领历史研究走上歧路，偏离了问题的焦点。细考《中俄协定》13 条，除恢复邦交、不得宣传共产主义外，苏俄立即放弃租界、庚子赔款、领判权（第 10、11、12 条）均为已被北京政府清理，事实收回者。另"在会议中"解决商约、关税平等、划界、航行、中东路、赔偿及外蒙问题（第 2、3、7、8、9、13、14 条）。换言之，因各主要条文均有"在会议中"之但书，其本质只是将来解决悬案的大纲。中俄旧约并未废止，苏联只承诺将"在会议中"议定新约取代旧约。然而，学界过去没有注意到"中俄会议"，从未有严谨的学术研究。

中苏复交后，苏联要求提升外交层级，加拉罕（Lev M. Karakhan）①成为第一位驻北京大使，在华鼓吹"反帝""废除不平等条约"，对条约列强冲击很大。维护列强在华条约利益的"北京外交团"，对苏联之外交攻势，有各种因应抵制的做法，北京外交部也乘机限制列强特权。加拉罕、外交团、外交部三者之间，有错综复杂的交涉，牵动在华列强国家间微妙的互动关系，同时影响到北洋修约的发展，应该加以研究。

苏联与北京政府谈判建交时，广州政府与苏联也有密切的联系，《中俄协定》签署前后，正是孙中山决定"联俄容共"以及"反帝废约"论述形成的关键阶段。1923 年初《孙文越飞宣言》（以下简称"《孙越宣言》"）签署之后，孙中山回到广州，到了年底"白鹅潭事件"后，决心倒向苏联。1924 年国民党"一大"通过的党纲，外交上已标举"反帝""废除不平等条约"。苏联之援助孙中山，有利用

---

① 北洋外交档案中译为喀拉罕，简称喀使。

广州对北京施压，利于中苏谈判的考虑。孙中山压制党内反对声浪，决心联合苏联"反帝废约"，"修约"与"废约"逐渐成为两条路线。环绕《中俄协定》之南北外交关系，也有平心探讨的必要。

总之，今日革命史观的束缚已日益消退，中、俄各方的新史料陆续公开，正是重新做基础研究的时候。本章以《中俄协定》为中心，分为五节分别探讨：（1）1917～1922年北京政府及地方当局逐步清理旧俄条约特权，造成既成事实；（2）1920～1924年中苏谈判过程与《中俄协定》中的废除旧约问题；（3）1924～1927年中俄会议过程及结果；（4）《中俄协定》对北京外交团的冲击；（5）广州政府与《中俄协定》。希望能较全面、平允地考察《中俄协定》与北洋修约及中国外交的关系。

第一节　北京政府对旧俄条约权益的清理，1917～1922

帝俄于清末在华取得许多条约特权及广大的势力范围，并在辛亥革命前后，进一步扩张在蒙古的特权。俄国这种不断进逼的趋势，在1917年革命爆发之后发生了转变，北京政府及东北、新疆地方当局，都乘机收回帝俄条约权益及种种违法扩张的成果，过程中虽遭到协约国列强干涉，但仍尽可能坚持收回国权。主要成果诸如：北京政府片面废止《中俄蒙协定》，出兵外蒙，1919年11月外蒙撤销自治；新疆当局屡次建议修改《伊犁条约》，并于1920年5月与苏俄中亚当局签署《新俄局部通商协定》，去除旧约免税弊端；东北当局于1917年12月派军队恢复在中东路区之主权，在哈尔滨俄租界设置警察，各地设税关，派中东路总裁；等等。简言之，1917～1922年，北京政府及地方当局实质上收回大部分帝俄在华条约特权，造成既成事实，为日后中苏谈判奠定坚实基础。

本节集中探讨中俄《伊犁条约》的修改与废除及停止旧俄使领待遇;[1] 至于中东路及外蒙古部分,因前人研究已多,本书仅做简单的整理与引用。

一 修改中俄《伊犁条约》

光绪七年(1881),曾纪泽与俄议定《伊犁条约》,给予俄商在陆路通商上种种特权,唯该约第十五条规定:十年后可以商议酌改,保留了日后修约的机会。清政府在 1891 年及 1901 年两次十年届满,均未提议修改。第三次十年限满于宣统三年正月二十六日(1911 年 2 月 12 日)到期,经清政府提议修约,双方展开交涉,后因辛亥革命爆发而中止,以旧约展限十年告终。1917 年俄国革命之后,政局动荡,北京政府基本上追随协约国,对苏俄采不承认态度,旧俄公使继续驻在北京,中俄旧条约关系仍然维持。然而,受旧约影响较深的新疆当局,屡次要求废除俄商减免税特权,加以国际时势转移,北京外交部也逐步清理旧约。

由于民初中俄旧约展限十年,俄商在新疆伊犁、塔城、喀什各城贸易,持续"暂不纳税",英商援引最惠国待遇,亦一体免税,部分华商也投入外籍,希图免税,导致重重弊端。而俄商每据"暂不纳税"特权,即使贩运土货亦皆抗税,新疆省长兼督军杨增新对此十分不满,1917 年冬下令向英、俄商民在该省内贸易者征收税厘。经英、俄两使抗议后,北京政府指示杨增新不应对两国商民征收各项税捐。[2]

---

① 到目前为止,对 1917~1922 年中国清理帝俄条约权益研究最详者,应属 Robert Pollard, *China's Foreign Relations, 1917–1931* 一书,中译本见波赖《最近中国外交关系》,第 89~125 页。此书虽出版于 1932 年,不可能使用档案文献,但是写作态度严谨,尽可能参考相关资料与研究成果,加以视野开阔、立场客观,没有中国学者无法避免的政治干扰,有相当高的学术价值,唯未讨论北京政府片面修改《伊犁条约》一事。另外,李嘉谷《中苏关系(1917~1926)》(社会科学文献出版社,1996,第 67~76 页)曾论及北京政府停止旧俄使领待遇一事。

② 远东外交研究会编印《最近十年中俄之交涉》,1923,第233~234 页。

俄国革命后内战激烈，杨增新为避免红、白两军进入新疆境内，1918 年初下令封锁边界，中俄双边贸易大幅萎缩。同时，杨增新再次将俄商抗税情形咨告中央，建请外交部向俄使提议修改《伊犁条约》。① 11 月 27 日，杨增新函北京政府，指出《伊犁条约》第四届又将期满，所有条约内俄商贸易暂不纳税之条，亟应及时修改，以挽利权，并建请在巴黎和会中，提议先行废止免税条款。② 12 月 3 日，外交部复电："查中俄通商条约沿用数十年，国税商货两受损害，自应及早修改，以挽利权。惟此两国单独条约与普通成约不同，未便提出和议大会，现在俄无正式政府，亦无从与议，将来俟有时机，自当设法修改。"③

1919 年春，新疆当局呈请外交部：《伊犁条约》将届十年修约之期，应提议修改，并声明原约所载免税之条应请废除，另订条约开议税则。外交部注意到此事，开始研究。④ 6 月，杨增新再请将废止暂不纳税提出和会，若"碍难提出大会，即请正式与俄使严重交涉，先行废止暂不纳税字样，及早改订税则"。⑤ 外交部意见是：凭空提议势难做到，于修约年期提出照商。⑥

11 月 27 日，杨增新再电外交部：明年又届期满，切勿错过又留十年之患，请外交部早为筹备，预向俄使提议修改此约。杨增新同时遍函京中各机关，推动修改俄约事。各地商会呼应杨氏意见，甚至有主张"俄乱未已，无法交涉，应请援照《中俄蒙协约》成例，直接宣布无效"。⑦ 12

---

① 《新疆省长（4 月 8 日）咨》（1918 年 6 月 5 日），外交档案：03 - 19 - 119 - 02 - 004；亦见远东外交研究会编印《最近十年中俄之交涉》，第 234～235 页。

② 《新疆省长（1918 年 11 月 27 日）咨》（1919 年 1 月 9 日），外交档案：03 - 19 - 120 - 03 - 001。

③ 《新疆省长欢电》（1919 年 6 月 27 日），外交档案：03 - 18 - 037 - 01 - 010。

④ 《新疆交涉员（张绍伯 4 月 16 日）呈》（1919 年 5 月 27 日），外交档案：03 - 18 - 037 - 01 - 005。

⑤ 《新疆省长欢电》（1919 年 6 月 27 日），外交档案：03 - 18 - 037 - 01 - 010。

⑥ 《国务院（27 日）公函》（1919 年 6 月 28 日），外交档案：03 - 18 - 037 - 01 - 011。

⑦ 《收绥远总商会等电》（1919 年 12 月 5 日）、《收京师总商会呈》（1920 年 1 月 13 日，12 日发），外交档案：03 - 18 - 037 - 01 - 010、02 - 002。

月 3 日，杨氏又发电称："现在俄国无统一政府，订约固属难事。然此时若不提议，又需十年方能修改，可否与俄使及俄鄂（木斯克）政府交涉，将此条先行作废，先令俄商照内地诵商章程完税。如必待俄政府统一再行提议，则明年修改期限内，恐未必能实行改订新约，未免有误事机。"① 总统府、国务院、财政部等都接此电，咨询外交部：俄无统一政府如何办理？陈箓批：由俄约研究会讨论。②

1919 年起，苏俄中亚政权试探与新疆建立贸易关系，杨增新抱持审慎态度，静观其变。1920 年初，塔什干政府正式派代表要求新疆开放通商，双方开始官方接触。4 月 1 日，杨增新电北京，除再建议中俄修约外，报告中亚新党屡向新疆以通商为言，拟趁此时机，遴派委员前往接洽，即将免税之例，磋商废弃，另议俄货进口税则。③ 29 日，外交、财政部联名电复："俄新党本以国际平等为主义，似可乘此时机，派员商办，概将俄货照民国六年十二月公布规定税率条例标准征税。如未能办到，或为交换之协定，俾中俄两国货物，各纳同一之税率，以符平等之义。"④ 杨增新命塔城道尹与俄新党交涉，指示："俄新党如要求通商，该道尹即应要求将俄商在新疆暂不纳税之例废除，照国际通例平等纳税"，并报告外交部。⑤ 不久，中亚新党派代表前来伊犁会商，5 月 18 日，杨增新指示伊犁

---

① No. 7《收新疆省长兼督军［杨增新］咨》（1920 年 1 月 11 日，1919 年 12 月 3 日发），《中俄关系史料》，第 5 ~ 6 页。

② 外交档案：03 – 18 – 037 – 01 – 020。按：1919 年 7 月 26 日，陆征祥自巴黎电外交部注意俄约事，外交部 8 月 20 日电告设立"俄约研究会"。见外交档案：03 – 18 – 037 – 01 – 015。

③ No. 479《收新疆省长［杨增新］咨》附《新疆新订伊犁中俄临时通商全案——呈政府［东］电》（1920 年 4 月 1 日），《中俄关系史料》，第 291 页。

④ No. 479《收新疆省长［杨增新］咨》附《新疆新订伊犁中俄临时通商全案——北京来［艳］电》（1920 年 5 月 2 日），《中俄关系史料》，第 295 页。按：1917 年 12 月 25 日颁布之《国定税则条例》原为针对德、奥而设，战后北京政府欲将之扩大到所有无约国，但因技术性的困难，未能坚持。

⑤ No. 195《收新疆杨省长电》（1920 年 5 月 16 日，11 日发），《中俄关系史料》，第 123 ~ 125 页。

道尹：两国平等通商，废除暂不纳税之条，俄商在新疆天山南北两路贸易，运货入口出口，应依照新疆统税章程办理，与华商一律待遇。①

新疆省政府与俄中亚代表谈判顺利，就通商及其他相关问题的处理取得共识。5月20日，杨增新电告外交部："现拟由省城外交特派员及喀什道尹先行向俄国塔什干公民总会致函声明，如俄国愿与中国通商，应即商订临时通商纳税税则……如俄新党承认在新疆纳税，我国应即准其在新疆通商。"② 北京国务会议议决："此事系为互换利益起见，趁此解除旧约，重定新章，未始非挽回税权之道，似可允其照办。"③ 25日，国务院、外交部复电："希饬特派员等就近商订税则，以为救时办法，报由中央核夺。仍俟俄事确定，再行正式商订。"④ 外交部另电杨氏："尊拟与俄新党商订临时税则，极佩荩筹。办理情形如何，仍盼随时电部接洽。"⑤ 27日，新疆当局与俄中亚当局，在伊宁订定《伊犁临时通商条件》十款，规定：俄商进出口均需依照新疆统税章程，与中国税关纳税；两国人民因贸易发生争论时，及所有民刑诉讼各事，均以住在国法律裁判执行之。⑥ 杨增新报告称："是不惟

---

① No.479《收新疆省长［杨增新］咨》附《新疆新订伊犁中俄临时通商全案——呈政府［皓］电》（1920年5月21日），《中俄关系史料》，第298～299页。值得注意的是杨增新此时已多次使用"不平等条约""不平等之条约"。

② No.225《收新疆杨省长20日电》（1920年5月26日），《中俄关系史料》，第148～149页。

③《国务院函》（1920年5月31日），外交档案：03-18-037-03-005。

④ No.233《收国务院交钞复新疆省长电》（1920年5月28日），《中俄关系史料》，第154页。

⑤ No.226《发新疆省长［宥］电》（1920年5月26日，27日到），《中俄关系史料》，第149页。

⑥ No.229《中俄委员会在伊犁伊宁城内会议定案》（1920年5月27日）、No.376《收新疆省长支（4）电》（1920年9月6日）、No.479《收新疆省长咨》（1920年11月5日，9月23日发）附新疆新订伊犁中俄临时通商全案（1920年4月1日至7月15日），《中俄关系史料》，第150～152、224～225、289～311页。多件北京来电，甚具参考价值，参见杨增新《补过斋文牍续编》卷11，甘肃文化出版社，1999；李信成《杨增新在新疆》，台北，"国史馆"，1993，第266～267页。

新疆数十年丧失之税权，足以挽回，凡因此一切弊端，可全扫而空。而华侨资产保护，裁判渐致收回，尤为国际上难得之事实。"杨增新并将此临时通商办法，扩展到喀什、迪化，饬令俄商一律纳税。① 7月1日设立税关，8月2日开始对俄商征税。杨增新电请："将此项俄税，仿照张家口征税俄货之例，由新省拣员呈请派为监督往收，不入海关范围，无须提用海关洋员，所得税款，即作为新省边防军费。"② 9月中旬，大总统谕："交院处部照准，并奖励数语。"10月30日，大总统指令：新疆与俄通商征税作为新省边防军费，交外交、财政、陆军三部查核办理。③

同时，北京政府对俄态度有变化，1920年初，协约国对俄国内战态度转变，各国自西伯利亚撤军，有关英、法等国与苏俄政府接触之外电频传，驻丹麦使馆也迭次电告北京外交部。④ 4月6日，远东共和国成立，第一次加拉罕对华宣言也传送到北京。5月中旬，总统府收到《关于英、法、意对俄通商劳农政府渐有成议，我国宜急起直追筹定办法条陈》，建议："令外交边防各机关拟议，将来如与俄定约，旧约何者宜存? 何者宜废? 新约应增若干件? 或即以劳农政府通牒为根据，筹定办法预备开议。盖我国应付劳农政府，本视协约国为转移，今英国与俄开议既有显状，我自宜急起直追，以免东邻先我着鞭，攘取权利，转碍边局。"徐世昌大总统批：交院部即核夺。⑤

5月13日，参议院通过议员王学曾等提出"请政府及时筹备明年

① No. 380《收新疆省长虞电》（1920年9月9日，7日发）、No. 383《收新疆省长灰（10）电》（1920年9月14日），《中俄关系史料》，第235~237、238页。

② No. 380《收新疆省长虞电》（1920年9月9日，7日发），《中俄关系史料》，第235~237页。

③ No. 387《收国务院交抄府秘书厅12日函》（1920年9月16日）、No. 477《收国务院指令》（1920年11月3日），《中俄关系史料》，第240、288~289页。

④ 见外交档案：03-18-037-02各件。

⑤ 《国务院公函》（1920年5月18日），外交档案：03-18-037-02-011。当时北京政府称苏俄为劳农政府。

修改中俄条约，整顿蒙古、新疆入口税则建议案"，咨达国务院查照办理。21 日，阁议议决：交外交、财政两部核议。[1] 同时，滨江关监督密函财政部称：中俄前订东省铁路合同，依据《伊犁条约》铁路运费按三分减一纳税，应研究取消。但税务处反对，主张现在俄虽无正式政府，然中俄邦交并未断绝，旧约仍应视为有效，将来可修约。财政部认为釜底抽薪之计，应以修正《伊犁条约》为先决问题，询问外交部：中俄改约之期将至，应否于期内先向俄使声明，以立实行修订之基础？外交部复称：现在俄新党势力膨胀，旧政府已全归消灭，从前中俄所订旧约，已有不废自废之势，当然不能受其束缚。现驻京俄使，本属旧政府一系，已无丝毫权力，自无庸向其声明。5 月 24 日，财政部再次询问：贵部对于中俄旧约主张不废自废，而税务处则以中俄邦交未断，原订合同仍应视为有效，所见不同。而《伊犁条约》又将届十年期满，现在俄国尚未成立正式政府，自无可为通知之处，但主张废约办法，应否有相当之表示，并应用何种表示方法，请由贵部详加酌核。至东省铁路纳税办法，应俟前项问题解决后，再行核办。[2] 劝办实业专使也函外交部称："明年二月俄约已届修改之期，所有减免税捐条款，现时似应确实考虑，以备将来提议修改。"[3]

外交部遂于 27 日照会俄国公使库达摄夫（Nikolai A. Kudashev）：《伊犁条约》将届第四次十年限满之期，条文多不适用，亟应及时变更，"惟按之贵国现在时局，本国政府亦无从提议，只可俟贵国统一政府成立，经本国政府承认后，再为斟酌办理。但原约所载修改期

---

① No. 216《收国务院公函》（1920 年 5 月 22 日，21 日发），《中俄关系史料》，第 141~143 页。

② No. 221《收财政部公函》（1920 年 5 月 24 日，22 日发），《中俄关系史料》，第 145~146 页。

③ No. 224《收劝办实业专使公函》（1920 年 5 月 25 日，24 日发），《中俄关系史料》，第 147~148 页。

限，当然不能受其束缚"。俄国使馆复称："阅悉备案。"①

北京政府进一步讨论如何修改中俄旧约，6月国务会议议决交由外交、财政两部核议，国务院及财政部函请外交部拟定与俄通商表示方法。②17日，外交部向国务会议提出对俄使声明稿，云："查中国与前帝俄时代所订通商条约，多属俄国片面利益，在我损失甚多，税务一端，尤为重要，亟应标明宗旨，以彼此对等之利益为衡。在未经中国正式承认俄政府暨未经中俄两国修改另订通商条约以前，所有中俄两国各种货物课税，均应均平协定，以免偏枯。"23日，国务会议议决照办，唯将最后三句，修改为"所有入口俄货，自应依照国定税率完纳"。③外交部正准备照会俄使，旋因对俄态度转变而中止。

总统府对修改中俄旧约很关心，6月底抄交外交部说帖一件，称英政府将来亦必与俄缔约，我国似更未可落后，令外交部一面调查协约各国对俄现状，一面将与俄旧约如何酌量改订，妥速筹议，以便进行。④7月中，总统府又发下《与俄通商缔约等事拟交外交部妥为筹拟条陈》，云："我国向与协约各国取一致行动，今英、美对俄如此，我与通商缔约等事，或应举行，或应预备，似皆未可再缓，拟交外交部妥为筹拟，以免迟误。"8月，再发下说帖称：英美各国，拟与劳农政府通商，我国自无再封锁之理，唯免税一节，理难仍行沿袭，拟交主管机关酌定办法。⑤

此时，中俄关系发生变化。1920年5月30日，远东共和国外长向北京政府发出照会，提议两国建立正式关系，设立领事机构并举行

---

①　No. 232《发俄库使节略》(1920年5月27日)、No. 242《收俄馆节略》(1920年6月1日，5月29日发)，《中俄关系史料》，第153～154、157～158页。

②　No. 264《收财政部11日咨》(1920年6月14日)，《中俄关系史料》，第168页。

③　No. 270《发院秘书厅公函》(1920年6月17日)、No. 282《收国务院密函》(1920年6月24日，23日发)，《中俄关系史料》，第174～175、179页。

④　No. 298《收国务院公函》(1920年6月30日)，《中俄关系史料》，第183～184页。

⑤　No. 321《收国务院公函》(1920年7月20日)、No. 348《收国务院公函》(1920年8月10日，7日发)，《中俄关系史料》，第194～195、210～211页。

官方代表会议。6月上旬，远东共和国派优林（Ignatius L. Yurin）使团访华，试图与中国建立友好政经关系，并被苏俄授权解决中东路等问题。优林到达恰克图，滞留到直皖战后，8月26日抵北京。

同时，督办边防事务处6月下旬派陆军中将张斯麐为首之代表团到达上乌丁斯克，与远东共和国外交部谈判。9月5日抵莫斯科，与苏俄政府达成互派领事协议，但北京担心得罪协约列强，召回使团。张斯麐11月抵彼得堡，会晤列宁，28日返抵北京，带回第二次加拉罕宣言，此为中苏非正式交往的一次尝试。张斯麐建议对苏俄采联络主义，议定商约，但因皖系失势，其建议未发生影响。

优林抵北京正值颜惠庆接任外交总长，积极处理中俄问题。颜惠庆请顾问宝道研究宣示《伊犁条约》无效一事。8月27日，宝道提出《修改中俄通商条约之说明与意见》，云：依约中国可对俄表示修改通商条款之意思，但不能中止该条款之效力，即此项通商条款于磋商修改时期内，仍旧有效。①

9月，总统府发下《拟与俄劳农政府通商说帖》，称：中俄通商条约施行已久，权诸目下情形，多不适用。关于免税各条，尤应废除，以重国课。现前项条约应如何改订，已由外交部随时研究，一面并由财政部、税务处设关征税各节，预为筹备，以便相机实行。② 总统府又交下《关于中俄通商说帖》云：远东共和国代表来京，我与议商务实当然之理，自难因他国之阻挠而废止；现俄库使行将离职，旧约照理亦宣失效，拟由该主管机关速拟边境通商办法，以便利商民，并示我国家自主之权固未稍损；至正式订约，则须俟俄政府完全统一，各国承认以后。③

---

① No.371《收宝道［G. Padoux］顾问致［颜惠庆］总长8月27日函》（1920年9月2日），《中俄关系史料》，第220～221页。

② No.389《发国务院公函》（1920年9月16日），《中俄关系史料》，第241页。

③ No.401《收国务院公函》（1920年9月23日，21日发），《中俄关系史料》，第246页。

9月23日，大总统令：旧俄原有驻华使领等官，久已失其代表国家之资格，实无由继续履行其任务，即日明令宣布，将现在驻华之俄国公使领事等停止待遇。天津、汉口俄租界由特派员代为管理，中俄人民诉讼及俄人犯罪等事件，均归中国法庭审理。[①] 于是，北京政府不再承认旧俄在华使领地位，收回俄租界，及俄侨之领事裁判权。10月13日，英国代办询问颜惠庆：现在各种办法自是暂局。颜氏云：是有限制的暂局，非绝对的暂局，譬如中俄商约明年期满，按照现约，我一概不得征税，中政府业于二十年前商请俄国修改此条，倘俄乱延宕不定，我国亦将长此受其束缚。[②]

1920～1921年北京与优林谈判商约，优林提出通商条约草案，外交部提出对案及声明文件。但因北京坚持先议定蒙古及中东路问题，再议商约，优林则主张先议商约，[③] 谈判因之耽搁。

谈判期间，《伊犁条约》于1921年8月19日又届十年期满。8月11日，外交部在国务会议提出《关于中俄陆路通商条约暂时中止同时提出同等待遇说帖》，[④] 拟乘旧约终止之机，挽回税务以保利权，阁议议决照办。外交部函询税务处：对俄商税在未订新约以前，声明暂照各国协定税则征收，以免各国疑问？抑或但称由税务处另订规则办理，俾留伸缩自由地步？税务处的意见是：中德恢复和平以来，德商运货均照普通（即协定）税则完纳；将来重订中俄新约，于征收货税一层，谅亦不能独异。新约未订以前，中俄陆路通商货税似可声明照

---

① No.50《发大总统呈》（1920年9月23日）、No.52《外交部发各省督军、省长、三都统电》（1920年9月23日），《中俄关系史料·一般交涉（中华民国九年）》，"停止俄使领待遇篇"（以下简称《中俄关系史料》，"停止俄使领待遇篇"），第39、40页。

② No.205《总长（13日）会晤英克代使问答》（1920年10月18日），《中俄关系史料》，"停止俄使领待遇篇"，第119页。

③ No.686《收总长［颜惠庆］会晤优林问答》（1921年10月3日），《中俄关系史料·一般交涉（中华民国十年）》，"中俄通商"（以下简称《中俄关系史料》，"中俄通商"），第549～551页。

④ 《颜惠庆日记》第2卷，第60页，1921年8月11日。

滨江等关现行办法，按协定税则三分减一完纳，以归一律。颜惠庆批示："极不妥，既称普通税则，何以改为三分减一。税务处所虑者，并不在俄而在日本，因俄国陆路税则既改，则日本无例可援矣。三分减一系属例外，何得以德货税则相比。"又批："中俄边界修改税则事，似应催办。"[①] 外交部与税务处对俄商税则问题意见不合。[②]

此时，华盛顿会议即将召开，11月初新疆督军杨增新建议，新俄《临时通商条件》虽可挽回前清条约之失，但是中国对于苏俄政府既未正式承认，而此项条件与国际正式条约有关，且英商免税之事经行已久，势难以此项条件施之英商而推行，拟请政府电知赴美代表，将新疆对于外人征收关税一事在太平洋会议中提议，以符国际通例而复国权。[③] 财政部同意，拟电稿致中国代表，15日由外交部致电中国代表团称：新疆督军请于华会中提出对外一律征税，以复国权，"查关税自由本为吾国拟提议案之一，该省所称不平等各情，或亦足备引证之助"。[④]

11月11日，华盛顿会议开幕。23日，太平洋及远东问题委员会第五次会议，顾维钧提出关税自由问题，会中决定成立关税问题分股。[⑤] 29日，华会关税问题分股第一次会议，中国提出税则案六项要求，包括："中国现行陆路进出口或抽税减成章程应即废止"。1922年1月4日，分股会议，通过陆路通商减税办法之议决案。[⑥] 次日，远东委员会第十七次会议，关税分股主席向委员会报告中国关税案：

---

① No. 670《收税务处函》（1921年9月27日），《中俄关系史料》，"中俄通商"，第518～519页。

② Alston to FO, D. 15 Nov. 1921, R. 28 Dec., FO371/6625〔F4853/168/10〕.

③ 《收新疆省长（3日）电》（1921年11月5日），外交档案：03-39-020-01-011。

④ 《收财政部函》（1921年11月15日），外交档案：03-39-020-01-012。

⑤ 《远东委员会关税会议录》，金问泗译，关税调查处，1921，第13页。

⑥ 《收美京顾施王代表（29日）电》（1921年12月1日）、《收美京顾施王代表（4日）电》（1922年1月5日），外交档案：03-39-020-01-020、02-004。

"公同议定将中国陆路边界减税制度废除，俾世界各国咸知夫门户开放机会均等"，① 会议通过该案，并起草条约。2月6日，《九国公约》与《关税条约》签字，后者第六条规定：中国海陆各边界划一征收关税之原则，即予以承认；第二条所载之特别会议应商订办法，俾该原则得以实行。

就在华会讨论废除中国陆路关税减成办法时，北京政府继续推动废止中俄边界通商特权。1921年12月19日，外交部向国务会议提出：《伊犁条约》第四次十年限满，虽曾向俄库使声明该约应行修改，唯以俄国现在时局无从提议，只可俟俄国统一政府成立后，再行斟酌办理，并声明不受原约修改期限之束缚。本部曾拟废止俄国陆路通商特别利益，所有货物均照普通税则征收，请呈明大总统以明令公布声明。国务会议议决照办，但"命令暂不公布，候有适当时间再行发表"②。

待华会通过决议后，1922年1月8日《大总统令》：

中俄所订条约暨陆路通商章程已届第四次十年期满，现在中俄边界商务日见发达，今昔情形不同，依照原约，应即重行修改，并历届由中政府提议在案。现在俄国正式政府尚未成立，无从提议。政府为利便两国商务起见，现经决定在中俄未改订新约以前，所有关于中俄条约及通商章程内规定之三分减一税法暨免税区域，免税物品各种办法，自本年四月一日起，应即毋庸继续履行，嗣后俄商由俄国运来货物，及在中国运出洋土各货，应完进出口税项，均照现行海关进出口税则完纳，以昭公允。③

---

① 《远东委员会关税会议录》，第15页。

② No.822《发国务院咨呈》（1921年12月24日），《中俄关系史料》，"中俄通商"，第638页；《国务院函》（1921年12月28日），外交档案：03-19-121-01-002。

③ 《大总统令》（1922年1月8日），《政府公报》第2104号，1922年1月9日。

此令事实上等于中国片面修改中俄《伊犁条约》。

总税务司安格联（Francis Aglen）认为此令有窒碍难行之处，指出："陆路减税废除……宜俟云南、安东等各处边界一律废除，再行同时办理，不宜独将俄边一处办法先行解除。"① 财政部虽反对展缓，但也担心日本反对中韩陆路贸易一并办理，要求外交部与日本商议。② 外交部与日本交涉，称中韩间陆路减税办法系援照俄国减税办法而来，现中俄陆路减税办法业奉大总统明令废止，满鲜交界运货减税办法，应予同时废止，以符原议。日本使馆反对，3 月 10 日复照称：中韩陆路减税系根据最惠国待遇之根本原则而成立者，今于未废止南境英、法两国关系减税之先，而独欲废止日本国关系之陆境减税，断难同意。颜惠庆与日使小幡酉吉交涉，日使抗议，认为应等关税特别会议解决，否则日、法必挑剔。外交部只好让步，函告税务处：中韩交界陆路运货减税办法，暂行照旧办理。③

至于英商在新疆免税一节，2 月 24 日，国务院函外交部：中俄减税已明令废止，英商本系援用中俄章程，自应根据俄约，正式向英使声明撤销。④ 28 日，杨增新请外交部与英使交涉，通知喀什英领，俄商免税废止，英商应一并纳税。外交部答以：此事可不必由部先向英使及各使声明，将来彼如提出抗议，本部自当据理拒驳。⑤ 财政部亦认为："中俄陆路通商章程既经奉令废止，此次华府会议对于中国海陆各边界划一征收关税办法，又经议决通过，是英商援案邀免一节，

---

① 《税务处咨》（1922 年 2 月 16 日），外交档案：03 - 19 - 121 - 01 - 004。

② 《财政部咨》（1922 年 2 月 23 日），外交档案：03 - 19 - 121 - 01 - 006。

③ 《照会日本小幡公使》（1922 年 2 月 23 日）、《日本馆照会》（1922 年 3 月 10 日）、《总长会晤日本小幡公使问答》（1922 年 3 月 14 日）、《公函税务处》（1922 年 3 月 27 日），外交档案：03 - 19 - 121 - 01 - 005、012、013、015。

④ 《国务院函》（1922 年 2 月 24 日），外交档案：03 - 19 - 095 - 04 - 004。

⑤ 《杨增新 28 日电》（1922 年 3 月 4 日）、《发新疆省长阳电》（1922 年 3 月 7 日），外交档案：03 - 19 - 095 - 04 - 010。

早已失其根据，在我与之交涉，尤属词严义正，当亦不难就范。"①

1 月 24 日，英国驻北京公艾斯顿（Beilby F. Alston）向伦敦报告：对大总统令我们不能抗议，请求伦敦指示如何通知英领事。② 英国外交部询问印度部"此令影响到印新商务，目下英国政府不能抗议，印度部是否赞成？"③ 伦敦外交部内部讨论后，认为英国政府不必承认违反英国利益之单方面修正条约，但是华盛顿会议通过承认中国海陆各边界划一征收关税之原则，因此不能坚持目前之特权，指示英使照办。④ 新疆遂自 4 月 1 日起顺利对英、俄商收税。⑤

1921 年 12 月，苏俄政府裴克斯（Alexander K. Paikes，或译巴意开斯）使团至北京，正式展开与北京政府间的交涉，欲在华会前解决中东路问题，保障苏俄权益。但北京政府已收复中东路，华会中又成功抵制列强国际共管中东路方案，不急于与苏俄解决此问题，着重于外蒙古撤军及苏蒙友好条约问题。双方目标不同，迟迟不能正式开议。

3 月 29 日，苏俄代表向外交部提出抗议，云：1 月 8 日大总统令，取消 1881 年中俄陆路通商条约，自 4 月 1 日起实行。1 月 19 日海关税务司申明所有以前关于由俄国进口暨由满洲出口各货物减征关税权利，自 4 月 1 日起停止。中国政府此种举动，本代表不得不视为异常非法不公之举动，迫不得已，特由政府名义提出抗议。理由是：

　　查一八八一年条约，仅关于由天津、肃州经过蒙古陆路之商务，该约虽停止实行，亦不能将一八九六年条约所规定之税权连带取消。所以海关税务司之通令，显属非法。至论及一月八日大

---

① 《财政部公函》（1922 年 3 月 11 日），外交档案：03 - 19 - 095 - 04 - 016。
② Alston to FO, D. 24 Jan. 1922, R. 28, FO371/8023 [F410/410/10]。
③ FO to India Office, 9 Feb. 1922, FO371/8023 [F410/410/10]。
④ Alston to FO, D. 24 Jan. 1922, R. 20 Mar. , FO371/8023 [F1127/410/10]。
⑤ 《电新疆省长》（1922 年 3 月 16 日），外交档案：03 - 39 - 020 - 03 - 002。

总统命令，就一八八一年条约言之，亦甚似诧异。盖中政府实在无单独废弃该约之必要，劳农共和政府曾迭向中政府宣告，劳农政府准备及情愿与中政府商改前俄帝政府所订各项中俄条约之意，以期去除妨碍中俄人民友好之各条款，劳农政府至今仍准备从速开议修改各约。故中政府未经预商，遽尔取消该约，殊难索解。[1]

苏俄代表抗议之主要用意，在于希望从速开议。4月15日，外交部答复，对片面修改《伊犁条约》，称：中俄陆路通商章程已届四次期满，边界商务情形与前大异，而俄国适因政变，原订约之政府既不存在，而现状梦如，莫斯科政府迄尚未得国际正式之承认，中国政府实有无从就商之苦，是以不得不采取必要之方法，将该章程取消。对北满与苏俄间进出口税率，承认苏俄代表所称之1896年合同规定之税率，中国政府已饬令暂仍旧贯，俟日后之解决。[2] 英使亦报告："苏俄抗议北满减税优惠被取消，北京政府指示海关取消。"[3] 然而，裴克斯仍无法与北京政府开议，黯然回国。

苏俄政府改派越飞（Adolf A. Joffe）来华交涉。1922年8月12日，越飞抵北京。越飞使团对吴佩孚期望极高，试图解决各问题，恢复中苏邦交。但仍因中东路及外蒙古问题，进行不顺。苏俄第二次对华宣言中取消第一次宣言将中东路无偿归还中国条款，要求重新取得中东路权益，北京政府与吴佩孚不满。而红军于1921年6月开入外

---

① 《劳农代表致外交部节略第317号》（1922年3月29日），《中俄会议参考文件》第二类"中俄问题往来文件"，十八，台北，文海出版社，1969，第121～125页。1896年9月8日，柏林《合办东省铁路公司合同章程》第十款：……至货物由俄国经此铁路运往中国，或由中国经此铁路运赴俄国者，应照各国通商税则，分别交纳进口、出口正税，唯此税较之税则所载之数，减三分之一交纳。见王铁崖编《中外旧约章汇编》第1册，第674页。
② 《外交部答劳农代表团节略》（1922年4月15日），《中俄会议参考文件》第二类"中俄问题往来文件"，二十五，第141～143页。
③ Alston to FO, D. 11 May 1922, R. 22 June, FO371/8023 [F2144/410/10].

蒙古，组织蒙古人民共和国，11 月订《苏蒙友好条约》，实际上等于
承认外蒙独立，北京政府严重抗议。越飞不能解决这些问题，11 月 7
日越飞宣言，正式否认第一次宣言无偿归还中东路的条款。17 日，答
复北京外交部抗议，否认《苏蒙友好条约》侵犯中国主权。中苏谈判
实质失败，唯一收获，系与孙中山达成协议。1923 年 8 月，苏俄改派
加拉罕来华。

二 清理旧俄条约特权

俄国革命之后，北京政府追随协约各国，对苏俄采不承认态度。
1920 年初，协约国对俄国内战态度有所转变，除日本之外，各国纷纷
自西伯利亚撤军，英、法等国与苏俄政府接触之外电频传。北京政府
乃考虑与苏俄接触，并解决旧俄使领问题。国务院顾问辛博森建议：
解决外交官及领事问题，将交付之赔款仍留自手，否认俄国使领之权
利。[1] 外交部对旧俄公使态度趋于严苛，4 月初，报载苏俄发表对华
加拉罕宣言，愿归还俄国所有在华不平等条约权利，而旧俄驻北京公
使库达摄夫致外交次长陈箓的照会被退回，法使代为说项，陈箓答
以：俄使在华，对俄国毫无实权，动辄照会，实处中国政府于困难
地位。[2]

1920 年 7 月直皖战争后，直系掌握北京政府，外交上采反日亲英
美方针，8 月靳云鹏组阁，颜惠庆任外交总长，颜氏上任后首先处理
的要案就是对俄问题。

（一）停止旧俄使领待遇

8 月 17 日，颜惠庆就任外交总长，同时远东共和国外交代表优

---

① No. 57《收国务院交抄辛博森君关于俄国问题意见书》（1920 年 1 月 23 日），《中俄关系史料·俄政变（中华民国九年）》，第 30 页。
② No. 1《收法馆问答》（1920 年 4 月 3 日），《中俄关系史料》，"停止俄使领待遇篇"，第 1 页。

林抵达北京，确认苏俄两次对华宣言，欲展开谈判，北京政府乃确立"接近新党，疏远旧党"之对俄宗旨。[1] 颜惠庆积极处理旧俄使领问题，首先，对俄使缓发就职通知，亦不投刺，作为新内阁对于帝俄代表采取不承认的初步。其次，电询驻欧各使节：各国对远东共和国持何态度？对旧俄代表在各国留驻者如何待遇?[2] 各使报告各国与旧俄政府代表多无往来。[3] 外交部内俄约研究会也讨论关于远东共和国及否认俄使领收回领事裁判权等问题，认为辛博森建议之以通知否认俄使领地位，似未妥协。俄约未订以前，国内牵涉俄人诉讼案件，即照无约国人民办法，归普通法庭审理，密令交涉员署及司法官厅遵照办理，毋膺以明文公布，以免他国借口"中国废约"实行干涉。[4]

24 日，颜惠庆会晤库使，指出：贵使地位诚反常例，不独贵使困难，本国政府办理中俄交涉事宜，亦颇感不便；优林既代表俄国一部分之人民，商务上不能不有接洽。[5] 同日阁议中，外交部提出两个办法：（1）对于帝俄原派驻华公使及各地领事，不予承认，以免对苏俄新政权发生恶感；（2）一俟时机成熟，我国对于苏俄新政权，予以承认。[6] 颜惠庆命外交部参司会议讨论对待旧俄使领办法，筹一根本解决办法，免除一切障碍。30 日，参司会议建议："一面事实上与俄旧党使领断绝往来，一面声明为办事便利，中对俄态度仍与协约国一

① No. 5《俄约研究会第六次会议录》（1920 年 8 月 24 日），《中俄关系史料》，"停止俄使领待遇篇"，第 2 页。

② 《颜惠庆自传》，第 106 页；No. 2《发驻英、法、义、比、和公使、代办电》（1920 年 8 月 19 日），《中俄关系史料》，"停止俄使领待遇篇"，第 1 页。

③ 见《中俄关系史料》，"停止俄使领待遇篇"，第 2～14 页，No. 3、4、6、7、12、17 各件。

④ No. 5《俄约研究会第六次会议录》（1920 年 8 月 24 日），《中俄关系史料》，"停止俄使领待遇篇"，第 4～5 页。

⑤ No. 8《收总长（24 日）会晤俄库使问答》（1920 年 8 月 27 日），《中俄关系史料》，"停止俄使领待遇篇"，第 6～7 页。

⑥ 《颜惠庆自传》，第 106 页。

致，对俄条约不能完全废止，只能遇事临机措置"；并具体建议：借口俄领事馆潜匿逃犯案，照会俄使诘责其无实力办理交涉，唯有停止与俄使领接洽。9 月 1 日，外交部电询东北、新疆疆吏：拟与俄使领停止外交关系，或暂留领事一部分之职权，俾照料中俄商务，尊处意见如何？① 9 日，外交部再电告东北、新疆疆吏：各国对旧俄代表多不来往，近来新疆省长已与新党代表商定临时通商办法，请预筹办法。② 疆吏们原则上都赞成停止外交关系，但着重实务上之处理事务及列强之态度。

当北京政府决心拒付俄国庚子赔款时，日、法公使都支持俄使，9 月初，俄使要求英国协助，将该款留在海关总税务司之手，不让中国政府动用，直到将来交给被承认之俄政府，但英国不支持俄使要求。③

北京外交部持续对旧俄公使施压，7 日，俄使因发给哈尔滨领事馆的密电被退回，要求外交部解释，颜惠庆告以现状已不能维持，中俄接壤数千里，俄官多不承认俄使，中国政府不能再允许俄使领在中国交换密电。俄使质疑优林使团到北京，虽未被正式承认，已可与中国官员来往，并可与莫斯科密电来往，要求颜氏稍缓。④ 英国驻北京代办克莱武（R. H. Clive）询问颜惠庆：俄库使称贵总长希望该使辞职，并自行取消所有俄国在华领事之资格。颜氏答以：近日发生领馆藏匿逃犯之事，于是余授意库使自行辞职。⑤ 但俄库使坚持只有奉本

---

① No. 9《关于俄使领地位事参司会议记录》（1920 年 8 月 30 日）、No. 11《发东三省巡阅使、吉林督军、黑龙江督军、新疆督军电》（1920 年 9 月 1 日），《中俄关系史料》，"停止俄使领待遇篇"，第 7~11、12 页。

② No. 21《发东三省巡阅使、吉林督军、黑龙江督军代电》（1920 年 9 月 9 日），《中俄关系史料》，"停止俄使领待遇篇"，第 15~16 页。

③ Clive to FO, 7 Sept. 1920, FO371/5344［F2086/2086/10］.

④ Clive to FO, 10 Sept. 1920, FO371/5344［F2100/2086/10］.

⑤ No. 44《收总长会晤英克代使问答》（1920 年 9 月 15 日），《中俄关系史料》，"停止俄使领待遇篇"，第 32 页。

国撤回命令，或中国政府对他撤回承认，才能解除他对在华 3 万俄侨的责任。①

俄使要求法国接手俄使馆、银行及租界，遭法国拒绝；但法国认为协约国未承认苏俄，应保护上述财产免于中国政府之侵犯，直到有被承认之俄政府出现，再转交之，并要求英国政府如此训令英使。②英驻北京代办鉴于优林到达北京对华示好，认为英国要小心不能如法使要求般地压迫中国，也不可有任何会驱使中国倒向苏俄的行动。③

9 月 23 日，北京政府大总统令云：停止旧俄使领待遇，俄国侨民及其生命财产自应切实照旧保护；对于俄国内部政争，仍守中立，并视协约国之趋向为准；至于俄国租界暨中东铁路用地，以及各地方侨居之俄国人民一切事宜，应由主管各部暨各省区长官妥筹办理。随即颁布《管理俄侨办法》及《对于汉口、天津俄国租界接管办法》。④外交部通告地方长官：停止各地俄领待遇，由各当地特派员或交涉员行其职权，保护及管辖俄国在华人民；俄国租界由特派员代为管理；中俄人民诉讼及俄人犯罪事件，均归我国法庭审理，由司法部另订详细办法；其余暂仍照旧办理。⑤

（二）收管旧俄使领馆

北京政府实行接收代管北京俄国公使馆及各地领事馆，但此片面断然行动严重冲击条约体系，协约国列强试图维护条约特权，纷纷表达关切之意。

北京外交团借口《辛丑和约》关系，介入管理俄国使馆。10 月 4

① 波赖：《最近中国外交关系》，第 111 页。
② French Ambassador Memorandum, 17 Sept. 1920, FO371/5344 [F2148/2086/10].
③ Clive to FO, 20 Sept. 1920, FO371/5344 [F2164/2086/10].
④ No. 50《发大总统呈》（1920 年 9 月 23 日）、No. 47《内务部致外交部函》（1920 年 9 月 21 日，23 日收），《中俄关系史料》，"停止俄使领待遇篇"，第 39、35～38 页。
⑤ No. 52《外交部发各省督军、省长、三都统电》（1920 年 9 月 23 日），《中俄关系史料》，"停止俄使领待遇篇"，第 40 页。

日，外交团领衔西班牙公使白斯德（Don Luis Pastor）照会颜惠庆：
因俄使馆在东交民巷使馆界内，《辛丑和约》各国代表 2 日会商，议
决承担保管俄公使馆产业责任，暂托库达摄大代办，俟库使离京时，
再由各国代表接管；俟经各国承认之俄国正式政府之代表来华，再行
交付。① 1921 年 1 月 11 日，领衔公使又照会，称：库使将于本月 12
日出京，外交团公推荷兰公使欧登科代表保管俄使馆事宜，俟俄政府
经各国承认正式代表来华，即行交付。② 4 月 15 日，外交部照会领衔
公使，声明："所有保管旧俄使馆事宜既由贵公使团担负责任，则所
有该馆之房屋、器具、案卷暨其它附属物之保全，中国政府对于无论
何方面概不负责。"③

外交部指示各地交涉员与旧俄领事交涉，接收代管 21 处领馆房
屋案卷，也多遭外交团干涉。上海俄国领事馆位于公共租界，情况较
特殊，9 月 24 日，外交部指示江苏交涉员许沅：俄领馆房屋案卷等，
能由彼交我代管最好，否则可暂听该领处置。10 月 23 日，外交部派
员与领衔公使会商，拟派交涉员与沪领袖英领事接洽俄领职权。④ 11
月 11 日，领衔公使照会外交总长：俄政府在华产业，外交团不能不
设法保管，外交团意见，令俄前领事官等，将所有产业开具清册，交
与外交团，再由外交团交与各该口岸领事团，转交中国地方官接收。
无领事团之处，可直接与中国地方官办理接收，皆系代表外交团办
理，所有各处俄前领事，如尚欲在该署暂住者，照颜氏前与各公使面

---

① No. 129《西班牙领衔驻华公使白斯德致中国外交总长颜惠庆照会》（1920 年 10 月 4
日），《中俄关系史料》，"停止俄使领待遇篇"，第 76 页。
② No. 21《收领衔日［斯巴尼亚］白［斯德］使照会》（1921 年 1 月 11 日），《中俄关
系史料·东北边防、外蒙古》，"停止俄使领待遇篇"，第 8 页。
③ No. 126《发葡国领衔符公使照会》（1921 年 4 月 15 日），《中俄关系史料·东北边
防、外蒙古》，"停止俄使领待遇篇"，第 98～99 页。
④ No. 62《外交部发特派江苏交涉员许沅电》（1920 年 9 月 24 日）、No. 242《收黄宗法
（23 日）往晤领衔日白使问答》（1920 年 10 月 25 日），《中俄关系史料》，"停止俄使领待遇
篇"，第 44、135～137 页。

允之言，仍准其居住。①

17 日，英代办询问颜惠庆：使团要求共同接管俄国领馆一事，贵部拟如何办理？颜氏云：拟分两种办法，一是已由本国交涉员接收者，继续不变；二是未经本国官吏收管者，俄领如交使团收管，本部拟不过问。即将按照上述两种办法答复领衔公使。②

事实上，北京外交部尽可能收管各地俄国领事馆，与外交团及各地领事团往复交涉。上海交涉员许沅拟定接收俄领馆办法，经领团通过呈报外交团，但久未得复，1921 年 2 月上旬请外交部迅与外交团接洽核定，以便实行。外交部电令：既由领团请示使团，自应仍由领团催复。③ 16 日，外交部指示上海交涉员，接收俄领馆办法，准领衔使文称：已得各使同意，希速与领团接洽，即日实行。④ 最后，在上海公共租界之俄国领馆并未封闭，由上海领事团、上海交涉署及外交部会商，在领馆设俄国事务局，由交涉员管辖，但由前俄领事以代理资格管理行政事务，司法事件则由中国法庭或会审公堂处理之。⑤

天津俄国领事馆部分，1920 年 12 月 4 日，直隶交涉员报告接收领馆文卷产业交涉经过。⑥ 不久领事团介入，俄国前领事以奉有北京公使团饬知应交与天津领团接收为词，不允径行交接。交涉员与之磋商再四，酌拟办法，由俄前领事查明领馆所有文卷产业，分别开具清单，订期交接，并于交接之日邀天津领袖领事到场作为保证，才于 31

① No.299《西班牙领衔驻华公使白斯德致中国外交总长颜惠庆照会》（1920 年 11 月 11 日，13 日收），《中俄关系史料》，"停止俄使领待遇篇"，第 187～188 页。
② No.312《英馆问答》（1920 年 11 月 17 日，23 日收），《中俄关系史料》，"停止俄使领待遇篇"，第 194 页。
③ No.59《收上海特派员（8 日）电》（1921 年 2 月 9 日），《中俄关系史料·东北边防、外蒙古》，"停止俄使领待遇篇"，第 40 页。
④ No.68《发上海交涉员电》（1921 年 2 月 16 日），《中俄关系史料·东北边防、外蒙古》，"停止俄使领待遇篇"，第 45 页。
⑤ 波赖：《最近中国外交关系》，第 120～121 页。
⑥ No.330《收特派直隶交涉员（4 日）函》（1920 年 12 月 5 日），《中俄关系史料》，"停止俄使领待遇篇"，第 215～217 页。

日实行交收，但所交文卷内十三号俄界地皮卷宗已送交北京公使团存储，未经交收。交涉员请外交部与外交团交涉，外交部复以：收管财产宗旨在代为保存，并无代为处分之必要，且 为处分即负重大之责任，现既由俄前领事交存公使团，只要手续分明，我尽可不问也。①

哈尔滨交涉员于12月8～15日接收俄领事馆房屋文卷。② 30日驻奉天俄领事馆也逐件交接。③ 新疆各处俄领事自停止职权后，所有领馆房屋案卷均交由中方接管。④ 塔城、喀什、黑河、延吉、长春、伊犁皆收管。12月14日，外交部答复领衔公使：俄领署产业已交接者（哈、吉、汉、津、黑、营口等处）由本国接收，未交接者，由外交团接收处置。⑤

最后，除俄国公使馆由于在使馆区内，由北京外交团介入收管外，各地领事馆，除广州沙面俄领馆由英领封闭，科布多领馆由当地俄侨团体领袖代管，其余在中国、蒙古19所领馆，大多数都由中国当局接收代管，所有接收清单，一并交给北京外交团。⑥ 直到1924年《中俄协定》签署后，各地领事馆逐步交还给苏俄领事。

（三）收回俄租界市政

1920年9月23日大总统令后，随即颁布管理俄侨办法及对汉口、天津俄国租界接管办法。⑦ 外交部通告地方长官：停止俄领待遇后，

---

① No. 11《外交部特派直隶交涉员祝惺元致外交部呈》（1921年1月6日，7日收），《中俄关系史料·东北边防、外蒙古》，"停止俄使领待遇篇"，第4～5页 。

② No. 357《黑龙江督军兼省长孙烈臣致外交部电》（1920年12月16日，17日收），《中俄关系史料》，"停止俄使领待遇篇"，第239页 。

③ No. 2《外交部特派奉天涉员关海清致外交部电》（1920年12月30日，1921年1月1日收），《中俄关系史料·东北边防、外蒙古》，"停止俄使领待遇篇"，第1页。

④ No. 9《收新疆省长（12月28日）电》（1921年1月6日），《中俄关系史料·东北边防、外蒙古》，"停止俄使领待遇篇"，第4页。

⑤ No. 351《发日白俄照会》（1920年12月14日），《中俄关系史料》，"停止俄使领待遇篇"，第237～238页。

⑥ 波赖：《最近中国外交关系》，第112页。

⑦ No. 47《内务部致外交部函》（1920年9月21日，23日收），《中俄关系史料》，"停止俄使领待遇篇"，第35～38页。

一切保护及管辖俄国在华人民等事宜，即由各当地特派员或交涉员接续行其职权；其有俄国租界地方，由特派员代为管理；中俄人民诉讼及俄人犯罪等事件，均归我国法庭审理，由司法部另订详细办法续达；其余暂仍照旧办理。[1]

北京政府实行接收天津、汉口俄租界，25 日直隶交涉员与俄领接洽，27 日接收天津俄租界，交涉员与警察厅长等赴俄租界工部局，交接文书卷宗账簿，升中华国旗，收回俄租界。[2] 汉口俄租界也于 28 日由湖北交涉员接洽接管事宜。[3]

法、意、日等国拟组各国委员会，管理中国境内各租界及权利，以免中国开破坏约章之先例，美国态度摇摆，英国则以为此系中俄两国之问题，并无可干涉之余地。[4] 24 日，美使柯兰（Charles R. Crane）会晤颜惠庆，转陈美国政府来电云：美国政府以为中国政府不应乘俄国屡弱之时，取消或妨害中国对俄之义务。颜惠庆答以：此次仅系停止待遇，与绝交情形不同，各租界是暂代管理，并非收回。[5] 次日，法使柏卜（Auguste Boppe）也在会晤时关心俄租界。[6] 29 日，英代办会晤颜惠庆，关心俄人条约权利，颜氏答以：俄在华之租界及利益，本国俱不取回，亦不废止，一切办法，俱与对待德、奥者不同，由特派交涉员暂代领事职权。英代办报告伦敦云：我向外交总长表达应尽量

① No. 52《外交部发各省督军、省长、三都统电》（1920 年 9 月 23 日），《中俄关系史料》，"停止俄使领待遇篇"，第 40 页。

② No. 77&78《收直隶交涉员黄荣良致呈》（1920 年 9 月 28 日），《中俄关系史料》，"停止俄使领待遇篇"，第 50～54 页；《晨报》1920 年 9 月 28 日，第 3 版。

③ No. 109《收湖北督军［王占元］、省长［孙振家］电》（1920 年 10 月 1 日），《中俄关系史料》，"停止俄使领待遇篇"，第 68 页。

④《国务院（8 日）函——抄送端纳条陈中国对俄利权之行动由》（1920 年 10 月 12 日），外交档案：03-18-137-03-004. Clive to FO, 24 Sept. , & FO to Clive, 25 Sept. 1920, FO371/5344［F2245/F2148/2086/10］。

⑤ No. 86《总长（24 日）会晤美国柯使问答》（1920 年 9 月 29 日），《中俄关系史料》，"停止俄使领待遇篇"，第 57 页。

⑥ No. 105《收（25 日）法馆会晤问答》（1920 年 10 月 1 日），《中俄关系史料》，"停止俄使领待遇篇"，第 66～67 页。

减低租界行政之改变，颜惠庆说若俄国在一合理期间内无法建立一个被承认的政府，中国不可能无限期保管；我训令英领不加入任何抗议，但随时报告情况。① 因列强对介入管理俄租界意见分歧，北京政府顾问端纳（William Donald）建议：妥定办法，令在俄界内各国之权利不受影响，公共管理之说当可取消。②

10 月 11 日，领衔公使白斯德致节略响应大总统令及后续法规，声明："中政府万不能永远取消俄人按约在中国所享之利益，此不过暂时办法，俟俄国将来政府成立，经各国承认时，再行议订一切"；并请中国政府与外交团商订暂时管理俄人在华利益办法。③ 外交部复以中国所拟各项办法，外交团内部讨论后，11 月 18 日领衔公使照复："兹为保护公共利益起见，拟将中国政府已施之各办法，略为变更如下：租界：承认（一）所有俄国租界，可自编警察，应归该市政厅管理。（二）所有俄国各租界之市政厅，仍应照现行制度继续办理。"④ 29 日，外交部照复婉拒，云：凡涉及各外国人利益之处，本政府业经声明郑重注意，断不致发生若何影响，贵公使团既因俄事有所提议，亦祈为本国设身处地加以考虑。⑤ 1921 年 2 月 28 日，外交部答复领衔公使，坚持中国在原俄租界内之警察权、司法权，津、汉交涉员代理俄领事职权，继续办理公证人之职务，令俄国顾问襄助之；交涉署聘俄国顾问，襄助交涉员处理关于俄人事务；蒙、疆与北京则无聘用俄

---

① No. 132《总长（29 日）会晤英克代使问答》（1920 年 10 月 5 日），《中俄关系史料》，"停止俄使领待遇篇"，第 77 页；Clive to FO, 2 Oct. 1920, FO371/5344〔F2307/2086/10〕。

② 《国务院（8 日）函——抄送端纳条陈中国对俄利权之行动由》（1920 年 10 月 12 日），外交档案：03 – 18 – 137 – 03 – 004。

③ No. 170《收日斯巴尼亚领衔公使节略》（1920 年 10 月 11 日），《中俄关系史料》，"停止俄使领待遇篇"，第 94 页。

④ No. 321《西班牙领衔驻华公使白斯德致中国外交总长颜惠庆照会》（1920 年 11 月 18 日，29 日收），《中俄关系史料》，"停止俄使领待遇篇"，第 206～208 页。

⑤ No. 322《发领衔日白使照会》（1920 年 11 月 29 日），《中俄关系史料》，"停止俄使领待遇篇"，第 208～210 页。

顾问之必要。①

（四）收回领事裁判权

北京政府之停止旧俄使领待遇，在法律上是中国政府对于俄国权益行使代管，至俄国能重新行使对其人民权益之管辖权为止。但北京政府实行接收俄国租界及各地俄国领事馆，由交涉员代行旧俄领事职权，将俄侨纳入中国司法管辖之下，实质上已收回俄侨之领事裁判权，系有意的作为，总统府顾问端纳之说帖即指出：“刻有收回领事裁判权之机，未始不可从长计议”。②

北京政府之片面断然代管行动，严重冲击条约体系，协约国列强试图维护条约特权，纷纷表达关切之意。1920 年 9 月 24 日，美使柯兰询问颜惠庆：俄民按照条约应享之领事裁判权必归为乌有。颜氏云：此盖暂时因俄领去后不得已之情形。③ 29 日，英代办会晤颜惠庆，也关心俄人条约权利，并报告伦敦云：“颜惠庆说若俄国在一合理期间内无法建立一个被承认的政府，中国不可能无限期保管，无论如何，俄侨之领事裁判权自大总统令起应视为中止。”④ 10 月 11 日，领衔公使白斯德请中政府与外交团商订暂时管理俄人在华利益办法。⑤ 英、美对外交团干涉持较保留的态度，但十分关心中国停止俄领待遇后俄侨之治外法权问题。⑥

---

① No. 84《发领衔日［斯巴尼亚］白［斯德］使照会》（1921 年 2 月 28 日），《中俄关系史料·东北边防、外蒙古》，“停止俄使领待遇篇”，第 51 页。

② No. 133《收国务院（1 日）函》（1920 年 10 月 5 日），附《经济调查员端纳 9 月 23 日条陈》，《中俄关系史料》，“停止俄使领待遇篇”，第 78～79 页。

③ No. 86《总长（24 日）会晤美国柯使问答》（1920 年 9 月 29 日），《中俄关系史料》，“停止俄使领待遇篇”，第 57 页。

④ No. 132《总长（29 日）会晤英克代使问答》（1920 年 10 月 5 日），《中俄关系史料》，“停止俄使领待遇篇”，第 77 页；Clive to FO, 2 Oct. 1920, FO371/5344［F2307/2086/10］。

⑤ No. 170《收日斯巴尼亚领衔公使节略》（1920 年 10 月 11 日），《中俄关系史料》，“停止俄使领待遇篇”，第 94 页。

⑥ A. Geddes to FO, 5 Oct. 1920, FO371/5344［F2326/2086/10］；Clive to FO, 15 Oct. 1920, FO371/5344［F2456/2086/10］.

报载北京外交部回复外交团，对于处理俄侨法权问题：治外法权依然享受，不过稍有改革，遇俄人诉讼案件，遵照俄国法律，在中国法庭审判，同时聘请俄国律师以资商酌。外交团对于此项照会表示承认，但要求公式答复，俾有确切保障，并声称：将来处理俄侨事宜，如有困难情形，可与外交团协议办理。① 外交部于22日正式照复领衔公使，婉拒云：俄国在华人民，仍留其由条约所赋予之利益，俄领事裁判权当然中止，中政府于维护俄国人民固有利益，委曲求全，自无与外交团另订暂时管理俄人办法之必要。②

30日，北京政府颁布《管理俄人条例》，次日颁布《东省特区法院编制条例》，进一步取消俄侨之治外法权。11月18日，领衔公使照会：为保护公共利益，拟将中国已施各办法，略为变更，法权方面：所有俄国在华原有之各法庭，其组织之职员均仍其旧，嗣后该法庭以中华民国名义行使法权。关于治外法权之各权利，仍应完全保存。照会强调："外交团念所有由本年九月二十三日大总统令所发生暨涉及中国有约各国人民利益之困难，仅可以根据上列各大纲之办法解除之，则外交团自不能漠视。"③

29日，外交部照复领衔公使，称："凡涉及各外国人利益之处，本政府业经声明郑重注意，断不至发生若何影响"，④ 婉拒公使团变更办法之提议。12月1日，大总统令："责成各地军民长官督饬军警，对于侨居境内俄国人民，务当照旧切实保护，一体妥为待遇。"⑤ 但外交团仍有疑虑，14日，领衔公使照复：俄侨法律地位，12月1日大

---

① 《晨报》1920年10月16日，第3版。
② No.232《发领衔日白使照会》（1920年10月22日），《中俄关系史料》，"停止俄使领待遇篇"，第130页。
③ No.321《西班牙领衔驻华公使白斯德致中国外交总长颜惠庆照会》（1920年11月18日，29日收），《中俄关系史料》，"停止俄使领待遇篇"，第206~208页。
④ No.322《发领衔日白使照会》（1920年11月29日），《中俄关系史料》，"停止俄使领待遇篇"，第208~210页。
⑤ 《政府公报》第1723号，1920年12月2日。

总统令,欣悉一切。唯侨居华境俄民法律上之位置,要求进一步说明。外交部没有答复,1921 年 2 月 2 日,领衔公使再次照会催问。28 日,外交部答复侨华俄人法律上地位四件事,仍坚持中国在原俄租界内之司法权。①

最棘手的是上海俄侨法律地位问题,1920 年 11 月 16 日,领衔公使照请外交部:"饬知沪上交涉员与驻沪领袖领事商办旅沪俄侨地位按照法律保护。" 19 日,外交部派上海交涉员与领袖英国领事商办。28 日,领袖领事提出大纲,许沅提出修改意见。② 几经交涉,最后司法部建议:"拟即规定在会审公堂未收回以前,所有上海俄人民、刑一切案件,无论俄人为原告为被告,均暂归上海会审公堂审理,一切办法拟即照无约国人民办理。其关于俄人案件,会审公堂所为之判决,在中国境内特予承认有效。"③ 次日,外交部电令上海交涉员:"兹照协议接收上海俄领职权办法,即委该特派员为办理俄国通商事务局总办,格罗恩为会办。"④ 3 月 7 日,上海管理俄侨通商事务局正式开局,订定《俄侨通商事务组织大纲》十二条,依据 1920 年 12 月接收上海俄领职权办法大纲十四条,与领事团接洽,删去两条后定案。⑤

不久,上海特派交涉员报告外交部,俄人诉讼案件均暂归会审公

① No. 350《收领衔日白使(13 日)照会》(1920 年 12 月 14 日),《中俄关系史料》,"停止俄使领待遇篇",第 236～237 页;No. 50《收领衔日 [斯巴尼亚] 白 [斯德] 使函》(1921 年 2 月 2 日)、No. 84《发领衔日 [斯巴尼亚] 白 [斯德] 使照会》(1921 年 2 月 28 日),《中俄关系史料·东北边防、外蒙古》,"停止俄使领待遇篇",第 27、51 页。

② No. 60《发日 [斯巴尼亚] 领衔白 [斯德] 使照会》(1920 年 11 月 19 日),《中俄关系史料·东北边防、外蒙古》,"停止俄使领待遇篇",第 41 页;No. 309《收江苏交涉署(11 月 28 日)快函》(1920 年 12 月 5 日)、No. 329《收江苏交涉署(11 月 28 日)快函》(1920 年 12 月 5 日),《中俄关系史料》,"停止俄使领待遇篇",第 193、212～215 页。

③ No. 76《收司法部咨》(1921 年 2 月 23 日),《中俄关系史料·东北边防、外蒙古》,"停止俄使领待遇篇",第 48 页。

④ No. 78《发上海特派员电》(1921 年 2 月 24 日),《中俄关系史料·东北边防、外蒙古》,"停止俄使领待遇篇",第 49 页。

⑤ No. 130《收江苏交涉员(16 日)呈》(1921 年 4 月 19 日),《中俄关系史料·东北边防、外蒙古》,"停止俄使领待遇篇",第 100～101 页。

堂审理，但领袖英总领事认为：俄人受俄国法律办理，系俄人以条约所得之特权与利益，应继续享受，因此一切诉讼，凡被告系俄人，会审公堂必须使用俄国法律。5月6日，外交部咨司法部："此事是否可行？"11日，司法部拒绝。[1] 于是，上海俄侨司法诉讼暂归会审公堂审理，上海领事团任命前俄副领事为会审公堂关于俄人案件之最高顾问，[2] 但北京政府坚持将俄侨纳入中国法律管辖。

三 中东路与外蒙古

（一）收回中东路区主权

1917年十月革命后，苏维埃电令哈尔滨共产党人驱逐霍尔瓦特（Dmitrii Leonidovich Khorvat），12月北京政府派遣军队进入中东路区，解除工兵代表苏维埃的武装，押解出境，哈尔滨及沿路军营由华军入驻。1918年4月，中东铁路总公司在北京召集临时股东大会，重组董事会，选出七名俄董，及吉长道尹颜世清为中国董事，董事长亦称督办，由吉林省长郭宗熙兼任，霍尔瓦特为会办（又称坐办），拉琴诺夫（V. D. Lachinov）为局长。1918年，各国出兵西伯利亚，日本与北京政府签订防敌协定，进军北满，沿中东路驻军。1919年3月各国"国际监管"中东路，到1922年11月，北京政府利用美、日矛盾，坚决争取中东路的护路权。[3]

1919年7月25日，苏俄发表第一次加拉罕宣言，愿将中东路及附属产业无条件归还中国。1920年1月，霍尔瓦特欲夺取路区统治权，31日北京阁议：暂行接管中东路，如霍尔瓦特不肯就范，唯有暂用强权，以资解决。吉林督军兼中东路督办鲍贵卿与霍氏谈判，

---

① No. 142《发司法部咨》（1921年5月6日）、No. 148《收司法部咨》（1921年5月11日），《中俄关系史料·东北边防、外蒙古》，"停止俄使领待遇篇"，第112~113、115页。
② 波赖：《最近中国外交关系》，第120~121页。
③ 本段及下段，参见薛衔天《中东铁路护路军与东北边疆政局》，社会科学文献出版社，1993，第177~210、241~262、277~292页。

改组董事会，2月19日协议，俄董五、华董四，并谈判收回护路军及警察权。3月，铁路员工反对霍尔瓦特发动大罢工，日本拟趁机夺取中东路，北京政府征得张作霖同意后，驱逐霍尔瓦特出境。3月14日，中东路督办兼护路军总司令鲍贵卿，宣布解除霍氏职务。次日，华军占领护路军司令部，接管沿路俄军警武装。16日霍氏辞职，标志着俄国势力在中东路统治的结束，中国收回中东铁路路区警察、司法、市政等主权。

俄国十月革命，为中国收复中东铁路路区主权提供了良机，日、美争夺中东铁路斗争的加剧又给中国以可资利用的矛盾，也增加了收复路区主权的困难。北京政府及东北当局，在错综复杂的矛盾中，利用有利条件，经过三年的艰苦斗争，终于分步骤收复了路区主权。有学者认为北京政府的策略是成功的，首先利用以霍尔瓦特为首的旧俄势力，遣散了哈尔滨工兵代表苏维埃，乘机派兵进驻路区，迈出了关键的第一步；又利用日、美矛盾，使两国均未能将中东铁路抢到手，特别是成功地利用了美国，顶住了日本对中东铁路的进逼；再利用路区内的"新党"，赶走了霍尔瓦特，收回各项主权；可以说，在外交、均势、政治几个方面的斗争都招招得手。[1]

中苏谈判期间，对路区主权应属于中国问题，苏方并没有异议。《中俄协定》第九条及《暂行管理中东铁路协定》引言，规定苏俄政府对于十月革命以后中国政府遣散哈尔滨工兵代表苏维埃、收复中东路区域军队护路权、警察维护治安权、司法审判权、民政管理权、市政管理权和取消原俄国在满洲里和绥芬河所设海关、在路区征收俄民税款等行使国家主权的举措，在法律上予以确认；并宣告沙皇政府和临时政府侵夺路区中国主权的种种非法行为彻底结束了。《中俄协定》还明文规定扼制日、美等国染指中东铁路的野心。

---

① 薛衔天：《中东铁路护路军与东北边疆政局》，第292~293页。

基本上，东北地方当局及北京政府收回中东路区主权，系"维约"行为，即乘俄乱收回旧俄违法在中东路区侵及中国主权之处。例如司法权，当 1920 年底北京政府在停止旧俄使领待遇后，取消中东路区内之各级俄国法庭，并驳斥外交团抗议，云：

> 东省铁路界内之俄国法庭，既非根据于东省铁路合同，亦并非在中俄条约领事裁判权范围之内。当时俄人方面，擅自设立法庭，未曾得中国政府之许可，此项逾越条约范围，本属侵损中国主权之行为。在停止俄使领待遇以前，业经东省铁路督办暨地方官迭向俄领交涉，已有成绩，并非因停止待遇而始有此举，其与停止待遇，系截然两事，理甚明了。①

《中俄协定》签订后，按规定地亩处各权应归于中国，苏方难以提出异议。中国地亩管理局始于 1925 年制定《租放章程》，将地亩管理权收回。至此《中俄协定》所规定的司法、军务、警务、市政、税务、地亩各项中国政府在路区应行主权，一概收回。②

总而言之，东北地方当局利用俄国革命后之良机，将中东路区之主权与行政权收回大半，北京政府在《中俄协定》及《暂行管理中东铁路协定》中，再将管理权收回一半，并缩短交还与赎回期限，使后人有进取之余步。奉天当局又在《中俄协定》签署后，进一步将残存的地亩权收回，甚至还试图争取更多之管理权，致有董事会与俄籍局长权限之争，引发许多争执。

（二）收回外蒙古的努力

俄国革命之后，北京政府乘机利用日本作为后盾，策动蒙古官府

---

① No. 322《发领衔日白使照会》（1920 年 11 月 29 日），《中俄关系史料》，"停止俄使领待遇篇"，第 208 页。

② 薛衔天：《中东铁路护路军与东北边疆政局》，第 318～319 页。

具呈请愿取消 1911 年 11 月 3 日《俄蒙协约》与《商务专条》，及因 1915 年 6 月 7 日《中俄蒙协约》①而来之自治。

北京政府乘俄乱筹划收回外蒙主权，1919 年 1 月 5 日，外交部电驻库伦大员陈毅：近年来，俄蒙协约中如限制驻兵、设邮二事，事实上业经破坏。但协约固在，终为蒙事莫大之障碍。然蒙情多疑，进行不宜过骤。本部意见，拟请执事相机与外蒙另订条约，以新约废除旧约，将来承认俄新政府时，即以此为交换条件之一。新约大意以《俄蒙商务专条》内俄国所得之利益，转移于我为基础。总之，以排除俄力，固结蒙心为要素。16 日，外交部咨国务院，云："现在俄国内乱甚殷，国势微弱，我国正宜乘此时机，将沿边中俄间从前所发生之各项重要悬案，或预筹进行，或设法解决，以为先发制人之计。"21 日电陈毅："取销俄约，正为外蒙恢复权利摆脱束缚起见。"②

同时，恰克图佐理员函国务院，称："当此俄乱频仍，外蒙失所倚恃，我国于此时在外蒙扩张权利，彼亦无可如何。现在世界日趋和平，列强主张正谊，仰乞将民国四年六月中俄蒙三方协约，提交和平会议讨论，借维主权而张国势。"3 月 13 日，陈毅复电云："查此案提出平和会议，未始非解决善法，惟势必牵动外蒙自治全局问题，必外蒙能先承认解除协约限制，将来要求俄正式政府承认，倘不能决，再提出和平会议，始不受亏，较为稳妥。"③

北京政府派兵入乌梁海，与俄军冲突，俄使屡次抗议中国出兵外蒙古与唐努乌梁海为违背条约。日本与谢米诺夫（Grigory Semenov）

---

① 见王铁崖编《中外旧约章汇编》第 2 册，第 1116～1120 页。

② No. 1《发驻库大员［陈毅］电》（1919 年 1 月 5 日）、No. 2《发国务院咨呈》（1919 年 1 月 16 日）、No. 8《发驻库大员［陈毅］电》（1919 年 1 月 21 日），《中俄关系史料·外蒙古》，台北，中研院近代史研究所，第 305、310 页。

③ No. 10《收国务院函》（1919 年 1 月 25 日）、No. 54《收驻库大员［陈毅］电》（1919 年 3 月 13 日），《中俄关系史料·外蒙古》，第 311～312、342 页。

勾结，煽动内外蒙独立，督办参战事务处参谋长徐树铮拟率参战军入蒙。4月初，外交团领衔英使朱尔典询代理外交总长陈篆：中国派兵入蒙，恐有破坏中俄条约之嫌。陈篆答以：俄人对于中俄条约所规定维持蒙古地方秩序一层，现在不能履行，中国出兵为防止俄党窜入，维护地方秩序。5日，外交部电法京陆征祥：英使询问，派兵入蒙有无违背中俄协约。本部答以：中俄协约一层，现俄国分裂，新政府成立无期，从前协约，暂时当然停止效力，英使无异议。①

北京政府成立西北边防筹备处，西北筹边使徐树铮拟订筹边办法大纲，6月国务会议通过，准备出兵外蒙。7月18日，大总统公布西北筹边使官制。俄使请解释与1913年11月5日《中俄声明文件》及1915年6月7日《中俄蒙协约》"如何相容"。② 30日，英朱使询问：现在西北筹边之计划，贵国似欲废弃中俄条约，并恢复中国从前在外蒙之地位。陈篆否认之，强调为预防谢米诺夫窥伺外蒙。③

8月，大总统令：裁撤督办参战事务处，改设督办边防事务处，并特任段祺瑞督办边防事务。中旬，陈篆电：与外蒙商妥，由官府请愿：俄无政府，谢、布蔑视协约，煽惑外蒙独立，以武力胁迫，"唯有取消协约及自治官府，仍统一于中央政府，恢复旧制，图保安全。所有声明文件另件协约及商务专条，均声明无效"。④ 20日，国务会议，外交部提出说帖，称：原只想改订条约，现外蒙愿取消自治，应

---

① No. 84《代理总长会晤英朱使问答》（1919年4月2日）、No. 89《发陆〔征祥〕总长电》（1919年4月5日），《中俄关系史料·外蒙古》，第362、365页。

② No. 213《收俄使馆函》（1919年7月21日），《中俄关系史料·外蒙古》，第442页。

③ No. 228《次长会晤英朱使问答》（1919年7月30日），《中俄关系史料·外蒙古》，第448页。

④ No. 257《收驻库大员〔陈篆〕电》（1919年8月17日），《中俄关系史料·外蒙古》，第464~465页。

有以副其希望，但应"名此事全属出于外蒙请求，并非政府利用时机，强事干涉"。① 通过后，陈毅与外蒙商议取消自治条件草案。10月，条件提交各部签注意见，28日提出阁议通过。10月24日，哲布尊丹巴胡图克图汗呈大总统书，11月4日到北京。但西北筹边使徐树铮对陈毅所拟外蒙撤销自治善后条例不满。②

22日，大总统令：俯如蒙古所请，并宣布《中蒙俄三方条约》《俄蒙商务专条》《中俄声明文件》，原为外蒙自治而定也，今蒙古既情愿取消自治，前订条件，当然概无效力。③ 24日，俄使抗议，声明："各国彼此订定国际条约，除发生战事状况外，断不能于一方单独取消。"12月10日，外交部答复："从前外蒙要求自治，实由于外蒙自愿，而此次取消自治，亦由于外蒙自愿。前后制度之变更及恢复，均完全因新形势之发生，以外蒙全体之意思为根据。来照所称国际条约取消之先例，比拟不伦，本政府不能认为同意"。17日，俄库使会晤陈箓，称："本使所抱宗旨，为维持中俄旧有之条约……故此次照例抗议，以尽本使分内之事。"④

12月1日，北京政府裁撤库伦督护使署，派西北筹边使徐树铮督办外蒙善后事宜。27日，册封专使徐树铮抵库伦，1920年1月1日，册封活佛。7月直皖战争，徐树铮离库伦。

收回外蒙主权后，东北当局又谋恢复呼伦贝尔地区的主权。黑龙

---

① No. 262《提国务会议蒙事说帖》（1919年8月20日），《中俄关系史料·外蒙古》，第471~472页。

② No. 386《收哲布尊丹巴胡图克图汗呈大总统书》（1919年8月20日）、No. 387《收西北筹边使［徐树铮］库伦来电》（1919年11月4日），《中俄关系史料·外蒙古》，第573~576页。

③ No. 439《大总统令》（1919年11月22日），《中俄关系史料·外蒙古》，第601~602页；张启雄：《收复外蒙主权》，台北，"蒙藏委员会"，1998，第106~107页。

④ No. 441《收俄使［库达摄福］照会》（1919年8月24日）、No. 458《发俄使［库达摄福］节略》（1919年12月10日）、No. 460《代理总长会晤俄库使问答》（1919年12月17日），《中俄关系史料·外蒙古》，第603、610~611、611页。

江省西部呼伦贝尔地方的蒙古族人，于 1912 年模仿外蒙古先例，驱逐中国官宪，设立一自治政府。由于该区域横跨中东铁路，1915 年 11 月 6 日，俄国与北京政府签订《呼伦贝尔条件》，把呼伦贝尔划为特别区域，直隶于北京，俄国享有经济优先权利。[①] 俄人又与呼伦贝尔蒙署取得捕鱼、采矿、砍木、摆渡等合同。[②]

俄国革命后，1920 年 1 月 10 日，黑龙江督军孙烈臣电外交部，云：呼伦贝尔代表来江会议，"自愿取消特别区域会议，所有以后呼伦贝尔一切政治，听候中央政府核定治理，并将民国四年会订条件声明作废等情，当场签字"。[③] 28 日，大总统令：将俄国与中国会订《呼伦贝尔条件》取消。次日，俄使抗议，文字与抗议外蒙相同。3 月 11 日，外交部答复俄库使，云："本国政府对于此事看法，与外蒙古完全相同……来照所称各节，本国政府歉难同意。而况呼伦贝尔在前清本为黑龙江道属，其地位尤非外蒙可比。"[④] 1920 年 12 月 20 日，外交部咨孙烈臣："查中俄会订《呼伦贝尔条件》，业经明令取消，所有根据该条件成立之蒙俄各项合同，当然随之而消灭。惟在条件未经取消以前，某某种合同之已经履行者，却未便概作为无效。"[⑤]

四　结语

过去学界在讨论中苏谈判时，通常认为谈判的基础是苏俄两次宣

---

① 该约外交档案中称为《呼伦贝尔条件》；王铁崖编《中外旧约章汇编》第 2 册，第 1124～1125 页，依据法文本译为《呼伦条约》。

② 参见外交档案：03－32－153－01 各件。

③ No. 4《收黑龙江督军［孙烈臣］电》（1920 年 1 月 10 日），《中俄关系史料·外蒙古》，第 2 页。

④ 《政府公报》第 1423 号，1920 年 1 月 29 日；No. 23《收俄［库达摄夫］使照会》（1920 年 1 月 31 日）、No. 27《发俄库［达摄夫］使节略》（1920 年 3 月 11 日），《中俄关系史料·中东路与东北边防附外蒙古（中华民国九年）》，台北，中研院近代史研究所，1968，第 10～12 页。

⑤ No. 101《发黑龙江省长［孙烈臣］咨》（1920 年 12 月 20 日），《中俄关系史料·外蒙古》，第 67 页。

言放弃旧俄条约特权，北京政府乃得以在《中俄协定》中收回种种权益。争论的焦点常放在苏俄放弃在华特权不够彻底，尤其在中东铁路与外蒙古方面。然而，依据本节之探讨，笔者认为中苏谈判的基础，应是1917～1922年北京政府与东北、新疆地方当局，把握有利时机不断地清理旧俄在华条约权益，造成中苏正式谈判开始时，旧俄特权已绝大部分被收回的既成事实。换句话说，谈判的基础应是承认现状，不宜太过强调苏俄之"主动"与"自愿"。

1924年，曾友豪在《中俄协定给与中国之利害》一文中即指出：

> 表面上，中俄协定对于中国的利总比害多些。但我们要知道中国所得的利益，并不一定是苏俄高兴给的，其实苏俄简直没有供给这些利益的能力。譬前俄帝国和中国缔结的不平等条约，自民国六年俄国帝制灭亡后，已不再为中国承认。纵使这一次苏俄政府不肯放弃前俄帝国与中国缔结的条约，苏俄也没有法子使中国承认。①

然而这种说法，与当时一边倒亲苏的舆论相比，只占不成比例的极少数，没有引起注意。

或云因为苏俄两次对华宣言，使北京政府有清理旧俄权益的依据，因此加拉罕宣言仍有其作用。但是细考1919年7月25日第一次加拉罕宣言，于1920年3月传到中国，4月远东共和国成立，8月优林使团到北京。8月17日颜惠庆就外交总长职。9月23日大总统令：停止旧俄使领待遇。引起外交团多次干涉，维护条约特权。10月第二次加拉罕宣言，交张斯麐带回中国。准此，东北当局收回中东路区主权之"维约"行动，及新疆当局的清理行动主张，早在加拉罕宣言传

---

① 《东方杂志》第21卷第20号，1924年10月25日，第33页。

到中国之前就已开始。至于北京政府之停止旧俄使领待遇,则很可能受到加拉罕宣言的影响。

事实上,苏俄多次借口中国没有及时答复两次对华宣言,不肯承认受两次对华宣言的束缚。加拉罕来华,以两次宣言签发人身份,不断强调将依循宣言精神对华谈判,宣扬新外交,但也承认中国抗拒外交团之阻力,自行收回俄国侵占的权益。1923 年 9 月 14 日,加拉罕与王正廷第一次正式会谈时,加氏即云:"俄国一九一九及一九二○年及余最近宣言,足证俄国对华诚意,且宣言中除为外交团所阻止者外,已经中国自己实行矣。"[1] 加拉罕宣言与中国政府之清理旧约作为,可称是相辅相成,苏俄有世界主义外交之理想,以及清除旧俄在华势力之现实需求,中国则有摆脱条约束缚之愿望及增加税收之实际好处。此外,清理行动自有其北洋修约发展的脉络。

北京外交部的清理行动,多依循 1917 年对德宣战后,清理德、奥在华条约权益,收回在华租界、领事裁判权等之先例。当时颁布种种处理敌国人民法权及财产的相关管理法规,此次援例对俄颁布。1917 ~ 1922 年之清理旧俄权益,也开创一些新的先例与策略。诸如十年"到期修约"之再次实践,以及片面废约、修约之强硬举措。清末曾尝试以到期修约条款,与俄国谈判修改《伊犁条约》,但遭到羞辱而失败。新疆督军杨增新及各地商会,一再请求于 1921 年务必"到期修约",去除"不平等条约"束缚。这对后来 1926 年初北京政府确立"到期修约"方针,应有重要的影响。北京政府之片面废约,承参加欧战废除对德、奥条约之举,1919 年出兵外蒙古,11 月 22 日大总统令:接受外蒙古取消自治请求,于是 1911 年《俄蒙协约》与《商务专条》,1915 年《中俄蒙协约》,当然概无效力。虽遭旧俄使抗议,北京政府不予理会。1920 年 1 月 28 日大总统令:将俄国与中国于

---

[1] 《中俄问题谈话节略》(1923 年 9 月 14 日),外交档案:03 - 32 - 483 - 05 - 001。

1915 年会订《呼伦贝尔条件》取消，又遭旧俄使抗议，外交部依然不理。1922 年 1 月 8 日大总统令：取消《伊犁条约》俄商免税特权，遭苏俄代表裴克斯抗议，北京也不予理会。

北京政府以大总统令停止旧俄使领待遇，是另一创例。外交部对外交团强调"停止待遇与绝交情形不同""无意侵犯俄国条约权益"，只是以中国政府成为未来被承认之俄国政府的代管人，俄国公产将来要交给各国承认之正式政府之代表；并强调俄国租界并非收回，只是暂代管理。对俄侨领事裁判权部分，北京政府则借口领事停止待遇后，由特派交涉员暂代领事职权，但坚持将俄侨纳入中国法律管辖。这些都是可言之成理的策略运用。

此外，得益于列强分裂，中国得以"以夷制夷"。例如，利用华盛顿会议美国对门户开放之坚持，争取到陆路关税与海路一致，加强中国之地位。在外蒙问题上，北京政府借日本之助力，片面宣布废除《俄蒙协约》；在中东路问题上，又借美、日矛盾，俄国新、旧党之冲突，得以收回路区主权；甚至借苏俄对华宣言，清除旧俄在华势力。遗憾的是外蒙古之得而复失，庚子赔款、废除北满之减税办法未能成功。

北京政府这些作为，虽多系片面临时措施，在国际法上，必须由中苏两国正式订约来确认，但是，一则因苏俄两次对华宣言，一则因中国造成之既成事实，日后苏俄代表来华，必须先承认加拉罕宣言精神，允诺放弃旧约权益，为日后《中俄协定》的签订，奠下坚实的基础。①

北京政府与东北、新疆当局的合作，值得注意。奉天、新疆当局，早已实质收回旧俄权益，并不断建议北京政府收回国权。1920 年直皖战争使段祺瑞失势，亲英美之直系掌权，颜惠庆锐意进取。加以苏俄政权逐渐巩固，协约列强对其态度趋于缓和，苏俄第一次宣言于

---

① 波赖《最近中国外交关系》（第 113 页）云："实际上中国对任何俄国新政府，其仍欲坚持俄国在华一切政治权益者，拟以不承认来阻碍其成立的意思，却是显然的。"

1920 年初传抵中国，8 月远东共和国代表优林抵北京，确认加拉罕宣言，表达善意。颜惠庆断然决定清理俄约权益，并与苏俄接触。新疆于 1920 年 5 月与俄中亚当局签订《伊犁临时通商协定》，实质收回俄商贸易免税特权及治外法权，创下与苏俄交涉先例，鼓舞北京接待远东共和国使团。北京政府也利用 1921 年 8 月《伊犁条约》十年期满，宣布废除约中之俄商通商特权。黑龙江当局则率先"维约"，1917 年底乘俄乱收回旧俄违法在中东路区侵及中国主权之处，北京政府也在停止旧俄使领待遇后，取消中东路区内之各级俄国法庭。当时，北京政府虽号令不及于东北及新疆，但在外交上，中央地方常能合作。

北京外交团，尤其是享有条约特权的协约国列强，害怕清理旧俄条约权益，牵一发而动全局，常干涉北京政府的清理行动，给外交部带来许多困扰。如在收回使领馆时，外交团就介入代管了东交民巷内之俄国使馆，并在保障俄侨司法权益上，向北京外交部提出种种要求。然而，外交团内部立场不一致，法、日、意主张对华强硬干涉，英、美则较缓和，给予中国较大的运作空间。外交团不断照会外交部，迫使交涉署聘用原旧俄领事担任顾问，保障俄侨权益；在司法上，也介入保障俄侨权益。北京政府虽做了部分让步，但在有关主权方面，则坚持立场。

借以上对 1917～1922 年北京政府清理旧俄条约权益之考察，一方面可了解北洋修约之发展脉络；一方面可对中苏关系有较全面的理解。注意到北京政府的作为，才能摆脱过去由苏俄角度所做的诠释，也才能将《中俄协定》放在较长与宽广的大脉络中来理解，得出较平允的历史评价。

第二节 《密件议定书》与中俄旧约废止问题

1924 年《中俄协定》常被评价为近代中国外交史上第一个平等条约。过去学界多认为苏联在两次对华宣言中，已主动、自愿废止帝俄对华旧约，《中俄协定》中苏联虽对中东铁路及外蒙古两问题，不愿彻底放弃利权，但同意废止其他帝俄在华条约权益，因此苏联仍是第一个平等对华的大国。北京政府常被批评为在民意强烈压力下，才不得不承认苏联，坐收废止中俄旧约的成果。今日，随着新史料的开放与刊布以及研究视野的扩展，应可对环绕《中俄协定》的早期中苏关系以及当时北京政府的外交，做更全面而公允的研究。

首先是《共产国际、联共（布）与中国革命档案资料丛书》[①] 的翻译出版，让学界对苏联对华政策有较深的体悟。对当时苏联介入中国内政，尤其是透过对冯玉祥的援助，影响北京政局的程度，远比过去理解得更深，使今日学界可以全面地看待当时南北之间的关系。此丛书也显示了苏联对华政策之现实主义性质，两次对华宣言系在革命初期的理想主义及打破外交孤立的考虑下，对华表达善意，争取中国依宣言之原则与其谈判建交。迨苏联政权逐渐巩固，国际局势好转，其对华政策即回到国家现实利益的考虑，多次以中国并未响应为由，声称苏联不受宣言之约束。对于宣言内容，是否包含无偿归还中东铁路、旧约是否包括界约等，或指出中国依据的是"误本"，或强调中国曲解，将宣言之范围做限定。[②] 基本上，在中苏谈判中，苏联代表虽一再表示遵循宣言之精神，但在《中俄协定》中并未真正落实。两次对华宣言与废止中俄旧约之关联性，似不宜过度重视。

其次是北京政府外交档案的开放使用，让学界对北洋外交的积极面有更多的认识。北京政府利用俄国革命内战及两次加拉罕宣言，清

---

① 《共产国际、联共（布）与中国革命档案资料丛书》第 1~6 卷，中共中央党史研究室第一研究部译，北京图书馆出版社，1997~1998。

② 两次加拉罕宣言的内容及性质，一直混沌不清，不仅在 1920 年代中苏谈判时有争议，即使到 1970 年代，中、苏学界仍争辩不休，双方围绕宣言中"允予废除的条约"的定义及范围，各执一词，激烈辩争。参见方铭《关于苏俄两次对华宣言和废除中俄不平等条约问题——兼答苏联学者》，《历史研究》1980 年第 6 期。

理旧俄在华条约特权。同时，东北当局相机收回中东路区主权，新疆当局与苏联中亚地方当局订约，向俄商征税。事实上，到1922年，旧俄在华条约权益，大部分已被实质收回，形成既成事实，为日后废止旧约奠定坚实基础。

细考《中俄协定》及其附件之内容，只明确规定了中苏建立邦交及中东铁路管理权两问题，其他悬案则列出原则大纲，留待预定召开的正式会议具体解决。其中最关键的规定中俄旧约的第三条，云："两缔约国政府同意在前条所定会议中，将中国政府与前俄帝国政府所订立之一切公约、条约、协定、议定书及合同等项，概行废止，另本平等相互之原则暨一九一九与一九二十两年苏联政府各宣言之精神，重订条约协定等项"①。由于后来中俄正式会议无结果而终，中俄间各悬案并未明确法理解决，因而中俄旧约是否因《中俄协定》的签署而废止，学界至今尚不甚清楚。

笔者认为废止旧约问题应是评价《中俄协定》的关键之一，但是参阅各家研究成果之后，对此问题仍感到混沌不清，乃决心回到外交档案中从头看起，摸索数年后，认为《中俄协定》中被忽略的一件《议定书》②应是规定中俄旧约效力问题的关键。本节探讨《中俄协定》谈判期间，双方对废止中俄旧约的争辩，以及该《议定书》形成的历程，并参酌移交旧俄使馆交涉期间，中、苏及外交团对旧约效力的讨论，借此厘清中俄旧约废止问题，进而适度地评价《中俄协定》及其与北洋修约的关系。

---

① 《中俄协定》第二条："两缔约国政府允于本协定签字之后一个月内，举行会议，按照后列各条之规定，商订一切悬案之详细办法，予以施行。此项详细办法应从速完竣，但无论如何，至迟不得过自前项会议开始之日起六个月。"

② 议定书（protocole）常用作一个主条约的附属文件，以补充、说明、解释或改变主条约的规定。这种附属文件是广义条约的一种，而且也是主条约的一个组成部分。参见李浩培《条约法概论》，法律出版社，2003，第23页。

一 《密件议定书》的内容与研究回顾

1924 年 5 月 31 日签署之《中俄协定》，包括《中俄解决悬案大纲协定》15 条，《暂行管理中东铁路协定》11 条，及附件《声明书》7 件、《函》2 件、《议定书》1 件。其中《议定书》内容如下。

苏维埃社会联邦共和国政府，于（签订）一千九百二十四年五月三十一日所订中俄解决悬案大纲协定时，声明如左：

因该协定第三条内载，两缔约国政府同意在前条所定会议中，将中国政府与前俄帝国政府所订立之一切公约、条约、协定、议定书及合同等项，概行废止，另本平等相互之原则暨一九一九与一九二十两年苏联政府各宣言之精神，重订条约协定等项等语，现经同意在新条约协定等项未经订定以前，所有以前公约、条约、协定、议定书、合同等项，概不施行。为此两国政府全权代表将本议定书英文两份各签字盖印，以昭信守。[①]

英文本作：

Whereas Article Ⅲ of the aforementioned Agreement provides as follow："The Governments of two Contracting Parties agree to annul at the Conference, as provided in the proceeding Article, all Conventions, Treaties, Agreements, Protocols, Contracts, etcetera, concluded between the Governments of China and Tsarist Government, and to replace them with new treaties, agreements, etcetera, on the basis of

---

① 《中俄协定暨附件》，外交档案：03 - 32 - 454 - 01 - 029；亦见薛衔天等编《中苏国家关系史资料汇编（1917~1924）》，中国社会科学出版社，1993，第 277~278 页。

equality, reciprocity and justice, as well as the spirit the Declarations of the Soviet Government of the years of 1919 and 1920. "

It is agreed that pending the conclusion of such new treaties, agreements, etcetera, all the old Conventions, Treaties, Agreements, Protocols, Contracts, etcetera, will not be enforced. [①]

由于双方约定此件保密不发表，故称《密件议定书》，因此外界罕知有此文件。事实上，早在 1924 年 3 月 31 日天津《大公报》刊出王正廷与加拉罕于 14 日签署之《中俄协定草案附件全文》七件，即包括此《密件议定书》，并对此做评论。《东方杂志》亦称据津报载，刊露此议定书。[②] 故此，所谓《密件议定书》草案当时早经刊布。5 月 31 日正式签署之《中俄协定》，外交部公布时虽隐去此件，但 1925 年在哈尔滨出版之东省铁路公司管理局编《东省铁路合同成案要览》即载有全文，"因而早已成为公开的秘密"。[③]

日后历史学者的研究中，最早引用《密件议定书》者，应属华裔学者梁肇庭（Sow-Theng Leong）于 1976 年出版之 *Sino-Soviet Diplomatic Relations, 1917 - 1926*，依据《外交档案》提到有此密件（secret protocol），并简述其形成过程，但没有讨论。[④] 1980 年，方铭《关于苏俄两次对华宣言和废除中俄不平等条约问题——兼答苏联学

---

① 1924 年 3 月 14 日，王正廷与加拉罕签署之议定书英文本，内容与 5 月 31 日签署之约相同，见外交档案：03 - 32 - 506 - 05 - 001。Bruce A. Elleman, *Diplomacy and Deception: The Secret History of Sino-Soviet Diplomatic Relations, 1917 - 1927*（M. E. Sharpe, 1997, p. 101）附有此件复印件。

② 《中俄协定草案附件全文》、昂霄《论评——评中俄协定及其附件》，《大公报》1924 年 3 月 31 日、4 月 2 日，第 1 张第 2 页；《关于中俄交涉的重要公文及舆论》，《东方杂志》第 21 卷第 8 号，1924 年 4 月 25 日，第 137 页。

③ 石楠：《〈中外旧约汇编〉补正两则》，《近代史研究》1986 年第 2 期，第 176 页。

④ Sow-Theng Leong, *Sino-Soviet Diplomatic Relations, 1917 - 1926*, Australian National University Press, 1976, pp. 265, 271。此书依据藏于台北南港中研院近史所之外交档案，但书中称"概不施行"为 inoperative，不知其所本。

者》一文，亦引用此《密件议定书》。① 1990 年，林军《中苏外交关系（1917～1927）》（黑龙江人民出版社）已刊出全文。1993 年，薛衔天等编《中苏国家关系史资料汇编（1917～1924）》又刊出此《密件议定书》。② 自此，学界渐知有此文件，但对其性质及意义尚未能掌握。③

对此《密件议定书》讨论较多的，是美国学者艾朴如于 1997 年出版之 *Diplomacy and Deception*，此书依据外交档案，详述王正廷与加拉罕谈判期间，此议定书的形成过程，甚具参考价值。但是该书强调此议定书等于北京政府承认中俄旧约仍有效力，只是“不施行”而已，认定这是苏联秘密外交的成果。笔者认为此说先入为主的观念过强，与当时背景不全然相符，有推论过当之嫌，可商榷之处尚多。

二　中苏交涉中的旧约废止问题

废止中俄旧约的主要脉络有二，即苏联两次对华宣言中表达的废约意愿，及北京政府清理俄国条约特权所造成的既成事实。俄国革命后，北京外交部原认为俄国会分裂，中俄旧约“不废自废”；④ 后来因苏联政权逐渐巩固，体认到还是要筹划修约，但是受协约列强牵制，对苏联暂取观望态度。北京政府一方面相机清理旧俄权益，另一方面抓紧苏联两次对华宣言，以解决中东路、外蒙撤军以及废除旧约等悬案，作为承认之先决条件。

---

① 见《历史研究》1980 年第 6 期，第 74 页。

② 薛衔天等编《中苏国家关系史资料汇编（1917～1924）》（第 277 页注 1）云：“密件。查公开出版的中、俄文条约集，均无刊载。此件录自新疆旧档。——编者”。

③ 如李嘉谷《中苏关系（1917～1926）》附录中已列出此“密件：议定书”；王建朗《中国废除不平等条约的历程》（第 128 页）也提及此《密件议定书》，但是皆未做讨论。

④ 《代理总长（9 日）会晤法柏使问答》（1919 年 4 月 11 日），外交档案：03－18－037－01－004。当时陈箓认为：“现在乱事方殷，俄国已成无政府国家，与前俄所订条约当可作为无效。”

苏联为突破列强封锁，急于与中国建交，多次发表宣言对中国表达善意。有关废止中俄旧约部分，1919年7月25日《苏俄致中国国民及南北政府宣言》中称："劳农政府自一九一七年十月取得政权之后……旋复宣言废止一切与中、日及其昔日之联盟国所订之秘密条约。"① 北京外交部译自法文本之英文译本作：The Government of workers and peasants has then declared null and void all the secret treaties concluded with Japan, China and the ex-Allies。② 1920年9月27日《苏俄外交国民委员会致中国外交部通牒》则称："兹为中俄两国幸福计，本外交国民委员会认为应将下列条约之要点，向中国外交部提出，以引伸前次宣言内之原则：（一）俄罗斯社会主义联邦苏维埃共和国政府，宣言所有俄国各前政府与中国所缔结之条约皆属无效。"苏联代表团刊布之英文本作：The Government of the Russian Socialist Federated Soviet Republic declares null and void all the treaties concluded with China by the former Governments of Russia。③

1920年夏，远东共和国派优林使团访华，为促使北京政府正式接待并开始谈判，优林于11月30日照会外交部，提出五项具体意见，包括宣言废除帝俄时代中俄间一切条约与协定。④ 1921年12月，苏联政府派遣裴克斯使团至北京交涉。次年5月22日，裴克斯在与外交总长颜惠庆会谈中，强调当初劳农政府各项宣言之本意，对俄帝所缔结之条约，均

---

① 此宣言有许多版本，本书依据《俄代表认为正确之俄国二次对华宣言全文》，《晨报》1923年12月3日，第3版。

② 此宣言即所谓第一次加拉罕宣言，于1920年3月26日由伊尔库茨克以法文本致电北京外交总长，见外交档案：03-32-472-01-001。英文译本见 H. G. W. Woodhead ed.，*The China Year Book*，1924·5，p. 868。

③ 此通牒即所谓第二次加拉罕宣言，交张斯麐携回中国。外界流传许多版本，本书依据《俄代表认为正确之俄国二次对华宣言全文》（续），《晨报》1923年12月5日，第3版。英文译本见 H. G. W. Woodhead ed.，*The China Year Book*，1924·5，p. 871。

④ *Millard's Review*，1 January，1921，pp. 238-239。引自王聿均《中苏外交的序幕》，台北，中研院近代史研究所，1963，第158~159页。

须修改，并非根本取消之谓。6 月 27 日，双方再次会晤，裴克斯又称：劳农迭次宣言绝对承认，唯于取消原约之前，应先商订新约以代之。[①]

1922 年 8 月 12 日，苏联派遣之越飞使团抵北京，与北京政府积极交涉，试图解决各问题，恢复中苏邦交。25 日，越飞以节略一件，送达外交总长顾维钧，正式提议召开中俄会议，云：愿按照两次宣言之原则，与中国开议，并表示自中俄"所订一切条约停止效力以来，各种未经解决之悬案甚多"，双方应订约建交。[②] 9 月 2 日，越飞又送节略给外交总长，愿"悉照以前二次宣言内之原则，与中国开议"。[③] 北京国务会议议决："先议悬案，再议通好。"[④] 坚持先解决中东路、外蒙古等悬案，再建立邦交。此时，越飞已为两次宣言内容有无中东路，与外交部有争议。越飞无法与北京进行正式谈判，遂南下上海与孙中山会谈。1923 年 1 月 26 日，双方发表《孙中山与越飞会谈纪要》，孙中山要求越飞重申第二次对华宣言之原则，越飞当即重行声明此等原则，并切实宣称："俄政府愿意并准备以俄国放弃俄皇时代对华一切条约及强索之权利为根据，与中国开谈话。"[⑤]

1923 年 8 月，苏联代表加拉罕来华，正值列强为临城劫车案致外交部所谓《十六国通牒》，要求护路干涉中国内政。加拉罕于 9 月 2 日上午抵达北京，各界在车站盛大欢迎，加氏"见我国人士欢迎之盛，并希望加氏实行一九二〇年放弃俄国从前攫取一切利权之宣言"，

---

① 《收总长会晤劳农代表巴意开斯问答》（1922 年 5 月 22 日），外交档案：03－32－475－01－003；《颜总长会晤劳农代表巴意开斯问答》（1922 年 6 月 27 日），引自王聿均《中苏外交的序幕》，第 297 页。

② 《劳农代表越飞致总长节略》（1922 年 8 月 25 日），《中俄会议参考文件》第二类"中俄问题往来文件"，第 55 页，第 41 号文。

③ 《劳农代表姚飞致总长节略译文》（1922 年 9 月 2 日），外交档案：03－32－469－02－002。

④ 《外交部提案——预备与姚飞商议事》（1922 年 8 月 18 日），外交档案：03－32－469－02－001。

⑤ 此即所谓的《孙越宣言》，该宣言有多个版本，本书依据朔一《时事述评——中俄交涉与越飞赴日》，《东方杂志》第 20 卷第 2 号，1923 年 1 月 25 日，第 10 页。

随后发表所谓第三次对华宣言，云："一九一九及一九二零年，吾人业拟定对华原则……余对此只能切实声明两次宣言之原则与精神，依然为俄国对华关系之原则。"① 加氏在北京宣扬苏联平等助华，反帝废约，舆论颇多亲苏者。

北京政府早在 1923 年 3 月 26 日特派王正廷筹办中俄交涉事宜，9 月 3 日上、下午加拉罕与王正廷各会晤一次。② 4 日，王正廷欢迎加拉罕，致辞云："俄国自革命成功以来，喀拉罕先生等所代表之苏维埃政府宣言及对一切侵掠主义放弃前俄帝国不正之权利……我人深信喀代表此次之来，必将贯彻主张，实行其宣言。"加氏答词云："苏俄政府一九一九及一九二〇年两次对华宣言，既曾经鄙人签字发表，此次来华会议，自必根据前项宣言之宗旨及精神，以解决中俄间各项问题。"③

加拉罕在北京多次宣称遵守两次宣言，但坚持中苏复交不可有任何先决条件，必须先复交再议悬案，与北京政府方针抵触，加以双方为承认与国书问题，相持不下，谈判进行迟缓。9 日，加氏致外交总长顾维钧节略，表示接任苏联驻华全权代表，抄送委任状。④ 13 日，外交部答复节略，由秘书朱鹤翔面交，晤谈时，加氏云：

> 中俄……未曾经过宣战状态，而中俄间旧有之条约，我方为表示善意起见，自行宣告中止发生效力，且本国政府对华迭次宣言尊重中国主权……中国现在情状，四分五裂，北京政府已失其

---

① 《昨早加拉罕抵京之盛况》《加拉罕之对华宣言》，《晨报》1923 年 9 月 3 日、5 日，第 3 版。

② 《王督办与苏俄代表喀拉罕在总长官舍之谈话》（1923 年 9 月 3 日），外交档案：03-32-482-03-005；亦见《筹办中俄交涉事宜王正廷会晤苏联全权代表加拉罕》，薛衔天等编《中苏国家关系史资料汇编（1917~1924）》，第 198~199 页。

③ 《王儒堂督办在北海静心斋欢迎俄国代表喀拉罕先生词》（1923 年 9 月 4 日）、《俄代表喀拉罕答词》（1923 年 9 月 4 日），外交档案：03-32-467-01-001。

④ 《苏联全权代表加拉罕致中国外交总长顾维钧节略》，薛衔天等编《中苏国家关系史资料汇编（1917~1924）》，第 201 页。

中心之点，列国有乘此时机提出共管之议，其能奋斗为中国帮忙者，唯独俄国耳。如中国政府欲以恢复中俄间正式外交关系为一种交换条件，是为大谬，本国政府万难承认。①

14日，加拉罕与王正廷举行第一次正式会谈，加氏提出先正式恢复邦交，再解决悬案；王氏坚持以谈判重大悬案作为正式承认苏联和建立外交关系的先决条件。②

20日，王正廷密函外交部，称加拉罕来京以后，要求先复国交再开议，这种请求不能轻易承诺。但是多年来对俄交涉，业因迁延不决，屡失机会，现俄国政局渐臻巩固，中国却动荡不安，外交形势对俄有利。所幸加拉罕为原签两次对华宣言者，来华后尚表示遵守宣言，与彼交涉，或尚较为顺手，若因承认问题致会议不成，以后更难谈判。王最后建议调整对苏方针，云："现拟先根据俄国两次宣言主旨，提出解决各项悬案大纲，如双方同意签字实行，即允予恢复正式国交，然后再行协定细目，以期完满解决。"③ 简言之，王正廷建议以先订大纲，即行承认，再议细目的方式妥协，请外交部考虑。9月下旬，王正廷痔疾复发，入院割治，谈判延迟。但王氏决心尽可能与苏联达成妥协，认为"中俄交涉我国已屡次失机，此际定当竭力羁縻，不令再蹈越飞故辙，俾得订结条约，挽回已失利权"。④ 10月8日，外交部就对苏谈判方针答复王正廷，指出：我可以对俄交涉之交换条件者，仅此承认问题。王正廷建议拟订定原则即先承认，亦为促进开议之变通办法；但是担心苏方于事后协定细目时故意延宕，或提出意外之要求，其时彼所希望于我之目的已达，

---

① 《朱鹤翔往晤喀拉罕问答》（1923年9月13日），外交档案：03-32-467-02-001。

② 《中俄问题谈话节略》（1923年9月14日），外交档案：03-32-483-05-001。

③ 《收筹办中俄交涉署函》（1923年9月20日），外交档案：03-32-481-05-013。

④ 《复吉林王代省长密函》（1923年9月29日），外交档案：03-32-482-01-068。

而我历来切盼解决之各项悬案，实际上仍无所获，则届时应付益难。中俄悬案待决者甚多，设不能先行全部详细议妥，则就其中最重要之外蒙及中东铁路等问题，能有具体之解决，其他各案先订解决之大纲，然后进行恢复邦交，亦自不难。否则对苏未获实利，对国际反多窒碍，利害得失所关甚巨。最后要王氏将拟定之解决悬案大纲，送外交部考虑。① 是则外交部已考虑修正谈判方针，可先议大纲，但顾虑承认后苏联延宕细目谈判，故希望能先具体解决外蒙及中东路两要案。

在实际交涉方面，10 月 2 日，外交部指派王氏为全权谈判代表。② 4 日，王、加会谈，仍为全权与承认问题争辩未决。③ 苏方坚持恢复邦交不可有先决条件，王正廷要求双方将重要各案先非正式谈定大纲，倘双方意见相符，然后一面承认一面依据大纲正式开议，商定细目。加氏自称未经请示政府，遽与王正廷接洽。于是中、苏虽未正式谈判，但已非正式交换意见，提出议案。中方着重于蒙古与东路两悬案，加拉罕则只愿尽快缔结关于运行中东铁路的协定，其余问题待恢复外交关系后商谈解决。然而双方对中东路问题，尤其是赎路方式意见差距甚大，进行迟缓。④

关于废止旧约问题，10 月 9 日，中俄交涉公署将草拟之《解决悬案大纲》草案 14 条送外交部，第一条云：两国政府"声明所有从前旧俄帝政时代与中国所订各条约及各协定等项，概为无效（null and void）。另由两国政府本公正平等之原则重行商订之。"⑤ 13 日，王氏

---

① 《发筹办中俄交涉事宜公署公函》（1923 年 10 月 8 日），外交档案：03 - 32 - 481 - 05 - 015。

② 薛衔天等编《中苏国家关系史资料汇编（1917~1924）》，第 203 页。

③ 《电朱将军等》（1923 年 10 月 4 日），外交档案：03 - 32 - 482 - 02 - 001。

④ 《朱鹤翔会晤苏俄略代表问答》（1924 年 2 月 2 日），外交档案：03 - 32 - 487 - 01 - 001。

⑤ 《收筹办中俄交涉事宜公署（9 日）函》（1923 年 10 月 13 日），外交档案：03 - 32 - 481 - 05 - 015。此处"概为无效（null and void）"之英文文字，与两次加拉罕宣言相同。

向加拉罕提出该草案，文字稍有修改，主张："中国与沙皇政府之间所订立的一切条约、公约、协定、议定书概行无效，另由双方本平等、相互、公允之原则及两次宣言之精神重订条约协定。"加氏赞成取消各约，唯有关中俄界务者应予除外。① 17 日，苏方提出对案，主张先恢复邦交，再开会议解决所有悬案，对于旧约，"允在会内"双方将中俄一切旧约"概为无效"。② 26 日，外交部答复《解决悬案大纲》草案，修正为 11 条，其中第一条作："中国政府及苏俄政府声明，所有从前帝俄政府与中国所订条约、公约、合同，均作无效，一律取消（null and void）。惟中俄两国边界在未经重订新约，如本协定第七条所指同意修改以前，暂照旧约，彼此尊重。两国政府应本公正平等原则另订新约。"③ 基本上，中方提案之精神为废止旧约，再议新约；苏方对案则主张订定新约以取代旧约，精神近于修约。

11 月初，中苏交涉陷入僵局，迟迟不能正式开议。顾维钧迭与王正廷面商，委之以交涉事宜，请及早开议，王正廷提出中俄交涉方针条陈四端。再次建议将承认与订约问题分开处理，云：

> 劳农政府遣使来华其宗旨自在订约承认，顾承认一节虽当视列强之趋向为依违，不便单独行动。至订立商约，则欧洲各国已有先我而行之者。中俄关系密切，商约不容缓订，数年来中俄交涉，即因承认、订约两事牵混而观望顾忌，遂至毫无进步，此次开议当将订约与承认划清界限分别先后而行之。④

① 10 月 13 日草案见外交档案：03-32-481-05。《筹办中俄交涉事宜王正廷与苏联全权代表加拉罕谈话节略》（1923 年 9 月 3 日至 11 月 30 日），外交档案：03-32-482-02-053；亦见薛衔天等编《中苏国家关系史资料汇编（1917～1924）》，第 206 页。

② 南开大学图书馆藏《北洋政府外交部档案·中俄会议案》。苏方于此对案中，将中方提案各条多加"允在会内"字样。

③ 《发筹办中俄交涉事宜公署密函》（1923 年 10 月 26 日），外交档案：03-32-481-05-015。

④ 《收王督办说帖——对中俄交涉应请政府先决定方针》（1923 年 11 月），外交档案：03-32-509-01-019。

请外交部考虑先承认建交，再谈判订立商约。

北京政府对建交一事仍有疑虑，担心协约列强，尤其是日本的态度。21日，北京政府派王正廷等前往切实调查旅日侨民震灾损失。[①]30日，王氏启程，经奉天赴日。报载王氏自承赴日任务并不专为调查，"对于劳农政府之承认，将倾听东京政府之意向"。中俄交涉公署之公文也承认，王氏东行实际目的，就是探询日本政府之对苏政策。王氏赴日期间，加拉罕正式宣布1919年之对华宣言并无交还东路一节。[②]

1924年1月6日，王正廷返抵北京，随即催促加拉罕开议。加氏一方面强硬表示苏俄不改从来对华政策，坚持在会议前恢复中俄正式邦交；17日，函告王氏：1919年之宣言并未为中国政府造成何种权利，因当时中国拒绝，"在五年之后，竟以经拒绝之宣言为根据，而努力又欲得要求之权利矣"。[③]另一方面通告王氏，"承认问题解决后立行开会，苏联必履行对华宣言"；同时，为去除王正廷之疑虑，表示："在恢复中俄正式邦交后之会议中，一切问题皆按一九一九及一九二〇年宣言之精神及鄙人致贵督办函件中所确定之理由，妥谋解决。"[④]双方依然为是否先承认，以及外蒙、东路两要案而僵持，但北京外交部先解决悬案再恢复邦交的立场，受内外强大压力，已趋于松动。

此时，外交部派李家鏊为驻俄外交代表，训令其主要任务为促进解决悬案以恢复邦交，应向苏方表达中国图谋友好之诚意，绝无袒护

---

① 《王正廷赴日调查》，《晨报》1923年11月22日，第3版。东京大地震发生于9月1日。
② 《王正廷赴日途中之谈话》，《晨报》1923年12月5日，第2版；《会务处致裴领事函》（1923年12月5日），外交档案：03-32-482-02-030。
③ 《俄代表加拉罕表示交涉态度》《喀拉罕致王督办函》，《晨报》1924年1月10日、11日、17日，第3版；外交档案：03-32-483-02-005。
④ 《苏俄代表加拉罕通告王正廷》、《苏俄代表加拉罕通告王正廷》（续），《晨报》1924年1月19日、21日，第3版。

白党之意；解释中方不得不将重要悬案连同承认问题一并解决，以立亲善基础，对加拉罕坚持先建交再会议表示失望。① 18 日，李家鏊在离开北京赴任前，上意见书，对开议问题建议：由总长派一专员，将所有悬案尽行提出，先与加氏做非正式之接洽，逐条斟酌，彼此谅解，备有底稿，送请王正廷正式开会，依次进行，不至于开议时，或无良好之结果也。对承认问题，李认为苏方要求先行承认，然后商议大纲，彼方对于正式会议一层是否确有诚意，尚难断定，但应不至于故意延搁或为难。现英、美、意各国承认苏俄之意已萌，若再迁延，恐夜长梦多，或至转落他人之后，则与巴黎、华盛顿会议我国独立之精神不无减色。②

1 月底，王正廷至苏联代表团吊唁列宁之丧，与加拉罕会晤，王氏放空气将开议，加拉罕却否认。③ 2 月 2 日，加拉罕会晤外交部秘书朱鹤翔，敦促外交部恢复谈判，并抱怨道：苏方原主张恢复邦交不可有先决条件，但因王正廷要求，双方遂就蒙古、东路各案交换意见，现因东路赎回问题不能解决，导致恢复邦交迁延；加拉罕质疑王正廷刁难，希望能与外交总长顾维钧直接接洽。④

此时，国际形势对苏联有利，2 月 1 日英国、7 日意大利、15 日挪威相继承认苏联，北京政府原受协约列强的牵制，大半解除。加以中国内部南北分裂，北方直奉内斗，南方孙中山召开国民党一全大会，实行联俄容共；国内舆论要求尽快与苏联复交，并主张仿英国办法，先承认再开会议。

---

① 《函驻俄李代表——对俄交涉事》（1924 年 1 月 14 日），外交档案：03－32－509－01－021。

② 《收李代表家鏊（1 月 18 日）意见书》（1924 年），外交档案：03－32－509－01－022。

③ 《加拉罕否认中俄会议能再开》，《晨报》1924 年 1 月 29 日，第 2 版。

④ 《朱鹤翔会晤苏俄略代表问答》（1924 年 2 月 2 日），外交档案：03－32－487－01－001。

10 日，朱鹤翔会晤加拉罕，加氏建议："中国政府似可仿照英国政府办法，通知承认本国政府，同时组织中俄会议，开始讨论两国间之一切问题。本国方面对于此项通知，认为只为承认问题，所有从前俄旧帝国所订之一切条约，决不因之而发生效力。"朱氏称顾总长正在详加研究中俄问题。① 27 日，加氏约见朱鹤翔，表示与王正廷已无法进行会谈，不解中国为何不能承认苏联，将致公文给顾维钧，叙及两次宣言之要旨，请先予承认正式邦交关系，并声明对各问题之办法；对条约问题，建议：正式会议时宣言从前帝俄与中国所订条约一概作废，另议新约；并在公文内声明：以上列举各问题于六个月以内悉行解决，以示诚意。加氏请朱氏将此公文之内容办法，请示顾总长，"如荷同意，最为欣幸，否则或当致送公文之后，本代表之职务亦从此告终"。②

2 月下旬，外交部审查内外形势，决定改变对苏谈判方针，不再坚持先解决悬案再行承认，24 日答复李家鏊，云：我方对承认问题，原主张先议重要各案，再行承认，盖恐一经承认，苏联将各悬案任意搁置，而无解决之望。现苏联得英、意两国承认，形势益形巩固，中俄接壤，交涉极多，在我自不得不急起直追，以期早日结束。"能如所陈，先于非正式接洽时将各项问题逐一解决，则承认开议之先后，部中亦可不坚持成见也。"③ 25 日，外交部电告疆吏，确立对俄方针云："近以英、义各国先后承认苏俄，国内各界亦迭相敦促与俄修好，现拟略事变通，先将各重要悬案与该代表协定解决大纲，同时承认苏联政府，恢复邦交，一面本此大纲，再开会议，商定各项细目。"④ 中苏交涉之僵局随之打破。

---

① 《朱鹤翔往晤喀拉罕记略》（1924 年 2 月 10 日），外交档案：03 - 32 - 487 - 01 - 002。

② 《朱鹤翔往晤喀拉罕问答》（1924 年 2 月 27 日），外交档案：03 - 32 - 487 - 01 - 003。

③ 《密函驻俄李代表——审议意见书》（1924 年 2 月 24 日）由徐代办携至哈尔滨交李，外交档案：03 - 32 - 509 - 01 - 022。

④ 《电洛阳吴［佩孚］、南京齐［燮元］巡阅使（密件）》（1924 年 2 月 25 日），外交档案：03 - 32 - 509 - 01 - 023。

三 《密件议定书》的形成过程

北京政府改变对苏方针后，谈判迅速进行。2 月 17 日，王正廷自上海抵北京，准备开议，对记者云："以鄙见测之，先承认后开会与先开会后承认，其利害正复相等，国人谓先承认有许多利益，窃恐俄人肺腑未必尽如吾人所料。"[①] 19 日，王、加磋商，加氏就中东路提出最后让步意见，请中国表示诺否。22 日，王、加继续讨论暂行管理东路办法。[②] 25 日，王正廷向加拉罕提出《解决中俄悬案大纲协定》草案，第四条关于中俄旧约效力，云："两国政府允将中国与旧俄帝政时代订立之一切通商条约、公约、协定、议定书等等，概行废止，另由双方在联合委员会本平等、相互、公允之原则，暨一九一九与一九二十两年苏俄政府各宣言之精神，重订条约、协定。"[③] 3 月 1 日，加拉罕提出最后修正案，将各条加入"在会议中"四个字。第四条改为："两国政府允在会议中将中国与旧俄（下文同前引）。"[④]

同日，王正廷将此修正草案呈报大总统，称：双方就大纲讨论多次，但在东路及外蒙问题上争持不决，近因国际局势变化，中国调整方针，现苏方提出中东路最后让步意见，要求中方做最后决定。王氏强调：

> 窃维中俄交涉延搁数年，及今不图解决，后来恐益困难，兹解决悬案大纲所定，虽难称为满意，然收回既失权利，已自

---

① 《王正廷不肯承认苏俄》，《晨报》1924 年 2 月 19 日，第 2 版。

② 《督办会晤苏俄代表喀拉罕谈话纪录》（1924 年 2 月 19 日）、《呈大总统》（1924 年 3 月 1 日）、《督办会晤苏俄代表喀拉罕谈话纪录》（1924 年 2 月 22 日），外交档案：03 - 32 - 482 - 03 - 008、02 - 041、04 - 011。

③ 《督办会晤苏俄代表喀拉罕谈话纪录》（1924 年 2 月 25 日），外交档案：03 - 32 - 482 - 03 - 008。

④ 薛衔天等编《中苏国家关系史资料汇编（1917～1924）》，第 215 页。苏方早在 1923 年 10 月 17 日对案中，就提出"允在会中"之意见，见前述。

不少。至暂行管理中东铁路办法，虽较现行制度所胜无多，但
系属临时性质，不妨稍示宽大，俟于正式会议时再图补救。似
只可照此签定，以便早恢复正式邦交，速开中俄会议决定
一切。①

请批交国务院审核决定。

3 日，王正廷将协商结果函告国务院、交通部、外交部，请决定
可否。② 7 日，顾维钧电李家鏊，称中国希望将中俄旧约立即废止，
加拉罕坚持恢复邦交后，在会议中废止，令李氏再与苏联外长契切林
（Georgii Chicherin）交涉。③ 8 日，王正廷出席国务会议，报告称：
中、苏多处意见不同，包括旧约问题，中国要求立时废止，俄方原则
上同意废止，唯须在会议内废弃之。国务会议议决：将大纲协定交由
各部签注意见，由外交部汇集，交国务会议讨论，讨论结果再由王氏
与加拉罕交涉。④ 当晚王正廷与加拉罕谈判，对第四条废止旧约问题，
激烈辩争。王氏提出删去"在会议中"四字，加拉罕坚持不改，明言
旧约若在会前废止，则将来会议必无好结果，且旧约对两国疆界极有关
系，若即废止，则疆界无所依据。王氏指出，旧约若不实时废止，中方
亦恐苏方在会议中多所要求，故最好设法使双方均不怀疑。加氏表示：
"倘旧约尚实行，中国政府固然恐虑，但旧约将来并不实行，是则毫无
恐虑也。"双方讨论各种方案，最后王氏建议以文字表述："苏俄政府
声明在未订新约以前，旧约中有违反一九一九及一九二〇年两次宣言之

---

① 《呈大总统》（1924 年 3 月 1 日），外交档案：03 - 32 - 482 - 02 - 041。
② 《函国务院、交通部、外交部》（1924 年 3 月 3 日），外交档案：03 - 32 - 482 - 02 -
042。
③ 《电李家鏊》（1924 年 3 月 7 日），外交档案：03 - 32 - 487 - 01 - 005。当时苏联执
掌对外交涉之中央机构为外交人民委员会，执掌其事者称"外交人民委员"，相当于中国之
外交总长，外交档案中皆称之为苏联外交总长。
④ 《筹办中俄交涉事宜王正廷出席国务会议第一次报告》，薛衔天等编《中苏国家关系
史资料汇编（1917～1924）》，第 241 页。

精神及有损及中国者，概不实行。"加拉罕表示同意。①

中央各主管机关对大纲协定签注意见，各部都认为第四条正式废止旧约的时间点在"签约日"或"会议中"是一大关键，多认为苏联修正案语气，对废止旧约有尚待磋商之意，与完全废止精神不符；并担心在会议中，苏方以废止旧约要挟中方在新约中给予让步。例如外交部政务司就认为：

> 万一于会前或会内双方因一二问题发生争持，致会议停顿，或致会议决裂情形，殊未敢定。倘不幸而决裂，则依本条之规定，中俄旧约尚未至废止之时，而我国已承认苏俄政府矣。此层极有关系，我国似宜坚持各项协约当于签定大纲协定时，即行废止，以免夜长梦多之患，而与苏联对波斯及土耳其等国政策亦相符合。②

农商部（总长颜惠庆）对第四条签注："此条与原案精神不符，究竟新约未成立以前，旧日一切约章是否继续有效，须先决定，以免缪辖"；并强调：

> 按我国所提协定大纲，含有先决问题数项，即废止旧日条约、公约、协定、议定书等；苏俄之修正案除租借权承认抛弃外，其余各项均改为由联合会议商定，此项会议，虽有不得逾六个月之规定，设使将来双方意见相隔甚远，不能如期解决，最后不过一切成为悬案，则要求废止旧约，实为全案关键也。③

---

① 《督办会晤喀拉罕问答记录》（1924年3月8日下午9时），外交档案：03-32-482-03-010。

② 政务司拟定《中俄悬案大纲协定摘要签注》（1924年3月），外交档案：03-32-488-01-011。

③ 《农商部签注苏联代表团三月一日修正中国二月二十五日提案》（1924年3月11日），外交档案：03-32-479-01-012。

基于同样理由，外交、教育、财政、农商、司法、海军、陆军各部都主张维持中国原案，将苏联修正案第四条"在会议中"四字删去，即坚持旧约应在签字时立即废止。① 内务部则折中两国提案，建议将废止旧约一节改为："两国政府约定于两国邦交恢复时，同时宣布将中国与俄国旧帝政时代所订立之一切通商条约、公约、协定、议定书等等，概行废弃。"②

值得注意的是教育部次长罗鸿年（总长张国淦病假中）的签注，他认为中苏双方对废约时间各有顾虑，若能抱互信之精神删去"在会议中"四字最好，若苏联坚持不肯，"似应对第四条加一交函，于会议未结以前，所应行废止之条约、公约、协定、议定书等等，不能发生效力，以免因此而有抵触宣言之事实发生"。③ 这个意见应就是后来以《议定书》规定旧约"概不施行"的蓝本。

8 日，国务会议后，外交部以"万急"电驻莫斯科李家鳌云：中俄旧约，我国主张即行废止，加氏主张将来在会议中废止。本部以为中俄旧约，必须先行废止，究竟加氏修正各点是否系苏联政府之意见，能否再行让步，统希迅即探询。11 日，李家鳌复电云：苏外长表示废止旧约一层，中国三年前不愿依据宣言，因循至今，现在已时迁势异，似不能同日而语。④

11 日，王正廷出席国务会议做第二次报告。外交部汇齐各部签注，指出各部均主张立即废除旧约。王氏谓：大纲中最重要者为废弃中俄旧约问题，加拉罕态度甚为强硬，甚至于决裂而不肯让步，直到最后才松口，表示废弃旧约一节可予同意。⑤ 国务会议议决：请王氏

---

① 各部签注，1924 年 3 月 8 日，见外交档案：03 - 32 - 488 - 01 各件。

② 《内务部签注》（1924 年 3 月 8 日），外交档案：03 - 32 - 488 - 01 - 006。

③ 《教育部罗次长签注》（1924 年 3 月 8 日），外交档案：03 - 32 - 488 - 01 - 009。

④ 《万急电——驻俄李代表》（1924 年 3 月 8 日）、《收驻莫李代表（11 日）电》（1924 年 3 月 13 日），外交档案：03 - 32 - 487 - 01 - 005、006。

⑤ 薛衔天等编《中苏国家关系史资料汇编（1917~1924）》，第 249 页。

再与加氏磋商。① 当天王、加长谈，但无具体结果。12 日国务会议，各部仍主张立即废弃旧约。王正廷报告与加氏接洽结果，中俄旧约可立时废弃。当日，王正廷与加拉罕继续接洽，对于中俄旧约立即废止一节，加氏改为 "但新约未成立之前，所有中国与前俄所订旧约，除有妨碍中国主权者外，均适用之"。②

13 日，国务会议，各阁员对于中俄旧约仍坚持改为立即废止，且认为 "双方争点越离越远，且所争之点，又皆极关重要，万难含糊承诺"。③ 下午，总统府、国务院预定开联席会议，商定最后条件，为王、加会谈之后援，但王氏未得决议即前往谈判。王、加自晚上 8 点至次日清晨 4 点磋商终夜，对于中俄旧约问题争持甚久，最后双方妥协，协定条文中维持原状，另以议定书规范旧约 "概不施行"，但作为密件不发表。④

14 日晨，王、加草签《中俄解决悬案大纲协定》，对中俄旧约问题，第三条规定："两缔约国政府同意在前条所定会议中，将中国政府与前俄帝国政府所订立之一切通商条约、公约、协定、议定书及合同等项概行废止，另本平等、相互、公允之原则，暨一九一九与一九二十两年苏联政府各宣言之精神，重订条约、协约、协定等项。"另以议定书对第三条加以补充，苏联声明："现经同意在新条约协议等项未经订定以前，所有以前公约、条约、协定、议定书、合同等项，概不施行。"

---

① 《中外要闻——昨日阁议席上之中俄问题》，《大公报》1924 年 3 月 12 日，第 1 张第 2 页。

② 《（3 月 19 日）外交总长顾维钧对北京〈晨报〉记者谈中俄交涉经过》，《晨报》1924 年 4 月 10 日，第 2 版。

③ 《筹办中俄交涉事宜王正廷通电报告交涉经过》及《筹办中俄交涉事宜王正廷第二次通电》（1924 年 3 月 21 日、23 日），薛衔天等编《中苏国家关系史资料汇编（1917～1924)》，第267～269 页；《（3 月 19 日）外交总长顾维钧对北京〈晨报〉记者谈中俄交涉经过》，《晨报》1924 年 4 月 10 日，第 2 版。

④ 《筹办中俄交涉事宜王正廷通电报告交涉经过》及《筹办中俄交涉事宜王正廷第二次通电》（1924 年 3 月 21 日、23 日），薛衔天等编《中苏国家关系史资料汇编（1917～1924)》，第267～269 页。

当日上午特别国务会议，王正廷报告中苏交涉情事，各阁员均以我国所争各点，并未成功，务请王氏再与加氏一商。王氏以阁员意见与加氏态度相去甚远，无力再议。晚间府院联合会议，因曹锟托病未开。王、加又做长谈。① 15 日，国务会议，王氏未出席。其后，北京政府命外交部接手中苏交涉。

由上述过程可知，《密件议定书》是在中苏谈判中，双方妥协之下达成的，可谓得来不易。中方坚持在复交时立即废止旧约，苏联坚持先恢复邦交，然后在会议中商订新约取代旧约。最后妥协成以议定书规定，协议签字到新约签订之间，中俄旧约"概不施行"。后来因顾、王之争，由顾维钧接手与加拉罕交涉，到 5 月 31 日签署《中俄协定》，主要条文与 3 月 14 日之约雷同，另增数件声明书。顾、加交涉中，未对废止中俄旧约问题有进一步的讨论，依循王、加会谈之结果，保留此议定书，仍作为密件不公布。②

美国学者艾朴如在 *Diplomacy and Deception* 一书中，强调《密件议定书》等于北京政府承认中俄旧约的合法性，并未废除，只是"不施行"而已，认为这是苏联秘密外交的成果。书中推论：显然王正廷从未认真考虑过苏联政府可能会利用此一"中止状态"。"如果苏联（如同后来发生的）违反旧约，北京政府不能公开抗议，因为北京政府一旦公开抗议，立即会暴露此议定书事实上确认了旧约之有效性。"该书又推论云：因此件议定书，使得日后中国寻求其他国家援助对抗苏联时，必将承认与苏联签订此秘密协定，但是承认与莫斯科有此密件议定书，将会使北京政府的合法性遭质疑，并阻碍北京向他国寻求协助。因

---

① 《（3 月 19 日）外交总长顾维钧对北京〈晨报〉记者谈中俄交涉经过》，《晨报》1924 年 4 月 10 日，第 2 版；《中俄交涉之近讯》，《大公报》1924 年 3 月 15 日，第 1 张第 2 页。

② 《外交公报》第 36 期（1924 年 6 月）刊出的《中俄协定》即无此件。当时中外交涉，常有这种做法，如 1921 年《中德协约》中之《关于引用威赛条约各款之利益德国来函》及《中国复函》，德国表明刻下不能笼统承认凡尔赛和约，但不反对中国享受第 128 ~ 134 条之外其他有关条款之权利，当时即达成谅解"暂不宣布"，成为密件。

此，"北京政府从未承认此《密件议定书》之存在，此一议定书使苏联在 1924~1927 年大肆扩张其在华影响力，直到北京政府断绝与莫斯科的外交关系。在此三年期间，苏联政府完全不受施诸于其他国家的条约限制"。"《密件议定书》使加拉罕可宣称所有旧约继续有效"，[①] 因此加拉罕故意延宕中俄会议，使新约无法订定。

笔者认为艾朴如之说推论过甚，其书之中心论点，就是指出苏联对华外交之秘密性与欺骗性，认定《密件议定书》是苏联故意诱使北京政府承认中俄旧约之有效性。但由北京政府谈判前努力清理旧俄在华条约权益，并坚持"先议悬案再议通好"方针，看不出有被骗上当的意味。王、加谈判期间，各阁员坚持立即废止旧约，并对日后中俄会议能否顺利进行深表忧虑，足见北京政府对于旧约效力问题之重要性，是有充分的认识与戒心的。笔者认为此《密件议定书》应是北京外交部在《中俄协定》中，最主要的具体成果之一，使得中俄旧约实质不生效力，默认了北京政府清理旧俄条约权益的成果。此《密件议定书》的性质，可由1924~1927 年中俄会议进行期间，中、苏、外交团三方对中俄旧约效力的交涉，尤其是旧俄使馆移交问题，得到进一步的理解。

四　由旧俄使馆移交看中俄旧约效力问题

《密件议定书》的原始性质，是规定中苏建交一个月内召开正式会议，六个月内议订新约取代旧约，最多七个月期间的过渡性协定。然而，中俄会议拖了一年多，到 1925 年 8 月底才举行开幕式，其后断断续续，最终无结果而止。由于中苏新约没有订定，使得《密件议定书》的过渡安排，成为无限期的延长，中俄旧约虽未废止，但"概

---

① Bruce A. Elleman, *Diplomacy and Deception : The secret History of Sino-Soviet Diplomatic Relations, 1917 – 1927*, pp. 100, 102, 124.

不施行"。中、苏两国对旧约的态度究竟如何，苏联在中国是否继续享有旧约特权，呈现了相当程度的含混状态。中苏建交后，苏联派遣大使驻北京，也派领事到各地赴任，接收旧俄领事馆，并要求设立新馆。由于中苏商约尚未订定，苏联领事职权尚不明确，为使通商各埠交涉员知道如何对待俄领，以及俄领对俄侨有无领事裁判权等问题，外交部于8月30日密电各省省长及交涉员，有此件《密件议定书》，以资因应。①

中苏条约关系的第一个试金石，是移交旧俄使馆交涉。自1920年9月北京政府宣布停止旧俄使领待遇后，俄使即将使馆托《辛丑和约》各国代管。1924年《中俄协定》第一条规定：签字后两缔约国恢复使领关系，中国政府允设法将前俄使领馆舍移交苏联政府。准此，6月6日加拉罕会晤外交总长顾维钧时，提出移交俄国使领馆问题。9日，外交部照会外交团，请将旧俄使馆交还苏联代表，②从而展开了错综复杂的交涉。由于北京政府与苏联都攻击条约体系，都强调苏联已放弃在华条约特权，但为了各自的国家利益，对中俄旧约效力问题皆讳莫如深，极力维护条约体系的外交团对此十分关心，但不得其详。北京政府、苏联与外交团之间，环绕移交旧俄使馆的条约权利义务关系，展开饶富意味的交涉。

首先，应注意外交团与苏联代表的交涉。外交团主要担心《中俄协定》第三条废止中俄旧约，第四条旧俄政府与第三者订立之有碍中国主权及利益之旧约概属无效。这两条是否包括使馆区成立依据的1901年《辛丑和约》及1904年《使馆区管理章程》，加以此时辛丑八强中，只有英、意承认苏联，其余各国仍多敌视俄国，外交团内部

---

① 《电各省省长交涉员（密件）》（1924年8月30日），外交档案：03－32－496－01－002。

② 《收顾总长与喀拉罕（6日）问答》（1924年6月10日）、《发领衔和欧使照会》（1925年6月9日），外交档案：03－32－454－01－001、003。

意见有分歧。9 日，收到北京外交部照会后，英国驻北京公使麻克类即向伦敦请示：苏联意图挑战《辛丑和约》对中国主权之侵犯，外交团是否应要求加拉罕保证遵守防卫使馆区之安排并分担费用？英国应持何态度？14 日，伦敦外交部指示：应交还俄使馆。①

10 日，外交团会议，决定只接受苏联正式代表的要求。② 11 日，领衔荷兰公使照复，借口《辛丑和约》拒绝把旧俄使馆交还中国，必须由中国承认之俄国政府代表提出请求，外交团才能予以考虑。北京外交部受苏联压力，27 日再次照会领衔荷使，要求将旧俄使馆交给中国政府，转交给苏联代表。③ 7 月 1 日，外交团会议，决定以原来态度委婉答复。12 日，领衔荷使照会：请中国政府介绍苏联外交代表与外交团领衔公使接洽。荷使告诉顾维钧：加拉罕如来接洽欲居住使馆界内，外交团将要求其严守使馆界内章程。④ 列强间频频为此事交换意见，美国国务院认为美国虽不承认苏联，但没有理由拒绝中国承认之俄国代表收回使馆，7 日询问英国态度，尤其是对防护使馆区相关的影响。英国外交部讨论后，18 日答复：为了使馆区的防卫，避免苏联放弃《辛丑和约》义务的影响，有要求苏联承诺遵守义务的必要。⑤

北京外交部只好请加拉罕与外交团接洽，加氏表示可以，但强调："前俄使馆系属苏联国有产业，本代表断不能承受任何条件；至遵守使馆界内协定章程一节，本代表亦未便予以担保，致成为一种含有条件之交还，损失国体。不过此项章程既为有关系各国所协定，则

① Macleay to FO, 9 June 1924, FO371/10282 [F1892/445/10].
② Macleay to FO, 12 June 1924, FO371/10282 [F1936/445/10].
③《收领衔和欧使照会》（1925 年 6 月 11 日）、《发领衔和欧使照会》（1924 年 6 月 27 日），外交档案：03 - 32 - 454 - 01 - 005、012。
④ Macleay to FO, 1 July 1924, FO371/10282 [F2162/445/10]；《收领衔和欧使照会》（1924 年 7 月 12 日）、《收总长（16 日）会晤和欧使问答》（1924 年 7 月 21 日），外交档案：03 - 32 - 454 - 01 - 016、017。
⑤ United States Embassy-communicated, 7 July 1924, FO371/10283 [F2289/445/10].

本代表迁入后，当可提议变更。"① 24 日，顾维钧介绍加拉罕与外交
团代理领衔美使舒尔曼（Jacob Gould Schurman）会晤，请交还使馆。
舒使云：苏联放弃在华条约特权，故需要保证。加氏云：苏联并未放
弃条约的权利与利益，其地位仍为签署国之一，唯承诺在将来或拟考
虑放弃；苏联虽不赞成条约规定，唯仍遵守团体条规。倘俄政府须抛
弃其条约权利，必通知列国以符合国际惯例。加氏最后同意将这些议
论的书面记录交舒使，以供外交团讨论。② 26 日，加拉罕致舒使节略
两件，第一件中，加拉罕拒绝承认任何条件，宣称苏联政府并未放弃
《辛丑和约》，仍是签字国之一，在放弃该约之前，其地位不应比其他
签约国低；倘苏联政府须抛弃其条约权利，必通知列国以符合国际惯
例。另一件则要求交还使馆钥匙及建筑。③

31 日，苏联大使加拉罕觐见大总统曹锟，递交国书。8 月 1 日，
《辛丑和约》八国会议，草拟答复加拉罕的照会。④ 经各国公使请示
本国政府后，18 日，代理领衔日使芳泽谦吉照会加使，云：鉴于加使
称苏联仍是辛丑签约国之一，外交团认为苏俄政府应享受一切权利，
担负该约及 1904 年条约所发生之一切义务，并遵守嗣后束缚共同签
押国维持约章所许使馆界之状态之一切协议，各国决定将俄使馆交
还，并委托荷兰代办办理此事。若将来苏联政府放弃《辛丑和约》之
权利，其他各国对此举将保留完全自由之举动。⑤ 同时，日使代美使
馆代办致一附件给加使，谓承认交还俄使馆之办法，并不能作含有美

---

① 《收朱参事会晤苏联喀大使问答》（1924 年 7 月 22 日），外交档案：03 - 32 - 454 -
01 - 018。

② 参见王聿钧《舒尔曼在华外交活动初探（1921~1925）》，《中央研究院近代史研究
所集刊》第 1 期，1969 年 8 月，第 304~306 页。

③ Macleay to FO, 1 Aug. 1924, FO371/10283 [F2593/445/10].

④ Macleay to FO, 1 Aug. 1924, FO371/10283 [F2594/445/10].

⑤ 《日本使馆函——抄送使团致苏联大使关于旧俄使馆问题照会二件由》（1924 年 8 月
21 日），外交档案：03 - 32 - 454 - 01 - 023。

国政府承认苏联制度之意。①

加拉罕对日使照会最后一段及美国附件十分不满，20 日对 Rosta 社记者强烈抨击美国附件。② 25 日，加使致代理领衔英公使节略，云已派员准备接收，请转告荷兰代办，并声明：

> 本大使认此移交，乃因在事实上苏联政府乃前俄使馆之业主也。至本月十八日日本公使照会中所关其它各节，本大使职责所关，声明不能完全赞同于交还大使馆之前，而有所附加意见，乃与苏维埃政府之地位相反。苏维埃之地位本年七月二十四日本大使业与美舒使罄谈矣，但本大使所弥信者，彼此意见虽乖，并不足害及苏俄大使馆与使馆界内之各使馆之相互责任。③

英使认为俄使答复可视为满意，但是法使不满，认为加拉罕这个节略比 7 月 26 日函还倒退，要求加使应进一步对《辛丑和约》做保证，并对节略中的保留做解释。外交团讨论后，决定由意大利公使与加使商议，请加使给一确认苏联是辛丑国之一的书面声明，日期署为 8 月 26 日。然后外交团一并考虑 25 日、26 日两节略，即可同意交还使馆。最后经意使耐心劝说，加使终于在 9 月 12 日照办，确认他与美舒使在 7 月 24 日所称苏联认为自己是辛丑国之一；同日外交团回复，

---

① 《收朱参事往晤喀大使问答》（1924 年 8 月 19 日），外交档案：03 - 32 - 454 - 01 - 022。英国公使麻克类认为，美国此举系国务院刻意要轻蔑苏联，而舒尔曼在离开北京回国休假前，拒绝做此不必要的政治示威，美国使馆秘书觉得国务院可能认为舒尔曼与苏联大使接触为不适当，日本公使则暗助之。（Macleay to FO, 15 Sept., R. 28 Oct. 1924, FO371/10283 [F3596/445/10]）另舒尔曼已于 8 月中旬离华返美，见王聿钧《舒尔曼在华外交活动初探（1921～1925）》，《中央研究院近代史研究所集刊》第 1 期，1969 年 8 月。

② Macleay to FO, 23 Aug. 1924, FO371/10283 [F2887/445/10].

③ 《收苏俄大使（27 日）照会》（1924 年 8 月 29 日），外交档案：03 - 32 - 454 - 01 - 026。

加使随时可迁入使馆，结束了冗长的争执。[①] 10 月 5 日，苏联使馆行升旗礼，正式开馆。

由外交团与苏联间的交涉，可知辛丑列强明了必须归还旧俄使馆，但要求加拉罕遵守《辛丑和约》义务，维护使馆区权益。加拉罕则自称苏联仍是《辛丑和约》签约国之一，只是承诺将来会废止此约。最后，由加拉罕做出书面保证，列强才同意归还。列强之中，以承认苏联之英、意两国公使对苏联较友善，而美、法、日三使则较反对苏联。妥协之后，英使麻克类认为这是虽不满意但已是最好的结果，但担心苏联进入东交民巷，会对使馆区及外交团的团结造成灾难性的破坏。[②]

其次，在此交涉中苏联与北京政府的关系颇堪玩味。北京外交部急于履行归还使馆之条约义务，向外交团提出请求遭到婉拒后，乃介绍加拉罕与领衔公使直接交涉。当列强与苏联为辛丑国地位争执时，加拉罕与顾维钧都持含混态度。7 月 26 日，加使致美舒使两节略，同时致函顾维钧，感谢安排与领衔公使交换意见，所附致美使节略只有要求交还钥匙及建筑一件，没有苏联条约地位一件。[③] 苏联是否有意对华隐瞒在华条约地位一事，当时报纸有报道此事者，称归还旧俄使馆交涉时，加拉罕向外交团表示苏联仍是《辛丑和约》签字国之一，对此表示疑虑。[④]

8 月 18 日，发生日使照会及美国附件争执，次日外交部派参事朱鹤翔晤见加拉罕，加使指出日使来照内称：苏联政府仍享受各种权利

---

① Macleay to FO, 15 Sept., R. 28 Oct. 1924, FO371/10283 [F3596/445/10].

② Macleay to FO, 15 Sept., R. 28 Oct. 1924, FO371/10283 [F3596/445/10].

③ 《收略代表致总长函——俄使馆事抄送致美使馆节略由》（1924 年 7 月 26 日），外交档案：03 - 32 - 454 - 01 - 020。此函之附件，除少了一件之外，致领袖美舒使节略日期写为 7 月 12 日，而非 26 日，原因待考。

④ 干木：《北京通信》，《申报》1924 年 8 月 9 日，第 9 版。该通信云：中俄协定大纲第三款：苏联抛弃前俄条约，"今又以辛丑和约一分子自居，是前俄在辛丑和约中所取得之权利，未曾放弃。即此一点，是否不影响及于将来，或受正式会议之麻烦，律以往事，吾人诚不胜惴惴耳"。

并负辛丑条约各种义务等语，"是以本使颇为踌躇，拟征询顾总长之意见。请烦阁下转告顾总长后，其看法如何，能于明日午前用电话通知秘书最妙"。① 此层有极深意味，加拉罕是在请顾维钧协助，或是在试探北京政府对于外交团称苏联仍为《辛丑和约》国地位之态度？目前尚无法判定。由于顾维钧并未明白表示反对，加使或可解释为已告知中国，得顾氏之默认。②

9月下旬，苏联使馆迁入使馆界后，表示尊重中国主权，要求外交部派卫兵站岗。外交部询问此举与使馆界章程有无抵触？加使答以："本大使对于使馆界定章原无遵守之义务，即以定章而言，凡华官往使馆拜谒或道贺时，亦可随带卫队，本大使现在所需之卫兵，系在大使馆内轮班站岗，按诸国际公法，即在苏联界之内，此为本国之内事，各国公使无权干预，更无持有异议之理由。"顾维钧批示审慎处理。此事因列强反对，并未办成。③ 由上述过程可知，加拉罕对外交团称苏联仍是辛丑国，并做书面保证，对中国则表示并未接受外交团附带条件。这些做法，只有从《密件议定书》产生的旧约效力含混状态，才能理解个中原委。

再次，北京外交部与外交团之交涉，也很耐人寻味。9月4日，顾维钧会晤领衔荷使，荷使说明列强要求加使确认苏联之辛丑签约国地位，顾氏之反应是："此事拖延日久，深望能早日解决。"④ 顾氏似乎急于解决移交使馆一事，以利中俄会议之召开，对此事未加深究。

---

① 《收朱参事往晤喀大使问答》（1924年8月19日），外交档案：03-32-454-01-022。
② 由于不知顾维钧对此事之答复如何，只能由事件发展推测当时顾氏未加反对。顾维钧此时似乎仍信任加拉罕，待9月20日《奉俄协定》订立后，加拉罕宣称事先得北京外交部之默许，顾维钧认为受愚而大怒。
③ 《收朱鹤翔会晤喀大使（23日）问答》（1924年9月30日），外交档案：03-32-494-01-020。
④ 《收总长会晤领衔和欧使（4日）问答》（1924年9月6日），外交档案：03-32-454-01-027。

10 月 15 日，顾维钧会晤意大利公使翟录第（Vittorio Cerruti），又有一段饶富意味的对话。意使问："中俄旧约现尚有效力否？"顾氏答："当然无效，苏联方面看法小属相同。"意使问："惟喀拉罕则曾用照会通告使团，声称旧约尚未失其效力。"顾氏云："中俄邦交当以五月三十一日所协定之一切为根据。"意使问："中俄会议时是否须双方议定新约，然后以新代旧。"顾氏答："鄙意不然。"意使云："喀拉罕于照会中则显然如是说法。"顾氏云："喀拉罕是否能于辛丑条约所称之各项权利尚思有所享受。"意使云："所有权利似尚要求一体享受。喀拉罕曾面告美使，俄国仍为签订辛丑条约协约国之一。"① 20 日，英国公使报告伦敦云：苏联收回使馆时，承认它是《辛丑和约》签字国之一，因此有权参与和约相关事务之讨论。意大利公使说当他问顾维钧苏联是否仍为条约列强时，顾氏称："据了解不是"。意使建议外交团应请中国政府明确说明此事，若苏联在华无条约特权，各国可与莫斯科交涉。但英使、日使认为外交团不可能从中国政府手中得到明确的书面说明，意使之建议被否决了。②

1925 年 5 月 15 日，法国公使玛德（Damien Martel）再次询问外交总长沈瑞麟："加拉罕大使对人言俄国视为庚子条约尚未取消，如属于俄使馆界之保卫界地，彼尚借词争执。"沈瑞麟答以："本总长之看法则不然，俄国对于庚子条约已经取消矣。"③

北京外交部在筹备中俄会议时，1925 年初中俄会议会务处对于废止中俄旧约问题，拟订之草案是："除经两缔约国政府双方同意暂时另有特别规定外，凡中国政府与前俄帝政府所订立之一切公约、条约、约定、议定书及合同等项，应作为自民国九年九月二十三日中国

---

① 《总长会晤义国翟使问答》（1924 年 10 月 15 日），外交档案：03 - 32 - 494 - 03 - 014。

② Macleay to FO, D. 20 Oct., R. 28 Nov. 1924, FO371/10283 [F4015/445/10].

③ 《法馆会晤问答》（1925 年 5 月 15 日），外交档案：03 - 11 - 010 - 01 - 010。

明令宣布停止俄国使领各馆待遇之日起，概行废止。"① 但此件未能在会议中提出订定。五卅惨案之后，6月24日外交部的修约照会，只向华会列强提出，显然不认为苏联仍享有条约特权。

由上述可知，北京外交部认定中俄旧约已取消，但对苏联宣称旧约仍有效力，只能表示不同意，却不能明白驳斥。中苏双方对旧约效力的理解不同，显示了《密件议定书》过渡性质带来的含混，也难怪列强对中俄旧约是否仍有效力，实在搞不清楚。

最后，值得注意的是，北京外交部与苏联对于中俄旧约效力问题态度含混，与双方共同攻击不平等条约有关。在苏联迁入使馆区后，英使麦克类即认为：

> 苏联将继续推动其公开宣称之中国政策，决心在将来废止《辛丑和约》，但仍以目前是《辛丑和约》签约国之身份进入使馆区，将会对使馆区及外交团的团结造成灾难性的破坏。中国政府及爱国人士乐见此《辛丑和约》及不平等条约结束的开端……我认为此新形势会减弱外交团面对中国之团结与威望，直接刺激中国要求废除条约权利与特权，因为可得苏联朋友之同情与支持，反对帝国主义列强。②

1924年底至1926年初，加拉罕透过冯玉祥，在北京临时执政府颇有影响力。1925年五卅惨案之后，苏联大肆声援舆论攻击不平等条约，6月24日外交部向华会列强提出《修约照会》。加拉罕促使苏联大力援助冯玉祥，11月23日郭松龄滦州回师，加拉罕暗助之，牵制张作霖后路。同时，国民军进攻天津奉军李景林部，发生冯玉祥部在

---

① 《关于废止中俄旧约问题之条文草案及说明书》，外交档案：03-32-527-05-012。
② Macleay to FO, 15 Sept., R. 28 Oct. 1924, FO371/10283 [F3596/445/10].

京津道路攻击外国人事件，条约列强首席荷使向外交部抗议，12 月中旬，加拉罕以外交团领衔身份，抗议外交部与荷使交涉，认为外交部应与他接洽。有意思的是，苏联使馆强调：

> 　　现在中国与苏联正值实行提携之时，喀大使所持之意态，纯为中国利益计，设法援助。辛丑条约本国政府原有声明放弃之协定，惟当初双方约定严守秘密，故未公布，喀大使前于交涉收回前俄使馆时，曾向使团声明苏联仍为辛丑条约之一国，且其时与美使为关于此节之谈话，亦曾抄送贵部在案，现在正应以辛丑条约国之资格援助中国，反对各帝国主义国家之举动，此完全为中国利益计，贵部当亦能喻斯意。①

此件表明苏联对旧约的两面态度，《密件议定书》之意义，实在耐人寻味。

12 月底，许世英组阁，王正廷任外交总长。1926 年初，张作霖死里逃生后，忿加拉罕之助冯、郭，遂有逮捕伊万诺夫之中东路事件。张作霖与吴佩孚合作，进攻冯玉祥，4 月 9 日北京政变后，冯军退出北京，张作霖掌控北京政局，与苏联关系急遽恶化，强硬驱逐加拉罕，并于 1927 年 4 月 6 日，派军警搜查东交民巷苏联使馆附属建筑。外交团对此事之态度颇有意思，报载"荷使语人，中国军警入交民巷，事前确未知悉，但俄使不在辛丑和约国之内，且俄与中国订立平等协定者，故使团无法加以阻止，如加之辛丑和约国，则使团决难承认"。② 苏联驻北京代办向外交部严重抗议，不久率馆员返国，中苏外交关系濒临断绝。

---

① 《朱鹤翔接见苏联毕参赞记略》（1925 年 12 月 19 日），外交档案：03 - 09 - 025 - 02 - 061。
② 《本馆要电——京军警搜索俄机关与外交》，《申报》1927 年 4 月 8 日，第 4 版。

五 结语

1924 年《中俄协定》至今评价不一。过去多认为苏联放弃旧俄在华条约特权，是第一个平等对华的大国。然而，《中俄协定》签署后，苏联想要的承认与中东路管理权，皆得实惠；中国所要的外蒙古与废止旧约等案，则只得口惠，因中俄正式会议未获致具体成果。也有学者认为苏联对华实行欺骗性的秘密外交，名义上放弃权利，实际上仍保有特权。笔者认为过去的研究过于注重苏联的角色，失之偏颇，应多考虑北洋外交的积极性，才能较全面地理解与评价该协定。在此交涉中，北京政府的主要目标之一即废止中俄旧约，因此评价《中俄协定》的关键问题之一，应是苏联到底是否放弃了旧俄在华条约特权。

对于此问题，历来众说纷纭，迄无定论。本章从北洋修约发展的角度，集中考察《中俄协定》交涉中的废止旧约问题，认为重点在于 1917～1922 年，北京政府对于旧俄在华条约利益的清理，以及《密件议定书》的订定。长久以来，国人多不知有此《密件议定书》，近十多年学界虽知有此件，但对其意义不甚了了。本节依据外交档案考察《密件议定书》形成的过程，并借由其后的移交旧俄国使馆等案，从北京政府、苏联及外交团三方对中俄旧约效力的交涉，试图对此问题提出个人的见解。笔者认为北京政府在中苏交涉中，坚持要废止旧约，最后在《中俄协定》中双方妥协成此《密件议定书》，使帝俄对华旧约在新约订定前 "概不施行"。此《密件议定书》具有相当意义，可借此重新理解《中俄协定》，以及北洋修约的意义。

废止中俄旧约之根源，一为北京政府清理旧俄权益之既成事实，一为苏联革命初期理想主义外交之两次对华宣言。前者长期被忽视，后者则被过高评价，认为是苏联主动、自愿废止旧约。苏联曾两次片面宣布中俄旧约"概为无效",希望能与中国谈判新约。在优林、越飞、加拉罕使华时,都表示遵循两次宣言之精神,但对宣言内容及范围都做了限定,并强调要订定新约以取代旧约。实际上,两次宣言废止旧约的精神并没有在交涉中落实,加拉罕坚持先承认再开议,反复强调旧约早已宣布失效,承诺建交后就开议,并在期限内议定新约。最后《中俄协定》第三条规定,中俄旧约在会议中废止。细考此条之性质,系中苏两国共同同意未来在会议中废止(to annul at the conference)旧约,替代以(to replace them with)新约,并非立即废止,精神上近于修约,已较两次宣言之废约倒退很多。笔者认为两次对华宣言的作用,在于让北京政府之清理旧俄条约权益"师出有名",并使苏联无法否认清理旧俄权益的成果。此外,也让加拉罕在交涉中做出些微让步,乃有此《密件议定书》之妥协。

中苏交涉过程中,北京政府的策略灵活,利用俄国内战及苏俄对华宣言,一面清理旧俄条约权益,一面坚持"先议悬案,再议通好"的交涉方针,以解决外蒙古与中东路为承认之先决条件。但因苏联政权逐渐巩固,国际形势好转,王正廷在1923年9月下旬,建议不能再执著于旧方针,改采先议大纲,承认后再议细目的方式。王正廷与加拉罕循此新方针非正式交换意见,达成许多共识。北京政府认为承认问题兹事体大,派王氏赴日征询东邻意见,到1924年初英、意相继承认苏联,北京政府决定改采酝酿已久的新方针。对于关键的旧约废止问题,王正廷与内阁都锲而不舍,对承认后苏联是否会遵守承诺召开会议商订新约保持高度戒心,坚持要立即废止,苏联则坚持在正式会议中商订新约后再废旧约。王正廷与加拉罕一再为此点辩争,最后妥协为《密件议定书》。

《密件议定书》之原始用意,是规定中苏建交到议定新约的过渡期间,中俄旧约虽未废止但"概不施行"。结果中俄会议拖延召开,最后无结果而终,中苏新约未能订定,旧约又概不施行,中苏间条约关系含混，等于维持现状，实质上默认了 1917～1922 年北京政府清理旧俄条约权益的成果。笔者认为此《密件议定书》是北京外交部在《中俄协定》中最主要的成就之一，但因该议定书的秘密性质，国人多不知有此件，对《中俄协定》的理解遂不全面，北洋外交的成果也遭忽视。

由《密件议定书》形成历程及《中俄协定》签署后苏联在华条约地位的个案交涉，当可较明确地掌握苏联在中国的条约地位。基本上，中俄旧约处于悬宕状态，尚未废止，但不施行。苏联要维护其国家利益，又要对华宣传反帝废约，自不能再享特权，对华宣称放弃旧约，但利用收回使馆的机会，对列强宣称自己仍是《辛丑和约》签约国之一。北京外交部为求中俄会议顺利进行，又要利用苏联制衡条约列强，不愿说破，只强调旧约已失效。中苏双方对中俄旧约废止与否都不愿意说清楚，辛丑列强致力于维护条约权益，一再追问，仍是弄不清楚状况。

北京政府与苏联也有互相合作、互相利用的一面。双方各有国家利益，但在攻击条约体系上，立场是一致的。苏联宣传反帝废约，北京政府也努力修约，双方互有所需，表面上都要摆出中俄旧约已废止的姿态。苏联不愿真正放弃在华特权，采取多面手法，一面向国人宣传苏联是中国的朋友，协助中国摆脱条约束缚，争取舆论支持；一面向外交团声明自己仍是辛丑列强；一面又用各种借口，拖延中俄会议的进行；更乘中国内部分裂，利用张作霖、冯玉祥的矛盾，试图控制北京政府；同时与广州、奉天、新疆等地方当局交涉，从中牟取利益。苏联对华外交灵活多变，又长于宣传，至今国人仍多相信苏联平等对华之善意。

北洋修约虽受中国内部分裂的牵制，但仍持续开展，并获致相当成果，应给予公允的评价。北京政府力图摆脱条约束缚，需借重苏联以制华会列强。《中俄协定》对北京政府很重要，第一次有大国为友，共同对抗条约体系,增强了中国外交的地位。

总而言之,《中俄协定》签署前后的中、苏及列强间的关系,错综复杂,借由对《密件议定书》的考察,可厘清许多过去无法理解的矛盾现象,也有助于学界理解苏联对华宣言的性质,进而可对《中俄协定》及中苏关系做较适当的评价。

第三节 1924~1927年中俄会议

《中俄协定》之条文看似平等,然而各主要条文均有"在会议中"四字之但书,其本质只是将来会议时解决悬案的大纲。双方应在一个月内举行会议,依大纲商订详细办法,具体解决一切悬案。因此,中俄会议(又称"中俄细目会议"或"中俄正式会议")实为《中俄协定》不可分割的重要组成部分。然而,多年来此中俄会议一直未被重视,学界没有对此做过学术研究,一般人根本不知道有过这么一个会议。

中俄会议十分关键,必须弄清楚其始末,才能较全面地理解与评价《中俄协定》。就中苏关系而言,加拉罕在中俄会议前后,对北京政府之内政外交发挥相当大的影响力,可与鲍罗庭(Mikhail M. Borodin)对广州政府之影响相比肩。同时,中俄会议也是理解北洋修约的重要案例,北京外交部利用华会列强与苏联之间的矛盾,使修约在此期间有突破性的发展。加之中俄会议与关税会议、法权会议同时进行,可提供考察当时华会列强与苏联对华外交竞争的另一个面相。从这些角度看,中俄会议实有进行严谨学术研究之必要性。

到目前为止,相关中文著作对中俄会议多一笔带过,较详细者为李嘉谷《中苏关系(1917~1926)》一书,对此会议有9页的论述。英文著作中,论述最详的系 Robert Pollard, *China's Foreign Relations*,

1917～1931 一书，其中有 11 页专论中俄会议，但未使用中方档案，主要反映了西方观点。苏联对华外交档案尚未完全解密，俄罗斯学者相关著作中，对此会议的论述多语焉不详，只强调苏联对华善意，并谴责北京政府对苏之敌意，是会议无结果而终的主因。比较详细论述的应属彼斯科娃《1924～1929 年的苏中外交关系》一文。① 本节主要依据《外交档案》及与此会密切相关的《奉系军阀密信选辑》，② 辅以英国 FO 档案，《共产国际、联共（布）与中国革命档案资料丛书》及当时报章杂志，试图重构中俄会议的历程，并考察其在北洋修约历程中的意义。

一 《中俄协定》 签署后北京政府催开会议

1924 年 5 月 31 日，《中俄协定》与《暂行管理中东铁路协定》签署，苏方恢复邦交及取得中东铁路管理权之目的达成，而中方希望的取消条约特权及解决各悬案之目标，仅订出解决原则，依协定第二条规定："签字之后一个月内，举行会议，按照后列各条之规定，商订一切悬案之详细办法，予以施行。此项详细办法应从速完竣，但无论如何，至迟不得过自前项会议开始之日起六个月"。

当时国人多以为《中俄协定》签署后，苏联就已放弃所有在华条约特权。舆论界稍有注意中俄会议者，如 6 月 2 日《申报》云："中俄协定既签，邦交已复，舆论谓大纲上文字之争，政府已尽其职，但关于事实的趋势，将何以实践此争得之权利，则正式会议，千头万绪，政府与人民所当努力者也。"也有对会议表示疑虑者，如孟心史云："在俄则以恢复邦交为所欲已遂，一切鞮鞻，承我万恶之军阀放弃在先，延宕

---

① 见彼斯科娃《1924～1929 年的苏中外交关系》，原载（俄）《近现代史》1998 年第 1、2 期，中译文见《中共党史资料》第 75 辑，李颖译，中共党史出版社，2000，第 216～218 页。

② 辽宁省档案馆编《奉系军阀密信选辑》，中国档案出版社，1993。此书系依据东三省交涉总署档案编辑而成。

一日，即保留一日之非分利益，滋长一日之意外变化，故速定正约，为我之所有事，而彼之所不必需。"① 又有云："中俄协定大纲之签字，正中俄交涉之开始……今日之对俄交涉，仅仅签字于协定大纲，将来有待于国人之协力进行者正多，假使仍如前之因循悠忽，或视为大功已成，而不复措意，则其结果直俄国片面之利耳，于我有何利焉。"②

协定签字后，外交总长顾维钧积极筹备举行会议手续，6 月 12 日顾氏出席国务会议，报告对俄正式会议应在一个月内召开，提议在外交部设一中俄会议办事处，专司其事。③ 20 日，大总统指令同意。④ 顾氏派刘镜人担任该处秘书长，下设总务、会务两股，由朱鹤翔、赵泉为股长，另聘专门委员、顾问、咨议等多人，⑤ 又函请各机关将有关中俄交涉之案卷及各种事实材料，捡齐送外交部，以便汇案办理。

30 日，中俄会议办事处正式组成，设在东堂子胡同外交总长官舍，成员数十人。办事处拟提出议案有：（1）界务：俄人侵占之土地、领土主权未在约中订明者、中俄界约应行修改者；（2）外蒙问题：撤退驻蒙红军问题、阻止白党入蒙办法、连蒙手续；（3）中东铁路：实行暂时管理中东路协定、赎路办法、关于第三者之债权问题；（4）赔偿损失：国家损失、人民损失、卢布损失、垫款；（5）商约：互换领事及领事待遇问题、航行问题、关税问题、贸易问题、裁判在华俄人问题、在华俄教产问题、在华俄白党问题、其他事项；（6）清理中俄间债务问题：道胜银行问题、各项俄发债票问题。并拟定《中

---

① 心史：《中俄协定之签字》（时论），《申报》1924 年 6 月 4 日，第 4 版。

② 默：《中俄协定签后之责任》（时评），《申报》1924 年 6 月 5 日，第 3 版。

③ 《提交国务会议说帖——中俄会议办事处组织大纲》（1924 年 6 月 12 日提出阁议），外交档案：03 - 32 - 499 - 05 - 001。阁议情形见《申报》1924 年 6 月 15 日，第 10 版。

④ 《本部拟设中俄会议办事处并组织大纲请鉴核施行呈》（1924 年 6 月 16 日上大总统），《外交公报》第 38 期，1924 年 8 月，第（法令）1 页。

⑤ 《外交部中俄会议办事处组织大纲》《任免令》，《外交公报》第 38 期，1924 年 8 月，第（法令）1 ~ 2 页，第（金载）1 ~ 2 页；《中俄会议办事处人事案》（1924 年 7 ~ 9 月），外交档案：03 - 32 - 499 - 03 各件；《申报》1924 年 6 月 29 日，第 7 版。

俄草约》，分界务、商务、损失赔偿、债务清理、中东铁路、撤退外蒙红军六大项。[①]

　　然而，苏联却以中国未能履行各项义务，迟迟不肯开议。6月6日，加拉罕会晤顾维钧，谈及协定签署后应即着手进行诸事：中东铁路双方委派理事，但东三省地方官不承认此次所签协定；移交俄国在北京使馆、各地领事馆及俄国东正教教堂。[②]外交部随即函内务部、步兵统领，"请派军警护守北京及八大处（即西山）俄国教会房产及地产……以便设法腾移"。[③]11日，苏联代表照会：请将上海、烟台、天津、汉口四处领事馆之产业交还。外交部即电令各地交涉员交还俄领馆房屋文卷。13日，照复苏联代表：已电令交还俄领馆。[④]但是东交民巷旧俄使馆交还，受到北京外交团阻挠，各地领事馆的交还手续也有延误。

　　最棘手的问题是中东铁路，苏联与北京政府签署《中俄协定》，主要目的之一，就是想重新掌控中东铁路。该路在俄国革命后，一直被俄旧党掌握，并受协约列强支持。加拉罕来华时，先到沈阳与张作霖洽谈中东路等问题，张氏希望苏方与他签约。加拉罕因北京在外交上代表全中国，并得各地方当局尊重，决定仍与中央政府签约。但当时直、奉交恶，奉方宣言自治，不受协定约束，致使该路理事会迟迟无法改组。14日，契切林质问中国驻莫斯科外交代表李家鳌，请中国

---

　　① 《呈大总统——呈报中俄会议办事处成立日期》、《咨呈国务总理——中俄会议办事处成立日期并送组织大纲请备案由》（1924年7月4日），外交档案：03-32-499-05-004、005；《函薛（撼岳）参议——送蒙古边情报告并中俄会议拟案》（1924年8月5日），外交档案：03-32-507-01-015；《中俄草约——外交部中俄会议办事处会务股拟稿》（1924～1925年），外交档案：03-32-500-01-012。

　　② 《收顾总长与喀拉罕（6日）问答》（1924年6月10日），外交档案：03-32-494-01-001。《中俄协定》第一条：本协定签字后，两缔约国之平日使领关系应即恢复。中国政府允许设法将前俄使领馆舍移交苏联政府。《中俄协定》声明书（二）中国有移交苏联在北京及八大处所有之俄国教会房屋及地产之义务。

　　③ 《发内务部、步兵统领函》（1924年6月9日），外交档案：03-32-454-02-002。

　　④ 《苏俄代表照会——请将各领事馆之产业交还苏俄政府由》（1924年6月11日）、《照会苏俄代表——照复已电令各交涉员交还俄领馆矣》（1924年6月13日），外交档案：03-32-455-01-001、003。

政府设法融洽奉方，以守信用。^① 北京政府与外交部不断派人与张作霖疏通，但无结果。加拉罕一方面向北京施压拒开会议，一方面径自与张作霖交涉地方协议。^②

由于《中俄协定》规定一个月内开会之期迫近，北京外交部于 6 月下旬，迭次派员与加拉罕商订开会日期，加使以中方在交还俄使馆、互派大使及中东铁路等事上尚未办妥，对开会谓须请示政府。^③28 日，顾维钧会晤加拉罕，顾氏强调依约开会，加使表示依约中方应立即实行诸项义务，尚未实行，双方互责破坏协议。同日，外交部照会苏联代表：定于 30 日上午在外交部举行会议。加拉罕复函，称：中俄会议拟于七月前半月内举行。^④ 报载：加拉罕三次向外交部表示，中国未履行大纲协定，外交部谓大纲规定一个月内开正式会议，并无一月内履行大纲全部之规定，中政府始终努力履行大纲，非有意延宕可比。^⑤

同时，外交部急电李家鏊，知照苏联外交部迅电加使尊重协定如期举行会议。又电令李氏向苏方解释，凡按照大纲所应举办者，中政府均已极力设法履行中，要求苏方定期开议。^⑥ 30 日，李家鏊复电，已向契切林反复陈说中国实践条约之苦心，请从速开会。齐氏云：俄国迄今毫无所得，再等数日亦无不可。^⑦ 外交部复电：应履行事项均在进行，协定中初无履行完竣然后开议之约束，齐总长所谓俄国毫无

① 《收驻俄李代表函》(1924 年 8 月 23 日)，外交档案：03 - 32 - 489 - 01 - 001。

② 顾维钧与加拉罕之间为奉俄交涉有过多次争执，外交档案记录甚多。

③ 《电驻莫李代表一 (密件)》(1924 年 6 月 28 日)，外交档案：03 - 32 - 499 - 02 - 004。

④ 《收顾总长会晤喀大使 (6 月 28 日) 问答》(1924 年 8 月 29 日)、《照会苏联代表》(1924 年 6 月 28 日)、《收苏联加拉罕代表 (28 日) 函》(1924 年 6 月 30 日)，外交档案：03 - 32 - 489 - 01 - 004、03 - 32 - 509 - 02 - 003、03 - 32 - 499 - 04 - 001。

⑤ 《申报》1924 年 6 月 30 日，第 6 版。

⑥ 《电驻莫李代表一 (密件)》(1924 年 6 月 28 日)、《电驻莫李代表 (密件)》(1924 年 6 月 28 日，第二电)，外交档案：03 - 32 - 498 - 02 - 004、016。

⑦ 《收驻俄李代表 (30 日) 电》(1924 年 7 月 1 日)，外交档案：03 - 32 - 488 - 02 - 005。

所得者，不知究何所指，令李氏密探苏方真意。①

7月1日，李家鳌复电，建议以个人名义电加拉罕催促，并报告苏方对中俄开议事，仍以使馆事推托，并称开议与否全权均属加拉罕。3日，李家鳌又电称：密探得悉，不能开会之原因，一因加拉罕对于中国与会之人颇表不满，二因加使所调人员尚未到齐，未便草率开议。尚有交还使馆问题，彼方视为极重要。5日，李家鳌电告：加拉罕复电，称开议一层办不到，因中国未切实履行开议前应尽之义务，又因内部竞争毫无实力，受帝国主义压制，致使东路仍受俄国旧党控制，因在北京无法解决此事，不得已而与奉天进行谈判。②

7日，顾维钧会晤加拉罕，加使提及上海交涉员允许白俄占用领事馆，顾氏云：交还外国租界内之俄产本来就困难，重要的是中国政府已尽力；强调会议迟开，实鼓励不欲见中俄邦交巩固之人，得以实行其阻挠计划；会议迟开已使各阁员怀疑苏联之意旨，中国政府应行履行之事，业已次第办到，苏联不应延宕。最后请加使明确表示一日期，询问加使是否奉到训令。加使答以：非俟本代表呈递国书及中东路问题解决后，此项训令不会到来，务请顾总长设法办理。③

中俄会议之迟开，引起中外报纸揣测。《东方杂志》评论云："今以外交及内争之关系，凡协定所规定为应即实行之事项，多为使团所持，未能实施。而协定本身，因奉、粤之否认与反对，亦不能不发生

---

① 《致李代表电》（1924年7月2日），外交档案：03-32-499-01-001。

② 《收驻莫李代表（1日）电》（1924年7月2日）、《收驻俄使馆函——谨将六月二十七日以来与俄当局谈话记略译陈钧览》（1924年8月4日）、《收驻莫李代表（3日）电》（1924年7月4日）、《收驻莫李代表（5日）电》（1924年7月7日），外交档案：03-32-488-02-008、007、009、010。

③ 《收顾总长会晤加拉罕代表（7日）问答》（1924年7月19日），外交档案：03-32-494-01-014。

问题，因之规定一月即开之正式会议，亦被牵制未能实行。中俄邦交虽复，来日大难，前途可虑。"①《申报》谓："俄代表团息，莫斯科训令，须接收俄使馆后，方开中俄正式会议。中政府希望先行开幕式，秋后再开议一节，请勿做此形式。"②《上海泰晤士报》云：加拉罕展延正式会议，无非欲在中俄订结正式条约前，先与日本得一协定。盖以中俄之恢复邦交，不啻给加氏一具杠杆，可借以迫逼日人承认苏俄，故加拉罕欲待完成日俄交涉，再与中国开议，则处较强之地位。③《伦敦泰晤士报》云："加拉罕演说反对帝国主义以引诱华人废除条约权利，其目的在攫取中东铁路，不恤与其它国家为难……关税会议迄未开会，华人已失望，恐中俄会议开会其失望将更甚等语。"④《伦敦晨报》载："苏俄政府对于中政府办理交还中东铁路及使领馆之迟缓，甚为烦闷，中政府外受列强之责难，内受武人之作梗，但苏俄与中政府订约并未计及与北京使团及督军接洽也。"⑤

北京外交部只能努力履行义务，电令各地交涉员与苏方人员接洽接收领事馆，照会外交团领袖公使让苏联接收使馆，接洽有关机关归还各地俄国教产，努力协调互派使节等各项问题。⑥ 7 月 31 日，加拉罕以苏联大使身份向大总统曹锟呈递国书，而使馆交还也有眉目。8 月 2 日，外交部派员会晤加拉罕，谓贵大使所希望者，现已次第办行，提议 11 日开议。加使谓：稍缓数日到 15 日或 20 日，因为最为重要之中东路协定，迄未履行，拟先为中东路问题照会顾总长，然后定

---

① 张梓生：《中俄复交之经过》，《东方杂志》第 21 卷第 13 号，1924 年 7 月 10 日，第 43 页。
② 《申报》1924 年 7 月 23 日，第 6 版。
③ 《外报对中俄会议之观察》，《申报》1924 年 7 月 17 日，第 9 版。
④ 《收驻英朱代办 (19 日) 电》(1924 年 7 月 21 日)，外交档案：03 - 32 - 495 - 04 - 017。
⑤ 《收驻英朱代办 (23 日) 电》(1924 年 7 月 24 日)，外交档案：03 - 32 - 494 - 01 - 015。
⑥ 《总长交参司办公室开呈中俄大纲协定各项问题实施情形折二件》(1924 年 7～10 月)，外交档案：03 - 32 - 528 - 01 - 016。

期开议。① 由于加拉罕语气缓和，报纸对会议前途颇表乐观，称：中俄正式会议之障碍，既渐见肃清，加拉罕亦以大使资格，对曹锟呈递国书，大致正式会议开幕在即；奉天与苏联交涉后，报告中央由外部正式签字，期于对外一致云。又载俄专门委员已首途，8 月中旬可抵北京，中俄正式会议行将开幕。②

10 日，顾维钧会晤加拉罕，加使重视中东路，顾氏则关心开议日期，双方定于 12 日下午在总长宅会谈。11 日，加拉罕到外交部，顾维钧又询问开幕日期事，加使云：奉俄会议诸问题解决后，即可定期。顾维钧请订 15 日开幕。加使云：14 日、15 日均可，拟再与顾总长会谈。12 日晚，双方会晤，讨论开会之细目及开幕日之议程，顾氏提议 15 日下午开幕，加使则坚持等中东路问题解决，即可开议。双方为奉俄交涉有激辩，开会日期仍无结果。③《国闻周报》称："加拉罕之所以一再延宕，意在俟奉俄局部会议之成功。"④

13 日，外交部密电李家鏊，云加使迟不开会之主因，仍在先履行《暂行管理中东铁路协定》之规定，指示："究竟彼方内部各机关意见是否一致，抑或另有其它牵掣，请即从速探告。"⑤ 18 日，李氏复电，云与契切林外长为开会问题辩论激烈，契切林以使馆、铁路未交，大使未派，碍难开会，两事办妥即可开会，并指出奉俄会议正在进行。李氏告以北京正与奉天交涉，请苏方停止与奉天之局部会议，仍请迅

---

① 《收朱参事会晤苏联喀大使问答》（1924 年 8 月 2 日），外交档案：03 - 32 - 454 - 02 - 021。

② 《国闻周报》第 1 卷第 1 期，1924 年 7 月 23 日，"国内外一周大事纪"，第 21 页；《中俄正式会议行将开幕》《国务会议中之四要案》，《申报》1924 年 8 月 4 日、11 日，第 7 版。

③ 《收顾总长会晤喀大使（10 日）问答》（1924 年 8 月 14 日）、《俄馆问答》（1924 年 8 月 11 日）、《收顾总长会晤喀大使（12 日）问答》（1924 年 8 月 14 日），外交档案：03 - 32 - 494 - 01 - 017、03 - 32 - 495 - 04 - 001、03 - 32 - 494 - 01 - 017。

④ 《国闻周报》第 1 卷第 4 期，1924 年 8 月 14 日，"国内之部"，第 25 页。

⑤ 《发驻俄李代表电》（1924 年 8 月 13 日），外交档案：03 - 32 - 499 - 02 - 004。

速开中俄会议，双方辩论仍是各说各话。[①] 总之，苏联在中东路问题未解决之前，坚持不肯开议。

此时，北京政局不稳，9月1日，江浙齐卢战争爆发，4日张作霖通电响应卢永祥。14日，颜惠庆组阁，顾维钧续长外交。15日，奉军以讨伐"贿选"为名，分六路向关内进军。17日，大总统曹锟下讨伐令，吴佩孚由洛阳赴北京，次日，第二次直奉战争正式爆发。20日，《奉俄协定》签署，外交部屡次严重抗议，苏联使馆置之不理。奉、苏双方即于10月初改组中东铁路，将主控权移交新理事会与新局长。奉方由鲍贵卿任理事长兼督办，苏方由伊万诺夫（M. Ivanoff）任副理事长兼会办，实际管理权则由伊万诺夫担任局长主控之。

《奉俄协定》规定：本协定各条所规定之各委员会，应在一个月内起首办事，所有一切问题应速解决完竣，至迟不得逾六个月。与《中俄协定》近似，于是衍生出《中俄协定》、"中俄会议"与《奉俄协定》、"奉俄会议"间重叠扞格的问题。舆论认为："不知此后中俄协定所规定的正式会议，与奉俄协定所规定的正式会议，加拉亨又用何种手段以求成功？"[②]

二 "中俄会议"与"奉俄会议"的合并

10月23日，冯玉祥部回师北京，发动政变。次日，颜惠庆辞总理职，教育总长黄郛兼代阁揆。11月2日，曹锟通电下野，由代理国务总理黄郛摄行大总统职务，王正廷担任外交总长。当时张作霖、冯玉祥争权，国民军得察、绥、豫、陕、甘，沿京汉路南下。奉军得热、冀、鲁、苏，沿津浦路南下。奉军入关逼近北京，加拉罕加紧援

---

① 《收驻俄李代表（18日）电》（1924年8月19日），外交档案：03-32-494-01-018。
② 朔一：《奉俄协定与中东路改组》，《东方杂志》第21卷第19号，1924年10月10日，第13页。

冯，张、冯关系紧张。① 奉、苏关系也不好，除冯玉祥不断输入苏联
军火奉张十分不满外，苏联一再抗议张宗昌部招募白俄军，而中东路
俄局长与张作霖也时有争执。15 日，张作霖与美国驻沈阳总领事高思
（Clarence E. Gauss）谈话，对黄郛、王正廷深表不满。29 日，张又向
美使馆代办梅叶（Ferdinand L. Mayer）抨击苏联在华活动。②

　　黄郛摄政期间，王正廷热衷于中俄会议，加拉罕也积极配合，会
议似乎开幕在即。11 月 6 日，双方决定：中俄会议定于 18 日上午开
幕，加使希望解决如下问题：俄庚款委员会之华委员人选；移交俄东
正教教堂产业事宜；停沪之俄船三艘移交事宜。王氏允饬主管司实时
办理。③ 7 日，王正廷前往苏联使馆祝贺苏联国庆，商议进行中俄会
议。④ 一时之间，中苏邦交颇形敦睦，然不久又有延迟之传言，报载：
"王正廷拟赴津与张作霖及段征中俄会议意见。"结果因段、张有意
见，苏方主稍缓。⑤ 15 日，王正廷、加拉罕会晤，加使表示无论何时
均可开会，唯为免除奉天方面同时亦有开会之举，故须预为疏达妥
洽。王、加均派人到天津与张作霖接洽。⑥ 17 日，外交部颁布中俄会
议会务处办事细则，主任为严鹤龄。⑦ 20 日，在外交部开内部会议，
向王正廷报告前"中俄会议办事处"办理界务、商约、东路、赔偿、
外蒙各项俄事经过纪要。⑧

---

① 参见刘敬忠、田伯伏《国民军史纲》，人民出版社，2004，第 118 页。
② 郭廷以：《近代中国史纲》下册，台北，晓园出版社，1994，第 620 页。
③ 《收王总长会晤喀大使（6 日）问答》（1924 年 11 月 12 日），外交档案：03 - 32 -
489 - 01 - 006。
④ 《时事日志》，《东方杂志》第 21 卷第 23 号，1924 年 12 月 10 日，第 141 页。
⑤ 《申报》1924 年 11 月 11 日，第 3 版；15 日，第 4 版。
⑥ 《收王总长会晤喀大使（15 日）问答》（1924 年 11 月 20 日），外交档案：03 - 32 -
489 - 01 - 007。
⑦ 《中俄会议办事处办事细则》（1924 年 11 月 17 日），外交档案：03 - 32 - 499 - 05 -
002。
⑧ 《中俄会议会务处内部会议通知》（1924 年 11 月 18 日）、《报告前中俄会议办事处办
理俄事经过纪要》（1924 年 11 月 20 日），外交档案：03 - 32 - 499 - 06 - 003、002。

张作霖逐步掌控北京政局，11 月 15 日，张作霖、冯玉祥在天津紧急会议，领衔通电各省，公推段祺瑞任中华民国临时执政。23 日，黄郛内阁总辞，24 日段祺瑞就职，组织临时政府，任命唐绍仪为外交总长，唐旋辞，由次长沈瑞麟继任。

因《奉俄协定》也规定要开会，中俄、奉俄两会议需要协调，中俄会议暂告中止。12 月 16 日，中俄会议会务处开会，沈瑞麟指示：签字六个月中俄会议尚未举行，各问题各部说明研究情况，以备编拟提案。① 沈氏要了解张作霖的态度，20 日函中东路督办鲍贵卿：以中俄会议"应行商订之事与东省关系较多，应如何催促苏联方面早日进行，拟请我公转陈雨帅，指示机宜"。25 日，鲍氏复函：已转陈雨帅。②

沈瑞麟命李家鳌探苏方对会议态度，1925 年 1 月 7 日，李氏电告："彼方毫无阻碍，只须我方确有准备，即可与喀使商，惟彼于会议人员颇有烦言。"③ 10 日，李氏又电称：契切林称使馆、铁路业已交接，唯大使未派为中国自放权利，彼方已经国务会议，即可商允加使定期开会，但中国外长迄未到任，此举不知何人负责。④

10 日，中俄会议会务处内部会议，认为各项问题筹备已有头绪，唯各专门委员尚未详细讨论，现拟分组研究。13 日，外交部派员访加拉罕，加使云：本大使对于开会早已准备，王前总长掌部时，本已预定开会日期，伺因奉俄协定中亦有规定开会之事，须先与奉天接洽，后王总长离任，此事随之搁置，未识目下贵部方面已否与奉方接洽。⑤

---

① 《俄事会议纪录》（1924 年 12 月 16 日），外交档案：03 - 32 - 499 - 06 - 004。

② 《拟致鲍督办函稿》（1924 年 12 月 20 日）、《鲍督办函》（1924 年 12 月 25 日），外交档案：03 - 32 - 494 - 01 - 026、027。

③ 《收驻莫李代表（7 日）电》（1925 年 1 月 12 日），外交档案：03 - 32 - 489 - 01 - 010。

④ 《收驻莫李代表（10 日）电》（1925 年 1 月 12 日），外交档案：03 - 32 - 496 - 02 - 016。

⑤ 《中俄会议会务处讨论俄事会议纪要》（1925 年 1 月 10 日）、《朱鹤翔往晤苏联喀大使（13 日）记略》（1925 年 1 月 15 日），外交档案：03 - 32 - 499 - 06 - 002、489 - 01 - 011。

沈瑞麟遂致函张作霖，云：加使表示随时可开议，望合力进行。2月初，张作霖复函称：已派郑谦为代表进京接洽会议事宜。①

24日，《日苏协定》在北京签署，苏联承认1905年《朴次茅斯条约》继续有效。2月11日，北京外交部抗议此款与《中俄协定》相抵触。25日，加拉罕复照：中国于1905年、1915年与日订约确定南满铁路地位，故《日苏协定》不违背《中俄协定》。次日，《日苏协定》互换生效。加拉罕照会外交部：去年10月已与王正廷商妥开议，本年1月又向朱鹤翔表示愿随时开议，"现在事经一月，中国是否预备开会，敝使尚未接到通知，为此照请贵总长将中国政府愿否开会示知敝使，如愿开会，究于何时举行？均希从速见复"。②

此时，棘手的《中俄协定》《奉俄协定》关系问题也告解决。1月中旬，张作霖向临时执政呈报《奉俄协定》，③2月2日，中俄会议会务处会同外交部、交通部讨论中东路问题，认为《奉俄协定》与《中俄协定》条文、本旨大致相同，且有数处更为进步，应请商订办法，将前者归并后者，以示中央与奉天对外一致。④外交、交通两部遂呈请将《奉俄协定》核准，追认作为《中俄协定》之附件。3月12日，临时执政准如所拟办理。⑤至此，《中俄协定》《奉俄协定》合并，两协定规定之会议遂合并举行。

2月28日，国务会议中沈瑞麟建议恢复中俄会议督办一职，以专责成，速开中俄会议。阁议通过，并任命王正廷为督办，另添设会办一

---

① 《拟致奉天张总司令函稿》（1925年1月22日）、《收张作霖函》（1925年2月2日），外交档案：03-32-489-01-012、013。

② 《苏联喀大使（26日）照会》（1925年2月27日），外交档案：03-32-497-02-003。

③ 《收临时执政府秘书厅公函》（1925年1月），外交档案：03-32-494-03-017。

④ 《中俄会议会务处说帖——请商交通总长应将奉俄协定归并中俄协定并通知苏联大使由》（1925年2月3日），薛衔天等编《中苏国家关系史资料汇编（1917～1924）》，第326页。

⑤ 《临时执政指令第346号——令外交总长沈瑞麟交通总长叶恭绰》（1925年3月12日），《政府公报》第3214号，1925年3月13日。

职，以熟悉东北情形者任之。外交部即电在沪之王正廷：早日回京筹备开会。① 3月1日，临时执政令：特派王正廷为中俄会议督办，郑谦为会办。3日，王氏复电应允，次日北上。7日，外交部照会加拉罕此事。② 17日，外交部再照会加使：《奉俄协定》业由奉天呈报中央政府，奉执政核准作为《中俄协定》之附件；并命李家鏊通知苏联外交部。③

当时苏联对北京政局很乐观，冯玉祥颇有影响力，而孙中山也到京。3月6日，苏联大使突然照会外交部，云："外蒙红军已完全撤尽"。报载加拉罕照会：蒙古红军原可暂不撤退，为表示善意，不待中俄会议举行尽数撤退。④ 外交部询问李家鏊，李氏复电称：苏联在蒙布置完备，蒙军成立，故苏军可放心先期撤兵。⑤

3月初，北京政府决定将中东路政、松黑航权两委员会改在东三省开会，由中央签订。⑥ 于是，事实上仍有中俄、奉俄两会议。王正廷到北京后，3月下旬即赴奉天与张作霖接洽，交换中央与奉方意见，商讨奉俄会议范围。4月5日晚，王正廷回北京，宣称："奉张对中俄会议主张颇正大，与中央无出入，本人希望五月一日前开议。"又称："对于中俄会议关系东三省各项，已与奉张、郑谦等切实交换意见，奉张表示，开议后即派代表来京参列。"⑦ 人事方面，奉俄会议委员长由

　　① 《二十八日之国务会议》，《申报》1925年3月4日，第6版；《顺天时报》1925年3月1日，引自《中华民国史史料外编——前日本末次研究所情报资料》第82册，广西师范大学出版社，1997，第377页；《电致王儒堂督办》（1925年2月28日），外交档案：03-32-497-02-004。
　　② 《照会致苏联喀大使》（1925年3月7日）、《收王督办（3日）电》（1925年3月4日）、《收上海特派员（5日）电》（1925年3月6日），外交档案：03-32-497-02-012、007。
　　③ 《发驻俄李代表电》（1925年3月17日），外交档案：03-32-494-03-019。
　　④ 《苏联驻华大使喀拉罕致外交部（6日）照会》（1925年3月10日），外交档案：03-32-497-02-017；《申报》1925年3月9日，第4版。
　　⑤ 《收驻俄李代表（9日）电》（1925年3月11日），外交档案：03-32-498-01-001。
　　⑥ 《申报》1925年3月5日，第4版。
　　⑦ 《东方杂志》第22卷第8号，1925年4月25日，第151页；《申报》1925年4月1日，第4版；7日，第3版；8日，第5版。

奉天交涉署长高清和担任，路政由吕荣寰主办，航政由沈鸿烈主办。①

9日上午，王正廷、郑谦正式就督办、会办职并发表通电。外交部之中俄会议办事处随即裁撤，移交卷宗。公署直隶于执政，督办、会办外，设坐办一人，参议、秘书四至八人，下设总务、会务，另聘顾问、咨议若干，由专门委员会分任专门事项。人事派令陆续发布，到4月底组织就绪。28日阁议，派孔祥熙为坐办，因郑谦至江苏赴督办任，会办事务交坐办处理。王正廷任命裴汾龄为会务处长，吕咸为总务处长，又起用鲁案善后督办公署旧属，分任专门委员、主任秘书等职。②

裴汾龄系驻伯利总领事，对于俄国情形颇熟悉，王正廷特电调回京。裴氏路过哈尔滨、奉天与地方当局接洽各问题，并调查中俄各处国界，抵京后即在办公处昼夜整理议案。③会务处设会务、商务、界务、铁路、编译、债务六股。④中俄会议为节省时间便利研究起见，分设商约、界务、路务、航务各分委员会。经费每月2.5万元，由道胜盐余拨付。并编定新密码，专备会务密件与驻俄代表处、各领事馆及奉天交涉公署、哈尔滨交涉公署联络使用。⑤

奉天方面之会议组织，分总务、会务、文书、翻译、会计、庶务、纪录七股，东三省交涉总署长兼奉天交涉署长高清和担任会务长，下有职员三十余人，由官银号拨款一万元，作会内经费。⑥王正廷派秘书祁大鹏为驻奉代表。

---

① 《申报》1925年3月9日、14日、16日、19日，第4版。
② 《请柬》（1925年4月8日），外交档案：03-32-559-02-033；《其它各令》《督办中俄会议公署组织大纲》《督办中俄会议公署办事细则》，《外交公报》第48期，1925年6月，第（金载）5页、（法令）13~18页。《申报》1925年4月13日，第5版；30日，第6版；29日，第4版。完颜绍元：《王正廷传》，河北人民出版社，1999，第163页。
③ 《中俄会议又有五月十日前开幕讯》，《申报》1925年5月2日，第6版。
④ 《申报》1925年4月30日，第4版。
⑤ 《中俄会议分委员会组织大纲》（1925年4月）、《函寄新编会密电码》（1925年4月24日），外交档案：03-32-500-03-001、002；《申报》1925年4月19日，第4版。
⑥ 《奉天方面之中俄会议》，《申报》1925年4月24日，第6版。

王正廷、郑谦就职后，即访问加拉罕商议开会事宜，加使称待莫斯科复电。① 然而，孙中山逝世后，张作霖压制冯玉祥势力，北京政府与苏联之关系随之恶化，苏联又以各种理由拖延会议召开。10 日，苏联大使馆致外交部节略，称中国各地之前俄财产，地方官多借口未奉中央训令，不肯设法办理，请外交部设法履行条约义务；又多次抗议奉军张宗昌部任用白俄，请即解散。外交部复以该白俄军人数不多，且已归化中国。② 11 日，加拉罕以外交部复文与事实不符，指责中方违反条约义务，影响谈判及将来会议中所拟缔结之新条约。③ 12日，李家鏊报告，契切林称近来北京交谊远逊于前，加使所求各节，每有不复，且亦不能晤谈，并表达诸多不满。④

13 日，中俄督办公署正式办公，当天加拉罕往访王正廷，非正式协商交涉问题，报载：两方意见尚称接近。⑤ 16 日，公署会议，定中俄会议 5 月 1 日开幕，大纲在北京，细目在奉天、哈尔滨协议。⑥ 18日，临时执政发给全权证书。⑦ 22 日，外交部电李家鏊：现在王正廷已就督办职，只要苏方不再迁延，自可克期开会。⑧

然而，奉俄关系持续恶化。25 日，加拉罕抗议"东三省当局借日款筑洮南、齐齐哈尔间铁路，妨碍中东路发展，在此项抗议未得满意答复以前，中俄会议不能开会"。⑨ 北京政府将加使抗议转交奉天，外交部与王正廷再疏通加使，将此案改为奉俄局部交涉，仍请开中俄

---

① 《东方杂志》第 22 卷第 9 号，1925 年 5 月 10 日，第 141 页。

② 《苏联大使节略》（1925 年 4 月 11 日），外交档案：03 - 32 - 561 - 01 - 004。《东方杂志》第 22 卷第 1 号，1925 年 1 月 10 日，第 206 页；第 6 号，3 月 25 日，第 145 页。

③ 《申报》1925 年 4 月 15 日，第 4 版。

④ 《收驻莫李代表（12 日）电》（1925 年 4 月 13 日），外交档案：03 - 32 - 498 - 01 - 016。

⑤ 《中俄督办公署开始办公》，《申报》1925 年 4 月 18 日，第 6 版。

⑥ 《中俄会议订五月一日开幕》，《申报》1925 年 4 月 20 日，第 6 版。

⑦ 《函致执政府秘书厅》（1925 年 4 月 18 日），外交档案：03 - 32 - 498 - 01 - 019。

⑧ 《电驻莫李代表》（1925 年 4 月 22 日），外交档案：03 - 32 - 561 - 01 - 010。

⑨ 《东方杂志》第 22 卷第 11 号，1925 年 6 月 10 日，第 160 页。

会议，或先举行开会仪式，加使未允。① 结果，5月1日中俄会议未能开幕。2日阁议，外长沈瑞麟报告：俄以悬案留难，请派员协助外交部先将中俄间悬案与加拉罕各个商议，免牵扯中俄会议开幕。报载："张作霖请政府反诘加拉罕延迟开议责任，谓洮齐路日债举否不定，现正考虑中，与中俄会议毫不相干，何得据为交换条件。"督办公署表示：在未筹备以前，加拉罕甚为急进，屡次催促正式会议，公署成立以后，加氏态度甚为冷静，并先提出先决问题。又表示：奉方对雇用俄旧党已提出可满足加氏之答复，下星期可开议。但苏联使馆谓：洮齐路与雇白党两事，奉俄间交涉尚无结果，下星期难开议。②

督办公署会务处在裴汾龄主持下，整理各议案，到5月初已大致就绪。6日，王正廷接受记者采访，云："延开之理由，因双方均执慎重态度，以事准备。"③《东方杂志》报道：王正廷准备完竣，上书段祺瑞，陈述对俄方针的意见。④

然而，苏方对开议态度却越发保留，5月上旬李家鏊报告称：契切林于正式开会，似有另议。⑤ 中旬，加使告诉记者，中俄会议俄方并非挟洮齐等案为交换条件，因违反大纲协定精神，应先为纠正，则细目会议方有价值；并谓彼始终渴望开议，唯视东三省当局诚意如何。⑥《顺天时报》报道，苏方种种借口"欲以中俄会议不能开会之责任，归诸中国"。⑦《东方杂志》也报道，称加拉罕"有意延宕会议，希望获得中国对于各问题的让步，与减轻或竟抵赖在基本协定中

---

① 《申报》1925年4月29日，第4版。

② 《申报》1925年5月3日，第5版；2日，第4版；6日，第3～4版。

③ 《中俄会议又有五月十日前开幕讯》《王正廷关于中俄会议之谈话》，《申报》1925年5月2日，第6版；11日，第5版。

④ 幼雄：《中俄会议难产》，《东方杂志》第22卷第13号，1925年7月10日，第5～6页。

⑤ 《收驻莫李代表（8日）电》（1925年5月9日），外交档案：03－32－561－02－002。

⑥ 《申报》1925年5月13日，第4版。

⑦ 《顺天时报》1925年5月13日，引自《中华民国史史料外编——前日本末次研究所情报资料》第82册，第392页。

俄国所已允许负担的义务"。①

此时，因中苏共管中东路之争议，发生"九四命令"事件。4月9日，苏联局长伊万诺夫发布第九十四号命令：自6月1日起，凡非注册为中国公民或苏联公民之职员，均予开除。13日，代理理事长吕荣寰于理事会提议制止。②中东路督办鲍贵卿旋于5月19日布告：局长伊万诺夫命令违背《中俄协定》，将第九十四号命令废止。23日加拉罕抗议。至6月6日双方达成协议，一面将无两国国籍职员两百余人撤换，一面将"九四命令"不再实行。③然而，奉苏关系更加恶化。

奉天面对北京之中俄交涉公署，取监督态度，使王正廷事事受掣肘。④张作霖对商约草案有意见，5月13日电王氏，主张此次会议，应先将航、路、疆界等应规定之细则议决妥协后，最终方能协议通商条件。次日，王氏答以："各项问题草案正在整理，容当陆续派员送奉，征求意见。"张作霖复函称："将来各种草案交由敝处审阅者，即当抒陈意见，以备参考。"⑤19日，王正廷照会加拉罕：拟于6月1日在北京正式开会。29日，加拉罕答复：本政府以大纲协定有待东三省长官之履行，认为开议时机未到。⑥

此时，上海五卅惨案发生，中外目光咸集于此。王正廷被北京政府任命为办理沪案及其善后交涉事宜委员，加拉罕活跃于反帝宣传，

---

① 幼雄：《中俄会议难产》，《东方杂志》第22卷第13号，1925年7月10日，第5~6页。

② 《镇威上将军咨》（1925年5月14日），外交档案：03-23-270-01-001。

③ 《时事日志》，《东方杂志》第22卷第13号，1925年7月10日，第155页；李嘉谷《中苏关系（1917~1926）》，第245~246页。

④ 《顺天时报》1925年6月7日，引自《中华民国史史料外编——前日本末次研究所情报资料》第82册，第391页。

⑤ 《收奉天张督办元电》（1925年5月13日）、《复奉天张雨帅电》（1925年5月14日）、《收张作霖（26日）公函》（1925年5月29日），外交档案：03-32-314-02-011、529-03-002、500-03-012。

⑥ 《致苏联国喀大使照会》（1925年5月19日）、《（督办中俄会议事宜公署）致外交部公函》（1925年5月20日），外交档案：03-32-500-03-007、503-01-001；《申报》1925年5月31日，第4版。

张作霖则以维持治安为名，派奉军开入上海，中俄会议随之停滞。报载：若迅开中俄会议，中东路、卢布、国界诸问题对俄不利，现《日苏协定》已成立，苏联国际地位逐渐增高，中俄悬案无关重要，故不愿开议。① 6 月下旬，王正廷再催加拉罕开中俄会议，加使答彼已准备妥齐，但日期尚待莫京决定。报载："某教员语加拉罕，中俄会议大可于沪案运动中开议，中俄皆利，孰知加答中国现状不安一语，酷像帝国主义者口吻。"② 7 月下旬，北京某记者询王正廷中俄会议是否开幕。王氏答：曾有此事，日来彼此亦曾谈到，大约不久当可开议。③ 8 月 4 日，北京政府任孙宝琦为驻苏联大使，孙氏表示到俄后首主促成中俄会议。④

三 中俄会议的开幕

8 月，北京政府忙于筹备关税会议，18 日向华会各国发出请柬，加拉罕则奉召返俄述职，王正廷也与国民政府为粤案派遣北上之孙科、傅秉常南下上海。⑤ 正当中俄会议开幕似乎遥遥无期之际，突然峰回路转。21 日，加使通知外交部："本人定于月杪回俄，愿于回俄前举行中俄正式会议之开幕典礼。"王正廷接到电报后，立即赶回北京。24 日，外交部照会俄使馆："现贵大使假归在即，亟应早日正式开会，兹拟改于本月二十六日在北京开会。"⑥ 25 日，王正廷回京，访加拉罕，商中俄会议开幕事，谓此次如再不开幕，则贵国之信用将丧失净尽，年来贵使在敝国所建立之基础，亦将崩溃无余。最后加氏

---

① 《加拉罕不愿中俄会议开幕原因》，《申报》1925 年 6 月 4 日，第 5 版。
② 《申报》1925 年 6 月 23 日，第 4 版；7 月 2 日，第 6 版。
③ 《王正廷之外交谈话》，《申报》1925 年 7 月 25 日，第 6 版。
④ 《申报》1925 年 8 月 5 日，第 5 版。孙氏后来并未就任。
⑤ 《申报》1925 年 8 月 22 日，第 6 版。
⑥ 《东方杂志》第 22 卷第 19 号，1925 年 10 月 10 日，第 136 页；《照会苏联大使》(1925 年 8 月 24 日)，外交档案：03-32-489-02-017；《申报》1925 年 8 月 25 日，第 6 版。

始谓明日午前可得本国回电，此问题可延至明日再谈。① 26 日午，段
祺瑞派王正廷访加拉罕，务于行前行开幕式，同时在野某团体函诘加
使何以不开，谓中国各界对于苏联囚卉幕式迟行之故，发生不良之印
象，吾等对于苏联之热诚，亦将受各方之打击等语。加使答俄京复电
到即可开议，及下午三时复电到，加使通知王正廷，约定晚七时举行
开幕式。②

中方舆论盛传此次中俄会议开幕是"弄假成真"，如《申报》
称："加大使知王督办出京，忽然通告可以开议，其意盖信王督办一
时不能回京，彼由此有词可假，将不能开会责任委之我方。今见王督
办居然赶回，外部居然照会开幕，遂无法。"③

8 月 26 日晚，中俄会议开幕式在外交大楼举行。外交总长沈瑞麟
介绍双方全权代表，并代段祺瑞致颂词后，两全权代表致辞。④ 王正
廷云：会议迁延年余，双方人民无限痛苦，政府友谊受损，开幕后希
望两国分委员会讨论，贵大使回中国时，早日签订正式条约。加拉罕
答词，云：帝国主义政策与不平等条约使中国人民困苦，去年《中俄
协定》之实行，虽经中国中央政府用尽方法，现仍不免种种困难，对
苏联经济、政治俱有甚大之关系，本代表极盼王督办与中国政府在本
代表回国期间，将妨阻协议实施之一切障碍铲除，庶使此项会议可以
平稳进行，并使本代表返华之后，可以速竟厥功。⑤ 双方决定组织六

---

① 《中俄会议形式上之开幕》，《申报》1925 年 8 月 29 日，第 8 版。
② 《申报》1925 年 8 月 27 日，第 6 版。
③ 《中俄会议开会日期之波折》，《申报》1925 年 8 月 28 日，第 7 版。笔者认为，苏方
之同意开会，应与关税会议之筹备进行不无关联。
④ 《呈临时执政——呈中俄会议开议日期及正式会议情形》（1925 年 8 月 27 日）、
《中俄会议第一次会议记录》（1925 年 8 月 26 日），外交档案：03 - 32 - 503 - 03 - 003、023。
两件只列双方出席人员。见《申报》1925 年 8 月 27 日，第 6 版。
⑤ 《中俄会议开幕王督办致词》（1925 年 8 月 26 日）、《中俄会议略代表答词》（1925
年 8 月 26 日），外交档案：03 - 32 - 503 - 03 - 023。王、加致词大旨分见《申报》1925 年 8
月 29 日，第 8 版；30 日，第 7 版。

个专门委员会，分别讨论商约、债务、路务、界务、航权及特务等问题。① 次日，加拉罕返俄。

中俄会议虽然举行开幕式，但当时国内舆论对会议前景并不表乐观。《申报》推断："中俄会议开幕式行后，即长期搁置，今年未能议事，因俄方于中俄会议后，至少要返还一部分权利于中国，故俄根本上不赞成开议。"② 《国闻周报》亦云："加拉罕行后，留使署者，仅数人，俄方对会议依然无诚意，恐专门委员会亦徒成画饼耳。"③ 王正廷于开幕式后，派定裴汾龄等筹备开会之一切手续及分组会议办法，筹备就绪后，呈报执政，并着手赶编各项议案。④

然而，最棘手的仍是奉天能否与北京合作。9月1日，张作霖召奉天交涉署长高清和、中俄会议咨议祁大鹏等30余人，讨论中俄外交及解散张宗昌部下白党军队各问题。⑤ 6日，中俄会议公署委高清和为顾问，会办中俄会议驻奉办公处，下设总务、会务两处。⑥ 11日，王正廷偕随员抵奉谒张作霖，除为自身辩解外，主要讨论：（1）会议本身问题，奉方对加拉罕极不满，因此对中俄会议持冷淡态度，王氏解说会议速办之必要；（2）会办郑谦虚悬已久，改任高清和；（3）催派奉方分委员会委员；并决定与东北关系最密切的路务、航务两专门委员会在奉天举行。⑦

英国驻沈阳总领事 F. E. Wilkinson 对此次王、张会有详细报告，

---

① 《（王正廷）电奉天张上将军、张家口冯督办、南京郑省长——报告开会》《电奉天交涉总署》《提案第一号》（1925年8月26日），外交档案：03－32－503－03－006。

② 《申报》1925年8月26日，第6版。

③ 《国闻周报》第2卷第33期，1925年8月27日，"国内之部"，第32页。

④ 《顺天时报》1925年9月21日，引自《中华民国史史料外编——前日本末次研究所情报资料》第82册，第407页。

⑤ 《申报》1925年9月4日，第7版。

⑥ 《时事日志》，《东方杂志》第22卷第20号，1925年10月25日，第142页；《申报》1925年9月9日、11日，第6版。

⑦ 《申报》1925年9月12日、22日，第6版；18日，第5版。《顺天时报》1925年9月20日，引自《中华民国史史料外编——前日本末次研究所情报资料》第82册，第408页。

称：中俄会议开幕事先未报告张氏，张很生气，向北京强烈抗议。王氏到沈阳，向张作霖解释，并报告会议进行情形，修补关系。据说王此行主要在澄清自己不是赤党，希望奉京合作对苏交涉。张问王，在开幕时是否要求加拉罕依据中俄协定第三条宣布中俄旧约失效？王承认没有如此做，但是取得加拉罕保证，苏联政府很快会照会废除旧约。中俄会议在北京召开，路务、航务在沈阳开会由高清和主持。王向张保证，未得张同意前会议不会有决定，会密切请示张。张在近日会谈中表示对中俄会议没有期望，即使召开也不会有结果，他对加拉罕及其保证全无信心。①

张作霖任命吕荣寰为路务委员长，沈鸿烈为航务委员长，北京派委员参与；其他专门委员会在京举行，奉天也派任委员参与。驻奉中俄会议公署组织就绪，16 日开始办公。② 20 日晨，王正廷回京谒见执政，报告称：张作霖表示"除属于地方部分者，因与东省有直接关系，不能不派人参与，期有帮助外，其属于中央部分者，则希望政府通盘计算，冀收兼筹并顾之效"。③

但中俄会议到底是北京或奉天主导，王正廷与张作霖有争议。王氏坚持除路务、航权两委员会在奉举行外，其他四个分委员会在北京举行。29 日，苏联代办与王正廷讨论六分委员名单，提及奉天要求指派委员在奉开会，王氏表示：奉天方面之中俄公署系此间分出驻奉之办事处，因会办高清和在奉，故在奉设办事处，并非在奉单独开议。④ 10 月上旬，王正廷偕孔祥熙等随员赴奉，但到天津即折回。⑤ 26 日，

---

① Palairet to FO, 30 Sept. 1925, FO371/10934［F5565/111/10］.

② 《申报》1925 年 9 月 10 日，第 5 版。No. 196《高清和致杨宇霆信》（1925 年 10 月 1 日），《奉系军阀密信选辑》，第 537～538 页。

③ 《顺天时报》1925 年 9 月 21 日，引自《中华民国史史料外编——前日本末次研究所情报资料》第 82 册，第 409 页。

④ 《苏俄代办苏落维农夫之会晤纪要》（1925 年 9 月 29 日），外交档案：03 - 32 - 503 - 04 - 001。

⑤ 《申报》1925 年 10 月 7 日，第 4 版。

北京关税特别会开幕，王正廷忙于该会事宜。

中俄会议决定先开分委员会，议定诸事项，俟加使回中国后，再提大会。10 月，双方忙于组织各分委员会。① 俄方希望先开一、四、六分委员会，奉方主张六股同时开议。王正廷希望路、航两分委员长进京，先开六委员长接洽会。奉天认为王正廷揽权，王正廷去函说明：六分委员会同日开议，事实上有困难，不得不先就双方业经组织完备之各分委员会，先行开议。其余各会，于最近期间内陆续进行。各分委员会之开议日期虽有先后，唯各项问题均须同时解决，于大体无关碍。② 10 月底起，各分委员会陆续开预备会，11 月初商定名单，6 日，王正廷宴中俄会议专门委员，苏方委员也大体派定。③

10 月，东南反奉战争起，孙传芳进兵江苏直抵徐州，自称五省联军总司令。吴佩孚也乘机东山再起。11 月，国民军二、三军夺取直、鲁，策动奉系郭松龄内变，滦州起兵。王正廷素与冯玉祥接近，而加拉罕又全力援冯，京奉对中俄会议，分歧日深。

王正廷与奉天对于会务进行方式与程序有争执，11 月上旬，奉方要求各分委员会之奉天委员到京后，再开预备会议。但王正廷急于开议，18 日电奉天中俄公署：各分委员会除路、航两部分外，均已商定开会日期，催促奉方委员兼程来京，参与会议；参与路、航两分会之北京委员，已饬从速赴奉。19 日，高清和复电：谴责北京未待奉方委员到达，即擅自进行预备会议；对在京四委员会，主张"在我方似应权其利害以定开会之顺序，盖债务与东路有关，界务与航权有关，债、界两会我方如得胜利，则路、航两项较易着手；特务、商约利我者少，后议无碍。应请向彼方磋商，将特、商两会改在债务、界务两

---

① 《申报》1925 年 10 月 28 日、11 月 1 日，第 4 版。

② No. 208《张志良致高清和信》（1925 年 10 月 24 日），No. 209《王正廷致高清和信》（1925 年 10 月 29 日），《奉系军阀密信选辑》，第 563～572 页。

③ 《申报》1925 年 11 月 5 日、7 日、8 日，第 4 版。

会会议以后"。20 日，王正廷电复："路、航两项问题，原在奉垣筹
备，应由吕、沈两委员长到京，自行商定开会地点日期。其它各分委
员会，业与俄方明白订定开会日期……对外关系不便自行取消另订，
各项问题既已商定，同时解决实行，则开会先后之序，实体上自无重
大关系。"① 王正廷并函张学良，云奉方对分委员会开会日期似有误
会之处，请向杨宇霆、高清和解释，俾会务进行不生阻碍。21 日，
高清和复电：奉方委员即使即刻晋京，亦不及出席 21 日之特务会
议；至路、航开会地点，前承商允在奉，现又称由奉方筹备，仍望
查照原议向俄方接洽；其开会日期，俟俄方委员到奉时再由本署自
行商定。②

11 月下旬，北京不断向奉方解释：中苏各项问题均应同时解决，
各分委员会只是就各项问题分头讨论，再将讨论结果交付大会，以
大会为最后解决之机关。分委员会议定之事并无条约效力，因此各
分委员会开会之先后无关轻重。奉方对分委员会开会之先后，不再
坚持。

中俄会议分委员会终于在年底组织完成，双方委员派定，钱泰、
张志良、吕荣寰、王文璞、沈鸿烈、周龙光分任第一股商约、第二
股债务、第三股路务、第四股界务、第五股航务、第六股特务中方
委员长。苏联派定第一股委员长刊列罗费区（A. J. Kantorovich），第
四股委员长福禄宁（N. M. Voronine），第六股委员长卜葛门特
（M. J. Pergument）。③

---

① 《（王正廷）奉天中俄公署电——知照分会商定开会日期》（1925 年 11 月 18 日）、
《收高清和效（19 日）电》（1925 年 11 月 20 日）、《（王正廷）奉天高总署长电——复分会日
期不便另订》（1925 年 11 月 20 日），外交档案：03 - 32 - 503 - 01 - 005、007、006。

② 《（王正廷）函张汉卿》（1925 年 11 月 20 日）、《高清和（21 日）来电》（1925 年 11
月 23 日），外交档案：03 - 32 - 503 - 01 - 002、008。

③ 《中俄会议分委员会组织大纲》（1925 年）、《代表委员名单》（1925 年 12 月），外交
档案：03 - 32 - 500 - 03 - 001、501 - 03 - 007。

加拉罕于 11 月中旬离莫斯科返华，21 日到哈尔滨。26 日抵奉天，拜访张作霖，12 月 1 日回北京任所。[①] 当时冯军势盛，控制北京，并与李景林部在天津大战。郭松龄军则直逼奉天，奉军四面楚歌。苏方学者认为，冯玉祥控制北京，是中俄会议顺利进行的重要背景。[②] 11 月 23 日，中东铁路局局长伊万诺夫发布通告：自 12 月 1 日起，中国军队须先付运费，始能经中东铁路运送。奉方认为此举为阻挠运兵，中东铁路理事会开会，理事长及华籍理事对此行动表示抗议。12 月底，郭军失败，张作霖渡过难关，李景林、张宗昌组直鲁联军，对抗国民军，国民军虽力战得天津，但一、二、三军争夺直隶地盘，冯氏苦于应付。

此际，奉方委员不到北京，中俄会议分委员会数度延会，直到 11 月 28 日，商约分委员会终于开议。[③] 其他分委员会也陆续召开，然因奉方消极，进展有限。

四　各分委员会的进行

北京外交部依《中俄协定》，原拟在中俄会议商议界务、商务、损失赔偿、债务清理、中东铁路、撤退外蒙红军六大项。其中外蒙问题，因 1925 年 3 月苏联大使照会外蒙红军已撤尽，外蒙遂成为中国与蒙古间之交涉。中俄会议组成六个专门委员会，分别是商约、债务、路务、界务、航权及特务。自 1925 年 11 月 28 日起陆续开会，到次年夏天无结果而终。以下简述各分委员会之进行状况。

1. 商约委员会

《中俄协定》第 13 条规定："两缔约国政府允在本协定第二条所定之会议中，订立商约时，将两缔约国关税税则采取平等、相互主义

---

① 《申报》1925 年 11 月 25 日，第 3 版；11 月 29 日，第 5 版；12 月 2 日，第 4 版；21 日适逢郭松龄起兵反奉之日。

② 彼斯科娃：《1924~1929 年的苏中外交关系》，《中共党史资料》第 75 辑，第 217 页。

③ 《申报》1925 年 11 月 29 日，第 5 版；《东方杂志》第 23 卷第 1 号，1926 年 1 月 10 日，第 219 页。

同时协定。"然而，因苏联实行专卖，由国家控制外贸政策，对于通商条约并不热衷。北京政府不能如对西方各国般，以通商贸易权益为利诱，或以抵制外货为武器。中俄会议办事处会务股，曾参酌各方意见，拟订中俄草约，要点在进出口税则上力求平等，并以我国现状为标准，订立相互平等之条文，以破除苏联对华商之种种限制。[①] 1925年初，苏方提出商约草案，要求在新税则制定以前，应仍维持旧制。[②]中俄公署拟订《中国苏联通商行船条约草案》，函请农商、财政、税务处研究。[③] 税务处主张参酌《中德协约》重订中俄商约，财政部同此原则，主张中苏通商税则，"以自由税率为原则，以相互协定为例外"。税务处另增加两点：陆路通商要严加限定路线，双方货品不加限制。会务股参酌各部处意见后，修订成《中俄商约草案》24条。[④]

1925年11月28日，商约分委员会开议。[⑤] 中方代表陆续提出《中国苏联通商条约草案》《领事协定》《中国苏联领事协定草案》。[⑥]12月19日，苏联代表则提出《对案》，[⑦] 1926年初，双方不断提出议案，相互讨论修正。[⑧] 到1月底，已拟订商约草案。[⑨]

---

① 《中俄草约》(1924年9月)，第一、二节说明，外交档案：03-32-500-01-012。

② 《致李景铭、宋寿征委员函》(1925年1月18日)，外交档案：03-32-529-03-001。

③ 《中国苏联通商行船条约草案》(未书年月)、《函农商、财政、税务处各专门委员》(1925年2月11日)，外交档案：03-32-528-04-005、05-001。

④ 《财政部(18日)咨》(1925年2月19日)、《税务处咨》(1925年2月25日)、《中俄商约草案》(未书年月)，外交档案：03-32-529-01-005、006，03-32-527-05-001。

⑤ 《申报》1925年11月29日，第5版；《东方杂志》第23卷第1号，1926年1月10日，第219页。

⑥ 《中国苏联通商条约草案》(1925年11月28日对俄提出)、《领事协定》(1925年12月19日)、《中国苏联领事协定草案》(1926年1月31日提出)，外交档案：03-32-530-01-017、505-01-001。

⑦ 《苏联代表所拟之对案》、《收苏联代表团——提出商约草案》(1925年12月19日)，外交档案：03-32-505-01-002、530-02-001。

⑧ 详见《领事协定——中国委员修正稿》、《领事协定》、《苏联代表团拟定之对案——领事协定》，外交档案：03-32-505-01-003、02-002及03-32-530-02、04。

⑨ "Confidential—General Observation on the Preliminary Soviet Draft of Trade and Navigation," 26 Jan. 1926，外交档案：03-32-530-04-001。

2 月底，中方拟定《中苏友好通商航海条约草案》及声明书、换文等，呈报外交总长王正廷，主旨在针对苏联国情，力谋均等利益，目的在于：双方互尊主权，排除宣传及反政府之举动；改善侨民待遇，互取优惠国等办法；两国贸易平衡，防止经济侵略。此外尚有设领、航海各条，均基于相互平等之原则。其极为注意者：不受其表面上虚惠之欺朦，唯求实际上利益之均等。草案最后称："我国对外所订各约，前清之丧失利权无论矣，即近来所订者，亦只期望达到平等之原则为止。若求其于双方利益，从实际方面打算，取绝对平等主义，则本草案似属嚆矢。"① 但是苏方没有接受，因为该草案没有考虑到苏联对外贸易政策的主要原则，即国家专营外贸及通过外贸机关发放许可证的制度。中方也拒绝苏方提出的条约草案。②

司法事件也并入商约之中，《中俄协定》声明书云："在大会内议定适宜条款，以期苏联人民因该协定之第十二条而取消治外法权与领事裁判权后之地位有所准则，然无论如何，苏联人民应完全受中国法律之管辖。"会务处于 1925 年初拟定俄人在华"应视同无领事裁判权国人民，同受我国法律制裁，概归我国法院管辖"，③ 函送法权讨论会。该会讨论后，决议关于中俄会议协议收回法权条款之意见，要点是：（1）关于审理俄人诉讼案件，倘须另订条款应仿《中德协约》办理；（2）上海会审公堂审理俄人诉讼问题，应速筹收回公堂以谋正当之解决；（3）东省特别区域法院中俄两国不能为任何约束。④

1926 年初，苏方委员提议交还领事裁判权，但商约应照旧陆路通商条约待遇俄商，准俄人在华自由营业置产。中方委员反驳谓：苏联前既宣言放弃帝政时代一切权利，不应重行要求享受特权，双方争辩

---

① 《中苏友好通商航海条约草案》（1926 年初），外交档案：03 - 32 - 530 - 05 - 001。
② 彼斯科娃：《1924～1929 年的苏中外交关系》，《中共党史资料》第 75 辑，第 217 页。
③ 《审理俄人诉讼事件说帖》（1925 年 2 月，会务处），外交档案：03 - 32 - 528 - 03 - 001。
④ 《收法权讨论会函》（1925 年 3 月 27 日），外交档案：03 - 32 - 528 - 03 - 002。

甚烈。① 由于苏方委员态度不佳，舆论哗然，《国闻周报》指出：俄代表在分委员会中，犹欲以中国许俄人在华营业置产之条件，才愿放弃领事裁判权，"然则俄人之订定中俄协约，其所诚心合作者，不过有利于本国之事而已"。②

分委员会对苏联放弃治外法权后，该国人民在华法律地位，拟定一关于司法援助涉及在华俄人民刑案件的条约。对继承产业的条约草案，也有所进展。然而整个商约问题，双方立场差异过大。北京政府坚持对等，苏方则坚持其在华领事人员的人数不应限制，其领事人员在必要时，得以商务代表资格行事。中方深恐领事人数无节制，将有利用作宣传工具之虞。另外，苏方以本国人民既无治外法权，应准在内地随意居住与购买土地。中方驳以内地杂居，易生纠纷。双方要求差距过大，导致商约无法协定。③

2. 债务委员会

由于中国商民在俄国革命期间受损很大，《中俄协定》第 14 条规定："两缔约国允在前条所定会议中，讨论赔偿损失之要求。" 1924 年底，会务处拟分：（1）生命损失，要求苏方对革命动乱中遇害之中国人民，以现金足数赔偿；（2）财产损失，对华商人被俄国当局没收或侵损的产业，会议时规定赔偿之范围，根据其性质，何者可以让步，准其折扣赔偿，何者不能让，坚持须足数赔偿；（3）卢布损失，中国人民持有之大量旧卢布，作为苏方向中国政府之借款，要求以中东铁路作担保品，限期偿还，如俄人限满后不能清偿债额时，即可将此项借款移作赎路之用。外交总长王正廷意见为：中国对俄要求若超

① 《复俄提商约维持旧约问题》（1926 年 1 月 10 日），外交档案：03－19－036－03－006；《国闻周报》第 3 卷第 4 期，1926 年 1 月 24 日，"国内之部"，第 17 页。
② 子宽：《当心最忠诚的友邦》，《国闻周报》第 3 卷第 4 期，1926 年 1 月 24 日，"评坛"，第 2 页。
③ 波赖：《最近中国外交关系》，第 156～157 页；彼斯科娃：《1924～1929 年的苏中外交关系》，《中共党史资料》第 75 辑，第 216 页。

过战事之要求，恐难办到，如于此点要求太过，恐影响于别项问题之解决。①

中俄会议开幕后，因赔偿问题与奉天关系密切，但京奉关系不佳，亲奉之委员长张志良不到京，王正廷以权宜手段，改派王文典为委员长。1926 年 1 月双方开始讨论。② 2 月 5 日，王督办面交加大使四项损失赔偿案：（1）总案：公家损失与人民生命财产损失均包括在内；（2）善后借款俄发部分项下之损失；（3）俄法借款俄发部分项下之损失；（4）卢布损失。③ 苏方答复：苏联政府曾经宣言，对于帝俄及临时各政府之各项义务概不负责，不能按照中方所提出各项要求作为中俄会议之充分基础。中方反驳称：中国政府既对于苏联为法律上之承认，中方坚持各项原案。④

债务分委员会自 3 月 23 日开议，每周开会，到 6 月 25 日共开 13 次。第一次会，双方就原则问题激烈辩论，中方强调苏俄继承前俄之权利，当然应继承前俄政府之义务。若苏方不承认债务，中对俄债务如中东路垫款，亦碍难承认。苏方称因革命不可抵抗力产生之债务，不能承受。中方强调提出之要求，未超出辛亥革命赔偿外侨损失范围，善后借款及法俄借款债票，置于俄亚银行之本息，为俄政府没收，责任当然在俄。中方人民生命财产损失均有证据，应组联合委员会审查。苏方答复：依协定双方均可提出赔偿要求，中方要求俄以为理由不充分；中东路与赔偿无关，另有分委员会讨论；革命为不可抵抗力，无赔偿义务；中国所提

---

① 《报告前中俄会议办事处办理俄事经过纪要》（1924 年 11 月 20 日），外交档案：03 - 32 - 499 - 06 - 002。

② 《国闻周报》第 3 卷第 4 期，1926 年 1 月 24 日，"国内之部"，第 17 页。

③ 《中俄会议债务第二分委员会节略》，外交档案：03 - 32 - 541 - 03 - 005。

④ 《苏俄方面对于中国代表团所提出赔偿损失要求之答案》（1926 年 2 月 26 日印）、《拟复苏联代表团节略初稿》（1926 年 3 月 5 日编），外交档案：03 - 32 - 540 - 02 - 002、003。

要求，如损失事实非因革命发生者，苏方可加考虑，苟证据理由俱属充分，自可赔偿。①

30 日第二次会，中方提出人民财产损失要求。4 月 6 日第三次会，中方提出华侨财产损失证据，交苏方审阅。13 日第四次会，双方审阅证据，中方请先讨论卢布问题。20 日第五次会，苏方提出卢布损失答案，中方继提损失证据。27 日第六次会，中方提出财产损失各种证据。直到 5 月 21 日第九次会，中方陆续提交之证据审查完毕，要求交付。苏方以情形复杂，审查证据并非承认赔偿，且有些证据有问题，应由双方全权代表将重要问题先为解决。28 日第十次会，苏方坚持中国证据多不完备，不足为凭。②

中方先后提出旅俄华侨货物损失各案：（1）苏联收买侨商货物项下，约 6000 万元，均有苏联正式机关签字证据为凭；（2）苏联沿途征用侨商货物项下，约 1900 万元，均有铁路载纸为凭。经开会审查证据，苏方对于此两项要求，原则上承认赔偿，唯如何分类或赔或拒，及证据如何复核，详细办法尚未正式答复。至其他各案，苏方表示革命为不可抵抗之事实，凡由此发生之种种损失，苏联均不负赔偿责任。至卢布问题，苏方不认赔。中方强调，苏联不能只承受帝俄之债权，而将旧俄政府之债务借词推诿。③

6 月 11 日第十一次会，苏方指出证据不足，白党机关证据、中国商会证据等，皆不能认赔。18 日第十二次会，苏方补送英文译件。25 日第十三次会，中方驳复苏方三项答案，苏方提出卢布答案一件，旋提暑期休会两个月。中方答可赞同，但如有紧急事项仍当临时召集会

---

① 《中俄赔偿损失问题第一次会议录》、《中俄赔偿损失问题第一次会议纪要》（1926 年 3 月 23 日），外交档案：03 - 32 - 541 - 03 - 009、010。

② 各次会议记录，见外交档案：03 - 32 - 541 - 03 各件。

③ 《中俄会议债务第二分委员会节略》（1926 年 5 ~ 6 月），外交档案：03 - 32 - 541 - 03 - 005。

议，定 9 月 1 日再行继续开会。①

10 月 2 日，外交部照会俄大使馆，催开中俄会议，要求先派委员开分委员会。② 此时，赔偿问题已由北京转到奉天主持，奉方坚持赔偿与东路一并讨论。11 月初，报载："政府与奉方要人商中俄会议方针，决定由奉当局与俄代使先行试谈中东路及卢布赔偿问题，如彼方不允赔偿现款，将行收回中东路，计算俄方所投资本，即以卢布偿付之。"③ 然无实质进展。

总而言之，苏联不愿意谈赔偿问题，京、奉则十分积极，尤其是奉方意图将赔偿与中东路相联结，欲以大量之赔偿抵作赎回中东路款项。苏方则百般不愿承担革命时之责任，对赔偿要求严加审查。④ 最后毫无结果。

3. 路务委员会

中东铁路及松黑航权与东北关系密切，《奉俄协定》对这两事之规定较详，中俄会议之路、航两项由奉方主持。《中俄协定》第 9 条规定：在会议中解决中东路之几点原则，即中东铁路纯系商业性质，有关中国主权事项，概由中国官府办理；苏联政府同意，中国以本国资本赎回中东铁路及该路所属一切财产；会议中，解决赎路之额款及条件暨移交东路之手续；但在会议解决以前，旧有之《中俄合办东省铁路合同》与《暂行管理中东铁路协定》仍为有效。《暂行管理中东铁路协定》实质上让苏方主控中东路行政权。签约前，王正廷认为该协定"系临时性质，不妨稍示宽大，俟于正式会议时再图补救"。⑤

① 各次会议记录，见外交档案：03－32－541－03 各件。
② 《东方杂志》第 23 卷第 22 号，1926 年 11 月 25 日，第 133 页；《中俄会议中之难题》，《申报》1926 年 10 月 4 日，第 4 版。
③ 《中俄会议将在京筹备》，《申报》1926 年 11 月 4 日，第 4 版。
④ 波赖：《最近中国外交关系》，第 156～157 页。
⑤ 《呈大总统》（1924 年 3 月 1 日），外交档案：03－32－482－02－041。

《奉俄协定》将中东铁路归还中国的期限由 80 年缩短到 60 年，并规定自签约之日起，中国有权赎回，在法律上肯定了中国政府的赎路权利。[1] 然而路局行政权仍在苏方手中，奉方认为"弊在理事会不能实行协定，由我操纵，以致路局俄方局长专权用事，徒有合办之名，而无共利之实"。[2] 故其交涉重点在于缩减苏方局长权限，加强理事会权力。

奉方认定俄人对于既得权利，非至万不得已绝不放弃一步，依据俄国革命时，收回路区军警主权及地亩、船舶各案之经验，决定采取"法理事实互相为用，行政路务相辅而行"之策，一面在奉俄会议中，要求修改局长职权、路局办事章程、用人与文字华俄平均等事项；一面用强硬手段收回权利，逼迫苏方在财政、行政上让步，否则即废除协定亦所不惜。[3]

奉俄交涉并不顺利，张作霖与加拉罕彼此恶感颇深，1926 年初又发生中东路事件，苏联改派交通部副部长谢列布略阔夫（L. P. Serebriakov）等东来疏通，免去伊万诺夫的铁路管理局局长职，让叶米诺夫继任，同时允诺今后免费运送奉方的护路军。[4] 4 月 21 日，谢、张协议中东路问题，张氏提议缩减局长权限、中苏职员平等任用、经济财政权委托理事会三项。5 月 10 日，奉俄会议开幕，谈判奉路运兵并理事长权限等局部问题。21 日，开正式会议，两方各提出具体议案。苏方主张撤销驱逐加拉罕、中东铁路由中苏两国军队共同警备等八项要求；奉方坚持缩小局长权限等问题。6 月 7 日，因双方意见冲突，奉方宣告停会。[5] 7 月 2

[1] 林军：《1924 年奉俄协定及其评价》，《北方论丛》1990 年第 6 期，第 43 页。

[2] No. 253《张焕相致杨宇霆信》（1927 年 8 月 4 日），《奉系军阀密信选辑》，第 710~713 页。

[3] No. 253《张焕相致杨宇霆信》（1927 年 8 月 4 日），《奉系军阀密信选辑》，第 710~713 页。

[4] 车维汉、朱虹、王秀华：《奉系对外关系》，第 184 页。

[5] 张国忱：《张作霖父子当权时对苏关系和中东铁路内幕》，《天津文史资料选辑》第 2 辑，第 11 页；《申报》1926 年 5 月 14 日、24 日，第 5 版。《东方杂志》第 23 卷第 13 号，1926 年 7 月 10 日，第 138 页；第 14 号，1926 年 7 月 25 日，第 142 页。

日，会议重开，但为驱逐加拉罕离华问题，又告破裂。

会议期间，奉方持续收回中东路区行政权。伊万诺夫事件后，1926年3月，张作霖令东三省特别行政长官张焕相解散中东路沿线哈尔滨各市公议会，成立完全由中国人组成的自治临时委员会，接着封闭中东铁路的地亩处。8月21日，张作霖命令东北海岸江防舰队接管中东路局航务处全部船只及其附属财产，又于9月4日封闭中东路局学务处，强行收回中东铁路沿线教育权。[①] 迨奉系入主北京，更以干涉内政为由，于1926年9月驱逐加拉罕。1927年3月11日，张作霖搜查哈尔滨苏联通商代表处，最后于4月6日搜查苏联大使馆，奉俄交涉中止。

有学者认为苏方不愿将中东铁路利益交还中国，为中俄会议流产之重要原因。《中俄协定》与《暂行管理中东铁路协定》原皆属临时性质，由于中俄会议未能达成协议，中苏合办中东铁路不仅不再是"暂行"，而且苏方掌握了中东铁路的实际管理权。[②] 奉方以各种方法试图收回路权，埋下日后冲突的根源。

4. 界务委员会

由于苏联在两次对华宣言中，表示自愿放弃帝俄一切侵华成果，国人多认为包括清季失土在内。然而在中苏交涉时，加拉罕多次强调界约不在废止旧约之列。《中俄协定》第7条规定：在会议中"将彼此疆界重行划定，在疆界未行划定以前，允仍维持现有疆界"。

1924年夏，中俄会议办事处拟定界务草约，要点为：根据1689年《尼布楚条约》、1727年《恰克图条约》、1860年《北京增续条约》之原则，重行勘定东北、北面、西北中苏疆界。未勘竣前，苏联应先将依据条约属于中国之三角洲、江左六十四屯、瑷珲何家地营

---

① 车维汉、朱虹、王秀华：《奉系对外关系》，第183页。

② 李嘉谷：《十月革命后中苏关于中东铁路问题的交涉》，《近代史研究》1989年第2期，第240～242页。

子江洲及毛口崴等处移交中国。其余沿边地方,暂行维持现有界线。① 11 月 20 日,会务处向王正廷报告界务,认为根据协定及加拉罕宣言,可在中俄会议中,将中俄两国历年边界纠葛彻底解决,并可将以前损失之领土乘机收回。此后拟定之界务草约皆依此原则。② 1925 年 10 月,为精确测量中俄边界,王正廷呈执政筹备中俄划界,拟设立测勘中俄交边界事宜公署,并拟具章程,奉指令:"准如所拟办理。"③

1926 年 3 月 25 日,中俄会议界务分委员会开始讨论,中方依据协定及两次宣言提出《界务节略》,要求恢复康熙、同治以后帝俄政府所侵略中国之领土,重划疆界,请苏方履行宣言。但苏方委员提出之《界务草案》,着重于勘定现有边界,完全不提重划疆界。4 月 1 日中方提出节略,强调中俄旧约作废,自然包括界约,且苏联两次对华宣言,均表明愿归还帝俄侵占中国领土,因此现界当然作废,请遵照协定条文议定界约。14 日,苏联委员节略答复,认可协定第 3 条废止旧约,但界约除外;第 7 条与两次宣言无关,坚持中俄边界只能照现界查勘。5 月 6 日,中方提驳复苏联节略,同时提出《中俄界约草案》,希望按照《尼布楚条约》《恰克图条约》《塔城界约》重划疆界。6 月 3 日,俄方提出节略答复,认为《中俄协定》第 3 条所指为废除不平等条约下之特权及特许,界务问题不属于不平等条约。若照中方界约草案划界,必定对苏联极不平允。俄方提议因双方委员意见相差太远,拟将此问题移交中苏全权代表,将界务原则解决,再交分

① 《中俄草约——外交部中俄会议办事处会务股拟稿》、《中俄草约第一、二节说明》(1924~1925),外交档案:03 - 32 - 500 - 01 - 012。

② 《报告前中俄会议办事处办理俄事经过纪要》(1924 年 11 月 20 日)、《中俄界约草案》,外交档案:03 - 32 - 499 - 06 - 002、527 - 05 - 001。

③ 《函府秘书厅——设立督办测勘中俄边界事宜公署本部深表赞同由》(1925 年 10 月 7 日)、《督办测勘中俄边界事宜公署章程》,外交档案:03 - 32 - 511 - 03 - 018、504 - 07 - 001;《东方杂志》第 22 卷第 24 号,1925 年 12 月 25 日,第 137 页。

委员会进行。中方委员会认为："默查俄方意思，对于苏俄宣言久已反汗，而又不肯止式声明无效，但在我方若将宣言完全抛开，则所有提案皆无根据，势必就彼范围，而以现界重勘为原则，恐欲收回寸土亦戛戛乎其难矣。"①

中苏双方在界务问题上，对两次加拉罕宣言之效力及《中俄协定》条文之诠释，差距甚大，加以对界约是否属不平等条约等原则问题的认知南辕北辙，中方所求，苏方认为过奢；苏方坚持只勘定现界，中方不能接受。双方完全没有共识，虽开过三次会议，但未能进行实质讨论。

5. 航权委员会

《中俄协定》第8条规定："两缔约国政府允将两国边界江、湖及他种流域上之航行问题，按照平等、相互之原则，在前条所定之会议中规定之。"《奉俄协定》第2条航权："缔约双方同意将双方无论何种船只在两国边境江、湖及他种流域上以国界为限之航行问题，按照平等、相互及彼此尊重之原则解决。所有该问题之细目，应在双方组织之委员会自签订本协定日起于两个月以内规定完竣。"因中国对于黑龙江下游通海处之客、货有甚大利益，而苏联对于松花江之哈尔滨之客、货有甚大利益，故双方同意在委员会中，按照平等、相互之原则，讨论保障此种利益之问题。

中方之航权委员会由奉天主持，奉方希望以俄船航行至哈尔滨，交换华船航行伯利至庙街海口，试图恢复失之良久的黑龙江下游航行权。中俄会议开幕后，张作霖谕令沈鸿烈筹备召集吉林、黑龙江各处富有经验人员，② 但航权分委员会未能开议，全无成绩可言。

---

① 《中俄会议第四股分委员会说帖》（1926年），外交档案：03-32-504-02-001。
② No. 192《沈鸿烈致高清和信》（1925年9月27日），《奉系军阀密信选辑》，第522页。

6. 特务委员会

中苏双方协议，凡不属其他五项之问题，皆属特务委员会之范围。中方筹备时，只将引渡问题归诸特务之范围。奉方委员在预备会提出注意苏联引渡白党，将宣传赤化列入骚扰罪之范围，借作将来要求引渡时之根据。① 在会议中，虽曾拟订引渡条约，但无具体成果。

五 中俄会议的中止

1925 年底，北京外交好戏连台，除中俄会议外，关税会议、法权会议也同时进行，各国竞相对华表达善意。然而外交吃紧之际，北京政府却愈趋动荡，各地反奉战事蜂起。12 月 2 日，外交总长沈瑞麟提出辞呈，段祺瑞征询王正廷继任，王氏答以中俄分委员会事务正忙，无力兼顾。② 24 日郭松龄兵败，27 日临时政府改制，增设国务院，28 日由具民党色彩之许世英组阁，与国民党、冯玉祥关系密切之王正廷出长外交。1926 年 1 月 11 日，王正廷就外长职，演说外交方针：保国信，复国权。此时中俄会议却传出经费中断的消息。③

1 月中下旬，发生中东路停车事件，护路军司令张焕相向路局抗议，下令强行通车，又派兵拘捕伊万诺夫等人，加拉罕严重抗议，奉苏关系紧张。王正廷电请张作霖慎重处理，奉苏勉强达成协议。④ 不久，国民军与奉系发生冲突，28 日张作霖命奉天交涉员以援助冯玉祥、煽动学生、助长内乱为由，向苏联领事馆要求撤回加拉罕。东三省又对临时执政宣布独立，2 月 16 日，许世英辞总理职，由贾德耀代

---

① No. 214《赵雨时致高清和信》（1925 年 11 月 24 日），《奉系军阀密信选辑》，第 583～587 页。

② 《申报》1925 年 12 月 3 日，第 4 版。

③ 《申报》1926 年 1 月 12 日、4 日，第 4 版。

④ 《申报》1926 年 1 月 24 日，第 4 版；陈博文撰述，王正廷校阅《中俄关系史》，商务印书馆，1928，第 142～144 页。

阁揆。加拉罕极力谋求冯玉祥、吴佩孚谅解，遭吴峻拒。最后张、吴达成谅解，联合攻冯。吴军入豫，大败国民二军，奉军沿京奉、津浦攻天津，并由海道袭大沽，冯军封锁海口，3月遭使团通牒抗议阻碍大沽自由航行，引发北京学生在执政府前抗议，遭卫兵枪击之三一八事件，北京政局飘摇，国民军战事失利。

3月初，贾德耀代阁改组，任颜惠庆为外交总长，颜旋辞，胡惟德继任。月底，冯玉祥通电下野赴俄，王正廷也离京，避居天津租界。4月初，胡惟德催王正廷速回京主持中俄会议。① 9日，国民军驱逐段祺瑞，段氏逃入东交民巷，冯军撤出北京，退守南口。由于奉张表示不支持，段氏于20日通电下野，由外交总长胡惟德兼代国务总理，摄行大总统职权。而实权人物之张作霖、吴佩孚对如何组织政府有歧见，只决定全力进攻南口，北京一时既无总统、执政，也无国会，只由"摄政内阁"勉强维持法统门面。然而财政破产，关会经费、使领费、中俄会议经费均告阙如。

奉张控制北京后，推动反赤，亟谋驱逐加拉罕。中俄会议分委员会虽勉强进行，但双方都意兴阑珊，不能有实质进展。王正廷滞留上海，孔祥熙也于4月下旬辞坐办职，督办中俄会议公署无人过问，随即停摆，准备并入外交部。但因欠债甚多，外交部以总长屡易，且经费紧张，不愿接收。② 5月初，报载："中俄会议以外交部尚未允接收，事实上已无经费来源，故办事人员一律停薪，至委员会遇必要时仍可举行。"又载："中俄会议公署……经费无着，在法无力，均须收束，王督办垫三千元遣散，五月一日起停薪，王请辞。"③

21日，摄政内阁总理兼外交总长颜惠庆会晤加拉罕，谈及中俄

---

① 《申报》1926年4月5日，第5版。
② 《申报》1926年4月25日、30日，第5版。
③ 《申报》1926年5月8日，第5版；13日，第9版。

会议事。颜氏云：协定签字已逾两年，尚无结果，今王督办、孔坐办均不在京，会务未免稍形停顿。加使云：会议进行迟慢，因中国政府对于协定未能完全履行，又因中国所提要求，如交还阿穆尔省及赔偿卢布问题，故唱高调所致。但现在除商约一项双方意见尚未臻妥协外，其余已渐具头绪。加使并询问中俄会议可否确定日期继续进行。颜氏云：不能确定。颜氏在日记中写道："与加拉罕谈了很长时间，我对他很冷淡，并对谈判进行缓慢表示不满。"[1] 26 日，外交部遣人晤加拉罕，通知 6 月 1 日开议，加使以奉方未实现取消白党为借口，拒绝之。[2] 双方互不信任，互相遣责。《国闻周报》评论谓：

> 中俄交涉细目会议……迭经会商，如商约、债务诸案，迄无归宿。而其骇人听闻者，至欲以国际贸易局员，享外交官待遇之特权……以及沿袭不平等之陆路通商条约，要求俄人在内地杂居，购买地产。此视日本二十一条之第五项，酷恶殆无多让……俄国驻华派来极有干才之加拉罕与鲍罗庭，足以隐然操纵中国南北之政局。[3]

6 月 9 日，颜惠庆会晤英使麻克类，麻使询问：中俄会议将来是否继续、加拉罕之地位如何、驱逐加使诸事。颜总长答以：中俄会议原经手之王、孔二君，均不在京，是否继续须看将来情形。加拉罕之地位一时似不便提议，因须搜觅证据，且中国人之在俄国及假道西伯利亚

---

① 《（颜）总长会晤苏联喀大使（21 日）谈话纪要》（1926 年 5 月 25 日），外交档案：03－32－489－02－012；《颜惠庆日记》第 2 卷，第 337 页，1926 年 5 月 21 日。

② 《朱绍阳晤喀大使（26 日）问答》（1926 年 5 月 29 日），外交档案：03－32－489－02－014。

③ 政之：《望国人注意中俄关系》，《国闻周报》第 3 卷第 20 期，1926 年 5 月 30 日，第 3 页。

者，为数甚多，诚恐俄人取报复手段，不得不慎重出之也。①

20 日，督办中俄会议事宜公署会务处密拟《关于中俄会议进行办法说帖》，指出会议进行困难之症结，在于苏联缺乏诚意，因为苏方要求各项，在《中俄协定》中均已全部解决，使正式会议时我方失牵制之能事。而会议应行讨论之各项问题，既于苏方不利，其自然饰词推诿，盖所有问题迟一日解决，则可多享一日之权利。对于中俄会议，说帖建议急起直追，以期圆满解决，否则亦应诉诸其他手段，万不可视若无足重轻。对于进行之手段，说帖认为苏联政局未固，内部空虚，对外不能强硬到底，如能处理得宜，不难令其就范。即使我方主张强硬，会议破裂，俄方自顾不暇，对我绝不敢开衅端，是我国对俄之外交途径甚宽。说帖最后提出可选择之上、中、下及下下四策。②

上策是内外合作牵制苏联，促其积极进行会议。具体做法是一面于东路事主张强硬；一面取缔苏联国外贸易部之垄断中俄商业，实行对等办法。打破苏方所占较优之局势，届时地位平等，外交上始有公道之表现。

中策是以不惜决裂逼迫苏联让步。苏方现在既无诚意，应俟有机会提出坚决之主张，若卢布为旧俄之债务，东路为旧俄之债权，苏联如不承认旧俄之债务，我国自可否认苏联承继旧俄之债权，东路亦可无条件收回自办。苏方若坚不就范，即令会议破裂，亦所不惜。届时东路既在我领土，又在我国军警势力范围，实行收回，轻而易举。苏联自顾不暇，绝不敢轻于开衅。且我国果有此举，英、美、日必予同情，可联合以御苏联，苏联势孤，我方交涉必占胜利。东路既得，苏

---

① 《总长（颜惠庆）会晤英使问答》（1926 年 6 月 9 日），外交档案：03 - 32 - 489 - 02 - 015。

② 《（极密）（会务处）关于中俄会议进行办法说帖》（1926 年 6 月 20 日），外交档案：03 - 32 - 500 - 03 - 008。

联之态度亦必随之而变，届时可望订平等之条约，纳两国之交涉于常轨。

下策是任令中俄会议自生自灭。下下策则是因中方经费无着，负责无人，自行中断会议，是则中断之责在中方，将来欲再进行，苏方恐将多所借口肆意要挟。

然而北京政局愈发飘摇，6月22日，颜惠庆辞总理职，由海军总长杜锡珪代理阁揆，外交总长施肇基未到任，奉系推荐之次长王荫泰一时未到，部务暂由代理次长之条约司司长钱泰维持。28日，吴、张在天津会议，吴主以外交先进组阁，专办外交要案关会二五税。

此时中俄会议以暑期为名，休会两个月。7月2日，奉俄会议重开，随即因张作霖提出加拉罕先行离华，复停顿，俄代表斡旋无效，即回国，奉俄会议流产。① 4日，关税会议外国代表也公决暂行停会。6日，蔡廷幹接掌外交。督办中俄会议事宜王正廷上国务总理、外交总长辞呈，云：中俄会议计自开会以来，共开分委员会四十余次，各事经迭次磋商，粗有眉目，但双方意见尚未一致。外交运用重在因势乘时，我既坐失时机，彼已利权在握，故得利用延宕手段，以缓待急，我虽百计图维，终难收效。加以经费无着，会议告成难测，此项交涉非一时能就绪，应归由常设机关随时接洽，相机应付较能奏效。请将督办中俄会议公署结束，所有会务概归外交部接办。② 8日，阁议准王氏辞职。③

31日阁议，外长蔡廷幹提出加使在华，引诱青年，宣传赤化，显与中俄协定大纲精神相背，而举国属望之中俄会议，则任意延宕，请

---

① 《时事日志》，《东方杂志》第23卷第16号，1926年8月25日，第143页；《中俄会议第四股分委员会说帖》（1926年），外交档案：03-32-504-02-001。
② 《收国务院送交抄呈及指令（13日）各一件》（1926年7月14日），外交档案：03-32-489-01-016。
③ 《申报》1926年7月9日，第4版。

俄政府立即撤回。报载："奉方对中俄会议主停开，中俄督办缓派。"[1] 8月3日，外国记者询问加拉罕中俄会议进行情形，加使答："会议进行顺利，因双方条约需详加审查，不免停滞。各种条约因中俄协定均作废，中俄会议正进行商约谈判，因酷暑暂停，九月再开，定能顺利，达成协定。"然而华报则云："中俄会议以外交上种种葛藤，今年难望续开。"[2]

蔡廷幹到部后，接收中俄会议督办公署。9月2日，在部内成立中俄会议委员会，公布组织大纲，以次长王荫泰任委员长，在北京设商务、界务、法律三委员会，在奉天设中东铁路、松黑航权、债务赔偿三委员会，任高清和为副委员长主持之。[3] 10日，加拉罕离北京返国。27日，中俄会议委员会组成。[4] 10月2日，外交部照会苏联使馆，催开中俄会议，要求先开分委员会。苏联使馆回复：业已收到转电政府。[5]

5日，北京政府又改组，顾维钧任摄政内阁国务总理兼外交总长，次长王荫泰。18日，公布中俄会议委员会办事细则。[6] 外交部电张作霖，请将东省提案迅电示，编入议程。张氏复电，议案已令高清和会办预备妥协，携带入京。19日，中俄会议委员会开会，议内部问题。[7]

苏联驻北京代办兼中俄会议全权代表车尔尼赫（A. S. Tchernykh）于10月12日抵奉天，留奉多日才获张作霖承认接见，传言路务分委

① 《申报》1926年8月11日，第7版；2日，第4版。

② 《申报》1926年8月6日，第7版；8日，第4版。

③ 《申报》1926年7月18日，第2版；7月20日、9月3日，第6版。《公布外交部中俄会议委员会组织大纲令》（1926年9月2日部令），《外交公报》第63期，1926年9月，第（法令）1～2页；《东方杂志》第23卷第20号，1926年10月25日，第132页。

④ 《中俄委员会成立》，《申报》1926年9月28日，第4版。

⑤ 《东方杂志》第23卷第22号，1926年11月25日，第133页；《中俄会议中之难题》，《申报》1926年10月4日，第4版；10月7日，第6版。

⑥ 《公布中俄会议委员会办事细则令》（1926年10月18日部令），《外交公报》第65期，1926年11月，第（法令）2～3页；《申报》1926年10月1日，第4版。

⑦ 《申报》1926年10月10日，第7版；10月19日，第4版。

员会下月开会。① 24 日，俄代办要求速开奉俄细目会议，解决学务、航权、扣留船舶等问题。高清和允向奉张请示再答。报载："俄使因力表容纳奉天主张，交涉已入顺境，中止入京，现与高清和协议，除国界案归中央办理，余均在奉开会交涉。"②

中俄会议逐步被奉俄会议吸收，奉方对苏采强硬抵制手段。11 月初，报载："政府与奉方要人商中俄会议方针，决定由奉当局与俄代使先行试谈中东路及卢布赔偿问题，如彼方不允赔偿现款，将行收回中东路，计算俄方所投资本，即以卢布偿付之。"又载："俄使屡要求开奉俄会议，交涉署长高清和答，奉俄会议在北京中俄会议未开前，碍难举行，俄使仍继续要求，高清和准备晋京筹备。"③

5 日，中俄会议委员会开成立会，各相关机关派员参加，定下星期开议各分委员会权限问题。④ 下旬，"外交部要人云，此次俄代表来京，尚未与政府接洽，须俟其呈递国书后，方与之往来，中俄分委会，亦取缓进主义"。⑤ 27 日，苏联代办会晤顾维钧，面交照会。顾总长云：两年前本总长担任外交时，签订《中俄协定》，现在本总长已三任外交，而中俄会议尚无结果，今贵代办来华，甚望会议续开，并将各项重要问题凡能解决者，从速解决。苏代办云：对于中俄会议各项问题正在研究中，容研究后即设法进行会议，苏联政府亦极愿开议也。顾氏请俄代使与王荫泰讨论进行办法。报载："中俄会议专门委员会拟下星期一开预备会，讨论界务问题。"⑥ 然而，顾阁随即总

① 《次长会晤苏联馆华参赞谈话纪要》（1926 年 10 月 18 日），外交档案：03-32-468-04-009；《申报》1926 年 10 月 24 日，第 5 版。

② 《申报》1926 年 10 月 29 日，第 5 版；11 月 1 日，第 4 版。

③ 《申报》1926 年 11 月 4 日，第 4~5 版。

④ 《申报》1926 年 11 月 5 日，第 4 版；7 日，第 5 版。

⑤ 《俄代使入京尚未接洽》，《申报》1926 年 11 月 27 日，第 5 版。

⑥ 《苏联国外交总长照会》（1926 年 11 月 27 日）、《总长会晤苏联代办车尔尼赫谈话纪要》（1926 年 11 月 27 日），外交档案：03-32-468-04-012、013；《申报》1926 年 11 月 28 日，第 5 版。

辞，12月1日，张作霖在天津就任安国军总司令职。

8日，苏联代办正式会晤王荫泰，希望中俄会议续开。同时"使团答复外部，中俄会议及条约研究会请拨关款，已经会议通过九千元，十个月为限"。报载："外交部草拟抵制俄货办法，名曰黑龙江省各自开商埠及特别区征收洋商货税办法，已函请财政部，会同提出阁议公布。"①

1927年1月12日，奉张因二五税及外交问题，仍以顾维钧暂代阁揆，当晚颁二五附税令。当时北洋修约进行顺利，中比、中日、中法、中英修约谈判陆续开议。2月1日，北京政府下令免安格联海关总税务司职。

奉苏关系则持续紧张，1月，苏联代办函外交部，云上海俄轮拍卖实违协定，请速将该轮交还苏联。2月，伯利领事裴汾龄条陈取缔外交信差章程，外部准办，并增加俄人入境护照签证费，以示抵制。3月5日，苏联大使馆书面抗议南京鲁张部队白俄兵强迫苏联商船运兵，拘留船员及包括鲍罗庭妻在内之旅客，请速令放行，并负责赔偿责任等语。北京外交部令奉天交涉署，通令各属一律停止华人赴俄营商。②奉系全面接手中苏交涉，与外交部磋商将所有驻俄各领事实行更换，由与奉有接洽者继任，以资呼应灵便。③

4月6日，北京军警搜查苏联使馆。7日阁议，顾维钧报告搜出械弹名册为扰乱中国明证，正式向苏联抗议，违背国际公法，违反《中俄协定》。④9日，苏联政府向中国代表抗议，并召回驻北京使馆人员。19日，苏联代使一行40余人乘专车出京。⑤北京政府与苏联外交关系实质断绝，中俄会议随之告终。

---

① 《申报》1926年12月9日、11日，第5版；23日，第6版。

② 《申报》1927年1月10日，第4版；2月13日，第7版；3月7日，第5版。

③ 《任免令》（1927年3月11日），《外交公报》第70期，1927年4月，第（金载）1页；《申报》1927年3月9日，第4版。

④ 《申报》1927年4月9日，第6版。

⑤ 《申报》1927年4月21日，第5版。

六 结语

1924 年《中俄协定》之本质，是将来解决各悬案的大纲，看似平等的条文，因有"在会议中"四字，均有待于中俄会议议定新约，才能具体解决各问题。[①] 然而，应在一个月内召开、六个月内完成的会议，却迁延了一年三个月才勉强开幕，陆续召开之各分委员会，因双方认知差距过大，无法达成共识，到 1926 年夏已大体停顿，不久张作霖驱逐加拉罕，进而搜查北京苏联大使馆，中苏外交关系实质断绝，中俄会议随之告终，未能获致任何具体成果。透过对中俄会议的研究，吾人可较全面地理解《中俄协定》，并考察当时的中苏关系以及北洋修约的性质。

中俄会议是中国第一次以谈判全面修改旧约的尝试，北京政府在会议中，依恃的是《中俄协定》的明文规范，以及苏方信誓旦旦必将遵守宣言平等对华之精神。在谈判中，北京外交部力图订定平等商约、收回失土、取得各项损失赔偿等，其收回国权之努力，值得敬佩。但是在交涉中，过于依赖苏方之善意，缺乏诱迫苏联就范的筹码，丧失了谈判的主导权。当苏方在会议中，意欲维持商约中旧有特权、维持界约并拒绝赔偿时，北京辄感到受骗。

对中俄会议的失败，中方多归咎于苏联没有诚意，不愿按对华宣言精神与协定大纲解决悬案。[②] 但北洋末期中国内争不断，也严重地牵制了对外交涉。先是直、奉间的矛盾，导致《中俄协定》与《奉俄

---

① 1924 年 11 月 6 日，中国与捷克订约谈判第三次会议，北京政府代表钱泰云：关税以平等相互为原则，或可照俄约办法，先订普通原则，以后再以相互平等各原则为基础，另订通商税则。捷克代表哈拉询问：俄国在未订税则以前，其货物输入贵国，系照何种税率纳税？钱泰云：本年所订中俄条约，对于税则问题并无规定，俄国货物暂时照协定税则纳税。《钱司长会晤捷克代表第三次问答》（1924 年 11 月 6 日），参见《照译中赤协约赤国对案》（1924年 11 月 21 日），外交档案：03－32－551－02－020。

② 李嘉谷：《中苏关系（1917～1926）》，第 247 页。

协定》的重叠，种下日后中俄会议、奉俄会议纠葛的根苗。随着奉系逐渐掌控北京政府，张作霖与冯玉祥的矛盾愈趋尖锐。奉天对加拉罕援助冯玉祥，介入中国内争，耿耿于怀，认定王正廷是冯系人马且又亲苏，乃处处抵制，致使会议期间京、奉缺乏互信，中俄、奉俄会议间权责不清，给予苏方拖延的口实。在北京近于无合法政府状态之下，国民政府又实行北伐，内战再起，列强咸采观望态度，关税、法权会议都告中止，中俄会议也在奉苏决裂下，未达成任何具体结果而结束。

奉系对于复杂的商约及法律问题，兴趣缺缺。张作霖最关心的是与东北利益密切相关的中东铁路以及赔偿问题，希望苏联先承认赔偿损失，然后以此债务作抵，一举赎回中东铁路。此外，试图争回中东铁路的管理主控权，奉俄会议重点放在修改中东路章程，苏方则不肯让步，会议无成功可能。奉方认为苏联无诚信，采取种种抵制与对抗措施，强行收回中东路区各项侵犯中国主权之设施。苏方也采反制手段，导致中东路之冲突不断。

苏方则归罪于北京政府无实权，不能贯彻条约义务，内战不断，政局动荡，在会议中所求太奢不切实际。苏方代表有对未能充分利用冯玉祥控制北京的有利时机取得圆满成果感到惋惜者，待对苏敌意甚深的奉张入主北京，增添了会议的难度。[1] 事实上，苏联在《中俄协定》中已达成建交、收回旧俄财产、取得中东路管理权等主要目的，对中国所求于苏联者，只承诺将在会议中解决。会议中自然力保既得利益，即使会议失败，苏方有利无损。

经由以上对中俄会议的研究，吾人可对《中俄协定》做较全面的评价。自1917年俄国革命后，苏俄两次发表对华宣言，表示愿放弃

---

① 彼斯科娃：《1924～1929年的苏中外交关系》，《中共党史资料》第75辑，第217～218页。

旧俄在华条约特权，平等建交。北京政府与东北、新疆地方当局，则乘机清理旧俄在华特权，已实质收回了大部分权益。但这些权宜措施，必须由中苏间正式订约来完成法律程序。在中苏建交谈判时，北京政府要求苏方落实宣言精神，放弃所有旧约特权。苏方则自宣言倒退，加拉罕自始不肯无条件放弃旧约权利，坚持必须谈判新约取代旧约。最后双方妥协成先议定解决悬案大纲，原则上愿放弃特权，即建交再开正式会议，"在会议中"具体解决悬案。另在北京政府坚持下，以《密件议定书》规范：在新约未谈成之前，中俄旧约"概不施行"。因此，《中俄协定》中苏联得各种实惠，中国只得废止旧约之口惠。由于中俄会议一事无成，中苏新约未能议订，悬案仍是悬案。苏联革命初期的理想主义及对华善意，待得英、意承认，又与中、日建交，国际地位巩固后或可落实，国家利益考虑压倒一切，进而在华扶持亲苏力量，以维护自身利益。最后因中俄会议无结果，于是苏联所有平等对华、自愿放弃在华特权等一切承诺，都成空言。而苏联依据暂行协定取得之中东路实质控制权，则无限期延长。

中国所得，只有清理旧俄权益造成的既成事实，以及《密件议定书》之中俄旧约"概不施行"。中俄会议流产的结果，使得中国清理旧俄特权的成果，未能得新约的落实，但苏联也不能施行旧约，重享旧日特权。中苏间的条约关系，遂处于只有原则大纲，新约尚未议定，旧约"概不施行"的空窗状态。

中俄会议期间，加拉罕的角色值得注意。加拉罕在远东同时执行对中、对日之交涉，尽力维护苏联利益。对华施行多元外交，同时与北京、奉天、张家口、广州、新疆接触，并介入中国内争，除支持广州政府外，在北方大力援助冯玉祥，一时间，对北京政府颇有影响力，但也导致奉苏关系紧张。

由中俄会议之研究，可考查早期中苏关系之实质。苏联在华宣传"反帝废约"，立足点就是其在《中俄协定》中放弃所有条约特权，平等对华，与帝国主义列强之坚持条约利益，干涉中国内政者大不相同。但就废约而言，苏联在条文表面上虽表示废止旧约，实际上与华会列强一样是"口惠而实不至"，坚持既得利益，不肯放弃任何条约特权。就反帝而言，苏联介入中国内政的程度，与其所抨击之"帝国主义列强"，实有过之而无不及。然而因苏联善于宣传，曾受苏联援助与影响之政党也以反帝废约为号召，借此凝聚爱国主义；加以档案长期不公开，致使数十年来教科书中重复宣传，至今国人仍误信苏联之对华善意，扭曲了对历史的理解。

第四节　《中俄协定》与北京外交团的没落

《中俄协定》的签署，不仅对中国外交及中苏关系有深远的影响，同时也改变了列强在华竞争的格局。中苏复交后，苏联要求提升外交层级，加拉罕成为第一位驻北京大使，在华鼓吹"反帝废约"，对条约列强冲击很大。维护列强在华条约利益的"北京外交团"，[①] 对苏联之外交攻势，有各种因应抵制的做法，北京外交部也乘机限制列强特权。加拉罕、外交团、外交部三者之间，环绕提升驻华使节层级、北京外交团领衔等问题，展开错综复杂的交涉，在在牵动在华列强间微妙的互动关系，同时影响到北洋修约的发展。

到目前为止，对《中俄协定》与北京外交团关系的主要研究成果，有吴孟雪《加拉罕使华和旧外交团的解体——北京政府后期的一场外交角逐》及黄文德《北京外交团领衔制度之变迁——兼论加拉罕使华案的影响》。[②] 吴文敏锐地观察到1924年以后外交团销声匿迹了，

---

① 有关北京外交团法理地位及历史演变，参见黄文德《北京外交团与近代中国关系之研究——以关余交涉案为中心》，硕士学位论文，台中，中兴大学，1999。

② 分见《近代史研究》1993年第2期，第167～181页；（台北）《近代中国》第147期，2002年2月，第94～112页。

指出加拉罕使华引发东交民巷的一阵外交角逐，促成外交团的解体。解体后形成的几个组织，虽仍有联合干涉中国之举，但其声势毕竟大不如前。此文已初步提出了许多重要的问题，但主要依赖二手史料，未能使用《外交档案》及外国档案，忽略了外交部在此交涉中的地位与作用，也看不到北京外交团内部对此案态度的变迁。

黄文大量使用中外档案，一方面从北京外交团长期的演变历程，考察加拉罕使华案的影响，认为北京外交团经长期发展，因环境变迁及各国利益不均，欧战结束后出现改革的声浪，领衔荷兰公使欧登科顺应时势，大幅改善领衔与使团内外的关系，降低政治性，减少代表对华联合交涉的机会，1924年的加拉罕使华所造成的领衔双胞案，则加速此趋势的完成。另一方面着重于北京外交部的角色，强调外交部灵活运用原则，充分把握契机，以调解者的姿态，斡旋于使团与俄国之间，大幅降低领衔的政治代表性，不复承认不合理的特权与干涉，促使领衔回归礼仪范围。此文有很多独到的见解，然稍嫌过于强调北京外交部在此交涉中的作用与主动性，相对地忽略了条约列强的看法与作为。

笔者认为吴、黄两文，对加拉罕使华与北京外交团的没落，做了相当好的初步研究，解决了部分问题，各自强调加拉罕与北京外交部的角色，但是仍留下可进一步讨论的问题。本节以从《中俄协定》签字后引发的派遣大使交涉、北京外交团领衔争执、外交团的分化及性质的转变，到北京外交团结束的历程为主线，进一步重构交涉经纬。此外，拟环绕此历程，从苏联在华的外交攻势、条约列强的因应、北洋修约发展三个层面，探讨列强在华复杂格局的转变。

一 《中俄协定》对北京外交团的冲击

外交团原是各国首都外国使节间的非正式组织，通常由最高等级外交代表中最资深者担任团长，主要执行礼仪性的功能。但是由于清末中外之间签订种种"不平等条约"，列强在华享有条约特权，又因最惠国条款各国在华利害一致，北京外交团逐渐成为列强驻北京使节共同维护条约特权的组织，在清末民初影响力颇大，往往干涉中国内政，国人常称之为北京的"太上政府"。外交团领衔（或领袖）公使，则常被视为列强在华代表，具有相当的影响力，在世界外交史中，是很特殊的情况。[①]

清末，几乎所有在华外国人皆享条约特权，民国以后，逐渐分化为有、无条约特权国两类，欧战爆发后，更分化为协约国、同盟国、中立国三个团体。中国参战后，取消德、奥条约特权，1919 年明确区分有约国、无约国，限定条约列强范围。北京外交团之根基逐渐松动，但在协约列强主导下，尚能勉强维持一致对华之表象。俄国革命后，攻击资本主义帝国列强，倡言世界革命，1924 年《中俄协定》签字，苏联允诺放弃在华条约特权，并提议互派大使，进一步冲击北京外交团的团结。

《中俄协定》签署后，加拉罕即向外交总长顾维钧提议：中俄恢复邦交应派大使驻扎北京。外交部对此问题很关心，6 月 11 日电令李家鏊：设法探询苏联将来拟派何人。次日，李氏电复：复交后俄方有云派公使，有云派大使，询问俄外交总长契切林，彼称"此事解决应听之中国政府，如果成为事实，喀氏甚望首选"。[②]

13 日，加拉罕正式照会外交部，建议两国将外交关系升格为大使级，云：帝俄政府和其他帝国主义国家一样，视中国为不能享受完全权利，并可以强迫其签屈服条约之国，常派遣二等外交代表驻扎中国。然中国有四万万人口，在国际关系上占极重要之地位，对于人类发展负有极重要之责任。为了发展苏中友好平等关系，两国应互派大使级外交代表。[③] 同时，李家鏊电告：俄外长称"波斯、比利时均小

---

① 参见黄文德《北京外交团与近代中国关系之研究——以关余交涉案为中心》。黄文指出，北京外交团受到内外各种因素的制约，并不拥有国人想象的那么大的权力。

② 《发驻俄李代表电》（1924 年 6 月 11 日）、《收驻俄李代表（12 日）电》（1924 年 6 月 15 日），外交档案：03 - 32 - 467 - 03 - 009、010。

③ 《外交公报》第 38 期，1924 年 8 月，第（交际）6~7 页。

国，尚派大使，中国为亚洲独一大国，应改大使以崇国体，我方已授权喀氏听其商办"。①

北京外交部也希望能提升外交层级，建议英、美、法、意、日五国改派大使，14日电驻该五国使节："欧战以后我国地位与前不同，国际关系益臻切要，现拟改派大使以崇体制而便折冲，希探询驻在国政府意见如何，即行电复"；并强调"中俄邦交业经成立，苏联政府为促进两国友谊起见，提议互派大使，我国亦认为可行，甚望与美（英、法、义、日）等国同时互改派大使，以免轩轾"。②

由于交涉尚在进行中，外交部对苏联之建议稍予延宕。19日指示李家鳌：改派大使事，政府正在考虑，有可以照允之趋向，"至人选问题，此间使团传说俄府因喀与使团屡有龃龉，不易相处，有另选他人之说，确否？喀与使团感情不洽情形，俄政府有所闻否？希探明"。李氏探询后报告称：俄方认为依据世界潮流及中国之大国条件，自应派大使，以加拉罕之资格，任命为大使并无何等问题；至于加拉罕与使团感情欠洽各节，只需中国承认即无问题，与他国固毫无影响。③28日，外交部电李氏：苏联提议改派大使，本部重视此项提议，予以善意之考虑，唯因有关预算及中国与其他国家改派大使问题，均应详加审度，近因总理孙宝琦在假期中，财政总长王克敏亦不克出席，故不能正式决议，稍需时日，即可用照会答复赞成。④次日，李家鳌告知俄外长，中国对改派大使问题，大致赞成，因总理病假，尚未决议，俟销假必能议决照复。加拉罕则认为："顾维钧迫于外交使团的

---

① 《收驻俄李代表（16日）电》（1924年6月17日），外交档案：03-32-454-04-001。

② 《发驻美施、法陈、义唐、英朱、日周公使、代办电》（1924年6月14日），外交档案：03-10-001-02-004。

③ 《发驻俄李代表电》（1924年6月19日）、《收驻俄李代表（27日）电》（1924年6月28日），外交档案：03-32-454-02-008、013。

④ 《电驻莫李代表（密件）》（1924年6月28日，第二电），外交档案：03-32-498-02-016。

压力在拖延，为的是让别人在我们之前递交国书。"①

北京外交部同时考虑苏联派大使后，会对北京外交团领衔产生何等改变。7月8日，顾维钧批交次长沈瑞麟："比国、葡萄牙、古巴等国改设大使为时不久，当时驻该国京都使团领袖公使地位，是否即移转于新到任之大使，抑另有办法。可即电询王、刘、刁三使。巴西、墨西哥亦可一问。"10日，外交部电令驻该五国使馆速查明电复。②

驻古巴公使刁作谦电复："驻古向无大使，上年美始改派，古政府于事前修改接待使团章程，加入大使礼节，重新颁布，美大使递国书后，以地位最崇，古外部即认为使团领袖。当时对于领袖公使之转移，并无特别手续。"③ 巴西、比利时皆天主教国家，领袖向由教廷大使充任，故近年别国在该国改设大使时，使团领袖地位无移转问题。④ 驻墨西哥代办徐善庆电复："此间向例领袖地位大使到任立即转移，并无别项办法。"⑤ 驻西班牙兼葡萄牙公使刘崇杰电复："驻葡巴西大使馆一九一二年设立，教廷撤使尚未恢复，巴西大使到任即为领袖"。⑥

不久，英、美、法、意四国婉拒北京外交部提升外交层级的建议，日本虽欲升格，但受牵制，未能立即正面响应。7月12日，北京

---

① 《收驻俄李代表（30日）电》（1924年7月1日），外交档案：03-32-488-02-005；《加拉罕致鲍罗庭的信》（1924年7月12日），《联共（布）、共产国际与中国国民革命运动（1920～1925）》，中共中央党史研究室第一研究部译，北京图书馆出版社，1997，第505页。

② 《发驻比、日、古巴、巴西、墨各馆电》（1924年7月10日），外交档案：03-10-001-02-022。

③ 《收驻古巴刁公使（10日）电》（1924年7月11日），外交档案：03-10-001-02-025。

④ 《收驻巴西夏公使10日电》（1924年7月11日）、《收驻比王公使11日电》（1924年7月12日），外交档案：03-09-025-02-027、029。

⑤ 《收驻墨徐代办10日电》（1924年7月13日），外交档案：03-09-025-02-030。

⑥ 《收驻日刘公使16日电》（1924年7月21日），外交档案：03-09-025-02-032。

国务会议决定接受苏联建议，外交部乃于14日照复苏联代表同意互派大使，并电告驻四国公使，云："兹因中俄邦交即已恢复，互派大使一层，俄政府屡催照办，政府既视为可行，似未便过于延缓，已于今日照复俄代表，本平等公正相互之精神，允与互派大使，仍盼驻在国能早允一律改升以敦睦谊，希本上述意旨，面与驻在国政府接洽催办。"① 外部另电驻日代表云："中日友谊素敦，尤应早办，而日政府尚未能确实复允，殊为失望……仍盼两国早日交换大使以示一律。希本此意旨，面与日外部接洽电复。"② 15日，加拉罕复照"无任欣悦"；并照称本代表现奉派为特命全权大使驻扎中华民国，请安排觐见总统呈递国书。③

中苏单独升格为大使级外交关系，势必对北京外交团领衔产生冲击，列强密集商议。6月11日，英国公使麻克类密电伦敦云：加拉罕可能被任命为驻华外交代表，我及外交团同僚对局势感到不安。加氏自抵华后对欧美列强采取有意的敌视态度，公开鼓动民族主义者及学生攻击所有享有治外法权国家。加氏在接受半官方苏联新闻社采访时，宣称《中俄协定》签字，是对帝国主义列强的胜利，列强联合阻止中国签约。我担心他利用中国舆论的支持，利用外交团一员的身份，破坏外国代表面对中国侵犯条约利益时的团结一致，让苏联使馆成为排外宣传及阴谋的总部。如果他维持现在的态度，当他成为同僚时，将很难保持即使是最表面的官方关系。若他被任命为大使，因而

① 《俄大使问题与俄使馆问题》，《东方杂志》第21卷第16号，1924年8月25日，第2页；《中国政府对于苏联政府在北京设立大使馆甚表欢迎复请查照照会》（1924年7月14日），《外交公报》第38期，1924年8月，第（交际）5~6页；另见《照会苏联代表（密件）》（1924年7月14日）、《电驻英朱代办、驻美施公使、驻法陈公使、驻义唐公使（密件）》（1924年7月14日），外交档案：03-32-467-03-012、03-10-001-02-026。
② 《电驻东京周总领事（密件）》（1924年7月14日），外交档案：03-10-001-02-027。
③ 《外交公报》第38期，第（交际）7~8页。

成为外交团领衔，情况将更不堪设想。①

16 日，麻使又密电称：顾维钧私下告诉我，苏联表示愿和中国建立大使级外交关系之信函，在未送达他之前已在报纸刊登，中国舆论受奉承，会强迫政府接受之。我问顾氏，加拉罕是否会是第一任苏联大使。顾说应就是。我认为此任命将使外交团及中国政府极度难堪，因为加拉罕公开强烈宣传反对列强。我问顾氏，是否可能由他建议苏联做不同的安排。顾氏说他正在思考类似之步骤。我想顾氏虽知道加拉罕任命带来之困难与麻烦，但不会阻止，因他不敢违反苏联成功地借由奉承、承诺、贿赂而争取到的国会、学生及其他吵闹而不负责分子的意愿。②

7 月初，英国外交部内部讨论此问题，认为苏联派大使到北京，依据 1815 年《维也纳公约》，势将成为北京外交团领衔，必须采取步骤以维持公使团由荷兰公使领衔之现状与功能。有人主张由梵蒂冈派大使到北京，但因 1815 年时北京并无教廷大使，不能承认教廷大使自动高于他国大使担任使节团领衔，除非教皇动作快，比苏联大使更早呈递国书。英国也不可能向中国施压只接受苏联派公使，唯一的办法是其他国家可以用不合作方式，使外交团领衔无作用。《萨道义外交实践指南》说："领衔如欲采取步骤并代表其同僚提出书面或口头交涉时，必须事前和他们磋商，交涉所用的措辞也必须事先取得他们的同意，否则绝对无权代表他们发言会照会东道政府。"因此若其他使节不合作，苏联大使就算成为领衔，也不会自动取得指挥其他公使的权力。但是，荷兰公使势必不能保持其领衔地位。③

美国国务院有类似的担忧，7 月 7 日训令驻伦敦使馆与英国外交

---

① Macleay to FO, confidential, 11 June 1924, FO371/10282［F1907/445/10］.

② Macleay to FO, confidential, 16 June 1924, FO371/10282［F1992/445/10］.

③ Foreign Office Minute, 2 July 1924, FO371/10292［F2231/2004/10］。参见戈尔布思主编《萨道义外交实践指南》，杨立义等译，上海译文出版社，1984，第 235 页。

部坦诚讨论中国接受苏联大使后的形势，指出：因为加拉罕为一个被中国及一些其他国政府承认的国家派任，很难质疑或忽视他作为外交团一员的身份。当然北京外交团因其自身形成特殊的性质，条约列强仍会持续集会，代表它们的共同权利与利益，行使组织合作的功能。苏联放弃条约特权，其代表并公开对整个条约体系表示敌意，不可能为外交团存在的目的与同僚合作。另外，若排除他于外交团之外，不可避免地会迫使他对中国政府支持与合作，并成为反对列强之借口。当此中国政府权威失坠，已严重损及其责任感之时，这种选择对列强正当的权益十分危险。承认苏联大使为外交团一员为不可避免，但必会瘫痪其功能。在此列强合作愈发重要之时，丧失这种合作机制很可惜，此损失应由利益相关各国遇事合作来弥补。①

英国外交部衷心赞同美国的看法，16 日复信称：同意国务院的看法，列强只好接受苏联大使，并在技术上成为外交团领衔。但是苏联大使成为领衔后，并不自动取得指挥同僚之权利，依据萨道义之说法，若其他使节不合作，可使外交团领衔无作用。英国目前倾向于当困难出现时由北京外交团自行寻求解决之道。外交团将逐渐丧失其代表列强集体利益之功能，届时部分列强在北京之合作将更密切。② 基本上，英、美对加拉罕以苏联大使身份成为北京外交团领衔一事，达成共识。

值得注意的是日本的态度。当时日本执意要派任大使到北京，英、美极力劝阻，主要原因之一就是害怕日本大使取得北京外交团领衔地位。7 月 12 日，英国驻日大使伊利（C. Elliot）报告，日本外务大臣币原喜重郎说日本想派大使，主要是想改善中日关系，与苏联任命大使无关。英国外交部征询当时请假在伦敦的麻克类之意见。麻克

---

① U. S. Embassy communication, 7 July 1924, FO371/10292 [F2288/2004/10].

② U. S. Embassy communication, 7 July 1924, FO371/10292 [F2288/2004/10].

类认为中俄互派大使是个计谋，苏联趁机利用外交团领衔地位破坏列强团结，中国也利用此事破坏列强一致。列强一致是整个华会政策之基础，应尽力保持此一致性不受损害。遗憾的是日本也想乘机实现其夙愿升为大使，维护其在华特殊地位，并指导中国人对抗其他列强之控制。日本虽然宣称与列强合作执行华会协定，但内心深处乐见列强一致遭破坏。英、美、法必须尽力延缓日本之行动，因为若列强同意，或可绕过不方便之苏联领衔，但不可能不追随日本大使之领衔。[1] 此意见道尽了华会列强间的尔虞我诈。

英、美、法三国不断对日本施压，终于迫使日本延缓派遣大使到中国之企图。7月下旬，英国驻日大使伊利报告，币原对苏联大使可能接任北京外交团领衔一事，表示领衔应完全礼仪化，不再是外交团与中国政府打交道的代表。[2] 9月初，英国外交部将伦敦对领衔问题之态度，告知伊利；10月11日，伊利与币原讨论，币原同意北京外交团领衔应如同在其他国家般严格限制为纯礼仪性质，其他列强自可开会讨论相关利益之事。[3] 至此，日本与英、美态度一致。

北京外交团对加拉罕敌意甚深，7月16日顾维钧与领衔荷兰公使欧登科商谈归还俄使馆问题时，荷使以《辛丑和约》签字国中只有英、意承认苏联，其余六国认为加拉罕无接洽之资格，建议勿使俄代表移入中国权力所不及之使馆界内，并强调"加拉罕对于驻京各国代表向来仇视甚深，无论何时，加君如来接洽，吾等将明告以使馆界内章程，如欲居住界内，必须严为遵守"。[4]

外交部随即电李家鏊："此次俄初派大使，未先征求同意手续。再领

<hr/>

[1] Macleay's minute, 22 July 1924, FO371/10292［F2329/2004/10］.

[2] Elliot to FO, D. 25 July, R. 19 Aug. 1924, FO371/10292［F2800/2004/10］.

[3] Elliot to FO, D. 14 Oct., R. 13 Nov. 1924, FO371/10293［F3806/2004/10］.

[4] 《收总长（16日）会晤和欧使问答》（1924年7月21日），外交档案：03-32-454-02-016。今荷兰之名，当时外交部译为和兰，本书引用原文时仍用和兰、和使等名称。

衔问题，密闻使团方面，定有应付之法，俄政府有何意见？抑并不坚持？希一并询明电复。"① 18 日，李家鳌复电称：俄外长云喀膺大使前曾与鳌谈过数次，且喀在中国已被接待，征求同意似已不成问题，不过临时缺少口头之传达。现在俄国外交，崇尚质直，故于繁文缛节或有疏略，敬希原谅。至领衔一层，驻华各国中，多已承认或正在接洽承认苏联，故得多数支持当无困难。此事亦不致使中国为难，因中国只需于编辑使馆职员录时，将喀大使位列于前，即称周洽。至各馆定有应付之法，亦在意中，但反对者应系少数，不过形式之龃龉，于事实固毫无影响。②

外交部乃于 23 日致函总统府礼官处，送交苏联国书译文，请转呈大总统，并拟定《特命全权大使觐见礼节十条》，③ 31 日，加拉罕于怀仁堂觐见大总统曹锟，递交国书，外交部通知驻北京各国使馆。④北京政府则派李家鳌为驻苏联使馆代办。

二 加拉罕加入北京外交团之争议

按照外交惯例，加拉罕以各国驻北京唯一大使身份，应立即接管外交团领衔职务。但因外交团中多数国家尚未承认苏联，许多使节与加拉罕关系恶劣，加以辛丑各国正为交还使馆问题与苏联争执颇烈，对苏联大使加入使团接任领衔问题，制造种种障碍。领衔荷使欧登科以赴日本避暑五周为由，刻意避开交接问题。按其时驻京使节到任次序，应轮至古巴公使巴逊纳（J. A. Barnet），7 月初欧使曾口头告知巴

---

① 《发驻莫李代表电》（1924 年 7 月 16 日），外交档案：03 - 32 - 454 - 04 - 004。

② 《收驻莫李代表 18 日电》（1924 年 7 月 20 日），外交档案：03 - 32 - 467 - 03 - 017。

③ 《函致礼官处》（1924 年 7 月 23 日），外交档案：03 - 32 - 467 - 03 - 019；《外交公报》第 38 期，1924 年 8 月，第（交际）9 ~ 10 页。

④ 《函致驻京各使馆》（1924 年 7 月 31 日），外交档案：03 - 32 - 467 - 03 - 024。当时驻北京共有 19 国使馆。除英、意承认苏联外，德、奥、墨、芬、秘五馆无人，故共发比、古、丹、西、美、巴西、法、日、挪威、荷、葡、瑞典 12 馆。

使请代理领衔，7日巴使以请假回国启程在即为由，婉拒担任。16日，欧使告诉顾维钧，拟赴日本避暑，假期内之领衔问题，因外交团中除丹麦公使高福曼（Henrik Kauffmann）外，余均出京，而高使到任未久，如贵总长同意，领衔职务仍由本馆兼理云云，全未提及移交领衔职务于加拉罕大使之事。① 古巴公使于21日照会外交部，也以请假回国启程在即为由，婉拒代理领衔。②

24日，巴使与顾维钧晤谈，道出苦衷云：本使向来在此无特别关系，且亦非《辛丑和约》国之一，遇事总偏于中国，而现在情势不能不处于对立，如此次为移交俄使馆，必引出种种难题使中国棘手。此事无论久暂，将来终须交出，何必纠纷，外交团中既有如此现象，不能和衷共济，本使之意与其受人牵制，不如早日谢绝为善。又称：荷使临行时曾口头告知，并谓不在京时，嘱予照料，予以为欲出京须正式移交，如不交文牍案卷，只口头声明，岂有如此办法，本使当即答以不能担任。嗣荷使又通知其次资深之西班牙公使，西使函复不能回京。③ 最后由又次资深之美国公使舒尔曼于加拉罕觐见前一天接管领衔事务。④

加拉罕呈递国书后，外交团领衔问题趋于暧昧，8月初顾维钧谕令："所有本部致领衔公使文件，可径向有关系之公使办理，无膺由领衔公使转达。"⑤ 当时报纸对俄大使在使团地位也有讨论，认为俄大使已呈递国书，自当在交际礼仪中居首席。但北京外交团分子复杂，苏联放弃条约特权，无参加与条约问题相关会议之必要。加以各国多

---

① 《苏联喀大使到任后领衔问题发生记略》，交际司编《外交团领衔问题》（未书日期，应撰于1925年秋冬），外交档案：03-09-025-02-062。

② 《古巴公使21日照会》（1924年7月22日），外交档案：03-09-025-02-033。

③ 《总长会晤古巴迩纳公使问答》（1924年7月24日），外交档案：03-09-025-02-034。

④ 《美馆副汉务参赞卓思麟致王司长函》（1924年7月30日），外交档案：03-09-025-02-038。

⑤ 《交际司王廷璋司长致政务、通商、条约司司长，文书科科长函》（1924年8月2日），外交档案：03-09-025-02-039。

未承认苏联，岂肯以其未承认国之大使为其主席，故俄使加入外交团成为一棘手问题。[①] 至于领衔地位，欧战前北京外交团一致对华，其后德、奥、俄退出，全体一致之利益消失，逐渐形成有同样利害关系之小团体，处理共同问题。各小团体叠床架屋，"此后致中政府之照会，仅须有关系各国共同署名，毋膺领袖公使之出面矣"。[②] 此说颇能道出领衔性质微妙的变化。

9 月初，荷欧使回北京，4 日顾维钧询问："现在驻京外交团情形不同，其组织有无变更，是否分为两部分？"欧使云："外交团之名称似应变更，或者贵总长定有相当名称，至于领袖公使或领衔公使字样 Decanat 在中文意义上即资格最老之公使，似仍适用。"顾氏称："或者外交团每当问题发生时可按有关系及无关各国代表，略分区别，随时随事分别办理，较为便利。否则北京驻使有十六七国之多，若遇事须一一通知或商取同意，殊不便利也。"[③] 此次谈话，并无具体结果，外交团领衔仍暧昧不清。

当时，辛丑各国正与加拉罕就归还使馆区旧俄使馆问题发生争执，焦点在于苏联是否承认其为《辛丑和约》签字国，并保证承担使馆区防务，分担行政费用，遵守使馆区规章。9 月下旬，问题解决，加拉罕迁入俄使馆，并于 10 月 5 日举行升旗礼。加拉罕随即经由意大利公使翟录第致函领衔荷使，称：他已准备好参与使团会议，并暗示依据国际惯例担任领衔。欧使以荷兰尚未承认苏联，加以个人在苏联时不愉快之经验，以及对加拉罕的嫌恶，收到加拉罕函件时相当疑惧，私下向英国公使讨教如何应付。[④]

---

①　《俄大使在使团中地位问题》，《申报》1924 年 8 月 7 日，第 6 版。

②　《北京外交团之变迁观》，《申报》1924 年 8 月 24 日，第 10 版。

③　《总长会晤领衔和欧使问答》（1924 年 9 月 4 日），外交档案：03 – 09 – 025 – 02 – 040。

④　Macleay to FO, confidential, D. 20 Oct. , R. 28 Nov. 1924, FO371/10283［F4015/445/10］.

麻克类依据伦敦外交部之意见，于 10 月 4 日致送备忘录给欧登科。表示：我们不能挑战苏联大使之地位，及其以派驻中国大使中最资深者的资格担任领衔，但可只给予他于礼仪场合高于同僚之官方权利，以及在新年宴会般场合代表外交团向中国元首致贺之特权。外交团领衔必须事先咨询同僚并取得同意要采取什么步骤后，才有资格代表外交团以口头或书信发言。北京外交团会议存在之理由是维护与执行条约，为彼此方便，由外交团之资深代表来召集会议、执行事务、保存档案。驻北京各国公使，必须取得各自政府之同意，是否让一个宣称要废除其与中国条约的国家之外交代表参与外交团会议。①

16 日，欧登科召集外交团会议，讨论加拉罕要求列席事。有条约特权各国公使多表示反对，认为依加拉罕之态度及苏联对条约之政策，若他加入使团讨论条约相关问题，不仅不可行而且危险。无治外法权、非《辛丑和约》国公使，则认为不应排除加拉罕参与一般事务之讨论。最后，依据麻克类之意见，议决一公同文稿，由各国公使征询各本国政府意见。②

麻克类在给伦敦的报告中指出，苏联大使如果被排除于外交团，会对中国政府及舆论产生很坏的影响。唯一可行之策是，外交团作为向北京表达各国集体利益之工具，应废止不用。有特别共同利益者，如治外法权国、《辛丑和约》签字国等，为方便应继续集会，共同向中国政府表达意见。但在与外交部照会往来时，应避免使用"外交团"及"领衔"之名，改用"治外法权国代表"或"《辛丑和约》签字国代表"之"首席公使"（Senior Minister）或"首席代表"等名称。最后，请伦敦指示应采何种态度应付加拉罕加入外交团的企图。③

---

① Macleay to FO, confidential, D. 20 Oct., R. 28 Nov. 1924, FO371/10283［F4015/445/10］，附件二。

② Macleay to FO, confidential, D. 20 Oct., R. 28 Nov. 1924, FO371/10283［F4015/445/10］，附件三。

③ Macleay to FO, confidential, D. 20 Oct., R. 28 Nov. 1924, FO371/10283［F4015/445/10］.

英国外交部收到报告后，认为加拉罕加入会议，将使外交团不可能取得共识，不能支持条约列强的权利，让外交团面对中国政府之作用消失，这就是加拉罕的企图。因此同意麻克类的看法：唯一能做的，是使外交团消失，另在特定问题或条约利益上，由直接相关各国自行讨论。12 月 6 日，英外交部电令麻使："要点是保持维护条约权利之合作体系无损地继续运作，只要苏联代表被排除在这些会议及集体行动之外，你被默许做让他参与外交团其他礼仪性活动的任何安排"。①

就在外交团领衔暧昧之际，1924 年 9 月中旬，第二次直奉战争爆发。11 月 2 日，曹锟通电辞大总统职，15 日段祺瑞被推为临时执政。24 日，段氏于北京铁狮子胡同前陆军部就职，宣言云："誓当巩固共和，导扬民志，内谋更新，外崇国信"。② 外交部照会驻京各国使馆临时执政就职，并送正式宣言。③ 外交部为安排外交团集体觐谒，煞费苦心。

26 日，外交部照会苏联大使，定 28 日上午在临时执政府晋谒。另外照会荷欧使，临时执政定 28 日下午分班延见驻京各国公使暨代办，"相应照会贵公使查照，并希转达各国公使暨代办，届时……前往晋谒"，并请开列晋谒名单。27 日，领衔荷欧使开送各国晋谒衔名单。苏联大使馆亦函告入觐人员衔名，外交部据以开列晋谒衔名单。④ 28 日上午 10 时，苏联大使晋谒，下午 2 时半，荷、挪、西、德、意等国公使晋谒，4 时半，英、日、丹、比、法、美等国公使、代办晋谒。次年 1 月 2 日，外交团元旦觐贺临时执政，也是依此模式进行。⑤ 这种以苏联大使头

① Macleay to FO, confidential, D. 20 Oct. , R. 28 Nov. 1924, FO371/10283 [F4015/445/10].

② 《收大总统府礼官处函》（1924 年 11 月 23 日），外交档案：03 - 41 - 009 - 02 - 003。

③ 《照会驻京各使》（1924 年 11 月 24 日），外交档案：03 - 41 - 009 - 02 - 004。

④ 《照会苏联喀大使》（1924 年 11 月 26 日）、《照会和欧使》（1924 年 11 月 26 日）、《收和欧使照会》（1924 年 11 月 27 日）、《收苏联大使馆函》（1924 年 11 月 27 日）、《致礼官处函》（1924 年 11 月 27 日），外交档案：03 - 41 - 009 - 02 - 008、007、021、022、019。

⑤ 《政府公报》第 3150 号，1925 年 1 月 6 日。

班单独觐谒的安排，回避了外交团领衔的棘手问题，但也显示加拉罕仍未被北京外交团正式接纳，也一直未被邀请参加北京外交团会议。①

1925 年 1 月底，领衔荷欧使照会外交部："现在葡萄牙符公使销假回京，本钦使按照符公使所请，仍继续办理领衔公使（Senior Minister）之事宜。"② 值得注意的是，照会中之职称中文仍称领衔公使，英文却用首席公使一词，而非过去使用的 Dean of Diplomatic Body。2 月 21 日，沈瑞麟就任外交总长后，会晤挪威公使米赛勒（H. E. J. Michelet），米使称："领衔和欧使不日回国，领衔公使事务，以资格论应由本公使担任，惟因种种之关系，不能兼顾，当轮到美舒使担任，日内可以照达贵部长。"③ 同日，美国公使舒尔曼英文照会，接任 Senior Minister（首席公使）职务。④

由于加拉罕尚未正式加入外交团，领衔问题依旧混沌，3 月 7 日外交部交际司司长王廷璋致政务、通商、条约司司长及文书科宗科长，称：驻京美舒使照称荷欧使请假离京，本公使担任 Senior Minister 之职务。"查有苏联喀大使到任以来，外交团领衔问题迄未解决，而 Senior Minister 名称，亦不能译为领衔公使。现奉总长谕，以后本部致使团文件，应径向有关系之公使办理，如有必须由美使转达各国公使者，亦不可用领衔字样。"⑤

同时，外交团也密集讨论加拉罕加入使团一案。有主张北京外交团领衔，不分大使、公使层级，概由最年长或资深者担任，日本曾有

---

① Macleay to FO, confidential, D. 23 Feb. , R. 22 April 1925, FO371/10955 [F1426/837/10].
② 《和欧使照会》（1925 年 1 月 31 日），外交档案：03 - 09 - 025 - 02 - 041。葡使符礼德（M. Batalha de Freitas）虽较资深，但因兼任澳门总督，常不在北京。
③ 《部长会晤那米使问答》（1925 年 2 月 21 日），外交档案：03 - 09 - 025 - 02 - 043。可能因挪威非辛丑签字国，且馆员少，无力承担领衔事务。
④ 《美舒使 2 月 21 日照会》（1925 年 3 月 6 日），外交档案：03 - 09 - 025 - 02 - 046。
⑤ 《交际司致通商、条约、政务司司长，文书科科长函》（1925 年 3 月 7 日），外交档案：03 - 09 - 025 - 02 - 048。

此提议。① 法国亦持相同看法，法国驻英大使傅乐猷（曾任驻北京公使，1924 年 6 月离华，改使伦敦）于 1925 年 2 月到伦敦外交部，与英副外交大臣克罗（Eyre A. Crowe）商谈时，以他在北京的经验，认为所有外国在华使节，不论层级，地位应平等，由最资深者任团长。克罗认为这是一个新鲜观点，值得考虑。但英国外交部内部意见，认为此议违反《维也纳公约》，若改变应作国际协商；且日本若在中国派大使，不可能同意这样的安排，其可行性堪虞。最后决定征询驻北京代办白乐德（Michael Palairet）意见。② 白乐德回复，认为法国大使的建议完全不可行，将遭中国政府及派有大使的国家拒绝。③ 此议遂寝。

3 月 3 日，美使舒尔曼邀集各主要国家公使集会，商讨加拉罕加入使团并充任领衔事。除荷、比两国代表尚未接获政府训令外，其余各国一致同意，像各国首都一样，将北京外交团改为仪式团体。数日后，荷、比代表通知舒使，业奉各该国政府训令，对允许加拉罕加入使团一事，表示赞同。10 日，舒使再邀集有关各使集会，讨论该案的技术问题，一致决定承认加拉罕任使团领衔，但只限于礼仪性事务。有共同利益的各国公使依需要另行私下咨商，作为非正式的媒介，对中国政府及各地领事办理条约事务。对是否以书面将决议通知加拉罕与中国政府，指定意大利公使与英国代办负责起草，备下次集会时提交公决。④ 英国外交部认为：这看来是最好的方式，至于要不要通知中国政府或加拉罕，应由北京外交团自行决定。⑤ 18 日，沈瑞麟询问

①　《申报》1924 年 8 月 20 日，第 3 版。

②　French Ambassador（conversation），10 Feb. 1925, FO371/10952 ［F549/464/10］。

③　Palairet to FO, 22 April 1925, FO371/10952 ［F1475/464/10］。

④　U. S. Foreign Relations, 1925, vol. I, Schurman to the Secretary of State, March 11, 1925, pp. 637–638. 转引自王聿均《舒尔曼在华外交活动初探（1921~1925）》，《中央研究院近代史研究所集刊》第 1 期，1969 年 8 月，第 309~310 页。

⑤　Palairet to FO, 10 March 1925, FO371/10934 ［F872/111/10］。

舒尔曼此事，舒使云："可以密告阁下，喀氏加入使团已无问题，至于喀氏以大使资格应为使团领袖一节，余谅亦可无人反对，但将来喀氏之为使团领袖，殆如欧美各都城之使团领袖，换言之，喀氏将来对于使团之职务不过礼节上之领袖而已。以后凡遇公事，有关系各国公使将自行会议。"①

然而外交团内部仍有不同意见，又拖延了一段时间。4月1日，与挪威公使米赛乐会晤时，沈瑞麟询以：加拉罕加入使团问题，曾否解决？米使云："尚未解决，驻京使团非不愿彼加入，推为领袖，但各国公共之利益与俄不同之处甚多，颇觉为难。"双方又谈及美国公使将离华，本应由米使接任，但他以馆员不敷分配为由，不愿接手。②德国公使博郏最资深，但因无条约特权，也不愿担任首席公使。最后领衔公使职务于14日由意翟使接管，次日翟使与沈瑞麟会晤，沈氏询以：加大使领衔使团事已商妥否？翟使云："大致可无问题，彼之领衔不过对于礼节等事件。"③

21日，外交团在意使馆会议，次日，意翟使面告外交总长，外交团商妥："驻京各公使及代办，将加大使致义公使之公文关于在外交团之地位问题者，共同讨论，其结果加拉罕大使既由其政府派遣，复由中政府承认，应按照各国京城优待及其职务办法，凡遇宴会礼节，以及正式集会为外交团全体均到者，以后视为礼节上之外交团领袖。"④

同日，意翟使也往访俄使馆，告诉加拉罕此决定，得加氏非正式

---

① 《总长会晤美舒使问答——喀大使加入使团事》（1925年3月18日），外交档案：03-09-025-02-049。

② 《那馆问答——加拉罕加入使团问题》（1925年4月1日）、《那馆问答——领袖公使事》（1925年4月1日），外交档案：03-09-025-02-051。

③ 《总长会晤义翟使问答——领衔公使事》（1925年4月15日），外交档案：03-09-025-02-053。

④ 《义馆会晤问答——加大使在使团地位事》（1925年4月22日），外交档案：03-09-025-02-054。

允诺。① 加拉罕向莫斯科请训，并向报界表示：在渠担任领衔期间，将不复有帝国主义性质之提议送达中政府。外交团结合为一迫中国承认列强要求之时期，已经过去。各使馆虽当保护各自财产，但在北京维持使馆界如外国领土，渠不甚以为然。② 27 日，得莫斯科同意，准其担任北京外交团领袖。③ 加拉罕回复外交团，如为使团共通问题，愿为领袖；若以《辛丑和约》国面目而开会议，本人不愿参加。并主张今后使团会议，任何小国有一表决权，不能由英、法、日、美、意少数意为断。④

三 北京外交团的分化

1925 年 4 月底，加拉罕正式加入北京外交团，并担任领衔后，北京外交团分化成两种角色。一是如国际惯例般的礼仪性团体，由加拉罕任领袖，他主张外交团会议中，凡与华有约国，均有会议表决权，应普遍邀请出席。二是条约特权列强另有"首席公使"，遇有特别事件，则由有关系各国自行集议。礼仪上的领衔加拉罕无法参加条约事务之讨论，不承认此等集议，又不断攻击条约列强，在外交团中相当孤立。⑤ 报载：5 月 6 日"使团"会议关税附加赈捐，加拉罕不到，并称按之独立国原则，此事应由中国自己做主，今中国为条约所压迫，向各国征同意，各国不允而提出交换条件六项之多，本人以平等对中国，当然不便出席。⑥ 总之，北京外交团分化，而领衔加拉罕与

---

① 《申报》1925 年 4 月 27 日，第 5 版。
② 《申报》1925 年 4 月 25 日，第 6 版。
③ 《东方杂志》第 22 卷第 11 号，1925 年 6 月 10 日，第 161 页。
④ 《申报》1925 年 4 月 30 日，第 4 版。
⑤ 《申报》1925 年 5 月 6 日，第 3 版；Macleay to FO, confidential, 23 Feb., R. 22 April 1925, FO371/10955［F1426/837/10］；《总长会晤义翟使问答——领衔公使事》（1925 年 4 月 15 日），外交档案：03 - 09 - 025 - 02 - 053。
⑥ 《申报》1925 年 5 月 8 日，第 4 版。此处"使团"事实上应指与提拨关余有关系各国。

条约列强公使之间，互相牵制。

北京外交部由于一直没有正式收到加拉罕充任外交团领衔职务之通告，5 月 20 日，外交总长沈瑞麟谕令："在此问题未解决以前，所有本部致使团文件，及分致有关系国之公使或代办，暂不用领衔或 Senior Minister 等字样。"①

条约列强对领衔问题之态度，英国最具代表性。英国外交大臣张伯伦（Austen Chamberlain）7 月答复国会议员询问：在中国外交团领衔（doyen）是谁？答称："苏联大使加拉罕是北京外交团技术上的领衔（technically doyen），因为他是唯一派任到中国的大使。但是为条约列强和中国政府联系之目的而言，意大利公使翟录第担任团长工作（acts as doyen），因他是这些列强之首席公使。"② 简言之，北京外交团领衔纯为礼仪性质；条约列强中之首席公使承续了旧日外交团领衔之角色。

正当北京外交团分化，领衔与首席公使职衔暧昧之际，五卅、沙基等惨案接连发生，继以其后的修约照会、关税会议诸案，中外交涉频繁。当时报章杂志报道各案时，甚至外交部晤谈纪录中，对"外交团""使团""领衔""领袖""首席"等名称，多未能明确区别其意涵，常含混使用。实际的情形，必须由当时中外交涉往来照会中仔细寻绎，方可明了其时所谓"北京外交团"性质的转变。

5 月 30 日，上海公共租界发生巡警枪杀学生事件，外交部仍与意翟使为首之"外交团"交涉，但照会中未用领衔及外交团名称，强调"有关系各国"。如 6 月 1 日外交部照会意翟使，提出最正式之抗议，声明保留查明详情后提出要求之权利；并请"转达驻京有关系各国公

---

① 《交际司致政务、通商、条约司司长，文书科宗科长函》（1925 年 5 月 20 日），外交档案：03 - 09 - 025 - 02 - 055。

② P. Q. —Sir W. Lane Mitchell, R. 10 July 1925, FO371/10955［F3012/837/10］。Senior Minister 之中译，外交部在 1927 年以后统一为"首席公使"。

使查照，迅饬上海领事团速将被捕之人全行释放，并就地与特派江苏交涉员妥商办理，免再发生此类情事"。① 沪案交涉期间，意翟使回复外交部之照会，内文自称"本公使并代表各国公使"，而法文照会之署名皆用 Ministre d'Italie et Doyen des Ministres。外交部通常中译为"领衔义翟使照会"。② 有时用 Decanat，外交部译为"领袖公使"。③

3 日，外交总长沈瑞麟会晤意翟使，询及意使接见学生代表情形，意使云："彼等又以游行队穿过东交民巷为请，经答以应俟使团开会商议。彼等谓领袖公使可以单独决定，当告以领袖系资格最深之公使，其权利与其它各公使相等，明日开使团会议会商此事"。④ 5 日，意翟使谒见临时执政段祺瑞，即云：今日晋谒，本公使用外交团各使名义，对上海之事致歉。段执政也称："贵公使为外交团领袖"。⑤ 6月 19 日，沪案"有关系国各公使"发表宣言时，外交部仍译为"外交团宣言"。⑥ 可见外交部当时观念也有混淆，虽然针对有关系各国交涉，但仍称之为"外交团"或"使团"；对于代表有关系各国之意翟使，仍以"领衔公使"或"领袖公使"称之，而意翟使也仍以 Doyen 自居。

沪案有关系各国，应指美、比、英、丹、法、意、日、荷、挪、葡、西、瑞典 12 个条约列强，曾于 6 月 19 日以"有关系各国公使"名义发言。9 月 15 日，照会外交部重开司法调查，并由美、英、日三国代表各派法律专家一人，组成调查委员会，邀中国政府派法律专家

---

① 《照会义翟使》（1925 年 6 月 1 日），外交档案：03 - 40 - 005 - 01 - 001。

② 见外交档案：03 - 40 - 005 - 02 - 003。有趣的是 9 月以后，外交部称荷欧使为"首席公使"后，回溯前事时也改称"首席义国公使"。见《复英白代使照会》（1925 年 9 月 21日），外交档案：03 - 40 - 005 - 03 - 032。

③ 如《照译义翟使照会》（1925 年 8 月 29 日），外交档案：03 - 09 - 025 - 02 - 057。

④ 《总长会晤义翟使问答》（1925 年 6 月 3 日），外交档案：03 - 40 - 001 - 01 - 026。

⑤ 《执政接见领衔义翟使问答》（1925 年 6 月 5 日），外交档案：03 - 40 - 001 - 01 -031。

⑥ 《义使面交使团（6 月 19 日）宣言一件》（1925 年 6 月 22 日），外交档案：03 - 40 -005 - 02 - 001。

一起调查，① 遭外交部拒绝。其后，外交部逐渐能对列强做出区分，开始随事务性质之不同，分别交涉。沪案移京交涉后，外交部认为要坚持中国委员在上海提出的十三条件，以及必须修正条约以根本解决中外冲突，就这两件事分别照会意翟使及条约列强，将沪案有关系各国及华会列强两者，分别对待。当时报载，皆笼统称为外交部致"使团"两照会，至今学界仍多沿用此说，没有注意到其中细微而重要的差别，忽略了理解当时"北京外交团"性质变化的重要案例。

6月24日，外交总长沈瑞麟派秘书刘锡昌赴意大利使馆，面交翟使照会两件，一件系解决沪案局部问题的中国委员提出十三条件照会，请"贵公使转达有关系各国公使查照，即希从速开议"；另一件系根本改善中外关系的《修改条约》照会，"请特达贵政府加以友谊之考虑，并予以圆满之答复"。翟使询问：此项照会是否送达驻京各国公使？刘锡昌云："仅送华盛顿条约签字国。"② 这两件照会的性质相当不同，前者系外交部请所谓"外交团领衔"转达有关系各国。后者系外交部分别致送华会八国，同日也送达英、美、法、日、比、荷、葡各国使馆，并电令驻该八国使馆，分别照达各国外交部。③ 华会八国收到修约照会后，分别复照收悉，转达本国政府。④ 9月4日，八国使馆以同样内容分别照复外交部，称："对于中国政府修正现有条约之提议，愿予加以考虑，但视中国当局表证愿意且能履行其义务之程度为标准。"⑤ 应允依据华会决议，召开关税特别会议及法权会议。

加拉罕在沪案交涉中扮演的角色值得注意，他虽然是外交团领

---

① 《领衔和欧使照会》（1925年9月15日），外交档案：03-40-005-03-001。

② 《致义翟使照会》（1925年6月24日）、《刘锡昌赴义使馆会晤义翟使问答》（1925年6月24日），外交档案：03-40-005-02-004、03-23-103-03-009。

③ 见外交档案：03-23-102-01、02各件。

④ 见外交档案：03-23-102-01各件。

⑤ 《英馆照会》（1925年9月4日），外交档案：03-23-101-02-009。

衔，但仅限于礼仪性质，不能参加与条约特权有关系的集会，外交部与沪案有关系各国交涉中，完全看不到加拉罕的作用。条约列强认定加拉罕站在"外交团"的对立面，五卅事件的扩大与苏联煽动有关。6月3日，意翟使就向沈瑞麟强调："此次风潮，本公使以为必有人利用机会挑拨是非，使各国与中国为难。"[①] 10日，英国使馆参赞台克满（Eric Teichman）告诉外交部秘书："本署已得确实报告，证明俄国驻京大使，现正从事煽动，应请贵部设法制止。"[②] 有趣的是，广州政府则认定加拉罕是北京外交团领衔。6月23日，沙基惨案发生，25日大本营外交部长伍朝枢致函加拉罕，向"贵外交团领袖"提出严重抗议，并"烦转知各国外交代表为盼"。7月23日，国民政府外交部长胡汉民再次照会"使团领袖"苏联大使加拉罕，请将调查结果转致各国公使。[③]

8月26日，加拉罕请假回俄。[④] 29日，荷欧使回北京，意翟使交卸领衔公使职务。31日，欧使照会外交部，中文称"本日起接办外交团领衔公使事宜"，荷文照会则用 Senior Minister-schap van het Corps Diplomatique，意指外交团首席公使。9月4日，外交部复照中则中英文并用称之为"领衔公使 Senior Minister"。[⑤] 其后双方往来照会中，欧登科英文署名均为 Minister for the Netherland and Senior Minister，[⑥] 外交部初则译为"领衔和欧使"或"首席和欧使"，[⑦] 1927年以后则

① 《总长会晤义翟使问答》（1925年6月3日），外交档案：03-40-001-01-026。
② 《黄秘书宗法接见英馆台参赞谈话纪录》（1925年6月10日），外交档案：03-40-001-01-040。
③ 洪钧培编《国民政府外交史》，华通书局，1930，第30、46页。沙基案一说6月24日。
④ 《苏联喀大使照会》（1925年8月25日），外交档案：03-32-467-03-037。
⑤ 《照译义翟使照会》（1925年8月29日）、《照译和欧使照会》（1925年8月31日）、《照会驻京和欧使》（1925年9月4日），外交档案：03-09-025-02-057、058、059。
⑥ 如《领衔和欧使照会》（1925年9月15日），外交档案：03-40-005-03-001。一直到1931年欧登科离华，基本上都是使用 Senior Minister 这一名称。
⑦ 如外交档案：03-23-102-03-008，1925年9月双方往来各照会。

统一译为“首席和欧使”。[①] 显然首席公使逐渐确定为 Senior Minister 之正式译名。首席之意义与领衔不同，不再是北京外交团全体成员的代表，而是与条约问题相关列强公使的代表。但在 1925 年这个问题刚出现时，在世界外交史中没有先例可援，各方都不十分清楚其间的差别，笼统含混使用，时起争议。

12 月 1 日，加拉罕返抵北京任所，[②] 外交团领衔出现双胞案，到底加拉罕或是欧登科才是领衔？两者之职权如何区分？当时正值反奉战事四起，郭松龄举兵滦州回师奉天，冯玉祥国民军攻击李景林部，在天津附近交战，阻碍交通。8 日，荷欧使照会外交部，以《辛丑和约》关系各国名义，抗议天津及附近所驻多数中国军队，违反和约第 9 款：各国留兵驻扎天津，以保北京至海自由交通之权利；并违反 1902 年收回天津时，总理衙门与各国互换照会，禁止华军在距天津二十华里内前进或屯扎等项。[③] 外交部遂通知冯、李，请约束军队尊重条约。[④] 15 日，荷欧使向临时执政段祺瑞面呈节略，请立即采取必要措施，恢复京津间之自由交通，以符《辛丑和约》之规定。在此节略中，欧登科自称代表辛丑各国，英文署名为 Senior Representative of the Protocol Powers（辛丑列强首席代表），外交部则仍译为首席荷欧使。[⑤] 不久冯军攻占天津，电告外交部战事已终，国际列车自可照常开行，外交部据此照会荷欧使。[⑥]

1925 年底，郭松龄兵败身亡，次年初张作霖又命奉军入关，与张

---

① 参见黄文德《北京外交团与近代中国关系之研究——以关余交涉案为中心》，第 130～132 页表 3－6。其史料依据《外交部档案》：0820. 01/7728. 01－01。

② 《苏联喀大使照会》（1925 年 12 月 2 日），外交档案：03－32－467－03－041。

③ 《收领衔荷欧使照会》（1925 年 12 月 8 日），外交档案：03－15－001－02－001。

④ 《代电张家口冯督办、直隶李督办》（1925 年 12 月 12 日），外交档案：03－15－001－02－004。

⑤ 《执政府交领衔荷欧使面呈节略》（1925 年 12 月 15 日），外交档案：03－15－001－02－005。此案交涉中，欧登科多用此职衔。

⑥ 《照会首席荷欧使》（1925 年 12 月 29 日），外交档案：03－15－001－02－011。

宗昌、李景林直鲁联军进逼天津。3 月初，国民军封锁大沽，12 日与
列强军舰发生冲突，是为"大沽事件"，16 日，荷欧使致牒外交部抗
议，表示若无满意答复，辛丑各国海军将对大沽炮台施必要行动，除
去航路障碍，当时报章皆用"使团"抗议一词。[①] 18 日，外交部回复
"使团"一笼统公函，列强视为满意，威吓之举不复实行。[②] 事实上，
此案仍系与《辛丑和约》各国之交涉。[③]

在此 1925 年、1926 年间的津沽交涉中，加拉罕角色尴尬。当外
交部与荷使频频交涉时，加拉罕回北京任事后，12 月 19 日向外交部
抗议称："喀大使系使团领袖，已由义翟使于本年四月二十二日正式
分别通知贵部及喀大使在案，是以关于使团全体问题自应与喀大使接
洽，假令和欧使以使团代表名义致公文于贵部，贵部亦不应收受，而
况贵部先致公文于和欧使，竟认其为使团领袖，故喀大使嘱询贵部作
何解释？"[④] 由于未见外交部之答复，不知其态度。但此案牵涉的是
《辛丑和约》范围，苏联已非辛丑列强，自无置喙余地。由此可见，
加拉罕虽接任北京外交团领衔，但没有什么实质上的作用；条约列强
之首席公使，仍继续在条约相关事务上发挥相当的作用。

1926 年 4 月，段祺瑞下野，张作霖对北京政府影响力渐增，多次
要求苏联撤回加拉罕，或令其自动离京。但加拉罕态度强硬，不肯自
去。[⑤] 7 月底，北京国务会议以"宣传赤化助长内乱"为由，议决：
"请苏联政府召回喀使，另派适宜人员来华充任大使"，并电驻莫斯科

①　《申报》1926 年 3 月 17 日，第 5 版。
②　《申报》1926 年 3 月 19 日，第 4 版。
③　吴孟雪《加拉罕使华和旧外交团的解体》(《近代史研究》1993 年第 2 期) 就曾指出
此问题。
④　《朱鹤翔接见苏联毕参赞记略》(1925 年 12 月 19 日)，外交档案：03 - 09 - 025 -
02 - 061。外交档案中未见外交部之答复，可能是没有答复。
⑤　《东方杂志》第 23 卷第 10 期，1926 年 5 月 25 日，第 148 页；第 11 期，1926 年 6 月
10 日，第 138 页。《总长会晤义翟使问答》(1926 年 5 月 19 日)，外交档案：03 - 32 - 468 -
01 - 001。

代办郑延禧与苏联政府交涉。^① 由于苏方拖延不复，北京政府 8 月 5 日议决："如苏联政府久延不复，中国方面恐将取消该大使待遇，最后或至给照护送出境。"^② 苏联终于在月底下令加拉罕回国。9 月 10 日，加拉罕离北京返俄。^③ 随着加拉罕离华，一年半以来的北京外交团领衔双胞问题，不了了之。荷欧使又成为兼具礼仪性之领衔公使及条约列强功能性之首席公使。

总而言之，自从加拉罕使华领衔问题出现后，"北京外交团"性质已发生转变。条约列强改用有关系各国名义集会，取代过去外交团的功能，绕过加拉罕，有效地维持了条约列强的共同利益。但国人习而不察，仍然将"北京外交团""沪案有关系各国""华会条约签字国""辛丑条约签字国"等不同团体，含混使用"使团"一词，未加区别，衍生不少误解。值得注意的是，从五卅前后外交部与"北京外交团"交涉各案中可看出，在华条约列强的主体，逐渐由《辛丑和约》签字国，转变为华会条约签字诸国，同时外交部对华会条约性质的认识也有很大的转变，此与北洋修约的发展有密切关联。

1925 年 4 月，金法郎案解决，8 月初法国批准华会条约，华会条约正式生效。18 日，北京政府决定召集关税会议，但会中要求关税自主，内容不限于二五附税，邀请签署华会关税税则条约之美、比、英、法、意、日、荷、葡八国与会；后来又应美国要求，邀请未签署该约之西班牙、丹麦、挪威、瑞典等，总共十二国与会。这十二国与沪案有关系各国相同，可视为在华条约列强的主体。苏联反对召开关税特别会议，7 月中旬契切林告诉李家鏊，美国发起关税会议，别有用心，对中国取消不平等条约不利，不如先开改约会议，帝国主义列

---

① 《密电驻莫斯科郑代办》（1926 年 7 月 27 日），外交档案：03 - 32 - 468 - 02 - 002。

② 《说帖——拟提阁议密件》（1926 年 8 月 5 日），外交档案：03 - 32 - 468 - 02 - 006。

③ 《苏联大使馆函》（1926 年 9 月 10 日），外交档案：03 - 32 - 468 - 02 - 029。

强必定不会邀苏联出席，询问中国政府看法。① 北京外交部 29 日密电李氏："齐外长谓开关税会议，于修改条约问题恐受阻梗各节，苏联好意，中国政府极为感谢，前已注意及此，现正审慎办理。"②

华会条约生效后，美国以华会召集国身份，根据《九国公约》第8条：应邀请与中国有条约关系而未签约各国加入，遂于 10 月邀请德、瑞士、瑞典、挪威、丹、西、奥、秘、巴西、墨、智利、玻利维亚、波斯等国加入《九国公约》。③ 12 月，德国通知美国愿意加入，但声明保留待国会通过。④ 北京外交部见报载方知此事，认为《九国公约》旨在限制签约列强对中国主权之侵犯，已和中国订立平等新约之国家不应加入，立即电令驻美公使施肇基，向美政府探询，并表达中国不希望邀德国加入，请设法撤回;⑤ 同时电驻德公使魏宸组，应向德国政府声明中德关系良好，"似不必再加入旧约团体，中伤中国人民之感情为要"。⑥ 1926 年初，魏宸组电告德国已加入《九国公约》，恐难撤销，请外交部与美国交涉。驻美施公使亦电，美国国务院表示：撤回一层无可设法。⑦

外交部乃积极与美国及各受邀国交涉，尤其着重于已与中国签订平等新约的德、奥、瑞士、智利、波斯、玻利维亚、秘鲁七国，电令驻各该国使节极力劝阻各国加入。⑧ 结果智利允诺不加入，奥地利、瑞士、秘鲁决定缓办。但玻利维亚已通知美国加入，外交部照会美国

① 《收驻俄李代表电》(1925 年 7 月 20 日)，外交档案：03-23-103-03-004。

② 《电驻俄李代表》(1925 年 7 月 29 日)，外交档案：03-23-103-03-005。

③ 《收驻美施公使 16 日电》(1926 年 1 月 17 日)，外交档案：03-39-035-02-002。

④ 《收德博使照会》(1925 年 12 月 31 日)，外交档案：03-39-035-01-003。

⑤ 《发驻美施公使电》(1925 年 12 月 31 日)，外交档案：03-39-035-01-001。

⑥ 《发驻德魏公使电》(1925 年 12 月 31 日)，外交档案：03-39-035-01-002。

⑦ 《收驻德魏公使 2 日电》(1926 年 1 月 5 日)、《收驻美施公使 2 日电》(1926 年 1 月 4 日)，外交档案：03-39-035-01-005、006。

⑧ 见外交档案：03-39-035-02~04 各件。

公使表示"碍难承认"。[1] 最后，有瑞典、挪威、丹麦、墨西哥、玻利维亚五国加入《九国公约》，德国则在中国强烈反对之下，未将美国邀请提出国会。[2]

这个交涉案反映出中美间对华会条约性质的认识不同。在华各国逐渐被区分为"旧约国"与"平等新约国"两大类，北京外交部一直努力限制条约特权国范围，力谋增加平等新约国数目，自然不愿见旧约团体扩大。《中俄协定》签署与外交团的分化，对此趋势有推动之效，在华享有条约特权的列强，逐渐由多数变成少数。加以五卅惨案后，国人条约观念变化，"不平等条约"之说渐入人心。华会各国成为"旧约团体"，等于"不平等条约"列强俱乐部，成为北洋修约的主要对象。外交部在1922年视华会条约为修约助力，到1925年已视其为阻力。

四　北京外交团的没落

1928年6月，北京政府倾覆。列强驻华使馆并未立即迁至南京，国民政府外交部设北平档案保管处，与各国公使保持往来。[3] 外交团虽仍在北平保持运作，但对南京政府影响力已大为减弱，加以国民政府加紧改订新约，享有条约特权的列强数目日益减少，外交团更加衰微。

1929年11月，欧登科要离华半年，由于法国公使玛德不愿接外交团领衔，只好让丹麦公使高福曼接任。但是丹麦已于1928年12月12日与国民政府签署《友好通商条约》，允诺放弃在华领事裁判权，成为非条约列强。于是，领衔又成了礼仪性质，北平外交团再度分

---

① 《照会美马使》（1926年3月4日），外交档案：03-39-035-04-009。
② 程天放：《使德回忆录》，台北，正中书局，1967，第218～219页。
③ 祁鹏：《折呈办理接收档案情形》（1928年9月14日），《外交部档案》：缩影05000-2，第2259页。

化。11 月 8 日，英国驻华公使蓝普森（Miles Lampson）致函欧登科云：应告诉高福曼依事件性质，如临时法庭、治外法权等，在整个外交团之外，由"相关使馆领袖"来处理，事实上现在就是如此。蓝普森并于 20 日向伦敦报告：高福曼接任社交礼仪性质之外交团领衔，不碰条约事务。英国外交部收到报告后，认为自加拉罕之后，外交团领衔成为礼仪性质，条约列强中之"首席公使"承担了旧日领衔与外交团之工作。高福曼当礼仪上领衔之职，又回到 1924 年状态，仅存的五六个条约列强，有自己的首席公使，必须承认旧日北京外交团的时代已经过去了。远东司司长欧德（C. W. Orde）签注称："无疑的这（高福曼担任领衔）开启了外交团作为面对中国单一团体的分裂之门。"①

南京政府对各国使馆迟迟不肯南迁，很不满意。1930 年 6 月中旬，中原大战期间，外交部长王正廷表示"首都已定为南京，使馆即使一时难迁宁，亦须暂迁于沪，不能再留北平；使馆在平，不啻奖励军阀"。② 不久发生津海关事件，引发南京外交部与北平外交团的争执。6 月 16 日，阎锡山以天津海关税务司贝泐（R. Hayley Bell）拒绝其截留新增税款之命令，派辛博森接收津海关。③ 20 日，南京政府决定：照会英公使驱逐辛博森出境，停闭津海关，税款由大连、青岛等各海关代征。④ 次日，阎方外交处处长朱鹤翔宣布复开津海关，⑤ 造成关税重复课征。7 月 1 日，首席公使欧登科除向阎方抗议外，也经由上海领事团领袖美国总领事克宁翰（Edwin S. Cunningham），交外交部驻沪办事处照会南京外交部，称：代表相关列强，抗议天津海关关闭，影响外国货交付进口税，增加外商负担，违反条约，要求赔偿损失；并抗议干预海关行政，违反华会声明。阎方回复曰收悉，南京

---

① Lampson to FO, D. 20 Nov. 1929, R. 23 Jan. 1930, FO371/14690 [F487/69/10].
② 《申报》1930 年 6 月 17 日，第 6 版。
③ 《申报》1930 年 6 月 17 日，第 7 版。
④ 《申报》1930 年 6 月 21 日，第 4、8 版。
⑤ 《申报》1930 年 6 月 22 日，第 6 版。

则以此项送达照会之手续不合为由退回照会。① 7 日，王正廷在外交部纪念周演说使团之地位，宣称：以前领袖公使代表使团全体发言之惯例，今后不能承认；并称外交团仅在社交事件上，可以有承认价值，在其他地方不能成立。各国驻华公使，应与中国驻外公使享同等待遇，绝不让不合理之习惯存在。②

英国驻华使馆向伦敦报告此事，称王正廷退回照会，并公开宣布以前领袖公使代表使团全体发言之惯例，今后不能承认。虽然日本代办显然受东京训令，想将此事视为重大事件，蓝普森及其他有关各国公使则认为不应在此事上做文章。结果首席公使欧登科改以私函致王正廷，但在 8 月 8 日又被退回，理由是王已多次公开声明不会接受目前这种形态的照会。欧登科与有关各国公使咨商后，回复：有关各国公使保留于必要时共同表达意见的权利，但目下之事已经过去了，他被授权停止进行。伦敦外交部远东司员签注云：此事焦点在于共同照会干涉中国内政事务，王正廷有很好的理由拒绝，我们将等着看外交团下次是否会真的送出共同照会。③

蓝普森认为王正廷退回外交团照会事件代表旧日北京外交团的结束。欧战之前，列强驻北京代表，各自代表一个与中国有特殊条约关系之强国，习惯在有关外国权利与特权的问题上共同对付中国政府，因此"青年中国"（Young China）有理由抱怨外交团是北京政府的"太上政府"。欧战使得德、奥、俄、中欧各国人民在华失去条约特权，使这个体系形成第一道裂缝，然后持续扩大到国民政府建立。由王正廷拒绝接受首席公使欧登科代表相关各国共同抗议的照会，挑战此体系，列强代表明智地接受这个暗示，承认中外关系中另一个里程碑的消逝。这对小国而言是个不幸打击，自此必须在条约问题上各自

---

① Lampson to FO, D. 1 July, R. 11 Sept. 1930, FO371/14739［F5084/2449/10］.
② 《申报》1930 年 7 月 8 日，第 6 版。
③ Aveling to FO, D. 9 Sept. , R. 7 Nov. 1930, FO371/14739［F6288/2449/10］.

面对中国政府，一个个签署愿放弃治外法权之约；对大国则没有造成大困难，甚至更好，因为他们与美国采取同一政策，不需再与各国代表协商。[1]

1931 年，欧登科退休离华，感叹旧日美好岁月已逝。[2] 蓝普森向伦敦报告："欧登科要退休了，他感到很难与现状相容，一直希望美好的旧日回来，我认为现在是他该离开中国的时候了。"[3] 其后，北平外交团每况愈下，5 月由西班牙公使嘎利德（M. J. Garrido y Cisneros）接任领衔公使，完全限于礼仪事务。[4] 1934 年底，嘎利德离华，北平外交团一时无人可接手。英国驻华大使贾德干（Alexander Cadogan）于 1935 年初对伦敦报告称：自从加拉罕任苏联大使后，成为外交团领衔，辛丑签约国及条约列强另推首席公使，其地位本来就很暧昧，近来情况更加复杂。意大利大使罗亚谷诺（M. Lojacono）驻在上海，乐意让外交团领衔由在北平的西班牙公使担任。6 月 22 日，在北平的各使团领袖集会讨论接手人选问题，决定电询意大利公使愿否接任"首席公使"，以避免滋生定义问题。得他首肯，外交团档案遂转移到北平意使馆秘书手中。目下北平外交团领衔的工作，只限于在享有辛丑特权及条约权利的列强间，传递与条约及上海租界相关事务的通告。[5] 北京外交团至此，可说已完全走入历史的灰烬中。

五 结语

北京外交团是列强联合对华维护条约利益的组织，常被视为条约

---

① Lampson to FO, 24 Aug. 1933, FO405/272〔F6691/26/10〕, para. 88.

② William J. Oudendyk, *Ways and By-ways in Diplomacy*, London: Peter Davis, 1939, p. 327.

③ Lampson to FO, very confidential, D. 7 April, R. 1 June 1931, FO371/15484〔F2927/249/10〕.

④ Cadogan to FO, 1 Jan., R. 18 Feb. 1935, FO372/19321〔F1076/1076/10〕.

⑤ Cadogan to FO, 2 July, R. 8 Aug. 1935, FO372/19321〔F5149/1076/10〕.

体系对华控制的象征。自《辛丑和约》签订到欧战前后，其影响力达于巅峰，尤其在英国驻华公使朱尔典担任领衔之 1911～1920 年，常被称为北京政府的"太上政府"。1924 年《中俄协定》签署，苏联宣称放弃在华条约特权，并任命加拉罕为驻北京大使，过去学界常认为，加氏以此身份加入外交团并担任领衔，北京外交团因而解体。笔者认为北京外交团之没落，有其长远的发展历程，加拉罕担任领衔，促使外交团回归礼仪性常轨，北京外交团集体干涉中国内政之举，在名义上自此结束。但实质上条约列强另行集会，改以"首席公使"之名，继续与中国政府交涉条约事宜。1926 年，加拉罕离华之后，北京外交团礼仪性之"领衔"与代表条约特权之"首席公使"又合而为一。到 1930 年津海关事件，南京政府拒绝接受外交团有集体干涉中国内政之权，外交团至此才算是真正回归为纯礼仪性团体，保有条约特权的列强，必须各自与中国政府交涉条约事宜。至于依附于北京东交民巷使馆区的外交团，至少在抗战之前，名义上仍然存在。

长远来看，北京外交团分化与没落的关键，在于享有条约特权列强数目逐年减少，使各国在华利益不再一致。其原因，一方面是列强内部的分裂，欧战以前，几乎所有在华外人皆享条约特权，以《辛丑和约》国为中心，一致对华。欧战爆发后，列强分化为协约国、同盟国、中立国三个团体。先是同盟国之德、奥，在中国参战后，失去条约特权。继以俄国革命后，苏俄退出协约国团体。另一方面北洋修约的持续发展，不断缩小条约特权国的范围，扩大平等新约国及无约国数目。到 1920 年代初，北京外交团内部有、无条约特权国之间已有明显隔阂，表面上由协约列强领导，勉强维持对华一致行动。

《中俄协定》的签署进一步松动条约体系，使外交团内部的裂痕扩大。加拉罕以苏联大使身份被派驻北京，于 7 月 31 日呈递国书之后，理应立即担任外交团领衔。但因外交团多数成员对加拉罕采敌视态度，以本国政府尚未承认苏联，及苏联宣称放弃条约特权等理由，多方抵制。先为归还东交民巷旧俄使馆，折冲到 9 月底，加拉罕才得以迁入。其后加拉罕要求加入外交团与担任领衔，外交团多次开会协商，到 1925 年 4 月下旬才决议接受加使加入外交团，担任礼仪性质之领衔，实质上将其架空，不能发挥作用。条约列强则以"有关系各国"名义，另推"首席公使"为集体对华交涉条约事务之代表，北京外交团自此分化。但分化之初有一段暧昧时期，外交团领衔闹双胞案，在 6 月沪案交涉期间，意大利公使翟录第仍自称领衔，8 月下旬加拉罕返俄述职，荷兰公使欧登科回北京，代表条约列强与外交部继续交涉沪案，才改称"首席公使"。12 月，加拉罕回北京后，曾向外交部抗议不尊重他的领衔地位。直到 1926 年秋加拉罕离华，问题才暂告解除。当时国人未能细察，常将"外交团""使团""有关系各国"含混使用。

1924～1925 年北京外交团的分化，动摇了列强联合干涉中国内政的格局，在中国外交史上意义重大。在此交涉期间，苏联与英、美为首的外交团互相敌视。苏联在《中俄协定》签署后，刻意派遣大使，凸显外交团本身的矛盾。另外，加拉罕在华抨击帝国主义，引发国人对"不平等条约"的恶感。五卅惨案之后，"废除不平等条约"之说深入人心，不仅广州政府受其影响，北京外交部亦然。

英、美为主的条约列强，以保护在华利益为主要考虑，希望能尽量延长条约特权。对于苏联派遣大使，英、美虽拒绝追随，却无法阻止，不得不承认由苏联大使担任北京外交团领衔，但将领衔架空，另外结合与条约问题相关列强，共同对华交涉，实质上维系条约特权。此时华会条约各国逐渐取代旧日辛丑签字国，成为在华条约国团体之主体。华会各国间，又有英美与日本的矛盾，由英国外交档案看，英美担心的其实是若日本派遣大使驻北京，成为外交团领袖，对英美在华利益威胁更大，故极力阻止日华外交升格。英美与日本间的矛盾，是列强另一个分化的焦点。

北京外交团之分化，加速列强在华合作局面的崩解，对北洋修约的发展有帮助。北京外交部在外交团领衔争议中，虽处于被动地位，但颇能掌握时机，加深其内部的分歧。首先乘苏联提议互派大使机会，向英、美、法、意、日五强，提议同时升格，尤其着重日本；再利用领衔问题争执，不再视外交团为一整体，巧妙回避使用"领衔""领袖"公使名称。尤其在沪案交涉及其后的修改条约交涉中，外交部针对各国对华不同的立场，明显区分"有关系各国"。五卅惨案之后，北京外交部顺应国人修改条约之呼吁，一方面与华会各国展开关税特别会议、法权会议，集体交涉减轻条约束缚；另一方面发展出针对个别条约列强"到期修约"各个击破的方针。[1] 值得注意的是，1926 年初外交部与美国国务院之间，对《九国公约》性质的争议，显示外交部本身对"华会条约"的态度发生转变，从原来将之视为修约的助力，到将其视为修约的主要对象。华会条约与所谓"华会体制"（Washington System）的性质，有从中国角度进一步探讨的必要。[2]

第五节　广州政府与《中俄协定》

苏俄与北京政府谈判建交时，广州政府与苏俄也有密切联系，《中俄协定》签署前后，正是孙中山决定"联俄容共"，以及"反帝废约"论述形成的关键阶段。过去的历史诠释，多贬抑北京肯定广州，对孙中山更是多所褒扬，近年来共产国际方面的史料出版，以及对广州外交相关研究成果的出现，可与笔者对北京政府与《中俄协定》的研究相印证，构成一个中国外交全局的视野。本节考察广州政府与《中俄协定》的关系，与北京对俄交涉相对照，借由南北对苏之

---

① "到期修约"政策的制定与执行情形，见本书第八章。

② 参见唐启华《北洋外交与"凡尔赛—华盛顿体系"》，金光耀、王建朗主编《北洋时期的中国外交》，第 47～80 页。

互动，更全面地理解中苏关系，并检验反帝废约论述的"史实"与
"神话"。

一 广州政府与中俄交涉

俄国革命后，为争取中国之承认并推动世界革命，发表对华宣
言，表示自愿放弃旧俄所有在华特权。待苏联根基渐固，对华外交之
侧重点，转向恢复中俄邦交，重新获取中东路及外蒙控制权。北京政
府则自始要求以蒙古撤兵、无条件归还中东铁路为开议前提，以首次对
华宣言为谈判基础。但因1921年红军控制外蒙，中俄复交遂横生难以
逾越之障碍，1922年越飞来华，即因此无法与北京政府展开谈判。

孙中山在广州政府早期，极力争取西方列强的支持，并主张运用
和平的外交途径，解决中外条约问题。迟至1923年1月1日，中国国
民党发表改进宣言，对民族主义宣称："力图改正条约，恢复我国国
际上自由平等之地位。"[1] 可看出当时对中外条约，态度还算温和。孙
中山不断要求各国承认广州政府为中国唯一合法之中央政府，但遭到
列强冷眼，被拒于华盛顿会议之外。1922年夏，孙中山因"广州蒙
难"，被迫离粤赴沪。1923年1月，效忠孙中山之滇桂联军克复广州，
26日，《孙越宣言》于上海正式签署，主要内容为：苏俄援助孙；根据
第二次对华宣言（而非宣布无条件归还东路之第一次对华宣言），由两
国协商解决中东路问题；孙博士同意俄国军队不必立时由外蒙撤退。

有学者认为孙中山与苏联的合作，外交是一个重要因素，指出
孙、苏趋近与国民党对苏俄革命之崇尚有关，然双方最初合作之基点
则在外交。广州政府因未得国际承认，在中俄交涉中只能以北京难以
接受之外交让步，作为与苏俄谈判之筹码，带有以外交换革命之考
虑。苏俄屡以南下交涉示好于国民党，向北京施压，以利于重新获取

---

① 《中国国民党本部公报》第1号，民国12年1月1日。

外蒙和东路。《孙越宣言》签署后，国民党机关报上海《民国日报》对中俄交涉之立场随即转变，指责北京追随列强，对苏俄之善意不予接受。此外，国民党还与中共携手发动无条件承认苏俄运动。[1]

自中苏接触开始，孙中山一直希望苏俄应与广州订交，或是等到他控制北京后再建交，苏俄代表坚持与北京谈判，孙中山很失望，但为了取得俄援，仍与苏俄结盟。接替越飞外交使命的加拉罕 1923 年秋到中国，孙中山 9 月 17 日写信给他，希望他到广州。加氏向契切林报告：孙中山建议我到广州签订中俄友好条约，我婉拒了，“因为我认为同孙逸仙的条约不可能取代同北京政府的条约，因为它只是没有任何实际意义的一纸空文”。[2]

不久，与加拉罕同来中国的鲍罗庭到达广州，时值北方曹锟贿选，孙中山为关余问题与列强冲突，发生“白鹅潭事件”，孙中山急遽左转，与鲍罗庭相处甚欢。1924 年初，国民党第一次全国代表大会发布之党章，深受鲍罗庭影响，接受世界革命之观点，主张打倒帝国主义，废除不平等条约，“反帝”与“废约”开始紧密相连。[3]

加拉罕与北京政府谈判期间，孙中山仍不断建议加氏到广州，加拉罕虽不接受，但利用广州政府对北京施压。1924 年 2 月，即矫称因敬仰中山，亟欲赴粤一晤，意在若北京不即行无条件承认苏俄，便以广州政府为谈判对手。北京政府乃急令中俄交涉督办王正廷速开中俄会议。时北京政府仍坚持先解决蒙古、中东路等悬案，再承认苏俄。上海《民国日报》批评北京政府之对俄纯系“市侩态度”。[4] 孙中山

---

① 敖光旭：《失衡的外交——国民党与中俄交涉（1922~1924）》，《中央研究院近代史研究所集刊》第 58 期，2007 年 12 月，第 141、146 页。

② 《加拉罕给契切林的信》（1924 年 2 月 9 日，北京），《联共（布）、共产国际与中国国民革命运动（1920~1925）》，第 415 页。

③ 《加拉罕给契切林的信》（1924 年 2 月 9 日，北京），《联共（布）、共产国际与中国国民革命运动（1920~1925）》，第 412~413 页。

④ 《对俄之市侩态度》，上海《民国日报》1924 年 2 月 21 日，第 2 版。

则表示坚定亲苏，3 月初，中苏谈判进入关键时期，鲍罗庭离开广州前往北京。中旬，孙中山告诉记者："北京政府承认劳农俄国，与英、义等国之承认无异，非吾人所得而干与。但与吾等主义政策合一，其亲密关系一如兄弟之劳农俄国，其承认范围日见扩大，吾人殊表欢迎。又，俄国政府与吾等既有兄弟之关系，似无再求互为形式上的承认之必要。"① 他对北京政府与苏联建交表示欢迎的态度，对加拉罕是一个有力支持。

3 月 14 日，加拉罕与王正廷在北京签署草约，但遭国务会议否决。26 日，鲍罗庭致函孙中山，称《王加协定》纯系苏联之退让，且本诸国民党一大之外交政策，为中国民族主义之一大胜利，要求国民党对"此种重要之事"多加注意，积极反抗北京政府"此种不利于国之行为"。广州政府所图者，为取代北京之谈判地位，故接电后即欲在《王加协定》基础上承认苏俄。② 鲍罗庭又致电孙中山，对北京政府未允接受加拉罕"无私的提议"深表不满，并暗示孙先生运用其影响力为俄国仗义执言，极言"北京政府不知利害，不即批准协定，希望粤政府克自振作，代替北京政府进而与俄国提携"。③

广州政府对《王加协定》意见不一，国民党内本有反对苏联与北京谈判建交者，因若北京政府与苏俄正式复交，广州之外交努力将前功尽弃。4～5 月，鲍罗庭前往北京参加中苏谈判的消息传开，引起坚决否认北京政府的大批国民党人的强烈反感。孙中山也接连致电鲍罗庭和加拉罕，要求苏联放弃与北京政府谈判的努力。④ 当时，国内稳

---

① 《与〈东方通信〉记者的谈话》，《顺天时报》1924 年 3 月 15 日。

② 敖光旭：《失衡的外交——国民党与中俄交涉（1922～1924）》，《中央研究院近代史研究所集刊》第 58 期，第 153 页。

③ 王聿均：《加拉罕与广州革命政府》，《孙中山先生与近代中国学术讨论集》第 3 册，台北，孙中山与近代中国学术讨论集编辑委员会，1985，第 95、100 页。此电引自《顺天时报》1924 年 4 月 10 日。

④ 杨奎松：《瞿秋白与共产国际》，《近代史研究》1995 年第 6 期，第 87 页。

健舆论对加拉罕颇表不满，以其对华外交未脱前俄帝国主义窠臼。苏联则希望国民党鼓动舆论，压迫北京政府速签俄约，并鼓吹北京各亲俄团体组织大规模之支持俄约运动。

加拉罕、鲍罗庭利用国、共两党做宣传，造成全国范围之学运，推助俄约运动，要求北京政府承认《王加协定》。孙中山与广州政府力争代表国家与苏俄交涉，至条约内容，大可商讨。国民党高层与苏联意图不合之处甚多，勉强达成共识："国民党应该宣传承认苏维埃俄国，但应该由民众和南方政府，而不是由北京政府来承认"。①

有利于加拉罕之无条件承认苏俄运动，一度热烈展开，然到 3 月底，国内舆论开始转变：经研究系、国家主义派与"共产派"之持续论战，苏俄使团以革命话语为中心之宣传攻势渐被抵耗；主张蒙古独立及支持苏俄之呼声，渐为维护国家主权声浪所压倒。加以与日本谈判难见成效，加拉罕不得不重新寻求与北京外交部接触。1924 年 5 月 31 日，顾维钧、加拉罕正式签署《中俄协定》。②

二　广州政府对《中俄协定》的态度

《中俄协定》签署后，苏联与北京政府正式建交，这对宣称要以北伐推翻北京的广州政府，是一大打击。尤其是孙中山自 1923 年起实行联俄政策，其主要盟友苏联居然与其对手携手建交，这是一个大矛盾，国民党右派本对苏联及中共不满，乃借此题目大肆发挥。

中国共产党对《中俄协定》之评价，完全站在苏联立场，坚决支持中苏建交，强调苏联是现时世界上唯一抛弃帝国主义的国家。陈独秀在中苏谈判期间，即称："独有此次中俄交涉，俄国以平等的原则

---

① 敖光旭：《失衡的外交——国民党与中俄交涉（1922～1924）》，《中央研究院近代史研究所集刊》第 58 期，第 163 页。
② 敖光旭：《失衡的外交——国民党与中俄交涉（1922～1924）》，《中央研究院近代史研究所集刊》第 58 期，第 171 页。

对待中国。"① 对 3 月 14 日《王加协定》，陈认为："此次中俄协定，的确是双方的利益……也有一点不满意，就是苏俄承认中国在外蒙的主权，轻轻将外蒙独立的国民政府否认了"。② 陈并盛赞苏联之善意，云：

> 第四条是说：在正式会议中，将中国与旧俄所订一切条约作废，别以平等公平之原则与一九一九年、一九二〇年俄政府宣言精神为本，缔结条约协定。其实我国对俄交涉协定，只此一条已足，大本既定，别的都是枝节问题，都可据此原则而解决……我的朋友章行严说："此次中俄协定，即中国兵打倒莫斯科所得也不过如此。"③

5 月 31 日《中俄协定》签署后，共产国际代表伍廷康（Gregory Voitinsky）在广州会见孙中山，孙氏对该协定表示理解。④ 鲍罗庭强调，该协定在精神上与国民党宣布的对外政策完全吻合，广州政要多表赞同，加入国民党之中共党员及中国社会主义青年团团员亦同声附和。但国民党右派对此结果不满，试图否定该协定并攻击共产党。

6 月 18 日，国民党中央监察委员邓泽如、张继、谢持提出弹劾共产党案，在《致中央执行委员会书》中，抨击由中共及共青团加入国民党者，皆一致主张承认《中俄协定》，云："彼等只知有第三国际共产党，何尝计及本党耶？"一全大会代表方瑞麟，也表示反对该协定。⑤

---

① 《中俄会议之成败》，《向导》第 58 期，1924 年 3 月 26 日。
② 《评中俄协定》，《向导》第 59 期，1924 年 3 月 26 日。陈独秀对蒙古之看法，又见于《中俄协定签字后之蒙古问题》，《向导》第 68 期，1924 年 6 月 4 日。
③ 《评中俄协定草案》，《民国日报》1924 年 4 月 12 日。
④ 李玉贞：《孙中山与共产国际》，台北，中研院近代史研究所，1996，第434～435页。
⑤ 罗家伦主编《革命文献》第 9 辑，台北，"中央"文物供应社，1955，第 76～78、81 页。

25 日，建国宣传团 330 多人向各地国民党发出通电，表示苏联突然承认北京政府，与其缔结协定，相当于向广州革命政府宣战；广州政府外交如此失败，其责任应由国民党对俄外交执行委员会负责，故要求惩戒戴季陶、廖仲恺等人，要求俄国取消该协定。28 日，邹德高等一百人呈国民党中央执行委员会，认为"苏俄与北政府协定成功，妨害本党者至深且巨"。① 建国宣传团团员朱乃斌擅自拍发通电，批评《中俄协定》，广州几个加入国民党的工会，也起而反对这个协定。②

国民党中央之弹劾案，与基层之建国宣传团案呼应，将矛头指向"叛党卖国"的中共，及玩弄国民党且对中国实行新式帝国主义政策的苏联。国民党右翼势力群起鼓噪，许多人公开主张与苏联断绝关系。面对这种情况，瞿秋白等中共党员挺身而出，与右翼国民党人进行斗争，孙中山出于取得苏援的目的，说服了国民党内主张断绝与苏联关系的党员，但难以平息党内右翼对中共党员无条件拥苏态度的强烈不满，致使国共两党关系出现严重危机。③

7 月 3 日，国民党中央执行委员会第 40 次会议上，张继与谭平山对此有辩论。张继质疑："苏联与中国北方政府签订了协定，这就是一种不光彩的行为，因为它同时又与革命政府签订条约并保持密切的友好关系。"谭平山答以：

> 张继同志现在所谈的是一个被误解了的外交举动。我认为，国民党反对中苏协议，没有任何好处，为什么呢？因为国民党正

---

① 《中俄协定影响粤政府》《粤方否认中俄协定》，《盛京时报》1924 年 6 月 28 日，第 2 版；7 月 1 日，第 1 版。《东方杂志》第 21 卷第 13 期，1924 年 7 月 10 日，第 43 页。参见何艳艳《"国民外交"背景下的中苏建交谈判（1923～1924）》，《近代史研究》2005 年第 4 期，第 268～269 页。

② 王聿均：《加拉罕与广州革命政府》，《孙中山与近代中国学术讨论集》第 3 册，第 101 页，引 Martin Wilbur 书。

③ 杨奎松：《瞿秋白与共产国际》，《近代史研究》1995 年第 6 期，第 87 页。

在为全体人民的利益而斗争，而协议具有同样目的……我们应该明白，一个放弃在中国一切权利并废除损害中国主权的条约的国家，是对我们最友好的国家。在中俄协议中我们可以看到，苏联放弃了所有不平等条约，因此我们和我们的党应该认为苏联是对我们最好的国家。[1]

特种委员会廖仲恺、汪精卫、谭平山，提出对朱乃斌、方瑞麟等中俄交涉问题之答复，修正通过，谓："关于中俄协定条款，本党对之应取若何态度，总理已有所宣示……即无论北京政府与俄国交涉成就与否，于我政府与俄国之友谊不发生影响。"同日，国民党中执委会议俄约事，议决一面认《中俄协定》为有效，一面否定与苏联订约之北京政府。[2]

17日，中国国民党中央执行委员会秉承孙先生意旨，发表《复朱乃斌等关于中俄交涉问题函》，称：朱乃斌等对《中俄协定》条款所有议论，本会认为此有关于本党外交方针及纪律，用特正告，以祈党员注意关于《中俄协定》，本党应取若何态度。[3] 该次会议，修正通过汪精卫提出之《中国国民党对中俄协定宣言》，刊于8月3日《中国国民党周刊》第32期，正式表示支持《中俄协定》，拥护中苏建交。宣言的基调是从民族主义角度肯定苏联放弃帝俄侵略所得。由于此件有重要意义，乃大段引述如下：

三十年来，努力欲使中国脱离次殖民地之地位，以与各国平等共存于世界。本年第一次全国代表大会宣言，确定政纲。其对

---

[1] 《国民党中央执行委员会第40次会议情况通报》（1924年7月3日），《联共（布）、共产国际与中国国民革命运动（1920~1925）》，第499~500页。

[2] 敖光旭：《失衡的外交——国民党与中俄交涉（1922~1924）》，《中央研究院近代史研究所集刊》第58期，第182~183页。

[3] 《中国国民党周刊》第30期，1924年7月20日。

外政策第一条，一切不平等条约，如外人租借地、领事裁判权、外人管理关税权，以及外人在中国境内行使一切政治的权力侵害中国主权者皆当取消，重订双方平等互尊主权之条约。第二条凡自愿放弃一切特权之国家，及愿废止破坏中国主权之条约者，中国皆得认为最惠国……俄国自革命以来……对于中国，尝明白表示，自愿放弃一切特权，及废止破坏中国主权之条约。倘使当时北京政府不为非法之军阀官僚所窃据，则必能代表民意，开诚相见，新约早成，邦交早复。无如此辈军阀官僚，惟知把持政府，以遂其私……蹉跎荏苒……必待当事者私人间嫉妒既已平复，协定方得成立……夫中俄协定之成立，其中俄国对于中国放弃其从来获得之特权，及废止从来破坏中国主权之条约。皆俄国根据其革命主义，所自愿抛弃，绝非伪北京政府所交涉而获得……故就中俄协定而论，对于俄国一方面，国人诚当感其正义与友谊……对于北京伪政府一方面，则虽其目前盗窃名器，未为国民所掊击以去，犹处于国际间被承认之地位，因得以承受此中俄协定。惟此协定在北京伪政府存在期内，绝无实行之希望。盖北京伪政府惟知谄事列强，仰其鼻息，以偷生苟活……欲实行中俄协定，非具有决心努力致中国于独立自由者，必不能负荷。北京伪政府徒足为实行中俄协定之阻梗而已。然则俄国此次与北京政府成立协定，与其谓俄国承认不能代表公理及民意之北京伪政府，以增进其国际的地位，无宁谓北京政府得俄国之承认，愈足以暴其恶劣于国民与世界也。故本党以为国民关于中俄协定，对俄一方面，当感其厚意……对北京伪政府一方面，当知名器之不可久假，大任之不可虚悬。此后益当以国民之力，锄而去之。①

---

① 《国民党中央执行委员会第40次会议情况通报》（1924年7月3日），《联共（布）、共产国际与中国国民革命运动（1920～1925）》，第499～500页。

此宣言乃鲍罗庭与国民党人讨价还价和反复争吵之结果，宣言的发表意味着国民党高层对《中俄协定》有了相对统一的认识，国民党舆论之攻击目标，亦调整为对北京不对苏联。鲍罗庭认为：

> 此宣言的有些部分是不错的，但谈到帝国主义，它像国民党的整个政策一样显得苍白无力。改好这部分的种种尝试均未取得成功。应该说，在政治局里坐着伍朝枢，他要把宣言修改成帝国主义所喜欢的。国民党人的市侩习气和奴颜婢膝没有限度。在这方面，现在在所谓的右派和所谓的左派之间没有任何区别。但毕竟这个宣言向左迈出了一步。[1]

孙中山亟待俄援，以此声明坚持联合苏联的立场，[2] 压制了国民党内不满的声音。

敖光旭认为：此次风潮之根本原因，不仅在三民主义与共产主义之对抗性，还在中苏国家利益之冲突。整体而言，国民党之所谓"共产派"与"反共产派"，在民族主义问题上只有"策略"之别，并无本质差异。苏俄对华外交兼具革命与外交双重性质，其推翻第一次对华宣言之相关承诺，在中俄交涉中力图控制外蒙和中东路，刺激了国民党民族主义情绪，因而成为国共、国苏及国民党左右派之间，出现裂痕并发生党争之重要原因。《中俄协定》后国民党高层极力抑制党内讨俄驱共风潮，仍行"联俄容共"政策，或更多出于审时度势之外交策略。[3]

---

① 《鲍罗庭给瞿秋白的信》（1924年7月18日），《联共（布）、共产国际与中国国民革命运动（1920～1925）》，第511页。

② 王聿均：《加拉罕与广州革命政府》，《孙中山先生与近代中国学术讨论集》第3册，第102页。

③ 敖光旭：《失衡的外交——国民党与中俄交涉（1922～1924）》，《中央研究院近代史研究所集刊》第58期，第187页。

三 《中俄协定》与"反帝废约"论述的确立

《中俄协定》签字后，国人不知真相，多受舆论宣传影响，对之表示欢迎，以之为苏联主动废除不平等条约特权承诺的实践，应与苏联合作共同反对帝国主义。7 月，北京有反帝国主义运动大联盟的成立，主张"反帝废约"。8～9 月，上海、广东各地也有类似组织的成立。孙中山与国民党则持续将《中俄协定》与反帝废约论述相联结。

平定商团之乱后，11 月 7 日十月革命七周年时，孙中山演说，以《中俄协定》对比苏联与帝国主义的对华外交政策，强调："俄国革命以来，俄政府即将旧时沙皇所订立的一切不平等条约及权利都归还中国，俄国革命成功以后，反乎以前帝国主义的政策，实行平民政策，退回从前侵略所得的权利，系一件破天荒的事。"①

当时，正值冯玉祥发动北京政变，加拉罕与鲍罗庭力促孙中山北上。孙于 13 日发表《北上宣言》，主张召开国民会议，对内实行民治，对外废除一切不平等条约，以期达到国家之独立、自由、统一诸目的。17 日，孙到上海，19 日在记者招待会上，宣扬反帝反不平等条约，以《中俄协定》为例，"颂扬了苏联外交，称赞这个国家自动放弃了与中国签订的一切不平等条约。'交回俄国从前在中国所得的特别权力，放弃主人的地位，不认我们是奴隶，认我们是朋友'。'迄今确实归还主权者只有苏联一国'"。12 月 4 日，孙中山一行由日本抵达天津，汪精卫与张作霖会谈，张要孙放弃联俄，汪回答不可，"因为苏联以平等待我"。②

1925 年 3 月 12 日，孙中山于北京逝世，遗嘱云："联合世界上以

---

① 李玉贞：《孙中山与共产国际》，第 446～447 页。

② 上海《民国日报》1924 年 11 月 20～22 日、12 月 10 日；李玉贞：《孙中山与共产国际》，第 501、505 页。

平等待我之民族，共同奋斗……最近主张开国民会议及废除不平等条约，尤须于最短期间促其实现。"孙中山对《中俄协定》的评价，及坚持联合苏联反帝废约的主张，成为日后国共宣传的基调。

5月18~25日，国民党举行第一届第三次中央全会，发表《接受总理遗嘱宣言》及《对于时局宣言》，以是否赞成废除不平等条约来评判各国与中国的关系，并以《中俄协定》为例证，认为："现在世界上以平等待我之民族，惟苏联始克当此称。去岁本党对于中俄协定已表示此意见。苏联一方取消历来中俄所缔结之不平等条约，重订双方平等互尊主权之条约；一方扶助中国民众，从事于废除一切不平等条约之运动。"[1]

五卅惨案之后，广州政府持续推动反帝废约论述，在全国引起重大回响，"废约"逐渐压倒"修约"。6月23日，广东各界示威，中午在东校场开会，胡汉民宣读《国民党议决案》，云："国民此时惟有一致督责北京临时执政，迅速宣布取消不平等条约，仿照前年中俄协定之例，另与各国重订双方平等互尊主权之条约。此为应付目前问题之不二法门，亦即中国长治久安之最要方法也。"[2] 游行出发，随即发生沙基惨案。国民党中央立即发布《国民党中央委员会劝阻民众勿因沙基惨案对外采取报复手段的通告》，强调："俄国对于中国，已自动的取销不平等条约，且对于中国国民革命，热诚相助，我们应该与之亲善。"[3]

次日，北京政府向华会八国提出修改条约照会，28日，国民党发表第二次宣言，对北京政府之修约照会提出严厉批判，云：

---

① 荣孟源主编《中国国民党历次代表大会及中央全会资料》上册，光明日报出版社，1985，第83页。

② 罗家伦主编《革命文献》第18辑，台北，"中央"文物供应社，1957，第61页。

③ 《国民党中央委员会劝阻民众勿因沙基惨案对外采取报复手段的通告》，蔡鸿源、孙必有、周光培编《南方政府公报》第2辑，河北人民出版社，1987，第189~194页；《革命文献》第18辑，第83页。

> 废除与请求修改截然二事……本党鉴于时局谋申先总理未尽之志，故于六月二十二日发表宣言。主张全体国民一致极力督促临时执政，迅速宣布取消不平等条约，仿照前年中俄协定之例，另与各国重订双方平等互尊主权之条约……本党兹再郑重宣言，对于不平等条约应宣布废除，不应以请求修改为搪塞之具。①

"修约"或"废约"两条道路，标志着依赖西方国际关系准则，或是以激进手段谋求中国的国际平等。北京政府之"修约"，得列强部分的回应，遂有 10 月 26 日关税特别会议及 1926 年 1 月 12 日法权调查会的召开，但都无结果而终，国人对以和平外交手段修改条约感到失望，趋向以革命手段打破西方国际关系准则，废除不平等条约。

1926 年 1 月 8 日，时任国民党宣传部代部长的毛泽东在第二次全国代表大会上做《两年来宣传工作的回顾》报告，称：自国民党一大"发布宣言政纲，明揭反抗帝国主义及其附属物"。对《中俄协定》之宣传成果，云："国人从此明白国际上有帝国主义国家与反帝国主义国家之别。北京与各地反帝同盟奋起。'反帝国主义'一口号开始为民众所接受，本党为此发布一宣言。"接着"总理北上发布《北上宣言》，提出'开国民会议''废除不平等条约'两个口号"。此后历经孙中山逝世、五卅运动，"废除不平等条约"已深入人心。② 南京国民政府也宣称遵循总理遗教，致力于"废除不平等条约"。

此后，在"革命史范式"下书写的近代史教科书，反帝废约成为历史评价的重要基准之一，以《中俄协定》区分平等待我的苏联与帝国主义列强。直到今日，中学历史教科书中，这一节标题多是"中俄协定的签订和废除不平等条约运动"，把《中俄协定》与"平等待

---

① 《国民党中央执行委员会关于废除不平等条约的宣言》（1925 年 6 月 28 日），程道德、郑月明、饶戈平编《中华民国外交史资料选编（1919~1931）》，第 321~322 页。
② 《政治周报》第 6、7 期合刊，1926 年 4 月 10 日。

我"及"废除不平等条约"、"反帝"、"反军阀"相联系，意即苏联主动自愿放弃沙俄对华不平等条约特权，与中国签订完全平等互惠的《中俄协定》，并愿援助中国废约。而帝国主义列强则坚持不平等条约特权，压迫中国人民，北京政府则尊重条约，甘为列强走狗。

四 结语

孙中山与广州政府的外交政策，原本与北京没有太大的不同，也是主张"修约""国际共同开发中国"等，主要的争执在于与北京争夺各国的承认。然因不断遭列强冷眼，又因"关余"问题与外交团有冲突，民族主义的旗帜比较明显。但是，真正与北京政府的外交分途，与列强对抗，还是"联俄容共"以后的事，尤其是1923年底"白鹅潭事件"后，才决心倒向苏联。1924年，国民党一大中通过的党纲，在外交上开始标举"反帝""废除不平等条约"。

苏联之援孙，有利用广州对北京施压，利于中苏谈判的考虑，广州政府在谈判期间，全力支持苏联的立场。国民党内部因外蒙问题及《中俄协定》有争议，孙中山出于联俄考虑，压制党内反对声浪，决心联合"平等待华"之苏联"反帝废约"。[①] 广州外交与北京外交渐行渐远，"修约"与"废约"逐渐成为两条路线，广州批评北京与帝国主义妥协，认为苏联在《中俄协定》中，主动自愿放弃在华条约特权，平等待华，并支持中国"反帝废约"。此后，国共相继执政，这种"革命外交"为主线之外交史论述，遂成为教科书中的官方观点。

然而，近年来学者对《中俄协定》与广州外交的研究，指出这种"革命外交"论述，与史实相去颇远。这种论述源于当时的政治宣传，受苏联影响很深，许多地方站在苏联国家利益立场，损害了中国国家利益。

---

① 必须指出，孙中山是否知道《密件议定书》已无可考；孙中山逝世时，中俄会议尚未召开，他并不知道中俄未签订新约取代旧约。因此，他有可能相信苏联真的平等对华。

第六章 结语

《中俄协定》之签署，对现实政治之影响早已成为过去，加以相关各方档案陆续公开，两岸政治环境愈趋宽松，应是可以将它由政治回归到历史研究范畴的时候了。

本章尽可能依据档案，从北洋修约的角度考察《中俄协定》。北京政府尽管内外交迫，但仍坚持维护国权，外交表现可圈可点。首先，北京政府与东北、新疆地方当局于 1917~1922 年清理旧俄在华条约权益，造成收回之既成事实。其次，在中苏谈判中坚持收回外蒙东路、废除旧约等国家利益，经双方激烈争辩，妥协出的《中俄协定》暗藏许多玄机，诸如条文中一再出现"在会议中"四字，以及《密件议定书》等，若不深入当时谈判脉络中，无法掌握其意涵与微妙之处。这些微妙之处，当时北洋外交官不能点破，北洋政府倾覆后，北京外交部的观点就随之隐没。再次，北洋外交官在中俄会议中尽力收回国权，但因内外不利，未能获致具体成果。本章也探讨《中俄协定》对北京外交团的冲击，以及广州政府与《中俄协定》的关系。苏联利用孙中山与广州政府，迫使北京对苏做出让步。孙中山及国共两党在谈判期间，利用舆论及群众运动，鼓吹承认苏联支持俄约，对《中俄协定》也站在苏联立场，宣扬其对华平等之善意，并接受共产国际世界革命观点，宣扬"反帝废约"。

从档案考察，苏联并没有放弃在华不平等条约特权，甚且在外蒙与中东铁路上，维护其国家利益的力道，与列强相较有过之而无不及。当时苏联对中国内争之介入程度，更是超出帝国主义列强甚多。苏联对中国进行"多元外交"，除中苏、日苏谈判同时进行外，在中国同时与北京、广州、奉天、新疆、张家口接触，也同时援助广州与冯玉祥，意欲透过冯氏与孙中山，对北京政府产生影响力。总而言之，苏联善用中国内部矛盾，全力争取与巩固其国家利益。

本章也探索"革命史范式"与"革命外交"的源头。1920 年代以来，苏联一贯自称平等对华，两次宣言放弃侵华成果，并在《中俄协定》中主动放弃旧俄在华条约特权，进而协助中国人民抗击列强帝国主义压迫，共同"反帝废约"。孙中山及国共两党，也宣传苏联对华友好，北京政府是列强走狗，为列强执行不平等条约，办的是"卖国外交"，因而要"反帝反军阀"，"反帝废约"之"革命外交"论述喧腾一时。随着国共两党相继执政，在官方教科书中不断复制此说，多年来国人一直如此相信，历史学者也从未质疑，造成国人对历史理解的扭曲。笔者认为，今日史家应努力摆脱过去史观的束缚，清除过时政治宣传的负面影响，回归历史事实。

第七章

北洋平等订约的努力与成果

　　北京政府时期修约朝三大方向努力：对战败与革命国，要废除旧约订定平等新约；对有约国要求修约；对无约国订定平等条约。民初，与无约国平等订约的构想即已萌芽，并成功与智利订立平等条约，但对瑞士仍做出让步，给予领事裁判权。1919 年，确立与无约国订约，均须缔结对等条约，不予协定议税则及领事裁判权，并于年底与玻利维亚签订平等条约。1920 年以后，北京政府与波斯、希腊，及新成立之芬兰、波兰等原无约国谈判，签署平等条约，其中波兰、希腊两约尚未批准互换，南京政府重新签署互换。此外，尚与捷克等国长期接触与谈判，在南京国民政府时期签约。这些订约谈判均是理解北洋修约发展，以及北洋南京外交连续性的重要案例。①

----

　　① 依签订时间先后：（1）《中华玻利维亚通好条约》，1919 年 12 月 3 日签订，1924 年 12 月 17 日互换；（2）《中华波斯通好条约》，1920 年 6 月 1 日于罗马签署，1922 年 2 月 6 日于罗马换约；（3）《中华芬兰通好条约》，1926 年 10 月 29 日于赫尔辛基签订，1927 年 9 月 1 日于赫尔辛基批准互换生效；（4）《中华波兰友好条约》，1928 年 5 月 19 日在北京签订，尚未互换生效，未被南京国民政府承认，1929 年 9 月 18 日，《中波友好通商航海条约》在南京签订；（5）《中华希腊通商条约》，1928 年 5 月 26 日在巴黎签字，尚未互换生效，南京政府承认此约，但要去除声明文件，1929 年 9 月 30 日《中希通好条约》在巴黎重签，加一换文，1930 年 6 月 14 日在巴黎互换；（6）《中华捷克友好通商条约》，1930 年 2 月 12 日在南京签订，11 月 20 日在南京互换。

一　《中华波斯通好条约》

北京政府依新的平等订约方针，第二个签署平等条约的国家是波斯。[①] 1920 年 3 月，外交部电驻日代办庄璟珂云：我国顺应世界潮流变迁，自应先与亚洲各国联合通好，互为援助，共跻文化，波斯方面已电嘱驻意公使王广圻与波使商订平等通使条约。[②] 5 月 17 日，王广圻电外交部：波约条文商订完竣。[③] 6 月 1 日，在罗马签署中波条约，北京政府于 9 月 16 日批准。[④]

11 月 19 日，王广圻电：中波既已通好，日后种种关系，如续订商约等，自将随时发生，吾国于波斯情形未熟悉，似可先派一使以换约为名，前赴波国，借觇内蕴而察华侨状况。[⑤] 但此事并无下文。1922 年 2 月 6 日，双方在罗马互换。[⑥] 然而其后一直未通使。

二　《中华芬兰通好条约》

第一次世界大战之后，欧洲新建国家颇多，北京政府多有承认与接触者。[⑦] 芬兰于欧战后脱离俄国独立，1919 年 5 月 23 日，芬外长致函中国驻法公使胡惟德，要求承认芬兰之独立，并与其为友谊上

---

① 外交档案中只有中波斯约本，无任何相关档案。

② 《发驻日本庄代办电》（1920 年 3 月 7 日），外交档案：03 - 23 - 006 - 01 - 019。

③ 《收驻义王公使 17 日电》（1920 年 5 月 21 日），外交档案：03 - 23 - 093 - 02 - 007。

④ 《函美芮代使》（1921 年 7 月 14 日），外交档案：03 - 23 - 043 - 04 - 001。

⑤ 《收驻日王公使效电》（1920 年 11 月 23 日），外交档案：03 - 23 - 006 - 02 - 009。

⑥ 王铁崖编《中外旧约章汇编》第 3 册，第 81 页。唯依据《函美芮代使》（1921 年 7 月 14 日，外交档案：03 - 23 - 043 - 04 - 001），1921 年 6 月 16 日派驻意公使唐在复与驻意波斯公使互换批准本。何者正确，待考。

⑦ 中国正式承认者，有芬兰（1919 年 7 月 23 日承认）、波兰（1920 年 3 月 27 日承认）、立陶宛（1923 年 3 月 12 日承认）、拉脱维亚（1923 年 8 月 16 日承认）、爱沙尼亚（1923 年 8 月 16 日承认）。有接触未承认诸国：捷克（1918 年 9 月承认为交战团体，但未正式承认）、塞尔维亚克鲁特斯拉文尼、亚美尼亚、乔治亚、阿尔巴尼亚。见《欧战后承认新建立各国清单》，外交档案：03 - 36 - 173 - 03 - 002。

之交好。① 6 月 5 日，胡使电外交部，称：芬兰新政府外部现在巴黎，面交公文请中国承认。② 12 日，外交部电在巴黎参加和会之外交总长陆征祥，请示是否承认芬兰。③ 但未收到复电。29 日，胡使又电："承认芬兰，法、英、美、日本既已实行，中国似应早办。"7 月 1 日，外交部复电："各国既已承认芬兰，我国不能独异；但芬兰脱离俄国独立，所有从前中俄条约一切权利，当然不能继续享受，似应仿照赤哈（捷克）办法，预向声明将来如愿订约通商，须照对等条约商订；希与陆总长接洽办理。"④ 胡使当即商承陆征祥，根据来电要旨，函致芬兰外交总长，称：本国政府决定正式承认芬兰独立，甚愿与芬兰政府正式往来，即可依公正平等相互各主义，从事商议缔结友好通商条约。⑤

11 月底，驻英公使施肇基电告：芬兰驻英公使函称，芬政府决定设驻中国、日本外交代表，敦睦邦谊，已委任驻日代办，询中政府派该教授为兼驻华代办是否接待。⑥ 外交部电询驻日庄璟珂代办，庄氏复称芬兰代办尚未到日，据日外部云将来拟承认接待。外交部遂提出阁议《接待芬兰代表事说帖》称：芬兰既经协约国正式承认，法国并已派有外交代表，此次芬兰派设驻日代办，日外部亦有接待承认之声言，中国既属参战国之一，当与协约方面一致行动，承认芬兰政府所请接待该国代办。⑦ 阁议通过，双方开始往来，此为未订约先通使的

---

① 《照译芬兰外部致本馆公函》，附于《驻法兰西公使馆 7 月 5 日咨呈》（1919 年），外交档案：03 - 36 - 170 - 02 - 006。

② 《收驻法胡公使 5 日电》（1919 年 6 月 11 日），外交档案：03 - 36 - 170 - 02 - 003。

③ 《发法京陆总长电》（1919 年 6 月 12 日），外交档案：03 - 36 - 170 - 07 - 002。

④ 《收驻法胡公使电》（1919 年 6 月 29 日）、《发驻法胡公使电》（1919 年 7 月 1 日），外交档案：03 - 36 - 170 - 02 - 004、005。

⑤ 《照译芬兰外交总长公函》（1919 年 7 月 23 日）、《驻法兰西公使馆 7 月 5 日咨呈》（1919 年 9 月 24 日），外交档案：03 - 37 - 022 - 15 - 001、03 - 36 - 170 - 02 - 007。

⑥ 《收驻英施公使 11 月 26 日电》（1919 年 12 月 2 日），外交档案：03 - 36 - 170 - 05 - 007。

⑦ 《提出阁议案》（1919 年 12 月 19 日），外交档案：03 - 36 - 170 - 05 - 010。

例子，当时北京政府尚未坚持必先订定平等通好条约然后通使的原则。

1922 年 2 月 20 日，芬兰驻日代办兰木斯德（Gustaf John Ramstedt）函中国驻日代办，拟与中国政府接洽在北京创设使馆。驻日代办靳志告以中芬之间尚未有条约，创设使馆事体重大。① 4 月 18 日，北京外交部电令：向芬兰驻日代办要求，声明将来两国友善条约以互换平等待遇为标准。芬兰驻日代办报告政府后，于 1923 年 6 月 3、4 两日函驻法陈箓公使，称：奉政府训令，径向贵公使正式声明，以后两国订约，自当以平等互换待遇为标准。② 1923 年 2 月 22 日，外交部接芬兰外长 1922 年 10 月 1 日照会，派兰木斯德为驻华代办。3 月 19 日，外交部照会芬兰外长表示欢迎，但是没有下文。

1924 年 5 月，外交部电令驻芬兰代办王赍祺，称："芬兰独立中国承认甚早，当时曾经声明愿依公正平等主义缔结友好条约，惟迄今五载，此项条约尚未成立，两国邦交日睦，亟盼早日正式订约，以便有所依据；拟即提出约稿，与彼开始商订，希向芬政府探询提议。"③ 7 月初，王代办与芬外部商谈缔结友好条约事，其时芬兰新派驻沪领事 K. G. Vahamaki 因未得证书不能执行职务，撤回则面子攸关，且驻沪芬侨必加反对，芬兰外部正为难间，得王代办接洽订约，"渠极表同情，冀签约后，领事证书问题得一解决"。④

7 月 16 日，外交部于寄出约稿 8 条，均取平等相互主义。8 月 12 日，王赍祺向芬外部提出约稿，并迭次商议，月底报告称：渠只允先

① 《靳志会晤芬兰驻日本代办纪录》（1923 年 2 月 22 日），外交档案：03 - 09 - 009 - 02 - 011。
② 《收驻法陈公使咨陈》（1923 年 6 月 28 日），外交档案：03 - 23 - 087 - 02 - 001。
③ 《电驻瑞典馆转交驻芬兰王代办》（1924 年 5 月 28 日），外交档案：03 - 23 - 087 - 02 - 002。
④ 《收驻芬兰王代办 9 月 28 日呈》（1924 年 11 月 17 日），外交档案：03 - 23 - 087 - 02 - 017。

签一纯系友好条约，将来续订商约时，第四、第五两款即归入讨论，唯第三款先以换文规定。当答以第四、第五款均取平等相互主义，应加入友好条约，以便有所依据。渠云拟在换文中将在华芬兰人民暂时如何待遇酌量声明。① 30 日，外交部指示："第四款规定不给予领事裁判权，第五款关税自由，均为中国订立新约主旨，碍难通融；近与各国订立通好条约，均将此两款列入，芬外部所请，俟订立商约时，再行讨论之处，歉难照允，希再切实磋商。"② 不久，芬外部赴日内瓦参加国联大会，王赍祺也因驻瑞典戴陈霖公使赴日内瓦，暂回瑞典使馆，谈判暂止，彼此相约容再续商，俾底于成。王氏报告：闻芬外部行前，饬主管各司详细调查中国现行税则及领事裁判权状况，以资参考。③

11 月上旬，驻日本公使汪荣宝电："此间芬兰驻使来称，现在议订中芬商约，签押需时，拟请先订通好条约，统照中玻条约办理，中国政府如以为然，即在东京商订等语，可否照准？"④ 15 日，外交部电复称：中芬约稿前经王代办与芬政府磋商，旋以彼方对于关税自由及不给予领事裁判权两事，均设词推诿不肯承诺。部意此项条款为近与各国订立新约主旨，必须订明碍难通融，迄未就绪。至玻约尚有最惠条款，关税一层亦未明订，碍难照允，请转告芬使，仍由芬政府与王代办就我国提案继续商订，较为捷便。⑤

1925 年 5 月，王赍祺卸任回国，途经芬兰，芬兰政府提出约稿答案 5 条，请予考虑。外交部详加审核后，认为该项答案大体均可容纳，唯第二条使领人员照最惠国待遇一节，与我近年订约不提最惠国

---

① 《收驻芬兰王代办电》（1924 年 8 月 28 日），外交档案：03－23－087－02－008。

② 《电驻芬兰王代办》（1924 年 8 月 30 日），外交档案：03－23－087－02－009。

③ 《收驻芬兰王代办 9 月 28 日呈》（1924 年 11 月 17 日），外交档案：03－23－087－02－017。

④ 《收驻日本汪公使电》（1924 年 11 月 10 日），外交档案：03－23－087－02－015。

⑤ 《电驻日本汪公使》（1924 年 11 月 15 日），外交档案：03－23－087－02－016。

待遇，宗旨不合，应改为照享受国际公法应得之待遇。又我国新约均以不给予领事裁判权及规定关税自由为宗旨，芬兰约稿内，虽于领事裁判权利项下，声明无领事裁判权；而于关税一层，却未提及。现拟加增一条，载明两国人民应受所在国法庭管辖，并依所在国法令，缴纳关税、租赋两项，规定明确，以免日后发生流弊。最后完成修正约稿 6 条，7 月 21 日，令继任驻芬兰代办龚安庆将中方修正约稿携往，交给芬外部并尽快进行磋商。嗣后复电嘱新任驻芬兰公使李家鏊与彼外部继续磋商。①

李、龚二氏与芬外部磋商，大致妥协，但仍有出入，12 月 12 日请示外文部：芬兰外长要求于换文中援照中德协约加入两条，一司法保障，二会审公堂之案件均照中德协定。外交部认为正约各条均系根据平等相互主义，尚属妥协；至其要求司法保障等两项规定，系照德约办法，作为受我法律管辖之保障，另行备文声明作为附件一节，亦尚可行。1926 年 7 月 12 日，提出阁议获通过，呈请简派李家鏊为全权代表就近签订，27 日获准。② 然而，尚未及签约，李使即于 9 月 1 日过世，外交部呈请改派驻瑞典公使曾宗鉴就近与芬兰政府接洽签订。③

10 月 24 日，曾宗鉴接奉外交部寄到全权证书，26 日由瑞典启程，次日抵芬兰首都赫尔辛基，28 日与芬外部接洽，并晋见芬总统。29 日上午在芬兰外交部正式签订，芬兰外长并以此后中芬商务日繁，建议从速商订商约。曾使答称俟报告政府调查完竣后，即行商订。④

---

① 《令驻芬兰龚代办》（1925 年 7 月 21 日），外交档案：03-23-087-02-010。
② 《收驻芬兰李公使瑞典龚代办 12 日电》（1925 年 12 月 19 日）、《提出国务会议案——中芬订约事》（1926 年 7 月 12 日），外交档案：03-23-087-03-014、088-01-003。
③ 《上大总统呈》（1926 年 9 月 25 日），外交档案：03-23-088-01-006。
④ 《收驻瑞典曾公使 1 日函》（1926 年 11 月 27 日），外交档案：03-23-088-02-009。

·《中芬通好条约》正文 7 条，另有《联合声明》1 件：当签订中华民国与芬兰民国通好条约时，中华民国与芬兰民国全权代表奉各本国政府合法之委任，互相商订下列两项声明：

（1）司法保障：在中国芬兰人民诉讼案件，全由新设之法庭，以新法律审理，有上诉之权，并用正式之诉讼手续办理。于诉讼期间，芬兰籍律师及翻译，经法庭正式认可者，得用为辅助。

（2）会审公堂之案件：芬兰籍侨民在会审公堂原、被告案件，中国将来当寻求一解决方法，使各方均得其平。[1]

1927 年 6 月 2 日，北京政府批准中芬条约，批准约本及换约文凭由驻比王景岐公使于 10 日赴比之便，赍送莫斯科。郑延禧与驻苏芬使接洽，芬使告以因时局关系，不便在莫斯科换约，请郑代表赴芬京换约。郑氏 15 日电部请示，20 日外交部指示：早日往芬互换。郑氏遂于 31 日抵芬京，9 月 1 日正午在芬外部将约本互换礼成。[2]

三 《中华波兰友好条约》

波兰亦系欧战后新成立之国家，1920 年 1 月，驻法代办岳昭燏电外交部：波兰驻法使馆参事面交该国外部致总长函，请中华民国承认波兰为独立自主国，并愿设使通好等语，查波兰新建国家，业经英、法、美各大国承认，我国应否依据承认芬兰及捷克办法，并声明愿以公正平等及相互各主义订约通商设使。[3] 2 月 23 日，总统府顾问辛博森报告：波兰委员团现方在京，外交界极为注意，正在侦视其是否拟设法与中国商订无治外法权之第一个条约。国务院统计局局长吴廷燮上说帖云：查收回治外法权，中国将来与已立约各国自以能办到为目

---

① 《外交公报》第 75 期，1927 年 9 月，第（条约）2～5 页；王铁崖编《中外旧约章汇编》第 3 册，第 604～605 页。

② 《收驻苏联郑代办 13 日呈》（1927 年 9 月 28 日），外交档案：03-23-089-01-010。

③ 《收驻法岳代办 13 日电》（1920 年 1 月 14 日），外交档案：03-23-084-01-001。

的，刻下新造之来立约波兰等国，断无再沿用旧约、享治外法权之理，似宜由部与波兰等国立约时，切实磋商，不得沿用旧约，以重国权。①

3 月，外交部提出国务会议，以各大国已承认波兰，而中国已承认芬兰等新国家，应援例办理。② 23 日，阁议通过，次日外交部电岳代办：承认波兰事，阁议公决照承认芬兰手续办理，希参照上年胡使复芬兰外长函答复，正式承认并声明愿与其依据公正平等相互各主义从事商议缔结友好通商条约。③ 4 月 1 日，岳昭燏电：波使函称，波兰政府拟派驻西伯利亚高等委员 Joseph Targowski 兼充驻华临时代办，恳请同意。岳代办认为波兰未提订约先请通使，似宜于允许之前询问是否确愿依据公正平等相互主义订约，庶将来议订条约时，于裁撤领事裁判权等问题较易就范。④ 10 日，外交部指示：本政府准予接待，至订约当以平等为原则，上年 4 月间业奉明令颁布，所有约定税则及领事裁判权当然不能给予。来电建议允许通使之先征询意见自属正办，希即酌与波使声明，以为订约之张本。⑤

5 月 9 日，驻法使馆函称：波兰公使询及领事裁判权问题，即告以此项不平等之问题，当然应取消；我国新近与玻利维亚订约，已无此条。彼谓贵国所抱订约之主义，容转达本国外交总长，俟训令当即函告等语。拟俟接到该使来函声明，再将我国允准接待充任代办之意正式函告。⑥

1921 年 1 月 14 日，驻英公使顾维钧电称：本日会晤波兰外交总

① 《大总统发下 1920 年 2 月 23 日辛博森特别报告》、《吴局长说帖》附于《国务院密函》（1920 年 3 月 15 日），外交档案：03 - 23 - 084 - 01 - 002。

② 《外交部议案》（应为 1920 年 3 月），外交档案：03 - 36 - 170 - 09 - 006。

③ 《电驻法岳代办》（1920 年 3 月 24 日），外交档案：03 - 36 - 170 - 09 - 008。

④ 《收驻法岳代办 1 日电》（1920 年 4 月 3 日），外交档案：03 - 23 - 084 - 01 - 005。

⑤ 《发驻法岳代办电》（1920 年 4 月 10 日），外交档案：03 - 23 - 084 - 01 - 006。

⑥ 《收驻法使馆 5 月 9 日函》（1920 年 7 月 5 日），外交档案：03 - 23 - 084 - 01 - 007。

长，据言旅华波民颇多以两国尚未订约，由他国驻华使领代为照料，主客均难满意，实非妥善办法，盼能立约通好，以求互利；并询钧意见。当答以个人看法，通好自所赞成，如能以国际平等及相互主义为张本订约，当亦不难就绪。彼云：贵国欲收回权利之意，本总长亦表同意，但非朝夕所能办到，目前深盼能商得暂时变通办理；又言渠日内即须返国，以无驻英波使，拟由驻法波使就近与我国驻法公使再谈。①

2月22日，驻法公使陈篆电称：昨晤波兰驻法公使，声称极愿与中国商订通好条约等语。请将从前王景岐参事所拟中西文平等约稿抄寄一份，以为根据。② 结果波兰未即答复，中国亦未正式允予接待。

1922年4月13日，驻日本使馆函称：波兰驻日本公使巴德克（Stanislas Patek）来馆，称奉本国政府命令，将往北京商订和约，请先向贵国政府陈明，极愿贵国允予订约。③ 21日，外交部指示："波兰拟与我国订约，极表赞同，惟须先向声明应以平等相互为主义，凡领事裁判、关税协定、最惠条款概不许予，如彼同意，即可磋议。"④

5月，巴德克到北京，27日会晤代理部务外交次长沈瑞麟，巴使要求在订约之先，声明波政府无论何时愿与贵国订一种平等相互主义之条约，一面在哈尔滨先设领馆，再行商订条约。沈次长云：未订约先设领似觉不妥。⑤ 6月初，沈瑞麟会晤巴德克，巴使云：本公使来华本可商议订约，实因赤塔方面发生问题，东京来电促归，不得不速行就道。沈瑞麟表示业已备就条约草案，如波方能赞同，即可开议。

① 《收驻英顾公使14日电》（1921年2月17日），外交档案：03-23-084-01-008。
② 《收驻法陈公使22日电》（1921年2月24日），外交档案：03-23-084-01-009。
③ 《收驻日本公使馆13日函》（1922年4月18日），外交档案：03-23-084-01-010。
④ 《发驻日本使馆电》（1922年4月21日），外交档案：03-23-084-01-011。
⑤ 《驻日本波兰公使问答》（1922年6月1日），外交档案：03-23-084-01-012。

巴使表示带至东京加以研究，并须请示华沙。① 中方交条约草案 10 条，同意波委员宾铎（Karol Pindor）在哈尔滨护侨，由交涉员做非正式之援助。但交涉无下文。

1924 年 4 月，波兰又派委员来京磋商，再提先遣使后订约事。22 日，外交次长沈瑞麟接见波兰委员宾铎，宾云：奉政府训令继续巴公使未了之谈判。沈云：两年前本次长曾备就条约草案交与巴使，迄今尚无回音。按照习惯当先订约而后通使，前年所交之草案，完全本平等相互之原则，近年来所订之约，悉本此项原则；贵政府公文递到可先寄部，贵委员随后来京，再行商议。② 8 月 30 日，沈又接见宾铎，云：前年巴公使来京，曾交与约稿一件，何以迄无回音。宾云：本国政府对于此事以波兰与各国均先通使而后订约，并无条件，想必对于此稿格外慎重研究，其原因实为面子问题。沈云：约稿内所列各款均以平等相互为主旨，不得视为条件。③

9 月 6 日，总长顾维钧接见宾铎，宾云：深望先行通使然后徐商订约。顾云：约稿大纲前已送交贵国政府，迄今两年，尚未蒙见复，最好先订通好条约，将两国邦交之基础规定，然后再订商约。宾云：为图便利订约起见，最好贵国派员前往敝国实地调查。顾云：此事正在考虑，俟有相当机会必可办理。④

1925 年 2 月 2 日，法使照会称：波兰政府拟委任使馆参议宾铎为驻华临时代表。外交部讨论此案，11 日，交际司、条约司会呈，称：波兰对我所声明订约之主义，既无明晰承认之表示，而宾铎来华虽用临时代表名义，实不免为久驻之尝试；波兰之用意，仍欲以间接之方法，贯彻其先行通好之目的。现当两国尚未订约，一切交涉无所根

---

① 《驻日本波兰公使会晤问答》（1922 年 6 月 6 日），外交档案：03 - 23 - 084 - 01 - 013。
② 《波兰委员问答一件》（1924 年 4 月 24 日），外交档案：03 - 23 - 084 - 01 - 018。
③ 《波兰代表问答一件》（1924 年 9 月 4 日），外交档案：03 - 23 - 084 - 02 - 005。
④ 《波兰代表问答一件》（1924 年 9 月 9 日），外交档案：03 - 23 - 084 - 02 - 006。

据，似未便予以承认，且波兰政府并未赋予宾铎以订约之事权，更难予以接待。代理部务次长沈瑞麟批："所见甚是"。①

21 日，外交部本此宗旨照会法使，称：中国政府极愿与波国互相往来，唯在两国条约未订立以前，一切交涉无所依据，事实上恐多不便。中国政府甚盼波兰政府对于 1922 年交波兰驻东京巴公使之约稿，早日予以答复，一俟订约完竣，对于波兰国派遣代表一事，自表欢迎。②

5 月 14 日，外交总长沈瑞麟接见宾铎，宾铎即将回波兰报告。沈询问前交约文草案迄今约有三年，波政府尚无回答。宾云：迟延之原因一为等候鄙人回国当面报告一切情形，一为等候上次本国政府致贵总长之公文。沈云：商议约文最好在北京办理，倘贵委员回华时得有贵政府允准商议订约之权，即可在京开始商议。宾云：本国政府之意，仍希望贵国派员赴波调查后再行商订。沈云：现在急欲商订者为通好条约，俟商订商约时再行派员调查商务情形。宾云：本国政府之意，最好将通好条约商约同时订定。沈云：照本总长看法，大可先订通好条约。③

10 月 20 日，波兰外长复照：波兰政府以为暂时互派非正式代表后，更能洞察两国间彼此之利益及需要，作为缔约之良好基础。但为尊重中国意见，现拟于宾铎返回北京后，即开始磋议订立中波条约；此外，希望中国能派遣外交人员前来波兰游历考察，熟悉其中情形，易于进行磋商。④

---

① 《法玛使照会——波兰政府委任本馆参议为该国驻华临时代表》（1925 年 2 月 4 日）、《关于波兰派驻华代表说帖》（1925 年 2 月 10 日）、《法使照送波兰政府致本部照会派宾铎为驻中国临时代表案》（1925 年 2 月 11 日），03-23-084-02-008、009、010。

② 《照会驻京法玛使》（1925 年 2 月 21 日），外交档案：03-23-084-02-010。

③ 《波兰委员问答》（1925 年 5 月 18 日），外交档案：03-23-084-02-012。

④ 《波兰外交总长 10 月 20 日来函》（1925 年 11 月 10 日），外交档案：03-23-084-02-014。

12 月 30 日，驻法公使陈箓报告：波兰政府派代表宾铎前往北京
商订通使条约，探其口气，因东北一带波侨甚多，只求订立平等条
约，并无意外要求。① 1926 年 2 月，宾铎抵北京，函告外交部：波兰
总统委派本人为议约代表，要求晋谒，呈阅全权凭证及波兰外交总长
致总长亲函。② 波兰外长函重申：波兰政府愿与中国议订通商友好条
约，对于贵国政府之遵守高尚主义，极表同情，中方条约草案即本此
主义。现波兰政府亦即以此项原则之精神，作为将来巩固两国邦交之
基础。③

26 日，外交总长王正廷会晤波兰议约全权委员宾铎，王氏云：深
盼贵委员此次来华议约，本相互之精神，得圆满之结果；至于商议进
行手续，可面见次长及条约司长商办。④ 后宾铎赴哈尔滨，适逢国奉
战争爆发，交通中断，5 月北京新政府成立，6 月宾铎函外交部：现
已抵北京，极愿早日讨论进行缔结中波条约之方法。双方约定 21 日
开始订约谈判。⑤

1926 年 6 月 21 日，条约司司长钱泰与宾铎第一次谈判，就中国原
提草案逐条讨论甚细。双方意见不同处，主要为：（1）波方要求波人
在中国内地杂居，并与商税报酬，中方不能容纳；（2）中国一律取消
领事裁判权后，波方要求如有过渡办法，波人不劣于他国人；（3）领
事派驻地点不以现有处为限。会后，23 日宾铎函钱泰，表明波方意见
非波兰政府之答案，只能认为一种事前互换意见，须函波兰政府请
示，再行进行讨论。7 月 14 日，钱泰复函声明对于讨论各项，外交部

---

① 《收驻法陈公使 30 日电》（1925 年 12 月 31 日），外交档案：03 - 23 - 084 - 02 - 016。
② 《波兰代表宾铎 22 日函》（1926 年 2 月 24 日），外交档案：03 - 23 - 084 - 02 - 017。
③ 《照译波外交总长致沈总长 1925 年 10 月 31 日一函》（1926 年 2 月 27 日），外交档
案：03 - 23 - 084 - 02 - 018。
④ 《波兰代表问答》（1926 年 3 月 8 日），外交档案：03 - 23 - 084 - 02 - 019。
⑤ 《照译波兰宾委员 6 月 14 日致刘秘书函》（1926 年 6 月 21 日）、《照译波兰宾委员 6
月 19 日致刘秘书函》（1926 年 6 月 21 日），外交档案：03 - 23 - 085 - 01 - 002、003。

将来可随时改换意见。① 11 月 24 日，宾铎从哈尔滨函钱泰称：接波京训令继续议约，拟不日动身到北京；此项训令内容甚详，逐条斟酌，敝政府极愿议约蒇事，提出条款完全为相互性质，望条约早日告成。②

12 月 23 日，外交总长顾维钧会晤宾铎，宾铎同意双方以平等互惠原则为根据，但因仍有一部分国家在华享有领事裁判权，波兰不愿使侨民及商务相形见绌。顾氏云：与中国缔约国分为两类，一为新约，完全以平等互惠为根据，如中德之类；一为旧约，现方拟次第修订廓清，此为中国预定之计划，势在必行。享有旧约特权诸国，以不平等之故时常发生国际误会，颇不利于商务发展；新缔约国如德国，则利益既无冲突，商务亦日渐顺利。论者每谓治外法权足以保障外侨权利，实系观察之误，现中波议约当以德国为法，而不当蹈旧约覆辙。宾铎希望新旧约之间有所缓冲。顾氏明确表示极端反对此看法，无容纳之余地；强调中国缔约国只有两类，旧者将去，新者自新，无骑墙之可能。两国议约牵连第三者甚属不合，即欲有所取法，亦当择一新缔约国如德国之类，不当仍蹈覆辙。波兰为新立国家，对于中国主张国际平等互惠之精神，似应表示同情，倘坚持所见，恐于议约前途有妨碍。宾铎云："本国对于贵国主张国际平等互惠之精神，非但表示同情，且愿竭力帮助，顷者所谈一层，姑暂置之。"③

27 日第二次谈判，依钱泰 7 月 14 日函为基准，讨论甚细。宾铎提出草案 10 款及有关遗产事项 10 款及领事专条 5 点，欲订设领详密条文，钱泰不以为然。④ 1927 年初，宾铎生病住北京协和医院，2 月

---

① 《次长会晤波兰订约全权委员宾铎问答》（1926 年 6 月 21 日）、《波兰全权委员宾铎 6 月 23 日致钱司长函》（1926 年 7 月 24 日）、《钱司长复波兰全权委员宾铎函》（1926 年 7 月 14 日）、《波兰说帖》（1926 年 12 月 21 日），外交档案：03-23-085-01-004、005、006、010。

② 《收宾铎 24 日致钱司长函》（1926 年 11 月 28 日），外交档案：03-23-085-01-008。

③ 《资料汇编》第 3 辑外交，第 1057～1058 页。

④ 《宾铎会晤钱司长问答》（1926 年 12 月 27 日），外交档案：03-23-085-01-011；《资料汇编》第 3 辑外交，第 1059～1064 页。

初出院，2 月 15 日，钱泰赴北京饭店第三次谈判，就领约商约事讨论甚细。① 3 月 19 日，在外交部第四次谈判，讨论税则，中方只允最低税则到 1928 年底。因 1929 年 1 月 1 日将实行国定税则，修改增加通商条款。② 4 月，来往函件讨论条文甚多。③ 26 日，在外交部第五次谈判，波方提出草案 19 条。④ 钱泰参酌各次会议内双方意见，提出中方修正条约草案，5 月 23 日函送宾铎。6 月 14 日，波兰对中方草案提出意见。⑤ 6～8 月双方往来信函多件，进一步交换意见。⑥

8 月中，宾铎回波兰，携回经五次谈判后外交部 5 月提出之《中波友好通商条约华方修正草案》17 条，主要内容与《中奥商约》相同，另定实行期限为三年，以六个月为声明作废期限。

1928 年初，宾铎回北京，2 月 23 日，外交部拟妥《中波订约案节要》。⑦ 25 日，宾铎与外交次长吴晋会晤，略谈及税则实施期限，宾云：此案敝政府在原则上已完全承认，唯文字上尚拟略加修改，此次鄙人来京，已携有全权证书，一俟条文商定后，即可从事签字。⑧

8 日，条约研究会第 45 次会，讨论中波条约。钱泰报告交涉经过云：双方交涉已久，现宾铎携波政府对案返京，订两日后来部磋议。修正草案中最关重要之点，略有：

第一，设领问题：初时波方要求先设领，我方坚持先订约，波方

---

① 《钱司长会晤波兰代表宾铎问答》（1927 年 2 月 15 日），外交档案：03 - 23 - 085 - 02 - 001。

② 《钱司长会晤波兰代表宾铎问答》（1927 年 3 月 19 日）、《收波兰代表致司长函》（1927 年 3 月 23 日），外交档案：03 - 23 - 085 - 02 - 002、009。

③ 《司长致波兰代表函》（1927 年 3 月 31 日）、《收波兰代表致司长函》（1927 年 4 月 3 日）、《司长致波兰代表函》（1927 年 4 月 5 日），外交档案：03 - 23 - 085 - 02 - 011、013。

④ 《波兰代表问答》（1927 年 5 月 17 日），外交档案：03 - 23 - 085 - 02 - 017。

⑤ 《司长致波兰代表函》（1927 年 5 月 23 日）、《收波兰代表致司长函》（1927 年 6 月 14 日），外交档案：03 - 23 - 085 - 02 - 019、020。

⑥ 参见外交档案：03 - 23 - 086 - 01 各件。

⑦ 《外交部拟"中波订约案节要"》，《资料汇编》第 3 辑外交，第 1065～1067 页。

⑧ 《次长（吴晋）会晤波兰代表宾铎问答》（1928 年 2 月 26 日），外交档案：03 - 23 - 086 - 01 - 011。

复要求随处皆可设领，我坚持以他国设有领事处为限。波方欲扩展领事权限，管理侨民身份婚姻继承各事项，我方深恐再开领事裁判权之端，反对。结果关于领事待遇及职权，仍采概括方式，加入在平等相互原则范围之内一语，补上"根据领事裁判权而发生之特权及职务，不应承认为与平等相互原则相符"。第二，司法事项：波方要求领事裁判权取消之后，中国如分别与别国订立过渡办法，波兰亦须一律享受，我方未允，结果依奥约第一条规定。第三，关税事项：波方要求最惠国待遇，并欲将实行时期延至二年以上，我方未允，结果用葳事议定书声明，并将实行期限缩至1928年12月31日为止，复于议定书内载明，以五个月为通知作废期间。第四，保障私人权利事项：内地杂居未允，既得权未允，改为"保障私人所有权之不可侵犯，并保护私人之权利利益"。设立教堂学校，我方主张只以人数众多确有设立必要者为限，并应遵守所在地法律章程，波方仍不满，争议中。护照问题，照中奥约第三条，改用正式护照。另本约实行期限三年，波方要求延长，未允。顾维钧等逐条修正文字，设立教堂、学校以既有者为限。关税事项照奥约第八条第二段"凡此缔约国所产之未制或已制各货物输入彼缔约国时，应互相享受平等之待遇"拟定，钱泰云：因彼时奥国要求最惠国条款，我国未允，后经往返磋商，成此较含混之条文。在奥国视之，以为此系最惠国条款之变相，在我方视之，不过一种通常条文。波方坚持，在议定书中规定最惠国问题。顾维钧云：目下我国新约中对于关税问题，决定采取认货不认人主义。[1]

10日，波代表将波政府对案送来，对草约略有修改，双方讨论。15日，条约研究会各员逐项讨论。[2] 驻法公使陈箓电外交部，在国联

---

[1] 《前外交部条约研究会会议录》，《外交部档案》缩影：05000-143，第1705～1726。关于条约研究会，详见本书第八章第一节。

[2] 《前外交部条约研究会会议录》，《外交部档案》缩影：05000-143，第1763～1803页。

行政院开会时，遇波兰外长，谈及中波订约久未成，询问情况。19日，外交部复电：双方对于约案大体业已同意，唯波方新提修改数点，尚有应行磋商之处，如可就范，可望及早签字。①

钱泰与宾铎不断协商，②终于完成约文，5月15日提出阁议，③呈大元帅张作霖，称：综合此次订约所采原则以及条款内容，均与中德、中奥等平等新约大致相符。计全约共分18条，另附声明文件4件，换文1件；业经本部提出国务会议议决照办。④指令特派罗文幹为全权代表签约。

16日，波兰代表与罗文幹晤谈，指出因北伐军事，波兰政府对是否签约仍犹豫不决。宾代表指出：波兰重视取消居留执照问题，纯因中国时局关系。张大元帅保护满洲波侨，波国自极愿签订条约，但该约若在北京签订有偏袒之嫌，建议或在北京签约，不待批准互换，即将居留执照先行取消，抑在巴黎签约，待至批准互换后再将约文全部实行？总长云：在巴黎与在北京订约无差异。⑤19日，《中波友好条约》由外交总长罗文幹及波兰全权代表宾铎签订于外交大楼。⑥

英国驻北京公使蓝普森对该约的评价是："在中国废除不平等条约的路上，建立了另一个里程碑，中国将在与其他列强谈判新约时，以此为先例。此约事实上是以《中奥新约》为范本，更进一步强调中国的主权，与他国完全平等。波兰放弃治外法权……中国成功地坚持了不给最惠国待遇的原则。"⑦但是，此约尚未批准互换，北京政府即

①《发驻法陈公使电》（1928年3月19日），外交档案：03－23－020－02－004。

②《钱司长会晤波兰代表宾铎第十一次问答》、《钱司长会晤波兰代表宾铎第十二次问答》；《波兰代表会晤问答》，各件见外交档案：03－23－086－02。

③《提出阁议案（密件）》（1928年5月15日），外交档案：03－23－086－01－014。

④《上大元帅呈（密件）》（1928年5月15日），外交档案：03－23－086－01－015。

⑤《波兰代表会晤问答》（1928年5月16日），外交档案：03－23－086－02－004。

⑥《译签订中华波兰友好通商条约事公布稿件》（1928年5月19日），外交档案：03－23－086－01－016。

⑦ Minute in Lampson to FO, 1 June 1928, FO371/13155［F4292/1/10］。

已覆灭。

南京国民政府不承认此约，另行商谈。1929 年 9 月 18 日，《中波友好通商航海条约》22 条，及蔵事议定书，内有 3 件声明文件，附件换文，在南京签订，与北京原约大体近似。该约自两国政府互相通知批准后第三十日起发生效力，最后一国通知批准日期为 1931 年 6 月 9 日，故应于 1931 年 7 月 9 日生效。

四 《中华希腊通商条约》

希腊自 1830 年脱离土耳其独立，中国与希腊官方接触，始于清末孙宝琦任驻法公使期间（1902～1905 年），驻法希使曾有愿与中国订约之请，但部议未准。民国肇造之后，1913 年底，驻奥公使沈瑞麟报告称：希腊驻奥地利公使请订约通使。[1] 外交部指示：

> 切查各国通商以妥订条约为第一要义，中国当前清道咸年间，与各国所订条约，类多仓猝定议，未谙西国通例，动辄以最惠国相待之条载入约内，致令各项办法，轶出通商范围之外，流弊滋多，至今为梗。迨至同治光绪等年，识时之士，稍稍讲求公法，故所订秘鲁、巴西等约，较为平允；然怀柔政策，意在羁縻，于通商章程，又或未能详尽；且华商风气未开，在我无甚利益可言，从前部议之不轻允准者，亦正为此。惟今昔情形不同，订约修好亦属各国通例，前任驻奥希使既以此事为请，自不宜于拒绝；倘彼果用政府名义正式提议，可由尊处先与接洽，视其宗旨若何，如能确守通商范围，互订公平条款，届时再为酌量情形妥行核办。如能比照各国成约，量为改善，以期有裨商务，无碍

---

① 《收驻奥沈公使 1913 年 12 月 29 日函》（1914 年 1 月 16 日），外交档案：03 - 23 - 020 - 01 - 001。

主权。①

此事后虽暂时中止，但已可看出民国初年外交部平等订约之方针。

欧战期间，希腊人荔克司（Leckos）于 1917 年由美至华，经法使馆介绍到外交部谒见，谓彼政府极愿订约通商，各派驻领。外交部告以可先订约修好，再议通商。10 月 17 日，外文部电令驻法公使胡惟德：向驻法希使探听，如果属实，照智利条约协议。② 12 月 8 日，胡使复电称：前由美赴华之希人并无传达政府意见之资格，现希腊国务总理正在巴黎，据称极愿与中国订约，但须俟战后提议云。③

欧战结束后，双方又有接触；1919 年 1 月 18 日，驻日公使章宗祥报告：希腊公使面称，希腊本系协约国中之一，现与日本业已订约派使，甚愿与中国亦订通好条约，如中政府赞成，拟请即援照瑞士之例，在此间订立。④ 外交部提请国务会议讨论，于说帖中强调：欧美各邦，无论大小强弱，均缔约通使，以为联络邦交扩充商务之计。希腊自脱离土耳其独立之后，实业日臻发达，今欧战终结，世界局势大变，武力既不足恃，将全趋重于商战，建议仿中华瑞士条约办理，云："前次所订中瑞条约，本系仿照智利条约，浑括大意，于两国人民应享平等权利，均经厘正妥协，如能照办，既可联络邦交，借可推广商务，不无裨益。"⑤ 31 日，国务会议议决：中瑞条约正文尚属妥协，但必须取消附件乃可允订约；否则，则应缓议。⑥ 此为一重要之

---

① 《复驻奥沈公使函》（1914 年 1 月 19 日），外交档案：03 – 23 – 020 – 01 – 002。
② 《发驻法胡使电》（1917 年 10 月 17 日），外交档案：03 – 23 – 020 – 01 – 003。
③ 《收驻法胡公使微电》（1917 年 12 月 8 日），外交档案：03 – 23 – 020 – 01 – 009。
④ 《收驻日章公使 18 日电》（1919 年 1 月 21 日），外交档案：03 – 23 – 020 – 01 – 010。
⑤ 《外交部说帖》：《函院秘书厅——拟与希腊订约特具说帖请提出国务会议》（1919 年 1 月 27 日），外交档案：03 – 23 – 020 – 01 – 011。
⑥ 《收国务院 1 月 31 日公函》（1919 年 2 月 3 日），外交档案：03 – 23 – 020 – 01 – 012。

国务会议决议,此后新订条约绝不再给予领事裁判权。

2月6日,外交部将此结果电告章公使。12日,章使复电询问:来电称只能照瑞士正约办理,不能援用附件。查该附件系声明领事裁判权,此次希约不援用此项附件,是否此时即拟向希腊收回领事裁判权,抑以正约可包括此节,不必重言声明,希详示,以凭办理。① 14日,外交部去电指示,称:瑞约附件法界中多不满意,此次希腊订约,阁议时,多数主张不得再予以领事裁判权,是以决定不援用附件。正约第二章系指代表领事之待遇而言,不能包括此节。此次阁议本意,在将来新订之约,删除此项特例,故拟不用附件,即希查照前电办理。②

章宗祥将此宗旨转达希腊公使,18日电告外交部:希腊公使认为中国欲撤销领事裁判权,渠亦深表同情;唯各国现在既尚有此权,单从希腊一国做起,希腊政府不免为难。渠意如中国坚持此节,或请暂缓议约,由两国先行派使接洽一切,俟时机到后,再行详细商订,未审中政府能否同意等语;章使请外交部指示机宜。③ 22日,外交部指示:希使既以撤销领事裁判权为难,委曲迁就又非我订约本意,此事只可暂从缓议。交换使节一层,轻重相权,在我方面究不及希腊方面之重要,若允其无约先行设使,深虑将来办事无所依据,彼必援引他国最惠国待遇,自非我之所愿;如照无约国人待遇,亦非彼之所愿。再四酌度,未便率行照允。④ 外部并去函详细说明不便在订约前先行通使之因,云:

> 彼国人民亟盼来华通商……此次驻日希使正式提议,若不先

---

① 《收驻日本章公使12日电》(1919年2月13日),外交档案:03-23-020-01-014。

② 《复驻日章公使电》(1919年2月14日),外交档案:03-23-020-01-016。

③ 《收驻日章公使18日电》(1919年2月20日),外交档案:03-23-020-01-017。

④ 《电驻日本章公使》(1919年2月22日),外交档案:03-23-020-01-018。

将条约规定，遽允其先行派使，倘彼商人接踵群至，我仍照无约
国人待遇，必非彼之所愿。虽据声称俟时机到后，再行详细商
订，似尚有伸缩之余地。但彼所谓时机二字，似指各国共弃其治
外法权而言；是即条约一日不能成立，预行设使亦属徒然。是以
本部详加斟酌，以为此举未便照准。惟是订约通好，在我并无拒
绝之意，果能确守通商范围，删除特例，安订彼此公平条款，未
始不可从长计议。执事权衡在抱，谅已筹之有素；如希使续有所
请，希酌照此意量为应付，以期就范为荷。①

　　此案终因中、希双方各有坚持暂告中止，但由过程中，可看出北
京政府在 1919 年初，决议新订条约时，坚持要平等，绝不再给予领
事裁判权；并且已认知各国亟盼来华通商，确定必先商订条约，否则
不允先通使之方针。

　　1920 年 9 月 22 日，驻日代办庄璟珂电外交部：希腊驻日公使称
现在极盼再商订条约。经答以彼此商议要点即在领事裁判权问题，但
此事中国现在无法让步，即如余与玻使所结之约，则系完全无领事裁
判权者，其他对于未结约各国，亦莫不照此方针进行，希腊岂能独
有。渠称仍望设法商订。经答以无法转达政府，余为订玻约代表者，
更难前后相矛盾。②

　　由于中国对待无约国侨民愈趋严格，1919 年 4 月 27 日大总统
令：嗣后无约国愿订约者，均须缔结对等条约，不予约定税则及领
事裁判权。未订约国人民不得由第三国代为保护利益，命各主管机
关从速厘定管理无约国人民管理条例。五、六月间各机关陆续订定
相关办法，明确将在华外国人区分为有约国与无约国，所有无约国

---

①《函驻日本章公使》（1919 年 2 月 26 日），外交档案：03 - 23 - 020 - 01 - 019。
②《收驻日本庄代办 22 日电》（1920 年 9 月 25 日），外交档案：03 - 23 - 020 - 01 -
021。

及新成立诸国在华侨民，皆受中国法权管辖，负担国定税则与纳税义务。①

列强对新办法多有抵制，例如驻沪荷领对于待遇无约国人诉讼章程有所抗议，外交部商准司法部，以无约国人民除应遵守中国法令，不能由他国代为保护外，如为便利该无约国人民起见，在不违反中国法令范围内，由其他有约国代为请求事项，自可酌量情形准予办理，令驻沪特派员酌复荷领。② 在华希人原由法国保护，1918 年，中国不许希人再在法领事馆注册，使多数在华希人失去保护。1919 年，中国颁布管理无约国人法令后，法国不断抗拒，但中国坚持实行，法国于 1927 年起不再保护原注册希人，使在华希侨全成无约国人民，所处地位极不安定，乃向希腊政府要求妥筹办法。③

1928 年，希腊亟欲订约，由驻法公使陈篆与希腊驻法公使波利蒂斯④（Nicolas Socrate Politis）依据北京外交部约稿，以及中国近与奥、芬两国订立约稿在巴黎谈判。2 月 10 日，波利蒂斯函送约稿 7 款及声明 1 件，做了部分文字删修。陈篆认为修改之处要旨皆不出部定约稿及中芬条约范围，与其商妥草案，各自请示政府。13 日，陈篆将草案邮寄北京。3 月 9 日，希使函送该国答案一件，陈篆送部。19 日，外交部电复：希腊约稿已收到，正在研究。⑤

3 月 15 日，条约研究会第 46 次会，外交部认为希腊约稿大体可采纳，审核三点：删去绪言之"相互"字样。声明文件有关会审公堂

---

① 详见本书第三章。

② 《保护希腊人案说帖》（未书年月日，应为 1920 年），外交档案：03－36－169－10－001。

③ 巴黎希腊人日报《旅华希腊侨民在外交上失所保护》（1928 年 1 月 22 日），外交档案：03－23－020－02－001。

④ 波利蒂斯（或译布利提）为著名国际法学家，北京政府于 1927 年初为废中比条约是否出席国际法庭一事，征询过他的意见。参见本书第八章第二节。

⑤ 《收驻法陈公使 13 日电》（1928 年 2 月 16 日）、《收驻法使馆 2 月 13 日函》（1928 年 3 月 9 日）、《发驻法陈公使电》（1928 年 3 月 19 日），外交档案：03－23－020－02－002、004。

规定，因会审公堂已收回应取消。关于条约有效时间，钱泰云：照惯例通好条约并无一定年限，中芬条约未规定有效年限，奥约规定十年。顾维钧认为希约虽系通好条约，但带有几分通商性质，期限自以从短为是，因我国现在与各国所订条约，虽较以前大有进步，然内中多数条款仍采一种过渡性质之办法，将来情形许可时，尚须再为修改，可仿中波条约，三年为期，"以为日后修约预留地步"。①

30 日，外交部将审核完竣之希腊新约草案函寄巴黎，列举应予修改各点，令陈箓向希腊公使提出征求同意。② 陈箓与希使面商，4 月 23 日报告称：希腊驻法公使对修正各项均可同意，唯期限拟援奥约改为十年，如蒙核准，即请照例给予全权，以便在巴黎定期签字。25 日，外交部复电称："欧战后各国商约期限均主从短，我国进行新约，咸以三年为期，好在第七条有期满前六个月如未声明废止，仍可继续有效之规定。望商希使，仍照原稿为便。"26 日，陈使复电：希使称"期限三年与商人营业不便，欧战后中国所定奥约期十年，波斯、芬兰两约并无期限，何独歧视希腊，仍坚持十年或删去期限"。外交部坚持，30 日电："奥约系在十四年订立，情形已有不同；现我国进行新约，如波兰、捷克等，咸以三年为期，对于希腊未便独异。"③

最后希腊让步，5 月 3 日，陈箓报告："希约事可受商，请速电给签字全权。"外交部提出阁议并呈报大元帅，9 日，奉指令简派陈箓为全权代表，就近签约，全权证书另寄，即希与希使接洽，从速签订。④

---

① 《前外交部条约研究会会议录》，《外交部档案》缩影：05000 - 143，第 1739～1762 页；《提出阁议——中希订约事》(1928 年 5 月 5 日)，外交档案：03 - 23 - 020 - 02 - 017。

② 《函驻法陈公使》(1928 年 3 月 30 日)，外交档案：03 - 23 - 020 - 02 - 006。

③ 《收驻法陈公使 16 日电》(1928 年 4 月 23 日)、《电驻法陈公使》(1928 年 4 月 25 日)、《收驻法陈公使 26 日电》(1928 年 4 月 27 日)、《电驻法陈公使》(1928 年 4 月 30 日)，外交档案：03 - 23 - 020 - 02 - 009、010、011、012。

④ 《收驻法陈公使 3 日电》(1928 年 5 月 4 日)、《上大元帅呈》(1928 年 5 月 5 日)、《提出阁议》(1928 年 5 月 4 日)、《电驻法陈公使》(1928 年 5 月 9 日)，外交档案：03 - 23 - 020 - 02 - 013、016、018。

26 日,《中希通好条约》在巴黎签字。外交部呈报大元帅。① 6 月 3 日, 张作霖离北京赴沈阳, 次日被炸身亡, 北京政府倾覆。此约遂为北京政府最后签订的对外条约, 然尚未互换生效。

《中希通好条约》8 条, 主要特色为无最惠国待遇, 第二条称: "两缔约国彼此得派外交代表, 享受国际公法所允许他国外交代表得享受之待遇及特权。" 第三条: "两国人民……及其财产, 应在所在国地方审判厅管辖之下, 应服从所在国之法律。" 第四条: "两缔约国承认凡关于关税税则事件, 完全由所在国之内部法令规定。" 第五条: "凡未列入本约所规定者, 两缔约国承认以平等及互相尊重主权之原则为本约之基础。" 第七条: "本约自履行之日起, 以三年为期限。" 第八条: "本约各照本国法律手续批准, 批准文件应从速交换, 自交换之日起本约发生效力。" 声明文件: "在中国领土内希腊人民诉讼案应由新设之法庭审理, 并有上诉之权, 得用正式之诉讼法办理。希籍律师及翻译经法庭正式准许, 得于讼案其间充为顾问。"②

北伐结束后, 7 月 11 日, 驻法代办齐致呈报中希条约, 请批准。外交部呈送国民政府, 称: "查此次所订中希通好条约, 其内容颇能适应现代情势, 与平等及互相尊重主权原则尚无不合, 应否赐予批准?" 13 日, 国府会议议决: 奉常务委员谕, 贵部长所呈中希通好条约, 并请奖叙希国在事人员一案, 经本日国民政府委员会议议决, 以另用手续订定为原则, 俟外交部长出席再决。③ 经王正廷说明后, 依外交部意见。

---

① 《收驻法陈公使 26 日电》(1928 年 5 月 27 日)、《上大元帅呈》(1928 年 5 月 30 日), 外交档案: 03 - 23 - 020 - 02 - 020、025。

② 此约未被收入王铁崖编《中外旧约章汇编》, 全文见外交档案: 03 - 23 - 020 - 02 - 024。

③ 《上国府呈——呈送中希通好条约仰祈鉴核批准》(1928 年 7 月 11 日)、《收国府秘书处函——俟外长出席再决》(1928 年 7 月 13 日),《外交部档案》: 172 - 1/2137。

20 日，南京外交部电令驻法齐代办：本日国府议决条约本身可邀批准，唯现在我国法庭皆属新式，此后国民政府对外订立条约，不许再有此项规定之声明文件，务希将该文件设法取消。① 不久，国府 81 次会议议决：外交部所呈之中希通好条约，条约可批准，声明应删去，由外交部交涉。② 8 月 4 日，齐代办电复：已遵商希使允转陈本国政府。③ 但一直无下文。

1929 年 3 月 22 日，外交部电驻法使馆催促，25 日，高鲁公使复函称，希腊驻法使馆照复：希政府对第四条视为过于空泛，且与两缔约国施行最高税率有所冲突，提议：（1）取消第四条，另由两国订通商条约以代之；或（2）于该约中加入：两国输入货品应与他国一律受最惠之待遇；并云第二办法较易进行。希望我国政府于约文外照最近与各国所订条约之互换信件一律办理。高鲁认为："我国与希腊商议订约历时经三年之久，现至功亏一篑之际，似应早日促成，以免再行延搁。惟该国所提两种办法，与我国取消声明文件之旨不符。"④

4 月 22 日，外交部电高使：希国所提两种办法，与我方取消声明文件之主张完全无涉，如该国对于所提办法认为必要，可俟中希通好条约批准后再行协议。6 月 4 日，高使电：希公使允将声明文件删去，签约时互换一信，允即续订商约。⑤ 28 日，外交部指示：希约声明文件既删去，原签之约仰该公使重签；同时，上国府呈中希订约事称：

① 《致驻法代办电——令设法取消中希条约声明文件》（1928 年 7 月 20 日），《外交部档案》：172 – 1/2137。

② 《收国府秘书处函》（1928 年 7 月 27 日），《外交部档案》：172 – 1/2137。

③ 《收驻法齐代办电——中希条约事》（1928 年 8 月 8 日），《外交部档案》：172 – 1/2137。

④ 《收驻法使馆 3 月 25 日呈——为中希条约声明文件》（1929 年 4 月 17 日），《外交部档案》：172 – 1/2137。

⑤ 《致驻法公使令——令与希腊接洽订约事》（1929 年 4 月 22 日）、《收驻法高使电——中希订约事》（1929 年 6 月 25 日），《外交部档案》：172 – 1/2137。

"几经磋商，希方始允删去声明文件，惟该项文件原系附于通好条约，组成条约之一部分，今该文件既已删去，则前签之约似应重签，以杜日后发生或有之误会"，请派高使签约。① 22 日，外交部训令高使，29 日，高使电询：此次重签是否将陈箓所签者作废，又签约时应互换一信，是否由钧部办妥寄来？②

7 月 10 日，国府颁发全权证书。因国联第十届大会，驻法希使与会，高使在日内瓦与之商定回巴黎后签字。9 月 26 日，国联大会闭会，30 日，《中希条约》在中国驻巴黎使馆签字，1928 年 5 月之约作废，新约之内容与前约几乎一样，只修改一些字样，取消原来之声明书，另双方换文："希望于最短期间内，以互惠及平等为原则，签订中希通商条约。"③ 1930 年 2 月 1 日，国民政府批准，希腊国会亦批准该约，④ 6 月 14 日，双方在巴黎中国使馆互换。⑤

五　《中华捷克友好通商条约》

欧战末期，在西伯利亚之捷克军于 1918 年 9 月初为英、法、意、美等国承认为交战团体，27 日北京内阁议决：承认捷克军为对德奥正式从事战斗之联盟交战团，并与各联盟军队为同等之待遇。⑥ 10 月 3

---

① 《致驻法高使电——中希订约事》（1929 年 6 月 28 日）、《上国府呈——中希订约事》（1929 年 6 月 28 日），《外交部档案》：172－1/2137。

② 《收驻法公使 29 日电——中希订约事》（1929 年 7 月 1 日），《外交部档案》：172－1/2137。

③ 《收驻法高使 30 日电》（1929 年 10 月 1 日）、《收驻法使馆呈——签中希条约事》（1929 年 11 月 23 日），《外交部档案》：172－1/2137。

④ 《上行政院呈——请转呈国府批准中希通好条约事》（1929 年 12 月 30 日）、《收行政院令》（1930 年 1 月 20 日）、《收行政院 3 日令》（1930 年 2 月 5 日）、《收驻法高使 28 日电——据驻法希使函称该约业经国会通过批准》（1930 年 3 月 1 日），《外交部档案》：172－1/2137。

⑤ 《收驻法高使 14 日电——中希条约批准书业已在馆互换》（1930 年 6 月 16 日）、《收驻法使馆 6 月 21 日呈》（1930 年 7 月 16 日），《外交部档案》：172－1/2137。

⑥ No. 638《收内阁承认捷克军队为交战团宣言书拟稿》（1918 年 9 月 27 日），《中俄关系史料·俄政变与一般交涉》（1），第 519～520 页。当时北京外交部多将捷克译为赤哈。

日通知驻北京各国使馆；并由驻海参崴领事通知捷克民族国民委员会。①

欧战停火后，捷克派爱司（Hess，或译海斯）中校到哈尔滨，调查在华奥国俘虏内原籍捷克者，并办理军需，与中国地方官接洽。1919 年 3 月 8 日，爱司由法使馆参赞介绍拜访外交部，会晤代理部务次长陈篆，请求协助在华工作，提及本国外长嘱向中国政府商请订立条约，早日通使。陈篆答以：俟协约各国与贵国缔结条约时，本国即当办理。爱司谓：法、英、美、意各国业已派有驻本国代表，现本国军队在中东路线一带，时有运转来往，本人驻哈埠亦为此，因此贵国与敝国正式订约通使一节，似不可缓。② 其后爱司返哈尔滨，未再与外交部接洽订约通使事。

其时，英、法各国陆续正式承认捷克，而和会正在进行，捷克总理、外交总长及代表与陆征祥在巴黎接洽订约通好，告知英、美等国均已派遣公使，询中国政府有无派使之意，彼拟先派代办驻北京。陆氏答以通使须经阁议决定，当能赞成，最好应先订约，以平等交互为断，其表示同情。4 月底，陆征祥电外交部，表示对订约之意见云："如能乘机与无论何国先订一平等交互之约，以破从前旧约之惯例，实为有益；如以为然，拟请电示训令，即由祥相机进行。"③ 5 月 7 日，外交部复电云：捷克拟与我缔约通使，尊意先订平等条约，自与上月 27 日明令无约各国愿与中国订约，以平等为原则之旨相符，即请相机进行，以破从前旧约之惯例。④

---

① No. 663《发英、美、法、俄、日、义、比、葡节略》（1918 年 10 月 3 日），《中俄关系史料·俄政变与一般交涉》（1），第 532 页。

② No. 147《代理总长会晤赤哈爱中校问答》（1919 年 3 月 8 日），《中俄关系史料·俄政变与一般交涉》（2），第 84 ~ 85 页。

③ No. 338《收法京陆总长 4 月 27 日电》（1919 年 5 月 5 日），《中俄关系史料·俄政变与一般交涉》（2），第 212 页。

④ No. 344《复法京陆专使电》（1919 年 5 月 7 日），《中俄关系史料·俄政变与一般交涉》（2），第 221 页。

6月4日, 捷克外长致函陆征祥, 表示愿与中国正式通好。18日, 陆氏复函云: 愿开议订立友谊通商条约, 本于公道平等, 早日开始交际; 并电告外交部。[①] 8月, 双方在巴黎接洽, 捷克外交部派参议商议通好暂用条款, 25日陆氏派外交部参事王景岐与之接洽。捷克参议提出: (1) 领事裁判权能否暂照中国提交大会希望条件, 五年后取消; (2) 订立税则; (3) 遣派领事; (4) 通商口岸听令侨居。王景岐报告称: 第一节已经拒绝; 第二节复以如系完全以互相交换为原则, 如各平等国普通办法, 自可商量; 第三及第四节, 告以俟将来开议后, 当易磋商。[②] 捷克代表随即将晤谈各节, 拟定草议数条, 函送王景岐, 称所列条款为个人提议, 或可作为两国将来订立暂时协约时讨论之根据。附件《暂时协约》5条, 关键在于领事裁判权与协定关税, 捷克坚持在中国完成司法改良后, 再撤销其人民之领事裁判权; 并要求进出口关税, 彼此用最惠国待遇。[③] 9月5日, 王景岐对捷克约稿, 以4月27日大总统令为依据, 逐条驳复, 并非正式提出6款。双方争执之焦点仍在领判权及协定关税, 中国坚持彼此两国侨民之生命财产, 均在本地法庭管辖之下, 应各遵守居留地之法律; 彼此承认关税事项, 当由内国法律完全规定。[④]

同日, 陆氏电告外交部: 正与捷克商议将来通商办法, 并称: "查此后对于德、奥、匈、波兰等国通商条约, 迟早终须商明, 在我

---

① No. 753《法京陆专使公函》附件: (一)《赤哈锡罗国外交总长致陆总长函译稿》(1919年6月4日), (二)《复赤哈锡罗国外交部来文》(1919年6月18日); No. 559《收法京陆总长21日电》(1919年6月28日),《中俄关系史料·俄政变与一般交涉》(2), 第448~449、357~358页。

② No. 806《收法京陆总长25日电》(1919年8月30日),《中俄关系史料·俄政变与一般交涉》(2), 第476页。

③ No. 811《捷克代表致参事王景岐函》(1919年8月31日),《中俄关系史料·俄政变与一般交涉》(2), 第477~479页。

④ No. 848《收法京陆总长13日电》(1919年9月15日),《中俄关系史料·俄政变与一般交涉》(2), 第496~497页。

似应先有预备；从前商约中，何项我最吃亏，何项我尚有益，孰应删除，孰应添补，请嘱通司特别注意研究，以备后日采酌。"13 日，陆又电：现正与捷克磋商，如彼仍执暂用领事裁判权，则订约事自当搁置。15 日，陆氏电称：因捷克坚持暂用领事裁判，五年归还，已暂停议。①

捷克为新独立国，继承奥匈帝国工业地区，欲与中国通商，故想订约，但其以协约国一分子自居，要求在华享有与其他国家同等之领判权、协定关税、最惠国待遇等，平等竞争中国市场。北京政府则视其为新成立国，坚持新订约必须平等互惠，并想要以捷克为先例，订一平等相互之约，破除旧约惯例，双方认知有差距，谈判不能成功。②

1921 年 3 月，捷克派驻东京公使馆参议范司德（Rodolphe Weinzetl，或译温次尔）为驻中华民国外交专任委员。③ 10 月下旬，驻日公使胡惟德函告：捷新任驻日公使 Chvalvaky 称奉政府训令，予以订约全权，极愿与胡使在东京接洽商议，提出订约条款。④ 31 日，外交部指示胡使云：此次驻日捷使提交订约条款，系上年本部抄送捷克委员之节略，自可据之与彼接洽订定；唯我国近年与各国所订新约，均无领事裁判权，此节仍宜坚持原案。⑤ 外交部拟中捷约稿 8 条，函东京转交捷使。

1922 年初，中捷在东京多次商谈，胡使派代办张元节与捷使互商，捷使于废除领判权一节表示赞成，唯须声明以最新法律公平主义

---

① No. 829《收法京陆总长 5 日电》（1919 年 9 月 9 日）、No. 848《收法京陆总长 13 日电》（1919 年 9 月 15 日）、No. 853《收法京陆总长 15 日电》（1919 年 9 月 17 日），《中俄关系史料·俄政变与一般交涉》（2），第 488、496～497、500 页。

② 《驻比使馆 6 月 14 日公函》（1926 年 7 月 3 日），外交档案：03 - 32 - 552 - 01 - 016。

③ 《捷克专员面交次长照会》（1921 年 3 月 24 日），外交档案：03 - 09 - 007 - 03 - 009。

④ 《驻日胡公使致总长 13 日函》（1921 年 10 月 20 日），外交档案：03 - 32 - 551 - 01 - 013。

⑤ 《函驻日胡公使》（1921 年 10 月 31 日），外交档案：03 - 32 - 551 - 01 - 014。

待遇捷克人。关于通商税则，中方比照《中德协约》，主张通商关系完全平等，通商地点以已许第三国者为限，税则由两国国内法规定。捷使认为德为战败国，中捷为同盟国，应比德国条件略优。张代办答以既系完全平等，不能再有最惠国条文，捷使称为捷克人民利益起见，不能不陈述个人意见。次日，捷使送节略，称拟 2 月间到北京与总长面商一切。①

2 月初，捷克代表范司德请早日成议。② 同时，胡使函送捷克节略，询问订约应否以近年所订新约为标准。22 日，外交部指示订约原则云：我国现与他国订立新约，对于旧约所有弊害，均极力剔除，如领事裁判、关税协定、最惠条款等，新约概未许予，今与捷克订约，自亦须依此为标准。捷克节略第一项最惠国条款，尤注重于关税与内地所有权两事，外交部强调必以相互为宗旨，然后两国权利义务始能平等，且可免去最惠国条款流弊。上年《中德协约》关于关税一节，订明完全由两缔约国之内部法令规定，以免协定之束缚。至内地所有权，除教堂外，历来与各国所订条约，均未许以此种利益，捷克人民自不能特享该项权利。第二项裁判管辖权，只能参照德约，另用换文同样声明：在华捷克人民当由新设之法庭，以新法律审理。第三项请允给许以第三国人民及货物之一切便利及特权，外交部认为仍是要求最惠国条款之意，应即照上述办法，不必与议此项，以免流弊。最后要胡使参照《中德协约》查酌办理。③

25 日，胡使电告：捷使又来催询订约事，据称废止领判权一节，已表赞同，约稿可以《中德协约》为样本，因其政府屡催，如日内不得回音，拟自赴北京面商。④

---

① 《收驻日胡公使 13 日电》（1922 年 1 月 15 日），外交档案：03 - 32 - 551 - 01 - 016。
② 《赤哈代表问答》（1922 年 2 月 7 日），外交档案：03 - 32 - 551 - 01 - 018。
③ 《函驻日本胡公使》（1922 年 2 月 22 日），外交档案：03 - 32 - 551 - 01 - 019。
④ 《收驻日本胡公使电》（1922 年 2 月 25 日），外交档案：03 - 32 - 551 - 01 - 020。

中捷在北京也有接洽。4 月 21 日，范司德为关税问题，要求与外交次长代理部务沈瑞麟面商，欲以抛弃领判权，交换关税如中德换文之待遇。[①] 25 日，范司德与沈瑞麟讨论中捷约稿第 5 款关税问题，捷方要求照《中德协约》换文"在国定税率未普通施行之前，德货入口得暂照通用税率完纳关税"。沈氏云：中德换文系有交换条件，德国情形特殊，贵国难以援引。范司德云：前任刘式训次长曾谓倘捷克抛弃治外法权，则关税一层可以在换文内规定，若此层难以办到，则捷克进口货物难与他国竞争。沈氏云：倘贵国愿照中德办法，必须有交换条件方可照允。范司德请将交换条件见告。沈氏云：尚须陈明总长详加研究，并建议因胡公使请假回华，最好将议约移到北京办理。[②]

5 月 12 日，沈瑞麟与范司德再谈，确定捷克驻日公使来北京谈判。沈氏提出关税问题交换条件草案：中国政府允在国定税率未普通施行以前，捷克货物运入中国，得暂照通用税率完纳关税；唯捷克政府除将所欠中东铁路运费实时偿还外，须允中国货物运入捷克完纳关税税率应与捷克货物运入中国相等，并允中国人民侨居捷克者，破除一切限制，豁免各种税捐。沈氏强调此种交换条件，对捷克商务有利，因捷克境内目前几无华人侨居。范司德允转达驻日公使。[③]

6 月 15 日，范司德会晤沈次长，提交意见书两份，并表示驻日公使应俟条件接近后再来为宜。[④] 捷克书面意见，主要仍是要求中国仿《中德协约》，对现行税率征税发同样之宣言。[⑤] 该意见并答复中国所提交换条件：（1）中东铁路运费待两国通好后再行解决；（2）双方

---

① 《黄宗法接晤万参议谈话纪录》（1922 年 4 月 21 日），外交档案：03-32-551-01-024。
② 《赤哈代表问答》（1922 年 4 月 25 日），外交档案：03-32-551-01-023。
③ 《赤哈代表问答》（1922 年 5 月 12 日），外交档案：03-32-551-01-025。
④ 《赤哈代表问答》（1922 年 6 月 15 日），外交档案：03-32-551-01-027。
⑤ 《赤哈驻东京公使对于中国所提中赤条约草案之具体意见》（1922 年 6 月 19 日），外交档案：03-32-551-01-029。

税率相同一节，因捷克与他国曾订有最惠国待遇条款，此事非常困难，然订约后或可觅得可令双方满意之解决办法；（3）捷克国内并无华侨，故对于旅捷华人免除一切税捐及各种限制之要求，不唯于事实上毫无影响，且与中国所提草案第四条末尾"两国人民应遵守所在国之法律，其应纳之捐税租赋，不得超过所在国本国人民所纳之税率数"一句，意义相矛盾。①

8月5日，顾维钧任外交总长，31日接见范司德，顾氏表示此事仍由沈次长接洽。② 10月23日，沈瑞麟与范司德会晤，捷方仍重关税问题，不愿承担交换条件。次长解释，若捷人愿照条约第五款办理，所有税厘与中国人一律纳付，自无交换条件之可言；如欲得有约国人民待遇，当与德约一律办理，须有交换条件。③ 11月18日，捷代表仍为关税问题与沈次长争论，沈氏坚持原议，并询问前交之约稿，贵政府能否全体赞成。范司德云：谅不久即有回音。④

29日，王宠惠"好人内阁"因罗文干案总辞，顾氏下台。汪大燮组阁，外长王正廷，汪旋下台，12月11日，王正廷代总理。1923年1月4日，张绍曾组阁，2月黄郛继任外长。3月12日，黄郛外长接见捷克代表，范云：捷克为出口货之国，故不得不急与各国订立条约，本代表曾与沈次长商订中捷条约，行将告终，尚待本国政府回信，俟奉到回音，再来报告贵总长及沈次长。⑤

4月8日，黄郛辞职，6月黎元洪下野，高凌霨组摄政内阁，7月3日顾维钧任外长。10月，曹锟就任总统，1924年1月孙宝琦组阁，

---

① 《对于外部次长交付与赤哈使馆顾问驻京代表魏斯拉 Weinzelt 氏之中赤条约草案意见书》（1922年6月19日），外交档案：03-32-551-01-029。

② 《赤哈代表问答》（1922年8月31日），外交档案：03-32-551-02-001。

③ 《赤哈代表问答》（1922年10月23日），外交档案：03-32-551-02-002。答复内容见《答复节略》2件，外交档案：03-32-552-02-015、016。

④ 《赤哈代表问答》（1922年11月18日），外交档案：03-32-551-02-003。

⑤ 《赤哈代表问答》（1923年3月12日），外交档案：03-32-551-02-004。

顾氏蝉联外长；9 月，颜惠庆组阁，顾氏再蝉联，一直到 10 月底北京政变。

1924 年，捷克派遣代表赴北京。① 5 月 11 日，驻比公使王景岐电外交部云：闻捷克已派驻京公使，我国是否已允未订约前即行接待，及在华捷人裁判方法已否商妥，拟请电示大略，俾资接洽。② 17 日，外交部复电：捷克派使并未向我征求同意，部中并无所闻，在未经订约以前，自难接待；至中捷商约迄未成议，捷人在华裁判方法，我方约稿规定双方侨民应遵守所在国法律，捷克尚无明确表示；而于国定税则一节，尤多异议。③

6 月初，驻日使馆电告外交部：捷克公使照会，称捷克政府派外交部稽察科长哈拉（Charles Halla）赴北京充订约全权，并拟俟签约后，即任命为驻华全权公使，请中国政府特予承认。④ 13 日，外交部复电：捷克政府派哈拉氏来京充订约全权，可允接待；至签约后派充驻华公使一节，拟俟条约成立后再行表示。⑤

9 月 4 日，哈拉在北京会见沈瑞麟，递交捷克外长函：派全权公使哈拉以同等资格驻扎贵国，其任务系根据训令，从事缔结两国间之和好通商条约，并处理将来两国外交上及裁判上或能发生之各项问题。⑥ 8 日，外交总长顾维钧会晤哈拉，哈拉请赞助订约通好。顾氏表示赞同中捷早日订约。⑦ 19 日，外交部函捷克代表："本国政府承认贵代表在北京之职务，即以订约为限。"⑧ 外交部拟定谈判方

---

① 《驻比使馆 6 月 14 日公函》（1926 年 7 月 3 日），外交档案：03 - 32 - 552 - 01 - 015。
② 《收驻比王公使 11 日电》（1924 年 5 月 12 日），外交档案：03 - 32 - 551 - 02 - 005。
③ 《发驻比王公使电》（1924 年 5 月 17 日），外交档案：03 - 32 - 551 - 02 - 006。
④ 《收驻日本使馆电》（1924 年 6 月 10 日），外交档案：03 - 32 - 551 - 02 - 007。
⑤ 《电日本使馆》（1924 年 6 月 13 日），外交档案：03 - 32 - 551 - 02 - 008。
⑥ 《收赤哈外交总长 7 月 16 日函》（1924 年 9 月 7 日）、《次长会晤捷克代表问答》（1924 年 9 月 4 日），外交档案：03 - 32 - 551 - 02 - 010、011。
⑦ 《赤哈代表问答》（1924 年 9 月 8 日），外交档案：03 - 32 - 551 - 02 - 012。
⑧ 《致赤哈代表函》（1924 年 9 月 19 日），外交档案：03 - 32 - 551 - 02 - 013。

针，以双方争执两事，不给领事裁判捷方已谅解；关税问题，外交部以与国人同等待遇，若必欲引中德换文先例，须予中国交换条件。①

10 月 20 日，顾总长接见捷克代表，坚持要先订约才能通使。23 日，条约司钱泰司长与哈拉开始会谈，哈拉携来捷克对中方草案答案，双方逐条讨论，关键仍在关税问题，捷克必欲取得如德国之条件，实质上适用协定税则，俾在商务上不落人后。钱泰强调：嗣后中国与他国订约，均采平等相互原则，关税自由为订立新约不易之原则，若无交换条件，不愿给予协定税则；此事双方约文距离太远，只可暂行搁置，容后再谈。② 当夜北京政变，顾氏旋去职。

29 日，中捷第二次谈判，讨论司法地位，哈拉指出捷克系协约国中之首先承认放弃领事裁判权者，希望中国承认捷克人民得享协定税则。钱泰云：俄国亦已承认放弃领事裁判权，若无交换条件，税则欠难再行退让。③ 31 日，教育总长黄郛代总理摄行总统职权，王正廷任外长。

11 月 6 日第三次谈判，辩争关税与审判甚烈。钱泰云：关税一节，本部总长甚愿以平等相互为原则，或可照俄约办法，先订普通原则，以后再以相互平等各原则为基础，另订通商税则。哈拉请依俄国先例，用一种宣言形式之文书，声明本约签字后另订税则专约，在税则专约未订以前，两国互相承认采用最低税率。钱泰云：现在敝国本国人民所纳税额与协定税率无所高低，提案承认贵国人民照敝国本国人民税额纳税，是事实上已不啻承认贵国人民适用协定税率也。唯敝国雅不愿以正式宣言自行束缚，致引起将来之纠纷，因敝国各界对于

---

① 《中捷订约节略》（1924 年 10 月 18 日拟），外交档案：03-32-551-02-016。
② 《总长会晤赤哈代表哈拉氏问答》（1924 年 10 月 20 日）、《钱司长会晤捷克代表第一次问答》（1924 年 10 月 23 日），外交档案：03-32-551-02-017、018。
③ 《钱司长会晤捷克代表第二次问答》（1924 年 10 月 29 日），外交档案：03-32-551-02-019。

协定税则攻击甚力，且俄约中亦无此项协定，而俄约实为现任本部总长亲自商订者。再谈则司法问题，捷克对案附加声明书第五条要求特殊待遇。钱泰云：敝国近来正与其他各国商订新约，将近成功，内中均无此项规定，倘承认贵国得享特殊办法，势必引各国之怀疑及效尤，致发生他种纠葛；现在敝国与各国订约抱定三种宗旨，即取消领事裁判权及最惠国条款、关税自由是也；鄙人希望贵代表将关税及司法二层向贵国政府切实解释，必能得其了解。①

12 日，哈拉会晤次长沈瑞麟，告知与钱泰会谈状况，指出裁判权问题基本已同意，关税问题亦然，已电政府请示；另就关税问题提出换文稿，沈次长云会与钱泰商量。② 27 日第四次谈判，12 月 2 日第五次谈判，皆无关紧要。③ 捷克代表将约稿寄交本国政府，等待指示。

驻比公使王景岐关心谈判情形，为捷克代表用公使名义询问外交部，称捷克前在巴黎与中国议约时，欲以往日不平等之待遇与我国通好，此次于未订约前不请我国同意，径派公使，亦似出于轻视。中国长久苦于国际不平等待遇，与旧订约国要求修改，阻碍丛生；对于无约各国，应坚持历年外交主义，以未订平等条约者，不与通使；未订领事条约者，不许设领，否则愈难交涉。④

1925 年 3 月 7 日，外交次长曾宗鉴与哈拉会晤，哈拉云：中捷协定磋商多次，大致业已商定，现专候敝国政府训令，敝国政府最注意之点即通商平等待遇一条。⑤

---

① 《钱司长会晤捷克代表第三次问答》（1924 年 11 月 6 日），参见《照译中赤协约赤国对案》（1924 年 11 月 21 日），外交档案：03 - 32 - 551 - 02 - 020。

② 《赤哈代表（12 日）问答》（1924 年 11 月 14 日），外交档案：03 - 32 - 552 - 01 - 003。

③ 《钱司长会晤捷克代表第四次问答》（1924 年 11 月 27 日）、《钱司长会晤捷克代表第五次问答》（1924 年 12 月 2 日），外交档案：03 - 32 - 552 - 01 - 007、008。

④ 《驻比王公使 11 月 5 日函》（1924 年 12 月 17 日），外交档案：03 - 32 - 552 - 01 - 009。

⑤ 《次长会晤捷克代表问答》（1925 年 3 月 7 日），外交档案：03 - 32 - 552 - 01 - 010。

事实上，中捷谈判中止约一年，1925 年 10 月 19 日《中奥商约》签订，1926 年 2 月 10 日，外交部电驻奥黄荣良公使云：1924 年与捷克代表商订通好条约，大致就绪，唯于关税、领事裁判权两项，捷克代表有保留，谓须请示其政府，迄今年余，尚无切实答复。该约在北京磋商，恐受牵制，难于成议，此次执事议订奥约条款颇为妥善，中捷条约可否由执事就近与捷克驻奥公使接洽，继续磋商。① 27 日，黄使复电：捷约移奥办理无不赞成，业与驻奥捷代表接洽，据称彼政府须俟接到驻北京代表报告后，方能定夺。②

4 月 20 日，临时执政段祺瑞下野，5 月 13 日，外交总长颜惠庆复职组摄政内阁。28 日，颜氏会晤捷代表，敦促重开谈判。哈拉表示：两国商订条约悬而未竟，捷克政府对于经济条款非常注意，中奥条约中经济条款颇适于捷克国情，不妨作为蓝本；捷克在中国侨民日益减少，故对于治理法权一层不甚紧要；而两国间出入口货物，向由德、意、英各国居间间接交易者，则拟建立直接贸易机关，俾便发展。③

6 月 14 日，王景岐函外交部询问：闻外交部拟在中捷正式条约签订以前，准予特别通融，暂行设立领事，不能享有领事裁判权。彼国与华通商利益重大，而我国在捷利益甚微，操纵之权实持在我，与其订立商约，不但应按平等相互公正各原则，且更应就彼此利益全盘打算，要求有所交换，以符事实上之公平。设领与商务有重大关系，不妨稍示坚定之意。至将来他国未订平等条约，拟请亦一概拒绝设立使领，著为我国外交不易之明令。④ 7 月 15 日，外部复函说

---

① 《电驻奥黄公使》（1926 年 2 月 10 日），外交档案：03－32－552－01－011。
② 《收驻奥黄公使 2 月 27 日电》（1926 年 3 月 2 日），外交档案：03－32－552－01－013。
③ 《总长会晤赤哈代表哈拉氏问答》（1926 年 5 月 28 日），外交档案：03－32－552－01－014；《颜惠庆日记》第 2 卷，第 339 页，1926 年 5 月 28 日。
④ 《收驻比使馆 6 月 14 日公函》（1926 年 7 月 3 日），外交档案：03－32－552－01－015。

明：报载各节并非事实，中捷自 1924 年 11 月在京迭次磋议，大致已就绪，唯因彼要求最惠税率，迄未成议；部中现对未经订约各国派设领事，一概不予接待，为近年久定之方针，尊示各节，正与部中意旨相符。[1]

9 月，王景岐任中国代表出席国联第七届大会，22 日，自日内瓦电外交部，云：晤捷克外相，彼言深盼中捷商约早成，但在北京进行颇多不便，如能移欧在比京办理，似较适宜；王使答以关税及法权之完全自由，中国绝对不丝毫让步，最后亦仅能以德、奥商约为蓝本。[2] 24 日，外交部去电指示：可即照允，并称：捷克代表前年在京议约，对于关税、法权两项迄未定议。关税一项，彼希望照德约换文暂照通行税率，我始终未允；末次晤面时，彼对奥约规定似已认为满意。至法权一层，彼允不索领判权，但恐将来有折中办法，希望换文保留援例；当告以领判权只有允否两途，将来绝无其他折中办法。现在我国与各国所订新约，概未许以领判权、协议关税及最惠国条款。将来在比京与彼磋商，仍望坚持。[3] 外交部将其所拟约稿，捷克政府答案，及迭次会议录寄欧。[4] 结果又无下文。

1927 年 12 月 1 日，哈拉会晤钱泰，称将于次年 2 月请假返国，愿行前将条约商妥，俾报告捷政府，再返中国时或可签约；双方对约稿困难之点，即为关税适用最惠国条款，担心捷商不能与享有最惠国条款各国货竞争。钱泰云：本国不能给予最惠国条款之理由，早已详加说明，现在关税自主之期将届，更不能有所束缚。哈拉云：除最惠条款外，对于其他各点已完全同意，至多不过讨论字句问题，若无最

---

① 《致驻比王公使函》(1926 年 7 月 15 日)，外交档案：03 – 32 – 552 – 01 – 016。

② 《收日来佛王代表 22 日电》(1926 年 9 月 23 日)，外交档案：03 – 32 – 552 – 01 – 017。

③ 《电日来佛王代表电》 (1926 年 9 月 24 日)，外交档案：03 – 32 – 552 – 01 – 018。

④ 《函日来佛王代表》(1926 年 9 月 29 日)，外交档案：03 – 32 – 552 – 01 – 019。

惠条款之争持，本可早日签字。①

28 日第七次晤谈，钱泰云：磋商已逾三年，至今无何进展，何不先订一通好条约。哈拉云：鄙人此次返国当与敝国政府决定之，鄙人接奉训令，嘱对于最惠国条款特别注意，故于此层不能不一再坚持。②

1928 年 2 月 14 日第八次晤谈，中方坚持 1929 年 1 月 1 日起颁行国定税率，届时各国一律，仍不允给捷克最惠条款。哈拉问：敝国采用中奥条约内关税条文，是否可允？钱泰答：可以允许，唯奥约中有"他国"字样不能允许。哈拉返国后由驻沪领事倪慈都（J. Hnizdo）代理。3 月 2 日，捷克代表行前会晤外长罗文幹。哈拉云：希望早日缔约，捷克所切望者，唯税则上最惠国待遇，至于治外法权等条款，则不欲涉及，中国关税自主之后，税则上当无何等困难。③

6 月，北京政府覆灭，南京国民政府继续商议。9 月 18 日，倪慈都到南京送中捷条约草案，外交次长唐有壬交条约委员会副会长徐东藩。徐氏与倪慈都会晤，云中国将提草案。19 日，徐氏答拜，告以外长王正廷表示应缔修好通商条约，倪慈都云捷克政府训令订简短之修好条约。20 日，草案备就，次日倪慈到部取回研究。22 日开议，捷克代表提出多项修改，最重要者为关税之最惠国，如美、德之待遇。徐氏答以：中国正在修改各种不平等条约，以后决不再给最惠国待遇，并准备公布国定税率，恢复关税自主，不能再有最惠国待遇。捷克代表将中国草案函送捷克政府，复到再议约。④ 北京、南京政府

① 《钱司长晤捷克哈代表第六次问答》（1927 年 12 月 1 日），外交档案：03 - 32 - 552 - 02 - 009。

② 《钱司长晤捷克哈代表第七次问答》（1927 年 12 月 28 日），外交档案：03 - 32 - 552 - 02 - 009。

③ 《钱司长晤捷克哈代表第八次问答》（1928 年 2 月 14 日）、《总长会晤赤哈代表哈拉氏问答》（1928 年 3 月 2 日），外交档案：03 - 32 - 552 - 02 - 009、03 - 09 - 007 - 03 - 023。

④ 《中捷议约记录——与捷克代表倪慈都议订条约记录》，《外交部档案》：172 - 1/2129。

对订约态度前后一致。

1930 年 2 月 12 日，中捷《友好通商条约》21 条在南京签订，11 月 20 日在南京互换。[①]

六　结语

民国建立后，北京政府即坚持平等订约。1915 年，与智利订约，为第一次用浑括主义，未明订给予领事裁判权，但最惠国待遇是否包括领事裁判权在内，并未言明。1918 年，与瑞士谈判订约时，仍认为给治外法权为惯例。因此，《中华智利通好条约》可否视为第一个平等条约，尚有争议。1919 年 4 月 27 日大总统令，对无约国平等订约，从此贯彻执行，到 1928 年 5 月 26 日，北京政府覆灭前一周，签订最后一个平等条约为止，十年间北洋订约观念有长足进展，并获致不俗成果，是北洋修约史中重要的一环。

与原无约国谈成的第一个平等条约是 1919 年 12 月 3 日在东京签订的《中华玻利维亚通好条约》。玻利维亚约依瑞士约除去附件，并换文声明最惠国待遇不包括领事裁判权，比智利约更进一步，开创成功先例，朝野称善，被视为第一个平等条约，但是外交部后来认为："玻约尚有最惠条款，关税一层亦未明订"。[②]

1920 年 6 月 1 日签订之《中华波斯通好条约》明白去除领事裁判权，但外交代表享有最惠国待遇。1923 年外交部认为："波约仍有最惠条款，不免流弊。"[③] 后来修约观念更清楚，1930 年 1 月 15 日，南京外交部条约委员会建议修改该约，理由是 1920 年条约第一条有领事裁判权字样，虽于中国法权可无妨碍，然波斯在华原无领判权，殊无提及之必要。又同条有最惠国字样，亦欠妥善。第三条意义似嫌含

---

① 王铁崖编《中外旧约章汇编》第 3 册，第 766~769 页。
② 《电驻日汪公使》（1924 年 11 月 15 日），外交档案：03-23-087-02-016。
③ 《电驻英朱代办》（1923 年 5 月 9 日），外交档案：03-23-096-04-002。

混，而洋文 Respect（尊崇）一词，译为待遇，尤滋疑义。第五条有领事裁判权字样，其弊与第一条同。又关于领事订有享受最惠国领事官之同等特权，将来解释上深恐发生困难。①

芬兰先派领事来华，原想先通使再订约，北京外交部不允，以不发给领事证书，逼迫芬兰非订约不可。芬兰对治外法权及关税想回避，后依德约办法声明。1926 年 10 月 29 日签订之《中华芬兰通好条约》，内容为当时北京外交部平等条约之标准版本，此约也是北京政府签署并互换生效的最后一个通好条约。

1928 年 5 月 19 日签订之《中华波兰友好条约》及 26 日签订之《中华希腊通商条约》，都未经互换生效。波兰于欧战后独立，列席巴黎和会，加入国际联盟。波兰侨民旧隶俄籍流寓东北者很多，复国以后恢复波兰原籍，与中国关系日益纷繁。此约在北京议定，原只订通好条约，后扩大为通商友好条约，通商部分多援《中奥商约》之例。此约签订后，北京政府随即倾覆，南京国民政府不承认此约，1929 年 9 月另订大体相同之约。

希腊约为北京政府签订的最后一个条约，在巴黎签字八天后张作霖即离开北京，尚未互换生效。1919 年后，北京坚持不再给领事裁判权，第一个就用于希腊。希腊希望先派使领再议约，北京政府不允，以无约国人民对待希侨，逼使希腊不得不订约。南京政府承认此约，但要去除声明文件，于 1929 年 9 月在巴黎重签，加一换文，此为北京订约南京继续之个案。

《中捷友好通商条约》为巴黎和会以来第一个平等订约之尝试，自 1919 年 4 月 27 日北京决定订约方针后，5 月陆征祥即于巴黎展开谈判。双方接洽超过十年，贯穿北洋修约发展历程，双方都很想成议，也各有坚持，是很具代表性的个案。捷克为新独立国，继承奥匈

---

① 《中国波斯商约草约附件》，《外交部档案》：缩影 148，《中波（斯）条约》。

帝国工业地区，以协约国一员自居，加入国联，欲得中国通商之利，坚持关税最惠待遇。北京欲执行新约政策，坚持平等互惠。谈判关键在于捷克要求税则上之最惠国待遇，其目的在于与其他国家竞争时，不致居不利地位；并以不要求领判权，交换关税优惠，至少如中德换文之待遇，北京则坚持换文须有交换条件。南京政府同样坚持不给优惠关税，最后于 1930 年 2 月在南京订约，关税完全由各本国之国内法规定之。

由北洋时期各平等谈判订约个案观之，民国肇造之初，即有平等订约之观念，但在欧战期间，只能先求正约平等，附件仍有让步失权。1919 年确立平等互惠订约政策后，初则注重不给治外法权、协定关税，各约交涉重点在关税、法权，多仿中德之例以换文声明。1922 年起，注意到最惠国待遇，1924 年确立关税自由及剔除最惠国条款，为订新约最要主旨，① 订约不再提最惠国待遇，改为照享受国际公法应得之待遇。1926 年后，又注重条约有效期限及修约之规定，主张条约有效期限越短越好，以便随时可修改。1926 年 11 月关税会议通过关税自主案后，外交部订约皆以 1929 年 1 月 1 日为实行国定税则之日，对关税更不可能让步。

北京政府虽然政局动荡，内战不断，外交当局变动频繁，加以中央衰微，管不到地方，各国订约时不免观望；但外交部在修约上政策一贯，始终坚持维护国权。外交部的主要武器是通商利益，如德、奥、捷克等国，皆想与中国通商；其次是明令无约国人在华不能再由其他列强保护，不签约就不许通使设领，迫使希腊、芬兰等国急于签约，波兰则因侨民多在东北，必须与张作霖及北京政府交涉；加以德、奥、俄等平等条约建立先例，弥足珍贵。各国主要争执，在于希

① 《电驻日刘公使——塞尔维亚订约事》（1924 年 7 月 31 日），外交档案：03 - 23 - 096 - 03 - 004。

望享有领事裁判权及优惠关税，不希望本国人民在华与他国国人竞争时，居于不利地位。

总而言之，北京政府逐步增加平等国，减少条约特权国数目，欧战之后，在华平等国日增，对条约列强产生压力。北洋平等订约之观念，南京政府持续坚持，希腊、波兰、捷克等约，都是贯穿北洋到南京的案例。

第八章

五卅之后北洋"到期修约"的发展

五卅惨案到北伐结束（1925～1928）是中国外交史上一个重要阶段，此期间中国内战剧烈，民族主义激昂，冲击各国条约权益，列强咸注目中国局势之发展，并与中国各派系势力交涉频繁且影响深远。当时全国反帝情绪高涨，国民政府高举"废约"旗帜，并有省港大罢工及收回汉、浔英租界等壮举；北京政府也向华会列强提出《修约照会》，并有一连串的修约交涉。过去学界对此期间的中国外交研究，受革命史观影响很深，常以国民政府为正统，注重其统一全国过程中与列强之交涉，诠释脉络聚焦于广州、武汉到南京政府"革命外交"的发展与演变。① 北京政府则被视为伪政府，处于从衰微到覆亡的消逝阶段，其外交努力及成就遭贬抑或忽视。

然而就中国外交史而言，北洋末期"到期修约"是十分重要的阶段。1928 年 6 月以前，国际承认的中国中央政府仍是北京，加以北洋末期虽然内部政局动荡，外受国民革命军挑战，权威如日薄崦嵫持续衰坠，然而在修约上有重大突破，对条约特权国确立"到期修约"方

---

① 最具代表性的著作为李恩涵《北伐前后的"革命外交"（1925～1931）》。

针，坚毅推动。对不愿谈判之比利时、西班牙，毅然宣布旧约期满失效，与满期诸国展开修约谈判，持续到国民革命军进入北京前夕，为国民政府留下丰富的遗产。

北洋末期修约个案甚多，中外档案史料丰富，但是研究成果很少。本章首先探讨"到期修约"方针的形成历程、决策机制，然后就中比、中法、中日、中西、中英及中墨、中秘等修约谈判，做个案研究，试图重建北京政府与条约列强修约的历程与成果，考察其与国民政府外交之互动，更全面地探索此阶段中国外交之特色与历史意义。

第一节　北洋"到期修约"方针的确立与执行

一　"修约"与"废约"

摆脱条约束缚是中国朝野一致的目标，对达成此目标之方法与手段，则有不同的途径。北京政府基本上尊重现有中外条约，履行条约义务，对条约不合理及侵犯中国主权之处，要求修改。这种方式，合于国际惯例，但是依赖国力的成长及各国的善意，在国力衰微之时效果缓慢而有限，加以各国有最惠国待遇，互相牵引，使修约难度大增。因此"修约"一途常不受激进人士青睐，他们抨击北京被条约列强牵着鼻子走，是"外国人的朝廷"。

广州政府自从联俄之后，受世界革命影响，外交趋于激进。1924年国民党一大通过之党纲，提出要"废除不平等条约"。该年底，孙中山《北上宣言》再次强调废约，抵北京后对段祺瑞之"外崇国信"十分不满。1925年3月12日，孙中山逝世，《总理遗嘱》中表明要在最短期间实现"废除不平等条约"，自此废约成为革命党之旗帜。五卅之后，国人激烈排外，废约之说利于宣传，容易打动人心。自此

"修约""废约"逐渐分离。

修约之代表文件，是北京政府1925年6月24日对华会列强之《修约照会》。照会指出：

> 自近年来，中国舆情及外国识者，佥谓为对于中国公道计，为关系各方利害计，亟宜将中外条约重行修正，俾合于中国现状暨国际公理平允之原则……此种不平等情状及非常权利之存在，常为人民怨望之原因，甚至发生冲突，以扰及中外和好之友谊，如最近上海之事变，至为不幸……中国政府深信非常权利一经消除，不特各国权利利益更得良好之保障，且中外友谊必能日臻进步。为彼此利益计，甚望贵国政府重念中国人民正当之愿望，对于中国政府一公平主义修正条约之提议，予以满足之答复，庶几中外友谊立于更加巩固之基础。[1]

废约之代表文件，则是28日国民党发表第二次《废除不平等条约宣言》，对北京政府之修约照会提出严厉批判，云："废除与请求修改截然二事……本党兹再郑重宣言，对于不平等条约应宣布废除，不应以请求修改为搪塞之具。"[2] 这个宣言凸显"修约"和"废约"为两条截然不同之道路。事实上，"修约"和"废约"的差异并不是那么黑白分明，北洋末期对条约列强的"修约"有重大突破，甚至还大放异彩地废除了两个条约，在外交上盖过了国民政府"废约"的光芒。

---

① 《修约照会》(1925年6月24日)，外交档案：03-23-101-01-001；《北京政府要求修改不平等条约致公使团照会》，程道德、郑月明、饶戈平编《中华民国外交史资料选编(1919~1931)》，第230页。唯该照会并未用"不平等条约"一词，也非致"公使团"，而是华会列强八国。

② 《国民党中央执行委员会关于废除不平等条约的宣言》(1925年6月28日)，程道德、郑月明、饶戈平编《中华民国外交史资料选编(1919~1931)》，第321~322页。

二 北洋末期 "到期修约" 方针的确立

对有条约特权国的修约最为棘手, 北京政府曾于 1919 年巴黎和会、1921 年华盛顿会议, 两度向列强提出修改条约之要求, 但未受重视, 只得到 "口惠而实不至" 的敷衍, 中国朝野相当失望。1925 年五卅惨案发生后, 北京外交部认为: 国人 "对于不平等条约之废止呼声日烈, 似此情形若不早为设法, 亦恐酿成社会之纷扰, 似应速筹办法急谋改善, 以副国人之希望"。① 修约有两种办法: 同时向列强提议修改旧约中有碍中国主权及片面性质与不合时宜之条款; 或是就个别国家条约将届期满或将届修改时期者, 陆续提商修改。前者交涉困难, 中国过去屡次向列强提出, 都无实效。"迩年以来修改不平等条约为政府固定之方针, 惟修改之途径有二, 一为向各国合并提议, 一为向各国单独磋商。"② 北京外交部于 6 月 24 日对华会列强再次提出修约照会, 9 月 4 日华会八国修约复照, 称: "对于中国政府修正现有条约之提议, 愿予加以考虑, 但视中国当局表证愿意且能履行其义务之程度为标准。"③ 至此, 向各国合并提议修约一途, 无法达成具体成果。

在昂扬民气要求及广州政府对外锐意进取的刺激下, 北京外交部思考新的修约策略, 决定舍弃向列强同时提议修约之旧法, 改采 "到期修约" 之新法, 即利用个别条约将届期满或将届修改期限者, 陆续向各国约商修改。④ 1926 年到期的中外条约有《中法越南通商章程》(8 月 7 日)、《中日通商行船条约》(10 月 20 日)、《中比和好通商行船条约》(10 月 27 日), 依约期满前六个月, 要照会对方要求修约。

---

① 《修约说帖》, 未书日期, 依前后文件推断, 应为 1925 年 6～8 月五卅惨案后北京政府对华会列强提出修约照会后不久。见外交档案: 03－23－069－01－001。
② 《中法修约提出阁议说帖》(1926 年 2 月 2 日), 外交档案: 03－23－009－01－005。
③ 《英馆照会》(1925 年 9 月 4 日), 外交档案: 03－23－101－02－009。
④ 《修约说帖》(未书日期), 外交档案: 03－23－069－01－001。

对于比约，外交部于 8 月 14 日电驻比公使王景岐云："此次我国提议修改不平等条约，比国如无满意答复，拟于明年四月向比国单独提出修改中比商约之议"，[①] 嘱王使预为布置，并将所见随时见告。王使遂向各方面表示将行修约之意，并就中比修约相关意见，11 月中旬备具说帖函送外交部，[②] 指出 1865 年《中比商约》第 46 款规定十年可修约，到 1926 年复届十年期满，中国应先期六个月声明修正，以除缚束。王使年来多方布置预将声气放出，以探比国人士之意向，比国外部人员均尚未表示反对，但对于中国对待同样条约将届满之他国之态度，则甚为注意。王使告以中国与他国所定商约将满期者办法一致，断无轩轾之分。王建议中比商约期满时，北京政府应斩钉截铁声明废止，随后再商订新约，并拟就具体办法：（1）满期前六个月即1926 年 4 月 27 日以前，正式知照声明该约自满期之日起悉归无效，比人在华一切保护及待遇，照普通国际公法之规定；（2）中比商约废止后，所有比国基于条约而享有之领事权、约定税则权、租界内行政权及传教权等，当然废止，我国内部应预先有所布置。[③]

对于法约，1925 年 8 月 25 日，北京政府致法国外交部节略，指出《中法越南通商章程》《附属专条》《专条附章》三约期满作废，要求修约。9 月 1 日，法国外交部答复：新约成立之日，旧约始能废止，故中国政府所称该三约期满作废一节，实难同意。15 日，外交总长沈瑞麟会晤法国公使玛德，玛使称法国政府之意，中越商约十年期满可以修改，并不废止。又称中越商约实际上与两方面均有利益，并非不平等条约，不可与《中比条约》相提并论，万一中政府以排外态度视旧约为不平等，完全废止，法国不得不为保留，即用法律手续，

---

① 《电驻比王公使》（1925 年 8 月 14 日），外交档案：03 - 23 - 069 - 01 - 003。
② 《收驻比使馆函》（1925 年 11 月 19 日），外交档案：03 - 23 - 069 - 01 - 004。
③ 《说帖》附于《收驻比使馆函》（1925 年 12 月），外交档案：03 - 46 - 010 - 02 - 016。

法庭亦难表示同情。如中政府仅允修改不即废止, 法国政府及法使即可开始商议。条约司司长钱泰云: 为两国利益计, 当从速修改为是。①

1925 年底, 许世英内阁成立, 1926 年 1 月 11 日王正廷正式就外交总长职, 接见僚属时称: "余对于外交方针, 现抱定保国信复国权之六字, 盖自巴黎和会以后, 恢复国权之机会即已达到, 允当利用此机会, 逐渐收回从前已失之权利, 此后外交上即当从此项目标进行, 收回国权之损失。" 王又向外报记者表示: 外交政策为尊重条约, 不妨碍中国生存, 凡有碍生存及侵我自由与独立国现状者, 皆有协商必要, 期早改善。②

王氏就职之次日, 法国公使提出《边越关税协定草案》5 条 2 表, 建议提交关税会议, 与该会所定之各项加税及附加税等规定同时施行。③ 条约司研究后, 拟《中法修约说帖》, 指出《中法越南商约》将于 8 月 7 日期满, 届修改年份, 约中减税规定与华盛顿关税条约中国海陆边界划一征税之原则完全反背, 而目下法国代表团所提《边越关税协定草案》, 较之旧约变本加厉, 我国似可依据 1866 年条约第 18 款, 声明该约及《附属专条》与《专条附章》已届十年修改之期, 应由两国另订平等相互新约, 所有该项条约专条及专条附章, 自期满之日起, 应即失其效力。④ 由于修约须于条约届满前六个月提出要求, 否则旧约效期再延十年, 北京外交部面临是否提出到期修约的关键抉择时刻。

15 日, 条约司提出《中比条约说帖》, 指出: 对列强共同商改条约, 窒碍难行, 势须单独磋商, 依据商约期满废止之规定最为平和。《中比条约》10 月到期, 王景岐公使函陈废止办法, 该约修约条款虽

---

① 《外交总长沈瑞麟会晤法国公使玛德问答》(1925 年 9 月 15 日),《资料汇编》第 3 辑外交, 第 494～495 页。

② 《申报》1926 年 1 月 19 日, 第 6 版; 21 日, 第 4 版。

③ 《边越关税协定草案》(1926 年 1 月 12 日), 外交档案: 03 - 23 - 009 - 02 - 009。

④ 《中法修约说帖》(1926 年 1 月), 外交档案: 03 - 23 - 009 - 01 - 003。

仅指比国，但按照国际公法惯例，自无拒绝中国请求修约之理，且经王使试探，比方尚未表示反对，此系中国提议修改条约照会后之第一机会。此时关、法两会前途颇多暗礁，况除税权、法权两项外，尚有其他亟应废除之不平等条款，亟宜有所表示，使列强知我国除忍耐磋商外，尚有他项办法，建请 4 月中旬照会比国《中比条约》期满无效。①

王正廷运用外交委员会为重要决策机制，1 月间频频开会讨论修改"不平等条约"事宜。② 24 日，王正廷在自宅开会，商讨修订本年度中外通商条约，确立"到期修约"方针，决定："将各国一切不平等条约，一律修改；同时并通知各国，谓情势变迁，所有条约上原有之规定，不适用者甚多，现拟要求修改。"③ 即不再用同时向列强提议修约之旧法，改用与个别国家条约将届满期或将届修改期限者，以"情势变迁"旧条约上之规定不适用者甚多为由，一个一个通知谈判修改，各个击破。④ "到期修约"方针跨出关键的第一步。27 日，外交委员会讨论《中法越南通商章程》届期的修订问题，认为："细绎此项通商章程，于我国法权税权多有妨碍……现值筹备收回法权税权，召集各国会议之时，此项条约自宜亟图修改，且查该章程瞬将满期，若不及时提议，必至坐失机会，枝节丛生"⑤；建议于期满六个月以前，即本年 2 月 6 日以前，备文声明，以便届期修改，而免贻误。

---

① 《修改中比条约说帖》（1926 年 1 月 15 日），外交档案：03 - 23 - 069 - 01 - 002。

② 《颜惠庆日记》第 2 卷，第 298、300 页，1926 年 1 月 8 日、15 日。外交委员会见本节第三小节。

③ 《国务院函》（1926 年 2 月 3 日），外交档案：03 - 23 - 009 - 01 - 009；《国闻周报》第 3 卷第 5 期，1926 年 1 月 31 日，第 23 页。

④ 《中法修约提出阁议说帖》（未书日期）、《国务院函》（1926 年 2 月 3 日），外交档案：03 - 023 - 09 - 01 - 009；《国闻周报》第 3 卷第 5 期，1926 年 1 月 31 日，第 23 页；《颜惠庆日记》第 2 卷，第 302 页，1926 年 1 月 24 日。

⑤ 《收外交委员会函》（1926 年 1 月 25 日），外交档案：03 - 23 - 009 - 01 - 004。

议决：由外交部送出修约照会，提出阁议。① 外交部提出阁议说帖云：“准外交委员会提议届期修改，与本部意见相同，可否即由本部（依约）……声明该项章程及附属专条与专条附章已届十年修改之期，应由两国另订平等相互新约。所有该项章程专条及专条附章，自期满之日起应即失其效力。”②

2月2日，国务会议通过《废止中法越南通商章程及其附约照会》，确立“到期修约”方针。③ 次日，国务院函外交部称：“贵部提出修改不平等条约意见一案，经国务会议议决照办。”④ 4日，外交部照会法国：旧约期满失效，另订平等相互新约。⑤ 同日，外交委员会开会，王正廷报告已将修约照会送交法国使馆。当法国公使询问此照会含意时，王正廷给予强硬的答复。⑥ “到期修约”跨出了实际进行的第一步。

三 “到期修约”的决策机制

五卅之后到北伐结束之间，北京政府政局动荡，内阁更迭频仍，此时“到期修约”政策虽遭到各国强硬抗争，北京外交部却能排除万难，坚毅贯彻进行到底，使北京政府在日薄西山之时，外交上大放异彩，原因除民心舆论之支持外，当时独特的外交决策机制扮演了关键

---

① 《颜惠庆日记》第2卷，第303页，1926年1月27日；《申报》1926年1月29日，第4版。

② 《中法修约提出阁议说帖》（1926年2月2日），外交档案：03-23-009-01-005。

③ 《中法修约提出阁议说帖》（未书日期）、《国务院函》（1926年2月3日），外交档案：03-023-009-01-009；《拟废止中法越南通商章程及其附约照会》（1926年2月2日），外交档案：03-23-009-01-007；《资料汇编》第3辑外交，第544～547页；《国闻周报》第3卷第5期，1926年1月31日，第23页；《颜惠庆日记》第2卷，第302页，1926年1月24日。

④ 《国务院致外交部函》（1926年2月3日），外交档案：03-23-009-01-009；《资料汇编》第3辑外交，第519页。

⑤ 《电驻比王公使》（1926年2月10日），外交档案：03-23-069-01-008。

⑥ 《颜惠庆日记》第2卷，第305、306页，1926年2月4日、6日。

角色。

北京政府时期，依据《临时约法》《中华民国宪法》等规定，外交权属大总统、国务院及外交总长，受国会监督。但是 1924 年底第二次直奉战争后，大总统曹锟下野，旧国会解散，各方对中央政府如何重组，意见分歧，共和体制濒于崩解，致使北洋末期，既无总统也无国会，国家元首初由段祺瑞任"临时执政"（1924 年 12 月至 1926 年 4 月），继以国务总理摄行大总统职权之"摄政内阁"延续法统，最后由张作霖组织军政府自任"大元帅"（1927 年 6 月至 1928 年 6 月）。此期间内阁更迭频繁，临时执政总揽军民政务，1925 年底修正"临时执政府制"后，任命许世英、贾德耀为国务总理。段氏下野后，先后由颜惠庆、杜锡珪、顾维钧任"摄政内阁"国务总理；张作霖就任大元帅后，任命潘复组阁。其间外交总长一职，先后由唐绍仪、沈瑞麟、王正廷、颜惠庆、胡惟德、蔡廷幹、顾维钧、王荫泰、罗文幹等担任。在此政府体制残缺不全，政局极度不稳之际，当时的外交决策机制颇有特色。

北洋外交中，临时性的咨询机构与个人活动，常扮演很重要的角色。北京外交部之外，各大军阀如张作霖、吴佩孚等，都有自己的外交机构或外交代表。北京政府当权者，也常设立各种讨论会、研究会等临时组织，作为外交咨询机构。北洋末期，正常体制崩解后，一些特设的组织承担了外交决策的重任。

1. 1925～1926 年：外交委员会

北京政府时期，除了国会中的外交委员会外，政府至少三次设立过外交委员会。第一次是 1918 年 12 月 18 日，北京政府为准备巴黎和会的召开，由总统徐世昌下令成立，由汪大燮任委员长，林长民任事务主任，熊希龄、张国淦、周自齐、沈瑞麟、靳云鹏、王宠惠、陆宗舆、陈箓、孙宝琦等为委员，叶景莘、梁敬錞等为事务员。主要使命是：为总统和政府提供有关巴黎和会的政策、方针、措施等咨询及建议，并处理某些外交事务。该机构主要为研究系所控制，并与五四运动之兴起有密切关联。[1] 第二次是 1923 年初，黎元洪命张绍曾组阁时设立，委员长为黄郛，但这个委员会并未开过会，存在时间亦很短。[2] 第三次则在五卅之后设立。

段祺瑞临时执政任内，共设立七个临时机构，即临时参政院、国政商榷会、国民代表会议筹备处、国宪起草委员会、财政善后委员会、军事善后委员会及外交委员会。1925 年，五卅惨案及浔、汉、粤诸案相继发生，全国人民一致要求对外强硬交涉，并修改一切不平等条约，以彻底铲除中外冲突之根源。6 月 16 日，国务会议讨论沪案，外长沈瑞麟以"全案交涉，理绪纷繁，关系复杂，必须邀集各方意见，共筹应付方略，务期审慎周详，以博最后之胜利，本人拟请特为此案组织一外交委员会，网罗国内富有外交学识及经验之人才，公同筹备一切"。[3] 议决：即由外交部着手组织，克期成立。17 日，沈瑞麟宴请孙宝琦、颜惠庆、汪大燮、王正廷等外交名流，商讨此事。[4]

24 日，北京政府照会华会列强，要求将中外条约重行修正。次日特别阁议，公布《外交委员会条例》，第 1 条："因关于外交事宜，备咨询及建议起见，设外交委员会。"[5] 27 日，以王继曾为事务长，会址设于铁狮子胡同执政府内。[6]

外交委员会委员长为孙宝琦，委员汪大燮、熊希龄、梁启超、梁

① 参见叶景莘《巴黎和会期间我国拒签和约运动的见闻》，《文史资料选辑》第 2 辑，第 144 页；唐启华《五四运动与 1919 年中国外交之重估》，（台北）政治大学文学院编《五四运动八十周年学术研讨会论文集》，1999。

② 叶景莘：《巴黎和会期间我国拒签和约运动的见闻》，《文史资料选辑》第 2 辑，第 144 页。

③ 《申报》1925 年 6 月 17 日，第 4 版；20 日，第 6 版。

④ 《颜惠庆日记》第 2 卷，第 241 页，1925 年 6 月 17 日；《申报》1925 年 6 月 17 日，第 5 版。

⑤ 《申报》1925 年 6 月 29 日，第 6 版。

⑥ 《申报》1925 年 7 月 1 日，第 6 版。

士诒、颜惠庆、王正廷、林长民、李盛铎、江庸、汪荣宝、曹汝霖、姚震、黄郛、胡惟德、顾维钧、许世英、屈映光、陈宧等 18 人,① 网罗了当时与外交事务相关之元老、名流。委员会成立时,梁启超、熊希龄即辞职,黄郛、王正廷也拒绝参加,顾维钧当时住在上海,不能出席。9 月 21 日,添派陈汉第、王大澄、林步随为委员。② 阁议议决先拨 1 万元为开办费,每月经费 2.7 万元,由关余、盐余两项平均分配,但事实上未发分文,穷窘不堪言状。③

7 月 1 日,外交委员会正式成立,主要任务为商讨五卅惨案及修改不平等条约两案。后来决定前者主要由政府进行,后者手续较繁重,非短时间内所可决定,主要由委员会从长计议。④ 其后外交委员会密集会议,讨论修改条约事宜。4 日,阁议沪案交涉方针,决定先议直接问题;修约问题决在国际上着手。孙宝琦遂召集外交委员会在执政府开议,由于驻美公使施肇基电告美政府表示赞助我修约,当局颇乐观;旋议沪案进行步骤,赞成先从非正式会晤入手。⑤ 6 日,外交委员会开会,决定沪案在赔偿之前必须确定责任问题。⑥ 8 日会议,沪案委员蔡廷幹报告在沪与六国委员交涉情形,沈瑞麟报告与外交团交涉情形,决议:(1) 虽外交团反对,仍应坚持沪案与修约两会议同时交涉;(2) 沪案与不平等条约各款,应预立方案,定出最低限度之要求,推举起草员,提出方案为交涉根据。散会后,外沈在部召集参司会议,讨论委员会所议各节。⑦ 12 日,外交委员会开会,决定以后对外保持秘密,汉、粤案由地方自办。13 日,开会讨论是否对英国采

---

① 《申报》1925 年 6 月 29 日,第 6 版。
② 《颜惠庆日记》第 2 卷,第 245 页,1925 年 7 月 1 日。《申报》1925 年 7 月 11 日,第 7 版;9 月 22 日,第 5 版。
③ 《申报》1925 年 7 月 5 日,第 6 版;8 月 30 日,第 6 版。
④ 《东方杂志》第 22 卷第 16 号,1925 年 8 月 25 日,第 135 页。
⑤ 《申报》1925 年 7 月 5 日,第 6 版;《颜惠庆日记》第 2 卷,第 246 页,1925 年 7 月 4 日。
⑥ 《颜惠庆日记》第 2 卷,第 246 页,1925 年 7 月 6 日。
⑦ 《申报》1925 年 7 月 10 日,第 6 版。

取措施，多数人持否定意见，但未做出决定；并审阅修约照会内容。①

14 日，外交委员会讨论如何就法权委员会问题答复施肇基，又鉴于修约照会尚未得到答复，决定等候美国的行动。17 日，开会讨论向国外派遣宣传员事宜，遭到反对。23 日，开会讨论孙宝琦草拟之宣言书，一面依华会召集关税会议，一面要求修改不平等条约，交阁议通过后即发。25 日，会议讨论广州政府要求废除不平等条约并谴责段承认条约之电文，汪大燮对宣言做修改。30 日，外交委员会为汉口事件召开会议，由邓汉祥报告交涉情形，并研究中国口岸外国炮舰问题。8 月 5 日，外交委员会讨论会审公堂问题，决议：会审公堂应恢复到1910 年时的情况。同时，北京政府电召在海牙担任国际法庭副法官的王宠惠回国，任修订法律馆总裁，整理修改不平等条约事宜。②

同时，关税特别会议也加紧进行。由于金法郎案解决，法国批准华会条约，8 月 5 日互换批准书，北京政府决定从速召集关会，外交部遂成立关税会议筹备处，11 日开会，一方面讨论召集关会致各国请柬内容；另一方面清理有关案件，送交外交委员会讨论。③ 13 日，外交委员会开会，讨论关会请柬事宜。委员对关税问题有两派意见：一主急进，借口列强延宕，反对华会二五附税方案，不必召开关会，径行自订税率，饬海关奉行，如洋员不允，则更换之；一主渐进，条约须兼顾，按华会关税协定，由二五推进至自主之境为妥，若断然自定，恐起纠纷。会议最后决定仍召开关会，但会中要求关税自主，内容不限于二五附税。④ 18 日，阁议关会请柬，决定不问八国同意与

---

① 《颜惠庆日记》第 2 卷，第 248 页，1925 年 7 月 13 日。《申报》1925 年 7 月 16 日，第 7 版；14 日，第 5 版。

② 本段见《颜惠庆日记》第 2 卷，第 249～255 页，1925 年 7 月 14 日至 8 月 5 日；又参见《申报》1925 年 7 月 24 日至 8 月 8 日的相关报道。

③ 《申报》1925 年 8 月 13 日，第 7 版。

④ 《颜惠庆日记》第 2 卷，第 257 页，1925 年 8 月 13 日。《申报》1925 年 8 月 14 日，第 5 版；18 日，第 5 版。

否，依外交委员会主张通过，分送八国使馆。①

此时因孙宝琦被任命为驻苏联大使，汪大燮接任外交委员会委员长。汪大燮接掌后，积极整顿，表示：修改不平等条约，为我国百年来之创举，要争回已失之权利，必须步伐整齐，一致对外。他主张：第一，须与广州政府对外合作；第二，关税特别会议须由二五附加税入手，但绝不能以此为满足，必须在会中力争渐进，以至于完全自主；第三，收回领事裁判权，虽须俟各国调查司法之后，但应以收回上海会审公廨为起点。本会虽属咨询机关，唯既集多数外交上有经验者于一室，则应确立外交方案，一面罗致西南方面之外交人物，先聘孔祥熙为委员，令其赶速南下，实际疏通；一面在会中设立编纂处，以编制确立外交方案，务合机宜，以为政府之助。此外，努力筹措经费，一面催促政府速为筹拨，一面于会内裁减员司。②

19 日，汪大燮宴请国民政府为粤案派遣北上之孙科、傅秉常及外交委员会委员。22 日，汪大燮主持会议，讨论接办粤案问题，鉴于粤政府主张与京甚近并催派员赴粤，交换南北合作意见，决议：派江庸、孔祥熙速赴粤。28 日，外交委员会开会，孔祥熙列席，王正廷报告沪案交涉经过，认为英国已陷于孤立；又讨论收回会审公廨案，决组法权研究会，集南北名流共商办法；再议粤案，以须待江、孔南下勘查，方能决定。9 月 1 日，外交部起草答复沪廨照会，征外交委员会意见后送出，4 日，八国修约复照送到，由外交委员会讨论应付办法。沈瑞麟外长并据委员会决议，以八国复照拒绝修改不平等条约，欺人太甚，决定起草二次照会驳复。11 日，外交委员会开会，讨论驳复使团牒文内容，将字句增削妥善后，即咨外部请予执行。沈瑞麟报告关会进行情形，讨论应在会中提出之主张；并议决：沪案应催开会

---

① 《申报》1925 年 8 月 19 日，第 6 版。

② 《东方杂志》第 22 卷第 18 号，1925 年 9 月 25 日，第 152 页；《申报》1925 年 8 月 30 日，第 6 版。

议以谋解决。18 日，外交委员会多数赞成美国提议，由外部电美政府，通知七国，召集华会司法调查团；讨论反对沪案重查事措辞，决由外部本沪案责任早经明了等立意驳复；又议关会方针，拟定关税自主后，维持外人商务之计划。25 日，外交委员会开会，讨论黄郛提出有关会审公廨之备忘录。①

10 月以后，因关税特别会议筹备与召开，外交重心转移，外交委员会因委员多人同时担任关税会议代表，无暇与会，基本上活动停顿。11~12 月，每周例会常因委员出席者少而流会。② 到 12 月 31 日许世英新阁成立，王正廷长外交，外交委员会才又一度活跃。

王正廷运用外交委员会为重要决策机制，1926 年 1 月间频频开会讨论修改"不平等条约"事宜。24 日，外交委员会确立"到期修约"方针。27 日，外交委员会讨论《中法越南通商章程》的修订问题，决定送出要求修约照会。③ 2 月 2 日，阁议确立"到期修约"方针。4 日，外交委员会开会，王正廷报告已将修约照会送交法国使馆。④

2 月中旬，许世英请辞，3 月初段祺瑞命贾德耀组阁。贾氏邀颜惠庆长外交，颜氏以关会忙碌坚辞，辞呈云："内政不修，外交断难胜利。"⑤ 当时北方内战，国民军封锁大沽，12 日与列强军舰发生冲突。16 日，领袖公使致牒外交部，称若无满意答复，辛丑各国海军将对大沽炮台施必要行动，除去航路障碍。⑥ 当时无外交总长，次长不肯代部，大沽案遂由外交委员会处理，17 日开会讨论使团照会，有人谓各国太过火，主张电国际联盟主持公道，有人主张停止检查，许附

---

① 本段见《颜惠庆日记》第 2 卷，第 259~269 页，1925 年 8 月 19 日至 9 月 25 日；又参见《申报》1925 年 8 月 24 日至 9 月 20 日的相关报道。

② 《颜惠庆日记》第 2 卷，第 271~289 页，1925 年 10~12 月。

③ 《颜惠庆日记》第 2 卷，第 303 页，1926 年 1 月 27 日；《申报》1926 年 1 月 29 日，第 4 版。

④ 《颜惠庆日记》第 2 卷，第 305 页，1926 年 2 月 4 日。

⑤ 《申报》1926 年 3 月 9 日，第 4 版。

⑥ 《申报》1926 年 3 月 17 日，第 5 版。

条件开放。再三研究后，会议决定以和平为宗旨，不扩大事端，拟定复文大意，于相当谅解之下恢复交通自由，由外交部起草答复。18日，外交部依外交委员会主张，答复使团一笼统公函，列强视为满意，威吓之举不复实行。①

24日，胡惟德接外长职，发表意见云：目下关税、法权两会议进行之际，与中国前途关系重大，但因内争持久国政衰敝，对外交涉不易胜利，鄙人处此难局，将尊重民意，始终力争主权；唯望早日和平，全国一致对外，俾得圆满解决外交问题。然而事与愿违，4月初，冯玉祥退出北京前，迫段祺瑞下野，贾德耀通电停止办公，胡惟德等通电："政局丕变，主持无人，京师系外团驻地，且关、法两会代表居留，不容陷于无政府危境，由本阁员等以国务院名义，暂维持现状。"② 胡氏遂以外交总长兼代阁揆并摄行临时执政职权，维持法统与外交的延续性，16日致送修约照会给比利时使馆，胡氏自云："如不于此日通告失效，则该法继续有效，倘无外交总长，势必贻误大事，故本人因无人接替，不便放手"。③ 5月13日，颜惠庆组阁，任命施肇基为外交总长，施未到任，颜氏遂自兼外长。31日，接见比利时公使，谈及条约满期后之《临时办法》。④ 6月22日，颜惠庆去职，由海军总长杜锡珪兼代国务总理，7月以蔡廷幹为外交总长。

自段氏下野后，其于任内设立之临时参政院等七机关，重门深扃，职员星散，摄政内阁成立以来，亦无暇顾及，7月29日阁议，决将此种无公可办之机关，一律裁撤，外交委员会遂由外交部接收。⑤

---

① 《颜惠庆日记》第2卷，第317页，1926年3月17日。《申报》1926年3月19日，第4版；23日，第6版。
② 《申报》1926年3月29日，第5版；4月15日，第4版。
③ 《颜惠庆日记》第2卷，第325页，1926年4月14日；《申报》1926年4月23日，第5版。
④ 《颜惠庆日记》第2卷，第340页，1926年5月31日。
⑤ 《申报》1926年8月3日，第7版。

2. 1925～1928 年：关税委员会

关税特别会议中国委员会（简称"关税委员会"）的成立，固然为北京关税特别会议而设，但也有与修改条约相关的一面。1925 年 4 月，金法郎案解决后，随即筹备召开关税会议，外交部成立关税会议筹备处，以严鹤龄为主任。8 月初，法国批准华会条约后，北京政府决定从速召集关会，采渐进方式，逐渐由二五税过渡到国定税则，解除关税束缚。[①] 8 月 18 日，发函邀请签署华会关税税则条约之美、比、英、法、意、日、荷、葡八国，后来又应美国要求，邀请未签署该约之西班牙、丹麦、挪威、瑞典等，总共十二国与会。

外交部积极筹组关税委员会，希望罗致外交上有声望者、关系各部首长及各实力派代表加入。27 日，关税委员会组织条例经法制院起草，9 月 1 日，阁议通过。段祺瑞表示：如果粤政府愿对外合作，则当于此委员会中，专留一席，以予西南。9 月 4 日，华会八国照复中国修约要求，建议即召开关税及法权调查委员会。5 日，阁议委员会人选，临时执政任命沈瑞麟、梁士诒、颜惠庆、李思浩、王正廷、叶恭绰、施肇基、黄郛、王宠惠、莫德惠、蔡廷幹、姚国桢、曾宗鉴为关税委员会委员。8 日，关税委员会在京委员开第一次谈话会，确立关会以华会方针为根本方针，若修改不平等条约、税则自主等案，亦须兼筹并顾；然后制定会议议程，以国定税率之施行日期为第一纲目，国定税率施行前之过渡办法为第二纲目，此外若储存关税银行等问题，亦当在附带讨论之列；并向各机关调用专门委员，分三股赶办议案：第一股裁厘事宜，主任梁士诒；第二股整理内外债事宜，主任颜惠庆；第三股关税保管事宜，主任黄郛。[②]

10 月 26 日，关税特别会议在北京中海居仁堂正式开幕，议长沈

---

① 《申报》1925 年 8 月 19 日，第 6 版。

② 本段见《申报》1925 年 8 月 24 日，第 7 版；9 月 4 日，第 8 版；9 月 18 日，第 6 版；10 月 2 日，第 5 版。

瑞麟在开幕演说时，提出修改条约要求，王正廷则发言提出关税自主案。[①] 11 月 9 日，会议通过中国代表所提关税自主案，各国原则上同意解除中国关税上之限制，自 1929 年起实施国定税率。然而会议刚召开，内战又起，首先是东南反奉战争开打，孙传芳连下沪宁直抵徐州。吴佩孚也东山再起，设十四省讨贼联军总司令部。北方则有国民军策动郭松龄反奉，11 月 24 日举兵滦州，进逼沈阳，至 12 月败于白旗堡。同时国民军与直鲁联军交战，12 月攻占天津，控制北京，31 日吴佩孚、张作霖达成谅解，联合对冯，冯玉祥宣布下野。1926 年初，直鲁联军、奉军进逼天津，3 月中旬大沽事件之后，冯军退集北京，段祺瑞执政府改组，尽去奉系、安福系阁员，易以国民军系，关税会议大受影响。4 月，冯玉祥迫段祺瑞下野后，退出北京据守南口。

临时执政下野后，北京政府群龙无首，关税会议因中央政府无人负责，中国委员大半离京，而各省疆吏对关会态度不一等因素，陷于停顿状态。列国委员不能久待，陆续离京返国，表示俟中国政府有确定办法后再行开议。[②] 5 月 11 日，关税委员会发出通电，呼吁："我国今日财政经济情形，关税能否增加，所系既属甚巨，而税权之收回，国际地位之增进，影响尤极重大，倘因应付失机，实时乎不再。通力合作，端赖内外之同心，贯澈始终，实亦友邦之殷望"。[③]

然而政局始终不安，掌控北京之吴佩孚、张作霖意见不一，吴氏坚持护宪，延续曹锟之法统，5 月初电促颜惠庆复政。[④] 13 日，颜氏就摄政内阁总理职，通电云：摄阁任务，一为政治方面，一为外交方

---

① 《申报》1925 年 10 月 27 日，第 6 版；10 月 28 日，第 4 版；11 月 1 日，第 6 版；11 月 2 日，第 6 版。
② 《申报》1926 年 5 月 6 日，第 4 版。
③ 凤冈及门弟子编《梁燕孙先生年谱》，台北，台湾商务印书馆，1978，第 955 页。
④ 《申报》1926 年 5 月 5 日，第 5 版。

面，关税及法权两会议开会以来，各国代表萃集京师，磋议洽商，多未就绪，两事关系重要，摄阁期间，不能不殚竭心力冀有相当之解决。[①] 颜氏邀施肇基长外交，顾维钧长财政，王宠惠长教育，等于另一次华会内阁。但是因张作霖抵制，奉系阁员不就职，吴系阁员亦态度暧昧，多不到任，颜阁迟迟不能组成。

由于施肇基迟不到任，颜乃自兼外长，到外部就任演说时强调：外交事务，不可负责无人，俾对外重要问题，可以顺序进行。此次罗致华会同仁出膺国务，实有完竣前事之意味，法权调查委员会现方顺序进行，关会因时局影响，陷于停顿，该会关系国家政治经济至大，是以亟思重开会议，于6月底以前，将整理外债案议有结果，达成施行二五过渡税之协定，以偿夙愿。[②] 颜阁的独角戏，拖到6月上旬吴、张代表在天津会议，决定让颜阁成立，召开一次内阁会议后下台。[③] 22日，颜惠庆内阁终于开成第一次阁议，旋即辞职，由海军总长杜锡珪兼代阁揆，蔡廷幹任外交总长。颜惠庆认为他硬挺一个多月，延续了法统，但是挽救关税会议的企图则失败了，颜氏在日记中写道："我的去职结束了2.5%附加税和关税会议。"[④] 就在北京政局纷扰中，关税会议外国代表及专门委员，以时值盛夏须出京避暑，并推卸停会责任，于7月4日宣布：因中国代表不能出席，关会暂行停会，俟中国代表能正式出席，仍当继续。[⑤]

5日，吴佩孚在长辛店开记者招待会，谴责各国此时宣布停会实无诚意，称："余必于两星期内……正式任命新全权，以颜惠庆为首席，以从前所讨论者为基础，继续进行开议……若届时列国仍欲托

---

① 《颜惠庆日记》第2卷，第335页，1926年5月13日；《梁燕孙先生年谱》，第956页；《申报》1926年5月21日，第6版。

② 《申报》1926年5月22日，第7版；23日，第5版。

③ 《申报》1926年6月17日，第6版。

④ 《颜惠庆日记》第2卷，第346页，1926年6月23日。

⑤ 《申报》1926年7月4日，第6版。

辞,回避会议之重开,则余不得不立即宣言中国之关税自主。"① 6
日,关税委员会再开,颜惠庆、杨永泰、蔡廷幹、王宠惠等讨论列国
代表宣言,决议:正式政府业已成立,关税会议亟待开议;宜补充中
国委员,即通知各国代表,继续开会。②

北京政府随即任命新的关税会议委员及全权代表,14 日,国务会
议通过关税会议委员会组织条例,特派蔡廷幹、顾维钧、杨文恺、张
志潭、张英华、梁士诒、颜惠庆、王宠惠、王荫泰、潘复、马素、夏
仁虎为关税委员会委员;并指定蔡廷幹、顾维钧、颜惠庆、王宠惠、
张英华、王荫泰为关税会议全权代表。至段政府时代所任命之委员及
全权代表,均不用免职明文,使其自然消灭。③ 新委员随即集会,呈
报就职,讨论重开关会事,并派员通知各使馆:新委已补,请准备开
议。④ 然而,8 月 1 日国民政府发表反对重开关税会议宣言,谓北方
迫于财困,欲重开会议,迁就各国只加二五附税之主张,不啻将人民
迫切要求之关税自主,完全断送,望国人急起反对;强调"本政府对
吴、张此举,绝不承认,望国人急起反对,而努力于废除不平等条约
之运动"。⑤

因国民政府反对及各国代表消极敷衍,关税会议重开无望,北京
政府新任命的关税委员会每周一、三、五的例会,常因出席人数不足
而流会。这批外交界大老,虽不能进行关税事务之讨论,却常利用开
会见面之机,交换对外交问题的意见。当时正值"到期修约"政策的
考验期,《中法越南通商章程》8 月 7 日期满,《中比商约》也将在 10

① 《申报》1926 年 7 月 6 日,第 6 版。
② 《颜惠庆日记》第 2 卷,第 350 页,1926 年 7 月 6 日;《申报》1926 年 7 月 8 日、11
日,第 6 版。
③ 《申报》1926 年 7 月 18 日,第 6 版。
④ 《关税特别会议委员会第 103 次会议事录》(1926 年 8 月 13 日),外交档案:03 - 25 -
035 - 01 - 001;《颜惠庆日记》第 2 卷,第 352 页,1926 年 7 月 15 日。《申报》1926 年 7 月 17
日,第 5 版;18 日,第 4 版。
⑤ 《申报》1926 年 8 月 3 日,第 6 版;《梁燕孙先生年谱》,第 963 页。

月满期，舆论非常注意北京政府能否强硬贯彻宗旨。在杜锡珪摄阁衰微无力之际，关税委员会的非正式会议，俨然讨论修约方针的决策中心。有趣的是，这些有关修约的决策，在关税委员会正式会议记录中全无痕迹，① 只有从大老之一的颜惠庆的日记中，可觅得一些蛛丝马迹。

1926 年 8 月 6 日，外交部通电全国，报告改订安南边境通商条约之经过，宣布该约 7 日起失效。法使往见外长蔡廷幹，表明法政府不反对修约，但需征询越南属地政府意见，并需俟关税会议竣事，要求旧约展期一年。蔡氏答以无展缓必要，并电驻法公使陈箓向法政府声明旧约失效，应另订新约。② 《颜惠庆日记》8 月 23 日载："委员会因不足法定人数没有开会，法国和比利时就宣告条约无效一事制造麻烦，中国在会上做了答复"。27 日载："委员会开会，决定延期讨论比利时条约一案，蔡（廷幹）预备把问题拖延一下"。30 日载："蔡就比利时条约问题来访，我们认为必须坚持原则。权宜之计只能限于一时。下午去委员会，再去居仁堂讨论了存款及基金的保管问题，还讨论了比利时条约的修正案"。③ 然而正式会议记录中，只有讨论征收附加税议决案，未见有讨论比利时修约事。④ 颜日记 9 月 6 日载："委员会因不到法定人数未开会。德瓦西（比使华洛思）对条约非常惊讶，他坚持在新条约缔结以前仍要执行旧的"。10 日载："在外交部召开关税会议，讨论比利时条件，临时办法将予撤回，要求比利时另行提出"。13 日载："在关税委员会会议上已讨论了比利时条件。王宠惠一直担心叫他去（海牙国际）法院"。15 日

---

① 此新关税委员会之会议记录，见《关税特别会议委员会会议事录》第 103～124 次会议（1926 年 8 月 13 日至 1927 年 3 月 18 日），外交档案：03-25-035~036 各宗。
② 《申报》1926 年 8 月 8 日，第 7 版；15 日，第 9 版。
③ 《颜惠庆日记》第 2 卷，第 361、363、364 页。
④ 《关税会议委员会第 106 次会议记录》（1926 年 8 月 30 日），外交档案：03-25-035-01-003。

载："在外交部讨论条约问题，王荫泰表示与法国及日本打交道气量要大些"。① 这些有关"到期修约"的决策，常是在"关税委员会"例会流会时，于非正式的谈话会中进行。

10月5日，北京政府再次改组，顾维钧就外长兼代阁揆职，通电各实力派称："移长外交，兼权揆席，逊辞不获，循省兹惭，惟念绝续之交，实为视听所系，况值邻交多故，国步方艰，敢不勉尽职司，冀图维系……所盼群公贡抒远谟，迅定国是，俾得藏拙遂初。"顾就代阁演说时亦称："杜代阁维持数月，煞费苦心，因病告倦，弟勉承乏，自惭亦无建树，惟外交案不易解决，国际地位日堕，不得不勉为支撑一时。"其于外交部接见员司演说中又称："现在外交格外困难，既有要案当前，复以使领学生绝费，自忖无甚办法，仅为短期勉维，诸君均旧友，彼此心照。"② 总之，顾氏强调是为了维持外交局面，才勉强出任艰巨的。8日，关税委员会举行非正式会议，顾维钧任主席委员，讨论关会进行步骤。由于同日国民政府公布新征税条例，进出口货普通品征收2.5%、奢侈品5%特别税，10日起结束罢工，11日起征收新税，等于变相地征收华会附加税；外交团连连开会，讨论应付办法。③ 顾维钧试图乘机要求续开关会，④ 但未能如愿。

顾维钧接掌外交部时，"到期修约"政策面临严峻考验。中日、中比商约都在10月期满，种种重要交涉，迫切需要一个讨论与决策的机制。刚开始时仍利用"关税委员会"，《中日商约》于10月17日满期，依约期满后六个月内应声明改订，顾维钧到部后，与部员商谈讨论如何向日本使馆提出声明。⑤《颜惠庆日记》载：12日关税委员

---

① 《颜惠庆日记》第2卷，第366～369页，1926年9月15日。

② 《申报》1926年10月6日，第5、4版。

③ 《申报》1926年10月10日，第7版。

④ 《颜惠庆日记》第2卷，第375页，1926年10月8日；《申报》1926年10月9日，第6版。

⑤ 《申报》1926年10月12日，第7版；9日，第6版。

会谈话会，顾氏提出《中日商约》问题，建议不妨把"期满"问题推迟六个月再讨论，王宠惠反对，主张中国应坚持自己的观点。① 后来顾维钧筹备成立条约研究会，专门处理"到期修约"问题，19 日关税委员会谈话会时，顾维钧要求颜惠庆担任该会副会长一职，但颜氏借口自己要出国婉辞。②

条约研究会还在筹备时，《中比条约》于 26 日已届满期，顾维钧以召开特别会议的方式来应付，《颜惠庆日记》28 日载："顾主持了讨论比利时条约的会议，我没有出席"。③ 11 月 6 日，北京政府宣布废止中比条约，9 日外交部条约研究会成立，此后有关修约废约交涉事宜，都在该会讨论决策。关税委员会仍继续开会，核定订新约时通商条款部分。④ 由于国民革命军北伐顺利，关税特别会议复开无望，关税委员会曾想发表宣言结束业务。⑤ 然而 12 月 18 日，英国发表《变更对华政策建议案》，建议列强无条件同意中国征收华会附加税，北京政府征收二五附加税又现生机，1927 年初关税委员会连连开会讨论征收附税及保管税款事宜。1 月 12 日，北京政府颁布二五附税征收办法，⑥但英籍海关总税务司安格联以日本尚未同意及武汉政权反对为由，不肯执行，并逗留武汉，迟不北返。27 日，关税委员会决定整饬海关行政纪纲，严命安格联遵令征收附税。⑦ 安格联没有回应，31 日晚特别阁议，议决免安格联职，并于当晚正式发表该项命令。⑧

---

① 《颜惠庆日记》第 2 卷，第 376 页，1926 年 10 月 12 日。关税委员会本定星期一、三、五常会，10 月 9 日起改每星期逢二开谈话会，逢五开常会。见《申报》1926 年 10 月 10 日，第 7 版。

② 《颜惠庆日记》第 2 卷，第 378 页，1926 年 10 月 19 日。

③ 《颜惠庆日记》第 2 卷，第 380 页。当时颜惠庆对顾维钧似乎有所不满。

④ 《申报》1926 年 12 月 21 日，第 5 版。

⑤ 《申报》1926 年 12 月 16 日，第 9 版。

⑥ 《申报》1927 年 1 月 14 日，第 4 版。

⑦ 《关税特别会议委员会第 118 次会议事录》，外交档案：03 - 25 - 036 - 01 - 003。

⑧ 免安事件参见唐启华《北洋政府时期海关总税务司安格联之初步研究》，《中央研究院近代史研究所集刊》第 24 期下册，1995 年 6 月。

新任英籍代理海关总税务司易纨士（A. H. F. Edwardes），为维持海关行政完整及个人地位，提出节略，建议南北政府合开关税会议，以增收关税，得到北京政府与英国使馆支持，于 2 月初南下上海接洽。[①] 关税委员会频频集议，讨论易纨士节略事，决定改组为关税自主委员会，成员大致不动。2 月 3 日决定名单：潘复、夏仁虎、吴晋、王荫泰、颜惠庆、顾维钧、李思浩、沈瑞麟、莫德惠、梁士诒、阎泽溥，专门委员钱泰、严鹤龄、袁永康、陈焕章。但因南北意见不一致，北京政府内部有争执，外交团态度亦极冷淡，此事无疾而终。[②] 不久国民革命军再次北伐，关税委员会随北京政府之倾覆而结束。

3. 1926～1928 年：条约研究会

1926 年底，中外修约交涉陆续展开，北京政府"到期修约"面临严苛考验。"到期修约"是创举，法理基础有争议，外有列强抵制，内有国民政府"革命外交"的竞争，及昂扬民气的监督，不容退缩。加以北京政府衰微，外交缺乏实力为后盾。吴佩孚遭国民革命军重创后，实力丧失殆尽，掌控北方实权的张作霖，对颜惠庆、杜锡珪、顾维钧等一连串的"吴系"护宪摄政内阁，始终不支持，却又不肯出面承担政治责任，北京政府形同风中之烛。吊诡的是，当时的北京内阁在相当程度上是因其外交功能而得以维持的，条约研究会遂成为当时实质上主持"到期修约"的决策机构，动荡的政局中，顾维钧始终担任该会会长。

1926 年 10 月顾维钧组阁后，一面不断通电请辞，一面应付"到期修约"相继而来的考验。8 月期满的《中法越南通商章程》，范围只限于法国享有的中越边界通商特权，影响较小；而法国政府并不反对修约，只以技术问题拖延，双方交涉之后，北京政府将该约一再延

---

① 《申报》1928 年 2 月 9 日，第 13 版。

② 《申报》1928 年 2 月 6 日，第 4、8 版；4 月 1 日，第 7 版。

展。10 月到期的《中日商约》，依约期满后六个月内声明改订，北京外交部送出修约照会，时效上尚不紧迫。10 月 27 日到期的《中比商约》，因比利时无强大兵力而在华利益颇大，较易迫其就中国范围，建立成功先例，北京外交部遂锁定该约为 "到期修约" 政策的试金石。

4 月，比利时接到外交部修约照会时，首先坚持依约只有比方有权提议修约，外交部强调旧约期满后，可先订临时办法，六个月内议定平等互惠新约，比方则反对六个月的期限，认为在新约议定前，临时办法应一直有效。外交部坚持一定要有期限，以免旧约变相无限延长。直到 10 月 27 日旧约期满时，比方仍不愿接受议约期限，宣称因两国对条约解释不同，提交海牙国际法庭仲裁。此时，全国各界关注中比修约交涉，纷电北京外交部要求强硬对付。①

由于修约问题复杂，顾维钧自 10 月中旬起筹划设立条约研究会，希望邀集各方人才专门处理 "到期修约" 种种问题。11 月 3 日，公布外交部条约研究会章程，第一条说明成立宗旨云：专为鉴于我国与各国间条约均将届满，为研究现行条约及筹备改订新约，期与各国达成平等条约而设。② 成员为：会长顾维钧（外交总长兼阁揆）、副会长颜惠庆（财政整理会会长）、王宠惠（修订法律馆总裁），会员罗文幹（司法总长）、戴陈霖（待命公使）、王继曾（待命公使）、王荫泰（外交次长）、刁作谦（待命公使）、刘崇杰（待命公使），事务主任钱泰（条约司司长）。唯颜惠庆不肯就职。③

11 月 6 日，北京政府宣告《中比条约》失效，9 日，顾维钧电奉张、郑吴、苏孙、鲁张、晋阎各巨头，云：

---

① 中比交涉详见本章第二节。
② 《顺天时报》1926 年 11 月 7 日。
③ 《申报》1926 年 11 月 6 日，第 5 版；《颜惠庆日记》第 2 卷，第 382 页，1926 年 11 月 5 日；《申报》1926 年 11 月 9 日，第 4 版。

视事之初……适值中法、中日、中比商约各届改订之期，全国官民，痛心不平等条约束缚，一致奋呼，迭经分别提案，厘定步骤，总期邦交不起无益纠纷，主权不受丝毫侵蚀，除中法、中日满期各约业送文书，交换意见前提，已有端倪外，中比旧约业于六日正式声明我国态度，静候友邦反省，暂告段落，深维心力疲敝，窃愿早获退休。尤有言者，对外交涉固恃激昂民气为后盾，尤赖有健全政府为主宰，今中央瑟缩飘摇，在我纵欲粉饰高墉，在人早已洞穿后壁，一遇交涉，每贻口实……所冀诸公共发宏谟，早勘国是，俾维钧进而让贤。[1]

张、孙虽复电勉为其难，顾氏以各方无切实办法，仍表示辞意，不再处理公事，阁议、关会都停开，唯对外交方面仍积极进行。[2] 22日，顾维钧赴天津晤张作霖，张氏以目下军事紧张，无暇兼顾政治问题，勉顾氏维持摄政内阁现状，财政责成潘复负责。[3] 28日，顾维钧内阁致张、吴、孙、阎、张五巨头总辞通电，云："当此对外修改不平等条约之重大时期，国家之主张，非有巩固之政府，势难贯澈主张。"[4]

当时北京内阁在外交上仍有其存在价值，一则为进行修改条约，以慰全国人心；如《申报》所云："顾氏不欲去之原因，则仍在外交上着想，以为中日、中比、中法满期各约，重复改订已有办法，自信可以竟其全功，其所宣传者在此，其持以向各方自献者亦在此"。二则为外交承认问题，防列强外交南倾；顾维钧内阁虽未经列国正式承认，然为列国默认之事实上政府，若改组军政府，则使团方面另须经

---

① 《申报》1926年11月10日，第4版。
② 《申报》1926年11月20日，第9版；21日，第4版；25日，第6版。
③ 《申报》1926年11月23日，第4版；24日，第4版。
④ 《申报》1926年11月29日，第4版；全文见12月2日，第6版。

一度事实上政府之承认，在国民政府势力日张，列强中颇有倾向南方者之时，并无把握，不如维持现状。① 于是吴佩孚、张作霖、孙传芳、阎锡山等，纷纷电顾氏，请维持中外观瞻。② 顾维钧遂于 1927 年 1 月 12 日通电云："月余以来，政务停顿，对外改订条约已迫，且关税会议中辍，目的未达，若不策进，更迫困穷，对内险象环伏，崩折堪虞，不得已勉力维持"，③ 就国务总理职，改组内阁，自兼外交总长。14 日，顾维钧到国务院就职，演讲云："现阁议停开已及月余，对内对外均不成局面，外交尤为吃紧，本人以固辞不获，只得勉力维持"。④

张作霖则于 1926 年 12 月 1 日在天津成立安国军总部，为最高军事机构，自任总司令，俨然北方盟主。安国军总部由杨宇霆任总参谋长，设有三厅八处，包括外交处，由吴晋任处长。杨、吴常受张作霖之命，与列强驻华公使来往，一时间，北京外交部与安国军外交处有"二元外交"之势。⑤ 安国军总司令部又设立外交、财政、政治三讨论会，借此拉拢各方人才，讨论国是。其中外交讨论会会长孙宝琦，副会长陆宗舆，会员王宠惠、陈振先、刘玉麟、陆兴祺、马素、颜惠庆、姚震、章宗祥、刁作谦、丁士源、王继曾 11 人。1927 年 2 月 7 日，三讨论会成立开幕。此三会为咨询机构，虽称三会之议决事件，径请总司令采用施行，并得请由总司令送交主管单位察核施行，⑥ 但基本上外交讨论会没有发挥过什么作用。

在北京政局混沌、顾维钧内阁地位不稳之际，条约研究会仍继续

---

① 微言：《北京特约通讯——顾阁总辞与将来之政局》，《申报》1926 年 12 月 3 日，第 6 版。

② 29 日吴佩孚复电，30 日张作霖复电，见《申报》1926 年 12 月 1 日，第 4 版；孙传芳、阎锡山复电，见 4 日，第 5 版。

③ 《申报》1927 年 1 月 14 日，第 4 版。

④ 《申报》1927 年 1 月 20 日，第 6 版。

⑤ 参见唐启华《北伐时期的北洋外交——北洋外交部与奉系军阀处理外交事务的互动关系初探》，《中华民国史专题论文集·第一届讨论会》，台北，1992 年 12 月。

⑥ 《申报》1927 年 1 月 24 日，第 5 版；2 月 10 日，第 9 版。

运作。1926 年 11 月 9 日，条约研究会开成立会，会长顾维钧强调：修改不平等条约不但人民希望，政府亦同此宗旨，中比条约宣布废止后，各约修改办法与手续亟待研究，必须集思广益，故有本会之设。①该会成立后，每周开会一次，自 11 月 18 日开第 1 次常会，到 1928 年 5 月 3 日开最后第 48 次常会，前后存在一年半。

条约研究会主要任务，在于研究"到期修约"事宜。1926 年 11 月到 1927 年初，北洋修约热闹进行，《中比条约》宣布废止之后，比利时强硬抵制，向海牙国际法庭提出诉讼，并要求列强联合抵制，北京政府颇为紧张。然而不久之后，居在华列强马首地位的英国公布"改变对华政策建议案"，主张正视中国修约的要求，建议无条件同意中国征收华会附加税。比利时见情势不利，乃表示让步，1927 年初，中比新约开议，比使宣布愿意归还天津租界。中法、中日修约谈判也陆续开议。1 月底，英国向武汉、北京同时提出七点修约建议，不久中英也展开修约谈判，具体先商谈天津租界归还问题。北京外交部又对年底期满的西班牙条约，送出修约照会。所有这些修约事宜，都是在条约研究会中做出决策，交外交部执行。

条约研究会成立以后，比约、法约、日约陆续开会商议修改，西班牙约将期满准备修改，墨西哥约也在交涉修改，英国提案亦与修约相关；各案经纬万端，如法权、税权、航权等最关重要之问题，均须延揽专门人才研究。每次会议之中、西文记录文件之编译，以及对外接洽、实地调查等，事务之纷繁，远超过预期，会中原定经费、办事人员均不敷分配。于是敦聘胡惟德、汤尔和等为高等顾问，聘张嘉森、张东荪、庚恩锡、严鹤龄、应时等为顾问，聘郑天锡、唐在章等为专门委员，聘陈世第、杨光泩等充咨议；并于 11 月 15 日，增派胡

---

① 《条约研究会第一次开成立会会议录》（1926 年 11 月 9 日），《外交部档案》：缩影 05000 - 143，第 281 ~ 282 页。

世泽、刁敏谦充事务副主任，1927 年 1 月 15 日，以金问泗为事务副主任。另多次派外交部员到该会办事。①

条约研究会经费，原经国务会议通过每月 3000 元，后由关税项下自 1926 年 12 月起由总税务司支付每月 2000 元。因开会以来，原定经费不敷分配，1927 年 3 月请求追加经费。② 3 月 16 日，国务会议议决，每月由关余项下拨付 7000 元；5 月，商得使团同意，自 6 月起追加 5000 元，由关余项下照拨，以一年为期。7 月 29 日，国务会议议决，"自七月份起改为每月拨 3500 元，并经财政部允许以所余 3500元借拨外交部，作为使领经费"，③ 10 月份以后，条约研究会又以"本会经费异常支绌，不敷开支，拟请即行拨给本会应用"。④

然而，1927 年初北京政府进行中的各项修约谈判，表面上可谓极尽热闹之至，然实际进行程度，皆甚有限。主要原因在于南北内战，全国不统一，而南方对北京修约也有抵制，列强多采观望态度。3 月14 日，顾维钧晤外国记者，强调："今中政府拟修正各条约，祛除片面及不公允各点，各国前尝宣布条约有修正之必要，但借口中国今未统一，故不欲即以新约代旧约，且恐目下修正，若政府改变，则将有否认新约之虞，实则此种恐慌，毫无理由，要求修正，乃全国之事，不限于任何党派，故取消片面的条款，必为全国所承认。"有人询问："南方不反对北京政府与列国之修约，可有保证否？"顾答："吾现所举办之事业，乃以全国国民之意志为根据者，此后亦拟从国民之舆论

---

① 《提出阁议——追加预算事》（1927 年 3 月 10 日）、《前外交部条约研究会人员任用》，《外交部档案》：缩影 05000 - 142，第 2364～2366、2477～2521 页。

② 《提出阁议——追加预算事》（1927 年 3 月 10 日），《外交部档案》：缩影 05000 - 142，第 2364～2366 页。

③ 《致罗总长函》（1927 年 9 月 27 日）、《外交部条约委员会函外交部》（1927 年 8 月 27 日），《外交部档案》：缩影 05000 - 142，第 2401、2388～2389 页。

④ 《函外交部》（1927 年 12 月 9 日），《外交部档案》：缩影 05000 - 142，第 2407～2408 页。

而进行。"①

张作霖之安国军总部虽未干预修约外交，但是关心征收二五附税及宣传反赤两事。因为开征二五附税，导致免安事件；因为反赤，有搜查苏联使馆事件。这两件事，前者与关税委员会相关，后者则是安国军主导，皆与条约研究会无关。加以安国军与外交部的外交方针时有冲突，中英修约谈判时，顾维钧力主全盘修约，安国军则求速效，主张早日收回天津英租界。4月，外交部与安国军外交处在收回天津英租界及搜查北京苏联使馆问题上起冲突。7日，顾阁总辞，被张作霖慰留。②

6月，安国军将领联名通电推张作霖为大元帅。16日，顾维钧辞职赴西山静养，内务总长胡惟德暂代阁揆，王荫泰代理外长。③ 张作霖决心组织军政府，18日就大元帅职。7月3日，张作霖发布对外宣言，表示：负责保护境内外侨，不平等条约应取合理的手续修改，此种条约不适现状，请列国以友好精神交涉改约，在修改以前，当然尊重此种未废弃之条约，予等信奉国民主义，与南人无异。张氏命潘复组阁，以王荫泰为外长，吴晋任外交次长，安国军外交处并入外交部。22日，王荫泰就外长职，演说谓：现有许多条约当加修订，全国人民愿得国际上之适当地位，有主急进者，有主依国际习惯逐步而进者，唯全国确已一致要求修正条约云云。④

北京政府大改组，条约研究会受到影响，自6月10日第27次会后，停会一个半月。顾维钧辞阁揆后，张作霖要求他留在北京，顾氏同意但不接受任何官职，唯仍任条约研究会会长；原副会长王宠惠，已于4月南下，加入南京国民政府，改任王荫泰为副会长。主要会员

---

① 《申报》1927年3月15日，第5版；21日，第6版。

② 《申报》1927年4月9日，第8版。

③ 《申报》1927年6月18日，第7版。

④ 《申报》1927年6月19日，第7版；7月4日、6月23日，第4版。

除罗文幹外，加入吴晋（外交次长）、沈瑞麟（内务总长）、姚震（司法总长）。① 终于到 7 月 29 日才开第 28 次会，但是顾维钧在 8～10 月，有多次未参加会议。

自 1927 年 4 月南京国民政府成立后，列强对北京之修约更加敷衍，对修约会议，均怀观望，任何一国都不欲先行解决。中比新约虽已大致议定，比使借口等待布鲁塞尔训令，迟迟没有具体答复。日使虽允续开，亦以会外接洽为限，不愿正式会议。外部催法使开议中法商约，法使以商议后不能得全国同意，即议定亦不能履行为借口，一再拖延。②

西班牙条约即将期满，外交部屡催西班牙公使商议新约，西使见中外各修约会议悉数停顿，西约亦不必急议，遂以请示政府为由拖延。11 月 3 日，北京政府提过渡办法，西使允考虑再答。③ 9 日，条约研究会第 40 次常会决定：坚持到期修约原则，送备忘录交西使表明态度，若坚不承受，则去文一面收回临时办法，一面声明旧约失效。④ 10 日，中西条约期满，西使访外长，以列国约满均展期，独于西国提临时办法，西政府认为是歧视，应一面双方组修约委员会，一面旧约展期，王荫泰答以西国修约代表迟不到京，旧约期满不得不订临时办法，双方意见未谐。由于西使不肯明确答复，12 日阁议议决：中西条约期满失效。当晚发布废约指令、宣言，并照会西使。⑤

12 月初，外长王荫泰被推为中日合办之汇业银行总裁，请辞外长职，张作霖谕暂行兼办。⑥ 1928 年 1 月 31 日，王荫泰以外长兼中日合

---

① 《申报》1927 年 7 月 9 日，第 6 版；8 月 19 日，第 4 版。
② 《申报》1927 年 9 月 11 日，第 4 版。
③ 《申报》1927 年 11 月 1 日、4 日，第 4 版。
④ 《条约研究会第四十次常会会议录》，《外交部档案》：缩影 05000－143，第 1532～1579 页。
⑤ 《申报》1927 年 11 月 12 日，第 7 版；13 日，第 6 版。
⑥ 《申报》1927 年 12 月 4 日，第 4 版；23 日，第 5 版。

办银行总理，究不自安，屡请辞外长职。^① 辞呈中云：

> 现在部务最关重要者，为海内所喁望者，厥为修约事件。自民国十五年以来，中日、中法、中比、中西各约，皆届期满，荫泰任职后，百计规画，亟图修改。而我虽锐于进行，彼则意存观望。究其原因，则以累岁内争，全国未能一致，为其所持之口实。荫泰智穷能索，内疚神明，职守有亏，深辜倚畀。^②

2 月 25 日，北京军政府以罗文幹长外交。^③ 罗氏主要外交方针仍是修约，就职后答记者问时云："修约交涉前此办理者，已有多起，待办理者亦有数起。曩以时会关系，多未完成，此后仍将本旧有方针，已满期者谈商新约，未届期者，待其到来开议。纵以时局关系，不能实时竣事，但亦当本国民之希望，积极进行。"^④

条约研究会受此次外交人事异动影响，又停会一个半月，自 1927 年 12 月 30 日第 43 次常会到次年 2 月 14 日方开第 44 次常会。当时对会长人选似有讨论，有提及唐绍仪、孙宝琦、颜惠庆者，^⑤ 结果仍以顾维钧为会长，继续开会，到 5 月 3 日开第 48 次会。一个月后，张作霖即退出北京，北京政府倾覆。

四　结语

五卅后的北洋修约朝两个方向发展，一是继续过去与列强同时修约的传统，向华会列强要求修约，成果是关税特别会议及法权调查委员会的召开，得到的仍是列强之"口惠而实不至"。关税会议中列强

---

① 《申报》1928 年 2 月 1 日，第 8 版。
② 《王荫泰辞呈》，《国闻周报》第 5 卷第 8 期，"一周间国内外大事述评"，第 2 页。
③ 《申报》1928 年 2 月 26 日，第 4 版。
④ 《南北外交》，《国闻周报》第 5 卷第 8 期，"一周间国内外大事述评"，第 2 页。
⑤ 《颜惠庆日记》第 2 卷，第 397 页，1928 年 1 月 4 日。

同意中国关税自主，自 1929 年 1 月 1 日实行。华会附加税由于各国对于用途意见分歧，无法达成协议。最后是广州政府强行征收，英国被迫承认，北京政府跟进。法权调查委员会则建议中国继续改良司法。

北洋修约另一个方向，是舍弃与列强同时修约之旧法，改采对个别国家旧约中修约期限届满者，宣布旧约期满失效，要求改订平等新约。这个"到期修约"的新方针，从五卅后开始酝酿，于 1926 年初确立开时执行。"到期修约"方针过去被长期忽视，但是获致了重要而可观的成果，并开创了中国外交史的新方向。

"到期修约"方针能顺利推动与贯彻，与当时外交决策机制密切相关。北京政府末期，政局动荡，对外交涉事务处于关键时刻，外交部常系国家门面。当时国家体制残缺，既无总统也无国会，国务院无实力，法理基础薄弱，人事变动频仍，作为外交决策主体的地位较弱。掌控北京实权的军阀，忙于内战，对于外交事务常避之若浼。北洋外交家们，常为对外交涉之延续，不得不出任艰巨；在法理与实力都欠缺的情况下，北京外交部只能依赖民意、舆论的支持，以及整合各方意见的临时特设机构，作为讨论大政方针的机制。在这种情形下，集合外交相关之元老、名流组成的外交委员会、关税委员会及条约研究会等，反而成为较具代表性的机制，在修约交涉的关键时刻，承担了外交决策与传承的重任，使得"到期修约"能持续发展，并贯彻执行。

自 1925 年 6 月 24 日北京政府向外交团提出修约照会，1926 年 2 月王正廷外长任内确立"到期修约"方针，并在约满六个月前向法国送出修约照会。4 月，胡惟德长外交兼摄政内阁总理时，向比利时送出修约照会。8 月，蔡廷幹任外长时，宣布《中法越南通商章程》期满失效。11 月，顾维钧任外长摄阁时，断然宣布废止中比条约，并在 1927 年初中比、中法、中日、中英修约交涉，同时进行。10 月，外交总长王荫泰又毅然宣布废止中西条约。历任外交总长一棒接一棒地贯彻修约方针，维护国家民族的永恒利益。表面上，所有外交决策都在国务会议中决定，然而由本节之研究可知，当时阁议只是形式，之前在外交委员会、关税委员会、条约研究会中的讨论与决议，才是关键。尤其是条约研究会，可说是北洋末期"到期修约"的决策核心。

第二节　1926～1929年中比修约交涉

1865 年《中比和好通商行船条约》（以下简称《中比条约》）修约案是北洋末期"到期修约"方针的试金石，该约也是中国第一个片面宣布期满失效的旧约，比利时政府质疑中国废约的法理依据，向海牙常设国际法庭（Permanent Court of International Justice at The Hague）提出诉讼，不久双方妥协展开谈判。北京政府覆灭后，南京国民政府接手，继续与比利时议订南京第一个友好通商条约，但引起朝野广泛质疑与讨论。此案呈现的意义与层次十分丰富，是理解北伐前后"修约"与"废约"路线争议，以及北洋到南京外交传承关系的关键案例。

过去学界对此案有一定的注意，也有初步的研究成果。[①] 但既有研究成果均依据报章杂志及回忆录等二手史料，未能使用档案，论证不免粗疏；且缺乏北洋到南京外交连续性的视野，只注意到北洋政府的废止比约，或只在南京国民政府改订新约中提及一笔，[②] 未能将北洋与南京的交涉联系起来探讨，诠释失之于刻板片面。此外，对于

---

① 现有研究成果，主要是习五一《论废止中比不平等条约——兼评北洋政府的修约外交》，《近代史研究》1986 年第 2 期；另外，李育民《中国废约史》一书，对北京末期及南京政府时期之中比修约，都有相当详尽的讨论。

② 例如李恩涵《北伐前后的"革命外交"（1925～1931）》；申晓云《南京国民政府"撤废不平等条约"交涉述评——兼评王正廷"革命外交"》，《近代史研究》1997 年第 3 期；《国民政府建立初期"改订新约运动"之我见——再评王正廷"革命外交"》，《南京大学学报》2001 年第 1 期。

中、比间国际法之争议，只有表面粗浅的提及，不能深入。[1] 本节主要使用北京、南京政府之外交档案，国民党档案及英国外交档案，参酌报章、日记、回忆录等史料，尽可能翔实地考察交涉历程；并以北洋、南京外交连续性的视角，较全面地对此案做学术研究。

一 《中比条约》修约交涉

《中比条约》于 1865 年（同治四年）11 月 2 日在北京签订，次年 10 月 27 日在上海换约生效。该约第 46 款规定："日后比国若于现议章程条款内有欲行变通之处，应俟自章程互换之日起，至满十年为止，先期六个月，备文知照中国"。至 1926 年 10 月又届十年修改之期，但依原约，仅比国单方面有提议修约之权。[2]

中国驻比公使王景岐在该约复届十年期满前，多次建议北京外交部及时修改以除束缚。五卅惨案之后，外交部于 6 月 24 日向华会列强提出修约照会，7 月 1 日王使与比国外长洽谈后，报告称：比人终难脱离列强首先许我修改条约，景岐警告以商约非永远性质，中国意见如不容纳，政府及人民恐将为势所迫，而出单方废弃；《中比条约》明年已届修改之期，中国断不能复任此不平等条约之存在；比外长露比国愿任调停之意，唯须陆续修改，且注意于关税会议。王使建议：万一此次修约提议仍不被接受，是不平等制度已不存在于土耳其、波斯、暹罗诸国者，唯中国尚须保存，益无此理，似应单方面废弃，造

---

[1] 如洪富忠、汪丽媛《1926 年中比修约中的国际法运用思考》，《宜宾学院学报》2004 年第 1 期；洪富忠《论 1926 年中比修约中的常设国际法庭应诉之争》，《玉林师范学院学报》2007 年第 1 期。此外，王铁崖《中国与国际法——历史与当代》（《中国国际法年刊》1991 年）一文中有讨论中比修约时的国际法依据，虽只寥寥几笔，但甚有见地，颇具参考价值。

[2] 清末订约中，只有比、德两国有单方面修约权，德国旧约已于中国参战时废止，1865 年中比《通商条约》规定了比利时的单方面修约权，是当时中外条约中独一无二的，在法律意义上是不平等条约体系中最顽固的一环。见张建华《晚清中国人的国际法知识与国家平等观念——中国不平等条约概念的起源研究》，第 118 页。

成已成事局。最后提醒《中比条约》已近修改时期，请外交部重视。①

8月14日，外交部电嘱王使：此次我国提议修改不平等条约，比国如无满意答复，拟于明年4月向比国单独提出修改《中比条约》之议，要王使预为布置。② 王使遂向比国各界表示中国将行修约之意，并备具说帖函送外交部，指出：年来他将中国拟修改《中比条约》之声气放出，比国外部尚未表示反对，但注意中国对其他约期将届各国之态度；建议外交部当比约满期前六个月即1926年4月27日以前正式知照声明作废，比人在华一切保护及待遇，照普通国际法之规定；所有比国基于条约而享有之领事权、约定税则权、租界内行政权及传教权等，当然废止，然后商订新约。③

9月4日，华会列强回复修约照会，称：对于中国政府修正现有条约之提议，愿予加以考虑，但视中国当局表证愿意且能履行其义务之程度为标准；只同意召开拖延数年之关税、法权会议。年底，关税会议及法权会议陆续在北京召开。

1926年，北京政局动荡，但外交部持续推动修约政策。1月，王正廷出任许世英内阁外交总长。15日，条约司提出《中比条约说帖》，指出：对列强共同商改条约窒碍难行，势须单独磋商，依据条约中期满废止之规定最为平和，《中比条约》10月到期，该约虽规定仅有比国可提议修改，但按照国际惯例，自无拒绝中国请求废约之理，经王公使试探比方口气，尚未表示反对，此系中国提出修约照会后之第一机会。除现在关税、法权两会正在进行，亟应对其他应废除之不平等条款有所表示，使列强知我国除忍耐外，尚有他项办法，建

---

① 《收驻比王公使2日电》（1925年7月3日），外交档案：03-23-102-01-010。
② 《电驻比王公使》（1925年8月14日），外交档案：03-23-069-01-003。
③ 说帖附于《收驻比使馆函》（1925年12月），外交档案：03-46-010-02-016。

请4月中旬照会比国《中比条约》期满无效。①

2月2日，国务会议通过"到期修约"方针。4月16日，外交总长胡惟德照会比利时驻北京公使华洛思（M. le Maire de Warzee d'Hemalle），同时由驻比使馆照会比国外交部，依据"情势变迁"及修约条款，称：1865年条约已历60年，在此长时期中，两国所经之政治、社会、商务等重大变更甚多，加以比国已于上年9月4日答复中国修约照会中，表示甚愿考虑中国修约之提议，中国据此要求修约；依该约第46条，中国政府拟将该约重行修改（revise），所有该约条款，均至本年10月27日本届十年期满止，一律失效（terminate），并应缔结新约以代旧约。②

27日，比使照复：依原约仅比国有提请修改条约之权，但愿意待中国政局稳定，关税、法权两会结束后，考虑修约之可能。③ 另比利时外长向王景岐表示：愿意修订条约，但目前中国无政府，无法商议，且在新约未订之前旧约仍当有效，不能以10月为终期。王使建议外交部：过去修约均因各国借故拖延，不能成功，"极望政府鉴此覆辙，视比约到期失效为无辩论余地，并将废约后应办手续次第正式发表，以造一已成事局，勿以他事牵涉，为利害所动"。④

5月13日，颜惠庆复任总理兼外交总长。22日，颜氏电令王使向比国外长声明：无论关税、法权两会如何结束，中比条约到期失效，重行另订新约。⑤ 31日，比使向颜惠庆抗议，主张关、法两会结束前旧约应继续有效。颜氏答以：中国政府不接受激烈派主张宣布旧

---

① 《修改中比条约说帖》（1926年1月15日），外交档案：03-23-069-01-006。
② 《致比华使照会》（1926年4月16日），外交档案：03-23-069-01-016。双方往来照会，中文见《国闻周报》第3卷第44期，1926年11月14日，第13～26页；英文见 The China Year Book，1928，pp. 766-786。Termination 现在一般译为"终止"，当时则"失效"与"终止"互用。
③ 《收比华使照会》（1926年4月27日），外交档案：03-23-069-01-016。
④ 《收驻比王公使电》（1926年4月29日），外交档案：03-23-069-01-017。
⑤ 《电驻比王公使》（1926年5月22日），外交档案：03-23-069-02-008。

约无效，采取商订修改办法，会议自是会议，订约自是订约，两者不必混而为一。① 比国坚持关、法两会皆源于华会，修约必须在两会之后，且旧约期满新约未成时，应有一种"临时办法"（Modus Vivendi）。外交部因关税会议会务吃紧，颜惠庆又因张作霖抵制而辞职，7 月初由海军总长杜锡珪兼代阁揆，蔡廷幹任外长，至 7 月 24 日才照复比使，称：旧约期满新约未成时，中国政府愿研究一种能保护比国正当合法之利益，而又不损及中国权利之《临时办法》。②

王景岐不断建议外交部坚持旧约作废立场，主张：比国在华投资甚巨，而我国在比利益绝少，彼急我缓，操纵之权仍持在我，我国态度如仍坚持，不为任何外物所动，则比为保护利益起见，结果仍当就范。③ 王使还发动旅比华侨于 7 月 22 日集会，不惜对比经济绝交，并遍电国内各界及疆吏，呼吁坚持废除比约，指出：改良不平制度，非先从列强中最弱之点破其联合，今年比利时首当其冲，国无兵力而在华投资甚巨，对我较有顾忌，正宜新试，后者方可迎刃而解。④

比国关心《临时办法》是否可让该国侨民在华地位不逊于他国，如不能满意，则将坚持原约第 46 款规定。⑤ 8 月 4 日，比国照会：要求中国一个月内提出《临时办法》，否则提交常设国际法庭裁判；同时向华会列强要求，一起对北京施压，务必使《临时办法》给予比国与其他列强同等之地位，⑥ 维持事实上之最惠国待遇。

---

① 《比馆问答》（1926 年 5 月 31 日），外交档案：03 - 23 - 069 - 02 - 010。

② 《收比华使节略》（1926 年 6 月 1 日）、《电驻比王公使》（1926 年 6 月 1 日）；《照会驻京比使馆》（1926 年 7 月 24 日），外交档案：03 - 23 - 069 - 02 - 012、013，03 - 23 - 069 - 03 - 006。

③ 《驻比王公使致钱司长函》（1926 年 6 月 30 日），外交档案：03 - 23 - 069 - 03 - 002。

④ 《收驻比王公使电》（1926 年 10 月 2 日），外交档案：03 - 23 - 071 - 01 - 012。

⑤ 《总长会晤比华使问答》（1926 年 7 月 29 日），外交档案：03 - 23 - 069 - 03 - 009。

⑥ 《比使馆照会》（1926 年 8 月 4 日）、《比馆问答》（1926 年 8 月 5 日），外交档案：03 - 23 - 069 - 03 - 013。中比双方往来各文电，见《中比修约案》，外交档案：03 - 23 - 069 ~ 078。比利时向列强求助，见 Grahame to FO, 21 Aug. 1926, FO371/11683 [F3438/933/10]。

外交部担心若比国将此案提出常设国际法庭，中国因接受《常设国际法庭规约》第36条强制管辖条款，必须出庭，否则恐有败诉之虞。[①] 26日，北京政府阁议决定提出《临时办法》。[②] 9月2日，外交部提交比使，内容大致依据原约，但强调六个月为限，两国承认关税自主、彼此领土管辖权，新约依照领土主权及平等相互原则订定。[③] 比使对旧约之有效以承认关税自主及撤销治外法权为条件表示不满，并认为旧约可废，但《临时办法》应一直有效至新约签订，不同意新约要在一定期间内议定。[④] 双方为议约是否要有期限争执不下。王景岐反对让步，认为"比国实力自顾不暇，利益全在我手，即使决裂我无受损，彼所恃者仅在提诉，我国即使败诉，似犹胜于不战先降，示人以弱"，主张强硬对付，不惜绝交以贯彻废旧约宗旨。[⑤] 29日，比使提交备忘录，表示不能承认中国提出之《临时办法》，并提出对案：对解释第46款保留向常设国际法庭提出诉讼之权，双方立即商议修改条约，新约订定前，旧约除第46款外仍旧维持。[⑥]

由于约满之期将届，国内外各界咸注意中比约案，侨界、商会、疆吏纷纷致电外交部，请坚持废约。[⑦] 此时，北京内阁又有异动，10月5日，顾维钧以财政总长兼代总理并兼外交总长，上任后研究此案，对比国"新约未成旧约继续有效"之条件不能接受。14日，顾

---

① 中国于1920年12月16日签署《常设国际法庭规约》，次年9月29日大总统徐世昌批准，该约第36条强制裁判，中国有条件同意。见《外交公报》第5期，1921年11月，第（条约）49页。参见唐启华《北京政府与国际联盟（1919～1928）》，第323～325页；《驻荷使馆致外交部函》附件，1926年12月17日，《资料汇编》第3辑外交，第992～993页。

② 《提出阁议决定案》（1926年8月26日），外交档案：03－23－070－01－008。

③ 《致比华使临时办法五条》（1926年9月2日），外交档案：03－23－070－01－014。

④ 《比馆问答》（1926年9月2日），外交档案：03－23－070－02－005。

⑤ 王景岐与外交部往来各文电，见外交档案：03－23－070～071；Grahame to FO, 25 Sept. 1926, FO371/11683［F4086/933/10］；*The China Year Book*, 1928, p. 774。

⑥ 《收比华使节略》（1926年9月29日），外交档案：03－23－071－01－008。

⑦ 见外交档案：03－23－079－01各件。

氏提出国务会议讨论，阁员皆以内审国情纷纭多故，外察友邦趋势日非，此时如倡言废约，或引起重大反感，必须郑重考虑；且我国朝野所希望者，重在将来新约中去除不平等之内容，并非愿与各国处于无约关系，乃决议：现比国既允商议修约，可按普通修约手续，要求依平等相互原则根本修改；至修约期间旧约期满，拟暂作为事实上之维持原状，酌订期间以示限制，并声明期满后若新约仍未议订，中国政府对于旧约保留自由取决之态度。①

18 日，比使告诉顾维钧比国决定提出常设国际法庭，请中国政府一周内答复前次备忘录。次日，顾氏会晤比使，主张将比国备忘录删去“旧约继续有效”字样，已命王使向比外部提出两条《临时办法》，待比国政府答复。② 20 日，华侨在比京示威，胁迫王使条约期满即声明废约，下旗回国。③

23 日，比使提出《临时办法》新草案，要求关税之最惠国待遇，法权与他国同，旧约期限至“中国情形许可之时，关税会议竣事揭晓之际，根据平等及尊重领土主权二主义缔结新约之日为止”。④ 顾氏与比使讨论后，当日下午提出修正《临时办法》，坚持旧约到期失效，新约要在六个月内完成。⑤ 双方争执焦点在于：外交部注重旧约不能无限制延长，比国注重《临时办法》内容，并坚持旧约继续有效至新约成立之日。

期满之日前后，国内报纸密切注意此案发展，双方外交当局也密集交涉。26 日，比馆回复：比国政府同意旧约终了，修正《临时办

---

① 《电驻比王公使》（1926 年 10 月 18 日），外交档案：03 - 23 - 071 - 02 - 011。

② 《电驻比王公使》（1926 年 10 月 18 日）、《总长会晤比华使问答》（10 月 19 日），外交档案：03 - 23 - 071 - 02 - 005、016。

③ 《收驻比王公使电》（1926 年 10 月 22 日），外交档案：03 - 23 - 071 - 02 - 017。

④ 《收比馆备忘录》（1926 年 10 月 23 日），外交档案：03 - 23 - 071 - 03 - 001。

⑤ 《总长会晤比华使问答》（1926 年 10 月 23 日收）、《致比华使备忘录》（1926 年 10 月 23 日），外交档案：03 - 23 - 071 - 03 - 004、002。

法》，有效时期至新约实行之日为止。① 外交部修改为：若在六个月内新约未能订立，"缔约各方对于本协议有自由重加考虑之权"。② 27日，比使回复：实难承认，要求加入"倘在六个月期内新约不能订立，或不能实行，缔约一方得于三个月之前通知，要求将本协定再施行六个月，以后均照此限类推，至新约实行为止"。③

28 日，北京政府特别阁议讨论比国修正案，议决由外交部答复：比国提议之修改将使《临时办法》无限延长，中国政府歉难承认；新约订立一定要有期限，提议修改为："如六个月期满，经双方之同意，《临时办法》得延长之，并经任何一方之三个月预先通知得废止之"。④ 中方提出修正案一周，仍未得比政府答复，外交部提出国务会议：拟再送备忘录，深盼比政府承认中国提案，若不能于短期内接到答复，中国政府不能不正式宣言以明态度。议决通过。⑤

11 月 1 日，顾维钧向报界声明：（1）坚持解除不平等条约原则；（2）我对比约六个月前声明到期失效，比已承认改订，当先由国际常轨，尽力向和平途径做去，若和平途径穷尽，再行别谋办法，庶可邀世人共谅；（3）比国与我国关系，商务为重，比非武力立国，我尤不愿以无虑故而遽出以断然手段，现尚候比使答复，若彼不答复，或答复不满意，则不得不取其他办法。⑥ 4 日，外交部派员往晤比使，表示提出修正案多日，未接答复，本国政府以舆情激愤，各省军民长官纷纷电讦，无法再拖，面交节略，深盼贵国政府在最短期内予以满意之答复。⑦ 次日，比使答复：对于中国政府最后之《临时办法》未能

---

① 《收比馆备忘录》（1926 年 10 月 26 日），外交档案：03 - 23 - 071 - 03 - 006。
② 《致比华使备忘录》（1926 年 10 月 26 日），外交档案：03 - 23 - 071 - 03 - 011。
③ 《收比馆备忘录》（1926 年 10 月 27 日），外交档案：03 - 23 - 071 - 03 - 015。
④ 《致比华使备忘录》（1926 年 10 月 28 日），外交档案：03 - 23 - 071 - 03 - 013。
⑤ 《收国务院公函》（1926 年 11 月 6 日），外交档案：03 - 23 - 072 - 01 - 007。
⑥ 《申报》1926 年 11 月 2 日，第 4 版。
⑦ 《朱鹤翔往晤比华使纪略》（1926 年 11 月 4 日），外交档案：03 - 23 - 072 - 01 - 002。

容纳，声明恢复谈判以前之状态。①

6日，国务会议通过外交部提案：中比条约期满，迭经与比使交涉改订平等互尊领土主权之新约，并议订《临时办法》，而比方主张坚决，已至无可磋商之地步，只有一面将该约宣布失效，一面仍由本部迅与商订新约。派员面交比使照会。② 同日，北京政府发布《外交部对于交涉终止中比条约之宣言》，此宣言系北京政府第一次正式使用"不平等条约"一词，是表明北京外交部对于修约态度之重要文件，云：民国建立以来，中国政府即追求国际平等地位，为达此目的，一方面在国际会议中屡次要求修改不平等条约；一方面致力平等订约，使平等条约国数目增加；对旧约到期者通告终止，设法改订平等新约。续云：

中国对于（中比条约）……经先期六个月之通知予以终止，并所当表明者。缘该约系与中国初与外人通商时违背中国意愿而强迫订立之各约同属一类，而对于中国主权加以限制者也……无论何国……对于各项条约足以限制其自由发展或足以违反国际间之良好习惯者，不能允其永久束缚，况此种条约滋生误会常起争端迟早必归消灭。如一意欲加保存，置根本情形之变更及近代国际思想与生活之进展于不顾，自不啻抹煞历史及其教训也。故为避免此种条约之失平或其流弊起见，国际联合会盟约第十九条曾以明文规定：此项条约得随时加以修正云。

修改条约之通常权利既经承认，则条约内有定期修改明文规定者，其两缔约国得以通知方法终止该约之权，自当予以承

---

① 《东方杂志》第23卷第24期，1926年12月25日，第136～144页；*The China Year Book*, 1928, pp. 779–780.

② 《朱鹤翔往晤比华使纪略问答》（1926年11月6日）、《收国务院公函》（1926年11月8日），外交档案：03－23－072－01－002、007。

认……综观前项情形，中国不得不将……中比条约宣告终止。①

北京政府之使用"不平等条约"一词，意义与孙中山及国民政府不同，因比利时坚持其单方面修约权，中国想要修约而无从着手，不得不诉诸"不平等"概念。其根本含义在于，如果一个条约被认为是违背了国际法上的国家主权平等原则的不平等条约，那么它是否合法、是否还有法律效力就大有疑问。张建华指出："这是中国在国家实践中首次使用不平等条约概念，在世界范围内也是破天荒的第一次，从而引起西方国际法学界的关注。"②

北京政府毅然单方面宣布终止《中比条约》，为中国外交史上破天荒之壮举，得到国内各界的喝彩。③

二　宣布终止比约后的国际法争议

北京政府宣布比约失效后，比利时以提出常设国际法庭仲裁，并要求列强共同抗议为抵制。北京政府面对强大压力，电令驻外使节向各国解释中国立场，④并于外交部内设立条约研究会，集合北洋外交精英，研究现行条约及筹备改订平等新约。

11月9日，条约研究会召开成立会，顾维钧指出《中比条约》

---

① 11月6日《宣言》，《国闻周报》第3卷第44期，1926年11月14日，第11~13页。《外交部对于交涉终止中比条约之宣言》，《资料汇编》第3辑外交，第962~966页。英文本作"declare the Treaty of November 2, 1865, as terminated," *The China Year Book*, 1928, pp. 766 – 769。

② 参见张建华《清朝早期的条约实践与条约观念（1689~1869）》，国民政府废除不平等条约六十周年国际学术讨论会会议论文，台北阳明山，2002年10月；《晚清中国人的国际法知识与国家平等观念——中国不平等条约概念的起源研究》，第118页。

③ 《时报》1926年11月10日；另见习五一《论废止中比不平等条约——兼评北洋政府的修约外交》，《近代史研究》1986年第2期，第193页。中国宣布比约到期终止（terminated），与"废止"（renunciation）意义不同，基本上，"终止"指本应无效，旧约既已到期自应失效；"废止"指将本应有效之条约宣告失效。然而当时顾维钧等人常称此举为"到期作废"，也简称为"废约"。后人不察而混用之，但在严谨学术讨论时，应做明白之区分。

④ 外交部与驻外使领来往电文，见《资料汇编》第3辑外交，第983~997页。

终止后问题甚多，此次我国所用办法出于外交常轨，而中比约为修约各案之首，故讨论应付比国手段时，眼光尤应注及其他各国。比约善后重点在于：（1）废约后比侨待遇问题；（2）比国提议交付常设国际法庭问题。比侨待遇应从宽或从严？顾氏指出：外交上不止希望废约，且希望订立新约，故目下不宜使各国有不好感想，所以对比不便取过分办法，可订一《临时办法》，事实上予比国以有期限的优惠待遇。最后议决：对比不能与对其他无领事裁判权国同样待遇。会议再讨论提交常设国际法庭事，众议认定此案为政治问题，非法律问题，应提交国际联盟大会讨论为宜。①

10 日，比国使馆照会：比国曾建议中比共同提出海牙常设国际法庭，但未获中国答复，特再询问是否愿将《中比条约》第 46 条之解释共同提出法庭？若 8 日内未得回复，比国将单方面提出诉讼；最后强调：不论法律问题如何判定，比国政府仍预备觅调和解决之方法，以建立两国新条约关系。②

16 日，外交部照复比使，指出比国政府已允废止旧约另订新约，是已将提议修约之法律问题抛弃，故真正争点在于：平等原则之适用于中比关系，此为政治性质，非法律问题，因绝无国家能允以国际平等之根本原则作为法律审问事件。此次中国废约与国联盟约第 19 条承认关于不适用条约应用情势变迁原则之精神相符，如要向国际机构提出申诉，应依据盟约提出国际联盟大会，而非国际法庭。照会最后称：双方应以平等相互原则为基础，立即进行商订新约。③ 外交部并电令驻外各使领，广为宣传中国之观点。④

---

① 《前外交部条约研究会会议录》，《外交部档案》：缩影 05000 – 143，第 281 ~ 299 页；国际联盟大会与常设国际法庭关系，参见唐启华《北京政府与国际联盟（1919 ~ 1928）》一书。

② 《收比馆照会》（1926 年 11 月 10 日）、《次长会晤比馆赛参赞问答》（1926 年 11 月 10 日），外交档案：03 – 23 – 072 – 02 – 013、018。

③ 《致比华使节略》（1926 年 11 月 16 日），外交档案：03 – 23 – 072 – 03 – 002。

④ 《收驻比王公使 17 日电》（1926 年 11 月 18 日），外交档案：03 – 23 – 072 – 03 – 001。

18日，条约研究会第1次常会，顾氏指出答复比国节略主要目的，一方面表明争执之点在平等原则之适用于中比关系，此为政治性质，提出国际联盟大会较适当；一方面表示我国仍希望以平等相互原则，与比国随时开议，缔结新约。常会又讨论待遇比国侨民办法。北京政府宣告旧约失效后，视比国为无约国，采取不友善措施，诸如：上海违禁物品会议，中国代表奉命拒绝比领列席；上海会审公堂华官奉令不许比领莅廨审理中比人民诉讼案件。比国使领提出抗议，认为在海牙法庭判决前，不应停止比国权利。决议：废约后比国自无领事裁判权，遇事当坚持到底，贯彻废约办法。①

25日，条约研究会第2次常会，讨论比国提交国际法庭裁判事。曾任国际法庭副法官的王宠惠解释法庭规约，指出中、比皆签署强制公断条约，皆为国联行政院成员，于理应出庭。顾维钧主张出庭，认为：我如不出庭，则一切苦衷及废约原委经过，无从表白以引起各国同情，外间将谓我情虚胆怯，在国际舆论方面十分不利。王宠惠及罗文幹则反对出庭，王氏认为：若出庭，因判决不利而不遵守，则国际舆论必然大哗，应该不承认法庭之管辖权；并认为中比争执之要点，其实不在双方是否均有提议修约之权，因为比国对于修约一层，并非不予承认，唯主张新约未成立以前，旧约仍当有效，因此争执在于新约未成立以前旧约是否仍然有效。罗文幹认为：我既以政治手段始，自应以政治手段终，若一半用政治手段，一半用法律手段，吃亏必大，因此不应出庭。顾氏总结云：该问题关系我国前途匪浅，若能阻止比国不提出国际法庭最好，否则只得派员出席，不然国际舆论将谓我国不承认法庭，群起攻击；可非正式觅人向国联秘书长表示中国舆论对于此事异常激昂，操之过激恐生巨变危及

---

① 《前外交部条约研究会会议录》，《外交部档案》：缩影05000-143，第312～327页；《照译比馆节略》（1926年11月15日）、《照译比使馆来函》（1926年11月26日），中研院近代史研究所档案馆藏《外交部档案》：条法司600.2-0005。

远东和平。①

同日，比使馆照会：比国决定单方面提出常设国际法庭，但仍愿考虑修改旧约；29 日，又送备忘录：强调比国提出法庭与中国主张提交国联大会并不抵触。② 海牙常设国际法庭也函告中国驻荷兰使馆：比国提诉，送交 25 日控诉状抄本，比国请求宣判：中国政府无单独废约之权，并于判定之先，指定保护比国人权利之《临时处分》。③

12 月 2 日，条约研究会第 3 次常会，讨论应付比国提出常设国际法庭办法。顾维钧指出：我国初意本在修约，因比国一再延宕，欲将不平等待遇无限延长，交涉无结果，修改不成不得已而废约。钱泰认为若出庭在法律上多半失败，但政治上可获宣传之益，为将来对别国修约时留说话地步。王宠惠、罗文干仍反对出庭，讨论不决。④ 外交部电令驻荷公使王广圻对常设国际法庭采拖延战术，借口法庭函送之比国控诉状全文过长，电报传达错码甚多，须由西伯利亚邮寄，待中国政府收到后才能答复。⑤ 同时，出席国联大会之驻意公使朱兆莘电告，与国联秘书长谈比约事，彼认为中、比皆行政院会员，皆签署国际公断条约，都应出席常设国际法庭，不出庭对中国不利，而提交国联大会为期尚远。⑥

9 日，条约研究会第 4 次常会，讨论中比约事，顾维钧称：国联

---

① 《前外交部条约研究会会议录》，《外交部档案》：缩影 05000 - 143，第 330 ~ 355 页。王宠惠于 1921 年 9 月当选常设国际法庭副法官，于 1923 年 4 月赴海牙就任，1925 年底回国主持法权会议。

② 《收比馆 25 日照会》(1926 年 11 月 29 日)、《收比华使 29 日备忘录》(1926 年 11 月 30 日)，外交档案：03 - 23 - 073 - 01 - 007、009。

③ 《收驻和王（广圻）公使 27 日电》(1926 年 11 月 28 日)，外交档案：03 - 23 - 073 - 01 - 013；国际法庭文件，见《资料汇编》第 3 辑外交，第 992 ~ 995 页。

④ 《前外交部条约研究会会议录》，《外交部档案》：缩影 05000 - 143，第 361 ~ 392 页。

⑤ 《电驻和王公使》(1926 年 12 月 2 日)，外交档案：03 - 23 - 073 - 01 - 016。

⑥ 《收驻义朱公使 2 日电》(1926 年 12 月 4 日)，外交档案：03 - 23 - 073 - 02 - 001。中国于 1926 年 9 月 16 日国联第七届大会列为行政院非常任会员，参见唐启华《北京政府与国际联盟（1919 ~ 1928）》，第 165 ~ 169 页。又，国联大会通常于 9 月召开。

秘书长认为中国应出庭，比国希望中国取消废约命令，然后再行修约。王宠惠态度转变，认为：若不派员出庭，不止对比一国，且将牵涉国际联盟根本问题，影响太大。顾维钧强烈主张出庭，指出：若就法律论，我国不能单方面废约，若中比国交于一定期限内保持现状，亦可酌量承认，但不能屈从不平等条款；出庭可将废约苦衷及经过公诸世界，若败诉，即使退出国际联盟，亦可得世界人民之谅解，但不出庭为不遵守公约；应一方面设法取消诉讼，一方面准备派员出庭。会议最后决议：先征求国际公法名家意见，再定应付方针。①

12 日，外交部电驻外各使，称中国如出庭，恐法庭拘牵约文，解释对我国不利；如不出庭，则我国曾经承认强迫公断，恐各国认我藐视公约义务。此事关系甚大，为我国解除不平等条约束缚之初基，现部中正详细研究，妥定方针，要各使表示意见。② 各使响应，认为如走法律路线，中国必失败，多主张贯彻民意及政治路线，不必顾虑法律。

16 日，条约研究会第 5 次常会，顾氏报告收到驻荷使馆寄到常设国际法庭通知及比国控诉状，决定接到比国理由书后再研究如何答辩，对比国抗议暂不回复。会议讨论征求国际公法家意见事，决定就中国是否出席法庭征询四位法学家意见；又讨论上海会审公堂比人案件事，决定照待遇无领事裁判权国人民办法，由中立国领事陪审。③

17 日，收驻荷公使电：国际法庭通知中国 3 月 16 日提出答复文据。④ 21 日，王广圻又电：法庭庭长认为比国要求在判决以前先给予《临时处分》以保护比国及比人权利一节，目前尚无采用该办法之必要，但保留日后一切情形。⑤

---

① 《前外交部条约研究会会议录》，《外交部档案》：缩影 05000 - 143，第 393～419 页。
② 《电驻外各馆》（1926 年 12 月 12 日），外交档案：03 - 23 - 073 - 02 - 004。
③ 《前外交部条约研究会会议录》，《外交部档案》：缩影 05000 - 143，第 440～456 页。
④ 《收驻和王公使 16 日电》（1926 年 12 月 17 日），外交档案：03 - 23 - 074 - 01 - 011。
⑤ 《收驻和王公使 21 日电》（1926 年 12 月 22 日），外交档案：03 - 23 - 074 - 02 - 020。

北京外交部几经接洽，决定征询德国叟金①（Walther Adrian Schucking）、瑞士莫塔②（Giuseppe Motta）、希腊波利蒂斯③、美国兰辛四位著名国际法学家之意见。18 日，外交部电相关驻外使节：将中比交涉文件及比国诉讼状送交四位法学家，并致赠酬劳，请其拟具中国出席常设国际法庭之意见。④

国际法学家之意见颇具学术价值。兰辛详查文件后，主张中国暂缓答辩，应拖到比国下一步举动。⑤ 叟金与驻德公使魏宸组会晤，表示此问题非常重要且极有趣味，可分三层研究：（1）常设国际法庭是否有受理之权？（2）依《中比条约》第 46 条中国是否有单独废约之权？（3）中国若将此案交常设国际法庭审理是否一定失败？有无理由辩护此约应行重订新约？关于第一问题，国际法庭确有受理之权，中国不能逃避。魏使云：此问题关乎我国生死存亡，将此问题交法庭审理，若法庭判定我国无权取消旧约，岂不永世陷中国于殖民地地位。叟金云：中国若将此案交常设国际法庭审理，不是绝望之事，亦不是无理由辩护之事，因国际公法最重要之原则为"情势变迁"，无论何种条约皆含有此原则在内。中国自从两次海牙保和会、国际联盟及华盛顿会议以后，所处地位与 1865 年情形不同，此世界所公认，旧约之应修改几无疑问，以此类推，虽不能断定胜利，大约总可得一相当之解决。⑥

---

① 叟金（1875~1935），德国法学家，海牙保和会研究专家，马堡（Marburg）大学国际法教授，1930~1935 年任常设国际法庭法官。
② 莫塔（1871~1940），瑞士政治家，曾任驻国联代表。
③ 波利蒂斯（1872~1942），希腊外交家，著名国际法学家，参与草拟国际联盟盟约，协助建立常设国际法庭，鼓吹裁军，当时任希腊驻法国公使。
④ 《电驻美、瑞士、德公使》（1926 年 12 月 18 日）、《收驻法使馆 1 月 26 日公函》（1927 年 2 月 16 日），外交档案：03 - 23 - 077 - 01 - 013、016。
⑤ 《收施公使 6 电》（1927 年 1 月 10 日）、《电驻美施公使》（1927 年 1 月 13 日），外交档案：03 - 23 - 075 - 01 - 006、02 - 010。
⑥ 《收驻德使馆公函》（1927 年 2 月 10 日），《北洋政府外交部》，外交档案：03 - 23 - 077 - 02 - 001。叟金之意见书 3 月交驻葡使馆二等秘书童德干带回国（见外交档案：03 - 23 - 077 - 02 - 001），但找不到该意见书。

波利蒂斯提出详细之意见书，认为1865年《中比条约》第46条并无废约办法，中国应援用"情势变迁"条款，主张1865年条约在法理上已无价值，且当中比会商之时，亦曾竭尽各种方法以期废弃旧约而代以适合现状之新约，因此中国政府已将比国之毫无诚意加以证实，而不得不出于单方之废弃。但是中比两国皆系国际联盟会员，且都承认强迫公断，是故国际联盟之组织，以及常设国际法庭之成立，对于各会员国援引"情势变迁"条款，自应有相当之裁决效力。结论是：

1. 本案至少有一部份有法律之性质，常设国际法庭对于废止1865年条约合法与不合法问题确有裁判权无疑。

2. 中国否认常设国际法庭管辖权，绝少胜诉之望。

3. 中国方面亦不宜放弃出庭辩护，因法庭仍可缺席裁判。

4. 比国政府所请求之保存权利办法，法庭庭长确有判令执行之权，中国政府为预防起见，应赶速声明：为尊重法庭，中国政府准备于本案诉讼期内，仍将前向比国提议在未订新约前之《临时办法》予以实行。

5. 废约合法问题，根据该约第46条辩论，必被否决，中国政府务宜抛弃此理由。

6. 即使依据"情势变迁"原则以为辩护，亦难望法庭承认单方废约为合法。因揆诸现在国际联盟之制度，一国行为合法与否之问题，不应听其自判。

7. 是故，中国政府应变更辩论方法，于答辩书内提出反告要求，请法庭体察中国变迁情形，宣告1865年条约陈废无效。

8. 欲使本案胜诉更有希望起见，应将法庭普通权限扩充，因此中国应向比国政府，或于答辩书内提议要求比国政府同意，使法庭有用公允及善良方法判断本案之权。

9. 尚可提议就两造利害冲突各节，赋予法庭以解决之权，俾法庭得判令两造于定期内，订立新约，如再谈判无效，法庭可援例规定该约条款。①

当外交部征询国际公法家意见，焦心筹谋应付比国提出诉讼之方时，国际局势转为对华有利，比国不得不将诉讼展缓，解除了北京政府棘手的法律难题。

北京政府宣布终止《中比条约》后，列强之间意见分歧，未能一致强硬反击。11月12日，美国驻北京公使马慕瑞（J. V. A. MacMurray）向国务卿凯洛格（Frank Kellogg）报告：北京废止比约成为列强对中国否定条约义务之顺从程度的试金石，列强态度分歧，比使建议华会列强共同向中国抗议，我不赞成，因为此举将成为比国提出常设国际法庭之预先裁判，会被中国激进民族主义宣传为遭华会列强压迫，中国要么屈服于列强，要么接受常设国际法庭维护列强利益之结果。美使希望国务院不要同情中国不负国际责任的做法。② 15日，国务卿指示：批准不集体抗议，建议暂时观望，因为日本政府回复中国照会，欣然允诺与中国政府开始商议修约；中国面临修约或废约的十字路口，朝向废约走了一步，我们应在中国无法回头前做友善的警告。③

英国走得比美、日更远，12月18日，英国驻北京代办向华会列

---

① 《关于废止1865年11月2日条约中比争议之意见书》（1927年1月15日起草于巴黎），系波利蒂斯受驻法公使陈箓敦聘撰写，参见《收驻法陈公使电》（1926年12月28日），外交档案：03-23-074-02-012。该件错置于《中比条约说帖》（1926年7月10日），外交档案：03-23-069-02-019。

② MacMurray to Kellogg, 12 Nov. 1926, *FRUS*, 1926, vol. I, pp. 995-997.

③ The Secretary of State to the Minister in China, 15 Nov. 1926, *FRUS*, 1926, vol. I, pp. 998-1000。北京外交部10月20日照会日本要求修改《中日商约》，日本政府拖延至11月6日北京政府宣布终止《中比条约》后，于10日照复外交部，欣然同意修约。

强驻北京使节宣布《变更对华政策建议案》，主张列强应正视中国修约要求的正当性，向中国表达愿意修约之善意。[①] 虽然英国此举主要是针对南方之国民政府，安抚过激民族主义，但因时机凑巧，对北京"到期修约"方针的顺利推动起了关键作用。王正廷事后回顾云："（中比）方在相持间，英国突然发表对华新建议案，颇于比国以甚大之冲动。盖比国在海牙诉讼，深仰英、法为之张目，英既表示同情于中国，比国顿失一种精神上之后援……中比形势，遂骤然变更。"[②]

由于列强不能共同抵制北京，反而争相对中国修约表达善意，比利时只好让步。22 日，比外相在国会报告对华政策，称：因中国无中央政府，比国不可能对华签订新约；比国无意保护不平等条约，自始对华采最协调态度，只要《临时办法》给予最惠国待遇，比国准备走得比英国建议案更远。25 日，他发表公报，同意英国《变更对华政策建议案》。[③] 27 日，王景岐报告：英国提议对华政策后，比外相大起活动，在议院及报界表达比国对华原则上可承认华会附加税及法权报告之实行。[④]

30 日，条约研究会第 6 次常会，由于比国通告已派出庭代表，并表示对会审公堂处置不满，决议："待大体决定后，再定方针，现在暂时不复。"[⑤]

1927 年 1 月初，北京政府改组，顾维钧仍任摄政内阁总理兼外长。6 日，比使以私人身份与顾氏商议补救之方。顾氏云：现在唯一办法只有根据相互平等及尊重领土主权原则迅速议订新约。比使表示

---

① 《英国变更对华政策建议案》汉译见《东方杂志》第 24 卷第 3 号，1927 年 2 月 10 日，第 105～107 页。

② 王正廷：《中国近代外交史概要》，外交研究社，1928，第 125 页。

③ Grahame（Brussels）to FO, 15 Jan. 1927, FO371/12426［F5001/37/10］.

④ 《收驻比王公使 27 日电》（1926 年 12 月 28 日），外交档案：03－23－074－02－014。

⑤ 《前外交部条约研究会会议录》，《外交部档案》：缩影 05000－143，第 476～486 页。

已提出常设国际法庭,要议约须先撤案,必须中国给予商务及法权优待才好转圜。顾氏表示需征询司法部意见。[1] 对于比国表示愿意依北京之原则展开谈判,英国外交部远东司司员托乐(W. S. Toller)认为:"看来比国准备放弃治外法权了,其条约将追随奥约模式。"司员哥瓦特金(F. T. A. Ashton-Gwatkin)认为:"(这是)修改所有条约明确的第一步。"[2]

8日,王广圻电:常设国际法庭庭长决定依比国诉讼状所请,指示《临时处分》之法庭命令,基本上民事暂由中国法庭管辖,刑事仍维持领事裁判权旧状。[3] 13日,条约研究会第7次常会,顾维钧报告:常设国际法庭已颁《临时处分》,比使表示极愿挽回法庭诉讼,希望速定新约,并询新约未订前如何办法;昨日比使又谓彼政府决定与中国速订新约,在会商新约期间,中止在国际法庭之诉讼。[4] 同日,比使照会:中比双方在往来文件中,皆表示愿以平等及互尊领土主权为基础缔结条约,最近本公使与贵总长谈话中将两国政府之意愿进一步证实,并共同决定立即开始会商,比国政府决定在会商期间,中止海牙国际法庭之诉讼。[5] 次日,外交部照复同意,并提议17日开议新约。[6]

三 中比修约谈判

1月17日,中比修约第一次会议在外交部大楼举行,顾维钧致开幕词,比国公使答词称:此次迎合中国之愿望,在会议未开以前,凡可以发生误会阻碍双方诚意之处,皆力求祛除,主动宣布愿归还天津租界,对中国表达善意。顾维钧表示将尽早派定接收比租界委员会。

---

① 《比馆1月6日问答》(1927年2月18日),外交档案:03-23-077-01-014。
② Toller & Gwatkin's minutes, 12 Jan. 1927, FO371/12425[F263/37/10].
③ 《收驻和王公使8日电》(1927年1月9日),外交档案:03-23-075-01-001。
④ 《前外交部条约研究会会议录》,《外交部档案》:缩影05000-143,第535~542页。
⑤ 《收比馆照会》(1927年1月14日),外交档案:03-23-075-02-007。
⑥ 《照会驻京比华使》(1927年1月14日),外交档案:03-23-075-02-006。

双方确认议约全权，议定以英文为正式讨论用语，会议程序先讨论重要问题，交双方专门委员起草，最后由两全权代表解决；开议前中方将应议问题草案交比使，比使确认向海牙法庭要求停止诉讼。[①] 18日，比政府请求法庭：中比新约在海牙法院中止诉讼期内未能成立时，应请展期。[②] 法庭询问中国是否实行《临时处分》？王广圻答以：中比议约期内对法庭命令不能有所表示。[③]

英国外交部接到中比谈判的报告后，托乐抱怨："比利时未事先咨询华会列强，无疑比国认为在先前条约交涉时，列强没有帮忙。"哥瓦特金认为："我们不能怪比国，没有列强帮助，他们无法保护利益，我们的《对华政策建议案》是风向的最后指标，汉口（1月3日中国群众强行收回汉口英租界，英军撤出）是确切的证明。"远东司司长蒙西（G. A. Mounsey）则认为："我们不能怪比国，但这一步有点困扰，比我们设想的走得远了一些。"[④] 英国外相张伯伦也对比国放弃天津租界表示遗憾，因为此举会严重削弱英国天津租界之地位，建议比使在华与英使密切联系。[⑤] 19日，英国驻华公使蓝普森报告伦敦：比使知放弃租界会成为麻烦的先例，但比租界价值不高，且顾维钧暗示若不放弃则有遭受暴力攻击的危险。托乐认为："比国处境十分困难，但一开始就放弃谈判筹码十分不智。"哥瓦特金认为："顾氏之说法更证实北方如南方般也是民族主义者。"[⑥]

---

① 《中比订立新约第一次会议开幕纪录》（1927年1月17日），外交档案：03-23-082-02-001。

② 《收比馆函》（1927年1月19日），外交档案：03-23-075-03-006。

③ 《电驻和王公使》（1927年1月20日），外交档案：03-23-075-03-002。

④ Toller's minute, 18 Jan.；Gwatkin's & Mounsey's minutes, 19 Jan. 1927，FO371/12459［F417/417/10］。

⑤ Austen Chamberlain to G. Grahame（Brussels），18 Jan. 1927，FO371/12399［F483/2/10］。

⑥ Lampson to FO, 19 Jan.；Toller's minute, 20 Jan.；Gwatkin's minute, 21 Jan.，1927，FO371/12425［F531/37/10］。

常设国际法庭通知中国答辩期延展两个多月。① 22 日，条约研究会第 8 次常会，讨论比约中止诉讼问题，顾维钧指出 18 日比馆照会，只提延展中国呈递答辩日期，拟照会要求比利时确实中止诉讼。经讨论后，顾氏总结，现有三种办法：一是要求比国取消诉讼；二是要求比国请求常设国际法庭停止《临时处分》；三是我国公布《临时办法》后，比国即应取消诉讼。② 同日，外交部照会比使：法庭通知展期而非中止诉讼，比国是否有履行原协议中止在国际法庭全部诉讼之意？③ 24 日，比使会晤顾氏，称此系法庭庭长之主张，非比国过失，比国已请求法庭中止本案诉讼，但是法庭只有延期或撤销两种办法，而无中止办法；撤销须双方当事国共同提出申请，所以只能延期，法庭所定《临时处分》，亦非比国之意。④

同日，条约研究会第 9 次常会，顾维钧报告：中比修约原定今日开第二次会，因中止诉讼争议，比使来部并未正式开会，经面询中止诉讼手续，比使云撤销诉讼应双方共同请求，将请示政府后再答复；比使非正式与王宠惠、罗文幹接洽，意在得有利之《临时办法》。顾氏裁决：请王、罗二氏与比使继续交换意见，俟略有端倪，再定办法。⑤

同时，王广圻报告：常设国际法庭书记长谓按法庭程序，双方同意可取消，但此次由比国单方起诉，除取消外别无中止之办法。25 日，外交部命王使询问法庭：可否由比国单方面请求取消。王使答复：据称被告尚未答辩前，原告可以单方面请求取消。⑥ 28 日，比馆函复：此项停止之请求，其形式系延长期限以便中国提出抗辩，盖延长期限为停止

---

① 《收驻和王公使 20 日电》（1927 年 1 月 21 日），外交档案：03 - 23 - 076 - 01 - 004。
② 《前外交部条约研究会会议录》，《外交部档案》：缩影 05000 - 143，第 544~561 页。
③ 《照会驻京比华使》（1927 年 1 月 22 日），外交档案：03 - 23 - 076 - 01 - 007。
④ 《比馆 1 月 24 日问答》（1927 年 2 月 7 日），外交档案：03 - 23 - 077 - 01 - 009。
⑤ 《前外交部条约研究会会议录》，《外交部档案》：缩影 05000 - 143，第 576~578 页。
⑥ 《电驻和王公使》（1927 年 1 月 25 日）、《收驻和王公使 25 日电》（1927 年 1 月 26 日），外交档案：03 - 23 - 076 - 01 - 018、02 - 001。

诉讼之唯一方法，届期议约未成可再请继续延期；建议双方先磋商优待比侨之《临时办法》，由中国单方宣告后，比国就撤销诉讼。①

几经接洽，双方妥协，各做让步。31 日，外交部非正式通知比馆《在华比国侨民待遇问题中国政府宣言》，称：

> 中比两国政府现正进行交涉，以平等及互相尊重领土主权原则为根据，商订新约。于此交涉期间，中国政府特声明如左：
>
> （一）比国人民（包括传教徒）之身体、财产、船舶，应按照国际法之规则给予应得之保护。
>
> （二）凡由比国人民输入中国及由中国向比国输出之货物，应按照对于他国人民现行有效之关税税则纳税。
>
> （三）凡关于比国人民之民、刑诉讼案件，应只由新法庭审理之，并有上诉权，比国人民得选用法庭认可之比国或他国律师及翻译。②

比国公使对此《临时办法》内容表示满意，称双方谈判再无障碍，承诺一经正式宣布，比国立即正式请求常设国际法庭按照程序，将《临时处分》之命令撤回。

外交部坚持收到法庭撤销之通知后再进行修约会议。2 月 3 日，比政府通知法庭：中国准备颁《临时办法》对待比侨，比国政府承认此议，请求庭长取消 1 月 8 日原谕。15 日，常设国际法庭通知中国驻荷公使：庭长已准比国所请，所有 1 月 8 日《临时处分》中止实施。③

---

① 《收比馆 28 日函》（1927 年 1 月 29 日），外交档案：03-23-076-02-006。
② 《致比馆宣言》及《比馆问答一件》（1927 年 1 月 31 日），外交档案：03-23-076-02-014、019。
③ 《收驻和使馆 2 月 23 日公函》附件（1927 年 3 月 17 日），外交档案：03-23-077-02-002；《收驻和王公使 15 日电》、《收比华使 21 日函》（1927 年 2 月），外交档案：03-23-077-01-015、018。

王广圻寄送法庭相关文件，并提醒外交部：《临时处分》虽经取消，而诉讼并未取消，应商令比方将该诉讼一并取消。[①]

17 日，条约研究会第 13 次常会，顾维钧报告：常设国际法庭已宣告《临时处分》失效，下周继续与比利时开议中比新约。[②] 依常设国际法庭之《临时处分》，比侨在华刑事案件仍可享有领事裁判权，而北京政府拟颁布之《临时办法》中，比国放弃在华全部领事裁判权，关税上享有事实上之最惠国待遇，比侨在华地位与德、奥侨民相同。此为享有条约特权的华会列强中，第一个放弃领事裁判权者，实为中国外交又一可贵成绩。[③]

北京外交部准备修约谈判，拟有《中比商约》主要问题稿。在收回法权问题方面：商订确定收回法权办法，关于司法之实施，自当予以相当之保障及便利，唯侨居中国之比国人及其财产，应完全遵守中国之一切法令。收回税权问题方面：关税悉照缔约两国本国法令办理，无商订互惠协定之必要。收回航权问题方面：比国商船不得在中国从事沿岸贸易及内河航业。此外，删除最惠国条款。[④] 外交部拟定之《中比商约》草案，以《中奥商约》为蓝本，并参酌日比、日法等约。[⑤] 其间，比利时亦提出法权问题意见，供中方参酌。[⑥]

---

① 《收驻和使馆 2 月 23 日公函》（1927 年 3 月 17 日），外交档案：03 - 23 - 077 - 02 - 007。

② 《前外交部条约研究会会议录》，《外交部档案》：缩影 05000 - 143，第 626~630 页。

③ 因财政、司法部会商相关手续，迟至 4 月 2 日《政府公报》才刊载中比商订新约期间保护在华比国人民及其利益之《临时办法》，见《收比华使 7 日函》（1927 年 4 月 8 日），外交档案：03 - 23 - 077 - 02 - 014。

④ 《外交部存"中比商约主要问题稿"》，《资料汇编》第 3 辑外交，第 997~1003 页。《关于中比条约航政事项节略》，附于《收交通部 27 日咨》（1927 年 1 月 28 日），外交档案：03 - 23 - 077 - 01 - 002。

⑤ 该草案由苏希洵（1890~1970）拟稿，见《中比商约草案意见书》，外交档案：03 - 23 - 081 - 01 - 005。

⑥ 见《法权问题比馆两次提案稿》（1927 年 2 月 2 日）、《中比条约关于法权问题》（1927 年 2 月 21 日法权讨论委员会议决建议），中研院近代史研究所档案馆藏《外交部档案》：条法司 600. 2 - 0005。

2月22日下午，中比订立新约第二次会议。顾维钧建议讨论法权问题，并宣读中方方案：双方平等，恢复中国管辖比人之权；约定下次会议前中方先送交草约大纲，顾氏提议下次讨论税则及内河行船问题。① 24日，条约研究会第14次常会，顾氏报告：比方要求《临时处分》既已撤销，会审公廨案件应承认其照以前办理。议决：稍做让步。会议又逐条讨论中比约稿英文文字。26日，条约研究会第15次常会，继续讨论中比条约草案，修完全约文字，准备提交比方。②

3月1日下午，中比订立新约第三次会议，讨论法权之原则，比方要求中方提出草约大纲，以便电达比京请示。顾氏要求比方将有关法权一切意见提出以供研究，并建议一面等比政府训令，一面组织专门委员会研究法权问题，下次会议讨论草约大纲。11日，外交部将新约草案20条交比使转达比国政府。③ 30日上午，中比订约第四次会议，比使称已于16日将中国草约寄交本国政府，奉到训令后，当即转告外交部继续开议，双方并非正式就草约交换意见。④

4月4日，英国公使蓝普森寄送《中比新约草案》（*Avant-projet for Sino-Belgian Treaty*）给伦敦，他个人的看法是：比约被废之后比国地位困难，中国拒绝提交海牙，也不接受法庭之《临时处分》，因为用武力完全不可能，比国政府只有争取过渡期最好条件，以延缓提出海牙换取北京政府颁布《临时办法》，让在华比人可享关税上最惠国待遇，然后谈判新约。草约全出自中国，比使馆参赞在最严格的保密条件下承认，若能取得某种比人在华法权的保证，他认为比国政府只

---

① 《中比订立新约第二次会议议事录》（1927年2月22日），外交档案：03-23-082-02-002。

② 《前外交部条约研究会会议录》，《外交部档案》：缩影05000-143，第663～711页。

③ 《中比订立新约第三次会议议事录》（1927年3月1日）、《中比通商行船新约草案大纲》（1927年3月11日提交比使），外交档案：03-23-082-02-003、04-001。

④ 《中比订立新约第四次会议议事录》（1927年3月30日），外交档案：03-23-082-02-004。

会做小幅修正后接受此草约。草约很有趣,是第一个明确显示中国意图之新约,可为英国修约之先例。比国几乎完全放弃领事裁判权与协定关税等特权,它使法权调查会建议书对比国无用,取消华会关税条约及关税会议之成果。草约表面上虽基于完全平等与互惠,但实质上对比人不平等,例如比利时开放全国给华人贸易居住,而比人在华只限居住于通商口岸。比国沿岸内河航行开放给华人,但比人不能在华参与沿岸与内河贸易。英国外交部司员托乐的意见是:"此约代表中国对平等条约的更进一步,可与《中奥商约》作比较……整体而言,此草约包含奥约所有义务,但在保障与权利上更不能满意。"[1]

22 日,条约研究会第 22 次常会,顾维钧报告收回天津比国租界情形,双方派员交换意见后,比方提出节略,要求保存租界内私人土地之所有权。过去收回德、奥租界时,对于外人私有地亩,仍听其继续享土地所有权;收回青岛及威海卫租借地谈判时,英人地亩一律改为续租三十年,期满得续租。罗文幹云:现在所应讨论者,在于我国近来之修约既以平等相互原则相标榜,则收回租界后,是否许外人享有土地所有权?顾维钧云:外人享有土地所有权一层,在我国并无先例,万难承认比国得享土地所有权之主张,否则先例一开,他国引用最惠国条款,后患无穷。最后决定:援用先例租期三十年。另外,讨论比租界市政债务问题,决定:凡因兴办地方公益所举债务,照原条件继续办理;比租界市政收支稍有不敷,不难补足,可与内务部接洽。[2]

四 谈判延宕与专门委员会议

1927 年 4 月南京国民政府建立之后,中国有北京、南京、武汉三个自称中央政府的政权鼎足而立。随着北京政府日益衰微,南京国民

① Lampson to FO, 24 May & Toller's minute, 31 May 1927, FO371/12426 [F4912/37/10].
② 《前外交部条约研究会会议录》,《外交部档案》:缩影 05000 – 143,第 895～920 页。

政府多次宣称不承认北京签订的条约，列强与北京修约谈判态度趋于拖延观望。加以中国部分驻外公使，如驻意大利朱兆莘等，转向效忠南京国民政府，驻比王景岐也倾向南京。原来进行顺利的中比修约谈判，再无实质进展。[1] 其间，比利时不断请求常设国际法庭展缓中国答辩期限。[2]

6月18日，张作霖在北京就任军政府海陆军大元帅，顾维钧内阁总辞，由潘复组新阁，新任外交总长王荫泰继续推动修约，但受限于内外环境，与各国的修约谈判多陷于停滞。6月初，王景岐向比利时政府要求：中比新约在北京谈判变局多，应由他代表全中国，改在比京布鲁塞尔（Brussels）进行。比外相咨询英、法外相意见。[3] 7月下旬，蓝普森报告伦敦：比使告知中国驻比公使不断要求将谈判改到比京，本地报纸报道驻比公使追随朱兆莘先例，转而向南方效忠。托乐认为："此事表明与未被承认、破产的政府谈判的危险。我看不出比国会在移至比京谈判中受损，除了王景岐之暧昧身份，他要有全权状表明他是代表谁。"哥瓦特金认为："修约完全停滞，目前有三个交战中不稳定的政府，都宣称代表中国，只有地方事务如归还租界可有成功谈判的希望。"[4]

8月12日，条约研究会第30次常会，王荫泰报告：中比修约3月已提出草案，以后进行恐愈棘手，日前比国会议员对外相与北京商订新约提出诘问，比外相答以比国在华利益以陇海铁路为最重要，该路尚在北方手中，自不能置北京政府而不顾。然而近数月来陇海线已

---

① 中比谈判停顿事，见《比馆问答》第 11 号（1927 年 9 月 3 日），外交档案：03 - 23 - 078 - 01 - 009。

② 由原来之 1927 年 3 月 16 日展至 5 月 25 日再展至 6 月 18 日，届期比国又请展至 1928 年 2 月 15 日，见《收驻和王公使 10 日电》（1927 年 5 月 11 日）、《收驻和使馆 11 日公函》（5 月 25 日）、《收驻和王公使 18 日电》（1927 年 6 月 19 日）、《收驻和使馆 6 月 20 日函》（1927 年 7 月 9 日），外交档案：03 - 23 - 077 - 02 - 018、020，03 - 23 - 078 - 01 - 004、005。

③ Grahame（Brussels）to FO, 9 June 1927, FO371/12426［F5456/37/10］.

④ Toller & Gwatkin's minutes, 23 July 1927, FO371/12426［F6421/37/10］.

完全归入南方范围，比外相若仍继续与北方交涉，恐难自圆其说。决议：催促比方看看。[①] 26 日，条约研究会第 31 次常会，由于此时陇海铁路一部分复入北方手中，对比表示之机会已至，决定备文催促。[②]

9 月 3 日，外交部致比使节略，催问曾否奉到训令，愿否近日内会晤中国外交总长，俾商订新约一事，不致再见延迟。[③] 比使表示尚未奉到训令，比国政府 5 月下旬收到约稿，交各主管部研究，比外交部对最惠国条款等项不能认为满意，且条约以英文本为准，应先交英文约稿。经外交部催促后，比使同意将节略转送比京。5 日，比使函告外交部，改派修约专门委员，不日可到北京。[④]

11 月 2 日，比使到外交部，向王荫泰建议修约改由双方指派专门委员先行接洽。[⑤] 9 日，条约研究会第 40 次常会，王荫泰报告：现比方表示情愿继续进行，并希由双方派专门委员先行交换意见。议决：由前驻墨西哥公使王继曾担任。[⑥]

11 月下旬，蓝普森向伦敦报告北京政府对比修约历程，云：北京谈判已延宕，比国专门委员预计月底到北京，届时可能重开谈判。归还比租界中国不急，因该租界太小不会增加面子，财政上反而会是负担，比国想以小土地交换好条约，但比租界无讨价之价值，比国也因北京衰微不欲进行。[⑦]

12 月 14 日，比使告诉王荫泰，派参赞纪佑穆（Le Baron Jules

---

① 《前外交部条约研究会会议录》，《外交部档案》：缩影 05000 - 143，第 1155 ~ 1157 页。

② 《前外交部条约研究会会议录》，《外交部档案》：缩影 05000 - 143，第 1205 ~ 1209 页。

③ 《致驻京比使馆节略》（1927 年 9 月 3 日），外交档案：03 - 23 - 078 - 01 - 007。

④ 《比馆 3 日问答》（1927 年 9 月 9 日）、《收比华使函》（1927 年 9 月 5 日），外交档案：03 - 23 - 078 - 01 - 009、008。

⑤ 《比馆 2 日问答》（1927 年 11 月 4 日），外交档案：03 - 23 - 078 - 01 - 012。

⑥ 《前外交部条约研究会会议录》，《外交部档案》：缩影 05000 - 143，第 1578 ~ 1579 页。

⑦ Lampson to FO, 24 Nov. 1927, R. 25 Jan. 1928, FO371/13155［F376/1/10］。

Guillaume）及秘书嘉赍（M. Gallet）为中比修约专门委员，与外交部委员接洽。① 外交部派王继曾及条约司办事龚湘为专门委员，会同讨论。②

29 日上午，在外交部开中比专门委员会第一次会议，中方委员建议以中国草案为讨论之根据，比方称只收到关税问题之训令，对第 10、13、17 条提出对案。③ 比国政府训令捐税相互享受最惠国待遇，中方强调无论何国皆不给予最惠国待遇，非针对比利时一国。中方建议逐条讨论，比方强调要待政府训令到后方能续议。④ 次日，条约研究会第 43 次常会，王荫泰报告中比修约专门委员会第一次会议，比方云只接到政府对关税问题之训示，修正中方新约草案第 10、13、17 三条，第 10 条含有最惠国待遇，与我国原条文精神距离太远。中方委员提议逐条讨论，比方允请示政府。顾维钧建议：将中比案不同之点，逐一签注，备具说帖，下次会议时再行详细讨论。⑤

1928 年 2 月 15 日，常设国际法庭中国答辩期限已至，中国未到庭，法庭通知比国。外交部要求比使电比国政府，也电驻比王使向比外部询问。比国政府遂请法庭再展六个月。⑥

4 月 28 日上午，中比修约专门委员会第二次会议，比国委员表示收到本国关于草案全部之训令，首先声明：本国政府对于全约之观察殊为失望，然后逐条讨论。第 5 条比方要求居住之自由及购地权，中

---

① 《比馆 14 日问答》（1927 年 12 月 16 日）、《收比馆 15 日函》（1927 年 12 月 17 日），外交档案：03 - 23 - 078 - 01 - 014、015。

② 《函驻京比使馆》（1927 年 12 月 21 日），外交档案：03 - 23 - 078 - 01 - 016。

③ 《比国对案原文》（1927 年 12 月 29 日），外交档案：03 - 23 - 078 - 01 - 018。

④ 《中比专门委员第一次会议录》（1927 年 12 月 29 日），外交档案：03 - 23 - 082 - 03 - 003。

⑤ 《前外交部条约研究会会议录》，《外交部档案》：缩影 05000 - 143，第 1647 ~ 1652 页。

⑥ 《收驻和戴代办 16 日电》（1928 年 2 月 17 日）、《电驻和戴代办》（1928 年 2 月 17 日）、《收驻和戴代办 2 月 21 日、3 月 2 日电》（1928 年），外交档案：03 - 23 - 078 - 02 - 004、006、010、012。

方坚决反对内地杂居；比国注重关税上之最惠国待遇，中方表示违背新约之精神。最后决定：中国政府对所争论诸点有答复后，再召集下次会议。①

5月3日，条约研究会第48次常会，王荫泰报告中比修约第二次专门委员会，比方表示该国政府对我草案失望，条文中处处限制，不符平等相互原则，然后逐条讨论第1条至第5条，对第2条略有更改，第3条留待将来讨论，第4条无大争执，第5条限制外人自由居住一层，比委员请觅折中办法。然后讨论关税问题，比方仍欲享最惠国待遇，中方表示此事须郑重考虑后再议。王继曾云：由当日谈话情形观之，比方对于我国不能承认内地杂居之苦衷，似尚可谅解，唯对于我国之不许以关税上最惠国待遇，深表不解。顾维钧云：比国近来似有维持旧约之意。决议：下次开会时请比国对草案全文发表意见，再逐条讨论。② 然而，北京政府在6月初即告覆灭。

五　南京政府之中比修约交涉

南京国民政府统一全国之后，在1928年下半年内，签订了12个条约。其中与美、挪、荷、英、瑞典、法等国签署关税条约，六国承认中国关税自主。与旧约到期之比、意、丹、葡、西五国签订友好通商条约（Preliminary Treaty of Amity and Commerce），除承认关税自主外，并规定收回法权及平等互惠订新约之大原则，通商细节将来再商议，但规范含混，并在附件中做出不少让步。另外，德国法权早已收回，也订关税新约，将1921年《中德协约》中"在国定税率未普通施行之前，德货入口得暂照通用税率完纳关税"一款取消，去除关税事实上之最惠国待

---

① 《中比专门委员第二次会议录》（1928年4月28日），外交档案：03-23-082-03-004。

② 《前外交部条约研究会会议录》，《外交部档案》：缩影05000-143，第1874~1906页；《中比修约案》（1928年），外交档案：03-23-081-02-001。

遇。华会各国中，剩下日本拖到 1930 年 5 月才签署关税条约。

《中比条约》是南京政府签订之第一个友好通商条约，王正廷努力争取比国原则上同意取消领事裁判权，并尽快以平等互惠之原则商订完整之商约，造成第一个突破口，让其他旧约到期国家跟进，因此对比利时做出一些实质让步。研究此案，可对南京国民政府“改订新约”方针的性质与特色，增加理解，并可与北京之中比修约作比较，对中国外交史脉络的整体认识具有重要意义。虽然迄今南京政府外交档案的公开状况不理想，但参看国民党档案，大体可还原当时谈判、订约及批准的过程。

1928 年 6 月初，南京政府统一全国，外交部命驻外使节照旧供职。28 日，驻比公使王景岐密函国民政府外交部，提出对比约意见，重点是：（1）中比新约宜以最简单之《中德协约》为蓝本，先订友谊通商大纲，条款务简，俾两方易于同意；有效期间务短，俾随时可修改。（2）不应为收回法权而以允比人土地所有权为交换，否则旧约各国援照利益均沾，且日本对此点特别有野心，应特加注意。7 月底，外交部指示王使：“吾国拟派员与比政府 10 月间在宁商议新约，除照会比使外，希向比政府积极接洽。”①

8 月 4 日，外交部照会旧约期满之法、葡、意、西、比等国，要求开议新约。比约部分由驻沪办事处交比国总领事转比代办纪佑穆，称：中比旧约早届期满，业经声明废止，现国民政府根据“情势变迁”原则，并为增进两国睦谊起见，极愿于最短期间内签订代替旧约之新约，拟派全权代表于 10 月间在南京开中比订约会议，深望比国政府迅派全权与会。② 比利时政府因旧约已废，在华处于无约状态，

---

① 《驻比王公使 6 月 28 日函》（1928 年 7 月 26 日）、《电驻比公使》（1928 年 7 月 31 日），《国民政府外交部》置于外交档案：03－23－081－02－005、007。

② 《照会比国驻华代使》（1928 年 8 月 4 日），《国民政府外交部》置于外交档案：03－23－081－02－008。

对于订立新约比较积极，训令驻华代办：对华另订新约之议表示同情，即嘱驻沪比总领事照复外交部表示赞同。9 日，比代办南下至沪，与外交当局商议条约内容。①

17 日，王景岐电告：比外部已命比使于 10 月赶到南京商议，并提醒外交部注意：比约废后我国曾于 1927 年初向比国提出《临时办法》，法权业经收回，常设国际法庭所定《临时处分》已取消。② 22 日，外交部复电：比代办来宁，我方提出中比新约草案，内容与《中德协约》相似，唯添加取消领判权一条，比代办谓该条恐非在短期间内所可解决，余似无问题，拟即电比京请示，希迅与该政府接洽并随时电复。草案要点，第一条：对于关税及其关系事项，在彼此领土内不得有歧视之待遇，进出口货物不完纳高于或异于本国人民或其他各国人民所完纳之税捐。第二条：两缔约国人民在彼此领土内发生民、刑诉讼案件，均受所在国法律之支配及其法院之管辖。第三条：于最短期间内以平等互惠为基础，商订通商航行条约。③

26 日，王使电复：已致函比外相，告以部提草案第二条不过确定中比间近两年事实上之地位，请早训令全部承认，拟与该外相在日内瓦国联会议时再详商。王使并对新约草案提出疑虑，云：比国在华利益至大，重缔新约，彼急我缓，彼此时如不认草案全部，在我似可暂与周旋，只要谈判不致决裂即可。新约草案第一条有问题，德约只规定所纳税项不得异于本国人，比约草案加有其他各国人民字样，显系无形中给予最惠国待遇。询问是否因国本初定，另有对外适宜政策，

---

①　洪钧培编《国民政府外交史》第 1 集，第 253～257 页。

②　《驻比王公使景岐》（1928 年 8 月 17 日），《国民政府外交部》置于外交档案：03-23-081-02-012。

③　《电中国驻比公使》（1928 年 8 月 22 日），《国民政府外交部》置于外交档案：03-23-081-02-013。此草案内容与 11 月 22 日签署条约内容相似，与北京外交部之中比通商行船条约草案无何关系。

故近来与各国新约均有如此条件，对比有未便歧视之苦心？①

王使之疑虑是有所本的，当时南京外交部之修约方针，把恢复关税自主列为第一优先。9月10日，外交部长王正廷答记者时称，不平等条约最要五项：关税不自主，领事裁判权，外国军队军舰驻留，内河航行权，租借地。关税自主最重要。王氏后来又表示撤废不平等条约依国力相称之顺序，分五期：一为恢复关税自主权，二为撤废领事裁判权，三为收回租界，四为收回租借地，五为收回铁路利权、内河航行权、沿岸贸易权。② 10月19日，国府会议中，蒋介石对于关税问题坚持及早实现，称：此为取消不平等条约之要点，亦我经济民生之大关，余必负责迅速促成之也。③ 简言之，南京为求尽快恢复关税自主，取消领事裁判权等其他问题，可暂时放松。

10月16日，王景岐电外交部：本日比外长约商比约，据称已电比代办向钧部提出草案文字修改要点，即（甲）第二款将"属地"二字除去，无须另议添上个人身份适用本国法律字样。（乙）约外另加声明书：第二款暂时不生效力，各国一律放弃领事裁判权时，比国当同时放弃等语，当经严词驳劝勿多生枝节。王使察觉到比国在比与在华商议时言论参差，询问南京接洽状况，并提醒个人身份一节，我国本有外国法律适用章程，无加入条约必要，如允所请，既开先例，日后范围解释又恐发生争执；17日，又电请注意货物来源问题。25日外交部复电："两电均悉，卓见甚是，比代办不日来京开议，拟按

---

① 《日来佛王景岐26日电》（1928年8月27日），《国民政府外交部》置于外交档案：03－23－081－02－014。

② 《王外长的最近外交谈》，《中央日报》1928年9月11日。另王正廷之按部就班修约态度，《大公报》（1928年12月25日）称："（24日）王正廷于会报界时，谈条约不平之点，除关税得相当解决外，领事裁判权取消期较近，内河航行候改订航约案解决。惟关于收回租界、租借地甚困难——其意似谓非至国防问题相当解决之后，难有成效。"关税关系国家命脉，故先从向各国争取关税自主做起。

③ 《蒋中正总统档案·事略稿本》（以下简称《事略稿本》）第4册，民国17年8月至12月，台北，"国史馆"，2003，第253～254页。

照程序次第进行。"①

11 月 6 日，国民党中央执行委员会中央政治会议外交委员会开会，讨论关于与比国修订条约事。蒋介石主张：新约以收回领事裁判权为必要，应明白规定"此缔约国人民在彼缔约国领土内，应受彼缔约国法律及法院之管辖"之文字。通过后，蒋氏又云：自后凡与订新约者，皆应坚持此主张。② 12 日夜，王正廷电告蒋介石，谓：中比商约草案已拟就，俟比使回任即签字。荷、意、比政府已允放弃领事裁判权，订约时可在约内正式声明。18 日，王正廷电告蒋介石，谓：中比条约不日签字，该约规定比国废除治外法权及享受最惠国之待遇。③

22 日，王正廷与比利时代办纪佑穆在南京签订《中比友好通商条约》，正文 5 条，换文 1 件（半数以上国家放弃时，比国也放弃领事裁判权），声明书 4 件（中国于 1930 年 1 月 1 日前颁布民法、商法，保证身份，比侨停止领判权后可内地杂居营商购地，比人照中国法律章程纳税）。④

六　《中比友好通商条约》批准之风波

《中比友好通商条约》签署后，各界批评声浪很大。始终关心中比修约的王景岐，23 日连续两电外交部，先云："中国新约之签订，政府在大局上有何迁就苦衷，非远人所能悬揣，惟附件各款，国权有碍，后患甚长，敢请看重国民希望，利用批准手续速行挽救"。又云：

---

① 《比京王景岐 16 日电》（1928 年 10 月 20 日）、《电驻比王公使》（1928 年 10 月 25 日），《国民政府外交部》置于外交档案：03 - 23 - 081 - 02 - 017、019。
② 《事略稿本》第 4 册，第 351 页。有关中央执行委员会、中央政治会议、外交委员会之关系，参见刘维开《训政前期的党政关系（1928～1937）——以中央政治会议为中心的探讨》，（台北）《政治大学历史学报》第 24 期，2005 年 11 月。
③ 《事略稿本》第 4 册，第 366、399 页。
④ 见王铁崖编《中外旧约章汇编》第 3 册，第 642～646 页。

附件既细且苛，种种有害，实等于比国右手交出特权而左手加倍收回。指出附件问题主要有：（1）领事裁判权：比使曾于1926年冬表示，英、美、日三国中任何一国放弃时，比国愿受同等待遇，当时北京政府未允；现在换文中变本加厉，明订半数以上国家放弃之后，益使各国彼此观望，甚至联为一气，尤难解除。（2）民、商法颁布纯属内政，载在条约会给比国干涉挑剔之依据。（3）身份问题，作双方拘束，凡遇华洋讼案，容易牵入国际纠纷。（4）土地所有权极为危险，我国人朴地贱，外商垄断，农牧失所，且国力未充，内地杂居祸不止此。（5）中比旧约已废两年，《临时办法》完全收回比国领事裁判权，经比国承认，海牙法庭亦不反对，卢森堡领事裁判权取消已届十年，今又送与，尤为骇异。王使于电文最后表示："现在议约，彼方如难就范，不如暂缓订新，其害犹浅，否则造成先例，辗转引用，又成连锁局势，且恐授反对以口实，以为申认，或重缔不平等条款，有损对内威信。"[1]

25日，王使再电王正廷，云：比约之废，海外同志苦尝监狱，倾全国之力，南北前后宣布，始成事实，已满两年，方期新约成立，来添保障，乃正文上解放精神，全为附件推翻，且轻描淡写中骗去加倍权利，惊骇达于极点，附件各节弊病甚多，比国领事裁判权取消之落空，及重将此权赠予早无关涉之卢森堡已极痛苦。土地权一节，危险更大，全国此时是否即能开放，听从外人买地？东邻援例深入何以抵抗？关系国本国防，尤当详慎考虑；即时机已熟，亦须自动开放，不能列入国际拘束。建议利用立法院批准手续，力图挽救。[2]

---

① 《比京王景岐23日电》（1928年11月24日）、《比京王景岐23日电二》（1928年11月24日），《国民政府外交部》置于外交档案：03-23-081-02-026。卢森堡于1919年列为无约国，在中比新约中又涵盖在约内。

② 《比京王景岐电（南京国民政府）》（1928年11月25日），中研院近代史研究所档案馆藏《外交部档案》：条法司600.2-0005。

　　王正廷未予理会，27 日将商订中比条约经过情形，提出国民政府
国务会议鉴核。① 29 日，王正廷招待记者，称：此次对比、意要求一
年后始实行撤销领事裁判权，一因我国法律尚未完全颁布，一因须与
未满期各国将关税问题解决后，再谈判取消领判权；此次比国对取消
领事裁判权一点，要求须半数以上之国家同意，始可实行；意大利须
华盛顿八国如英、美、法、日等签字后，始可实行；外交部对此要求
已表示允可，现正准备一切，至如何可使各国就我范围，则须国民与
政府一致努力。②

　　12 月 3 日，国民政府国务会议讨论批准中挪、中比、中意条约
案，外交部呈文云："现我国对于关税自主正在积极准备，距实行之
期至为迫近，该项条约在我国方面，诚有及早批准之必要。"③ 但孙
科、宋子文、冯玉祥诸委员均批评比、意两约表面上平等互惠，但因
国情不同，内地杂居及土地所有权实质上为不平等不互惠。④ 决议：
送政治会议审查。⑤

　　5 日，中央政治会议第 166 次会议，讨论中比、中意两约。会中，
蔡元培及薛笃弼质疑撤销领事裁判权不彻底及外侨内地杂居购买土地
之不妥。主席蒋介石云："现我外交目的，在联合各国以对日本，薛
委员所云须破其联合以谋我，则在我人之自问能否奋斗为断矣……今
蔡、薛两委员所提议，外交委员会均经顾到，为达到关税自主、撤销

　　① 《呈报商订中比条约经过情形》，台北"国史馆"藏《国民政府档案》：
001064100005。
　　② 《申报》1928 年 11 月 30 日，第 7 版。
　　③ 《呈国民政府》（1928 年 12 月 3 日），《国民政府外交部》置于外交档案：03 - 23 -
081 - 02 - 028。国民政府原定 1929 年 1 月 1 日实行关税自主，后延至 2 月 1 日实行。事实上
因日本抵制，迟至 1931 年 1 月 1 日才得以实行。
　　④ 《宋子文在中央党部指摘义比两约之失当》《孙科不满比义新约》《冯玉祥亦发表反
对意见》，《顺天时报》1928 年 12 月 5 日。
　　⑤ 《国府文官处 3 日公函》（1928 年 12 月 4 日），《国民政府外交部》置于外交档案：
03 - 23 - 081 - 02 - 031。

领事裁判权及收回租界，不得不如此。"决议："交外交委员会审查，请薛委员加入。"① 同日下午，外交委员会审查该案，决议：对中比条约附件四、中意新约附件三（即内地杂居及购买土地）暂行保留，余均批准。②

6 日，南京中央大学学生至外交部询问王正廷：总理主张废除不平等条约，部长以废除变而为修改，有违总理遗训，最近与意、比所定条约，形虽互惠，实不平等。王氏答复：根据总理建国大纲，当然是废除不平等条约，但已满期者当然废除，未满期者不得不先行修改，并无违反总理遗嘱之处；中比、中意条约之自由居住及土地权两项，须待撤销领事裁判权及收回租借地后方可实行，且有严格之限制。学生高呼实行革命的外交而出。③

8 日，北洋外交大老颜惠庆在日记中写道："王正廷签订的新约，殊不能令人满意。"④ 13 日，全国反日会因中比、中意条约及对日交涉问题，集矢于王正廷，召集民众团体将外长官舍捣毁。蒋介石闻讯后，召群众代表在中央党部大礼堂谈话，谓此种不幸事件，殊令人十分悲痛，望以后谨慎守法，若能听吾之言，三年以后，若外兵不撤，不平等条约不废，请杀我以谢国人。⑤

15 日，王正廷由沪回京谒蒋，面请辞职，蒋慰勉之，云国家对外交涉，应由国府负责，非王个人之事，且现当外交重要时期，不平等条约正在逐步废除，王应勉任艰巨，务使国家日益走向平等自由之道，至于外交浮言横议，一切由蒋负责，王可勿虑云云，王氏乃打消

---

① 《中国国民党中央执行委员会政治委员会第166次会议速记录》（1928年12月5日），台北国民党党史馆藏《中央政治委员会速记录》（4），文件号：00.1/113。
② 《三约重付审查》，《申报》1928年12月6日，第4版。
③ 《中大学生之反日请愿》，《申报》1928年12月8日，第9版。
④ 《颜惠庆日记》第2卷，第470页，1928年12月8日。
⑤ 《事略稿本》第4册，第532～533页；《外部官舍之大纷扰》，《申报》1928年12月14日，第7版。

辞意。①

17 日，临时国务会议讨论中英关税条约及中比、中意两约批准问题，命王外长与英使续开谈判，为更进一步之讨论。② 20 日，中英关税条约在南京签订。22 日，中法关税条约在南京签订。27 日，中西友好通商条约在南京签订。国民政府外交部公布中荷、中英、中瑞三关税条约，及中丹、中葡友好通商条约全文。30 日，颜惠庆到南京，拜会王正廷，写下："他对自己的成功感到欣慰"，然而，钱泰访问颜氏时，颜"指出新订条约存在之缺点"③。

12 月底，国民党中央委员褚民谊在报上批评《中比友好通商条约》，首先总评云：外部订立此项条约，完全基于平等互惠之原则，以允许外人内地杂居购地等附件，为撤废领事裁判权之交换，用心至苦而处境至艰，虽国民容有误会，吾人则应予以谅解。所惜者事先对此案之事实观察疏忽，以致毫厘千里，铸成大错。次论领事裁判权：查中比旧约，在北京政府时代即已取消，领事裁判权在旧约废除新约未订之过渡时期，曾由海牙法庭颁有《临时处分》，以民事归中国，刑事归比领。后比国承认我国之《临时办法》三条，海牙法庭取消前颁之《临时处分》，于是一切民事刑事，皆归中国审理，至此比国领判权实际上已完全收回。此次中比交涉，比方复以此要挟，而我未加拒绝，复承认彼之领判权。再论内地杂居与购地问题：表面上互惠平等，但中比国力厚薄不同，吾人在比购地力不足，而比人在我购地力有余，设漫无限制，则比人或他国人假借比人名义者，实行经济侵略，假令他国援引要求，吾又何以应付。最后总结称：比约已废两年，领判权实际固已收回，就过去之事实与未来之利害计之，中比条

---

① 《事略稿本》第 4 册，第 538 ~ 539 页。
② 《事略稿本》第 4 册，第 543 页。
③ 《颜惠庆日记》第 2 卷，第 475 ~ 476 页，1928 年 12 月 30 日。

约实有欠当之处。① 颜惠庆在日记中写道："褚对新缔条约提出严厉批判，他的材料得自王景岐"。②

1929 年 1 月 9 日，中央政治会议第 170 次会议，审查王正廷呈送中德、中英、中法、中荷、中瑞、中葡、中丹、中西条约批准书。蔡元培又质疑内地杂居与土地所有权，引起王正廷及其他诸委员之激烈辩论。蔡氏指出：中德、中英、中法、中荷、中瑞五约纯为关税条约，可以照准。至中葡、中丹、中西三约，附件之内地杂居以及土地所有权，作为撤销领事裁判权之交换条件，应俟政府办理比、意新约之后，然后始得据情再办。王正廷答以：撤销领事裁判权，非以土地所有权为交换条件，盖须一切不平等者皆行消灭，两国间均属绝对平等时，始予两国国民享有内地杂居及土地所有权。且内地杂居与土地所有权，乃相互之利权，今我政府要撤销领事裁判权与收回租界，理应准外人之内地杂居。至于土地权，外交部不过将前清之永租权改称土地所有权，并得以法律及章程限制之。其后孙科、王宠惠、谭延闿、孔祥熙、张人杰、戴传贤等先后发言，关键在于要撤销领事裁判权，必须给予内地杂居及土地权，但中国国力未充，恐外人大量购地，应如何以法令限定之？国力不足时虽订表面平等之条约，实际上仍是不平等，中国此时要收回国权，只能先求收回关税自主，不必将关税自主与撤销领事裁判权、收回租界租借地相关联。最后主席蒋介石裁决：中德等六关税条约即行批准，此外中葡、中西、中丹三约，交外交委员会审查。③

外交委员会审查中比、中意、中葡、中西、中丹各约，22 日决议拟一补救办法，由外交部照会各该缔约国，于附件三、四有关杂居、

---

① 《褚民谊谈中比条约》，《申报》1928 年 12 月 30 日，第 13 版。

② 《颜惠庆日记》第 2 卷，第 476 页，1928 年 12 月 31 日。

③ 《中国国民党中央执行委员会政治委员会第 170 次会议速记录》（1929 年 1 月 9 日），《中央政治委员会速记录》（4），文件号：00. 1/113。

营业、土地权，补加声明书曰："此缔约国人民在彼缔约国领土内，关于居住、营商及土地权等事，悉依所在国法律及章程之规定；但关于此等情事，此缔约国人民在彼缔约国领土内所受之待遇，不得逊于第三国人民所受之待遇。"[①] 以为补救。其关键在于"悉依所在国法律及章程之规定"一句。

23 日，中央政治会议第 172 次会议，讨论外交委员会补救办法。王正廷强调：外交委员会对于是项补救办法，须于 2 月 1 日前批准，使各该缔约国无所借口，现在外交部已派人赴北平与各公使接洽，如得各方同意，再交换批准书。蔡元培云：现因各该约业经双方签订，故采用是项补救办法，以后遇有缔订取消领事裁判权之条约，此种附件切不可加入，或即以是项照会加入亦可。主席蒋介石裁决：照蔡委员提议通过，[②] 送交立法院讨论。

立法院审查时，认为应照政治会议交议案完全通过，但附带声明：是否可将外交委员会所拟之照会代替中比附件四及中意等四约附件三，函请政治会议核议。30 日，中央政治会议第 173 次会议，讨论立法院函。王正廷表示：立法院附带声明实在办不到，为国家信用起见，对于已签字之约又复推翻，实属未妥；外交委员会补加声明书，可以办，但尚未得各该缔约国之同意。立法院院长胡汉民称：如不能办，就照原案通过。决议：中意、中比、中葡、中西、中丹各条约并各附件，及附于中比条约附件四，中意、中葡、中西、中丹各条约附件三之声明书通过，交国民政府。[③]

---

① 《东方杂志》第 26 卷第 6 号，1929 年 3 月 25 日，第 144 页。

② 《中国国民党中央执行委员会政治委员会第 172 次会议速记录》（民国 18 年 1 月 23 日），《中央政治委员会速记录》，文件号：00. 1/114。南京政府于 1928 年 12 月 7 日颁布国定海关进口税则，原定 1929 年 1 月 1 日实行关税自主，后又改为 2 月 1 日开始实行。事实上因日本到 1930 年 5 月 6 日才签署关税协定，国定税则到 1931 年 1 月 1 日才实行。

③ 《中国国民党中央执行委员会政治委员会第 173 次会议速记录》（民国 18 年 1 月 30 日），《中央政治委员会速记录》，文件号：00. 1/114。

2月1日，国民政府主席批准中比条约。国民政府第18次会议议决，各条约批准书及其附件先送存外交部，令俟各订约国对于外交委员会所拟之照会以书面表示同意后再发出。① 27日，外交部密件照会比华使：

关于1928年11月22日中比两国签订之友好通商条约第四附件内所声明各节，本部长兹以国民政府名义声明了解如左：

此缔约国人民在彼缔约国领土内关于居住营商及土地权等事，悉依所在国法律及章程之规定；但关于此等事情，此缔约国人民在彼缔约国领土内所受之待遇，不得逊于第三国人民所受之待遇。

相应照请贵公使查照，并请以贵国政府名义复照声明贵国政府亦具有与上列同样之了解。②

次日，比华使照复：收悉。同日，双方签署议定书声明条约生效。俟比国批准文件递到，即办理互换事宜。5月30日，国民政府派王正廷为换约全权，③《中比条约》换约。

双方交涉期间，比国要求常设国际法庭将中国答辩日期屡次展期。④ 1929年2月13日，比国致函法庭："中比两国争端，因1928年11月22日在南京签订新约之故，实际上业已祛除，且该新约即将批

① 《批准书》（1929年2月1日）、《呈行政院》（1929年3月1日），《国民政府外交部》置于外交档案：03-23-081-02-035、043。
② 《照会比公使》（密件，1929年2月27日），《国民政府外交部》置于外交档案：03-23-081-02-039。
③ 《比公使照会》（1929年2月28日）、《议定书》（1929年2月28日）、《全权证书》（1929年5月30日），《国民政府外交部》置于外交档案：03-23-081-02-040、041、052。
④ 《荷兰戴代办29日电》（1928年7月30日）、《海牙戴代办电》（1928年8月13日），《国民政府外交部》置于外交档案：03-23-081-02-006、011。

准，因之比国政府放弃上述之讼案，兹请贵书记长转请贵庭将是案撤销为荷。"14 日，常设国际法庭通告驻荷使馆。① 常设国际法庭于 5 月 13 日起特别开庭，按庭章由法庭备案取消。29 日，驻荷代办呈报收到中比讼案法庭正式取消命令。②

七　北京、南京中比修约的比较

《中比条约》是北京政府第一个宣布终止之旧约，颁行《临时办法》，并已谈成新约草案，又是南京政府第一个与旧约到期国谈判签订之通商友好新约，因此这是考察北京与南京修约方针与作为的最好案例。

南京签署《中比条约》的条文及附件，当时就遭到许多批评。国民党内之北平临时政治分会及蔡元培、李宗仁都发表文章抨击之，外交官如王景岐，商界如上海总商会及上海华侨联谊会等，也电呈中央攻击中比新约，认系外交之新失败，且违背总理遗教。③ 时人批评的要点是：（1）条约中平等互惠诸原则，处处为附件所拘束，使这一类的原则成为空话。④（2）条约中之关税部分，不仅适用最惠国待遇，并且适用内国待遇，中国经济落后不应承受。⑤（3）附件四许比国人民在中国内地居住及享有土地权，争议最大。很多人认为领事裁判权

---

① 《驻和戴代办 2 月 15 日呈》（1929 年 3 月 15 日），《国民政府外交部》置于外交档案：03－23－081－02－045。是则比国可以单方面撤销国际法庭讼案，以前对北京之说词，只是托词。

② 《驻和使馆 2 月 28 日呈》（1929 年 3 月 27 日）、《驻和使馆 5 月 29 日呈》（1929 年 6 月），《国民政府外交部》置于外交档案：03－23－081－02－048、053。

③ 见曾友豪《从国际法学的观点批评中外新约》，《东方杂志》第 26 卷第 14 号，1929 年 7 月 25 日，第 13 页。

④ 如《时事新报》1928 年 12 月 28 日社论（畏垒，即陈布雷）云："此次修约，实绍承华会以来各国屡次标榜之空文，而加一部之具体化，订立之于正式之条约而已。"曾友豪评论之："各项新约最特别的形状，是条约文本简单，多不过五条，少则两条。其中所载平等互惠一类的原则，处处为条约的附件所拘束。这一类的原则，因此简直成了一种空话。"见曾友豪《从国际法学的观点批评中外新约》，《东方杂志》第 26 卷第 14 号，1929 年 7 月 25 日，第 14 页。

⑤ 周鲠生：《关于中比、中义条约之商榷》，《京报》1928 年 12 月 8 日，转引自楼桐孙《新约平议》，《东方杂志》第 26 卷第 1 号，1929 年 1 月 10 日，第 16 页。

既经允许取消，在原则上自可许外侨有内地居住营商及享有土地权，但中国经济落后，无法与外侨竞争。若与日本在满蒙之土地权争议相联系，更是后患无穷。[①]（4）废除领事裁判权附以条件，主要是在1930年1月1日以前，国民政府须与比国政府订立详细办法，以便中国对于比国人民执行法权；否则须待半数国以上承认放弃是项特权时。舆论批评内政无须与外国商订办法，且一年之期限甚促，设对方政府故意留难或延宕交涉，此种详细办法不能如期订立。[②] 而待半数国家放弃领判权，更属遥遥无期，且让各国联成一气。

当时即有学者认为：国民政府一年来之外交，虽不无相当成功，然太失之软弱，不能收革命政府外交之实效，以符十余年来国人废除不平等条约之期望。总理遗嘱中废除不平等条约之切望，不知于何年始能实现。[③] 近年也有学者指出：南京外交部"新订条约数量上的惊人业绩，是用一系列退让换来的"。[④]

若将中比修约交涉连贯考察，把北洋、南京外交做比较，结果更让人讶异。北京政府为不让旧约无限期延长，毅然宣布终止旧约，即使退出国际联盟亦在所不惜；颁布《临时办法》完全收回法权，并得比国同意；谈判新约过程中坚持不给比国最惠国待遇、内地杂居、土地所有权等，比国几乎接受。南京外交当局对以上诸点都做了让步，难怪北京旧人对新约之批评最为激烈。如王景岐自始参与终止中比旧约及新约谈判，极力主张对比强硬，他虽与国民党关系密切，但对王正廷之让步十分不满，对中比新约之批评不仅严厉，且一一切中要害。与王正廷友好

---

① 参见朱偰《一九二八年国民政府修改不平等条约之成绩与批评》，《东方杂志》第26卷第2号，1929年1月25日，第25页；曾友豪《从国际法学的观点批评中外新约》，《东方杂志》第26卷第14号，1929年7月25日，第19页。

② 朱偰：《一九二八年国民政府修改不平等条约之成绩与批评》，《东方杂志》第26卷第2号，1929年1月25日，第25页。

③ 朱偰：《一九二八年国民政府修改不平等条约之成绩与批评》，《东方杂志》第26卷第2号，1929年1月25日，第26页。

④ 李育民：《中国废约史》，第696页。

之北洋外交大老颜惠庆，对王正廷签署之新约也不满意。

经手北京政府与比利时交涉的顾维钧，与王正廷自巴黎和会以来即有瑜亮情节，在《中俄协定》交涉时更正面冲突，积怨甚深。他在回忆录中对王氏之中比交涉有严苛批评，云：

> 南京外交部与比利时公使馆达成的协议令人相当吃惊。因为协议接受了中国北京政府一贯反对的内容，即双方同意实行一项暂行协定，其中一条说，比利时侨民在过去六十年中依据领事裁判权以及治外法权所享受的保护，将要继续到享有同样权利的缔约国一半以上同意放弃这些权利时为止。在治外法权这一特殊规定上，上述协定使比利时摆脱了原来的困难处境。因为它无须再为坚持这些特权而承担任何责任，而把这一棘手问题推给了其它国家。我感到，在这个问题上，南京政府所采取的行动与北京政府的政策是背道而驰的。我曾极力设法消除恶性循环，采取行动，创立先例，向其它国家表明，中国决心尽早废除不平等条约。然而，南京政府却采取了妥协的政策和行动……中国北京政府与南京政府在同一个问题上采取的不同政策和态度是令人难以理解的……我想，南京外交部在接受比利时方案时，没有完全理解其含意，也没有密切注意或研究北京谈判的经过。[①]

当时有学者比较北京、南京之中比条约交涉，指出就收回领事裁判权而言，南京中比新约的条文，比不上北京政府的交涉。[②]

南京签订中比新约之实惠只在于承认关税自主，并原则上愿放弃领事裁判权，成为意、西、葡、丹各旧约期满国之先例。事实上关税

---

① 《顾维钧回忆录》第1分册，第358~360页。
② 本段及下段，见曾友豪《从国际法学的观点批评中外新约》，《东方杂志》第26卷第14号，1929年7月25日，第17~18页。

自主因日本之抵制，拖到 1931 年初才实现，去除领事裁判权更是遥遥无期，但南京外交部为此做出诸多让步。因此，当时有学者评论云："不订新约，中国有益无损，订新约，中国有百害而无一利，比国卖空，中国则付实利以买空。"

南京政府看似丰硕的修约成果，为何如此华而不实，只求表面亮眼的成绩，而在实质上做出种种让步？原因应该在于外交形势、废除不平等条约的压力以及外交策略的选择等。

就外交形势而论，北伐初期国民政府联俄，高唱废约，列强深恐中国赤化，乃迎合中国民族主义激情，鼓励修约，纷纷对南北政府做出让步，中国外交一时颇为得手。但在四一二"清党"之后，列强压力大减，对华改采观望态度。加以南京国民政府统一之初，与苏联绝交，济南惨案后对日关系急遽恶化，必须联合西方列强，打破外交形势的沉闷。当时任职外交部的楼桐孙，撰文鼓吹应批准比、意二约，为政府辩护，就表明了这种无奈，云：

> 外交形势最怕牵制和沈闷，欲打开沈闷牵制的局面，必须先找一二国，在不丧权、不辱国的可能范围内稍予变通，取消特权，而使其它各国都至无所借口，一一就范。要废就废，若既不能废而必须修，则这种变通，似乎是不能免的。比、义等约中允许比、义等国人民在中国相互的自由居住及享有土地权，莫非就是这种变通罢……领事裁判权，因比约曾经我方宣告废止，并经订有《临时办法》收回法权。而实际上比、义等国对于领事裁判权的利害关系，似又确较他国为轻。此次订立新约，定入正文，得到一重书面的正式同意，以解决数年来双方的争执而作他国抛弃领判权的开端与引导，似亦属外交上应有之步骤。①

---

① 楼桐孙：《新约平议》，《东方杂志》第 26 卷第 1 号，1929 年 1 月 10 日，第 18 页。

就废除不平等条约之压力而论，国民政府自诩实行"革命外交"，遵奉总理遗教，要在最短期内废除不平等条约。由于王正廷长期在北洋仕职，国民党内许多人质疑他不够革命，王氏必须在最短期内获致成果，只能先求表面成绩。当时就有学者指出："外交当局正在希望列强至少能以平等互惠的名辞，给中国政府作面子的时候，他们以能得比国政府允许签押采用这一类新名辞的条约为标准。要想比国政府马上承认中国的要求，事实上也不是容易，况且中央政策是先求外人在原则上能承认平等互惠的精神，缓一步再求细则上能得实际的利益。"[①]

就外交策略而论，北洋时期原先与列强集体修约，巴黎和会、华盛顿会议到关税会议、法权会议都是走这个路子，但是成效有限。五卅之后，北京外交部改采"到期修约"策略，宣布终止比、西旧约，然后一国一国修订完整之商约，以创造成功先例，但此路线最大障碍在于"最惠国条款"。南京外交改采逐项有顺序的策略，先求关税自主，再求收回法权、租界租借地、航权等。将关税自主增加关税收入列为当务之急，其他问题只求列强原则上承认愿修即可，不惜暂作实质上之让步。

南京政府的外交有其苦衷可以理解，然而外交当局为了宣传上之需要，抨击北洋外交卖国，过度宣扬自身成就，严重背离史实。

八　结语

中比修约是北洋末期"到期修约"的重要试金石，系中国首次片面宣布期满失效的条约，也是南京政府第一个签订的友好通商条约，并因中国是否有权片面废约，成为被提交到海牙常设国际法庭请求裁决的首案。加以此案贯穿北洋、南京，是考察北京到南京外交演变的

---

① 曾友豪：《从国际法学的观点批评中外新约》，《东方杂志》第 26 卷第 14 号，1929年 7 月 25 日，第 18 页。

重要个案，交涉过程中反映出中国外交许多重要问题与脉络，可称为中国外交史上一个饶富学术价值的案例。

北京外交部运用不平等条约概念，认为1865年中比《通商条约》规定了比利时的单方面修约权，违背了国际法上的国家主权平等原则，毅然单方面宣布1865年中比条约失效。这是中国在国家实践中首次使用不平等条约概念，在世界范围内也是破天荒的第一次。比利时之所以成为中国首次以单方面宣言方式废约的对象，既因为它的实力有限，是列强在华不平等条约体系中的薄弱环节，也因为它拥有独一无二的单方面修约权，在法律意义上是不平等条约体系中最顽固的一环。①

经由上文之研究，此案显示的重要意义可概述如下。

（1）中国与国际秩序的关系——维护国际秩序或是挑战国际秩序？

中国自清末以来，对内改革法制预备宪政，对外参与保和会，签署国际公约，希冀跻身文明国家适用公法，摆脱被强权殖民的危险。到巴黎、华盛顿会议后，中国加入国联，签署《国联盟约》《九国公约》，依恃国际集体安全机制、国际法庭仲裁以自保，并得以提升国际地位。对于"不平等条约"，冀望列强追随美国主导之华会精神，体察中国民族主义正当呼吁，逐步放松条约束缚。但是此渐进路线，在关税会议因列强利益冲突，而中国内乱又提供口实，不能落实。同时，中国民族主义越发激昂，孙中山改采"联俄容共"政策，将"废除不平等条约"写入遗嘱，五卅惨案后，广州政府高唱"反帝废约"，逐渐赢得民心，北京政府也改采"到期修约"策略，试图各个击破。

旧约即将满期诸国之中，比利时在华利益大而无兵力，成为北京

---

① 张建华：《晚清中国人的国际法知识与国家平等观念——中国不平等条约概念的起源研究》，第118页。

新政策第一个试金石。北京依据"情势变迁"原则要求修约，遭到拒绝后乃依恃民意，断然片面宣布比约到期失效。北京政府之宣布旧约期满失效，实已逸出正常法律途径，面临常设国际法庭败诉或是退出国际联盟之危险。北京外交部讨论是否出席国际法庭答辩时，决定先走法律路线，接受法庭管辖权及国联的约束，但若败诉则不惜退出国联，事实上已游走于法律路线与政治路线之边缘。1926 年、1927 年之交激进的北京政府，对列强在华条约体制的威胁，不亚于国民政府。此时，华会列强对中国民族主义尽力配合，不希望中国走向废约，北洋修约与国民政府"革命外交"相辅相成，中比修约谈判进行顺利。

然而，四一二之后，华会列强顾忌已去，对北京之修约采取延宕战术，比利时对日薄西山的北京政府，也采敷衍态度。中比谈判转到国民政府之手后，因南京政府回归主流国际秩序，西方列强可好整以暇慢慢谈，南京反而因内外压力，急于求成，不得不做出实质让步，只求早日完成关税自主。

（2）修约与废约——集体修约或个别修约？

过去学界常以走法律路线的"修约"或走政治路线的"废约"，作为区分北洋修约与国民政府"革命外交"之分野。但是从中比修约案考察，这种区分意义不大，北京政府虽主张"到期修约"，但因修约不成，断然宣布比约期满"失效"，演变为"到期修改、期满作废"。[①] 到1927 年 11 月 10 日，北京政府再宣布西班牙约期满"失效"，24 日，南京外交部也宣布西约终止，至此国民政府之所谓"废约"，事实上是北京政府结合"修约"与"废约"发展出来的"期满作废"。[②] 南京国民政府统一之后采取的也是同一策略，此与广州、武汉时期"废约"

---

① 1926 年 11 月 4 日，条约研究会第 39 次会议，讨论是否宣布废止中西条约时，罗文幹之用语，见《前外交部条约研究会会议录》，《外交部档案》：缩影 05000－143，第 1503～1520 页。

② 中西修约案，见本章第五节。

（denunciation）之意义有实质上的不同。过去学界未能注意到"革命外交"与"废约"两名词实质意义上的演变，导致许多错误的论断。

因此，考察当时中国外交，不宜用"修约""废约"两条路线做简单的区分，关键应在于集体修约或个别修约。北京外交部由巴黎、华会以来之集体修约，五卅后转向个别到期修约；南京外交部又转到集体逐项修，基本上回到关会、法会的路子。

集体修约或个别修约之关键在于最惠国条款，在华列强利益一致，集体修约的好处是，列强可能同时放弃某一特权；但也可使列强联成一气，实务上常因一国否决其他国家之决定，无法落实。若采个别修约，表面上平等互惠之条款，只要有一国未放弃特权，就形同具文。北京因对列强集体修约无实效，改为对各国各个击破，但受限于"最惠国条款"，常功亏一篑。北京政府对比利时宣布旧约期满失效，坚持收回所有特权，但谈判通商条约时，遇到的瓶颈就在于坚持不给最惠国待遇，比利时认为是对比国不平等。① 1927 年 9 月，条约研究会说帖即指出此困境，云：

> 前此中国与各国所定之旧约，均系不平等之约。而此项旧约又不能同时修改，若于新约中加入最惠条款，则未到期旧约之一切不平等权利，新约国将因此条款而要求享受，是有平等条约之名，而无平等条约之实，则修约与不修等耳，何能餍我全国人民之望。故最惠条款以中国现状而论，实与不平等之条款等，亦即为商订平等新约之大障碍也。②

南京外交部之方针不同，王正廷改为按部就班，逐项将特权——

----

① 《中比商约草案意见书》（1927 年），外交档案：03 - 23 - 081 - 01 - 005。
② 《前外交部条约研究会会议录》，《外交部档案》：缩影 05000 - 143，第 1283 ~ 1287 页。

收回。先达成关税自主，再求收回领事裁判权等。为求先收回关税自主权，增加关税收入，又受民意及党部压力，要在最短期内废除不平等条约，加以与苏、日交恶，必须要争取西方列强助力，许多地方比北京政府放松，新约仅谈平等互惠大原则，通商细节再议。对收回领事裁判权仅做原则上之规范，另在附件中做许多让步，给予实质上之最惠国待遇，等于又将各国利益绑在一起，互相牵制。

此外，当时中国自身经济不发达，面临平等互惠之两难。各国要求放弃特权后，应平等互惠取得国民待遇，如放弃领事裁判权，则要求内地杂居。但因中国发展程度落后，平等之条文事实上对中国不利，形成修约的一大障碍。

（3）北洋到南京外交的传承性

透过1926～1929年中比修约，从北洋末期"到期修约""到期修改、期满作废"到南京初期"改订新约"的历程做过实证研究后，吾人对北伐前后的中国外交脉络，应可摆脱"革命史观"长期以来的扭曲，回归到史实面平心理解与评价。北伐前后南北外交的相辅相成，及"修约""废约"的合流，是中国外交史上重要的发展阶段，中比修约呈现了这个发展的诸多主要面向。

若从北洋到南京外交连续的视角考察，中国之修约脉络与过程可以清楚地呈现。由中比修约交涉历程看，北京外交部虽未能订立中比新约，但是已经依据"情势变迁"原则及条约中之修约条款，确立旧约"期满作废"之先例，争取到比利时等国依据"平等互惠尊重主权"原则谈判新约，也渡过了常设国际法庭法理争议的难关。南京政府继续运用这些原则，只是在名称上仍自号是"革命外交"。

第三节　中法越南修约交涉

修订《中法越南通商章程》及其附约交涉，是促成北洋"到期修约" 方针的第一个案例，但过去很少受到注意，未见有专门研究，本节用一手档案史料重建交涉过程。①

一　中法修约的提出

《中法越南通商章程》于 1886 年（光绪十二年）4 月 25 日签订，附属之《中法续议商务专条》1887 年 6 月 26 日签订；《中法续议商务专条附章》1895 年 6 月 20 日签订，1896 年 8 月 7 日互换。依据《中法越南通商章程》第 18 款，各款如欲续修，换约后十年再行商订。

1926 年 1 月 11 日，王正廷就外交总长职，12 日，法国公使兼关税会议代表玛德提出《边越关税协定草案》5 条 2 表，称：欲使各约与现状相合，并与华会关税条约之秉公调剂主义相符，提出各项修改，建议 "本协定应提交本届关税会议，并与该会所定之各项加税及附加税等规定同样赞成同时施行"。② 条约司拟定《中法修约说帖》，指出《中法越南通商章程》及附约将于 8 月 7 日期满，约中减税规定，与华会关税条约中国海陆边界划一征税之原则完全违背，日前法国所提草案，较之旧约变本加厉，我国似可依据 1866 年条约第 18 款，声明该约及各附约已届十年修改之期，应由两国另订平等相互新约。所有该项条约及附约，自期满之日起，应即失其效力。③

24 日，王正廷在自宅宴请外交委员会委员，决定 "到期修约" 方针。27 日，外交委员会会议，讨论《中法越南通商章程》，咸认为该章程于我国国权多有妨碍，现值筹备收回法权、税权，召集各国会

---

① 相关档案有《中法越南修约案》，外交档案：03 - 23 - 008 ～ 013 各宗，1926 年 1 月至1928 年 4 月；《外交部关于修订中法越南边界通商等条约事宜与法国使馆往来文件》（1925 年 11 月至 1926 年 8 月）、《外交部关于修订中法越南边界通商等条约与外交委员会等往来文件》（1926 年 1 ～ 12 月），《资料汇编》第 3 辑外交，第 494 ～ 517、518 ～ 561 页。唯该书各文件之日期错误者甚多，使用要十分小心。

② 《边越关税协定草案》（1926 年 1 月 12 日），外交档案：03 - 23 - 009 - 02 - 009。

③ 《中法修约说帖》（1926 年 1 月），外交档案：03 - 23 - 009 - 01 - 003；《资料汇编》第 3 辑外交，第 548 ～ 549 页。

议之时，此项条约又届十年修改之期，自宜亟图修改；该章程瞬将满期，若不及时提议，必至坐失机会。议决：期满六个月以前，由外交部于2月6日以前备文声明，以便届期修改。[1]

2月2日，阁议通过"到期修约"方针，并通过《拟废止中法越南通商章程及其附约照会》，于期满六个月前向法国政府声明期满失效，另订新约以代旧约。[2] 4日，外交部向法国公使馆送出修约照会，云：

> 各该约章订立年代既已久远，况任何条约绝无不加修正而能永久施行之理，故时至今日……将前开各项约章加以修改而代以彼此同意之新约，实为当务之急……上述各该约章，对于终了及修改时期已均有明白之规定……中国政府欲……加以修改。至本年8月7日满期之时，所有各该约章中规定及商务专条之附属函件，均行失其效力，并另订新约以代旧订各约章……准备与法国政府及早开始磋商。[3]

5日，外交部致广东、广西、云南三省省长及特派交涉员电："桂、粤、滇三省距京遥远，沿边商务情形，部中未能尽悉。现距届满之日尚有六个月……即希对于旧约应行修改各端，详速条举意见，先期报部，以备采择。"[4]

6日，王正廷会晤法使，法使询问中国所欲修改之详细各节，王

---

① 《收外交委员会函》（1926年1月25日），外交档案：03－23－009－01－004。

② 《拟废止中法越南通商章程及其附约照会》（1926年2月2日），外交档案：03－23－009－01－007；《资料汇编》第3辑外交，第544～547页。

③ 《外交部致法国公使玛德照会》（1926年2月4日），外交档案：03－23－009－01－010；《资料汇编》第3辑外交，第497～499页。

④ 《外交部致广东、广西、云南省长电》、《外交部致广东、广西、云南特派交涉员电》（1927年2月5日），外交档案：03－23－009－01－011、012；《资料汇编》第3辑外交，第519页。

正廷答以定期会晤再行讨论。① 同日，外交部上执政节略：

> 关于修改不平等条约事……在共同商改未达目的以前，对于期满理应修改之条约，自应依照普通国际惯例提出修改。查中国与各国所订之商约，本年首先届满者为……《中法越南边界通商章程》……业于 2 月 4 日照会驻京法玛使转达法政府……法使星期一晋谒，如提及上项修约事件，拟请告以对于期满条约，自可提议修改，另订相互平等之新约，一切可请法使径向外部交涉。②

外交部邀集各相关部会派员讨论修约意见，③ 拟定《中法越南商约主要问题稿》，列出主要问题及方针。

（1）越南设领问题：法国在滇省派有领事，我国侨民在越南无领事保护，受种种苛待，故于订立新约时，宜为明确规定。

（2）出入货减税问题：1886 年约越入中货减三分之一，中入越货减五分之一，1887 年约越入中货减十分之四，中入越货减十分之三，此次法使提案第 6 条，恢复 1886 年之税率，亦不过仅有些许让步。从前减税制度，原以交通不便，为招徕商务起见，现铁路交通甚便，减税理由已不存在。

（3）通过税问题：中国货经北圻过境税值百抽二，越南政府加以三种限制，此种办法，实与约章抵触。此次法使所提草案，通过税改为值百抽一，假使法使不肯让步，宜与之明白规定，应以中国海关出

---

① 《总长会晤法玛使谈话纪要》（1926 年 2 月 6 日），外交档案：03 - 23 - 009 - 01 - 016；《资料汇编》第 3 辑外交，第 499 页。
② 《上执政节略》（1926 年 2 月 6 日），外交档案：03 - 23 - 009 - 01 - 014；《资料汇编》第 3 辑外交，第 519～520 页。
③ 如交通部提出修约意见，派秘书祝书元到外交部开会，见《交通部致外交部 17 日函》（1926 年 2 月 18 日），外交档案：03 - 23 - 009 - 02 - 001；《资料汇编》第 3 辑外交，第 520～522 页。

口税估价为凭，核实征收。

（4）废除路矿特权问题：此项为法国片面利益，实行势力范围之原则，与平等相互主义相反背，妨害国权，新约中似难任其依然存在。

（5）华侨待遇问题：我国在越侨民所受待遇，非特无最惠国人民地位，且受种种约外苛待。此次订立新约，关于华侨待遇，似仍宜注意旧约条款，再切实规定与欧美人同样待遇，以资保护。

（6）废除人头税问题：此项人头税系专对华人及无约国人而设，系违约苛征，曾经我国驻法公使先后向法国外部交涉废止，迄无结果，与约订纳税义务及绝不苛待主旨并最惠国待遇之例不符，自应于订立新约时订明撤废。

（7）废除通行证问题：我国侨民受甚多痛苦，自应于订立新约时根据旧约既得权利，订明撤除。

（8）法人征收过越商民护照税问题：越南为滇省通海唯一之孔道，云南商民来往港沪，必须取道越南，法人苛征照费，殊属有碍商旅。应根据平等相互原则，要求彼此不收照费，或减轻照费，或商订双方收费办法，中法一律，庶符平等相互之原则。①

18 日，王正廷会晤法使，指出修约亟应注意者五事：越南设置中国领事；取消法国在滇桂等省敷路开矿特权；海陆关施行划一税率；取消越南向华侨征抽人头税；取消货物通过税。法使云：当将各点报告政府，其施行划一税率一层，前次送上草约，不知阁下意见若何？王氏云草约未能容纳。法使云：此次贵国提议修改越南三约，如日本、比利时等国条约到期，贵国亦拟修改否？又贵国修约是否限于通商条款，抑政治条款亦将修改？又英美等约修改之年尚远，似贵国尚

---

① 《外交部存"中法越南商约主要问题稿"》，《资料汇编》第 3 辑外交，第 553 ~ 561 页。

当稍待？王氏云：条约到期，无论为政治条款或通商条款，均当修改；英美两约修改之期固远，但中政府去年曾发修约照会，其前亦可从事修约。①

20 日，王正廷会晤法使，法使询问对法方《边越关税协定草案》之意见，王氏逐条讨论，总结云：关于海陆边关划一征税之原则，彼此应予承认，但为过渡时有以秉公调剂起见，似可按照余 18 日与阁下会晤时所拟办法，将减税制度分年递改。法使请将所称各节备一节要，日后再讨论。② 23 日，中方提出《边越减税办法节略》一件。③

3 月初，内阁改组，颜惠庆接任外交总长。8 日，法国公使会晤颜惠庆，讨论法国所提越边减税协定草案。④ 4 月，冯玉祥退出北京前，迫临时执政段祺瑞下野，北京政局动荡，由胡惟德、颜惠庆、杜锡珪相继任阁揆摄政。7 月 6 日，蔡廷幹任外交总长。10 日，条约司呈《修改中法越南通商章程案》，指出旧约于 8 月 7 日期满，亟应通知各官署一律知照。⑤

12 日，法国使馆致外交部备忘录，称 2 月间外交部通知法国使馆欲从事修约，嗣后因政治上之变故，未能开议；8 月，届满之期已近，势必无法开议并获致结果，法国政府为便利从长讨论修条约，提议将上述各约再延长施行一年。⑥

---

① 《外交总长王正廷 18 日会晤法国公使玛德问答》（1926 年 2 月 19 日），外交档案：03 - 23 - 009 - 02 - 003；《资料汇编》第 3 辑外交（第 499～500 页）误为 19 日。

② 《总长 20 日会晤法玛使问答》（1926 年 3 月 8 日），外交档案：03 - 23 - 009 - 02 - 006。

③ 《刘锡昌赴法馆会晤韩参赞问答》（1926 年 2 月 23 日），外交档案：03 - 23 - 009 - 02 - 004；《资料汇编》第 3 辑外交，第 501 页；《关于中越边界关税制度法国协定草案意见书》（1926 年 2 月 23 日），外交档案：03 - 23 - 009 - 02 - 009。

④ 《法国公使玛德会晤外交总长颜惠庆问答》（1926 年 3 月 8 日），《资料汇编》第 3 辑外交，第 502～503 页。

⑤ 《中法修约说帖》（1926 年 7 月 10 日），外交档案：03 - 23 - 009 - 02 - 014。

⑥ 《法国使馆致外交部备忘录》（1926 年 7 月 12 日），外交档案：03 - 23 - 009 - 02 - 013；《资料汇编》第 3 辑外交，第 503～504 页。

21 日，国务会议讨论法使备忘录，外交部认为：该约规定十年期满，法使所请于法无据，如予承认，明年展限期满，彼或再要求续展；且现正我国筹备修改不平等条约之际，本年到期修改者，尚有比利时、日本等国，若听法国开此恶例，恐将来各国纷纷援例，于修约前途大有妨碍。加以中法越南诸约全系通商细则，期满废止，影响不大。① 阁议议决驳复。26 日，外交部照复法馆称：各约至 8 月 7 日既当然失其效力，中国政府鉴于各该约签订后情形之变迁，以为无须将其再行延长，对于法国政府之提议，歉难承认。②

27 日，外交部通知云南、广东、广西特派交涉员及各省交涉员、各机关：中法越南边界通商章程届期失效，新约未订定之前，原来陆地关税减税办法及其他种种特别待遇，应即停止；遇有法国及法属人民事件，可暂依中法间现存他约或查照国际法予以公平适宜之待遇。③ 外交部同时函财政部、税务处：两国税关征税办法，将来改订新约时，究应如何修改，请从速派员妥为研究，详拟办法，并征询总税务司有无意见，函达本部，以凭办理。④

8 月 6 日，法使会晤蔡廷幹，对中国政府复文拒绝表示不解，指出从事商议无异于使法国承认现在之中央政府，北京不应放过。蔡氏云：各该约到期，本部只要求修正，对于商量修约并未拒绝；修约一层系历任外长一种不移之政策，本总长继续实行之。法使云：中法间各约若作废，法国可与广东、云贵等处自由接洽，越南方面对待中国侨民亦可取相当办法。蔡氏云：中国政府对于各该约仅欲修改，并无

---

① 《外交部中法修约说帖》（1926 年 7 月 14 日），外交档案：03 - 23 - 009 - 02 - 014；《资料汇编》第 3 辑外交，第 545 页。

② 《致玛使备忘录》（1926 年 7 月 26 日），外交档案：03 - 23 - 009 - 02 - 020；《资料汇编》第 3 辑外交，第 504 页。

③ 《电云南广东广西特派员交涉员》、《电除云南广东广西外各省长都统特派员交涉员》、《电云南广东广西省长》（1926 年 7 月 27 日），外交档案：03 - 23 - 009 - 03 - 002、003。

④ 《致财政部税务处函》（1926 年 7 月 31 日），外交档案：03 - 23 - 009 - 03 - 009。

恶意，吾人当订出妥善临时办法，使中法关系不致间断。[①]

同日，法国使馆致外交部节略，称：外交部对法国提议再续一年期限，表示拒绝，并声称以上各约至本月7日届满，永归无效；法国提醒该各项条约，按条约只可加以修改，并不能将各款全部推翻；若由误会条约各款，将来两国间发生事故，并越南政府因中国片面废约，被迫采取办法等等，均由中国当局担负完全责任。[②] 其语气强硬，隐含威胁之意。

7日，税务处函称：代理总税务司函复，电令各边关税务司遵办外交部命令，唯思茅因电线损坏无法通报，又蒙自、龙州两处之电报，因时间甚为短促，恐来不及先期递至，不能按照命令于8月8日在该三关施行。[③] 9日，外交部以与广西关系良好之部内办事苏希洵名义，电南宁广西省民政公署秘书长："恳在省方主持，一致对外，使不平等条约早归消灭。"[④]

10日阁议，外交部指出：鉴于法使6日备忘录，强硬指出若因废约发生事故，应由中国负责，并称法国运送滇黔货物，在途中者尚多，诸感困难；而税务处复称，思茅等处路远，电线毁坏，不能通告如期停止减税；本部与财政部、税务处会议，以对中途货物给以宽限，亦为情理所许，且我国海关章程向有42日宽限办法，拟对于越南边关减税办法予以两个月宽限。[⑤] 国务会议议决：各约自动展期两

---

① 《外交总长蔡廷幹6日会晤法国公使玛德纪要》（1926年8月17日），外交档案：03-23-010-01-010；《资料汇编》第3辑外交，第505～506页。

② 《法国使馆致外交部节略》（1926年8月6日），外交档案：03-23-009-03-016；《资料汇编》第3辑外交，第504～505页。

③ 《收税务处函》（1926年8月7日），外交档案：03-23-009-03-018。

④ 《发南宁民政公署朱秘书长电》（1926年8月7日），外交档案：03-23-009-03-019。苏希洵（1890～1970），字子美，广西武鸣人，陆荣廷养女婿，民初留学法国巴黎大学，取得法学博士学位，回国后曾任梧州海关监督、两广特派员等职。陆荣廷下野后，至北京入外交部工作兼俄文专科学校教授。1926年以外交部部内办事身份奉命赴越南调查商务侨务，对中法修约有很大贡献。1928年后入国民政府司法行政部工作，1931年王宠惠赴海牙任国际法庭法官，苏任王之秘书。1948～1958年任"中华民国"第一届大法官。

⑤ 《中法约说帖》（1926年8月9日拟），外交档案：03-23-009-03-020；《资料汇编》第3辑外交，第547～548页。

个月。①

23 日，外交部派员赴法国使馆送备忘录，表明：此项条约于满期时应失效力，法国要求将旧约延长，足见法国政府亦同意订立新约以代旧约之必要；中国政府已履行预先通知义务，则因条约期满发生之结果，中国政府不能负责；中国政府为表示亲善起见，自行训令中越边界中国海关，将进口货减税办法延长两个月；法国政府应不致采取有碍邦交之手段；愿法国政府赞同早日开议，缔结新约代替已终了之各约。法使阅毕后谓：前因贵政府不允展期，本公使已拟定麻烦中国边界官厅之种种办法，后因接得有贵政府决定展期两个月之消息，遂改变方针；虽贵国尚无正式政府，而仍继续向来之友好态度，已电达政府请准本公使开始议约，俟接得训令后当再奉达。②

9 月 2 日，法国外交部答复中国驻巴黎公使陈箓，称：法国政府认为按照原约规定，中国政府无声明废止该项约章之权，唯有请求修改之权，在对方允许修改之新约尚未订定及施行以前，该项约章仍继续有效；法国公使向北京政府提议将修改之举延长，并不能视为代法国政府承认事实上废止该项约章；中国未有法律上承认之中央政府足以代表全国订约，能代表条约行之有效；中国请求修约之举，不能连带即废止各该约章；北京内阁将其颁行海关之训令暂停两月，不能即引为对法国政府有友谊上之确实表示，并不能证明其所处之法律地位，使法国政府有承认之可能；法国为表善意，可于两个月内，准备开始修改上述各约章之谈判；先决条件是：（1）在新约未实行之前，应加修改各约，仍旧继续有效；（2）修改条约，当与负责之政府做有益之进行，且须得中国西南独立各省承认。③

---

① 《收国务院函》(1926 年 8 月 11 日)，外交档案：03 - 23 - 010 - 01 - 001。

② 《致法玛使备忘录》(1926 年 8 月 23 日)、《刘锡昌赴法国使馆会晤法国公使问答》(1926 年 8 月 23 日)，外交档案：03 - 23 - 010 - 01 - 015、018；《资料汇编》第 3 辑外交，第507 ~ 508 页。

③ 《法国外交部致中国驻法使馆照会》(1926 年 9 月 2 日)，附于《驻法陈公使 4 日咨陈》(1926 年 9 月 25 日)，外交档案：03 - 23 - 010 - 03 - 012；《资料汇编》第 3 辑外交，第508 ~511 页。

15 日，蔡廷幹会晤法使，蔡氏云尚未收到法政府答复中国节略，法使说明节略大纲，并称：中越商约实际上于双方均有利益，并非一种不平等条约，不可与《中比条约》相提并论；如中政府不坚持废止，总可商量修改；万一中政府以排外态度视旧约为不平等，完全废止之，本公使不得不为保留，即用法律手续，法庭亦难表示同情；如中政府仅允修改，本国政府及本公使即可开始商议。条约司司长钱泰云：为两国利益计，当从速修改。法使云：倘贵政府赞成此意，一俟接到政府训令，即可开始办理。①

9 月下旬，税务处询问外交部：原定 8 月 8 日停止中法越南边界陆关减税一事，宽限两个月到 10 月 8 日，到期是否再展限？外交部知照财政部、农商部、税务处等会议办法，提出国务会议，建议该章程固已失效，唯滇桂边境商业困难，我国自动再行暂予展限两个月至 12 月 7 日，以示格外体恤商艰，并声明此系中国自动临时办法，与条约不生关系。②

10 月初，北京内阁改组，顾维钧任阁揆兼外交总长。此时北京外交部之"到期修约"方针，面临强大阻力，法、比、日都不承认中国有废约之权，法约期满不得不延长，而日、比约即将期满，下一步如何进行？外交部将三国条约修改与废止问题提出阁议。③ 中旬，国务会议议决："一律根本改订，务期达到消除不平等条约之目的，一面声明保留条约期满对于旧约自由取决态度之权"。④

---

① 《法馆 15 日问答》（1926 年 9 月 16 日），外交档案：03－23－010－03－005；《资料汇编》第 3 辑外交（第 494～495 页）误为《外交总长沈瑞麟会晤法国公使玛德问答》（1925 年 9 月 15 日）。

② 《税务处致外交部咨文》（1926 年 9 月 24 日）、《中法修约说帖》（1926 年 9 月 30 日拟），外交档案：03－23－010－03－010、015；《资料汇编》第 3 辑外交，第 525～526、547～548 页。

③ 《提出阁议议案》（1926 年 10 月 14 日），外交档案：03－23－010－03－019。

④ 《国务院公函》（1926 年 10 月 16 日），外交档案：03－23－010－04－001；《资料汇编》第 3 辑外交，第 527 页。

15 日，法国公使会晤顾维钧，询问中日、中比修约事。顾氏谓：最关紧要者在迅速开始改订新约之谈判，只需约定新约完成期限，则旧约届满至新约成立之间，为期甚短；目下中国人民期望去除旧约中之不平等条款，至为迫切，南方且以取消不平等条约为目标；本总长到任后，正在调阅案卷，深愿与贵使早日商决此案。法使谓：倘中国政府意在按约修改而非废约，则本使极愿与贵总长商决此案。顾氏云：对于改订新约之旨趣，因年来国中民意所向，凡约中不平等各款，悉宜纠正；须规定新约完成之期限，此期间事实上暂维现状亦可。法使同意电陈法政府，催促开始改订新约。①

26 日，法使会晤顾维钧，谓：法政府对于依约修改的意义务期明确，故特备具节略一件，请顾氏过目，顾氏要求加入自开议起三个月为限完成新约，自 10 月 15 日起两个月内开议。②

30 日，因报载云南省当局已与法国方面商允展期，外交部电询云南省长唐继尧，强调《中越通商章程》于本年 8 月 7 日届满，经外交部通咨届期失效，唯因总税务司报告电线损坏，不能如期转行办理，且蒙自商会以边地脊苦，请予展限，才先后训令总税务司展限四个月，此系我国自主内政，与条约无关；修约一事现正与法使交涉，候有结果再行电告。③

同日，唐继尧复电称：修改通商章程一案，此间法员从未提议，本省政府并无允其展限之事。次日，唐继尧再电外交部称：通商章程业已两次展期，现第二期又将届满，已无再事展缓之必要；至修改内容，想经厘定，盼速详示；此间所注重者，第一为废除通过税，护照

---

① 《外交总长顾维钧会晤法国公使玛德问答》（1926 年 10 月 15 日），外交档案：03 - 23 -010 -03 -002；《资料汇编》第 3 辑外交，第 511~512 页。

② 《法国公使玛得会晤外交总长顾维钧问答》（1926 年 10 月 26 日），外交档案：03 - 23 -010 -04 -007；《资料汇编》第 3 辑外交，第 512~513 页。

③ 《外交部致云南省长唐继尧电》（1926 年 10 月 30 日），《资料汇编》第 3 辑外交，第 527 页。

加费与越南设领两事亦属重要，请大力主持，妥为修订。① 随即云南省外交司将修改意见书邮寄外交部。

11月5日，法使会晤顾维钧，面递节略称：顾总长声明修约，新约未实行前，中越边界征税维持现状，开议后三个月内完成新约，本节略交出两个月内开议。② 顾氏接节略后谓：目下之维持现状办法，乃一事实问题，与旧约之是否存在毫无关系，并询问何时开议。法使谓：法外部现正与殖民部会同草拟新约，接到后即开议。顾氏谓：改订新约人民期望甚切，故希望能于开议后三个月以内完成，不然对于旧约问题又当重生争执。③

6日，北京政府宣布《中比条约》失效。因修约事务紧急繁重，外交部内设立条约研究会，每周集会商议对策。18日，条约研究会第1次常会，讨论修改中法越南商约。顾维钧报告：修约照会已于2月4日送出，与法使迭经面商，本月5日法馆节略，称新约未行以前，中越边境征税现行规则，仍予存在，该节略似不能不予答复，将我国态度再行说明。会议遂讨论复文稿。④ 国务会议议决：新约"自本年11月5日送达节略日期二个月内开始商议，自开议日起三个月内予以完成；在会商订立新约期内，事实上维持关于中越边界收税之临时现状"。⑤ 次日，外交部致法国使馆节略，云："法国政府预备立即开始新约之会商……中国政府在不妨碍其所持意见范围以内，愿在会商订立新约期内，事实上维持关于中越边界收税之临时现状，但该项新约

---

① 《云南唐省长30日电》（1926年12月23日）、《云南省长唐继尧10月31日致外交部电》（1926年11月10日），外交档案：03－23－011－01－002、010－04－008。《资料汇编》第3辑外交（第527～528页）将10月31日电误为11月10日电，按世电指31日。

② 《法馆节略》（1926年11月5日），外交档案：03－23－010－04－006。

③ 《法国公使玛得会晤外交总长顾维钧问答》（1926年11月5日），外交档案：03－23－010－04－007；《资料汇编》第3辑外交，第514～515页。

④ 《前外交部条约研究会会议录》，《外交部档案》：缩影05000－143，第300～329页。

⑤ 《国务院致外交部（12月2日）函》（1926年12月3日），外交档案：03－23－010－04－018，第530页。

须自上载开议日起三个月内予以完成。"①

22 日，外交部致电云南省长：现与法使商定订立新约期内，事实上暂行维持中越边界收税之临时现状，但该项新约自 11 月 5 日起，须于两月内开议，自开议日起三个月内完成。至新约草案，拟定 17 条，要点有五：（1）废除边关减税办法，取消境内通过税。（2）边界通商各处，法国人民、刑诉讼暂照 1858 年中法《天津条约》办理；法属越南人在中国者，概归中国法庭管辖；华人在越南有置地建屋各权，所受刑事赋税及其他待遇，均与西洋人无异。（3）中国在河内、海防、西贡三处，法国在龙州、蒙自、河口、思茅四处设领。（4）删除路矿、电线条款。（5）取消越南对华侨所抽之人头税及通行证；余款与旧约略同。另外送去草案全文，云南省如有卓见，盼随时电示。②

24 日，外交部委派苏希洵赴滇、桂及越南，调查华侨商务居留情形及沿边各省与越南商务关系暨关税航行现状，并与滇、桂两省长官接洽改订该章程之意见。③ 12 月 3 日，税务处询问外交部：展限已满，应否再展？外交部函复：酌予分期展限，暂维现状。④ 6 日，外交部函唐继尧：为融合内外通力合作起见，派本部办事苏希洵密携部拟之新约草案全文，经由越南前往滇省切实商榷，该员到时，应请予以接洽，并将卓见详细告知。29 日，唐继尧电达修约意见。⑤

30 日，条约研究会第 6 次常会，讨论中法越南商约事，因尚未见

---

① 《外交部致法国使馆节略》（1926 年 11 月 19 日），外交档案：03 - 23 - 010 - 04 - 012；《资料汇编》第 3 辑外交，第 515～516 页。

② 《外交部致云南省长电》（1926 年 11 月 22 日），外交档案：03 - 23 - 010 - 04 - 013；《资料汇编》第 3 辑外交，第 528～529 页。

③ 《外交部颁发苏希洵委任状》（1926 年 11 月 24 日），外交档案：03 - 23 - 010 - 04 - 015；《资料汇编》第 3 辑外交，第 529 页。

④ 《税务处致外交部函》、《外交部致税务处函》（1926 年 12 月 3 日），《资料汇编》第 3 辑外交，第 529～531 页。

⑤ 《外交部致云南省长唐继尧函》（1926 年 12 月 6 日），外交档案：03 - 23 - 010 - 04 - 020。《云南省长唐继尧致外交部电》（1926 年 12 月 29 日），《资料汇编》第 3 辑外交，第 531 页。

法馆来文，外交部拟去文一催。① 次日，外交部致法国使馆询问：已否接到必要之训令，能在规定期内开议?② 获法馆正面响应。

二 中法修约谈判

1927年1月4日，中法修约谈判在外交部大楼开第一次会议，顾维钧与法使玛德主谈，法国提出条约草案11条。顾氏建议不必依据草约逐条讨论，可由两人先将约中大纲妥为讨论，至其细则，由双方派委员接洽，法使同意。③ 外交部研究法国草案，认为第1条取消旧约问题，第5条龙州、思茅、河口、蒙自开埠问题，第9条本约通行范围问题，第11条本约实行问题，尚可承认；第8条之路矿特权及第2条之减税办法，内中虽系将中法特种货品列表，予以特别利益，然似仍保存旧约精神，尚待详细磋商；关于印度支那设领问题，华侨待遇问题，该草案均未列入；决定不明白拒绝，在会议中，将我国主张修约各点逐一说明。④

9日，苏希洵抵昆明，将外交部拟新约草案交唐继尧研究，并报告外交部：据驻滇法领称，广西省政府似有允意，唯广州欲统一外交，直接办理，他能否前往接洽，俟到滇桂边境察看情形再说。18日，苏又电：云南对中法新约草案经详密讨论后，提出省务会议大体经通过。⑤ 不久，唐继尧将修改条文电达外交部，详细条文由苏希洵

---

① 《前外交部条约研究会会议录》，《外交部档案》：缩影05000－143，第476～500页。

② 《外交部致法国使馆备忘录》（1926年12月31日），外交档案：03－23－011－01－004；《资料汇编》第3辑外交，第515～516页。

③ 《中法越南修约汉文会议录》，外交档案：03－23－008－03－001；《总长会晤法玛使问答记略》（1927年1月4日），外交档案：03－23－008－03－002；《法约（法文）草案》（1927年1月14日），外交档案：03－23－011－01－010。

④ 《前外交部条约研究会会议录》（第34次会议，1927年9月30日），《外交部档案》：缩影05000－143，第1313～1315页。

⑤ 《本部苏部员11日电》（1927年1月13日）、《本部苏部员电》（1927年1月18日），外交档案：03－23－011－01－009、015。

带京。①

22 日，法使馆催促云：4 日交出条约草案，至今未收到开会通知，声明此项会议倘因中国方面延宕而致耽搁，法国公使毫不负责，请顾总长将重开会议日期迅速示知。顾氏批："因研究来案未竣，致稽时日"，即通知法馆 26 日会谈。②

24 日，条约研究会第 9 次常会，顾氏报告：法、日、比均要求我国提出所拟新约草案，以便彼方审核，本部迄未承认，因商约头绪纷繁，恐有遗漏，且泄漏底牌，拟提出几个重要问题，先为磋商，庶较有伸缩余地。众人同意以后准此办理。③

26 日，中法开第二次修约会议，中方提出降低边界税则中国货税率，法方要求交换条件。④ 次日，条约研究会第 10 次常会，顾氏指出应研究之问题有三：我国是否坚持取消减税制度；我国是否要求一部分货物在越南享最低税则或全部分享最低税则；通过税可否听法国增加，抑不许增加。我若欲于上列三项之中择其一二，则目的尚不难达到，若欲令法国听从我国全部主张，恐非易事。会议决定由财政部、税务处、外交部通商司派专员会议研究详细情况，下次讨论。⑤ 29 日下午，外交、财政、农商部及税务处在外交部集议中法滇越商约问题各项条件及减税互惠意见。⑥

2 月 1 日，中法第三次修约会议，法使表示武汉政府陈友仁抗议中法谈判修约，且北京政府无权管辖各地；并称税则问题尚未接法国

---

① 《收云南唐省长 25 日电》（1927 年 1 月 28 日），外交档案：03 - 23 - 011 - 02 - 008。
② 《法馆节略》（1927 年 1 月 22 日）、《致驻京法国使馆函》（1927 年 1 月 24 日），外交档案：03 - 23 - 011 - 01 - 019、020。
③ 《前外交部条约研究会会议录》，《外交部档案》：缩影 05000 - 143，第 567 ~ 591 页。
④ 《中法越南修约汉文会议录》，外交档案：03 - 23 - 008 - 03 - 001。
⑤ 《前外交部条约研究会会议录》，《外交部档案》：缩影 05000 - 143，第 592 ~ 607 页。
⑥ 《29 日各部参司会议报告书》（1927 年 1 月 1 日），外交档案：03 - 23 - 011 - 02 - 006；《外交财政农商等部集议关于中法滇越商约问题议决陈述意见稿》（1927 年 1 月 29 日），《资料汇编》第 3 辑外交（第 532 ~ 535 页）误为 1926 年。

政府训令，暂时搁置。顾氏建议讨论越南设立领事馆问题，法使允转达法政府，暂时缓议。顾氏提人头税问题，法使允呈请法政府核办。双方定下次讨论法国取消南边三省特别路矿权利及待遇越南华侨问题。①

9 日，中法第四次修约会议，法使表示法国政府授权不理会陈友仁抗议，继续议约，已议问题要等中国所有提案提出后，再表示意见；讨论法国取消南边三省特别路矿权利问题及越南华侨一般待遇问题。顾氏要求确定华侨之权利，袪除种种疑虑。② 10 日，外交部电告驻巴黎公使陈篆，称：已会议三次，彼提草案 11 条，我方逐条说明理由，并主张取消减税制度，彼谓请示政府尚未得复，希探询法政府对于修约最近态度。③

21 日，中法第五次修约会议，法国政府对诸问题尚未指示，殖民部正在考虑各问题。会议讨论华侨待遇及法国取消南边三省特别路矿权利问题，法使强调草约与华会条约不抵触；再讨论边境通过护照签证费。④

3 月 7 日，中法第六次修约会议，讨论滇桂粤路矿权与护照签证费，商定俟法使接到政府指示后再行开会；未开会期间，由条约司司长钱泰与法使馆兰必思（Lepice）讨论护照费问题。⑤ 9 日，钱泰与兰必思会议，要求中国人由云南、广西陆路入越，可取得签证免费，由越入滇桂者亦然；中国人经过越南者应纳过境签证费一金法郎，兰必思同意转呈法政府。⑥

10 日，条约研究会第 17 次常会，讨论条约司所拟《中法边界通

---

① 《中法越南修约汉文会议录》，外交档案：03 - 23 - 008 - 03 - 001。
② 《中法越南修约汉文会议录》，外交档案：03 - 23 - 008 - 03 - 001。
③ 《电驻法陈公使》（1927 年 2 月 10 日），外交档案：03 - 23 - 011 - 02 - 009。
④ 《中法越南修约汉文会议录》，外交档案：03 - 23 - 008 - 03 - 001。
⑤ 《中法越南修约汉文会议录》，外交档案：03 - 23 - 008 - 03 - 001。
⑥ 《关于云南或广西与法属越南间旅行签证费事》，外交档案：03 - 23 - 008 - 03 - 002。

商条约草案》，王宠惠建议借改订边界三省商约之时，废除法人在三省之领事裁判权，顾维钧表示：本条约对于废除领事裁判权一层似谈不到，因领事裁判权系根据普通商约而来，且法人视滇粤桂三省，较我国其他各省为尤重，今欲使法人在该三省所享之权利较在其他各省所能享者为尤轻，恐事实上不易办到。刁作谦表示：目下正在改订新约有机可乘之时，不妨设法一试，将领事裁判权予以取消，庶可借此得国内一般舆论之好感。罗文幹认为：我国南部边省陆路、海路与外界之交通须经越南，与法谈判不成，对我国影响较大。会议决定不提治外法权问题，只先行收回在华越南人之治外法权。顾维钧指示：我方对于订立新约抱定三种主要目的，一为取消路矿特权及类似势力范围之规定；二为保护越南华侨；三为取消减税办法；法权似不在本约范围之内。最后交条约司拟定大纲，揭出主要问题，下次讨论。①

17 日，条约研究会第 18 次常会，逐条讨论中法条约草案第 1~4 条。24 日，条约研究会第 19 次常会，外部派赴边省实地调查的苏希洵报告中法边境商务情形，广西因广东影响不肯表示意见，云南对部拟约稿异常满意，稍对通商、税率、华侨诸情况有修正，建议从速设领护侨。

29 日，外交部函询法使：三个月议约期限瞬将届满，未知贵国政府有无复电，应请贵公使从速催询以使早日续议。②

4 月 1 日，条约研究会第 20 次常会，讨论中法条约草案，从第 5 条起，逐条讨论文字，主要决定商约取认货不认人主义；并讨论减税展限至本月 7 日止，当此修约进行颇有进步之时，不应遽然予以停止。③

4 日，法馆函称收到训令，请择日开议。顾总长批示 5 日下午开

---

① 本段及下段，见《前外交部条约研究会会议录》，《外交部档案》：缩影 05000 – 143，第 742~772、773~802、803~831 页。

② 《函驻京法玛使》（1927 年 3 月 29 日），外交档案：03 – 23 – 011 – 03 – 003。

③ 《前外交部条约研究会会议录》，《外交部档案》：缩影 05000 – 143，第 832~870 页。

议，通知法馆。^① 5 日，中法第七次修约会议，法使提出法国政府所拟草案 7 条。^② 法政府希望从速缔结边界税则之协定，至于边界通商如征税、领馆等各项问题，可留待六个月内磋议。顾氏表示法国草案漏掉许多中国重视的问题，并提出三个月议约期限已满。法使表示：法国原可与武汉陈友仁开议，而与北京中止谈判，但因法使坚持，继续与北京谈。顾氏建议展期一个月，以便对新草案详加研究，法使赞成。^③

6 日，法馆送节略称：巴黎所寄之新草案不能如期到达北京，以致未克按照前述期限 4 月 5 日以前送与中国政府，请将谈判新约期限展期一个月。外交部同意展限一月，盼新约于期内完成。^④

外交部研究法国新草案，认为较 1 月 4 日第一次草案更难容纳。4 月 14 日，条约研究会第 21 次常会，顾维钧表示：法国此次提案，均系法国片面利益，除第 1 条承认废弃旧约外，对于我国所视为最关重要诸问题，如设领、在越华侨待遇与华货过越通过税等，均主张先予延搁，于六个月内重行讨论；此种办法与双方历次谈话情形，距离太远。顾氏承认最感困难者，为彼方实有恃无恐，盖我若拒绝订约，于彼方毫无损失，反是我侨民即受影响；足使法人直接受其影响者，唯有减税办法。法使曾表示我若迫之过急，本约既系地方性质，彼将转而与南方谈判；此次法国所以忽然改变态度，唐继尧之失败当系一重要原因。罗文幹也称：我方对于边关减税办法一再延期，法人之目的已达；法国草案对我所视为重要之各节，丝毫不提，只云废弃旧

---

① 《法馆函》（1927 年 4 月 4 日）、《函驻京法使馆》（1927 年 4 月 4 日），外交档案：03－23－011－03－005、006。

② 《外交部致法国公使玛德节略》（1927 年 4 月 23 日），《资料汇编》第 3 辑外交，第 516 页。

③ 《中法越南修约汉文会议录》，外交档案：03－23－008－03－001。

④ 《法国使馆致外交部节略》（1927 年 4 月 6 日）、《外交部致法国公使玛德节略》（1927 年 4 月 7 日），外交档案：03－23－011－03－008、009；《资料汇编》第 3 辑外交，第 516 页。

约，窥其用意不过一种敷衍政策。讨论议约期限延长一个月，我国对法国新草案，一为承受草案，就草案范围以内与其讨论；一为不承认草案，另由我方拟就详细对案。会议决定：法方新提案无磋商余地，提出我方对案看法方反应。①

23 日，外交部照会法使："中国政府歉难承允以此项提案为正式协定之基础"，并送中国草拟《中法陆路通商新约草案大纲》14 条及议定书 1 件，对中国在法属印支设领问题、华侨待遇问题、护照收费问题、华侨纳税问题，均予切实订明，并规定本约应在印支公布，借此将中国意见更进一步表明。②

29 日，中法第八次修约会议，法使对中国草案提出疑问数端，询问明白后，即将该草案转送巴黎，等候巴黎回答；法使并提议将修订新约期限展期两个月。5 月 5 日，外交部照会同意自 6 日起展限两个月。次日，法使照复知悉。③

英国驻北京公使蓝普森 5 月 4 日向白厅报告他对中法修约经过的观察，云：

> 要在那么短期间完成新约谈判根本不可能，因中国要求范围太广，包括印支华人地位与对待问题，谈判期限一再延长，但无何进展。若外交部不想延长，法使不会反对，会让旧约失效（terminated），中国政府会废除关税优惠，法国政府并不太重视关税，早已原则同意废除了，但可能报复不让中国货依 1886 年条约以 2% 优惠税率通过东京到云南或相反方向，他国货物是

---

① 《前外交部条约研究会会议录》，《外交部档案》：缩影 05000－143，第 871～897 页。
② 《外交部致法国公使玛德节略》（1927 年 4 月 23 日），外交档案：03－23－011－03－013；《资料汇编》第 3 辑外交，第 516～517 页。
③ 《中法越南修约汉文会议录》（1927 年 4 月 29 日）、《外交部致法国使馆节略》（1927 年 5 月 5 日）、《法国公使玛德致外交部节略》（1927 年 5 月 6 日），外交档案：03－23－008－03－001，03－23－011－03－017、018；《资料汇编》第 3 辑外交，第 517 页。

20%。法国使馆表示，若谈判失败法国政府不会难过，因为中国之要求不可能同意。事实上，华人在印支享有许多外国人没有的特权，例如在安南华人可以拥有土地在内部经商，当然要交一些税做交换（其他外国人不必交）。中国政府要维持这些特权甚至要其他的，却反对优惠关税。印支华人富裕守法，并不想修改现存条约，更不想旧约被废止（abrogated）。法国政府处于坚强地位，可以悠闲地看待顾维钧之废约威胁（threat of denunciation and cancellation）。①

法国方面一直没有动静，6月18日，张作霖就大元帅职，潘复组阁，王荫泰任外交总长。29日，外交部派员到法馆催促，请电法政府速为答复。②7月4日，法使馆致外交部节略，称：法政府不接受以4月23日中国提案为新约讨论基础。③5日，修约展限到期，外交部提出阁议，议决再展两个月。④9日，蓝普森报告白厅云："法使告诉我他拒绝讨论中国草约，它在许多地方对法国不平等。北京政府非常紧张不想谈判中止，告诉法使若要求可再延长两个月，法使不肯要求，北京政府遂主动延长，法使未拒绝，给张作霖面子，法使完全不想进行此事。"⑤

29日，条约研究会第28次常会，王荫泰报告称：4月5日法国第二次草案，外交部不能承认，23日提出对案，法国不能满意，7月4日法国使馆来文，称修约期限6日到期，业已接有政府训令，中国

---

① Lampson to FO, 4 May 1927, R.5 July, FO371/11624［F5980/37/10］。白厅（Whitehall）为英国外交部所在地。

② 《法馆6月29日问答》（1927年7月6日），外交档案：03-23-011-04-012。

③ 《法使馆节略》（1927年7月4日），外交档案：03-23-011-04-011。

④ 《提出阁议议案》（1927年7月7日）、《国务院公函》（1927年7月5日），外交档案：03-23-011-04-009、010。

⑤ Lampson to FO, 9 July 1927, FO371/12426［F6125/37/10］.

如欲再行延期，法国亦可承认，唯须表示让步，否则法国不惮决裂，应如何答复法国来文？顾维钧主张强硬，云：法国既已预备决裂，我国是否亦应取一种毅然决然之态度，以为应付。但多数人主张妥协，王继曾云：以继续磋商为得计，如或决裂，在我实弊多利少。罗文幹担心即使中央取毅然决然之态度，然滇边是否能一致行动，尚属疑问，而且法国不难与我以种种不便利之处，主张继续蹉议较为善策；并指出："中法条约我国所处地位，正与中比条约比国所处地位成一正比例，去年比国态度初时非不异常强硬，然卒因本国侨民利害关系，终归屈服，盖不仅系理论问题，且当兼顾事实也。"① 最后王荫泰决定：只可将法国来文先按理逐条驳复。

8 月 6 日，外交部回复法馆节略，解释中国 4 月 23 日提案之目的在实现华会陆路边界税则一致及印支华侨地位明确，希望法国政府能依据该案重行开议。法馆允研究后转达政府。② 12 日，条约研究会第 30 次常会，讨论中法修约案，王荫泰表示："以后应付亦殊为棘手，因法国表示如我方不愿现约继续有效，尽可将其取消也。"③

18 日，法馆致送节略称：法政府所见不同，未便以该提案为讨论基础，要求另提新案。④ 26 日，条约研究会第 31 次常会，讨论如何回复法方节略。王荫泰云：现在法国态度颇为强硬，表示中方可废约无妨。内务总长沈瑞麟云：若新约尚未成立，先将旧约取消，既无条约保障，法国对我国侨民可自由取缔，于我殊多不利。王荫泰云：我方只可取延宕政策，现约内各项规定，其足以为我国侨民保障之处

① 《前外交部条约研究会会议录》，《外交部档案》：缩影 05000 - 143，第 1063 ~ 1105 页。
② 《致驻京法使馆节略》（1927 年 8 月 5 日）、《法馆 6 日问答》（1927 年 8 月 9 日），外交档案：03 - 23 - 011 - 05 - 005、006。
③ 《前外交部条约研究会会议录》，《外交部档案》：缩影 05000 - 143，第 1131 ~ 1179 页。
④ 《法使馆 18 日节略》（1927 年 8 月 19 日），外交档案：03 - 23 - 011 - 05 - 011。

者，实复不少，今若于新约未成之前，径予废除，则我国侨民将益失其依赖，于我殊为不利，故我方只能暂时延宕，断不可出毅然决然之态度。会议决定：唯有再事拖延，法方观望中国政局发展，稍迟数日送节略，借口给法方充分时间，为展限留余地，不致完全停顿，应付困难。①

9月5日，外交部派员往晤法使，云中方正在准备新提案，甚费时日，而修约期满，法使云只有再延。② 6日，外交部提出阁议，决定再展两个月，并通知法馆。③

15日，外交部致法使节略，称：中国政府歉难同意法国政府之主张，对法国一再坚持殊为失望。强调中国4月23日提出之草约14条，除第3、第5条关税税则及印支华侨待遇，其余大抵依据法国提案，对华侨之保护应属合理，对税则愿再作让步，将两国商务上重要货物划出若干种，限定数量予以优待，不必待自主税则施行即可予以，不应因此延误会商之进行；希望法国接受中国提案为基础继续会商。④

22日，法馆回复：此次来文所据各种理由，仍无一处足以证明4月23日外交部所提对案系尊重相互及平等待遇之原则，法国政府不无遗憾，故其主张碍难变更。若外交部愿再另提办法顾全法国政府主要权利，并合于相互及平等待遇，或愿再将法馆1月4日所送草约重行研究，则法国政府仍乐照前此声明重行开议。⑤

30日，条约研究会第34次会议，王荫泰称：中国政府于不赞成法国政府主张之中，承认以融洽之精神对于关税税则允为让步，8月

---

① 《前外交部条约研究会会议录》，《外交部档案》：缩影05000－143，第1180～1218页。

② 《法馆5日问答》（1927年9月14日），外交档案：03－23－012－01－006。

③ 《提出阁议议案》、《致驻京法使馆节略》（1927年7月5日），《法馆6日问答》（1927年9月14日），外交档案：03－23－011－05、012－01－011。

④ 《致驻京法使馆节略》（1927年9月15日），外交档案：03－23－012－01－009。

⑤ 《法馆23日节略》（1927年9月24日），外交档案：03－23－012－01－014。

5 日及 9 月 15 日曾对中越间关系特重之某种货物准备考虑一优惠办法，克期施行；现法国来文，以此种提议，法国在其本年 1 月 4 日第一次所提草案第 2 及第 3 两条内，早经载明，中国如愿将法国第一次草案再予研究，则法国仍甚乐与中国重开会议云云；观其措辞，似已默认该国第二次草案已经取消；查法国既表示退让，我方似可乘此时机，继续开议，根据该国第一次草案，加以我国希望，照新近中西及中日所定办法，由部中派员先与交换意见。若操之过急，恐彼宣布废约，我国侨民反致失其保障。会议决定互派专门委员接洽，取代正式谈判。①

10 月 4 日，外交部派员访法使，称愿依据 1 月 4 日草案继续商议，双方派专门委员先行交换意见，至相当时机，再由总长与法使正式会商；并称现在本部与西班牙、日本修约即系如此，请派代表开议。法馆派商务随员纳斯及副领事兰必思，中方派前驻瑞典公使戴陈霖及条约司第二科科长胡世泽。②

13 日，中法专门委员会第一次会议，将法国 1 月 4 日草约重行提出讨论，法方声明中国政府如有新提议，仍愿予以考虑，双方逐条讨论第 1~4 条，并决定每周四上午在外交部开会。③ 14 日，条约研究会第 35 次常会，戴陈霖报告与法委员会议，以法方第一次草案为依据，加入中方意见，认为是日法专门委员目的所在，不过欲刺探我方意见如何。王荫泰云："法约停顿为时已久，今该国对于我方上述提议，既经赞同，结果总算已有进步，以后尚望努力进行。"④

20 日，中法专门委员会第二次会议，继续讨论第 4~7 条。⑤ 21

---

① 《前外交部条约研究会会议录》，《外交部档案》：缩影 05000-143，第 1288~1322 页。

② 《译法馆 4 日节略》(1927 年 10 月 6 日)、《法馆 4 日问答》(1927 年 10 月 7 日)，外交档案：03-23-012-01-020、02-002。

③ 《中法专门委员会议录》，外交档案：03-23-008-02-001。

④ 《前外交部条约研究会会议录》，《外交部档案》：缩影 05000-143，第 1323~1358 页。

⑤ 《中法专门委员会议录》，外交档案：03-23-008-02-001。

日，条约研究会第 36 次常会，戴公使报告会晤法委员讨论条文情形，顾维钧云：下次可提减税办法、货物、税率等问题。①

27 日，中法专门委员会第三次会议，中国委员提出中越关税问题三条，请加入新约中，交换意见后，继续讨论法国草案第 8~10 条。② 28 日，条约研究会第 37 次常会，讨论中法修约展限，顾维钧表示：交涉既有进步，事实上修约期间只可再予延长。王荫泰云：此次展限理由较为充足，不致若前几次之毫无根据。决定再展限两个月。③ 11 月 3 日，提出阁议：以 "专门委员前后开会三次，关于边关税则问题，意见已渐接近，现我国正在准备减税货单，以便提向彼方接洽……现在交涉虽无重大进步，而专门委员正在磋商讨论，较前似有端倪" 为由，请求展限。国务会议原议决展期三个月，后又改成两个月。④ 4 日，条约研究会第 39 次常会，讨论中法修约案，财政部提出意见书，对中越边界通商特惠货品清单不赞成，决定由钱泰司长向财政部说明。⑤

8 日，中法专门委员会第四次会议，法方委员云：交换意见后应起草之约稿尚未拟妥，中方委员提出领事及华侨待遇两条条文，连同上次三条，共五条，先讨论第 4 条设领，再讨论第 5 条印支华侨待遇。⑥ 9 日，条约研究会第 40 次常会，决定征求越南华侨意见，要最

---

① 《前外交部条约研究会会议录》，《外交部档案》：缩影 05000-143，第 1362~1415 页。

② 《中法专门委员会议录》，外交档案：03-23-008-02-001。

③ 《前外交部条约研究会会议录》，《外交部档案》：缩影 05000-143，第 1416~1459 页。

④ 《提出阁议议案》（1927 年 11 月 3 日）、《国务院公函》（1927 年 11 月 4 日、9 日），外交档案：03-23-012-02-011、014、019。

⑤ 《前外交部条约研究会会议录》，《外交部档案》：缩影 05000-143，第 1503~1531 页。

⑥ 《中法专门委员会议录》，外交档案：03-23-008-02-001。

惠国或旧时既得特权（土地所有权、航行权、投标权、渔业权等）。①

15 日，中法专门委员会第五次会议，讨论华侨待遇各问题。② 18 日，条约研究会第 41 次常会，有关越南华侨待遇问题，华侨对于一切权利均欲享受，应征询其意见。顾维钧云：现在法国反而主张废约，该国所提新约草案第一条，即声明旧约应予作废。③

22 日，中法专门委员会第六次会议，讨论华侨待遇及减税货物表。29 日，第七次会议，双方议订草约 14 条，但该草约不得拘束两国政府之正式主张，请法委员转寄巴黎。等候答复期间，双方委员继续讨论条约附件之货物表。④

12 月 6 日，中法专门委员会第八次会议，讨论货物表及减税范围。法委员将货物表寄巴黎，等候法政府回答后，再开专门委员会议。⑤ 9 日，条约研究会第 42 次常会，戴陈霖报告：自 10 月起中法专门委员已开八次会，就法国草案加入我国意见，除华侨待遇一款暂为保留外，其余各项问题大致均已就绪；法委员将结果转达巴黎，听候训示，再行开议。其总结云："查本问题表面上进行尚称顺利，然观历次会议时，法委员态度均一味延宕，则将来新约究竟能否如愿成功，尚难逆料也。"顾维钧云：本问题总算已告一小结束。⑥

蓝普森向白厅报告称：中国同意依法国草案为谈判基础，正在进行初步谈判，中法条约关系区域在南方管辖范围。主要争执三事：（1）停止边界关税优惠税率，法国原则同意在关税会议中取消；

---

① 《前外交部条约研究会会议录》，《外交部档案》：缩影 05000 - 143，第 1532 ~ 1579 页。

② 《中法专门委员会议录》，外交档案：03 - 23 - 008 - 02 - 001。

③ 《前外交部条约研究会会议录》，《外交部档案》：缩影 05000 - 143，第 1580 ~ 1612 页。

④ 《中法专门委员会议录》，外交档案：03 - 23 - 008 - 02 - 001。

⑤ 《中法专门委员会议录》，外交档案：03 - 23 - 008 - 02 - 001。

⑥ 《前外交部条约研究会会议录》，《外交部档案》：缩影 05000 - 143，第 1613 ~ 1643 页。

(2) 中国在印支设领事, 依据 1886 年条约中国有权设领, 但印支当局不承认; (3) 改变华侨在印支待遇, 华侨在印支地位特殊, 由各地华商会代表管理, 要交人头税。中方一再延长法约。蓝普森最后指出: 中国废约行动与顾维钧密切相关, 他虽不当外长, 但仍担任条约研究会会长。①

1928 年 1 月 7 日, 外交部提出阁议, 称: 两国专门委员自去年 10 月 13 日至 12 月 6 日, 先后已开议八次, 除华侨待遇问题暂为保留, 候法国政府正式训令再行讨论外, 其余各项问题, 已于 12 月 6 日会中大致告一结束, 法方专门委员将会议结果转达巴黎请训, 据云尚须征求印度支那地方长官意见。5 日, 法使馆来函, 表示等候巴黎答复有放宽期限之必要, 请再展限两个月。议决通过。②

2 月 3 日, 外交部询问法使馆接到法国政府复文否? 法代办允发电询问。③ 8 日, 外交部电陈箓: "至今已近两月仍无答复, 希向法外部催询速复, 以期早日签订新约。"④ 10 日, 陈使电复: "顷晤外部, 据称因与殖民部接洽颇费时日, 尚待商请有关系各部会议一次, 约两星期后当可训令法使答复贵部。"⑤

3 月 6 日, 外交部提出阁议: 据法使称巴黎答复尚未接到, 可否再行展限两个月。议决照办。⑥ 19 日, 外交部再电陈箓: "现逾期已久, 法政府答复仍未到部, 希再为催询, 以期新约早日签订。"22 日, 陈使电复: "法外部称本月 7 日国务会议时, 殖民部提议须俟越

---

① Lampson to FO, 24 Nov. 1927, R. 25 Jan. 1928, FO371/13155 [F376/1/10].
② 《提出阁议议案》(1928 年 1 月 6 日)、《国务院函》(1928 年 1 月 7 日), 外交档案: 03－23－012－03－008、009。
③ 《致驻京法使馆节略》(1928 年 2 月 3 日)、《法馆 3 日问答》(1926 年 2 月 7 日), 外交档案: 03－23－012－03－014、016。
④ 《电驻法陈公使》(1928 年 2 月 8 日), 外交档案: 03－23－012－03－017。
⑤ 《收驻法陈公使 10 日电》(1928 年 2 月 19 日), 外交档案: 03－23－012－03－019。
⑥ 《提出阁议议案》(1928 年 3 月 5 日)、《国务院函》(1928 年 3 月 22 日), 外交档案: 03－23－012－04－002、011。

南总督报告书到后再行议决。"4月13日，外交部再电陈使："法政府至今仍无答复，此事关系我国在印度支那利益甚巨，侨民责望甚殷，务请法政府早日答复赞成，最好于签订条约前能在越南先行设领，希再向法外部切实交涉。"19日，陈使电："昨与法外部切实磋商，仍坚持候越督同意，先行设领无商量余地，此案法政府一再展期，恐意存观望中国大局。"①

《中法越南通商章程》及其附约交涉，至北京政府覆灭，仍未达成协议。旧约1926年8月7日期满，两次展期两个月，11月15日法国同意开议，到1927年1月4日开议修约会议，三个月议约期间未能达成新约，4月5日双方同意将议约期限展期一个月，至5月6日，再展期两个月，以后一再展期两个月，直到1928年7月6日。

三　南京国民政府时期中法交涉

北京政府覆灭后，南京国民政府名义上统一全国，外交部长王正廷积极与各国交涉，改订新约。国民政府外交部于1928年7月7日发布《南京国民政府关于废除不平等条约宣言》《南京国民政府关于重订条约的宣言》，又颁布《南京国民政府关于与各国旧约已废新约未订前所适用的临时办法七条》。②

10日，外交部照会法国代办，请委派全权代表另订新约，指出旧约展期至7月6日为止，自本年7月7日起概予废止，另缔新约，其间颁布《临时办法》。13日，法国代办复照：允予修改。③

18日，国民党中央政治会议第149次会议，讨论王正廷提议修订中法越南通商临时办法7条。王正廷在领事裁判权方面欲作让步，理

---

① 外交部与陈箓往来电，见外交档案：03-23-012-04-010、012、013、014各件。
② 见中国第二历史档案馆编《南京国民政府外交部公报》第1卷第3号，江苏古籍出版社，1990。
③ 《改订中法越南商约照会》，《南京国民政府外交部关于修约问题致法国驻华代办照会》（1928年7月30日），《外交部公报》第1卷第3号；第1卷第4号。

由是：本案属粤、桂、滇三省之条约，属一部分性质，盖中法其他条约尚未期满，法商来华不能以该三省之待遇与他处有所不同，故稍变通之以求适用。但遭到多人反对，于右任指出：第4、第5条与前已颁布之办法有抵触，岂得因此一部分之事而摧毁其他整个之办法；前次所颁布者，适用于全国，不能以此三省为例外。叶楚伧云：若照本案通过，外间必谓不特不废除不平等条约，且复增订，非常为难；可否将前颁之办法致送法国？王世杰云：第4条乃领事裁判权问题，本党外交从未承认此项规定，若照此，岂非公然承认领事裁判权之存在乎？通商约满，得适用前颁之《临时办法》，俟法国提议时，再与彼商，或可得解决此问题。主席谭延闿裁决：照此原则做去，或有完全解决之望，彼不愿时，则摧其条约可也。决议：交国民政府照已颁《临时办法》秘密办理。① 30日，外交部照会法代办：10月间在南京开议，请派代表与会。②

法国坚持中国只有修约之权，而无废约之权，谈判乃无结果，9月底，国民政府再照会法方商订关税新约。10月16日，中法解决宁案换文，中国向法道歉、赔偿、惩凶，并保证维护法侨经济生命财产安全，尔后不再发生类似事件；法国对我所提修约问题，表示愿将两国原条约上不需要或不适用之条款，经双方同意正式修改。③

27日，法方照复，表示同意开议关税问题，29日提出关税草约7条。经两个月之往返磋商，12月22日，《中法关税条约》在南京签署，23日换文。法国政府准备即日开议陆路通商章程等，会议进行时，越南现状不加变更。同意1929年3月31日起，越南边境对于进

---

① 《中国国民党中央执行委员会政治委员会第149次会议速记录》（民国17年7月18日），《中央政治委员会速记录》，文件号：00.1/111。

② 《南京国民政府外交部关于修约问题致法国驻华代办照会》（1928年7月30日），《外交部公报》第1卷第4号。

③ 洪钧培编《国民政府外交史》，第159～162页。

出口货物之减税办法废止。①

1929 年 1 月 23 日，法使抵南京，24 日，中法修订越南陆路通商条约谈判在南京举行第一次会议。2 月 25 日，中法越南陆路通商条约卓案初读完竣。原定 3 月 18 日在南京签署，因时局问题，法使借口拖延。7 月恢复谈判，因通过税问题有争执，到 1930 年 5 月 16 日，《规定越南及中国边省关系专约》及相关附件在南京签署，收回部分权益。

四　结语

北京政府于 1926 年初确立"到期修约"方针，该年 8 月 7 日期满之《中法越南通商章程》及其附约遂成为第一个案例。北京外交部于 2 月 4 日照会法国使馆要求修约，法使馆以北京政局动荡，采拖延手段。7 月底，北京外交部坚持该章程期满失效，法国则坚持中国只有提议修约之权，而无废约之权，若中国片面废约，法方将采取报复手段，并与南方政府接洽。北京政府虽坚持旧约期满，但因西南边境实施免除减税措施有事实上的困难，并为避免法国报复，乃自动将旧约延展两个月两次。10 月中旬，北京内阁决心贯彻"到期修约"方针，法使于 11 月 5 日照会，愿于两个月内开议，开议三个月完成新约。

1927 年 1 月 4 日，中法修约会议开幕，法国提出新约草案，经七次会议，至 4 月 5 日法国提出新的草案，同时三个月议约期限已到，北京政府同意延长一个月期限。北京对新草案更不能接受，于 23 日提出中方草案，第八次会议法方允将中方提案送交巴黎后，一直迟迟没有回复。议约期限又延长两个月，7 月底北京政府决定妥协，双方让步后，回到 1 月 4 日法国原先提案，10 月 13 日起双方开专门委员会议，到 12 月 6 日，经八次会议，大致问题均已就绪，送交巴黎。

---

① 王世杰、胡庆育编《中国不平等条约之废除》，台北，"蒋总统对中国及世界之贡献丛编委员会"，1967，第 176～182 页。

此后一直无下文，北京政府屡次催促，法方都以拖延应之，直到北京政府覆灭。其间，北京一再将议约期限延长两个月。

南京国民政府统一全国后，宣称议约期限延展到 1928 年 7 月 6 日为止，7 月 7 日起越南通商章程失效，并与法国展开议约交涉，最后在 1930 年 5 月 16 日，《规定越南及中国边省关系专约》及相关附件在南京签署，收回部分权益。

北京政府在谈判时，因越南通商章程主要关系滇、桂两省，迭与云南、广西接洽，云南唐继尧颇能合作，但他在 1927 年 2 月失势，5 月过世，北京政府失去一大筹码。广西省则受广东牵制，不能与北京配合。其间，武汉国民政府多次向法国抗议，法国借武汉对北京施压。加以北京政局不稳，也给法国拖延的借口。

事实上，中越边界通商章程除给法越优惠税率，对中国亦多有优惠之处，故法国强调不应以"不平等条约"视之，废止旧约对越南华侨也有诸多不利之处。因此，谈判中法国有恃无恐，反而主张废止旧约，北京不愿，只好妥协，一再实质延长旧约。直到南京国民政府时期，此案才得以完全解决。

由上文观之，中外旧约并非全属"不平等条约"，废止旧约对中国不一定有利。中法修约与中比修约正好相反，北京可借比国侨民在华利益对比利时施压，迫使比国让步；但华侨在印支利益巨大，北京政府全无筹码迫使法国让步。加以比利时兵力不强，法国则大可对华强硬，致使北京政府对待两国态度，差距颇大。

第四节 1926～1930年中日修约交涉

中日修约案既是北洋末期"到期修约"重要个案，也是南京政府初期"改订新约"方针最艰难的试炼，与中比修约案同为贯串北洋到南京，显现中国外交连续性的代表性个案。过去中日学界对此案颇为注意，但是绝大部分的研究成果集中于南京国民政府与日本的交涉，并且多注重关税问题，探讨《中日关税协定》的谈判与签署历程，[1] 基本上忽略了北洋末期的交涉及北洋到南京的传承性，也忽视了关税问题之外的修约问题。

本节针对过去研究的不足，使用近年开放的大批相关档案，主要是北京政府《外交档案》、南京政府《外交部档案》、《日本外交文书》、英国外交档案（FO）、当时报章杂志报道，以及前人研究成果，试图以北洋、南京外交连续性的视野，聚焦于修约谈判，探索前后政权修改条约方针及策略的发展历程，并借此理解南京政府"革命外交"的本质。

一　中日修约交涉之提出

《中日通商行船条约并附属文件》（以下简称《中日商约》）于1896 年（光绪二十二年）7 月 21 日签订于北京，10 月 20 日换约生效。该约第 26 条有修改税则及通商条款的规定，但中、日文本与英文本文字略有不同，中、日文本称：十年期满六个月内，任一方可要求修改，否则延长十年效力。英文本则称十年期满六个月内无任一方要求，并完成修改，则再延长十年效力。[2]

---

① 如李恩涵《北伐前后的"革命外交"（1925～1931）》；王建朗《日本与国民政府的"革命外交"：对关税自主交涉的考察》，《近代史研究》2002 年第 4 期；李育民《中国废约史》，第十五章；单冠初《中国收复关税自主权的历程——以 1927～1930 年中日关税交涉为中心》，学林出版社，2004。日本学者如久保亨『戰間期中國「自立への摸索」：關稅通貨政策と經濟發展』東京大學出版會、1999、第 1～2 章；高文勝「日中通商航海條約改正と王正廷」『情報文化研究』第 17 號、名古屋、2003。

② 中文本云："此次所订税则及此约内关涉通商各条款，日后如有一国再欲重修，由换约之日起，以十年为限，期满后须于六个月之内知照，酌量更改。若两国彼此均未声明更改，则条款税则仍照前办理，复俟十年，再行更改，以后均照此限此式办理。"见王铁崖编《中外旧约章汇编》第 1 册，第 666 页。日文本文意略同。英文本则作：It is agreed that of the high Contracting parties may demand a revision of this Treaty at the end of ten years from the date of the exchange of the ratifications, but if no such demand be made on either side, and no such revision be effected within six months after the end of the first ten years, then the Treaty and Tariffs, in their present form, shall remain in force for ten years more, reckoned from the end of the preceding ten years, and so it shall be at the end of each successive period of ten years。

1906 年《中日商约》第一次十年期满，流亡在日本办报之梁启超就提出修改意见，云：“我国与诸国所结条约，皆不平等条约也，与日本改正条约前之情形正同，日本所汲汲改正之事，亦正我之所刻不容缓者”，① 指出领事裁判权、最惠国条款、国定税率等款之问题，建议中日条约十年期满应提出修改，并提出此次改约之要点，供外务部参考。然而外务部没有反应，也未提出修约要求。1916 年第二次十年期满，中国仍未提议修改。

1925 年五卅惨案之后，北京外交部于 6 月 24 日致送修约照会给华会各国，日本使馆太田参议表示中国应先解决沪案，提议修约不合时宜，因为：一国与他国订有所谓不平等条约，乃订约当时自国之误，不能遍责他国，敝国初亦订有此种条约，旋经历代政治家之苦心及国民之奋励充实国力后，方得渐次修正，且系和平手段于樽俎折冲之间相机进行者。贵国似亦宜隐忍自重，先固国际信用，然后改善国际地位较为稳当。② 7 月 10 日，日本公使芳泽面呈临时执政段祺瑞，建议中国应仿效日本收回法权先例，此时先办结沪案，再解决会审公堂及工部局问题，然后按华会协定处理法权及关税问题。③

1926 年初，北京政府确立“到期修约”方针，除法、比驻华公使要求修约外，同时积极筹备对日修约。1 月 24 日，外交部电询驻日公使汪荣宝：《中日商约》本年复届十年修改之期，中、日文本与英文本文义不同，应以中、日文本为准，请汪使提出改约意见。④ 日本外务省则在 8 月就由通商局长佐分利贞男召集会议讨论中日商约改正问题。⑤

———————————

① 饮冰：《中日改约问题与最惠国条款》，《新民丛报》第 4 年第 13 号（原 85 号），第 36 页。

② 《日本使馆问答》（1925 年 6 月 24 日），外交档案：03－23－034－01－002。

③ 《日本公使呈执政书》（1925 年 7 月 10 日），外交档案：03－23－034－01－010。

④ 《函驻日汪公使》（1926 年 1 月 24 日），外交档案：03－23－034－02－002。

⑤ 《佐分利通商局长等打合会议要领》（1926 年 8 月 23 日），《日本外交文书（大正十五年）》第 2 册上卷，第 362～373 页。

外交部拟以日本政府答复中国修约照会时声明："不拘何时甚愿考虑中国修约之提议"为由，向日本政府提出将 1896 年《中日通商行船条约》及附属《公立文凭》，及 1903 年《中日通商行船条约续约》及附属文件，全部于本届十年期满，到 1926 年 10 月 20 日为止，不再继续，双方本相互之原则订定新约，取代旧约。[①] 9 月 12 日，外交部提出三个问题征询汪荣宝意见。

第一，1896 年原约是否与附属之《公立文凭》及 1903 年续约（未规定有效期间）一起提出修改？因续约有最惠国条款，若不一并提出，是此次提议修改通商行船本约直与不修等，且续约亦即永无再行修改之机会。汪使认为：今正约既届修改之期，则续约自当一并提议修改。

第二，原约第 26 款仅言修改，未言失效，此次对日照会是否仅言修正，抑亦说明到期失效。汪使认为：该约英文本对中国不利，虽有改正之要求，而无改正之结果时，亦不能认为失效，似到期失效一语，未便提出。但此事关系政府对外方针，如政府决计应国民之希望，毅然废止不平等条约，原本不必拘牵文义，届时如彼方不答应修改，唯有自行宣言废止而已。

第三，如说明失效，该约停止效力之日是 1926 年 10 月 20 日，或是期满后六个月之 1927 年 4 月 20 日。24 日，汪使电复，认为：失效日期与政府方针有关，若照约文提议修改，则在新约成立以前，旧约似不能作为无效。若采用宣言废约主义，则纯属片面自由行动，无论何时均可宣告。[②]

10 月，外交部将中日修约问题提出国务会议云："查现在修改

---

① 《外交部致日本公使馆照会稿》（1926 年 9 月），《资料汇编》第 3 辑外交，第 652 ~ 653 页。

② 《密电驻日汪公使》（1926 年 9 月 12 日）、《收驻日汪公使电》（1926 年 9 月 24 日），外交档案：03 - 23 - 038 - 01 - 008、009；《外交部致日本公使馆照会稿》，《资料汇编》第 3 辑外交，第 654 ~ 656 页。

法、比两约，法、比政府仅许修改，不允到期失效，交涉争点悉在于此，此次对于日本是否仅言修改，抑并予声明到期失效之处，统候公决。"① 当时中法、中比修约交涉遇到阻力，法、比均反对中国有废约之权利，坚持新约未成之前，旧约仍有效力。如此，修约之意义不大。国务会议决议：此时提出中日修约，"我国所应注重者，似在将来新约结果能否消除一切不平等条件，修改字样殆不能即认为继续旧约"。②

阁议确定方针后，16 日外交总长顾维钧与日本公使芳泽谦吉会晤，讨论《中日商约》满期改订事，双方对修约、废约有一段饶富意义的对话。顾氏指出近来中国舆论提倡取消不平等条约，与各国所订商约行将先后满期，各界主张撤废旧约，另订新约。中日商约将于 10 月 20 日满期终止（Termination），基于民意膨胀及改善中日商务经济关系，中国决定向日本提议根本改订中日通商本约及附约，数日内送达日本使馆，希望六个月内谈成新约。芳泽关心若磋商修改不能于六个月期内完成，是时是否维持现状旧约继续有效？顾氏云：万一不能完成，似可待至六个月将届期满时，商议一适当之临时办法。芳泽又问：所谓 Termination（终止）其解释若何？贵国方面主张系废弃旧约耶？亦加以修改耶？顾氏回答：吾所谓 Termination 非 Renunciation（废弃）之意。芳泽索阅条约后云：若贵国方面果忠于该约第 26 条款规定，则应作 Revision（修改）之解释，鄙见勿论其为根本的或部分的，贵国当局之意似亦在修改，而非全面废弃也。③

20 日，外交部照会日本公使，以原约情势变迁为由，中国政府希望 1896 年、1903 年之约不再继续，愿与日本政府进行"根本改订"

---

① 《中日修约说帖》（1926 年 9 月），外交档案：03－23－038－01－011。

② 《提出阁议议案》（1926 年 10 月 14 日），外交档案：03－23－010－03－019。

③ 《总长会晤日本芳泽公使谈话纪要》（1926 年 10 月 16 日），外交档案：03－23－034－02－019；《芳泽致币原电》（1926 年 10 月 16 日），《日本外交文书（大正十五年）》第 2 册上卷，第 383～384 页；《外交部关于修改中日通商行船条约与日本驻华公使芳泽谦吉历次会谈纪要》，《资料汇编》第 3 辑外交（第 660 页）日期误为 1926 年 10 月 21 日。

事宜，以增进两国之公共利益。新约应于六个月内完成，"假使修约期满而新约尚未成立，则届时中国政府不得不决定对于旧约之态度而宣示之。因此，中国政府关于此点，兹须声明，保留其应有之权利"。①

日本政府对于照会中之"根本改订"之意义及范围，以及若六个月内新约未订立，中国"保留权利"之意涵，有相当之疑虑，双方为此往复争辩。21 日，汪荣宝会晤日本外相币原喜重郎，币原称照会已披读，原则上并无反对，容俟详细研究，并求阁员之谅解，此时尚不能遽尔答复，并询问"根本改订"之意。汪使云：指平等相互而言。币原问：根本修改指旧约规定之税则及通商各款乎？汪使答：当然含有其他问题在内，凡一切非平等相互之规定，皆拟修改。币原指出这已逸出约文。汪使云：中国人民对不平等条约厌弃已久，故欲乘此旧约期满之机会，开诚与贵国另订一种平等相互之约，今日之请求，固不容以旧日之约文为束缚也。币原对若修约期满中国保留权利，似隐有胁吓之意，如云为对本国国民表示政府意态强硬起见，则须知日本政府亦不能不顾虑民论；请将此节删去，外务省暂守秘密不发表，以免惹起日本国民反感。23 日，北京外交部复以：中国全国舆论对于不平等条约态度非常激切，修约期满应有权利一节如经删去，恐愈惹起中国舆论之反响，于修约前途反多窒碍，希望日本政府加以谅解。②

26 日，顾维钧告诉芳泽：应有权利一段，因中国既愿将现约加以根本修改，假如六个月不成，自应表示一种态度，丝毫无威胁之意存于其间，请其转达币原外相，勿加误会。③ 芳泽询问所谓应之权利系何意义？顾氏云：提议根本改订中日商约并冀从速开议，照章于六个月内完成新约，假使在此期间内新约尚未成立，则旧约既经声明不

① 《外交部致驻京日本公使照会》（1926 年 10 月 20 日），《资料汇编》第 3 辑外交，第 653～654 页。
② 《电驻日汪公使》（1926 年 10 月 23 日），外交档案：03－23－034－02－021；《外交部致驻京日本公使照会》，《资料汇编》第 3 辑外交，第 656 页。
③ 《外交部致驻京日本公使照会》，《资料汇编》第 3 辑外交，第 656～657 页。

愿继续，中国政府自不得不决定对于旧约之态度，故须声明保留决定此项态度之权利。芳泽表示如此字句会引发日方激昂舆论。顾氏云：我国舆论主张取消所谓不平等条约甚力，而阁员中亦不乏作强硬论者。① 28 日，币原晤汪使称："此事极望顺利进行，此项文句如不删除，则日本政府为免除舆论攻击起见，复文内亦不得不有相当文句，深觉可惜。"② 29 日，芳泽会晤顾总长，请再考虑删去该句。顾氏云：该句毫无胁迫之意，近年来本国舆论主张取消不平等条约之声浪日高，值兹中日商约期满，民意力主废旧订新，其势甚烈。然政府以新约须经订约国彼此同意，互相妥协，方可成立，故持稳和态度，提议根本改订。但国民以政府态度软弱，不无非难，故政府当局内察民意，外顾邦交，研究结果遂插该句。建议用往复解释公文办法，请电日当局。③ 但是日本政府仍不愿公布并答复中国修约照会。11 月 5 日，顾维钧派秘书往晤日使，希望早日公布。④ 6 日，芳泽告诉顾氏日政府正设法减少该句不良影响，下周复文。⑤

11 月 6 日，北京政府宣布《中比条约》期满失效，此第一个片面废约的断然举动，震惊中外。9 日，汪使电告外交部：日本内阁议决对于修约照会承诺交涉。⑥ 10 日，芳泽到外交部面交日方答复节略，称："帝国政府……欣然允诺外交部之请求，为改订税率及明治

① 《10 月 28 日会谈纪要》，《资料汇编》第 3 辑外交，第 661～662 页。日期应为 10 月 26 日。

② 《收驻日汪公使电》（1926 年 10 月 28 日），外交档案：03－23－034－03－022；《10 月 28 日会谈纪要》，《资料汇编》第 3 辑外交，第 657 页。

③ 《日本使馆 10 月 29 日问答》（1926 年 11 月 1 日），外交档案：03－23－034－03－005；《芳泽来部会晤顾总长会谈纪要》，《资料汇编》第 3 辑外交，第 662～664 页。

④ 《日本馆 5 日问答》（1926 年 11 月 8 日），外交档案：03－23－034－03－010；《芳泽来部会晤顾总长会谈纪要》，《资料汇编》第 3 辑外交，第 665～666 页。

⑤ 《日本馆 6 日问答》（1926 年 11 月 9 日），外交档案：03－23－034－03－011；《11 月 6 日会谈纪要》，《资料汇编》第 3 辑外交，第 664～665 页。

⑥ 《收驻日汪公使 9 日电》（1926 年 11 月 10 日），外交档案：03－23－034－03－013；《11 月 6 日会谈纪要》，《资料汇编》第 3 辑外交，第 659 页。

二十九年条约之通商条款，与中国政府开始商议并无异议”。唯涉及该约及附属文件之全部提议，不符条约规定，但日本政府无意将商议范围限于原约第26款所定事项，“对于该事项以外之条约改订问题，帝国政府在法理上虽保持其自己之主张，但亦愿以同情考虑中国政府之希望，深信中国政府亦能以互让之意报之”。对于保留权利字句，“帝国政府……不禁失望。今欲期望此事商议之成功，必须互相信赖，互相让步。而上文所暗示之意义，认为与此精神不副。总之，帝国政府当此应允改订中日条约之提议时，初不含有默认如外交部公文中所保留何等中国权利之意，可率直言明之”。① 换言之，日本愿与中国商议，对改订范围可有弹性，但对保留权利一事，明白表示反对。

18日，条约研究会第1次常会，讨论中日修约案。顾维钧报告云：送出修约照会，主要目的重在修约，关权、法权一律修订，故所提修约范围，较原约第26条所定者为广，并提议将1903年中日商约一并修订，且于照会尾端附以一种保留案。嗣后与日使迭次谈话，日使以我国所提修约范围太广泛，并希望将保留案删去。经告以废约系根据民意，为尊重民意起见，故不得不加入此项保留。现在日本复文已到，大致应允修约，唯对于保留案有异议，声明我国不当误会日本之应允修约而遂谓其默认我方所提出保留之各种权利。会议讨论究竟日本此次复文，是否有答复必要？顾氏认为日本既赞同修约，则嗣后我国方面应重在着手进行，不必再作文字上无谓之争辩，唯外界议论甚多，征询各委员意见。讨论后决定不做文字争执，先进行修约谈判。② 次日，外交部电汪使：对于日本复文拟不再答复，即与接洽开议新约。③ 日使表示愿先行非正式交换意见，待略有端倪，然后开会。

---

① 《日本馆10日问答》（1926年11月15日）、《照译日本公使馆节略》（1926年11月10日），外交档案：03-23-034-03-016、014；《资料汇编》第3辑外交，第666~668页。
② 《前外交部条约研究会会议录》，《外交部档案》：缩影05000-143，第300~329页。
③ 《电驻日汪公使》（1926年11月19日），外交档案：03-23-034-03-019。

外交部则以若先仅限于交换意见，则日延一日，转瞬即满六个月期限为由拒绝。①

二 北京政府末期之中日修约谈判

1927 年初，由于中国民族主义高涨，列强对华多采妥协态度，北京外交部之中比、中法修约谈判展开。1 月 17 日，外交部照会日本公使：建议定期开议。② 顾维钧派员向芳泽公使表达希望 21 日上午开议，芳泽同意。③ 20 日，《顺天时报》载：日本使馆否认 21 日举行正式开议。顾氏派员往询日使，芳泽阅报后云："我方视为非正式会议一节，尚无不符，盖日本未正式承认现政府，故修约之交涉亦不能视为正式也。但敝国对于北京政府较之其它列国，实抱好意，将来北京政府若经正式承认，则今日之修约交涉，自可追认其为正式者矣。至开会之一切仪式，均可从贵方意思。"④

21 日，中日修约谈判开议，北京外交部提出大纲五项：关税自主；取消领事裁判权；收回沿海内河航行权；两国人民遵守所在地法令，有游历营业之权，但法令有特别限制者不在此例；遵守警察税捐章程。首先讨论关税自主，芳泽询问四项：国定税则内容；是否即可订立互惠协议并讨论过渡税办法；许予最惠待遇；裁厘计划。⑤ 芳泽报告币原云：北京要求新约完全平等，日本则坚持最惠国待遇，而且不承认六个月的修约期限。⑥

23 日，武汉国民政府外交部长陈友仁，向日本驻汉口领事表达对

---

① 《前外交部条约研究会会议录》，《外交部档案》：缩影 05000－143，第 330～360 页。
② 《照会驻京日本公使》（1927 年 1 月 17 日），外交档案：03－23－035－01－003。
③ 《日本馆 17 日问答》（1927 年 1 月 20 日），外交档案：03－23－035－01－004。
④ 《日本馆 1 月 20 日问答》（1927 年 2 月 18 日），外交档案：03－23－035－02－010。
⑤ 《电驻汪公使》（1927 年 2 月 9 日），外交档案：03－23－035－01－018。
⑥ 《中日第一次会议英文议事录》，附于《收驻京日本使馆节略》（1927 年 3 月 17 日），外交档案：03－23－035－02－014；《芳泽致币原电》（1927 年 1 月 22 日），《日本外交文书（昭和期I）》第 1 部第 1 卷，第 771～772 页。

日使与北京政府谈判修约感到遗憾。① 24 日，条约研究会第 9 次常会，因日本及各国均要求中国提出新约草案，以便彼方审核，外交部因商约头绪纷繁，恐有遗漏，且泄漏底牌，尚未答应，出条约可拟定对六个重要问题的基本立场。

（1）关税问题：依照 1926 年 11 月 19 日关税会议议决案，要求关税自主，同时可订立互惠协议，以中日两国特产为限。（甲、须说明互惠之利害；乙、短期为限；丙、少数特产品为限。）

（2）法权问题：取消领事裁判权，但关于司法上之实施，得予以相当之保障及便利。至侨居中国之日本人及其财产，应完全遵守中国之一切法令。

（3）内河及沿海航行：要求依世界通例，专归本国自办，若彼不允时，可以现有船只为限，在中国法令之下，及于相当期限内，暂许其继续行驶。

（4）租界及铁路附属地：要求收回，若彼不允时，得商定期限及收回之办法。

（5）内地杂居：在租界、租借地及铁路附属地未经取消以前，碍难立予承认。

（6）内地所有权：暂时不能允许。②

有关日本询问四项，29 日开相关各部参司会议，议决：（1）国定税则税率表；（2）互惠协约应与关税自主同时实行，可俟日方正式承认我国关税自主后再行从容讨论；（3）最惠国条款与互惠协议不能兼容，碍难准许；（4）厘金裁免需关税增至 12.5% 时方可实行，预

---

① 《高尾致币原电》（1927 年 1 月 24 日），《日本外交文书（昭和期I）》第 1 部第 1 卷，第 774～775 页。

② 《前外交部条约研究会会议录》，《外交部档案》：缩影 05000－143，第 367～591 页。外交部所拟较详细之议案，见《外交部存"中日商约主要问题稿"》（1926 年），《资料汇编》第 3 辑外交，第 677～687 页。

计关税自主之日必能悉予裁免。①

31 日，条约研究会第 11 次常会，讨论中日修约会议提出条约草案，条约司拟具重要问题大纲：（1）关于法权之大纲；（2）关于航行之大纲；（3）关于游历及经营商务工业权利之大纲；（4）关于警察及课税之大纲。关于法权一部分，拟就后请司法总长罗文幹审核。②

2 月 1 日，中日修约第二次会议，外交部参事唐在章面交条约大纲四条，表示：日本如承认我关税自主，可与讨论互惠协定及过渡税办法；最惠待遇不能允许；裁厘正在筹备；国定税则尚待修订。③

5 日，中日修约第三次会议。9 日，外交部将三次会议情形电告汪荣宝，要他探询日本政府对修约态度。次日，汪使回电云："芳泽要求说明四项，即系根据日政府意旨，其要点在订定互惠条件。"④ 汪另以快邮详陈云：中国主张绝对平等，日本政府于原则上无从反对，但恐急激变更于贸易上不免猝受打击，故以请中国政府将提案内容说明为词，详加考虑；大致欲于各款附加条件限制之，以为延缓之计，尤注重互惠税率之协定；并称此时在北京商议系非正式，其舆论颇主张宜多争取南方意见，以免将来纷纭云。⑤

10 日，条约研究会第 12 次常会，顾维钧报告中日修约已开会三次，日方不愿提出具体对案，因中国大局不定，对于积极进行一层，颇有顾虑；或以我国要价太高，一时难于答复，有心延宕。顾氏主张：继续开议，若日方仍无训令提出具体办法，则我可将会议暂停；或提草案加入收回租界一条，因比国已应允交还天津租界，

---

① 《29 日参司会议报告书》（1927 年 1 月 31 日），外交档案：03－23－035－01－012。
② 《前外交部条约研究会会议录》，《外交部档案》：缩影 05000－143，第 608～612 页。
③ 《致日本使馆节略》（1927 年 2 月 1 日），外交档案：03－23－035－01－014；《芳泽致币原电》（1927 年 2 月 2 日），《日本外交文书（昭和期 I）》第 1 部第 1 卷，第 782～785 页；《电驻日汪公使》（1927 年 2 月 9 日），外交档案：03－23－035－01－018。
④ 《收驻日汪公使电》（1927 年 2 月 10 日），外交档案：03－23－035－01－020。
⑤ 《电驻日公使馆 12 日代电》（1927 年 2 月 17 日），外交档案：03－23－035－02－008。

而上海租界章程亦有所变动，庶彼再无借口，催促答复。王宠惠主张：日本既取延宕手段，最好现时暂不提出，微测外交团态度，似深惧南方政府对于北京所定办法不肯承认。顾维钧裁决：一方面仍与日本继续开会，一方面将草约备就，交本会研究后，再行提出。①

11 日，外交部邀财政、农商各部及税务处代表，会商过渡税及裁厘。各部委员讨论日本要求，对过渡税及互惠协定建议：修约为一事，属于关税会议范围之问题又为一事，最好付之关会解决。万不得已时，拟只做大体讨论，专门细节由双方另组专门委员会从长讨论，庶不致彼方借此拖延，影响修约进行。②

同日，武汉国民政府外交部长陈友仁对中日商议新约提出抗议，日本答复谓北京中日商约会议，为非正式交换意见，因日本在北方有许多利益，不能不与北京政府交涉。陈氏表示国民政府对新约，只能认为保留，并有重新审查之权。③

此时，各地及海外商会纷纷电请外交部坚持国权与日议订新约，并有吁请宣布中日商约失效者，如中华全国商会联合会评议会要求外交部，对中日、中比条约（1）旧约期满无效，（2）新约以双方平等互惠为原则，坚持进行。苏州总商会请外交部援中比前例，将中日旧约迅予宣布期满无效，另订双方平等互惠新约，以顺舆情而慰民望。④

英国驻北京公使蓝普森向伦敦报告：中日修约谈判，日使无法从顾维钧处得到中国草案，顾氏一直借口拖延，最后提出五条草案，只强调平等互惠之原则，全未提及租界、法权等，后来又加第六条关税

---

① 《前外交部条约研究会会议录》，《外交部档案》：缩影 05000－143，第 613～624 页。
② 《各部参司 11 日会议报告书》（1927 年 2 月 12 日），外交档案：03－23－035－02－013。
③ 《申报》1927 年 2 月 13 日，第 4 版。
④ 《中华全国商会联合会呈》（1927 年 2 月 11 日），外交档案：03－23－035－02－009。

自主。芳泽认为谈判会拖延，他甚至没向政府请示法权问题。[1]

14 日，中日修约第四次会议，讨论关税问题，日本注意互惠协定。[2] 19 日，外交部函财政、农商、税务处，请速厘定国定税则。[3] 20 日，中日修约第五次会议，双方就最惠国待遇之条件、范围和时间等问题争论不休，直到 3 月 16 日第九次会议，仍难有进展。

3 月 17 日，条约研究会第 18 次常会，讨论中日修约最惠国条款，顾维钧报告称日本对此条款异常重视，但若容纳该项条款，必致流弊丛生，事实上不啻扩充不平等范围，故北京政府初时根本不予承认。经五次会议之久，日本仍坚持前议，但允许该条款仅适用于通商行船事项，理由是通商必须各国平等。上星期中方以只谈原则意见不易接近，于是拟就具体办法数端，如日本对于此数端肯予同意，则我对于彼之要求，亦可予以相当考虑。即（1）最惠国条款仅限于关税事项；（2）应取双方相互主义；（3）凡此缔约国许与第三国之权利，如无附带条件者，彼缔约国亦得无条件享受之；（4）如有附带条件者，亦应有条件享受之；（5）所根据之条文，一经失效，即不能再行引用；（6）最惠国条款对于中国因现行条约所让于第三国税则上之权利，自 1928 年 12 月 31 日以后，即行无效；（7）在该日期以前，中日两国所订之任何相互条约，暂时不予施行；（8）中国与第三国因边界商务而订之无论何种协约，最惠国条款不得引用，上次会议时日方部分容纳。日方极望我国有一具体草案，至最惠国条款不包括政治问题，日方表示可以容纳；中方坚持最惠国条款仅适用于税则，日方坚持凡关系通商事宜均可适用；中方始终主张最惠国条款与互惠协定不能同时并行。顾维钧表示：现在我国应抱政策，在于得寸则寸。钱泰认为最

---

① Lampson to FO, 14 Feb. , R. 11 April 1927, FO371/12426［F3503/37/10］.

② 《前外交部条约研究会会议录》，《外交部档案》：缩影 05000－143，第 626～662 页。

③ 《致财政农商部税务处函》（1927 年 2 月 19 日），外交档案：03－23－035－02－011。

困难者，在于若最惠国条款得适用于旧约，则日本得继续享有现有之利益，为日尚长，于我殊为不利。讨论时，咸认为互惠协定品目不宜过多，具体条文还须详细研究。①

18 日，中日继续开议，中国提案大体依据《中奥商约》更平等之形式。顾维钧与芳泽讨论法权问题，顾氏提议双方指派委员做非正式详细讨论，得有结果报告建议当局，以资交涉之基础。中方提王宠惠，日方提一等书记官重光葵。②

24 日，条约研究会第 19 次常会，讨论日本提出最惠国条款问题具体草案，范围较中国提案广，对于通商、行船、实业、出产四项，要求无条件地享受最惠国待遇。刁作谦云：依照日本提案，是各国以附带条件取得之利益，日本均可无条件享受，未免太属不平。顾维钧云：通商条约大半均有最惠国条款，目下所应研究者，我国对于通商、行船两项，是否坚持许以有条件的最惠国待遇；至关税问题，将来两国订互惠协定时，尚有斟酌出入之余地。钱泰云：最关重要者为日本似欲使我国承认认人不认货主义，此种办法，实为国际通例之所无，现在我国与德、奥等国虽订有新约，然新约中关于关税之规定，迄无法施行者，原因即在于此。最后请各专门委员先行逐条签注。③

4 月 5 日，中日专家会议，重光葵与政务科长金问泗讨论最惠国条款问题。④ 不久南京国民政府成立，各国对北京政府态度转趋冷淡。

---

① 《前外交部条约研究会会议录》，《外交部档案》：缩影 05000 – 143，第 773 ~ 802 页。

② 《芳泽致币原电》（1927 年 3 月 18 日），《日本外交文书（昭和期 I）》第 1 部第 1 卷，第 802 页；《日本馆 3 月 18 日问答》（1927 年 4 月 16 日），外交档案：03 – 23 – 035 – 03 – 001。

③ 《前外交部条约研究会会议录》，《外交部档案》：缩影 05000 – 143，第 806 ~ 831 页。

④ 《芳泽致币原电》（1927 年 4 月 10 日），《日本外交文书（昭和期 I）》第 1 部第 1 卷，第 803 ~ 805 页。

14 日, 条约研究会第 21 次常会, 讨论中日修约事, 顾维钧报告六个月修约期限至 20 日满期, 日本对修约进行积极, 似非毫无诚意者, 如何延长谈判期限? 其建议: 不提旧约有效问题, 只称修约时期再予延长, 一方面声明延长修约期限三个月, 一方面声明仍保留第一次照会中所载条件。① 次日, 顾维钧会晤芳泽, 提出旧约期满六个月新约商订未成, 中方原提议新约期满未成, 则届时不得不宣示决定对旧约之态度, 曾声明保留; 现双方修约开议已有头绪, 但修约范围既广, 关系亦颇复杂, 不能于期内议成, 建议展期三个月, 并照原提议做同样之保留。芳泽同意, 但表示延展期内现行条约应继续其效力。顾氏云: 在展期期内暂可不提及此事。②

20 日, 六个月谈判期限已满, 中日双方未达成协议。北京外交部照会日本公使云:

> 现中日会议虽已开会十有五次, 只因应议问题甚多, 未能如期议结。现在预定期间业于本日届满, 为促成新约起见, 兹特提议自本年 4 月 21 日起展期三个月, 以便双方继续努力议订新约。惟本国政府对于此次展期, 仍保留本部上年 10 月 20 日致贵公使提议修约知照会所称本国政府应有之权利。③

重光葵告诉外交部秘书: 除贵方所保留事项以外皆无问题。秘书答以: 该项保留在我方实不得不有之。重光云: 该项保留似为中国政府对内不得不有者, 日本当局前次有相当谅解, 此次谅亦不至发生

---

① 《前外交部条约研究会会议录》, 《外交部档案》: 缩影 05000－143, 第 871～897 页。

② 《日本馆 15 日问答》 (暂秘, 1927 年 4 月 19 日), 外交档案: 03－23－035－03－002。

③ 《照会驻京日本使馆》 (密件, 1927 年 4 月 20 日), 外交档案: 03－23－035－03－004; 《芳泽致田中电》 (1927 年 4 月 22 日), 《日本外交文书 (昭和期 I)》 第 1 部第 1 卷, 第 806 页。

问题。①

英国公使蓝普森报告伦敦云：日使告诉我中日谈判进度很慢，仍在讨论最惠国待遇，顾维钧渐接近日本观点，日使相信他最终可得满意条款。白厅司员托乐认为："若日本在最惠国待遇上获胜，将会是有价值的先例，日本未放弃什么。可能最惠国待遇只限于贸易与关税，不会扩及如治外法权之事"。②

29 日，条约研究会第 23 次常会，讨论最惠国条款问题。顾维钧报告称：中日对此问题争辩甚激烈，中方提出附带条件的最惠国待遇，日方要扩大到关税之外的通商、航行、出产等项，认为是贯彻国际商务平等原则所必须，有一部分理由，势难完全拒绝。且欧美各国商约中，大半载有此条。而我国对德、对奥，尚许其享有事实上之协定关税，若完全拒绝日本要求，是使日本货物所受之待遇，反不及于德、奥，更难以措辞。而且现在之最惠国条款，乃双方相互性质，日本亦许我以同等之权利，而此种权利实为鼓励我国出口货物所必须。盖我国既要求平等相互，日本之提议加入最惠国条款，与平等相互之原则，实并不背驰也。我之对日，首则拒绝磋商最惠国问题，继则取完全附条件主义，但此二重防线先后均被打破；现在我方主张，即拟遵照本日提付讨论之条文。顾氏建议先讨论原则上可否承认，如可承认，再行研究范围上应附有何种限制。关于关税问题，以已许与未许之权利，作区别有条件与无条件之标准，但不敢确定能操胜算。罗文幹云：若能使范围只限于税则一项，已属不易；盖我国既无法以强制日本，又无法令各有约国同时废约，乃欲在有约各国未抛弃旧约内种种之权利以前，使日本独处于一种不利之地位，事实上绝难办到，若能仅限于关税一项，即无条件似亦无不可。顾氏云：只需抱定此种方

① 《日本馆 20 日问答》（1927 年 4 月 23 日），外交档案：03-23-035-03-005。
② Lampson to FO, 26 April 1927, FO371/12426〔F4067/37/10〕。

针，以相互的最惠国条款，交换修约，则修改旧日不平等各约中最后一约之日，即不平等待遇完全取消之时。会议最后决议确定此方针。继而讨论外国人土地所有权问题，将司法部所拟《外人土地法草案》，各人带回研究，下次讨论。①

5月6日，中日修约第十九次会议，顾氏提议搁置关税无条件最惠国待遇。同日，条约研究会第24次常会，讨论《外人土地法草案》，首先讨论中国是否可全国开放。草案第5条拟：在以命令指定之边界或国防地带，外国人民不得有土地所有权，其余各地一律开放。顾维钧主张再予限制特殊地点、交通要地等；或分期开放，先租界，次商埠，次铁路沿线，次沿海，最后内地。又担心最惠国条款，对某国以废除领事裁判权始给予土地权，他国要求同样权利时，无法拒绝。日本当年系在各国皆取消领事裁判权后，才给予外人土地所有权。讨论后，顾氏总结云：本案现有两问题，第一为范围问题，即何处开放，何处不可开放。第二为均沾问题，设均沾问题不克解决，而轻许外人在中国得有土地所有权，则前途殊不堪设想。日本在满洲问题复杂，必待其取消治外法权，交还租界及租借地之后，方可许其享有土地所有权。现在铁路附属地等于日本领土，大连海关无法办理征收华会附加税，也不能筑铁路并行线。至实行时期下次讨论。②

13日，顾维钧会晤芳泽，云：中日会议19次，卡在最惠国条款，建议搁置，先讨论其他问题。芳泽要求条约草案，顾氏云明日送达。日方仍要求关税上无条件最惠国待遇，否则不讨论其他问题，对中方提议实难同意，③双方激烈争辩。同日，条约研究会第25次常会，讨论中日商约草案，日方要求中方提出草案，现已备就，与提付比国者近似。最主要问题仍在最惠国待遇，原则上同意，但应避开最惠国字

---

① 《前外交部条约研究会会议录》，《外交部档案》：缩影05000－143，第921～942页。
② 《前外交部条约研究会会议录》，《外交部档案》：缩影05000－143，第943～971页。
③ 《日本馆13日问答》（1927年5月18日），外交档案：03－23－035－03－011。

样（most favored nation），改为 any other nation，关键在有条件与无条件问题。会议继续讨论《外人土地法草案》，罗文幹说明，以国内法令形式避开各国抛弃治外法权后，要求土地所有权，衍生出最惠国待遇问题，应以条文限制日、美、俄等国。至分期办法，深恐各国亦将治外法权分期抛弃，故原则上承认外人购地之权，事实上予以限制，至于杂居问题法界同人正在研究。会议决定：由王广圻研究土地所有权问题，杂居问题待法权研究会一有结果，请罗文幹报告。①

14 日，外交部派秘书往晤芳泽，面递中日新商约草案，内容与 2 月 1 日提案大纲略同，关税事项因正在商议故未载入。芳泽粗阅后表示：修约范围颇广，不乏日方碍难同意之点，三个月不一定能议定。秘书云：因此中方暂搁置最惠国条款。芳泽表示日政府坚持最惠国条款，并希望开放内地。答应将草约送交日本政府。②

到 5 月 17 日，中日双方进行了总共 20 余次会议后，终因最惠国问题待遇而告搁浅，改为非正式会晤。18 日，芳泽告诉顾维钧，外务省以如中方允在会议录中声明：承认关税无条件最惠国条款，则日方可同意讨论其他问题。顾氏不赞同。③ 25 日，芳泽告诉顾维钧，日政府训令如中方声明关税之无条件最惠国条款，一般之最惠国条款可讨论，顾氏不允，日使表示此问题未决则其他问题无从进行。顾氏表示至多仅能声明：如继续讨论他项问题，将来于关税无条件最惠国待遇可加善意及公平之考虑，记入会议录，日使允再请示。④

6 月 4 日，芳泽返日。10 日，外交部电汪荣宝：日方迄今十多日尚未回复，请就近向外务省详加解释盼其早日答复，以免会议长此停

---

① 《前外交部条约研究会会议录》，《外交部档案》：缩影 05000 - 143，第 973 ~ 1004 页。
② 《日本馆 14 日问答》（1927 年 5 月 17 日），外交档案：03 - 23 - 035 - 03 - 009。
③ 《电驻日汪公使》（1927 年 6 月 10 日），外交档案：03 - 23 - 035 - 03 - 014。
④ 《日本馆 5 月 25 日问答》（1927 年 6 月 2 日），外交档案：03 - 23 - 035 - 03 - 013。

顿，易起外间误会。① 14 日，汪使回复云：无条件最惠国条款流弊甚多，此时如与声明许将此项问题加以善意及公平之考虑，似有商量之可能，拟请再加精细之讨论，静待时机，似可不必急于迁就，转滋纷纠，请顾维钧再加考虑。②

18 日，张作霖就任军政府大元帅，潘复组阁，王荫泰任外交总长。7 月 20 日，经北京外交部提议，中日双方同意第二次展期。③ 此后每届三个月期满，就再延长，直到北京政府结束。

29 日，王荫泰会见日本代办堀义贵，提议搁置最惠条款，堀使云日本政府训令：确探新外长对于会议之方针，必得适当之声明才能同意转议其他问题；提议修改附件字样，王氏允考虑。④ 同日，条约研究会第 28 次常会，王荫泰报告中日修约案，再展限三个月，日代办表示赞同；王氏告以应再开议，日代办表示若尊重日方以前主张即可开议；王氏告以：中国外交当轴虽已易人，然关于修约一事，所守之方针，迄未少变；广义的无条件最惠国条款实难承认，且我国现与修约之各国，不只日本，凡修约问题，均取决于条约研究会，并非外交总长一人之主张。双方争辩最惠国条款之范围。对于法权问题，日本似欲以放弃法权交换内地杂居，中方以必先放弃租界、附属地及租借地，日方以租借地为另一问题。内地杂居问题，由法权讨论会研议中。⑤

8 月 3 日，外交部秘书往晤堀代办，告以最惠国条款声明字样再

① 《电驻日汪公使》（1927 年 6 月 10 日），外交档案：03 - 23 - 035 - 03 - 014。
② 《驻日本汪公使 14 日代电》（1927 年 6 月 19 日），外交档案：03 - 23 - 035 - 03 - 016。
③ 《提出阁议议案》（1927 年 7 月 21 日）、《致驻京日本使馆节略》（1927 年 7 月 20 日），外交档案：03 - 23 - 035 - 04 - 003、002。
④ 《7 月 29 日日本馆问答》（1927 年 8 月 6 日），外交档案：03 - 23 - 035 - 04 - 007。
⑤ 《前外交部条约研究会会议录》，《外交部档案》：缩影 05000 - 143，第 1063 ~ 1105 页。

做修改，日方同意，转议其他各项问题。① 5 日，条约研究会第 29 次常会，王荫泰报告云：芳泽返日参加东方会议，田中首相对华强硬，芳泽归来必有相当意见发表。芳泽不径行北上，先赴南方，名为解决加税问题，然恐有内幕。日本外交异常周密，应付甚为困难，况对华外交尤为彼国当轴所注意，自田中内阁成立以后，日要人来华者甚多，待芳泽回京后再谈。②

12 日，条约研究会第 30 次常会，讨论待芳泽归来我方应提出何种问题。王荫泰云：东方会议决定对满蒙取急进主义，对修约不过与我虚与委蛇；据各方消息，日本异常希望我国取消治外法权，借此取得内地杂居；此次芳泽归来后，并不急于修约，必先提满蒙问题。决定待其表示再说。③ 16 日，外交部函驻外各使馆，称：与各国修约陆续开议，各国要求最惠国条款与互惠协议，要各使提出意见。④

26 日，条约研究会第 31 次常会，讨论外国人入境及居留问题，修约时原则上应采无限制主义或有限制主义。王荫泰表示：在租界、租借地、铁路附属地未完全取消以前，即令外人放弃治外法权，我国亦不便采用无限制主义任其入境居留。内务总长沈瑞麟云：总宜有所限制，以前所以有租界制度，亦本一种限制之意义。司法总长姚震云：无限制的内地杂居，实为我国经济状况所不许，与外人以无限制的内地杂居以为取消治外法权之代价，实非计之得者也。王荫泰云：舆论不明真相，殊不知以我国现在社会之状况，工商业之幼稚，一旦开放内地，将来经济上必致受无穷压制。东北日人杂居不多，一方面因当轴无形中取缔甚严，一方面日人一经租得房屋，即借口种种理由

---

① 《3 日日本馆问答》（1927 年 8 月 6 日），外交档案：03 - 23 - 035 - 04 - 008。

② 《前外交部条约研究会会议录》，《外交部档案》：缩影 05000 - 143，第 1106 ~ 1130 页。

③ 《前外交部条约研究会会议录》，《外交部档案》：缩影 05000 - 143，第 1131 ~ 1179 页。

④ 《函驻外各使馆》（密件，1927 年 8 月 16 日），外交档案：03 - 23 - 035 - 04 - 009。

盘踞不去，此种举动，当地业主颇不欢迎，故日本在内地不易觅得住所。最后决议只能局部开放，且因牵及最惠国条款，要特别小心。[①]

9月7日，王荫泰会晤芳泽，讨论继续开修约会议，王氏建议先由双方专门委员交换意见，议有相当程度后，两人再会商，芳泽同意。王氏建议既然继续会议似宜开一大会，芳泽云：开大会一节似可不必，为省事起见，即以本日贵总长与本使之晤谈作为继续开议之表示，王氏同意。[②] 中方指派条约研究会专门委员郑天锡（法权问题），外交部参事唐在章（法权以外问题）。日方派使馆参事官堀义贵（法权问题）及一等书记官重光葵（法权以外问题）。

16日，条约研究会第33次常会，外交次长吴晋对修约中之最惠国条款问题，提出说帖指出：最惠国条款因前此中国与各国所定之旧约，均系不平等之约；而此项旧约又不能同时修改，若于新约中加入最惠条款，则未到期旧约之一切不平等权利，新约国将因此条款而要求享受，是有平等条约之名，而无平等条约之实，则修约与不修等。故最惠条款以中国现状而论，实与不平等之条款等，亦即为商订平等新约之大障碍。主张在国联大会宣言最惠国条款不得滥用。讨论宣言有无效力？日本对最惠国条款最为重视，必定抗议。罗文幹云：是皆我国旧约内容不良，非最惠国条款本身有何种流弊；日前西使称中国既声明修约宗旨以平等相互为原则，然细考中国提案，似与此旨完全不符，如西国全境听华人自由杂居，而中国内地仍不能完全开放；中方答以因有最惠国条款之故。讨论结果，认为在国联宣言并无效力，王荫泰裁决：不在国联提出此案。[③]

30日，条约研究会第34次常会，讨论中日法权问题，日方注重

---

① 《前外交部条约研究会会议录》，《外交部档案》：缩影05000－143，第1180～1218页。

② 《7日日本馆问答》（1927年9月15日），外交档案：03－23－035－04－017。

③ 本段及以下两段，见《前外交部条约研究会会议录》，《外交部档案》：缩影05000－143，第1253～1358页。

东三省，提取消治外法权交换内地杂居；中方提归还租界、租借地、附属地，或只能分区开放，多开商埠。众议以为以目前中国经济状况，若与外人订真正平等互惠条约，外人欢迎之不暇；法权为面子，关权为命脉，应以关权为重，法权次之。王荫泰总结云：本部方针，外国侨民应服从中国法律，领事裁判权应全部取消，将来中国内地可分区开放；决定先调查日人事实上杂居之状况。

10 月 14 日，条约研究会第 35 次常会，中日修约案已会晤三次，商议航权问题，日方要求相互开放，并要求最惠国待遇，收回沿岸、长江航权办不到。讨论内河航行年限问题，决定：不超过新约有效时期，内河宜短，沿岸不妨稍长。

18 日，外交部以中日议约展期又将届满，提出阁议，说帖云：中日专门委员会议，法权问题开会五次，原则上日本并不反对我国收回，唯要求内地杂居以为交换条件。关于普通问题中之航权问题亦已开会三次，日委员初则主张相互开放，继则要求最惠国待遇，并询问事实上救济之具体办法，现双方正继续讨论。现在交涉虽无重大进步，而专门委员正在磋商讨论，较前似有头绪，展期又已届满，提请公决。阁议决定：再行展期三个月。①

11 月 12 日，北京政府宣布《中西条约》期满失效。18 日，芳泽密函首相兼外相田中义一，建议今后应取之方针：尽管搁置关税事项而讨论其他问题，但仍应尽量缩小范围，逐渐而小幅度地交涉各事项。为使中方不致对商议失去信心，应尽量拖延会商过程，目前可先行讨论航行、旅行、营业权或警察、课税等问题。由于中国欲一律废止与各国之商约，各国与中日条约比较后，即会提出为何不同样废止中日条约问题。中国各地征税之举动，表明中国舆论已

---

① 《提出阁议议案》（1927 年 10 月 18 日）、《致驻京日本使馆节略》（1927 年 10 月 20 日），外交档案：03 - 23 - 036 - 01 - 017、018。

从倡言废约，变为认定现行条约已经失效，因此，如与改约谈判停滞之事实相结合，必将引发废弃中日条约之趋势。日本政府应对此慎重考虑，做充分准备，以便届时能妥善处置。芳泽认为：中方逐一废除与各国之现行条约，必将导致中外纷争激化，因此日方应在表面上对中方之愿望表现充分之诚意。① 换言之，日本应对北京修约虚与委蛇。

11月下旬，英国公使蓝普森向伦敦报告北京与日、比、法、西修约谈判历程，云：北京政府之废西约与对比约一致，想要一举去除现存片面条约，代以对华有利之约。可参照中日修约状况，外长与日使展开谈判，日本同意原则上给关税自主，交换（1）无条件最惠国待遇，（2）中日间互惠关税协定，进行了约三十次会议，因中国坚持不给最惠国待遇，双方无法达成协议，但似不反对互惠关税协定。顾维钧去职后，王荫泰将会议交给双方专门委员，避开最惠国问题讨论其他事项；中方提出航权，只给日本国际贸易国民待遇，拒给沿岸及内河航权。日本表示愿开放日本之沿岸与内河航权做互惠，中国以无船只在日本而拒绝之。对领事裁判权，日使馆堀参赞密告，日政府建议放弃东三省领事裁判权，交换日侨在华居住贸易完全自由，中方试探若日本放弃关东租借地则可能安排某种协议。目前谈判暂停，双方似乎都不急，日方认为北京衰弱，宁愿等待。中方坚信时间有利于废除期满条约，坚持必须完全主权独立，以及让北京在国人前有"面子"。中国之去除条约束缚，对强国日、法与弱国比、西采不同之策略。当西使询问日约、西约之修约条款一样，为何中国废西约却延长日约？外长答以中日事务较多。② 远东司员托乐认为："这是对北京当局废约运动（campaign for the abrogation of treaties）历程很有价值的记录，尤

① 《芳泽致田中》（1927年11月18日），《日本外交文书（昭和期I）》第1部第1卷，第819～821页。

② Lampson to FO, 24 Nov. 1927, R. 25 Jan. 1928, FO371/13155〔F376/1/10〕.

其是日约谈判特别有趣。蓝普森对西、比及法、日不同对待的看法非常适切。"①

同时，南京国民政府对北京与列强之修约交涉表示反对，10 月 6 日，外长伍朝枢向芳泽提出强烈抗议，再次重申不承认日本与北京交涉之任何结果。11 月 23 日，伍朝枢发布南京关于对外条约之态度，不受未经国民政府参与之条约协议谈判之拘束。次日，伍氏照会西班牙公使中西条约失效。

12 月 1 日，芳泽致电田中，力陈维持中日修约交涉之意义，云：统观中国现状，尽管政权南北两立，但在废弃现行条约、缔结完全平等新约方面却意见一致。日本无论如何难以同意缔结完全平等之条约，且因南北均无践约能力，即便与其中一方缔约也将毫无意义。北京政府势力只限于东三省及以外的两三省份，而南方政府屡次宣言北京政府所订条约无效，故即使同北京政府缔约，也难望在中国全国实施。西、比两国和中国之条约已被废弃，今后对其他各国也将取同样立场，事到如今，唯有日本一国永久维持与中国之条约将会十分困难。但日本须极力避免先于英美等国出现无条约状态。总之，由日方主动露出使改约失败之态度甚为不利，即使没有缔约可能，但对外尤其对中国须显出缔约之诚意。②

1928 年 1 月 18 日，修约期间展限三个月又到期，北京外交部提出国务会议，云：两国专门委员对法权问题已开会六次，日委员对于我国收回法权原则上并不反对，唯要求内地杂居及土地所有权以为交换条件。对航权问题，亦已开会六次，日委员初则主张相互开放，继则要求最惠国待遇，现正在讨论事实上救济之具体办法。综观大略情

---

① Toller's minute, 29 Jan. 1928, FO371/13155 [F376/1/10].

② 《芳泽致田中》（1927 年 12 月 1 日），《日本外交文书（昭和期 I）》第 1 部第 1 卷，第 821～822 页。

形，进行尚称顺利。阁议通过展期。① 次日，外交部通知日本使馆：因两国关于修约应议之问题尚待继续讨论，提议将修约期间再行展限三个月，以便继续开会努力议订新约，但仍保留权利。日本政府应允，也保留权利。②

中日修约谈判停滞后，中国报纸纷纷指责日本施展拖延战术。芳泽感到这次谈判延期后，日方若不采取某种计策，将很难拖到4月，而日方如在谈判完全停顿后再提议协商互惠税率，中国方面会生疑。如延至7月，意、丹等国条约到期，列强抗议废约之计划将具体化，日方立场会被迫转硬。故芳泽建议日本政府应立即提出互惠协定，因"值得忧虑的事态已发生了"。③ 同时，日本驻伦敦大使告诉英国外相张伯伦：北京外交部为了自保，不可能要求得比南方少，坚持要日本完全放弃治外法权，而日本办不到。④

1928年2月24日，条约研究会第44次常会，讨论中日修约案，双方专门委员会，法权已开七次，航权开过八次。法权问题，日方不坚持领事裁判权，欲以之交换内地杂居，尤其是在南满、东蒙。航权问题，日方原则上同意中国收回内河航行权，但要求各种救济办法，尤其注意最惠国待遇，并要加载约中。会中讨论如何应付，唐在章云：日本态度或进或退，其真正用意殊令人难于捉摸。如欲继续谈判，我方似应稍为让步，可在年限一层略示放松，而要求日本放弃法权及最惠国条款。罗文幹云：日本真正态度还在借辞搪塞。吴晋次长云：磋议多时毫无结果，对外殊难自解。罗文幹云：我国内部如能一致，未始不可略示强硬，但国内情形如此，欲求有结果恐非易事。顾

---

① 《提出阁议议案》（1928年1月18日），外交档案：03 - 23 - 036 - 03 - 007。

② 《致驻京日本使馆节略》（1928年1月19日）、《收日本使馆节略》（1928年1月20日），外交档案：03 - 23 - 036 - 03 - 008、010。

③ 《芳泽谦吉致田中义一》（1928年1月21日），《日本外交文书（昭和期I）》第1部第2卷，第600页。

④ FO to Tilley (Tokyo), 24 Jan. 1928, FO371/12399 [F706/2/10]。

维钧会长裁决：航权已征求海军意见，待复文到再行讨论。①

结果到 4 月 20 日，中日修约仍无成果，外交部以中日专门委员会议持续进行，进行尚称顺利，提出阁议，议决同意延长。② 外交部照会日本使馆：修约期间再行展限三个月。③ 5 月发生济南惨案，6 月北京政府覆灭，张作霖在皇姑屯被炸死，民间舆论反日，中日关系复杂棘手。中日修约交涉在这种情况下，继续由南京国民政府进行。

三　南京国民政府对日修约交涉

国民政府在北伐期间不断展现"革命外交"之精神，在民气支持下，勇于挑战列强，冲撞条约体系。但在四一二"清党"之后建立的南京国民政府，对外绝俄，对内反共，原来高唱"反帝废约"之"革命外交"逐步调整。北伐成功成为中央政府后，要如何实行总理遗教，在最短期内"废除不平等条约"，又不致与列强发生冲突，成为外交政策一大考验。尤其是中日关系在济南事件后极度恶化，《中日商约》修约交涉在舆论激烈反日时如何进行，成为国人瞩目的焦点，也是列强关注的要案。

1928 年 6 月 14 日，王正廷接任国民政府外交部长，次日，王正廷在国民政府委员会议中提出对外宣言，获得通过。同日，他答记者外交方针，谈及取消不平等条约云："余于三年前，在北京时，即定有一种方法，务期到期修改，故当时如法国之安南商约，比约等均如期修改，以律北京外交部，即据此方法办理，现在仍将继续进行，且有提前修改者，而各国皆表示同情云。"7 月 3 日，王正廷接见各报记者，报告与各国条约问题云："就原则言，旧约到期，即应另订新

① 《前外交部条约研究会会议录》，《外交部档案》：缩影 05000 - 143，第 1665 ~ 1695 页。
② 《提出阁议议案》（1928 年 4 月 23 日），外交档案：03 - 23 - 036 - 04 - 014。
③ 《致驻京日本使馆节略》（1928 年 4 月 20 日），外交档案：03 - 23 - 036 - 04 - 013。

约……故修改不平等条约，大致已有可能性。"① 在在显示南京承继北京"到期修约"方针。

6 日，王正廷在国民政府委员会议提出不平等条约撤废宣言，强调"到新约缔结前适用临时办法，实际上与旧约存续无大差别"。会中交通部长王伯群提出到底是以修改条约为重，还是以废约之极端措施为重?② 同日，国民党中央执行委员会常务委员会临时会议，王正廷提出撤废不平等条约宣言案之说明，指出根本否认不平等条约为不可能，强调柔软正当手续之临时办法的重要性，③ 获得通过。

7 日，发布《南京国民政府关于废除不平等条约宣言》《南京国民政府关于重订条约的宣言》，又颁布《南京国民政府关于与各国旧约已废新约未订前所适用的临时办法七条》，④ 随即照会各国。《南京国民政府关于重订条约的宣言》表明：对于一切不平等条约，特做下列宣言：（1）中华民国与各国条约之已届满期者，当然废除，另订新约；（2）其尚未满期者，国民政府应即以相当之手续解除而重订之；（3）其旧约业已满期，而新约尚未订定者，应由国民政府另订适当临时办法，处理一切。⑤

国民政府内激进者，对此宣言强调之尊重国际信用与条约义务不满，指出："条约期满是法律问题，废除不平等条约是政治问题"。⑥资深外交官颜惠庆在日记中写道："南京政府对付不平等条约的外交

---

① 《本馆要电·王外长之外交方针》《王正廷报告外交》，《申报》1928 年 6 月 16 日、7 月 4 日，第 4 版。

② 《冈本一窦致田中义一》（1928 年 7 月 28 日）、《芳泽谦吉致田中义一》（1928 年 7 月 20 日），《日本外交文书（昭和期 I）》第 1 部第 2 卷，第 635～636、614～616 页。

③ 中国第二历史档案馆编《中国国民党中央执行委员会常务委员会会议录》（5），广西师范大学出版社，2000，第 248～250 页。

④ 程道德、郑月明、饶戈平编《中华民国外交史资料选编（1919～1931）》，第 456～457 页。

⑤ 《外交部公报》第 1 卷第 3 号，第 132 页。

⑥ 彭学沛：《关于废约宣言中外人士应注意的一点》，《中央日报》1928 年 7 月 9 日。

政策是：到期作废，目前是过渡性办法。"①

英国外交部接到蓝普森报告国民政府发布之宣言后，远东司托乐签注意见：显而易见，国民政府意欲继续北京对条约到期修改之程序。此外，加上应即以"相当之手续"解除尚未满期旧约之步骤，但尚不清楚什么是"相当之手续"。哥瓦特金认为：这个计划很简单，我们已习惯了。当商务条款应定期修改时，中国宣称全约到期。到目前为止，废约只是纸上游戏。外相张伯伦关心的是：当南京要求我们时，要采何态度？②

北京外交团集议，讨论此宣言，报载某使谓列国对此宣言，大可不理，若外交部以修约为号召，则吾人同情之，若宣布废约，则求速反缓。各使及代办均谓中国对于旧约之责任尚未尽，而片面宣布废约，列国断难同意。将答复须新约确立后，旧约方失效，并不赞成过渡办法，尤以日本主张最为强硬。③

8日，外交部照会意、丹公使，声明废除6月30日期满条约，另订新约，尔后两国关系适用旧约已废新约未订前之《临时办法》。10日，通告葡使（葡约已于4月28日到期），并递送《临时办法》。11日，照会法国代办，请委派全权代表另订新约。

《中日商约》经北京政府一再展期，到7月20日又将期满。面对国民政府改订新约的压力，芳泽于6月21日致电田中，称：近来日中谈判几陷于停顿，原因之一是中国方面不适当地提出了过高的要求，但也不能忽视日方采取消极方针之原因，即自己不提出对策，仅一味批评对方之方案。但因日本目前之谈判对象已从因循姑息的北京政府变为标榜废除不平等条约的南京政府，试图实现多年来之夙愿：改订不平等条约。在列强相继加入修约协商之际，日本如前之消极态

---

① 《颜惠庆日记》第2卷，第436页，1928年7月8日。
② Toller & Gwatkin's minute, 10 July 1928, FO371/13155 ［F3632/1/10］.
③ 《使团讨论废约宣言》，《申报》1928年7月19日，第4版。

度将难于维持，重新确立根本方针之时机已经来临，应积极制定能引导中方之适当对策，同时于必要时与英、美等国交换意见，尽可能使该诸国之方针不与日本极端地背道而驰。目下应在条约延长期满前，令南京像北京政府那样同意再延长三个月，以便日本从容研究对策。①

23 日，芳泽向南京工商部长孔祥熙表示：日本希望继续改约交涉，但必须附加条件，特别是必须缔结互惠协定。事后他报告田中云：已难以回避与南京政府改订条约的问题，届时对方会提出无条件改订，而我方则非附加条件难以答应，与其让对方提出意外提案，不如先行表明我方立场。②

7 月 9 日，南京政府发表七条《临时办法》当天，芳泽借记者提问之机，向中方试探云：如南京政府承认北京政府的延长期，向我方提议再延长三个月，继而进入改约谈判，就什么问题也没有了。若中方于 7 月 20 日延长到期执意宣布废除条约，芳泽向田中义一指出可能对策后，建议同意继续以前与北京的谈判，与南京政府展开新的谈判，使日本现行之条约不致中断；并建议抢先向中方提议，以免南京先行发表声明，日本会在面子上感到难以表态。③

11 日，田中训令驻南京总领事冈本一窦向南京施压，表明：日本政府对改订条约有充分诚意与准备，改约谈判宜取公正稳健措施，日本对以正当方法进行改订谈判的态度则以诚意对之；如中方做出废除中日条约之暴举，则日方绝不能容忍。并要求冈本弄清中方对本通告和中日条约关系、谈判期延长等的对策，以及国民政府废约宣言所称废约方法等的意向。冈本受命后往访王正廷，王氏云：国民政府目前

①《芳泽谦吉致田中义一》（1928 年 6 月 21 日），《日本外交文书（昭和期 I）》第 1 部第 2 卷，第 601～602 页。
②《芳泽谦吉致田中义一》（1928 年 6 月 25 日），《日本外交文书（昭和期 I）》第 1 部第 2 卷，第 602～603 页。
③《芳泽谦吉致田中义一》（1928 年 7 月 10 日），《日本外交文书（昭和期 I）》第 1 部第 2 卷，第 604～606 页。

无意涉及是否承认北京政府将旧约延期之问题，但绝不同意在 20 日后再延长三个月，将在新约缔结前制定《临时办法》，以免使日本不安与不利。冈本称他不认为旧约可单凭缔约国一方之通告而废除。不久，外交部亚洲司司长周龙光告知冈本，将于 20 日或 21 日发布通告，不再延长中日条约期限，新约未缔前实行《临时办法》，冈本当即表示反对，希望南京不要宣布旧约废除或无效，在不涉及旧约效力的情况下，承继以往北京谈判的格局。①

13 日，日本驻上海总领事矢田七太郎拜访在沪之王正廷，了解南京实行废约的态度。王氏表示南京已准备与日本政府开始修约交涉，下周五将发表通告，但绝非声明废除的通知。②

经多次接触，田中判断南京废约态度并不坚决，18 日，他指示冈本：日本政府对现行条约效力及改订问题，仍维持 11 日之方针，即绝不承认国民政府以条约改订延长期满为由，单方面通知废约或宣布期满失效。只要国民政府不确认现行条约有效，或不以现行条约有效为当然之义而避免言及，并就该约谈判问题征求日方同意，日本就毫无考虑余地。③

19 日下午，国民政府外交部向日本驻南京总领事面交给日本公使的照会与《临时办法》。同日，驻日公使汪荣宝也向外务省递交此照会。周龙光在送出照会前特致电冈本称：照会中并无废除中日条约的词句，而是按照最近公布之国民政府宣言表述，只用提议根本改订，应当宣示旧约失效等词句，以避免刺激日本。但冈本与矢田商量后，

---

① 《田中义一致冈本一窦电》（1928 年 7 月 11 日）、《冈本一窦致田中义一》（1928 年 7 月 13 日、14 日），《日本外交文书（昭和期 I）》第 1 部第 2 卷，第 606~607、607~608、610~611 页。

② 《矢田七太郎致田中义一》（1928 年 7 月 14 日收），《日本外交文书（昭和期 I）》第 1 部第 2 卷，第 609~610 页。

③ 《田中义一致冈本电》（1928 年 7 月 18 日），《日本外交文书（昭和期 I）》第 1 部第 2 卷，第 611~613 页。

以田中曾训令"不得转交含有废除现行条约内容之公文"为由，表示拒绝接受。在周龙光提出意、丹、法总领事已接受照会并答应转达，并一再要求其收下时，冈本才表示为了向公使转达而非正式地收下。①

南京外交部致日本公使照会，内容如下：

> 查光绪二十二年中日订立之通商行船条约并附属文件，及同年九月十三日所订附属前约之公立文凭，与光绪二十九年订立之通商行船续约，业于民国十五年十月第三次满期。当经照会贵国政府，提议根本改订。原以……在六个月修约期间内，新约不能完成，应当宣示旧约失效。惟以中日邦交关系密切，为巩固亲密邦交起见，曾迭经展限磋商，迄未就绪。本月二十日又届展限期满，国民政府自应本七月七日宣言之主张，根据平等相互之原则，商订新约。在新约尚未订定以前，当按照本国政府所颁布中华民国与各外国旧约已废新约未成前之《临时办法》，宣布实行，以维持中日两国之政治、商务关系。相应抄录《临时办法》七条，照会贵公使查照，将上述本国政府意旨，转达贵国政府查照，实时特派全权代表，于最短期内，以平等及相互尊重主权之精神，缔结新约。②

此照会在北洋"到期修约"的基础上，更进一步，以此"相当之手续"将《中日商约》延长期满视为"旧约已废，新约未成"，适用《临时办法》，等于宣布中日旧约废止。王正廷利用 1926 年 10 月 20 日北京外交部致日使照会强调的：修约期满而新约尚未成立时，中国

---

① 程道德、郑月明、饶戈平编《中华民国外交史资料选编（1919～1931）》，第 462 页；《冈本一奠致田中义一》（1928 年 7 月 20 日），《日本外交文书（昭和期 I）》第 1 部第 2 卷，第 613 页。

② 《外交部公报》第 1 卷第 4 号；《南京国民政府外交部关于修约问题致日本驻华公使照会》（1928 年 7 月 19 日），程道德、郑月明、饶戈平编《中华民国外交史资料选编（1919～1931）》，第 462 页。

政府保留宣示对旧约之态度的权利;当时日本外相币原即对"保留权利"表示不接受。其后,六个月谈判期满,新约未成,北京外交部数次照会日本公使,提议展期三个月,继续议订新约,但仍保留权利。王正廷对记者表示:北京修约代表向日本代表曾有保留之声明,方今对日废约,即做"保留"二字之下文,故满期废约,势在必行。① 此照会即中国"保留权利"的展现。此外,此照会致送之《临时办法》,也隐含有仿效北京外交部于1927年11月2日致送《临时办法》给西班牙使馆,随即于10日宣布旧约期满失效先例之可能。

然而,王正廷此种混合北京走法律路线修约与国民政府走革命路线废约的方式,在国民党内受到抨击,更遭到日本政府强硬的对抗。国民党内许多人对王正廷不用革命手段,而依照国际法手续对待《中日商约》不满。② 21日,国民党浙江省党务指导委员会常务委员何应钦等,呈文中央执行委员会,严厉批评王正廷之外交软弱,云:

> 今我国民政府之对外宣言,既露另订新约之端倪,而最近外交部重订新约之宣言,更毅然运用废除名词,虽有少数外报,讥为色厉内荏,实际与要求修约无异。然在我国外交史上,斯固空前创举,同时亦表示我民族运动之精神。惟就事论事,革命群众所谓渴望废除者,实不仅已届满之中日、中义……之不平等商约,其它尚未满期之一切不平等条约与不正当之外债,不必有待于正当手续,应以革命精神,一律宣告无效……诚以满期条约之宣告无效,此系国际间当然之事,而停止而非废除,尚不足遽以革命外交相许。③

---

① 《本埠新闻·废约与济案交涉——外交部长王正廷之谈话》,《申报》1928年7月23日,第13版。

② 育幹:《中日废约问题与国民革命之前途》,《中央日报》1928年7月26日。

③ 《何应钦等为厉行"革命外交"的呈文》(1928年7月21日),《资料汇编》第5辑第1编外交(一),第38~39页。

8月2日，国民政府主席谭延闿、委员蔡元培有《关于外交问题的提案》，要求与各国展开新约交涉，旧约到期新约未成立，满期条约当然取消，为贯彻政策之必要手段。① 是则南京政府实际上继续北京"到期修改、期满作废"方针，唯更进一步施之于日本。

日本政府对国民政府7月19日照会，反应十分激烈，认为南京不考虑日本之态度，被迫采取适当对抗手段。芳泽电田中云：国民政府不顾日本警告，仍在实际上发出废约照会，要想善了也很困难，决定拒绝出席蒋介石在北平招待外交团的宴会。② 20日，日本内阁紧急会议，田中表示：日本应坚持条约有效论，断然拒绝中国政府之废约要求，如中国不做反省，日本唯有按既定方针迈进。阁议决定：对中方蔑视国际信义的不慎和不法暴举一概置之不理，并注意监视国民政府之行动，若其以已无条约为由做出不慎行为时，日本将断然抗议，并按条约规定采取合法措施。③ 次日，田中训令芳泽：按阁议旨趣以适当方式向中方发出照会。④

日本朝野对中日修约问题态度一致，都谴责中国之无视国际信义。田中认为中方此举关系各国在华利益，很快会失去世界列强的同情和信任，日本积极对英、美等各国协调，希望各国支持日本的主张。⑤ 然而，美国却率先表示支持国民政府之修约，25日，美国驻华公使马慕瑞与财政部长宋子文在北平签署《整理中美两国关税关系之条约》，承认中国关税完全自主，双方互给贸易及关税方面最惠国待遇。美国支持南京政府之修约，对日本冲击很大，芳泽报告称：美国

---

① 吴梅东编《蔡元培文集》第6卷，台北，锦绣出版社，1995，第492～495页。
② 《芳泽谦吉致田中义一》（1928年7月20日），《日本外交文书（昭和期Ⅰ）》第1部第2卷，第614～616页。
③ 上海《民国日报》1928年7月21日。
④ 《田中义一致芳泽谦吉》（1928年7月21日），《日本外交文书（昭和期Ⅰ）》第1部第2卷，第616～617页。
⑤ 单冠初：《中国收复关税自主权的历程——以1927～1930年中日关税交涉为中心》，第118～121页。

此举让南京政府成功地修改商约的一部分，并获得美国事实上的承认，日本必须认识到这一个既成事实。他询问蓝普森英国是否会跟进，蓝使表示要再详细研究。① 美国不同意列强共同对中国施压，反而劝日本与中国交涉。英国也愿与中国交涉，蓝普森向国府要人建议先解决较易谈判之关税问题，推迟治外法权等较难的悬案，芳泽表示对日本而言关税问题与治外法权同样重要。

芳泽认为日本应先隐忍，暂且表现出与以往一样的友好态度。26日，在北平非正式声明：倘中国能不提条约存废问题，日本愿开始商谈订立新约。② 次日，芳泽建议田中应采取与意、法、西、葡、丹各国一样的公文形式，否则唯独日本以备忘录作复，实际上不会有任何利益，只徒然伤害与南京政府之感情。28日，芳泽又电田中，指出：继济南事件、警告张学良易帜事件和现在之废约事件，已给中日关系投下巨大阴影；美国又提振南京士气，日本不宜强硬对华。29日，芳泽再致电田中，促早定对策，以退为进。③ 驻南京之冈本报告国民政府内部矛盾，王正廷遭批评，他与周龙光接触，知道南京不会以《临时办法》对待日本，希望日本抛弃方针之争。驻上海之矢田重视经济问题，中国人之排日对日华贸易十分不利，日本应正视国民政府才能实施对华政策。然而，田中拒绝芳泽等人之建议，接受外次森恪对华强硬之态度，命芳泽于31日对中国发出复照。

当日本政府对国民政府照会尚未答复期间，记者访问国府要人应付办法，某要人愤然曰，吾辈系革命党，不是官僚，不怕恐吓；中国废弃旧约，系全国民意，吾辈不过奉行民意耳；吾人愿忠告日本当局，勿逼吾人上梁山，须知国民政府从前联俄并非愿意，不过为势所

---

① 《芳泽谦吉致田中义一》（1928年7月26日），《日本外交文书（昭和期I）》第1部第2卷，第630~631页。

② 王芸生：《六十年来中国与日本》第8卷，第167页。

③ 《芳泽谦吉致田中义一》（1928年7月27日、28日、29日），《日本外交文书（昭和期I）》第1部第2卷，第632、634~635、637页。

迫，现在日本若又要逼国府走极端，只可付之一叹。① 王正廷之反应是：日本对修约事，正在观察各方情势，此事进行步骤，第一步对日以礼相待，如日仍坚持前议，则第二步非履行修改不可，虽至绝交亦所不惜。余昔年在巴黎和会及关税会议时，均力争关税自主，并主取消法权，盖皆寓死里求生之意，希望国民对此问题，取同一态度，一致力争，以求实现。②

31 日，日本强硬照复，称：

日本政府认为原约第 26 条并无废弃或失效之规定，且明载在六个月以内改正商议未完时，条约及税则再延长十年之效力，并多次提醒中国此立场。因此，7 月 20 日商议期间届满之后，而前述各约及其附属文件依然有效。故对于国民政府以商议期间届满为条约满期之见解，不能同意。对于国民政府欲于中日订立新约期适用一方所颁布之《临时办法》，是直强使现行有效之条约失其效力。此不仅违反条约正文，为情理解释上或国际惯行上所不应有之事，且为蔑视国际信义之暴举，帝国政府万难容认。至于改订条约，日本政府已迭次声明，鉴于中国国民之舆望及中日密切关系，具有容纳之诚意并与北京政府谈判。其间改订未能完成，主要由于中国国内政情不安定。总之，国民政府若于此时，撤回所谓《临时办法》实行之主张，确认现行条约之有效，日本政府将欣然接纳改订之商议。若国民政府仍坚持其现行条约失效之主张，则日本政府不但不能接纳条约改订之商议，且于国民政府片面强行《临时办法》时，为维护条约权益，将有不得已出于认为适当之处置。③

---

① 《某要人谈中日废约》，《申报》1928 年 7 月 23 日，第 4 版。
② 《本馆要电·某要人谈中日废约》，《申报》1928 年 7 月 27 日，第 7 版。
③ 《外交部公报》第 1 卷第 4 号；《日本驻华公使复南京国民政府外交部节略》（1928 年 7 月 31 日），程道德、郑月明、饶戈平编《中华民国外交史资料选编（1919～1931）》，第 463 页。

日本对中国片面废约强硬对抗，南京压力很大，各要人不断与日方沟通。8月7日，冈本奉命向王正廷递交节略，重申：日本政府否认中日条约有废弃或失效之规定，万难容忍国民政府颁《临时办法》强令现行条约失效，蔑视国际信义之暴举。若国民政府撤回废约主张，确认现行条约有效，日本将接纳改订之商议，否则将采取认为适当之处置。①

次日，王正廷在南京发表谈话，称条约期满之比、丹、西、日、意等国均已允诺修约。12日，王正廷在上海与矢田会谈，王氏保证信守此前所说三点方针：《临时办法》将不适用于日本人；承认芳泽与北京外交部以往的交涉；只要日本同意不论何时都可以开始修约交涉。② 14日，南京国民政府外交部复照：强调"情势变迁"原则，旧约亟宜根本改订，根据平等相互之原则缔结新约；对原约第26条，中国政府认为期满后6个月内，若任何一方已经提议声明更改，并已实行商议改订，则条款税则即不再延长其效力；最后云中日为同洲邻国，邦交素敦，共存共荣，深冀重订新约，早日观成，以树国际之风声，而增两国共同之福利，请日本速派代表开议。③

中日双方对原约第26条之法理解释不同，对南京强调"情势变迁"，旧约已不适用之立场，芳泽向田中建议，中方论点没有改变，日本无论如何不能同意，应做以下反驳：（1）依据国际惯例或《中日商约》关于改约之规定，"情势变迁"原则不能适用于本问题；

---

① 《冈本一窦致田中义一》（1928年8月8日），《日本外交文书（昭和期Ⅰ）》第1部第2卷，第646～648页；程道德、郑月明、饶戈平编《中华民国外交史资料选编（1919～1931）》，第463～464页。

② 《矢田七太郎致田中义一》（1928年8月13日），《日本外交文书（昭和期Ⅰ）》第1部第2卷，第650～652页。

③ 《南京国民政府外交部复日本驻华公使节略》（1928年8月14日），程道德、郑月明、饶戈平编《中华民国外交史资料选编（1919～1931）》，第464～467页。

（2）对第26条之最终解释应以英文本为准；（3）鉴于《临时办法》仍以废约为前提，是故日方不能同意。但是中日继续争论条约效力问题，只会进一步伤害相互感情，而且英、美各国多在废约问题上对南京宽容，日本孤立。现在中、日在几乎所有问题上都有冲突，给国民党左派及共产党挑拨对日敌意之机会，让南京倒向英、美或苏联。中、日在条约效力问题上很难妥协，应避开法理上的争议，集中于展开缔结新约的实际谈判。①

日本政府面临抉择，或是坚持法理立场，只要南京不改变单方面废约态度就不展开新约谈判；或是将条约问题与关税问题分开处理，与南京商谈税则。此时，南京政府筹划实施七级差等国定税则，日本希望列强展缓与中国之谈判，但英、美反应冷淡。南京政权日益巩固，日本对华遭到孤立，东京被迫调整政策。

9月22日，田中命矢田向蒋介石表达：只要中方不收回《临时办法》并确认现行日中条约有效，就不能开始条约改订谈判；中方如声明承认日中条约有效，无意对日适用《临时办法》，且行稳健政策，日本也不难改变对条约问题的态度。② 田中认可实行等差税率与修约问题分离，税率与债务整理问题密切相关，十分复杂，交由矢田与宋子文谈判。

10月19日，因废约照会停止的中日修约及济案等悬案交涉，在南京重开谈判。王正廷与矢田谈判修约及悬案，宋子文与矢田谈判关税问题，两者交互进行，互相制约。有关修约部分，上午矢田依田中指示与王正廷讨论妥协方案，先由日本对中方第二次照会送复文，然后中方答复希望日方派谈判代表。下午王正廷要求修改中方答复，重申中方废约

---

① 《芳泽谦吉致田中义一》（1928年8月18日），《日本外交文书（昭和期I）》第1部第2卷，第655~657页。
② 《田中义一致矢田七太郎》（1928年9月22日），《日本外交文书（昭和期I）》第1部第2卷，第663~665页。

理由，否认以英文本为依据，要求加入以平等及主权为原则等，谈判陷入僵局。① 次日双方再谈，日方仍坚持旧约的有效性，又因济、宁、汉各案，尤其是济案之撤兵、赔偿、惩凶问题有争辩，谈判中断。

1928 年下半年，南京内部党政军派系林立，矛盾复杂。蒋介石虽在国民党二届四中全会取得"正统"地位，却未能真正统一国民党。党内各派系为争夺中央控制权钩心斗角，原定 1929 年 1 月 1 日举行的三全大会，不得不延至 3 月 15 日召开。在二届五中全会上，蒋氏企图以"以党治国""统一军政"为由，废除李济深、李宗仁、冯玉祥、阎锡山等控制的各政治分会，但因各方反对而被迫延缓。国军编遣会议更激化了蒋介石与冯、阎、桂各方的矛盾。在这种形势下，各派势力都想以更加"革命"的姿态，坚持对日强硬，以赢得舆论的支持。负责具体交涉的外交部长王正廷受到强大压力，既要避免让步过多而被指责为"亲日""卖国"，又要在蒋、冯交恶，朝野攻击日盛之时，以对日外交之突破来巩固自身地位。

南京政府与各国交涉顺利，11 月 5 日，美国正式承认南京政府，英国也对关税问题让步。日本的强硬态度，使中国朝野强烈反日，田中指示矢田尽快与王正廷会谈，确立开始改约谈判之基础。8 日，矢田与王氏会谈，又为日方复文中加入中方在新条约完全成立前，不实施片面制定的《临时办法》，并依照现行条约规范两国关系等字句，及其他问题争论不休。12 日，王正廷自上海电告蒋介石，与留沪各国公使会晤，修约及关税自主等事，接洽颇圆满，中日交涉关于宁、汉、济三案及修约，均已商有具体办法，矢田约 17 日前来京，进行第三次谈判。②

---

① 《冈本一窦致田中义一电》（1928 年 10 月 21 日），《日本外交文书（昭和期 I）》第 1 部第 2 卷，第 665~669 页。

② 《矢田七太郎致田中义一》（1928 年 11 月 9 日），《日本外交文书（昭和期 I）》第 1 部第 2 卷，第 680~682 页；《事略稿本》第 4 册，第 366 页。

矢田与宋子文的关税交涉进行得也不顺利，他报告田中云：王、宋态度强硬，日本不能对南京之片面行动掉以轻心。13日，田中指示：只要中方在复文中明示暂时不在新约达成前实施《临时办法》，其他方面均可妥协。[1] 15日，矢田与宋子文商谈债务整理，也与王正廷进行悬案与修约谈判。22日，王氏提出驻济南日军全撤，宁、汉、济案须与修约问题同时解决，但因日方不愿撤军，谈判再告停顿。王正廷向蒋介石报告，中日交涉决本整个解决方针。宋子文也报告，矢田表示中国实行关税自主，日本因商业关系，难以赞同，要求对于已往担保借款，切实整理，并要求裁厘，双方无结果而散。同日，王正廷与比利时驻华代办纪佑穆在南京签订《中比友好通商条约》。27日，王正廷广播演讲，谓：废除不平等条约，已得多国同情，唯日本毫无觉悟，中日交涉已趋停顿，全国民众应一致奋起，作外交有力后盾。12月4日，宋子文报告蒋介石：昨日与矢田交涉关税结果，日方要求我国承认西原借款，作为允认我国关税自主之交换条件；日方态度既如此，请国民政府明令颁布1929年1月1日实行国定税率。[2]

12月，列强相继与南京政府签署关税条约。7日，国民政府颁布《中华民国海关进口税税则》，自1929年2月1日实施，有效期一年。20日，英国公使蓝普森与王正廷在南京签署《中英关税条约》，久保亨认为此约在范围、内容、形式上，比只做原则性规范的《中美关税条约》更具体，意味着以"革命外交"为旗帜的中国改订新约运动，已从全面废除不平等条约，完全转入以部分修约及财政需求为中心的轨道。[3] 然而，列强与中国订立的关税条约都保留在关税及贸易方面的最惠国待遇，因此只要日本不放弃协定关税，各国实际上可均沾，

---

① 《田中义一致矢田七太郎》（1928年11月13日），《日本外交文书（昭和期I）》第1部第2卷，第683～684页。

② 《事略稿本》第4册，第413、434、509页。

③ 久保亨『戦間期中国「自立への摸索」：関税通貨政策と経済発展』、41–49頁。

中日修约交涉成为中国能否获得实质上关税自主的关键。

中日谈判陷入僵局，中国民间激烈反日，12 月初，南京有反日宣传周之运动。6 日，中央大学全体学生千余人，齐集请愿以民意之外交为外交，全体民众愿为政府后盾。学生至外交部质问王正廷：部长以废除变而为修改条约，有违总理遗训。王氏答复：条约未满期者，不得不先行修改，并无违反总理遗嘱之处。学生向王部长要求，请以革命精神，实行国民外交，王部长表示完全接受。[①]

13 日，全国反日会因中比、中意条约，及对日交涉问题，议决反对西原借款、反对外交政策、打倒王正廷等，号召群众学生至萨家湾外交部长官舍，捣毁各室及汽车房，纷扰约一小时乃退出。[②] 15 日，王正廷由沪回京谒见蒋介石，面请辞职，蒋氏慰勉之，王氏乃打消辞意。[③]

由于英、美对南京示好，田中内阁内外交困，不得不对南京让步，中日双方就关税换文逐渐达成协议。25 日，芳泽前往南京与王正廷解决各悬案，未能成功。1 月底，中日拟对暂行税率问题换文，但为东北输出附税及陆境减税事，又发生冲突。

3 月 24 日，王正廷与芳泽重开谈判，28 日双方互换照会，签署《声明书》《议定书》，解决济案。29 日，王正廷与芳泽就修约及进一步解决宁、汉案非正式交换意见。4 月 11 日，双方为废约事进行预备性会谈，回到去年 11 月 8 日王、矢田所议换文案，互作让步，以"新约完全达成前依据现行条约"，避开废约法理争议。18 日，王正廷与芳泽以口头问答形式，草签问答记录。芳泽云："条约问题之争已告结束，本使认为可即开缔结新约会议之谈判。本使认为国民政府将不在新约成立前于日中关系上适用《临时办法》。"王氏云："余极

---

① 《时报》1928 年 12 月 8 日。
② 《外部官舍之大纷扰》，《申报》1928 年 12 月 14 日，第 7 版。
③ 《事略稿本》第 4 册，第 538~539 页。

赞成不日即为缔结新约开始谈判，并期新约尽快成立。中方将维持不适用《临时办法》之现状。"芳泽云："如是，本使不日当与贵部长开始上述谈判。"王氏云："赞成。"芳泽又称：起于王正廷去年 7 月废约声明，接着双方各以节略反驳之争论，将以本次互答收场。鉴于本件性质不同于解决宁、汉事件之公文，仅为一般文书而非换文，故将在收到使馆公文纸后送出新节略，希望中方在一两天后作答，切勿发表。王氏则望芳泽早日来宁正式谈判，并再次重申不在新约达成前适用《临时办法》。[①] 26 日，芳泽向国民政府送出节略，中国外交部随即复文，双方回避条约效力问题，开议新约。

后来南京外交部承认这是一个外交挫败，王正廷当时答应日方此项要求，原欲从速订立新约。"然日方既得此谅解，乃有恃而无恐，故关于议订新约，我欲速彼欲缓，亦无可如何矣……彼既得我谅解，新约未订以前，旧约继续有效，在彼已无与我订立新约之必要。"[②]

5 月 2 日，王正廷与芳泽签署宁、汉两案文件，并进行第一次修约会谈，王氏将中方修约原则及新《中日通商航海条约》23 条草案交给芳泽。中旬，日军开始撤出济南及胶济铁路沿线。24 日，外务省指示芳泽依据《日中通商条约改订谈判方针》及《日中通商条约改订方针案大纲》与中方进行交涉。[③] 6 月 3 日，芳泽向国府主席蒋介石递交国书，正式承认国民政府。

29 日田中辞职，7 月 2 日，民政党滨口雄幸组阁，币原喜重郎任外相。中日虽已解决济案，但仍有关税、满蒙及修约问题。币原拟定对华交涉步骤：首先设法解决关税问题，改善贸易；暂时搁置东北悬案，待时机有利时再解决满蒙问题（当时发生中东路事件）；以与列

---

① 《重光葵致田中义一》（1929 年 4 月 19 日），《日本外交文书（昭和期 I）》第 1 部第 3 卷，第 766～769 页。

② 于能模：《检讨中日条约之报告书》，《外交部档案》：600. 7 -0007，"中日商约"。

③ 《田中义一致芳泽谦吉函》（机密，1929 年 5 月 4 日），《日本外交文书（昭和期 I）》第 1 部第 3 卷，第 786 页。

强协调方针和拖延策略应付中方面修约要求。币原任命亲信佐分利贞男为驻华公使，10月佐分利抵南京，与王正廷会晤，试探中日条约问题，建议双方不急于开始修约谈判，尽量避免提及满蒙商租权问题。会谈后，佐分利建议日本政府先促进两国关系友好再进行各种谈判。①11月下旬，佐分利回到东京，与外务省官员拟定改善日中关系方案，把缔结关税条约与修订一般条约分开处理，首先承认中国关税自主。29日，他离奇地在箱根死亡，其后为小幡酉吉使华事件，中日邦交又恶化。

1930年1月，币原改派上海总领事重光葵代理驻华公使，全权负责改约等交涉。16日，重光抵南京，与王、宋谈判通商条约重点，主要是关税问题。重光与宋子文谈判顺利，1月下旬已达成协议。24日，日本内阁会议通过"日方对关税问题交涉之方针"，肯定目前尽快解决关税问题是有利的，应努力促进日中间交涉，并提出谈判关税条约的基本方针。②

27日，宋子文将中日关税谈判情况告诉王氏，王氏提出不同意见。28日特别外交委员会上王、宋意见对立，关键在于王氏担心公开协议内容，会受党政内部及舆论强烈反对，主张中日税率协议应采秘密换文形式。此外，王氏认为在法理上中国与英、美等国缔结关税条约之前提，是该等国属于旧约未满；对于意、丹等条约满期国，须在关税问题之外，另就治外法权等问题做出约定。如果这次仅与日本就关税问题单独缔约，就等于把日本列入条约未满国之列，可能会引起其他国家之意见，应借日本欲解决关税问题之机，迫其放弃治外法权。宋子文则希望单纯解决关税问题，可在财政金融上有立即实效，

---

① 《重光葵致币原喜重郎》（1929年10月20日、22日），《日本外交文书（昭和期Ⅰ）》第1部第3卷，第837~845页。

② 《阁议决定》（1930年1月24日），《日本外交文书（昭和期Ⅰ）》第1部第4卷，第357~358页。

不希望牵入治外法权等问题。① 此争执显示修约与关税谈判之互相牵制。

王正廷派条约司司长徐谟抵沪，30 日以王正廷代表名义向重光葵提出：应在关税自主之外，同时谈判治外法权等一般条约问题，并欲以条约满期国办法处置中日条约问题，重光则坚持单独谈判关税条约之必要性。

2 月 1 日，国民政府宣告即日起恢复关税自主。3 日，王正廷告诉日方代表：日本是条约满期国，新约中除关税外应对治外法权做出规定，表示应用协定方式先解决关税问题，然后交涉法权、航权等问题，待通商条约涉及的问题全部解决后，再将各协定整合成完整之通商条约。另外，协定不像条约那样有正式前言，在中国协定不需批准，秘密协定可避开立法院批准手续，造成既成事实。币原接到报告后，指示可签协定，但协定在日本须经批准，应做相应安排。6 日，重光、王、宋会谈，王氏最后接受重光意见，协定第一条避开旧约效力问题的争议。②

其后，双方不断协商，南京政府因各地倒蒋势力汇合，急需增加关税收入。日方因经济危机希望改善对华关系，滨口内阁地位因 2 月下旬众议院选举民政党获胜而巩固，中日谈判加速进行。3 月 12 日，重光与王正廷签署《中日关税协定》草约。王氏欲与重光继续进行治外法权与航权交涉，双方交换意见，但无具体进展。4 月 30 日，日方批准协定草约，5 月 6 日，王正廷与重光葵于南京正式签署，十日后生效。中国终于能在 1931 年 1 月 1 日实行国定税则，实现真正关税自主。

---

① 本段及下段，见《重光葵致币原喜重郎》（1930 年 1 月 31 日），《日本外交文书（昭和期 I）》第 1 部第 4 卷，第 385～390 页。

② 《币原喜重郎致上村伸一》（1930 年 2 月 5 日）、《重光葵致币原喜重郎》（1930 年 2 月 7 日），《日本外交文书（昭和期 I）》第 1 部第 4 卷，第 395～396、401～404 页。

四　结语

中日修约必须跨越北洋到南京的谈判历程，做连续性的考察，才可看出交涉的症结，同时也可考察北京、南京在"修约"问题上的异同。

北洋时期中日关系紧张，自 1915 年"二十一条"交涉以来，中国屡次在国际会议上要求废除《中日民四条约》，中央及地方政府不断抵制日本条约权益，民间也不断抵制日货，中国废约之观念于其间有重大发展。日本则认为中国不尊重条约，采取各种手段维护满蒙权益，双方民族主义互相激荡，恶感日深。

北洋"到期修约"方针，基本上走法律路线，利用旧约中通商条款十年修订之规定，扩大解释为根本改订全约及附属文件、续约等，并强调十年期满原约失效。北京外交部又发展出六个月修订期满而新约未成，中国保留宣布对旧约态度之权利，及原约已废新约未成国家，适用《临时办法》等策略，决心不使旧约一再延长。但各国否认中国有片面废约之权，北京之修约谈判进行得并不顺利，北京政府乃对拒绝谈判之比、西两国，断然宣布旧约期满失效。法、日两国同意进行修约谈判，但都遇到瓶颈，原约一再展期。

《中日条约》应在 1926 年 10 月 20 日到期，六个月修约期限到 1927 年 4 月 20 日期满后，五度展期三个月，到 1928 年 7 月 20 日为止。日本政府对北京政府之修约，认定是"非正式"性质，不同意北京之"保留权利"，但也不拒绝谈判，事实上以各种技术问题拖延，维持双方表面上的和谐，避免刺激中国民族主义激情。

南京国民政府宣言实行"总理遗教"，要在最短期内"废除不平等条约"，但对采取"革命外交"之"废约"路线还是"修约"路线有争执。王正廷主张"重订条约"，实质上是继承北京"到期修约"的路线，但因国民党内主张"革命外交"之呼声甚高，尤其是济南事件以后，全国反日情绪激昂，不容王正廷轻易对日本妥协。王正廷宣布南京政府之《重订条约宣言》，颁布对待旧约满期新约未定国之《临时办法》，1928年7月19日，照会日本政府，修约期内不能完成新约，应宣示旧约失效，实行《临时办法》，强调此乃依据北京外交部照会"保留权利"而来。日本则坚持原约继续有效，不同意国民政府商议期间届满为条约满期之见解，认为施行《临时办法》，是强使现行有效之条约失其效力，为蔑视国际信义之暴举，万难容忍。南京复文，主张依据情势变迁之原则使不平等不合现情各约效力中止，盼早日开议平等互惠新约。双方各有法理坚持，互不让步，关系恶化。

日本坚持原约有效，与《中日民四条约》效力问题密切相关。关税、法权问题对日本说来是重要问题，但是满蒙问题更是生死存亡的关键，中国抵制满蒙商租权及铁路，日本绝不退让。中国在与各国修约过程中，对取消领事裁判权后的各国侨民之内地杂居权，加以种种限制，主要原因也在于预防日本借此加强在满蒙之扩张。

中日修约问题与关税协定、济南事件等问题相纠缠，使情况复杂化。最后中日妥协，分别解决，关税协定因列强都同意中国关税自主，日本争取到部分优惠后同意签订关税协定。在修约问题上，1929年4月18日，王正廷作了较大的让步，"不在新约达成前适用临时办法"，等于中国承认无片面废约之权，1926年初北京阁议决定之"到期修约"方针，到此告一段落。此决定应与王氏希望先解决关税自主，再谈收回领事裁判权等其他修约问题有关。然而，济、宁、汉各悬案解决后，中日开始谈判修约，但无法达成具体结果。

扣紧中国修约史的脉络，中日修约案有其特别意义。北洋末期中日谈判没有具体成果，关键在于最惠国待遇问题，中日各有坚持。南京时期，王正廷集中全力先求实现关税自主，在1928年下半年改订12个新约，包括美、德、挪、荷、英、瑞典、法七个《关税条约》，与比、意、丹、葡、西五个原约到期者签署的《友好通商条约》。《关税条约》只谈关税自主，《友好通商条约》除关税自主外尚提及有条件撤废领事裁判权，两者事实上只是大纲，尚待谈判完全之通商航海条约。《中日商约》应属期满旧约，但是日本政府始终不肯承认中日旧约失效，拒绝接受南京政府颁行之《临时办法》，并迫使王正廷承诺在新约成立前旧约仍有效力。日本政府只与南京政府谈判关税问题，对领事裁判权等问题拖延观望。南京政府急于关税自主，不得不做出让步，《中日关税协定》之签署固然让中国可以实行关税自主，但就王正廷坚持的修约原则而言，此协定使日本事实上取得条约未满期诸国的地位，不必如同旧约期满诸国接受《临时办法》，也不必签订有条件放弃领事裁判权之新约，还取得王正廷承诺中日旧约在新约成立前继续有效。换言之，南京外交上宋子文之财政关税考虑，压倒了王正廷对修约原则的坚持，王之"改订新约"方针，在中日修约上遭遇到最严苛的阻力。

第五节　中西修约交涉

《中西和好贸易条约》（以下简称《中西条约》）是北京政府第二个宣布期满失效的条约，其意义或不如第一个废止的《中比条约》重大，但因南京国民政府在北京之后 12 天，也宣布该约失效，使之成为南京第一个宣布废止的条约，并率先颁布《临时办法》，使此案成为南北外交既合作又竞争的特殊案例。同时，列强试图联合向北京政府提出抗议，频频开会讨论。此案层面颇丰富，史料也多，是探讨当时中国外交的重要案例。然而，此案过去未曾受到学界重视，没有专门研究，只在综论性的专书论文中附带提到几句。也有部分学者从"革命外交"发展的角度，赞誉此约是国民政府第一个废除的条约，忽视了北京与西班牙长期交涉，宣布废约后南京政府跟进的事实。本节使用相关外交档案重建交涉经过。

一 中西修约的提出

《中西条约》于同治三年 (1864) 签订, 1867 年 5 月 10 日换约生效, 到 1927 年又届十年修约之期。1925 年底, 驻西班牙公使刘崇杰函外交部, 提议筹备修约, 云:《中西条约》签订已六十年, 中国情势变化很大, 且约文不平等, 早应提议改订, 收回权利; 依据该约第 23 条每十年可修税则、通商两项, 我国有提议修改之权; 现列强在关税会议赞成我国关税自主, 又组织法权调查会, 筹备废除领事裁判权, 我国应乘机提议改订《中西条约》。①

1926 年初, 外交部函询刘使:《中西条约》将届十年期满修改之期, 请预为筹备布置, 并将卓见随时见告。② 刘使建议应于条约届满前六个月提出修约照会, 事先筹划准备, 并请回京面陈修约事宜。③

10 月, 顾维钧任外交总长, 积极与比利时交涉修约。11 月 3 日, 顾氏会晤西班牙驻北京公使嘎利德 (Justo Garrido y Cisneros), 嘎使询问刘使回国传闻系商议废除中西旧约, 顾氏否认, 称中西旧约考虑根本修改。④ 6 日, 北京政府宣布废止《中比条约》, 9 日, 国务会议议决《中西条约》照办。10 日, 顾维钧会晤西使面交照会, 请转达西国政府, 称: 该约订立已六十余年, 两国经济商务及社会情形变迁甚大, 常发生困难凿枘之处, 理应修改, 本届十年期满,

---

① 《收驻日刘 (崇杰) 公使 1925 年 12 月 1 日函》(1926 年 1 月 19 日),《外交档案》: 03 - 23 - 061 - 01 - 001。《中西条约》第 23 款云: "此次新订税则并通商各款, 日后彼此两国再欲重修, 以十年为限, 期满须于六个月之前先行知照, 酌量更改; 若彼此未曾先期声明更改, 则税课仍照前章完纳, 复俟十年再行更改, 以后均照此式此限办理, 永行弗替。"

② 《函驻日斯巴尼亚刘公使》(1926 年 1 月 25 日), 外交档案: 03 - 23 - 061 - 01 - 002。

③ 《收驻日使馆 4 月 5 日函》(1926 年 5 月 12 日)、《收驻日刘公使 20 日电》(1926 年 7 月 21 日), 外交档案: 03 - 23 - 061 - 01 - 003、004。

④ 《西班牙馆 3 日问答》(1926 年 11 月 9 日), 外交档案: 03 - 23 - 061 - 01 - 012。

愿从速根本改订，提议修约，并于六个月内完成平等、互尊领土主权原则之新约。① 西使云：前星期晤谈后，已将贵国修改旧约之意电致本国政府，贵部是否已拟有具体方案？顾氏云：本部尚无具体方案，唯其大纲系以平等与尊重主权领土为根据，修约地点以北京较为便利。②

同日，外交部电驻西代办宋善良向西政府提出修约照会。宋代办报告：将修约照会交西外部，由次长接见，彼询我国意旨是否专指 23 款之税则并通商各款，答以不独此条，大要以平等相互主义为主；彼又问我国近来曾否与他国订约，答以德约为战后所订，近比约亦已作废，另拟改订。③ 15 日，西班牙外长照复：若欲以一条内规定之事而推及约中所有各项规定，似不能照办，但愿以友谊精神加以考虑；另旧约十年届满后应继续有效六个月到 1927 年 11 月 10 日。④

12 月 9 日，条约研究会第 4 次常会，顾维钧报告西政府复照：修约范围，只承认修改商务条款；旧约有效期限，以为须至明年 11 月 10 日为止。刘崇杰表示西班牙在我国商务甚微，侨民甚少，关税问题与该国利害关系不大，法权问题由该国目光视之，亦仅系一种颜面问题，故不至如其他各国坚持保存旧制；唯最好将来修约时，取概括主义，要求相互关税，而交涉似应在西京办理，以免受北京外交团牵掣；且窥西国来文，似承认旧约可以作废。顾维钧裁决：西政府既赞成修约，我国可以和平语气再备文说明愿以全约为修改范围，期限可照西国意见。⑤ 30 日，条约研究会第 6 次常会，外交部以西班牙来文

---

① 《照会驻京日嘎使》（1926 年 11 月 10 日），外交档案：03 - 23 - 061 - 01 - 013。

② 《西班牙馆 10 日问答》（1926 年 11 月 15 日），外交档案：03 - 23 - 061 - 01 - 016。

③ 《电驻日斯巴尼亚宋（善良）代办》（1926 年 11 月 9 日）、《收驻日宋代办 10 日电》（1926 年 11 月 12 日），外交档案：03 - 23 - 061 - 01 - 011、014。

④ 《收暂行驻日宋代办 11 月 17 日函》（1926 年 12 月 4 日），外交档案：03 - 23 - 061 - 01 - 019。

⑤ 《前外交部条约研究会会议录》，《外交部档案》：缩影 05000 - 143，第 419~427 页。

中，对于我国修改条约全部一节，表示相当同情态度，拟再备文将通商二字之范围予以推广，声明希望全部修改，期限一节再向西政府说明。①

1927年1月29日，外交部照会西外部。② 2月9日，顾维钧会晤西使，西使云西外部添设条约司，对中西修约郑重处理。③ 25日，西班牙政府答复，同意即行开议，但强调依约仅可修改关税及商务等项，六个月期内新约倘未成立，旧约仍须有效，否认中国有宣告废约之权，并须许西国以最惠国待遇、治外法权及他种特权，俟中国新法律实行一并放弃，并建议在北京磋议修约。④ 该答复由宋代办翻译后于3月底寄达北京。

4月14日，条约研究会第21次常会，顾维钧报告：西国复文措辞婉转，用意甚深，系仿效日本复文；应一面促其开议，一面将我国看法再为说明。罗文幹认为西班牙采敷衍政策，似不愿修改全约，又非坚决拒绝修改全约，意在观望大局发展，然后徐定方针；建议一面驳复该国来照，一面表示如再坚持，到期后我即仿照对比前例径行废约。⑤

5月7日，外交部照复西使：建议折中两国主张，旧约有效至本年8月10日，在此日前完成新约，否则中国政府保留一切之权利；其他各点会商新约时当详予考虑；同意在北京会商，并请择定日期。⑥ 次

---

① 《前外交部条约研究会会议录》，《外交部档案》：缩影05000－143，第486～494页。
② 《电驻西班牙宋代办》（1927年1月29日），外交档案：03－23－061－02－002。
③ 《西班牙馆9日问答》（1927年2月23日），外交档案：03－23－061－02－004。
④ 《日国国务总理兼外交总长爱司戴拉侯爵交函译汉》（1927年2月25日），附于《收驻日宋代办2月28日函》（1927年3月26日），外交档案：03－23－061－02－009；亦见《西班牙总理兼外长爱司戴拉就修改中西条约的原则和要求致驻西班牙公使馆宋善良函》（1927年2月25日），《资料汇编》第3辑外交，第1004～1005页；《西班牙馆7日问答》（1927年3月9日）、《收驻日宋代办8日电》（1927年3月10日），外交档案：03－23－061－02－010。
⑤ 《前外交部条约研究会会议录》，《外交部档案》：缩影05000－143，第882～893页。
⑥ 《致驻京日司巴尼亚公使照会》（1927年5月7日），外交档案：03－23－061－02－014。

日，外交部派员往晤西使，西使表示西国最重视最惠国待遇，希望中国在开议前声明彼此享最惠条款。① 9 日，顾维钧会晤西使，西使再次强调不希望比他国所受权益差。顾氏答以：最惠条款范围广泛，牵涉多端，本国与各国改订新约时，不愿有所束缚，与任何国家开议改约事宜，从未有先决条件，故贵使提议，本总长在开议以前不能有所表示。②

28 日，西班牙照复，要先明了中国政府对于最惠国条款之见解，以便立即开议。③ 6 月 7 日，外交部电令宋代办向西班牙外长说明：该约效力因中西条文不符，故折中持平办理，以 8 月 10 日为终止之期；至最惠国条款问题，不妨在开议后再议，现在日、比等国皆在修订新约，并未先行要求何项条件，中国对于任何他国亦无先许以何项条件再行开议，请其谅解，即日定期开议。④ 宋代办的观察是：西外长似在等驻北京西使报告到后再行答复。⑤

7 月 1 日，西班牙使馆致外交部节略，再次要求开议之前，要知中国政府愿否让与西班牙最扩大最惠国之约款。⑥ 次日，新任外交总长王荫泰告诉西使：最惠国条款在欧洲各国订约原系一普通问题，但中国与各国间尚有不平等条约，加以最惠国条款之应用不利之处殊多，民意甚为注意，今若不加讨论先允此款，开一先例，对内对外实多困难；中国近来政府屡易，而对于修约一层宗旨一致，均以民意为

① 《西班牙馆 8 日问答》（1927 年 5 月 13 日），外交档案：03 - 23 - 061 - 02 - 015。
② 《西班牙馆 9 日问答》（1927 年 5 月 13 日），外交档案：03 - 23 - 061 - 02 - 016。
③ 《日外长复文汉译》（1927 年 5 月 28 日），附于《收驻日使馆 5 月 31 日函》（1927 年 6 月 24 日），外交档案：03 - 23 - 061 - 03 - 004；亦见《西班牙外长就修约的原则和要求复驻西班牙公使馆代办宋善良函》（1927 年 5 月 28 日），《资料汇编》第 3 辑外交，第 1004～1006 页；《收驻日宋代办 5 月 31 日电》（1927 年 6 月 1 日），外交档案：03 - 23 - 061 - 02 - 001。
④ 《电驻日斯巴尼亚宋代办》（1927 年 6 月 7 日），外交档案：03 - 23 - 061 - 03 - 002。
⑤ 《收驻日宋代办 6 月 9 日函》（1927 年 7 月 3 日），外交档案：03 - 23 - 061 - 03 - 003。
⑥ 《日馆 1 日节略》（1927 年 7 月 2 日），外交档案：03 - 23 - 061 - 03 - 007；《西班牙使馆为允以最惠国条款致外交部节略》（1927 年 7 月 2 日），《资料汇编》第 3 辑外交，第 1008 页。

标准，不能以一党一系之意思为准则，无论何人任外交当局，均须抱定此旨进行一切。①

14日，外交部派员赴西馆送照会，正式答复称：若允许西班牙在新约中享有最广义之最惠国条款，事实上与旧约毫无歧异，中国认为贵政府所称之最惠国条款，当系商约中所普遍承认或采取相互主义及附带条件之最惠国条文；但最惠国条款之范围必须在会议中商讨，请同意开议。② 西使要求王荫泰用非正式信函，叙明"绝不使西班牙将来处于不良地位"一节，以免政府改组后任外交总长不承认；该员答以后任往往尊重，西使乃不坚持。西使又问8月10日满期后中国政府是否会明令废约及解决上海会审公堂诉讼问题；该员答称：双方若已开议不及议妥，可展期；议约期间西人诉讼暂用领事裁判。西使请尽早明确答复诸问题。次日晨，外交部派员赴西馆答复：控制上海之国民政府官吏对待比侨，完全遵守中央从前公布之明令及一切办法，因修改不平等条约全国人民同一主张。③

27日，宋代办电：西外部已令西使通知允许开议。④ 29日，条约研究会第28次常会，王荫泰指出西班牙两次来文，要求对最惠国条款先有表示。戴陈霖认为旅西华侨甚少，对西班牙废约我国实处于有利地位。有关西国询问废约后上海会审公堂事，钱泰指出：上海会审公堂虽不在中央管辖范围内，然目下南北对外方针暗相吻合，中央所定办法，上海谅必遵从。罗文幹认为：废约有法律问题，有利害问题，对西废约于我并不见有若何不利之处。顾维钧云：西若允许8月

---

① 《西班牙馆问答》（1927年7月2日），外交档案：03-23-061-03-006。

② 《照会驻京日嗄使》（1927年7月14日），外交档案：03-23-061-03-011。《外交部关于以两国平等及互相尊重主权为修约基础立即在北京开议致西班牙使馆照会》（1927年6月），《资料汇编》第3辑外交，第1007~1008页。按：该书日期误作1927年5月。

③ 《西班牙馆14、15日问答》（1927年7月22日），外交档案：03-23-061-03-013。

④ 《收驻日宋代办27日电》（1927年7月29日），外交档案：03-23-061-03-014。

10 日以前开议，则我方不妨表示承认以双方同意之形式，订与比利时相同之《临时办法》；新约以奥约为本，西班牙不满意。会议最后决定：照会西使说明利弊，暗示修改不平等条约系我国根本方针，如至 8 月 10 日尚未开议，我国将有相当表示。①

8 月 2 日，西使告诉王荫泰：西政府准备即日开议修约事宜，建议不必设立分委员会，由他与总长会商一切；双方同意 8 日开议。西使提出节略，主张：（1）旧约中关税通商各款可以声明无效，其余各款在新约未商妥之前自当有效；（2）近观中国分裂情况，不能照前数次照会所提纲领施行，只可商一临时条约；（3）要求最惠国地位为先决条件。②

3 日，外交部派员致送回复节略：提议 8 日上午在外交部开议修约，节略内所载各项问题，中国政府当以最融洽之精神于会商时加以审核。③ 西使表示旧约满期日期中西主张不同，折中到 8 月 10 日，但若到 11 月 10 日新约仍未谈成，再正式宣布展期，顾全双方面子；并称西班牙在华政治商务利益甚少，唯有教士 4 万余名，所有产业甚多，西班牙为天主教国，政府对于教会甚为注意，故注意法权问题，否认中国有废除西班牙人民在华治外法权的权力。④

5 日，条约研究会第 29 次常会，王荫泰报告西使节略强调三事：只修税则通商各款；新约为临时性质，实行范围有限；西国享最惠待遇。西政府甚愿与中开议，希望中提出新约草案，然后讨论条约司拟定之中西新约草案，全照中比草案。⑤

---

① 《前外交部条约研究会会议录》，《外交部档案》：缩影 05000 - 143，第 1077 ~ 1093 页。

② 《西班牙馆 2 日问答》（1927 年 8 月 5 日）、《日斯巴尼亚使馆 2 日节略》（1927 年 8 月 4 日），外交档案：03 - 23 - 061 - 03 - 018、019。

③ 《致驻京日斯巴尼亚公使节略》（1927 年 8 月 3 日），外交档案：03 - 23 - 061 - 03 - 017。

④ 《西班牙馆 3 日问答》（1927 年 8 月 6 日），外交档案：03 - 23 - 061 - 03 - 020。

⑤ 《前外交部条约研究会会议录》，《外交部档案》：缩影 05000 - 143，第 1106 ~ 1123 页。

二　中西修约谈判

8月8日，中西修约会议开幕，王荫泰交西使《临时办法》草案，要点为：（1）《中西条约》自1927年8月10日起停止有效；（2）自上开日期起此缔约国之人民航行及货物关于商务及关务事项，在彼缔约国领土内应受该国现行法律章程之规定，但不得因该人民航行及货物而特立歧异之办法；（3）关于外交使领代表以及此缔约国人民在彼缔约国领土内之地位及裁判权事项，皆适用最惠国之待遇，至中西新约成立为止，上称新约应根据平等相互及尊重每国领土主权原则于1927年8月10日后三个月内订定之。西使阅后，表示两国对废约范围及期限有歧异，王氏同意将期限展至11月10日，允诺日内送新约草案。西使建议为避免将来解释上争议起见，应以第三国文字缮制重要文件，并表示将来一切进行必然顺利，盖西班牙与日本不同，并无复杂问题待解决。①

12日，条约研究会第30次常会，顾维钧报告中西修约会议正式开议，中方提出《临时办法》草案，西使强调只修商约，并对旧约期限要求照西国主张，王总长允展期三个月，不日提出新约草案。会议讨论新约草案，大致与中比新约草案相同。讨论完后，准备提出草案，等待西班牙政府答复。王荫泰表示西使虽表示乐观，但由西国节略观之，隐含订临时局部条约之意，修约前途尚异常渺茫。拟分三步办法，第一步承认自8月10日起将现约延长三个月，如延长期间新约不能告成，第二步提出《临时办法》，若西国不赞同，第三步唯有宣告废约。顾维钧主张：可于投送新约草案时，具一说帖，将我国主张再为说明。②

---

①　《中国提出临时办法》（1927年8月8日）、《中国日斯巴尼亚订立新约第一次会议议事录》（1927年8月8日），外交档案：03－23－062－01－003、064－01－001。

②　《前外交部条约研究会会议录》，《外交部档案》：缩影05000－143，第1131～1164页。

18 日，外交部派员送第一次会议议事录、中方新约草案、节略共三件至西国使馆，西使要求修改会议录多处。20 日修改好，西使签字。① 节略强调新约草案依据平等及互相尊重领土主权原则，西班牙认为税则、商务以外条款不能因通告废止而失效，中国政府歉难赞同；欲终止全约之理由见 1926 年 11 月 10 日照会；最惠国条款问题见 7 月 14 日照会，请西政府研究中国草约。② 西使对新约草案不满，19 日，告诉外交部参事王曾思草约尚待研究，西国要求开放内地，强调西国“但求平等，而如中德、中奥诸约，本人以为不平等也”。③

24 日，王曾思与西使第二次会谈，西使认为草约内容距离双方公认之平等原则甚远，提出五项问题：（1）西人在华地位未能与华人在西地位者同，如内地居留；（2）收回治外法权之逐渐推行办法；（以上两项为先决条件）（3）草约无旧约中西国传教士购地办学校医院之权；（4）第 18 条所指国际条约及协定何指？（5）中对日本草约与对西草约同否？要求中方答复，即可据报西政府。王曾思同意转陈。④

31 日，西班牙使馆致送节略，强调：本国一再声明以修改通商条款为会商修约之根据，本使馆业将贵国节略及新约稿本转送本国政府，一俟接奉回文，即行奉告。同日，王曾思与西使第三次会谈，五点回复正在研究，西使尚未寄出草约，又提出其他问题，一并交中方

---

① 《西班牙馆会晤问答》（1927 年 8 月 18 日、20 日），外交档案：03 - 23 - 062 - 01 - 012、013。

② 《致驻京日斯巴尼亚使馆节略》（1927 年 8 月 17 日），外交档案：03 - 23 - 062 - 01 - 008。

③ 《外交部参事王曾思就〈中西草案〉与西班牙公使嘎利德谈话记录》（1927 年 8 月 19 日），外交档案：03 - 23 - 062 - 01 - 015；亦见《资料汇编》第 3 辑外交，第 1009 ~ 1010 页。

④ 《收王参事会晤西馆问答》（1927 年 8 月 24 日），外交档案：03 - 23 - 062 - 01 - 014；亦见《外交部参事王曾思就〈中西草案〉与西班牙公使嘎利德谈话记录》（1927 年 8 月 24 日），《资料汇编》第 3 辑外交，第 1010 ~ 1013 页。

研究。①

9月2日，条约研究会第32次常会，王荫泰报告：西使与王曾思会晤三次，提出多项疑问，愿先行非正式交换意见，待略有端倪，然后由彼将我国约稿逐条签注，寄回西京请训。然后逐条讨论条约司对各项疑问拟定答复。第一条，要求全境开放，事实上即指内地杂居，答复以他国人民所能游历居住及经营工商业之处为限。第二条，要求撤销治外法权应分区办理，答复局部取消，先在平静地方及新式法院能照常行使职务各地方次第施行，其他地方暂予维持现状。第三条，传教自由，主要是教士购地问题，只可空泛地予以驳复。第四条，草约第18条所载国际条件及协定系何所指？答复指与平等原则不符之国际条约而言，如《辛丑和约》及华会条约等。第五条，中日草约与中西草约是否相同？答复以中国关于修约问题所采用之原则，对于各国莫不相同。31日，西使又提出四项意见：第一项，建议中国向关系各国声明自某年某月某日起，凡中国与任何一国所订平等新约中所载之各项权利，不得引旧约之最惠国条款援用，答复断难容纳。第二项，新约载明解释约文发生争执时，交国际法庭判断，答复中西可于商约成立后，另订公断专约。第三项，传教自由，教士购产办学，答复中国正在收回教育权，不能承认。第四项，彼此往来公文皆用两国文字，答复仍要用法文。②

9月7日，王曾思会见西使，先确认草约尚未寄发，然后逐条口头答复。西使表达不满，尤其是内地开放问题，认为非相互平等；表示将双方交换意见及草约报告西政府，听候训示，但强调："恐甚困

---

① 《收日馆8月31日节略》（1927年9月2日）、《收王参事会晤西馆问答》（1927年8月31日），外交档案：03－23－062－01－018、020；亦见《外交部参事王曾思就〈中西草案〉与西班牙公使嘎利德谈话记录》（1927年8月31日），《资料汇编》第3辑外交，第1013～1015页。

② 《前外交部条约研究会会议录》，《外交部档案》：缩影05000－143，第1219～1247页。

难"。西使随即会晤王荫泰，云新约草案不平等，如放弃领事裁判权后内地不开放，西国让与中国者甚丰，而所受于中国者几等于零。王氏答以：如西班牙人取得内地杂居权，则其他国家必援引旧约中之最惠国条款，要求内地杂居。①

16日，条约研究会第33次常会，外交次长吴晋提出说帖，主张在国联大会，宣言最惠国条款不得滥用。会议讨论宣言有无效力问题。日前西使称：中国既声明修约宗旨以平等相互为原则，然细考中国提案，似与此旨完全不符，如西国全境听华人自由杂居，而中国内地仍不能完全开放。中方答以因有最惠国条款之故。讨论结果，认为宣言并无效力，王荫泰裁决：不在国联提出此案。②

17日，王曾思会见西使，询问修约事，西使表示尚未得复。王曾思表示11月10日旧约期满，西国有何建议？西使云：该日仅该约一部分条款满期，其余各款仍属有效。王参事表示中国认该约为全部期满。西使表示将在满期前拜访王总长，以公文请求将该约已期满之部分展期。③

21日，条约研究会第36次常会，顾维钧回顾中西交涉历程，对旧约期限事实上已依西国意见，对修约范围中方坚持全部修改，对西国要求最惠国条款为承认修约之条件，中方拒绝。王曾思与西使会晤五次，西使已寄中国草约回国，尚未收到训令，条约到期西使拟展期。会议讨论：（1）现约失效期限将至，新约进行尚无眉目，届时对于西国应取何种态度？（2）修约范围是否可承认仅限税则、通商各

---

① 《西班牙馆7日问答》（1927年9月13日），外交档案：03-23-062-02-020；亦见《外交部参事王曾思就〈中西草案〉与西班牙公使嘎利德谈话记录》（1927年9月7日），《资料汇编》第3辑外交，第1015~1017页。

② 《前外交部条约研究会会议录》，《外交部档案》：缩影05000-143，第1253~1287页。

③ 《收王参事与日馆17日问答》（1927年10月18日），外交档案：03-23-062-02-003；亦见《外交部参事王曾思就〈中西草案〉与西班牙公使嘎利德谈话记录》（1927年10月17日），《资料汇编》第3辑外交，第1017页。

款？顾维钧提出两种办法：一是就主义方面立论，修改不平等条约既系举国一致之主张，一部分人士对于未到期条约尚要求径予废止，则对于已到期条约，自难任其继续有效；虽新约尚未成立，然在过渡时期可另订《临时办法》。二是中西两国目下正在进行订约，旧约只可暂予延期，免使两国邦交陷于无约地位。如采后一办法，则本问题之解决，当不致有若何困难；如采前一办法，则日后应取步骤，事前不能不通盘筹划。盖废约一事，彼方断难同意，若欲出诸片面行为，将来必有若干纠葛。吴晋认为：废约一事至关重要，西使态度前后判若两人，可仍请王参事再向其一探究竟，以便徐图应付；如果诚心修约，我方自可允许从长讨论。决定下次会议再讨论应付方法。①

22 日，王曾思会晤西使，请电询西国政府对草约看法，西使勉强同意。24 日，外交部派员会晤西使，西使尚未电询政府，该员以满期将届，催促其电询，西使同意即电西京。② 25 日，外交部电宋代办：西政府迄今未答复，转瞬旧约期满，究竟西政府对于中国草案能否大体承认，复文何日可以发出，希速询明电复。次日，宋代办电复："据称对我草案尚在研究，不日训令日使答复。"③

三　北京、南京相继废止西约

10 月底，北京政府面临抉择，密集讨论是否废止西约。28 日，条约研究会第 37 次常会，王荫泰指出：现约届满时期将至，西班牙

①　《前外交部条约研究会会议录》，《外交部档案》：缩影 05000－143，第 1362～1387 页。

②　《收王参事 22 日会晤日嘎使问答》（1927 年 10 月 24 日），外交档案：03－23－062－02－005；亦见《外交部参事王曾思就〈中西草案〉与西班牙公使嘎利德谈话记录》（1927 年 10 月 22 日），《资料汇编》第 3 辑外交，第 1017～1018 页。《外交部王治焘就中西修约会晤西班牙公使嘎利得问答》（1927 年 10 月 24 日），《资料汇编》第 3 辑外交，第 1018～1020 页。

③　《电驻日宋代办》（1927 年 10 月 25 日）、《收驻日宋代办 26 日电》（1927 年 10 月 27 日），外交档案：03－23－062－02－004、006。

一直未答复,应采对日先例延长或对比先例废止?顾维钧表示:中西修约与中日、中比修约经过情形微有不同,当时比国态度异常强硬,首则主张唯比国可以提议修改,继则单独赴诉国际法庭,我国迫不得已乃有废约之举;日本最初即承认修约,且表示修约范围不以1896年中日条约第26条为限;西班牙对于修约问题,虽声称愿为研究,唯宣言除税则及商务条款以外,其他条文均不在修改之列。沈瑞麟云:西班牙不过取延宕手段,态度不若比国以前之强硬。刁作谦云:关于约中所载修改条文,三国亦有不同之处,比约规定唯比国可以修改,日约规定须于六个月之内修完,修改未成继续有效,唯西约载明彼此如愿修约,可于六个月之前先行知照;故以条文论,西约所载者于我国最为有利,若我方仍毫无表示,舆论将群起责难。王荫泰主张提出《临时办法》,自现约期满日起施行,看西班牙如何答复,若仍一再延宕,只可废约。会议决定先行拟就《临时办法》草案。王荫泰进一步表示:我国之于西班牙,用尽种种和平手段,新约草案早经提出,对于现约有效时期已两次让步,至11月10日亦将届满;我国笃念邦交,先向其提出约满后《临时办法》,委曲求全,如该国仍然借词推诿,对于我国《临时办法》未能满意,则迫不得已只有宣告旧约到期失效,如此办法深信各国当不致有何种责言;至将旧约延长一节,与我国所抱修改不平等条约之宗旨,显相反背,断难承认。《临时办法》可参考中比成案草拟,明日即可将本案提出阁议。未知我国此种举动,在他国方面能否不致发生反响。顾维钧云:议论在所难免,唯他国既非身当其冲,当不致积极扶助;日前对比废约发表之后,各方舆论亦大为震动,唯不久即复趋冷静。①

---

① 《前外交部条约研究会会议录》,《外交部档案》:缩影05000 – 143,第1431 ~ 1458页。

29 日，阁议通过条约研究会所定方针。31 日，条约研究会第 38 次常会，确定外交部拟《临时办法》。① 11 月 1 日，阁议通过《临时办法》，若西国不容纳《临时办法》，只有仿照比约办法宣告失效。② 2 日上午，西使会晤王总长，告以西政府无回音。王荫泰表示将颁布《临时办法》，西使首次表示修改全约有考虑之可能，希望依照日本先例，延长旧约。王氏表示中日磋商接近，故将磋商期限展长，并非延长旧约。西使表示在新约成立前，应与其他修约各国同等待遇，其他办法殊难容纳。③ 下午，北京外交部派员至西使馆，以旧约即将满期提出《临时办法》。

一、此缔约国之外交官及领事官员在彼缔约国境内，得互相享受国际公法通常赋予该项官员之优越权及豁免权。

二、输入中国之西班牙商品应享受中国对于外国入口货通用之税率，输入西班牙之中国商品亦应享受西班牙对外国入口货通用之最低税率。

三、两国承认彼此领土管辖权之原则，西班牙并同意于缔结之新约中正式放弃在中国之领事裁判权。在本《临时办法》实行期内，中国法庭对于西班牙侨民之司法问题，中西两国政府当即商订办法立予施行。

四、本《临时办法》有效时期以六个月为限，期满经双方同意得继续有效。④

---

① 《前外交部条约研究会会议录》，《外交部档案》：缩影 05000－143，第 1460~1502 页。
② 《提出阁议》（1927 年 11 月 1 日），外交档案：03－23－062－02－008。
③ 《日馆 2 日问答》（1927 年 11 月 7 日），外交档案：03－23－062－02－013；亦见《资料汇编》第 3 辑外交，第 1022~1023 页。
④ 《致驻京日嘎使〈临时办法〉》（1927 年 11 月 2 日），外交档案：03－23－062－02－010。

并要求谈判新约。西使不同意，强调除非北京政府保证在新约签订前，西班牙与其他列强在华权利相等，否则不继续谈判；该员答以中日关系与中西关系不同，不适用同一办法；西使勉强接受。[①] 同日，外交部电宋代办：为顾全两国友谊，本日已向西使提出《临时办法》四条，自现约期满起施行，希即向西外部提出，并请西政府早日答复。[②]

4日，条约研究会第39次常会，王荫泰因病请假，讨论西使要求仿照日本展期，能否承认？罗文幹主张打破各国间连锁关系，贯彻对于中外旧约"到期修改、期满作废"之宗旨，云：就理论言，我国固不当因西班牙国势较弱，遂使其受一种较他国歧异之待遇；然就外交言，各国情况不同，故对付政策自亦互异；且西班牙不若比国之可以赴诉法庭，今若令西班牙得延长旧约，未免使比国过于受屈。顾维钧云：废除不平等条约乃举国一致之主张，不能半途放弃，此次对西提出《临时办法》，已为一种好意之表示；现在问题不在于到期条约之废与不废，乃在于询问西国对于外部所提《临时办法》之受与不受。会议最后决定：待下次王总长与会再决定政策。[③]

4日，外交部催促西使将《临时办法》寄交西政府，西使同意。[④] 7日，外交部再电宋代办：西政府对《临时办法》如何表示？如尚无表示，希再为催询。[⑤] 8日，宋善良电复：西外交次长将复文面交，内开：《临时办法》难以承受，因西政府向未允条约全文于本年11月

---

①　《日馆2日问答》（1927年11月7日），外交档案：03－23－062－02－013；亦见《资料汇编》第3辑外交，第1024~1025页。

②　《电驻日宋代办》（1927年11月2日），外交档案：03－23－062－02－011。

③　《前外交部条约研究会会议录》，《外交部档案》：缩影05000－143，第1503~1520页。

④　《外交部王治焘就中西〈临时办法〉速转西政府事与西班牙公使嘎利德电话问答》（1927年11月4日），外交档案：03－23－062－02－009；《资料汇编》第3辑外交，第1025页。

⑤　《电驻日宋代办》（1927年11月7日），外交档案：03－23－062－02－015。

10 日失效，所可作废者止 23 条之税则商务，其余在磋议新约之时仍行维持，至税则商务虽可磋议《临时办法》，但为西班牙利益计，新约未成之前不如完全保存旧约，《临时办法》束缚西国自由，并无利益。然无论如何，中国总当遵守国际公法原则，尊重西国外侨人民生命财产：中方新约草案，收到不及一月，现在尚在研究；中政府现当尊重旧约以待答复，以免别生枝节；中国对于西国应照对法国、日本同样办法，望中政府在磋议新约未了以前，或视该项磋议未得完美解决以前，勿令签订《临时办法》。西外交次长并称即电令西使向我政府陈达。①

8 日国务会议，王荫泰报告中西交涉经过情形，表示将来恐只有取废约之一途。9 日，条约研究会第 40 次常会，王荫泰称西班牙政府表示《临时办法》难以承受，国务会议已决定废约政策，今日讨论进行步骤。顾维钧主张先送一公文说明我方理由，措辞结实，若西仍不谅解，可为将来被迫废约时对外留一说话地步。罗文幹坚持废约云：新约未成旧约是否即可无效，在法律上固尚属一种疑问，唯目下我国空气不同，对于日本我尚声明保留权利，对于西班牙不能中途变计；废约之后，风潮自不能免，只可徐图应付。王荫泰也主张废约，云：旧约到期废止，乃系我国根本原则，不容中途改变；现所应讨论者，西班牙欲援照日本先例，此事我国能否允许；目下双方争执之处，在于我国主张旧约到期失效，在旧约失效之后新约未成之前，应订《临时办法》以资过渡；西班牙则主张旧约到期一部分失效，余仍继续施行，不肯承认《临时办法》。罗文幹云：现在并非理论问题，乃系政策问题，我苟对于西班牙表示软化，以后修约者尚不止西班牙一国，恐将益难应付，且无以满足国

---

① 《收驻日宋代办 8 日电》（1927 年 11 月 9 日），外交档案：03 - 23 - 062 - 02 - 012。西班牙政府复照全文见《收驻日宋代办 10 日电》（1927 年 11 月 13 日），外交档案：03 - 23 - 063 - 01 - 007。

内之舆情。会议最后决定：明日西使来见时，强硬说明中国之态度，若西使称请训后再复，则内中尚有犹豫期间，下午送备忘录交西使表明中态度，并电宋代办向西政府表明态度；若坚不承受，则去文一面收回《临时办法》，一面声明旧约失效，再过数日正式宣告旧约失效。[1]

10 日上午，西使访王荫泰，证实西政府之复文，仍坚持原来之态度。双方又争辩修改商务条款或全约，王氏强硬表示旧约系友好通商行船条约，故全系商务条款。西使云：何以第 23 条特别指通商条款可废，可见其中尚有其他条款。王氏称：中方看法，商务、税则等条款到期时，必先声明始能作废，至其他条款，则到期自然作废，不必预先声明也。西使质疑中日条约中亦有该项条文，何以中国对日不适用此种解释。王氏答以：中日关系特别不同，且日本政府所采态度与西国大不相同，故对日办法亦自有异。西使最后表示希望不要宣布废约。[2] 下午，条约研究会开特别会议，决定照中比前例宣告全部失效。外交部电西京宋代办：本日西使来部，告以我国所提《临时办法》西政府既未肯接受，中国只得撤回，至到期旧约，中国政府仍维持其向来之看法等语，现正筹备宣告失效手续。[3]

11 日，欧战休战纪念日外交部照例放假，但重要人员到部将手续办妥。12 日，王荫泰审毕，提出阁议，建议：现在条约既届期满，自应贯彻我国历来主张，将旧约宣告失效，议决通过。[4] 外交部《上大元帅呈》，大元帅发布《指令》，以西班牙拒绝接受《临时办法》，又不谈判新约，宣布《中西条约》自 11 月 10 日起期满失效（expired，

① 《前外交部条约研究会会议录》，《外交部档案》：缩影 05000 - 143，第 1532 ~ 1576 页。

② 《日斯巴尼亚馆 10 日问答》（1927 年 11 月 12 日），外交档案：03 - 23 - 063 - 01 - 005。

③ 《电驻日宋代办》（1927 年 11 月 10 日），外交档案：03 - 23 - 062 - 02 - 004。

④ 《提出阁议议案》（1927 年 11 月 11 日），外交档案：03 - 23 - 062 - 02 - 008。

should be declared to cease to be effective）。① 外交部也发布《宣言》，宣告《中西条约》失效（terminated），"所有西国在华使领及其人民财产，拟请令地方官照国际公法妥予保护，并由主管部署会商优待办法。一面仍由本部与西政府训行商订新约，俾得早日成立"。当晚照会西班牙公使，声明《中西条约》期满不再继续，宜另订平等互惠之新约，以期尊重中国主权。② 此举为北京外交部执行"到期修改、期满作废"政策又一强硬作为。

14 日，西班牙使馆以北京政府无宣告失效权利，提出严重抗议。③ 西班牙政府也向中国驻马德里使馆严重抗议，强调：中国外交总长曾允许照议定新约之他国一律看待，但中国竟废止西约，不照对待其余议约国之办法对待西国。④

18 日，西使到部访王荫泰，面递第二次抗议节略，重申原约第 23 条只可修约；称得西政府训令：中国曾允诺不使西国处于与他国不良地位，北京政府现时与修约各国，尽有一方旧约满期，一方延期之前例，如中日条约、中法越南商约均是，何以对西独期满即宣告失效？王氏答以中西关系与中日、中法关系极繁不同，中西在事实上较为省简，故尽可废止旧约，重订新约。西使要求斡旋，与日、法同样待遇。王氏云："近年中国舆论对于条约极为注意，敝政府处此情形，亦属莫可如何。"⑤

---

① 废止中西条约事，见《提出阁议》（1927 年 11 月 1 日、10 日）、《呈大元帅》（11 日），外交档案：03－23－062－02－008、019；《宣言》，《国闻周报》第 4 卷第 45 期，1927 年 11 月 20 日，第 4 页。英文本见 The China Year Book，1928，p. 1402。

② 《上大元帅呈》、《宣言——终止同治三年中国日斯巴尼亚条约事》（1927 年 11 月 12 日），外交档案：03－23－062－02－018、019；《照会驻京日嘎使》（1927 年 11 月 12 日），外交档案：03－23－063－01－004；《宣言》，《国闻周报》第 4 卷第 45 期，1927 年 11 月 20 日，第 3 页。英文本见 The China Year Book，1928，p. 1403。

③ 《收日馆节略》（1927 年 11 月 14 日），外交档案：03－23－063－01－011。

④ 《收驻日宋代办 14 日电》（1927 年 11 月 16 日），外交档案：03－23－063－01－013。

⑤ 《日馆 18 日问答》（1927 年 11 月 23 日）、《收日馆 17 日节略》（1927 年 11 月 19 日），外交档案：03－23－063－02－006、01－017；《国闻周报》第 4 卷第 46 期，1927 年 11 月 27 日，"一周间国内外大事述评"，第 5 页。

下午，条约研究会第41次常会，王荫泰报告上午西使到部面交节略抗议，并希望中国顾全两国邦交，与其他修约各国同样看待。讨论如何答复西国节略，王氏云：现在不妨先将优待办法草案拟就，再看西班牙接到我国驳复节略后，究取何种态度，然后徐图应付。优待办法云者，亦不过一种顾全该国颜面之文字。顾维钧云：现在我国应取政策，在于设法使西班牙政府注意继续进行新约谈判之必要，不复注意于废止旧约一事；至该国在华侨民，既有明令保护，优待办法之发表与否，一时尚无若何重大关系。① 25日，外交部复牒，称西政府于2月8日照会中已承认中国可废止税则商务条款，希望从速进行议订新约。②

英国密切观察北京修约外交的进行情况，在北京宣布废止《中西条约》后，英国外交部认为北京以到期修约为烟幕，攻击中外条约，西班牙面临与一年前比利时相同的困境，但西班牙在华利益远少于比利时，可不必作太多的让步。③ 11月24日，蓝普森向白厅报告：中国废约后，西班牙无约也无《临时办法》，中国以无约国待之。西使看来只能抗议，并在新约中争取最好的条款。西班牙在华利益很少，多在南方。若我是他，会建议政府撤出北京，抗议野蛮行动，给北京政府一个教训。北京政府之行动与对比约一致，想要一举片面去除现存片面条约，代以对华有利之另一极端。中国想一举去除条约束缚，对付强弱采取不同之策略，对日、法与对比、西不同。④

蓝普森认为，北京对强国如日本、法国较客气，不断延长旧约；

---

① 《前外交部条约研究会会议录》，《外交部档案》：缩影05000 – 143，第1580~1595页。

② 《致驻京日斯巴尼亚使馆节略》（1927年11月25日），外交档案：03 – 23 – 063 – 02 – 010；《国闻周报》第4卷第47期，1927年12月4日，"一周间国内外大事述评"，第5页。

③ Lampson to FO, 16 Nov. 1927, Rumbold to FO, 18 Nov. 1927, Spanish Ambassador to FO, 1 Dec. 1927, FO371/12426 [F8683/F8800/F9005/37/10].

④ Lampson to FO, 24 Nov. 1927, R. 25 Jan. 1928, FO371/13155 [F376/1/10].

对较弱的比利时及西班牙，就断然将旧约废止。但北京外交部则称，其对修约采不同态度，因为日本及越南为中国邻邦，商业利益远大于比、西，而且法、日都与北京谈判修约，而比、西不肯。①

值得注意的是，中西废约案中的南北外交互动。北京政府宣布废止《中西条约》后，寄送相关文件给各地交涉员，江苏交涉员郭泰祺收到后，函送南京国民政府外交部。② 11 月 23 日，南京政府外交部长伍朝枢发表《对外条约与协定宣言》，重申未经国民政府许可之条约或协定一律无效，称：（1）中国政府与外国政府公司及个人所订立之不平等条约及协定，既无存在之理由，国民政府于最短期间内废除之；（2）业经满期之条约及合同，当然无效；（3）任何中国官吏，拟与任何外国政府公司或个人订立任何条约或协定，凡未经国民政府参与或许可者，完全无效；（4）关系中国之条约或协定，未经国民政府参加为缔约之一造者，不得视为对中国有约束力。24 日，外交部长伍朝枢照会西使：1864 年《中西条约》期满，应即作废（had expired and become inoperative）。③

12 月 2 日，国民政府明令废除《中西条约》，并公布未订新约前处理两国关系之《临时办法》7 条，④ 基本上以无约国人民对待西侨。

12 月 9 日，条约研究会第 42 次常会，讨论：（1）南方对西班牙已发表《临时办法》，我方日前指令中所称之优待办法，是否应即公布，抑仍稍候西国切实态度？（2）对比优待办法，在目下情形，对于西班牙似有不能适用之点，是否应酌为修改？顾维钧与罗文幹发言最多，主要论点是：

（1）若要发布优待办法，应在南方之前，现南方既已发表《临时

---

① 《大公报》1927 年 11 月 4 日，第 2 版。
② 《中西班牙条约案》，《外交部档案》：缩影 164，第 2153～2164 页。
③ 《国闻周报》，第 4 卷第 47 期，1927 年 12 月 4 日，"一周间国内外大事述评"，第 6 页。英文本见 *The China Year Book*, 1929/30, p. 854.
④ 《国民政府公报》第 13 期，1927 年 12 月，第 3～4 页。

办法》，北京不宜再急急公布。

（2）南方对西《临时办法》，诉讼税则一律均照无约国人民待遇，比诸北方日前对比优待办法，已进一步，北方优待办法可否引用，颇有疑问。

（3）北方与西班牙正在商订新约之中，与南方情形颇有不同，如颁布优待办法，与南方《临时办法》内容相同，交涉新约中不当如此待遇。

（4）内容若较南方所颁布者宽大，无以应舆论之期望，必致招责难。

（5）废约一事，南北既已一致进行，而优待办法内容又互相歧异，则西侨在南方势力范围内者，无法照北方办法处理。

（6）日前南方发表之《废约宣言》，系赅括性质，对于各国而言，固不能不有此二步之办法。南方之所以公布《临时办法》者，其用意大约不外以修改平等条约乃系举国人民所异常重视之问题，今北方对于中西到期之旧约，既有举动，则南方自亦不便独后。

（7）西班牙利益多半在南方势力范围之下，北方即欲予以优待，事实上亦难办到。

会议最后决定：目下应催西班牙速订新约，优待办法暂时缓为公布。①

24 日，外交部电宋善良：催询西外部对中国新约草案审核曾否竣事？② 27 日，宋代办电：顷谒西外部，据称新约草案我国宣告废约后已停止研究，倘能许以最惠国条款，或可再商。③ 30 日，条约研究会第 43 次常会，王荫泰报告西外部态度，顾维钧云：此不过西国一种

---

① 《前外交部条约研究会会议录》，《外交部档案》：缩影 05000 - 143，第 1613 ~ 1630 页。

② 《电驻日斯巴尼亚宋代办》（1927 年 12 月 24 日），外交档案：03 - 23 - 063 - 02 - 019。

③ 《收驻日宋代办 27 日电》（1927 年 12 月 28 日），外交档案：03 - 23 - 063 - 03 - 020。

之托词，现在彼方对于缔结新约，似意怀观望，不欲积极进行。会议决定：待收到宋代办详细报告，仔细研究后再定方针。①

四　列强联合抗议中国废约

1927 年 11 月 12 日，北京政府宣布废除《中西条约》。24 日，南京也宣布废除《中西条约》。接着将到期的条约有中葡条约（1928 年 4 月 28 日期满），中意、中丹条约（1928 年 6 月 30 日期满），列强驻华使节频频聚会，研商对策。②

意大利公使率先建议列强联合向中国政府抗议，12 月 9 日，北京外交团会议，会后蓝普森报告白厅云：中国片面废西约，意使通知外交团他会尽可能支持西使，建议为未来类似之废约采取共同行动。外交团在比利时条约被废时没有行动，使原则已丧失，但领衔荷兰公使欧登科在更广泛的基础上建议，让华会条约国考虑要求中国执行其条约义务，保障外国权益及在华安全处理事情，各使请示本国政府。今晨的会议中，我暗示这野心勃勃的建议不切实际，日使同意我的担忧，他宁愿与主要列强与领衔讨论。应集中于意使的原始建议：反对北京政府片面废约，我们当然应参加对付中国，不承认任何片面废约之有效，请指示。白厅内部意见是：意大利条约即将到期，号召各国一致行动，其他代表感觉太迟，比约已造成现状；蓝使等认为，领衔弄出更广泛的建议太过野心勃勃，应从小处开始。③

21 日，白厅指示蓝使，为避免被指控为不合作，你应原则同意领衔之建议，同时致力于实际具体的意使提议。我认为任何条约被废的国家，应一致对北京强硬做如下之抗议：

---

① 《前外交部条约研究会会议录》，《外交部档案》：缩影 05000 - 143，第 1652～1657 页。

② Lampson to FO, 19 Jan. 1928, FO371/13155 [F308/1/10].

③ Lampson to FO, 9 Dec. 1927, FO371/12411 [F9174/2/10].

　　　　我完全抗议你废除我条约的权利，但我不与你讨论废除条约的理由或法理立场。前者因你拒绝依盟约废约，后者因你在比约案中不出席国际法庭。你可提出国联大会讨论盟约第 19 条，或国际法庭。但除非你得到对你有利的裁决，我仍继续认为我的条约有效。若你采任何不当行动，我保留为保护我及国民的权益采取适当手段的权利。

我想中国无法回复，若有国家提出而中国继续视条约已废，该国采取武力对抗违约时，没有国家会反对。若各国一致采用此方式，它们将在条约被废时地位大大强化，可将北京置于非法的一方。你可建议华会各国对此问题寻求一致的协议，然后再讨论领衔之草案。①

　　27 日，日使芳泽拜访英使，探询英国对北京废约的态度，芳泽看了白厅的训令，认为白厅意见合理，可在外交团会议中提出。蓝使则认为应由六国公使会议，取得一致意见后再提出外交团，决定由蓝使向领衔提议召开六使会议。②

　　30 日，英、日、法、美、意五强与领衔荷使，六国公使会议讨论向北京政府联合抗议事，共识是引用国联盟约第 19 条可能很麻烦，中国可利用国联中消息不灵通的国家，在大会中作它宣传之传声筒，结果会非常混乱与困窘。提出于国际法庭比较好，但美国非会员不便提出。会议决定建议全体外交团采用 A、B 两方案文本，A 案供如西班牙等条约被废国家用，内容与白厅建议相似，B 案供其他国家支持用，内容是："本国政府获悉北京政府对某条约之行动，我认为不符国际义务精神，本国政府支持某国公使之抗议"。英使认为放弃领衔广泛建议比较明智，各使感谢白厅很有帮助的建议。远东司司员托乐

---

①　Lampson to FO, 9 Dec. 1927, FO371/12411［F9174/2/10］.

②　《芳泽谦吉致田中义一》（1927 年 12 月 29 日），《日本外交文书（昭和期 I）》第 1 部第 1 卷，第 823～825 页。

批注：这代表国际合作在北京一个坚实的部分。法律顾问马尔金（H. W. Malkin）认为：我想我们可接受两方案，虽然我对不引用盟约第 19 条有点遗憾。外交部助理次长（Assistant Under Secretary of State）卫士理（Victor Wellesley）表示同意。①

日使芳泽电告日首相兼外相田中义一，六使会议决定：只向国际法庭提出，不再引用国联盟约第 19 条。修改英国所拟的声明稿，西班牙如同意本案，各国就另外向北京政府提出通告以示支持，否则将任其自行其是。对条约即将期满的葡、意、丹等国也将同样对待。②

美使马慕瑞报告华盛顿，六使会议建议得各国政府批准后，面对本国条约被废时，回复以："中国无权废约，应由海牙决定。"③ 1928 年 1 月 3 日，国务院训示：不同意。13 日，美使访芳泽，称美国与中国之条约到期尚有六年，无法现在就确定应取方针及对华公文之格式，表示不能参加 A 案，但同意在列强均以 B 案发出照会时，以口头形式向中方陈述己见。18 日，六国公使再讨论，美国公使重申了这一态度。④

19 日，外交团讨论两方案，领衔荷使决定先搁置其个人提案，就 A、B 两案进行讨论。建议案并未受到葡、丹二使的热烈欢迎，美使表示除非各国一致保证支持 B 案，否则他若采取较比、西更强硬的路线，只会引起中国人之憎恨，若无共识，他不会建议美政府承诺 A 案。由于未达成明确共识，会议决定此事由各国政府考虑。英使蓝普森虽称尚未收到训令，但表示：此事悬于空中，我认为我们唯一可做

---

① Lampson to FO, 31 Dec. 1927, FO371/13155［F3/1/10］.

② 《芳泽谦吉致田中义一》（1927 年 12 月 30 日），《日本外交文书（昭和期 I）》第 1 部第 1 卷，第 823~825 页。

③ The Minister in China to the Secretary of State, 31 Dec. 1927, *FRUS*, 1928, vol. II, p. 398.

④ 《芳泽谦吉致田中义一》（1928 年 1 月 13 日），《日本外交文书（昭和期 I）》第 1 部第 2 卷，第 596~597 页；Lampson to FO, 19 Jan. 1928, FO371/13155［F308/1/10］。

的是当每一个案发生时，共同行动；我猜测主要列强除美国外，可能准备好要共同行动执行 A、B 案；日、意条约期在 6 月届满，都有密切兴趣。远东司司员托乐批注称：即使那么需要它，国际合作看来不会出现；意大利可能会支持方案及程序，因为意使认为这是他的意见，是个人及国家的胜利；日本必须配合到一定程度与中国进行谈判修约；美国显示了一贯的胆小；葡萄牙条约即将被挑战，澳门也可能被挑战，它可能会引 1661 年条约要求我们帮助。司员史传（William Strang）的看法是：这展现北京外交团典型的时空错置，进一步显示美国对华政策之实质，既无眼光也无脊椎；结论是若我们要与任何列强在华有用的合作，只要日本与我们同意任何问题，其他国不同意也没什么关系。卫士理评论说：我同意，这是另一个在华合作的好例子；目前我认为与日合作比过去几年机会要好，日本对严重影响到它的中国局势严重警戒。24 日，白厅指示蓝普森：批准你的行动。[①]

20 日，田中指示芳泽：为与列强保持协调，政府基本同意外交团会议所定之对华共同提案。但鉴于 A 案有向国际法庭起诉之意，而日本在国际司法审判条约上又不承认应诉义务，故如以 B 案支持 A 案，一旦中国起诉日本就将被迫应诉。为此，他要求芳泽对相关文字提出修改。[②]

由于列强意见分歧，无法达成共识一致行动，对华联合抗议破局。

五　中西后续谈判

1928 年 1 月 19 日，北京外交部派员会晤西使，询问是否接到西

---

① Lampson to FO, 19 Jan. 1928, FO371/13155［F308/1/10］。《芳泽谦吉致田中义一》（1928 年 1 月 19 日），《日本外交文书（昭和期Ⅰ）》第 1 部第 2 卷，第 598～599 页。

② 《田中义一致芳泽谦吉》（1928 年 1 月 20 日），《日本外交文书（昭和期Ⅰ）》第 1 部第 2 卷，第 599 页。

国外交部具体训令。西使云无。① 2月1日，驻西班牙公使刘崇杰电告："西政府初有误会，杰回任后迭次径向西外相详细说明，彼颇谅解，其意目前但为消极观望，不作他项举动。"② 8日，外交部复电："西政府既颇谅解，似可乘机告以彼方对于我国新约草案如果有对案提出，中国政府甚乐与研究，中西邦交素睦，亟宜早日签订新约。"③

24日，条约研究会第44次常会，讨论西班牙提出允许西国最惠国待遇，即可继续修约谈判，我方可否承认此条件。顾维钧表示：至今我国对于修约各国中，迄未有承认许以最惠国待遇者，不可开例。吴晋云：照波兰办法许以有期限的最惠国待遇，未知西班牙能否满意，现在我方似可采使西班牙侨民感受无约苦痛之方法，或者该国政府能幡然变计亦未可知。顾维钧云：待有相当机会时，我方似不妨采取一种适宜之措置，以求贯彻废约之目的，但北方西侨少。吴晋建议：南方执政诸人，与我素有交谊者，为数颇属不少，我辈可以私人名义，致函南方执政诸人，请其对于散居南方政府势力范围下之西班牙侨民，采取一种废约后应有之措施，或者能促西班牙政府之觉悟。会议最后决定：西政府条件不能接受，订约一事只可暂缓。④

1928年，又有中丹、中葡、中意等条约到期，北京外交部分别与之交涉。《中葡条约》于4月28日期满，北京、南京同日都照会葡使建议修约。英国外交部认为："在《中葡条约》这个案例上，北京以废止条约相威胁，而南京只要求修约，全未提到废约。"⑤ 但因北京政权已濒临崩溃，并未真的宣布废止《中葡条约》。

---

① 《西班牙馆问答》（1928年1月19日），外交档案：03－23－063－03－008。

② 《收驻日刘（崇杰）公使1日电》（1928年2月4日），外交档案：03－23－063－03－011。

③ 《电驻日刘公使》（1928年2月8日），外交档案：03－23－063－03－012。

④ 《前外交部条约研究会会议录》，《外交部档案》：缩影05000－143，第1665～1674页；亦见《资料汇编》第3辑外交，第1027～1028页之《报告稿》。

⑤ Toller's minute, 21 May 1928, FO371/13155［F2513/1/10］。

北京政府覆灭后，南京国民政府继续修约。1928 年 7 月 11 日，南京外交部将旧约废止新约未成《临时办法》照送西国使馆，并建议择日开议新商约。30 日，外交部照会旧约期满之法、葡、意、西、比等国，要求 10 月间在南京开订约会议。① 9 月 6 日，西国照复，仍视旧约为有效。12 日，南京再照会西国，建议以平等之原则为基础商订新约。西国表示：中政府如能书面保证，新约关于两国人民生命财产不受低于任何他国所订新约之待遇，西国政府即同意开议；南京告以我国未对任何国家先做书面保证或提出任何歧视条件，故未能接受西国之条件。②

外交部长王正廷与各国陆续展开修约谈判，11 月 2 日，王正廷报告蒋介石，谓：西班牙政府已来电询我订约手续。18 日，王正廷报告：本日电西班牙公使，约其南下商议中西修约及关税问题，并电驻西公使，与西班牙政府协商。③ 经几次交涉，迄 12 月 12 日，西国始同意比照 11 月 20 日中意签订友好通商条约之例，④ 27 日，《中西友好通商条约》在南京签订。1929 年 1 月 3 日，外交部公布此约。23 日，中央政治会议外交委员会审查中比、中意、中葡、中丹、中西五国通商条约，拟于附件三、四有关杂居、营业、土地权各约，补加声明书曰："此缔约国人民在彼缔约国领土内所受待遇，不得逊于第三国人民所受之待遇"，以为补救。30 日，中央政治会议据立法院函称："中义、中比、中葡、中西、中丹各约及附件，交付外交、法制、财政、经济、军事委员会审查及经院议，决定附加声明书，将原案通过。"⑤

---

① 《南京国民政府外交部关于修约问题致西班牙驻华公使照会》（1928 年 7 月 30 日），《外交部公报》第 1 卷第 4 号。

② 王世杰、胡庆育编《中国不平等条约之废除》，第 198～202 页。

③ 《事略稿本》第 4 册，第 321、399 页。

④ 王世杰、胡庆育编《中国不平等条约之废除》，第 198～202 页。

⑤ 有关各约附件问题，参见本章第二节中比修约交涉案。

六　结语

北京政府与西班牙修约交涉，历程颇曲折。1926 年 11 月 10 日，北京政府向西政府表达 1927 年 5 月 10 日旧约终止，提议商订新约。西政府答复依约期满六个月后才失效，且修约只限于税则商务条款。北京在旧约期限上做让步，延展到 11 月 10 日，但坚持修约范围是全约，不只限于税则商务各项，并坚持有权可废约（denounce the whole treaty）。谈判新约时，西使要求最惠国待遇，中国拒绝，外长口头承允西国可得不低于他国之待遇。8 月正式会谈时，外长交西使新约草案，近似比约草案，西国认为此草案对华有利并不互惠，不能接受。10 月底，北京政府向西政府提出《临时办法》，与中比《临时办法》近似，西国表示无法接受。11 月 12 日，北京政府宣布旧约期满失效。24 日，南京国民政府也宣布西约期满作废，并于 12 月 2 日发布《临时办法》，是为南京第一个废除的条约。

北洋末期修约，逐步发展出"到期修约"方针，北京政府宣布废除比约时，相当程度上是被情势所迫，冲撞出"到期修改、期满作废"的做法。此次宣布废止西约时，则是有意识有把握的作为，更进一步强化中国有片面宣布旧约期满失效的正当性。北京外交部手段灵活，英国公使观察到北京对比、西及日、法态度不同；对强国手段柔软，一再实质延长旧约，对弱国则态度强硬，断然宣布废约。

西班牙在与北京交涉过程中，坚持只能修改税则商务条款，否认中国有权废止其他条款。北京政府则指出该约系友好通商条约，无法区别通商条款与政治外交条款，笼统认为皆属商约。西国主要想维护最惠国待遇及教士内地购地自由。最惠国待遇条款问题，北京政府有困难，无法接受；内地杂居购地担心日本引用，也不能答应。西班牙认为最惠国待遇维护西国与他国同等待遇，北京不给没道理，又认为中西草约依循中德、中奥及中比草约，为对西国不平等；又以中国分

裂，西国在华利益不多，且多在南方，采取观望态度，不愿继续
谈判。

北伐时期中国外交南北之间有合作，对《中西条约》北京、南京
先后宣布废约，一致对外。南北之间也有竞争，南京政府对西班牙先
宣布《临时办法》，北京政府经详细讨论后，决定暂缓发布对西侨之
《优待办法》。北京外交部在谈判期间，屡次向西使表明，废除不平等
条约是朝野一致的共识，不会因政局异动而改变。在迫使西国让步谈
判新约时，因西国在华侨民多在南方，北京政府内有人建议要南京一
起对西侨施压。

列强反应很有意思，1926 年 11 月北京政府宣布废止比约时，列
强竞相对中国示好，不能共同抵制北京政府，已自失立场，并让北京
避开国际法庭裁判的难题。1927 年 11 月，北京再废西约，条约即将
满期诸国受强大冲击，谋求联合抵制，但是各国因利益不同不能合
作，例如美国即因本身与中国的条约期满尚远，不愿参与联合抗议，
以免开罪中国的民族主义。一方面显示北京各个击破的策略发生作用；
另一方面也让北京政府之"到期修致、期满作废"方针进一步确立。

北伐结束，南京政府统一全国，与西班牙于 1928 年底订定新约，
为了早日实现关税自主，在内地杂居购地及实质最惠国等项上做了不
少让步。南京在修约上实质继承北京的"到期修改、期满作废"方
针，对中意条约等到期旧约，同样办理。只有日本因牵涉《民四条
约》、满蒙商租权等问题，坚持不肯。例如仿照北京对西国先颁布
《临时办法》，再宣布废约之步骤，南京政府要对日本颁布《临时办
法》时，日本就坚决抵制，否认中国有片面废约之权利。

第六节　中英修约交涉

1925～1928 年，中国民族主义高涨，南北两政府一面竞争国际上

的承认与支持，同时又都以收回国权为号召，"修约"与"废约"互相竞争又相辅相成。国民政府内部又有分裂，造成宁汉分裂，一时形成北京、南京、武汉鼎足而立的局面，外交形势益趋复杂。外则英、俄互争对华影响力，日本强行以武力保护其在华利益，列强对华政策各有重大调整，并与中国交涉频繁。这个时期的中外关系错综复杂，而又影响深远。

英国是当时在华拥有最大利益的国家，其对华政策在列强中举足轻重。自孙中山实行联俄政策之后，国共两党受苏联意识形态影响，谴责大英帝国为在华帝国主义列强之魁首，以其控制之关税支持北京政府，压迫中国人民。1925 年五卅惨案之后，反帝废约运动更集矢于英国，沙基惨案后广州政府支持省港大罢工，对英实行经济绝交。北伐初期，英国是国民政府反帝的主要目标，其在华利益受严重威胁。在此期间，英国敏捷地调整对华政策，一面呼吁列强正视中国修约之正当性，一面以灵活手腕与国民政府及北京政府交涉，不仅顺利化解中国民族主义的敌意，且能诱导中国脱离苏联影响，其外交颇有独到之处。唯过去学界对此期英国对华政策之研究，集中于与国民政府之关系，英国与北洋外交之间的重要互动，基本上被忽略。①

事实上，英国对华政策常能盱衡全局，同时考虑南北，由英国外交部（FO）档案可建构中国外交较全面的图像，玩味南北外交间微妙的互动。本节主要使用中、英外交档案，探讨英国与北京政府谈判修约之过程，尤其是归还天津英租界谈判，并考察英国对华政策中的北京因素以及其对北洋修约的观察。

一　英国对华新政策的制定与执行

英日同盟（Anglo-Japanese Alliance）自 1902 年缔结以来，成为

---

① 英国与北京政府关系主要研究成果，参见 Chi-hua Tang, *Britain and the Peking Government*, *1926 - 1928*, Ph. D. dissertation, LSE, 1991。

英国远东政策的支柱，协助日本击败俄国，维持中国的门户开放与领土主权完整。但在欧战期间，日本把握欧洲列强无暇东顾之良机，借口英日同盟对德宣战，出兵山东，攻占青岛，乘势向中国提出"二十一条"要求，进一步扩张其在南满东蒙之优越地位，并将山东纳入势力范围；再利用袁氏帝制之机，支持倒袁势力，一举铲除劲敌；嗣后扶持段祺瑞，以西原借款及防敌协定取得种种利权，对北京政府有相当大的影响力；同时，出兵西伯利亚，占领太平洋上德属岛屿，俨然远东霸主。英国为争取欧洲战场的胜利，要求日本派舰队到印度洋及地中海，协助捕捉德国潜艇，对日本战时的扩张，不得不隐忍，并和日本签订密约，保证战后支持日本确保战时扩张的成果。

1918 年底欧战停火，英国外交部构想和会中对远东的政策，远东司司长麻克类征询驻华公使朱尔典意见。朱使主张彻底检讨对华政策，指出新力量正在搅拌这个半觉醒的巨大国家，而中国与日本站在分歧点，终必会发生冲突，英国不应继续追随日本的瓜分政策，而应联合美国对华行让步政策，修改条约地位；建议在和会中以放弃特权、铁路交国际财团、港口开放、交还威海卫租借地、逐步放弃领事裁判权等 12 项具体做法，以全新的视野确立坚定而慷慨的对华政策。但是英国外交部认为朱尔典的建议大部分是有争议的，其忽视了"青年中国"对外国控制的痛恨，美国政府常不切实际，而日本关心在华利益，在和会中不可能放弃山东与满洲利益，基于以上诸多困难，及英国对日本之承诺，实行朱使的建议十分不智。[1] 英国因而在巴黎和会中，支持日本立场。

五四运动期间，中国民族主义勃兴，证实了朱尔典的远见，他虽于 1920 年 3 月离华返英，英国外交部逐渐追随他的意见，调整远东

---

[1] Jordan to Macleay, 4 Dec. 1918, FO371/3191 [F203506/175334/10]. Also see Hirata Koji, *A British Diplomat in China*, MA thesis, Bristol University, 2005, Ch -4（ⅲ）, pp. 94 - 101.

政策。华盛顿会议中，英、美合作，朱尔典以英国专家身份参与中日山东谈判，日本放弃部分山东权益，并与英、美在华合作，承诺只要中国内政改良达到西方水平，列强就愿意放弃条约特权。[①]

英国在华会之后，依循三强合作支持北京政府之政策，但在修约上消极被动，屡以中国内乱为借口，迟迟不肯执行华会承诺。直到1925年五卅惨案后，英国才警觉到其在华利益受到严重威胁，中国有倒向布尔什维克（Bolshevist）之危险，乃认真检讨改变对华政策之可能。但驻华公使麻克类等保守派，坚持在中国没有改良前，列强不应放弃指导（tutelage）的责任，坚决维护条约权益。英国对华政策一时进退失据，在应否及如何修改在华条约地位这个关键问题上，犹豫迟疑。

1925年6月24日，北京外交部向华会列强提出《修约照会》，英国驻北京使馆代办向伦敦报告："北京政府对华会列强发出修约要求（readjustment of her treaty relations），质疑中国加入协约国，却受如战败国之待遇。"[②] 华会列强频频讨论如何响应，美国国务院指示其驻北京公使，向其同僚表明美国同情修改及修正现行条约（revision and modification of existing treaties），当中国展现有保护外人权益之能力时，可调查领事裁判权问题。伦敦担心依美国建议对法权委员会做明确指示，会被解释为投降，刺激并影响中国舆论，破坏关税会议之正当性。[③] 此时，英国外交部已感觉到现行对华政策有问题，外相张伯伦写道："我感到我个人及外交部政策都需要有关中国政策之指导。"[④]

---

① Dorothy Borg, *American Policy and the Chinese Revolution*, 1925 - 8, New York, 1947, p. 12.

② Chinese Chargé d'affaires, 25 June 1925, FO371/10919 [F2591/2/10].

③ Mr. Perkins communicated, 3 July 1925, FO371/10920 [F2828/2/10].

④ Austen Champlain's minute, Chilton, Washington, 25 July 1925, FO371/10921 [F3446/2/10].

1925 年夏，白厅内部不断检讨对华政策。Dr. Hodgkin 提出《有关中国情势备忘录》，指出：五卅之后英国在华受攻击，杯葛对英贸易打击大，苏联因放弃不平等条约受欢迎，让中国投入苏联怀抱会是大灾难；情形正在恶化，要立即采取步骤：法权、关税会议及其他华会决议案应马上实行，以改变中国对英之态度。[1] 中国专家台克满（Eric Teichman）也提出《外人在华地位——以修约问题为中心（with special reference to question of Treaty Revision)》备忘录，结论是："我们不能当鸵鸟，必须正视现状，必须改变。"[2] 对中国政策影响最大的外交部助理次长卫士理认为：

此时有必要检讨在华情况，厘清我们在关税会议中的政策。我们在华地位原奠基于武力，到欧战前靠威望维持。战后，俄国自愿放弃、德奥被迫放弃领事裁判权，土耳其在洛桑条约中摆脱之，都对中国发生影响，中国人渐知没有武力的威望是纸老虎。中国人知道他们可以让列强手忙脚乱，这是目前真正危险之处。国民运动兴起，被共产党利用，这个运动会持续成长，其目标为：（1）完全财政自主，（2）完全摆脱领事裁判权。可以总称之修约（Treaty Revision）问题。

我们可以不理会或压制这些要求的时代已经过去了，我们要体认到中国人决心摆脱外国桎梏，我们不能永远维持条约特权，它们迟早要被放弃，除非我们准备用武力（这是不可能的）。撤退是必要的，如何有秩序地撤退避免溃败，是我们真正的问题。执行撤退的目标一致，但方法不同，一派主张立即抓住全盘重整中国的问题，在关税会议中提出大规模重整政策，开启一个新时

---

① Dr. Hodgkin to AC, 31 July 1925, FO405/248〔F3631/2/10〕.

② FO, Teichman, 3 Aug. 1925, FO371/10921〔F3678/2/10〕.

代;另一派主张渐进。我主张后者……我认为我们应以坚定同情与面对现状相结合。①

9 月 4 日,华会列强回复北京政府修约照会,表示愿召开已拖延三年多的关税、法权两会议。但是英国驻北京公使同时担任关会代表的麻克类坚持旧政策,主张以增收华会附加税支持北京中央政府。伦敦则认为:若以附加税支持中央,目前广东之反抗会扩及全中国,无担保外债会压垮海关收入,英国贸易会受损。麻克类建议新政策:将附加税分给各省,由中国人自己管理关税收入。②

1925 年、1926 年之交,麻克类与白厅争执不断。麻克类认为新政策基于对现状的误解,伦敦外交部的中国专家不以为然。卫士理认为:我们想澄清状况,现状并不能让人满意。另一位中国专家普雷特 (John Pratt) 云:麻克类指出实行新政策的危险与困难,未能面对我们的根本要点:(关税会议)给予中国关税自主已根本改变情况,若依现行制度运用此大幅增加之税收,将会带来大灾难。③ 同时伦敦外交部对中国高喊的 "不平等条约" 也展开讨论,承认过去八十年规范中外关系的条约是 "不平等" 的,因它们系武力威迫取得,侵犯中国主权,保障外国人权利,没有给中国人互惠的利益;有些特权逾越当初的设想,最惠国待遇条款使各国都享有特权。④ 远东司司长蒙西批注云:自从条约签订以来,环境和情况大大改变了,无疑发生对条文的滥用,为迎合中国人修改现行制度的激情,华会决定由法权委员会考察整个问题,提出建议。⑤

1926 年 2 月 4 日,北京外交部照会法国使馆,要求 "到期修约",

---

① FO Minute, VW, 10 Aug. 1925, FO371/10922 [F3860/2/10].
② Macleay to FO, 21 Dec. 1925, FO371/10925 [F6117/2/10].
③ Macleay to FO, 5 Jan. 1926, FO371/11655 [F52/10/10].
④ FO Minute, Mr. Brett, 15 April 1926, FO371/11683 [F1770/922/10].
⑤ Mounsey's minute, 30 April 1926, FO371/11683 [F1770/922/10].

白厅认为:"中国之要求有理,但不应要求废止全约,王正廷想向中国人展现他可废除对外条约。"① 4 月,北京外交部又向比利时提出修约要求,伦敦认为:"北京外交部看来正在执行一明确计划,符合五卅以来废除条约之激情";并注意到:"明显的中国展开依据条约条文之到期修约运动。"②

伦敦与驻北京使馆(及关会代表团)间之对华政策的歧见,相持到 1926 年夏,白厅分析主要分歧在于:北京使馆及关会代表团认为中国无能,列强应指导之以维护通商利益,必要时用武力阻止军阀滥用岁入;为整理债务必须由外国控制关税收入,新增收入应全用于债务整理与裁减厘金,整理无担保外债可增中国债信;各省不会反对由海关控制新收入,因为不会有多余的钱给北京。伦敦则认为中国应自己找寻出路,使用武力的时代过去了;有强大中央政府债信才有意义,中国民意憎恨无担保外债,支持之会使英国受损;新增收入会引起各省眼红,危及海关行政。最后伦敦外交部建议:为避免威胁海关行政,建议关税收入不要经外人之手交给北京,应该分给各省当局;外人之控制应限于庚子赔款及有担保之外债,回到 1912 年以前之状况,只要不介入中国内争,海关行政就不会有危险。③

白厅下定决心推动新政策,7 月底向英国内阁提出《变更对华政策备忘录》,指出:过去政策支持北京政府,给关税收入担保内债,引起广东及各省不满,列强用炮舰镇压之,现在是否要继续以炮舰示威来维持海关?必须寻求政策以避免未来之威胁,并预防在泥淖中越陷越深;建议实行新政策:各省分配,从 1912 年《管理税收办法》撤退。④

---

① Gwatkin's minute, 26 May 1926, FO371/11683 [F1887/933/10].

② Macleay to FO, 26 April 1926; Toller's minute, June 1926, FO371/11683 [F2323/933/10].

③ FO Minute, 7 July 1926, FO371/11653 [F3119/8/10].

④ FO Minute, 30 July 1926, FO371/11653 [F3110/8/10].

8月3日，英国内阁批准备忘录。① 卫士理指出：新政策对中国表达善意而非示弱，炮舰外交不再可行，列强联合使用武力，会让中国国民运动倒向苏联寻求支持；新政策非完全消极，债务整理与控制会被视为另一"不平等条约"，我们不能无限制维持"不平等条约"，更不可能增加之。我们对华政策必定是"修约"（treaty revision），问题是如何及何时修改。我们对华放弃控制与用武，试图建立平等关系，采更自由的政策，修约是英国明确的对华政策。②

当时，中国南北两政府都攻击条约，北京执行"到期修约"对比利时施压，国民政府则宣称不承认现行中外条约，要废除之。英国外交部决心对中国执行"修约"政策，一位远东司官员写道："除非条约列强联合使用武力政策压制（这显然是不可能的），我们会很快面对整个修约问题，必须让步，没有中间道路。"③

但是"修约"应由列强共同行动，还是英国单独行之？当1926年11月中比修约交涉进入关键阶段，比利时向英国求援，司员史传提出《修改中国条约》（Revision of the China Treaty）备忘录，称：依据华会原则，修约应由条约列强同时进行，互相咨询。中国现在攻击所有条约，英国的问题不是比利时应否坚持条约权益，而是修约应否遵循华会之路或是由个别国家行之。目前如关会之共同谈判无成功希望，个别谈判也因中国没有中央政府，另一个半独立政权则否认条约，不可能成功。目前的条约地位无法维持，因为没有足够强大的中国政府去执行；也不能修正，因为没有可与谈判的权威。置之不理或想改变都很危险，在此不确定时期，列强必须在混沌的处境中不断调整自己。条约将继续在表面上有效，但不会被执行，也不可能谈判新约。列强只能随机应变，试图将分裂之条约地位维持在一定的范围，

---

① Cabinet, 3 Aug. 1926, FO371/11653［F3178/8/10］.

② FO Minute, V. Wellesley , 20 Aug. 1926, FO371/11653［F3456/8/10］.

③ Gwatkin's minute, 15 Oct. 1926, FO371/11684［F4314/933/10］.

努力去塑造尽可能与环境配合之发展，如此，当能重启谈判时，将发现大部分的修约已在满意的路上技巧地达成了。先决条件是说服列强修约是必要的，执行一个在中国分裂或统一时都可实行的政策。列强在关税会议追求的政策只适用于统一政府，因此必须放弃。自去年11月我们就寻求更合适的替代政策，但未能说服麻克类，现在事实证明我们是对的。我们应预先宣布我们谈判新约之意愿，为此做好准备。应将修约置于我们对华政策之前，与北京外交部试探性谈判。[①] 卫士理认为史传的分析很有用，批注云：我同意修约应是我们政策的基础，但不知如何将它具体化。[②]

当北京政府于11月6日宣布废止《中比条约》，日本也对北京让步表示愿意修约时，史传的看法是："我们在中国的条约机会渺茫，南方不理它，宣称它不存在；北方则废止（denounce）它。"[③] 当时，国民革命军已立足长江中游，伦敦外交部考虑与其接触，但是麻克类反对，坚持与列强合作保护条约利益。新任驻华公使蓝普森仍在赴华履新途中。

11月中旬，张伯伦与卫士理讨论对华新政策，试探建议的方向，交普雷特草拟两份完全背离英国传统政策的备忘录，16日由卫士理呈送，张伯伦只稍删一两句话，于21日接受。卫士理于26日依据外相口头指示又修改了一次。这个文件成为英国对华新政策的基础，建议列强对华"修约"。[④]

麻克类仍努力说服伦敦对华新政策之不可行，指出伦敦对华政策之假设是：国民党将统一全中国，而国民党中温和派居多，因此英国应安抚国民党，即使背离华会政策亦在所不惜。但是此假设变

---

① Strang's minute, Revision of the China Treaty, 4 Nov. 1926, FO371/11684 [F4645/933/10].

② Wellesley's minute, 11 Nov. 1926, FO371/11684 [F4645/933/10].

③ Strang's minute, 13 Nov. 1926, FO371/11684 [F4764/933/10].

④ FO minutes, 6 Dec. 1926, FO371/11662 [F5298/10/10].

量很多：国民党内部可能分裂、日本可能介入支持北方、国民党受苏联影响深，不能寄望温和派摆脱苏联控制。麻克类建议在背离华会政策前，应与华会列强恳谈，共同捍卫条约权益及既得利益。① 普雷特批注称：条约已过时，必须大幅度修正，中国做了很多努力，但感受到列强不肯修约，南方遂直接攻击条约。英国必须接受中国部分合理要求，调整条约利益，不要让国民运动落入激进派及苏联之手。主张废除条约之国民运动，不限于南方，列强在关会之态度，使全中国怨恨，让苏联掌控国民运动，作为摧毁英国在华地位之武器。若英国继续提供苏联所需的武器，国民运动将不可挽回，造成对英国致命的结果。英国同意广东征收华会附加税，响应国民激情的合理态度，让国民党相信维持与英国之友谊比投向苏联获益更大。即使英国这样做已太迟了，仍应坚持此政策。首先，因为它在本质上是正确的政策，即使现在不能帮助我们，以后将会。其次，因为此际没有其他的选择。麻克类建议回到列强共同防卫条约权益是不可行的，五卅以来我们学到两件事：一是若英国在华地位受攻击或损害，其他列强为进一步削弱我们的地位窃取我们的贸易，会屈从于任何对条约权利的破坏。二是没有一个列强会准备使用武力。我的结论是列强不可能组成共同阵线保护条约权益。最后，麻克类害怕我们会背离华会政策，我们要说的是华会政策必须调整，以应付与当时构想完全不同的处境，应让中国无条件征收附加税。华会政策是否意味，除非一些列强先做，英国就不能做任何事？英国的利益远超过其他列强，向列强建议我们认为应实行的正确道路，不应被解释为背离华会政策。② 他的意见得到伦敦外交部各级长官的肯定。

---

① Macleay to FO, 24 Nov. 1926, FO371/11661［F5045/10/10］.

② Pratt's minute, 25 Nov. 1926, FO371/11661［F5045/10/10］.

最后，伦敦内阁之中国委员会（Committee on China）于 11 月 30 日批准英国对华政策宣言及致各国驻北京外交代表的文件。① 12 月 1 日，内阁批准。次日，备忘录发送给抵达上海的蓝普森，准备交北京使馆向外交团同僚发布。白厅自认为此备忘录，是第一个寻求新政策，而非随波逐流坐视所有外国利益被摧毁的尝试，希望列强能共同执行；如果建议被拒绝，英国可以要求拒绝者告知其他的选择是什么。英国的目标是：（1）联合列强支持一个政策，为未来奠定稳固的基础，且可得中国国民感情合理的接纳；（2）为引出其他列强的真实意图，尤其要确认美、日是否在思考任何政策；（3）对中国人表明，在咨询华会列强而无法达成协议后，英国对中国人民合理激情的自由与同情态度。②

蓝普森对备忘录有几点意见，白厅做了些微修正后定案。此所谓《十二月备忘录》（December Memorandum）应在何时发布？伦敦担心被其他列强抢着先鞭，蓝普森建议由北京使馆参赞欧玛利判断恰当的发布时机。结果因海关总税务司安格联发出警告：北京政府正慎重考虑向外交团提出征收华会附税之要求，伦敦外交部遂于 14 日指示欧玛利：做好发表备忘录的准备。③

蓝普森在赴北京之前先到武汉，并于 12 月 9 日拜访国民政府外交部长陈友仁，10 日下午陈友仁回访，蓝普森要求国民政府承认现行条约，停止反英运动，英国可考虑承认国民政府。陈友仁表示国民政府希望以平等互惠新约取代旧约，新约谈成前，旧约仍有效，谈判期间不会采取不理智行动。蓝普森表示英国可就部分条文做修改，并讨论英国承认国民政府的方式。会晤后，蓝普森建议伦敦承认南方。④

---

① Cabinet Office to FO, 30 Nov. 1926, FO371/11662 [F5303/10/10].

② FO to Barton (Shanghai), 2 Dec. 1926, FO371/11661 [F5233/10/10].

③ Lampson (Hankow) to FO, 10 Dec. 1926, FO371/11663 [F5454/10/10].

④ Lampson (Hankow) to FO, 10&11 Dec. 1926, FO371/11663 [F5451/F5455/10/10].

15 日伦敦指示：我们考虑成立研究修约委员会，为与未来中国政府谈判做准备；此刻，我们不反对陈友仁之建议，取消旧约谈判新约，只要新约谈成前旧约仍有效。[1] 16 日，蓝普森与陈友仁会面，陈氏表示他亟欲尽快改变条约（alterations of treaties），可先谈大原则，再慢慢谈应用。[2]

18 日，欧玛利因报载北京外交部需款孔急，将向列强要求重开关会，当机立断向列强使节发表《英国变更对华政策建议案》。[3] 蓝普森到达北京后，24 日与华会列强代表会面，要求考虑无条件让中国征收华会附加税，美、荷、意、西使被授权立即同意，日本公使坚决反对，其他代表则尚未收到训令。[4] 蓝普森报告伦敦称：英国构想之列强共同声明，遭日本峻拒后破局，日本连给附加税都不肯，只好刊布备忘录于报端。卫士理批注云：“英国此举不是破坏华会政策，反而是更忠于华会精神。”[5]

英国发表《变更对华政策建议案》，北京、武汉两政府都反对之，南北皆自认是中国唯一的合法中央政府，英国应只与自己谈判，也都不满意于英国零零碎碎地放弃在华特权之方式。当时蓝普森认为与南方建立关系是当务之急，建议为免南方废约，应派人去拉拢武汉，只要南方承认条约，停止反英，可给予部分承认，并谈判修约；但伦敦外交部坚持不愿承认地方当局。[6] 武汉政府对英国备忘录不满，因有

---

[1] Lampson（Hankow）to FO, 12 Dec. 1926, FO371/11663［F5468/10/10］.

[2] Lampson（Hankow）to FO, 17 Dec. 1926, FO371/11663［F5602/10/10］.

[3] O'Malley to FO, 18 Dec. 1926, FO371/11663［F5601/10/10］。《英国变更对华政策建议案》（British Proposals to the Powers Concerning China），英文著作中称为 December Memorandum 或 Christmas Memorandum，被视为英国改变对华政策的重要宣示。英文全文见 H. E. W. Woodhead ed., *The China Year Book*, Tientsin, 1928, pp. 756－759。英使馆发表之汉译本见《东方杂志》第 24 卷第 3 号，1927 年 2 月 10 日，第 107 页。

[4] Lampson to FO, 24 Dec. 1926, FO371/11664［F5723/10/10］.

[5] Lampson to FO, 24 Dec. 1926, FO371/11664［F5725/10/10］.

[6] Lampson to FO, 27 Dec. 1926, FO371/11664［F5764/10/10］.

三分之二的附加税会落入北方之手，蒙西批注云：“苏联顾问主张先巩固在武汉地位，温和派想进攻上海，我们的行动似乎加速了苏联与温和派间的危机。”[1] 驻广州总领事报告北京使馆，广州也反对备忘录，陈友仁不可能明确宣言现存条约有效，备忘录被认为是列强联合向北京提供税收，对付南方。[2]

北京政府对英国备忘录也不满，24 日外交部电驻日公使汪荣宝云：“此间英代使在使团会议私议，提议以无条件容我增抽二五附加税，南北一律办理；并赞成修改约章，酌量容纳我国关税自主、收回法权之志愿。阳示好意，阴实欲维持海关制度，默认南方，殊足破坏统一，显背民众意向。”[3] 北京政府及张作霖对英国向国民政府示好十分不悦，认为英国忽视北京政府。张作霖曾多次宣称尊重中外间现有条约，主张以谈判方式修改；但当他向英国要求支持时屡屡被拒，而南方的暴力方式却有效地让英国让步，张作霖对英越发不满。[4]

28 日，蓝普森晋见北京摄政内阁总理顾维钧，却没有呈递国书，顾氏很不高兴。[5] 30 日，掌握北京实权之张作霖拜访英国使馆，要求列强财政支持，蓝使表示英国对华不介入。[6] 北京政府在英国发布备忘录后，要求总税务司征收华会附加税，安格联拒绝执行，反而南下拉拢国民政府。英国对华新政策发布之初，似乎对北京、武汉及日本都不讨好。

1927 年初，蓝普森多次建议白厅尽快研究与国民政府修约，防止武汉片面废约，以保护英国在长江流域之利益。伦敦赞许蓝使与国民

①　Consul General Goffe（Hankow）to FO, 29 Dec. 1926, FO371/11664［F5809/10/10］.

②　Brenan, Acting Consul General, Canton, to FO, 1 Jan. 1927, FO371/12397［F17/2/10］.

③　史爱初辑《汪荣宝函电》，《近代史资料》总 33 号，1963，中华书局，第 112～113 页。

④　参见 Chi-hua Tang, “Britain and Warlordism in China: Relations with Chang Tso-lin, 1926－1928,”（台中）《兴大历史学报》第 2 期，1992 年 3 月，第 212～213 页。

⑤　Lampson to FO, 29 Dec. 1926, FO371/11664［F5807/10/10］.

⑥　Lampson to FO, 3 Jan. 1927, FO371/12402［F1934/2/10］.

政府建立互信之努力，但同样关心他和北京及外交团的关系，并主张应研究法权委员会报告书及修约事宜，先考察英人在华特权哪些是基于条约，哪些是惯例非正式取得，然后才能决定哪些要保留，哪些可放弃。① 蓝普森力促伦敦自行放弃一些特权，派人去南方前要确立政策，建议给事实承认与修约（de facto recognition & treaty revision）。伦敦外交部内部频频讨论，卫士理建议给中国更具体的东西，而非原则而已，英国与苏联竞相争取国民政府，英国无法承认之，只能谈修约。蓝普森进一步提出修约建议草案，包括治外法权、租界与租借地、传教士、关税、海关收入、海关行政、沿海与内河航行、内河炮舰及杂项。②

然而，1月初汉、浔案爆发，打乱了英国的步调。白厅密集商讨对策，决定派欧玛利与武汉接触，并于17日指示蓝使：刺激国民党感情的不平等状态中的一大部分，不必谈判新条约或修正旧约，也不必与列强咨商，只要英国以行政作为及放弃一些现行权利就可去除，可训令欧玛利告诉陈友仁：英国欲以修约建议交换国民政府放弃汉、浔式之暴动，尤其要保证上海租界安全，花一点时间落实英国建议，然后可以谈判新约。③

蓝普森当时明显忽视北京政府，顾维钧询问蓝普森英国对南方及北方之态度，蓝使答以：当北方建立稳定政府，英国将与之谈修约之类的事；若英国与南方接洽，会告知北方。史传批注道：只要北方建立稳定政府，蓝普森想南北平行谈判，对双方都准承认，不知陈友仁是否能接受？④

张作霖对英国轻忽北方十分不谅解，8日他派员拜访蓝普森，建

---

① Lampson to FO, 22 Dec. 1926, FO371/11664 [F5706/10/10].
② Lampson to FO, 3 Jan. 1927, FO371/12398 [F77/2/10].
③ Lampson to FO, 3 Jan. 1927, FO371/12398 [F77/2/10].
④ Lampson to FO, 8 Jan. 1927, FO371/12398 [F183/2/10].

议英国支持奉系对付南方，并表示汉、浔案使北方为难，北方尊重条约，也要修约，有人主张对天津英租界动手。蓝使认为张氏不是虚声恫吓，而是表明南方以暴力方式有收获，北方以谈判也应得英之让步；若英国忽略张氏，他也能制造麻烦。史传批注道："我们对武汉的修约应适用于全国"。[1] 同时，安国军总参谋长杨宇霆与英使馆武官谈论汉案时，表示北方像绅士一般，应在条约上被相应地对待，英国应先与北京提议修约；蓝普森认为与南方关系恶化时，北方更显重要。[2]

1月12日，北京政府改组，新任司法总长罗文幹访问蓝普森，强调北方与南方之差别，南方扬言要废约，北方主张谈判修约，英国应立即与北方谈判，证明备忘录非空言；若英国不谈，北方可如南方般逼迫英国；并非正式交一建议：（1）实践备忘录，立即交还英国租界及租借地；（2）此种交还可让英国不致陷入如汉口之困境；（3）可得北方之好感；（4）自愿以谈判交还胜于被迫投降，可保护英国利益；（5）若拒绝，表示英国不向理性让步，只对武力低头。蓝使答以北方不应犯如南方之错误。蓝普森向伦敦报告称：罗文幹得张作霖授意，若英国不尽快与北方妥协，尤其是天津租界，他们由汉案学习到如何对付英国；我们应考虑尽快与北方修约，但应慢慢走。[3]

英国驻天津总领事反对放弃租界，建议夺回汉口租界，强调北方不致对天津用武。白厅普雷特认为汉口租界无可避免要归还，天津也躲不掉，英国要对北方提出如同对南方之修约建议，以避免鼓励暴力，天津总领事之建议，会让中国人认为英国没诚意，如同布尔什维克宣传的一般，唯一收回国权的方法是就是暴力，那么天津会步汉口后尘，再来一个晴天霹雳。张伯伦批注道：蓝普森告诉我他现在完全

---

① Lampson to FO, 10 Jan. 1927, FO371/12398〔F188/2/10〕.
② Lampson to FO, 12 Jan. 1927, FO371/12398〔F325/2/10〕.
③ Lampson to FO, 12 Jan. 1927, FO371/12398〔F327/2/10〕.

了解我们的政策，他将对北方提交如欧玛利将对武汉提出的建议。白厅指示蓝普森："天津总领事当然要理解我们的政策，要遵循提交北方及武汉之条件。"① 同时，普雷特建议对北京与武汉同时提出修约建议，不必改变现行条约或谈判新约，就可除去条约之不平等性质；如此做的好处是，给武汉想要的，却不必进行涉及承认之条约谈判。②

此时，日、法、比都与北京展开修约谈判，比利时并主动表示放弃天津租界。19 日，蓝普森会晤税务督办梁士诒，梁氏建议与北京外交部谈判修约，南方会接受英国与北方达成的协议，南北非死敌，可合组外交委员会处理外交事务，但需要时间，英国还是先与北方谈；梁氏并要求英使劝导总税务司协助北京征收附加税。③

20 日，蓝普森报告白厅，称：英国应南北同时修约，以免北方有不智之举。④ 次日，日本驻北京公使芳泽谦吉询问蓝普森英国对华态度及汉口谈判之事，蓝使告以将同时对北京提议修约，日使很惊讶，问若南方不答应修约，英国是否会与北京谈判？蓝使表示他倾向于继续与北京修约，因为北方至今表现得很好，维持秩序，压制排外煽动，值得英国善待之。白厅指示蓝使："同意应与北方实行我们的建议，与南方发生的事无关。"⑤ 24 日，蓝使电告在武汉的欧玛利："我们应尽快遵循白厅指示，提出修约建议。"⑥

日本对英国与北京修约持反对态度，日本驻伦敦大使告诉张伯伦，日本反对允许中国征收附加税，此举违反华会条约，鼓励中国民族主义者破坏条约权利；北京政府提出旧约到期失效，谈判新约，北方为了自保不可能比南方要求的更少，日本不可能对那样的要求让

① Lampson to FO, 18 Jan. 1927, FO371/12399〔F435/2/10〕.

② FO minute, John T. Pratt, 6 Jan. 1927, FO371/12459〔F472/472/10〕.

③ Lampson to FO, 21 Jan. 1927, FO371/12399〔F625/2/10〕.

④ Lampson to FO, 20 Jan. 1927, FO371/12399〔F525/2/10〕.

⑤ Lampson to FO, 21 Jan. 1927, FO371/12399〔F609/2/10〕.

⑥ Lampson to O'Malley, 24 Jan. 1927, FO371/12399〔F688/2/10〕.

步。张伯伦告诉英国驻东京大使：我希望能与日本合作，但日本不告诉我们他们的想法。[1] 25 日晚，蓝普森告诉芳泽，必须同样对待南北，北方表现相对良好。日使要求与列强使节会谈此事，蓝使同意，但表示会很快对北方提出修约建议。普雷特批注："令人满意，蓝普森看来已体会到无论南方对我们的建议反应如何，我们都要和北方进行（谈判）的重要性。"[2]

北京政府下令 2 月 1 日起征收华会附加税，1 月 27 日外交团讨论此事，日使发表长篇宣言，表示不能接受，外交团决定不回复也不抗议。蓝普森建议不对北京作回复，但告诉顾维钧英国同意征收。[3]

就在此时，张作霖对英国不肯支持他表达强烈不满。27 日，张作霖威胁英使馆武官，说他也可如南方般打击英国利益，这似乎是唯一让英国实行备忘录的方式。张作霖随即命令顾维钧免去安格联总税务司职务，并威胁撒手不管北京，不再压制反英活动。蓝普森报告云：目前我们当然不想让北方如南方般棘手，尽管日使反对，我必须立即对北方行动，事不宜迟。白厅随即批准。[4]

二 英国与北京政府之修约谈判

1 月 27 日，欧玛利向武汉国民政府提出《修约建议》（Treaty Alteration Programme），交换汉、浔案之解决及对上海之保证。次日，蓝普森电话通知在天津有租界的法、日、意公使后，往访顾维钧，告以中国政局妨碍谈判新条约，但英国仍决定依《变更对华政策建议案》精神，参酌法权委员会报告书之建议，片面提出修约建议，不必签订新约可立即实施。并云相同建议也提交武汉，并依华会条约通知

---

① Sir Austen Chamberlain to Sir J. Tilley（Tokyo），24 Jan. 1927, FO371/12399［F706/2/10］.

② Lampson to FO, 25 Jan. 1927, FO371/12399［F725/2/10］.

③ Lampson to FO, 28 Jan. 1927, FO371/12412［F849/3/10］.

④ Lampson to FO, 27 Jan. 1927, FO371/12400［F847/2/10］.

华会列强。① 英国《修约建议》内容如下：

（1）英国政府准备承认中国新法院对于英国原告所提诉讼有权受理，并愿放弃英国陪审员列席观审之权。

（2）英国准备承认中国合理国籍法之有效。

（3）英国政府于中国新民法、商法（除诉讼法及关于个人身份者外）及正式制定之附则施行法，在中国各地方公布及实施时，准备就实际上能实行者，尽量施行于驻华英国法院。

（4）凡中国全国人民所纳而对英国人民或货物并无歧视之正当及合法之中国税捐，英国政府准备令在华英国人民一体缴纳。

（5）英国政府一俟修正之中国刑法公布及施行于中国法庭时，准备考虑施行于驻华英国法院。

（6）英国政府准备按照各埠特殊情形，讨论及商议英国租界内市政管理之改革，以便与中国在旧租界内之特别管理相符，或与现在中国管辖下之旧租界合并，或将租界内之警察权交与中国官吏。

（7）英国政府准备承认英国教士不再要求有在内地购地权之原则，中国信徒应受中国法律之保护，不再依据条约而求保护，所有教士所立之学校、医院，应遵守中国施行于同类学校、医院之法律及规则。②

次日下午，北京政府外交、内务、财政、司法各部专门委员，在外交部讨论此《修约建议》，签注意见如下：（1）我国新法院本不许外人列席观审，而英提案所称新法院有权受理英人诉讼，又仅限于英人原告，是仍未放弃领事裁判权。（2）提案于承认中国国籍法上加以合理二字，殆以英属华侨因彼此所采国籍法之主义不同，属华属英各执一是，或将另商折中办法以期凑泊。（3）提案用中国全国各地方字

---

① Lampson to FO, 29 Jan. 1927, FO371/12400［F872/1/10］.

② 《英国提案》（1927年1月28日），外交档案：03-34-011-05-001。

样，虽称就实际上能行者尽量施行，在我国未统一以前，深恐难沾实惠，又其未肯放弃领事裁判权意更明显。（4）英人认纳之税捐既须全国人民所共纳，而又须正当合法，实际所认纳者恐无几耳。（5）提案称考虑施行，其承认之成分较诸第三条所称尽量施行，似又稍逊，而其不肯放弃领事裁判权则同。（6）原案所开三项办法，其前两项意思颇不明了，就表面观之，第一项之意或系由彼自行为与我特别管理区同样之改革，而租界仍属诸彼，第二项之意或系举英租界合并于我，查特别区各国侨民有权参与原租界以外之市政权，但究不知其真意之所在，最好再请彼详加解释，其第三项交还警察权，自应承受。（7）教士及教堂本身并未声明应行遵守中国法律及规则。①

然而，英国对北京表达善意晚了一步，31 日晚 11 点半，顾维钧打电话告诉蓝使，安格联被免职，以易纳士（A. H. F. Edwardes）代之。普雷特批注称："讽刺的是免他职的是他支持的派系，显示了北方军人长远来说比南方民族主义者更危险。"② 次日，北京政府发布正式命令，蓝普森往见张作霖，张氏抱怨英国不帮助他。蓝使向伦敦报告称："我们越理性越被糟蹋，我向外交部提出慷慨的建议，却未得丝毫感激；张作霖因遭英国忽视而不满，制造麻烦，要我给他面子。"③

2 月初，北方修约愈趋积极，蓝普森担心北京政府近日内会废除所有中外条约，日、荷使也有同感。普雷特批注道："若北方军人如此做，我认为他们会比南方民族主义者更粗暴。"卫士理则怀疑此说，认为："到目前为止，北方表现比南方好，一再宣称他们要由谈判修约（treaty-revision by negotiations），若突然改变，很难理解。"④ 普雷

---

① 《关于英国提案之签注》，密件第 24 号，外交档案：03 - 34 - 011 - 05 - 001。
② Lampson to FO, 31 Jan. 1927, FO371/12464［F931/630/10］.
③ Lampson to FO, 2 Feb. 1927, FO371/12400［F1004/2/10］.
④ Lampson to FO, 4 Feb. 1927, FO371/12426［F1104/37/10］.

特认为："中国目前是贪得无厌，在这方面北方与南方一样是禽兽，虽然到目前为止，北方对待外国人还维持国际礼仪。"①

17日，条约研究会第13次常会，讨论英国提案，外交总长顾维钧称：英使表示该提案系英国不待修约即能履行之各端，至修约一层，英政府甚愿即予考虑，但因中国无代表全国之政府，如正式修约，难免南北同时进行，事实上殊多不便。鄙人询问英使关税自主一节提案中何以并未说及。英使答谓上年12月18日说帖中已正式声明。外交次长王荫泰云：鄙意英国既愿抛弃一部分权利，我国即不妨径予承受，不必另生枝节。南方现正唱高调，北方是否须与一致进行？司法总长罗文幹云：现在北方所抱宗旨，到期各约概予修改，不到期者，暂时不问；单提法权，办法似不彻底。修订法律馆总裁王宠惠云：英国提案南方表面上表示不满。王荫泰云：南方已表示不予承认，北方态度究竟如何？罗文幹云：现在南方系取废约行动，北方系取修约行动。顾维钧云：目下最好是抱得寸则寸主义，南方对于英国提案，亦非不相对的予以容纳，不过先从收回租界着手。罗文幹云：应表示我国之希望本在提前修约，但对于七条提案相对的亦可与之商量，先决问题仍在此种馈遗，我方是否承认？顾维钧云：就事实论与修约亦无大差别，不过在南北未统一以前，欲避去修约之名。然后逐条讨论，对于归还租界不包括上海在内，顾维钧称：据英使云天津特别区市政管理不及汉口，将来收回天津租界磋商时，恐不若收回汉口租界之易，且闻天津英国商人不赞成交回租界。罗文幹云：鄙意第一步我国应向彼要求提前修约，修约不成则退一步，要求于此数条之外，加增几条；加增又不成，则再退一步就七条内容略为损益，说明此系修约前过渡办法。②

① Pratt's minute, 25 Feb. 1927, FO371/12464 [F1846/630/10].
② 《前外交部条约研究会会议记录》（1927年2月17日第13次常会），《外交部档案》：缩影05000-143，第626~662页。

次日，王宠惠衔命访蓝普森，询问若南北合作保证承认结果，英国是否同意谈判修约，且在修约前不坚持完全执行现行条约；若英国可放弃权利，在修约时全中国之反英激情会结束；他将派人去武汉接洽此事。蓝普森向伦敦报告云：王在南北间之地位特殊，不只是个梦想家，但此事是否可成，值得怀疑。①

21 日下午，蓝普森至外交部，探询顾维钧对修约建议之响应，顾氏声明：中国希望将中英条约通盘修改，不必旁生枝节仅提七条；目下国人对修约最重视关税自主、取消领事裁判权及收回内河航行权。英使答称：关税自主问题，去年 12 月备忘录中已有负责宣言，修约一事现在时机未至，英国只能用单方宣言抛弃权利，中国如坚欲修约，他无权讨论，因修约前提是有统一政府，否则北方所订条约，南方不予承认，事实上殊多困难。顾氏称：现在暂将英国七条提案逐条约略讨论，然不能因是遂谓中国政府抛弃其他各种主张。英使同意。然后逐条讨论，对第 6 条天津英租界，顾氏声明本条中国方面最为重视，英使答谓此条可由双方驻在天津地方官吏就近接洽，问题在于天津英侨对于交还租界颇不赞同，且有（1）天津英界尚有市政债票若干，中国政府应予保障；（2）英国纳税者在市政上亦须有相当代表之权。顾氏答以此事可由专门委员就地讨论。最后决定先行组织两个专门委员会，一为收回法权专门委员会，研究因第 1、2、3、5 条所发生之问题；二为收回租界专门委员会，研究因第 6 条所发生之问题；至第 7、4 两条，待下次交换意见后再决定。顾氏认为：对于第 7 条最好事前应有完善法律，第 4 条拟由财政部负责办理。②

蓝普森对伦敦报告称：与顾维钧谈修约计划，顾氏全无感激之意，云英国提议只谈特殊问题，仅部分符合中国的愿望，顾氏宁愿谈

---

① Lampson to FO, 19 Feb. 1927, FO371/12401［F1619/2/10］.
② 《前外交部条约研究会会议记录》（1927 年 3 月 3 日第 16 次常会），《外交部档案》：缩影 05000 - 143，第 712 ~ 741 页。

更广泛的关税自主、废除领事裁判权及废除内河航行权。蓝使答以他只被授权谈建议之事项，顾氏最后同意以英国提议为谈判基础，先大体讨论，顾氏关心修正天津英国租界地位，同意进行地方谈判，蓝使着重保障现有权利，顾氏强调租界现在主要是政治问题，中国目标是合并入中国领土。双方最后同意组成两个委员会，讨论法权与租界问题。①

3月初，英方派定三名委员与中国谈天津英租界问题，另派在烟台之康斯定（C. F. Garstin）为英方法权问题委员，但要等法官回复各问题之后，才能继续。② 北京外交部也通报三名租界委员、两名法权委员名单。③

此时，在武汉之台克满报告：陈友仁认为上海防卫军④及中英北京谈判是达成谅解的两大障碍，对后者，我告以与北京谈判并非正式修约，只是对英国片面放弃权利的建议订出细节。此地报纸报道北京努力谈判修约，陈友仁因国民政府内部纷争无力谈判，若北京成功跑到前面，他会很丢脸。最后，台克满建议：不要因与北京谈判激怒武汉，应拖一拖。白厅同意。⑤ 蓝普森却不以为然，指示台克满：我们的修约计划同时提交给整个中国，北方接受它，南方至今不肯，停止与北方谈判，不仅不对也不可能；北方仍比许多人想的更重要，我刚同意成立共同委员会讨论天津租界问题，不可能停止；有人建议北方与南方联合对英谈判，顾氏已同意，只怕南方不肯；无论如何，我不会因南方反对而停止与北京谈判。白厅之普雷特认为：我们得十分小

---

① Lampson to FO, 24 Feb. 1927, FO405/253 [F3216/2/10]；Lampson to FO, 23 Feb. 1927, FO371/12402 [F1777/2/10].

② Lampson to FO, 4 March 1927, FO371/12488 [F2100/1872/10].

③ Lampson to FO, 5 March 1927, FO371/12402 [F2102/2/10].

④ 汉、浔案发生后，英国派遣约1.5万兵力之所谓"上海防卫军"（Shanghai Defending Force）防卫上海租界。参见吕芳上《北伐时期英国增兵上海与对华外交的演变》，《中央研究院近代史研究所集刊》第27期，1997年7月。

⑤ Teichman（Hankow）to Lampson, 10 March 1927, FO371/12402 [F2255/2/10].

心不要开罪南或北，我们不能拒绝与北方谈，但可拖延；我们主要的困难在于国民政府无法控制工运，只要英国在上海驻军就会有工运，只要有工运英国在上海就要驻军，如何打破此恶性循环？①

17日，条约研究会第18次常会，讨论英国提案第1、2、3、5各条，由外交部科长金问泗与司法部郑天锡负责交涉，讨论拟定训条事宜。②

24日，蓝普森与顾维钧讨论修约事宜，蓝使提出两草案，顾氏小心翼翼，表示不受英方建议之束缚，应友善广泛地讨论所有修约问题。蓝使表示未被授权谈超出建议之事。蓝使报告称：顾维钧态度犹疑，事情能否进展全看他，我一点都不相信他。蒙西批注："令人沮丧（very discouraging）。"③顾氏在条约研究会第19次常会报告称：英方再次声明，只与中国谈判七条范围以内之各项问题，其用意在于限制讨论范围，与我方根本修约之宗旨不相符；不过英既自动抛弃一部分，在我亦正可乘机收回，故鄙人当日答复谓两国对于本国所派委员，各自给予训令，俾行动较为自由，此点英使首肯。④

法权问题之讨论，北京委员郑天锡、金问泗与英国委员康斯定于3月28日、30日，4月4日、9日在外交大楼开会四次。郑、金二员4月13日报告称：就英国提案第1、2、3、5各条，与英员非正式会谈，开会之始即向英员声明：此次会谈不得拘束中国政府，并不得妨碍中国政府对于中英现行各约终当修改之主张。英员以为然，并代表英国政府做同样之保留。四次会谈之结果如下。

关于英案第1条，中方委员坚持上海临时法院（即昔时上海会审

---

① Lampson to Teichman, 14 March 1927, FO371/12403［F2370/2/10］.

② 《前外交部条约研究会会议记录》（1927年3月17日第18次常会），《外交部档案》：缩影05000-143，第773~802页。

③ Lampson to FO, 26 March 1927, FO371/12488［F2807/1872/10］.

④ 《前外交部条约研究会会议记录》（1927年3月24日第19次常会），《外交部档案》：缩影05000-143，第806~831页。

公廨）英员观审权应同时放弃。英员转陈英国使馆后，复称该问题现时未能讨论；双方校正调查法权委员会所收之中国新式法院表。

关于第2条，英员称并未奉令讨论该问题，以私人资格交换意见，中方提出办法如下：

> 华族人民在中国境内时，除有左列条件外，不得因有英籍，要求英国保护：
> 一、该民已于其居住地最近英领馆照例注册，而其姓名并经通知该管中国官厅者。
> 二、倘该民住在中国过六个月以上，除前项注册外，曾向该管中国官厅依照中国国籍法声请出籍，并取得丧失国籍证书者。

英员允转请英馆考虑。

关于第3条，中方要求：（1）"中国民商法"字样应包括大理院关于该民商法之判决例及解释例在内；（2）"附则施行法"字样应解释为包括中央制定之各该法，并且指地方各机关所制定之各该法而言，属于刑事性质者亦包括在内；（3）"在中国各地方"字样，只能作为法律效力原来所欲及之地方，不能指全中国而言。英员则谓关于（1），在华英国法院于适用中国法律时，大理院判例与解释例是否有拘束力，伊实不知。关于（2），英员认为凡属附则，就实际上所能施行者均包括在该字样之内。关于（3），英员谓想当作如是解释，并谓关于法律适用条例可陈请英政府采用，但第二条之但书规定，与中国国籍法有连带关系，此项规定能否承认，殊属疑问。

关于第5条，英员称中国修正刑律之实施，度英政府当予以最满意之考虑。

中方委员并提出最终上告审与司法协助及引渡各点，亦经讨论。关于引渡一节，英员谓当转陈英使，请其加以满意之考虑，并谓该问题应以条约规定之。另外还讨论外国律师及观审权等问题。① 然而，此后英国与北京政府对于法权问题并无进一步谈判。

三　天津英租界归还谈判

北伐期间，英国以因地制宜的应变方式，对在华最主要的三个租界——上海、天津、汉口，采取了不同的对策。在汉口，英租界因水兵与中国群众发生冲突，英国断然先将租界交给武汉政府，再派人谈判归还事宜，以较小的损失争取国民政府的好感与不使用暴力改变其他租界地位的承诺。在上海，英国派遣大军驻守，阻吓国民政府中激进左派以民族主义号召群众，模仿汉、浔模式强行收回上海租界。在天津，英国则与北京政府谈判，寻求一个双方都可接受的归还租界的方式。三个个案中，前两者较受注意，也有较多的研究。西方史家常以英国在上海租界的强硬手段，与在汉口租界的妥协方式，作为北伐期间英国对华政策灵活"两面手法"的最佳例证。然而重要性仅次于上海的天津英租界，因为是北京政府与英国谈判，加以未有具体结果，一直被学界忽视。

1927 年 1 月 28 日，英国向北京提出《修约建议》，其中第六款云可讨论英国租界市政管理之改革，当时北京政府管辖之下的英国租界，只有天津一处。但天津英租界归还问题，到 3 月底全无进展，主要的障碍是：（1）天津英租界英籍居民的反对；（2）国民政府的反对；（3）顾维钧对修改条约的立场与英国不同。天津英租界 282 名英籍居民始终反对将租界归还中国，英国天津总领事詹姆生（James Jamieson）曾建议用武力夺回汉口租界，阻吓北方任何暴力行动。② 但是白厅决心执行其对华新政策，认为"不能任由天津英国社群阻碍英

---

① 《专门委员郑天锡、金问泗与英国专门委员康斯定讨论英案法权问题报告》（密件，1927 年 4 月 13 日），外交档案：03 - 25 - 001 - 01 - 028。
② Lampson to FO, 18 Jan. 1927, FO371/12399〔F435/2/10〕。

国保护在华广大利益之新政策的执行"。① 天津英籍居民被迫接受并表示效忠英国对华新政策，但决定尽可能保障自身权益，组织"顾问委员会"（Advisory Committee），编纂《英租界未来政府报告书》（Report on Future Government of the British Municipal Area），呈交白厅，表述他们对归还谈判的意见，英国外交部对他们的忠诚与合作十分欣慰。②

国民政府强烈反对英国与北京谈判归还天津租界。1927 年初，南北外交互相竞争，武汉政府之"革命外交"有相当斩获，北京政府之"到期修约"也获致不俗成果。但国民政府于 2 月中旬签订《归还汉浔英租界协定》后，即因内部纷争，对外转趋消极；此时北京则顺利与各国展开修约谈判，国民政府已然相形见绌，若英国再归还天津租界，将更是脸上无光，因而多次向英方表达不满。

当蓝普森决心与北京谈判时，顾维钧对修约有不同的看法，自始拒绝以英国《修约建议》作为谈判基础，认定天津英租界应属"政治"问题；最后双方同意组织委员会进行地方谈判。3 月 1 日，北京外交部任命其委员，并通知蓝普森称：收回租界应由中国人自己来处理。蓝普森也任命了英方委员，答复顾维钧云：这些委员只被授权谈判英国《修约建议》范围内的事项。③ 21 日，外交部委员未告知英国使馆，径自抵达天津与英国委员接洽；但发现英委员尚未准备妥当，且其中之一不在天津，中国委员只好折回北京。④

24 日，顾氏与蓝普森讨论天津问题，蓝使因英方委员不齐未能谈

---

① John Pratt's minute, 25 Jan. 1927, FO371/12399 ［F725/2/10］.

② Lampson to FO, 23 March 1927, FO371/12488 ［F3540/1872/10］.

③ Lampson to FO, 5 March 1927, FO371/12402 ［F2102/2/10］.

④ 北京政府派外交部刁作谦公使、徐巽言参事、直隶交涉员庄景高及盐运使任望南为中国代表。见《朱我农、姚作宾收回租界意见书》（1927 年 4 月 21 日），外交档案：03 - 16 - 006 - 01 - 019；Jamieson（Tientsin）to Lampson, 29 March 1927, FO405/253 ［F4420/144/ 10］。

判道歉,表示一旦英国委员准备好,会立即通知外交部。蓝使并试图与顾氏达成一些共识以训示谈判委员,但是顾氏重申不以英国建议为谈判基础,双方应自由而友好地讨论所有问题,双方各自给委员训令。[1] 到 3 月底为止,英国《修约建议》遭到南北双方的拒绝。白厅接到报告后,认为目下要在中国就任何事情谈出结果,看来希望渺茫。[2]

就在谈判前景看似黯淡时,奉系的介入扭转了形势。安国军总司令部对英国《修约建议》的态度与外交部不同,急于在修约上达成具体结果,以增强自己的声威,抵消国民政府的外交成就。[3] 4 月 1 日,安国军总参谋长杨宇霆拜访英国公使,强调与北方修约之急迫性,表示他十分关心与英国谈判《修约建议》中的事项,尤其是天津租界;舆论认为南方可强行收回租界,北方必须显示和平方式一样可以成功。蓝使答以两个月前就向顾维钧提出建议了,英方早准备好随时可谈天津,谈判延迟之责在外交部。[4] 杨氏向蓝使保证会加快中方之脚步。[5]

次日,安国军外交处致函外交部,云:收回租界为全国人民所渴望,英国曾有退回天津英租界之提议,迄今尚未实行。奉谕即由本部派员从速进行,经商之英使,亦复同意。派定三名磋商接收天津英租界委员,克日赴津。要外交部转知英使查照,倘外交部可派员协同办理更佳。[6] 蓝普森报告白厅云:天津谈判外交部委员迟迟未进行,安

---

① Lampson to FO, 26 March 1927, FO371/12488 [F2807/1872/10].

② Strang's minute, Revision of the China Treaty, 4 Nov. 1926, FO371/11684 [F4645/933/10]; Mounsey's minute, 30 April 1926, FO371/11683 [F1770/922/10].

③ 安国军与外交部在处理外交事务时的关系,参见唐启华《北伐时期的北洋外交——北洋外交部与奉系军阀处理外交事务的互动关系初探》,《中华民国史专题论文集·第一届讨论会》,第 321 ~ 336 页。

④ Lampson to FO, 5 April 1927, FO371/12404 [F3288/2/10].

⑤ Lampson to FO, 23 April 1927, FO371/12489 [F5333/1872/10].

⑥ 《外交处致外交部函》(1927 年 4 月 2 日),外交档案:03 - 16 - 006 - 03 - 002。

国军任命三名委员处理之，他们亟欲取得一些立即的成果，以与南方竞争。我要求他们先与外交部商量。普雷特批注称："我们以为北京政府是奉系军阀的傀儡，但是现在看来他们更像是敌人……蓝普森的做法是唯一可行的明智之举"。①

4 日，安国军委员抵达天津，会合英方委员，乘车绕行英租界。翌日谈判开始，但顾维钧拒绝发给任命状，安国军委员无法进行谈判，径回北京。② 外交部与安国军僵持数日后，达成妥协。③ 最后中方代表团由安国军委员三名及外交部、直隶省委员四名共同组成，与三名英方委员展开谈判。④

谈判于 4 月 11～22 日进行了 9 次，草签《共同建议案》。谈判进行顺利的主要原因是：（1）汉口英租界归还的先例；（2）安国军的急切心理；（3）天津英籍居民 "顾问委员会" 备妥蓝本可供参考。谈判伊始，双方都想依循汉口模式；杨宇霆表示安国军的宗旨是：以无条件收回为主，至少亦须比收回汉口英租界为妥善。⑤ 伦敦早在 1 月就体认到，在天津循汉口模式解决似乎是不可避免的。⑥ 2 月 19 日《归还汉口英租界协定》签字时，蓝普森就抱怨汉口协定使他们失去立足点，在未来上海及天津的谈判中居于绝对不利的地位。⑦ 虽然英国国会多位议员表示，汉口的让步不应在他处重演；⑧ 但汉口协定建

---

① Pratt's minute, 5 April 1927, FO371/12488 [F3136/1872/10].

② Lampson to FO, 19 April 1927, FO371/12489 [F5273/1872/10].

③ 折冲过程见《外交部致安国军总司令部公函》（1927 年 4 月 13 日到）、《安国军总司令部致外交部公函》（1927 年 4 月 15 日），外交档案：03－16－006－03－007、008。

④ 英方代表为天津总领事詹姆生、工部局董事长杨嘉立（P. C. Young）、律师甘特（P. H. B. Kant）。见 Lampson to FO, 19 April 1927, FO371/12489 [F5273/1872/10].

⑤ 《收回天津英租界讨论委员会预备会议纪要》（1927 年 4 月 24 日），外交档案：03－16－006－02－002。

⑥ FO to Lampson, 17 Jan. 1927, FO371/12398 [F77/2/10].

⑦ Lampson to FO, 2 March 1927, FO405/253 [F3567/1872/10].

⑧ A. Eden to Austen Chamberlain, 29 March 1927, FO800/260, p. 356.

立先例，英方受到相当的束缚。① 另外，由于武汉接收汉口后表现不佳，也给英国借口，要求对天津英籍居民利益给予更多的保障。

安国军委员是中国代表团的主干，他们比外交部及直隶委员更急于达成协议。② 蓝普森察觉到这个现象后，指示英国委员："若我们能在形式上做让步，安国军委员较可能在实质上配合。"③ 天津英籍居民顾问委员会草拟的《英租界未来政府报告书》内容详尽，规划出避免中国收回后可能的混乱与财政问题的种种办法，白厅很欣赏这份报告，认为它不仅体现了英国《修约建议》的精神，并为《共同建议案》奠定基础。④

4月22日草签的《共同建议案》，即《紫竹林市政管理章程》草案43条。依此草案，中国表面上收回英租界，由中央委派市政局长，取代英国总领事，市政局长位阶在董事会之上，有不小的行政权力；但因其不兼董事长，只是政府与董事会之居间者，对日常行政无置喙之权。实质上，该区的行政大权仍在董事会手中，而非如汉口般由市政会议主掌。此外，规范了一些对英国基本权益的保障，设立一"债票保证委员会"，充分保障英籍居民最关心的市政公债持有人的利益。⑤ 白厅对此结果非常满意，蒙西写道：

> 英国基本利益得到的保障，远比詹姆生预期在现况下所可能达成的来得高。因此当然要尽快结束谈判，不只是为天津租界取得满意的协议，并且可以建立一个先例。尤其是我们在上海驻有

---

① Lampson to FO, 25 July 1927, FO371/12490［F7397/1872/10］.

② Jamieson to Lampson, 14 April 1927, FO371/12489［F5273/1872/10］.

③ Lampson to Jamieson, 2 April 1927, FO371/12488［F3136/1872/10］.

④ Memorandum for Secretary of State by Wellesley, 21 June 1928, FO371/13208［F3400/124/10］.

⑤ 《收回津英租界》，《国闻周报》第4卷第17期，"一周间国内外大事述评"，第3～4页；《紫竹林市政管理章程》，见吴蔼宸《华北国际五大问题》，商务印书馆，1929，第51～83页。英方评价见 Lampson to FO, 27 April 1927, FO371/12489［F4593/1872/10］。

大军的情况下，借此协议可显示英国执行对华新自由政策的决心，且避免对中国示弱的批评。[1]

安国军没有坚持完全收回，对此结果也表示可接受，杨宇霆表示："英在长江以北之租界仅天津一处，彼能退让，实具有极大牺牲，吾人须知其好意……彼此让步致有此结果。"然而，有些人认为该草案是个失败，如安国军顾问朱我农致函杨宇霆道："此次交涉之手续及其结果，其中缺点太多，一经公布必激起多数人之反对及批评，尤以南方政府以口舌为可虑。且外人参与政权之例一开，为害甚大，我公务必施以挽救方妥。"[2]

地方谈判有三个法律问题没有解决，保留给双方政府做最后决定，即换契、外籍纳税人选举权及纳税人控告等问题。换契问题，中方宣称应由中国政府取代英国政府为地主，由中国政府置备新契给英籍地主即可；但是英方坚持要以英籍地主的皇冕契（Crown Lease）交换永租权。[3] 外籍纳税人参政问题，中方只承认英籍、美籍人士的投票权；英方则主张各国纳税人一律有选举权。纳税人控告问题，中方坚持应提出中国市政局长，英方要求直接提出董事会。[4] 为了解决问题完成正式协定，安国军组织"收回天津英租界讨论委员会"，包括六名安国军委员，及司法、内政、外交部各两名委员，以杨宇霆为委员长，自24日起开会；另组"收回天津英租界事宜修正文字委员会"

---

① Pratt & Mounsey's minutes, 17 May 1927, FO371/12489［F4593/1872/10］.

② 《收回天津英租界讨论委员会预备会议纪要》（1927年4月24日）、《朱我农致杨督办函称对于天津英租界意见书》（1927年5月27日），外交档案：03－16－006－02－002、01－019。

③ 皇冕契，即英国领事代表英国国王将原订租界地分段租给英国国民时发给的契证，租期99年。参见《天津英租界皇冕契及其它》，俞鸿昌译，《近代史资料》总118号，中国社会科学出版社，2008，第1页。

④ Lampson（Hankow）to FO, 12 Dec. 1926, FO371/11663［F5468/10/10］。英方看法见Lampson to FO, 27 April 1927, FO371/12489［F4593/1872/10］。

协助进行。5~6月，中方委员与英国使馆就草案中各问题讨论数次，双方都急于早日达成正式协定。[①]

6月17日，张作霖宣布组织军政府，次日就大元帅职；奉系组清一色内阁，由潘复任总理，王荫泰任外交总长。安国军总司令部解散，外交处并入外交部，处长吴晋转任外交次长；自此奉系直接控制外交部，天津谈判也由外交部接手。[②] 18日，在接待外国使节的宴会上，张作霖与王荫泰询问蓝普森天津之事，希望不要拖延正式协定的达成。张作霖表示以前还要考虑外交部的意见，现在他可以直接与英国使馆接洽；进而暗示如果英国准备继续谈归还英租界之事，他不会在细节上制造问题。蓝使见时机大好，建议伦敦早日签署协定，白厅也认为机不可失。[③] 然而，因英国内部对皇冕契意见不一，谈判拖延。

英国外交部与工务部（Office of Works）、财政部（Treasury）对皇冕契意见不同，前者主张英国应牺牲对天津皇冕契的地主权，无偿延长至999年，当成给现租业主的礼物，来解决这个问题；行文工务部与财政部，强调早日达成天津归还协定的重要性，应牺牲小权利以取得政治上最重要的利益。[④] 但财政部及工务部不肯，双方僵持不下。最后，皇冕契问题交由内阁会议决定，在此之前，白厅不能对天津英租界进一步行动。

当皇冕契横生阻碍时，天津租界英籍社会又要求英政府对协定做

---

① 委员会会议纪要及报告，见外交档案：03-16-006-01各件。英方报告见 Lampson to FO, 11 May 1927, FO371/12489［F4543/F5030/1872/10］；27 May 1927, FO371/12490［F5991/1872/10］。

② 《收安国军外交处函》（1927年7月1日），函称："本处业经奉令裁撤，所有前办之收回天津英租界事宜尚未完全结束；相应将是项案卷编列清册，函送贵部检收，以资参考。"见外交档案：03-16-054-04-007。

③ Lampson to FO, 21 June 1927, FO371/12490［F5703/1872/10］.

④ 《英外交部就天津旧英租界前途致英商中国协会函》（1927年3月2日），天津档案馆、南开大学分校档案系编《天津租界档案选编》，天津人民出版社，1992，第31页；FO to Treasury & Office of Works, 4 July 1927, FO371/12490［F5459/1872/10］。

出保证或是中止谈判。他们担心一旦皇冕契问题解决，白厅就会继续完成协定，遂于4月底议决：保留若中国违反协定，造成他们在租界地位改变及换契有所损失时的权利。6～7月，他们多次集会，讨论如何保护自身权利，并以汉口协定执行不佳为借口，对中国政府能否执行协定表示怀疑，希望白厅重新考虑。[①] 7月下旬，他们又达成一决议，表示不信任英国对华政策，希望英国政府明白宣示，将断然运用其力所能及的一切合理方法，保障归还协定会被尊重。蓝普森同意他们的观点，电告伦敦云：英国政府有义务支持这一决议，甚至进一步建议除非白厅决心在必要时以武力维持协定，否则不应继续进行天津谈判。伦敦回答：无法给予任何正式的保证。[②]

英国内阁于8月25日决定：由苏格兰事务大臣仲裁外交部与财政部、工务部间的争执。[③] 十日后仲裁决定："内阁与外交部采取的公共政策，及英国贸易者的利益……可由外交部政策，而非财政部及工务部的政策，得到最好的保障"。[④] 但因任何有关财政的备忘录都必须经下议院通过，此仲裁决定须待国会暑期休会结束后才能执行。[⑤] 12月7日，财政部将关于天津及其他在华英租界皇冕契备忘录提出下议院，表明："财政部建议准予将争议中的地主权利，无偿转让给现租户"。[⑥] 国会通过，至此天津谈判主要的障碍排除。白厅希望贯彻对华新政策，然而此时蓝普森却建议不要主动重开归还谈判。

1928年1月20日，白厅电询蓝普森："皇冕契问题已解决，我急于知道现在情况如何？你是否准备好达成协定？"[⑦] 蓝使复电，建议英

① Lampson to FO, 9 May & 4 June 1927, FO371/12462 [F4487/F5482/534/10].
② Lampson to FO, 25 July 1927, FO371/12490 [F7397/1872/10].
③ 英国公共档案馆藏，《内阁文书》（Cabinet Files in the Public Record Office, Kew London），Cabinet 49（27），in CAB 23/55, p. 281。
④ Note by the Secretary, Cabinet, C. P. 230（27），in CAB 24/188.
⑤ Treasury to FO, 15 Sept. 1927, FO800/261, p. 314.
⑥ Treasury's minute, 7 Dec. 1927, FO371/12462 [F9243/534/10].
⑦ FO to Lampson, 20 Jan. 1928, FO371/13207 [F142/124/10].

国在目下最好不要主动提出此事，应等待中国方面的行动，举出下列
理由：（1）北京政府政治上不稳固；（2）天津英国社会反对，因为
英国政府不能对他们的要求给予正式的保证；（3）北京对收回租界不
再热衷，因为许多达官贵人宁愿留着租界，作为政治上的避难所；
（4）反英热潮已消退，英国不再需要对中国情绪让步；（5）汉口先
例十分糟糕。蓝使并建议：改采天津英国社会提出的新方案，以修改
市政章程取代归还谈判。① 这个新方案的缘起是在谈判延宕时，华籍
董事提议修改部分市政章程，去除对华人的不平等。② 这个提议原来
被认为不值得考虑而被驳回，但是工部局董事长杨嘉立（P. C. Young）
认为应依此建议修改市政章程，当作归还协定外的另一选项，并期望
以此抵制归还协定。③ 这个意见被英籍社会接受，1927 年底，新市政
章程修成，并得到蓝普森的支持。当皇冕契问题解决时，蓝使建议伦
敦放弃其《修约建议》路线，改采新的修改市政章程方式，看中国反
应如何。④

　　白厅原以为蓝普森完全同意达成天津协定的政策，对他态度转变
很感讶异，回电拒绝蓝使的建议，坚持《修约建议》路线，理由是：

1. 英国已向中国明白承诺修约，此新政策已达成比预期还好
   的成功，使反英情绪大为减弱；

2. 天津英租界谈判是此新政策重要的一环，具体展现新政策
   的精神，而且已达成一个相当不错的协定草案；

3. 伦敦为支持白厅的对华新政策，已依外交部意见解决皇冕
   契问题；

---

① Lampson to FO, 28 Jan. 1928, FO371/13207［F437/124/10］.
② 《天津英租界华董问题——英工部局董事长杨嘉立谈》，《国闻周报》第 5 卷第 15 期；
Lampson to FO, 14 Nov. 1927, FO371/12490［F9529/1872/10］。
③ Lampson to FO, 30 Nov. 1927, FO371/13207［F142/124/10］.
④ Lampson to FO, 28 Jan. 1928, FO371/13207［F437/124/10］.

4. 对华新政策本来就是为不必等中国政局安定即可施行而设计的；

5. 英国不能承受被质疑不守信用的危险；

6. 英国不能给予任何运用其在华军力强制中国履行协定的保证。①

最后白厅保留弹性，把蓝普森的建议纳为对华新政策执行上的一步棋，训令蓝使云：英国可以不主动提议重开谈判，但只要中国显示对此案的兴趣复苏，英国就要马上提议重谈；同时可让修改市政章程路线继续进行，但要明白这是归还的基础，而非替代；此外，天津英国社会应给华籍居民更大的参政权，以去除华人的不满。② 知道白厅的意思后，天津英国社会放弃全盘新订市政章程的计划，改为只修两点：扩大华籍居民的投票权及增加华籍董事名额，去除种族歧视。伦敦于 3 月 22 日原则上批准此修正。③

北京政府从 1927 年 7 月起未再提起天津谈判，到 1928 年 4 月 4 日，外交总长罗文干突然告诉蓝普森：他很想在任内做出成果，他并不想完全改变天津英租界的实际地位，只想改变“租界”这个名称。④ 蓝使在日记中写道：“这是最不受欢迎的事，如果我们进行此事，会在天津引发大骚动”。⑤ 他告诉天津英国顾问委员会，北京政府有可能在近期内提出归还问题。天津英籍社会为避免此危机，在 11 日华洋纳税人年度大会上，通过新市政章程，让华籍与英籍纳税人处

---

① FO to Lampson, 7 Feb. 1928, FO371/13207［F437/124/10］.

② FO to Lampson, 7 Feb. 1928, FO371/13207［F437/124/10］.

③ Newton to FO, 16 March 1928 & FO to Lampson, 22 March 1928, FO371/13208［F1289/124/10］.

④ Lampson to FO, 23 April 1928, FO371/13208［F2772/124/10］.

⑤ Lampson's Diary, 4 April 1928；《蓝普森文书》藏于英国牛津大学安东尼学院（St. Antony's College）。

于完全平等地位，此举受到华籍纳税人热烈欢迎。[①] 此外英籍社会决定起草一份新的市政章程，准备当北京政府提出重开谈判时，作为最后的防线。其中大部分依据1927年4月22日达成的《共同建议案》，只去掉中国市政局长，并将警察权直接控在董事会手；董事会掌市政大权，英、华籍董事各五名，各自选出主席，最后的决定权在英国总领事与中国交涉员手中。[②]

4月26日，罗文幹又提起天津英租界之事，蓝使交给他最新的天津市政章程草案，并问罗氏：他及中国政府是否愿意接受这个绝对五十比五十的办法，只是去掉中国市政局长，作为问题的解决，并当成英国1927年1月修约建议案的完成。罗氏重申名称最重要，蓝使建议不妨用当地原名"紫竹林"，取代英租界。罗氏说他要好好考虑，几天后答复。[③] 但是还未答复，五周之后北京政府覆灭，天津谈判随之中止。伦敦决定放弃蓝使向罗文幹提的最新草案，及1927年谈判的所有成果。

天津谈判唯一具体成果是1928年4月11日通过的天津英租界市政章程修正案，由英国公使及伦敦外交部批准。[④] 英国政府认为，这个修正案运作得很好，并受华籍居民欢迎，[⑤] 也使蓝普森与南京政府谈判时，有坚实的立足点。1929年6月初，国民政府外交部长王正廷告诉蓝使，他已准备好要谈天津英租界问题。蓝使回答道：英国的态度是逐个处理租界问题，并称在天津一种进步的精神让事情进行得很顺利，在管理市政上没有英人华人间的歧视，在此地应不急着谈。王

---

① Memorandum for Secretary of State by Wellesley, 21 June 1928, FO371/13208［F3400/124/10］.

② Lampson to FO, 23 April 1928, FO371/13208［F2772/124/10］.

③ Lampson's Diary, 26 & 27 April 1928; Lampson to FO, 27 April 1928, FO371/13208［F2901/124/10］.

④ Memorandum for Secretary of State by Wellesley, 21 June 1928, FO371/13208［F3400/124/10］.

⑤ Lampson to FO, 22 Dec. 1928, FO371/13936［F713/496/10］.

氏回答道：他的想法是让天津的日、法租界先有些进展，因为英租界已有不少改善。伦敦认为王氏对天津的态度令人满意。[①] 1930 年 2 月 19 日，王正廷又提起此事，蓝使答以当地事情进行顺畅，扰乱现状将很可惜；王氏没有提出异议。[②] 直到 1943 年 1 月 11 日，中英签订平等新约，英国放弃包括租界等在华特权；5 月 20 日换约生效，天津英租界才在名义上归还中国。

四 英国对北洋修约的观察

英国除了与北京政府进行修约谈判之外，也密切注意北京与其他列强的修约交涉，以及北洋修约的发展。

1927 年 4 月 6 日，张作霖搜查北京苏联大使馆，蓝普森倾向支持张氏，致函卫士理云：我知道国内视张为一介独裁武夫，但他有另一面，是唯一正当对待外国人与尊重条约者，他若离去，我们可能会遗憾，可能会被批评没把握唯一挽救时局的机会。[③] 18 日，蓝普森建议白厅支持张作霖称：我们对华政策至今是保持中立，明确拒绝张之求助，但宁案发生应重新思考中立政策，北京将组军政府，联合南方国民党温和派共同抗苏，合组中央政府；张很重要，维持秩序，至今善待外国人，他是民族主义者，致力于以谈判而非用武力限制外国特权，应考虑协助他。蒙西之意见是：几个月前我们被要求只与陈友仁来往，忽略北京；张蒋联盟似有用，但要等具代表性的政府出现，才能援助之。[④]

6 月 18 日，张作霖就任军政府海陆军大元帅，接见外使时称其政策为：反赤、保护外国人生命财产、谈判修约。白厅远东司司员托乐

---

① Lampson to FO, 3 June 1929, FO371/13936［F2748/496/10］.

② Lampson to FO, 8 March 1930, FO371/14734［F2269/2269/10］.

③ Lampson to V. Wellesley, 11 April 1927, FO371/12505［F4759/4382/10］.

④ Lampson to FO, 18 April 1927, FO371/12404［F3815/2/10］.

认为：比利时经验可告诉我们张作霖所谓谈判修约的意义。① 30 日，张作霖发布命令称：他希望中国在国际家庭得正当位置，要求完全尊重其主权，不平等条约必须去除，但他相信经由谈判修约；否认中国排外，但外人在华地位必须修正。托乐批注称："不平等条约必须去除"一词显示北方与南方一样是民族主义，整个宣言看来像是张作霖努力与国民党温和派和解。②

此时，北京政府与比、日、法各国之修约谈判进行迟缓，南京、武汉则忙于内部斗争，无暇处理对外事务，列强因中国内战，加以苏联威胁消退，对修约都持观望态度。哥瓦特金写道：修约完全停滞，目前有三个交战中不稳定的政府，都宣称代表中国，只有如归还租界般的地方事务，可有谈判成功的希望。③

7 月初，蓝普森与白厅检讨对华政策，回顾自 1926 年底英国改变对华政策，不断向中国表达善意，汉、浔案发生后，又提出《修约建议》，但未得武汉或北京的响应，落实之前景也不容乐观，最后指出：我与武汉、北京、上海各处谈判时，都展示英国对中国人民之善意，汉案及南京不愿赔偿宁案损失，都迫使我想单方之善意是不够的，在引导出中国善意以前，很难改善关系，建议改采"坚定并公正"（firmness with justice）的对华政策。④

蓝普森进一步质疑《修约建议》政策，7 月 22 日报告伦敦云：我们的《修约建议》实行至今令人失望，失去两个租界，另一个也快要修正其地位，此外没有什么可预期的。我们已做出姿态，但是未获回应，以西方心理看，我们的建议是近代中外关系最重要的转折点，甚至可能超过华会，但中国人完全不感激。中国应该组成南北联合委

---

① Lampson to FO, 20 June 1927, FO371/12407［F5670/2/10］.
② Lampson to FO, 3 July 1927, FO371/12407［F5939/2/10］.
③ Gwatkin's minute, 23 July 1927, FO371/12426［F6421/37/10］.
④ Lampson to FO, 1 July 1927, R. 8 Sept., FO371/12409［F7382/2/10］.

员会与我们谈判，我们的建议完全未达到预期效果，中英关系无明显改善；伦敦对在华英人的意见考虑太少。对中国民族主义者而言，以谈判修改英国条约地位并没有吸引力，他们希望完全扫除条约。我们现在似乎在《修约建议》上面临恶性循环，越考虑此问题越觉得旧条约并非侵略性，只是最低限度保障外人有尊严地在华进行贸易。要打破此恶性循环，没有便捷方式，此刻只能让中国人不怀疑在环境许可时我们推动自由政策的决心，同时受到不正当攻击时我们会防卫条约权益。对此质疑，托乐批注称：蓝普森忽略了法权调查会报告，它是有用的基础；对《修约建议》也忽略了我们同时决定派遣上海防卫军。①

香港总督也质疑修约政策，10月初，殖民部转送香港对英国政策之意见。托乐批注："香港认为《修约建议》系英国政府盲信疏忽的行动。"② 白厅内部检讨对华修约政策，19日驻北京使馆商务参赞福克斯（H. H. Fox）提出备忘录，指称应该认真思考与北京政府谈判修约，理由是：

（1）我们妥协及自愿放弃权利之政策看来失败了，不应再让步，应让中国知道我们准备签平等互惠新约。

（2）英国被攻击未实践修改不平等条约之诺言，工党将在选举时以此当武器，我们可在选举前开始修约。

（3）我们延迟修约的主要理由，是在中国有稳定代表全国之政府前无法达成新约，但延迟是危险的，是否应开始与我们承认的北京政府谈？我们在自由意志下与友善的北京谈，或被迫与具敌意的政府谈，哪个比较好？

（4）有人认为与随时会消失的政府谈很危险，但我认为中国在对

---

① Lampson to FO, 22 July 1927, R. 20 Sept. , FO371/12409 [F7629/2/10].

② CO, 5 Oct. 1927, FO371/12409 [F7919/2/10].

付外国人时，南北之间没多大差别，都决心推动强硬交涉，不管是由顾维钧或伍朝枢代言，我相信与北京签的新约会被南方接受。

（5）延迟会带来危险的另一理由是，比利时及他国已开始修约谈判，并准备放弃治外法权，会成为危险的先例。日本与外交部谈了很久，据称因最惠国待遇而僵住；但中国于 1929 年颁布国定税率时，日本新约已完成，我们应追随日本。

（6）我认为所有困难都可克服，中国也有困难，大有妥协空间，应在中国关税自主之前，联合列强引导中国逐步调整，这样对英国货最好。

哥瓦特金批注称：福克斯的建议不新鲜，我们的《修约建议》1 月 28 日提交北京，天津谈判将在 11 月完成。他的建议是：我们是否要加速与北京的修约谈判？我们是否建议准备与比、日相似之商约草案？我们可询问蓝普森。卫士理批注：这份备忘录是几天前我与福克斯谈话的结果，我不觉得被说服，因为：（1）我不相信我们可以做更多，除非有政府可谈，单方面能做的我们都已做了；（2）我怀疑谈判商约一开始就会遇到不可能答应的要求；然而，我们要试试所有的可能，先询问蓝普森的看法。①

11 月 24 日，白厅电询蓝普森：有人建议开始商约谈判，比、日都在谈，我们是否应追随日本与北京政府全面以平等互惠原则谈判新约；我们在某些方面承认北京为中国政府，与一个友好政府展开谈判，比等到它被另一可能有敌意的政府取代为优，且谈成之条约应会被南方政府接受。

30 日，蓝普森回复：与北京谈判修改商约，可获一些地方利益，但一定会引起一些争议，如治外法权；今日之政局下，任何谈判不会

---

① 本段及下段，见 Mr. H. H. Fox minute for VW, 19 Oct. 1927, FO371/12410［F8135/2/10］。

有结果，反而会让我们与全中国的关系复杂与困窘；我宁愿等你收到我的文件，有时间考虑后再讨论此事；中日谈判没什么实质进展。普雷特批注称：我们正确的方向是，尽量拖延正式谈判，并尽可能进行片面行动。①

蓝普森于 11 月 24 日回顾了北京政府与日、比、法、西修约谈判的历程，云：中国宣布废止《中西条约》，西班牙无约也无《临时办法》，中国以无约国待之。北京政府此举与对比约一致，想要一举片面去除现存条约。中日修约谈判进行了约三十次会议，双方在最惠国上无法达成协议。中法修约，中方一再延长法约。中比修约，北京谈判已延宕。中国想一举去除条约束缚，采取对付强弱不同之策略，对日法、比西不同。中国废约行动与顾维均密切相关，他虽卸任外长，但主掌条约研究会。②

当北京政府于 1927 年 11 月对西班牙先送《临时办法》，被拒后宣布废止《中西条约》时，托乐批注意见云：《临时办法》及对待西与法、日不同，有用地显示了北京当局的温和与理性；并认为北京集团继续其对条约之攻击，以修改条款为掩护；西班牙与比利时一样困难，日本也陷在其中。③ 1928 年初，北京外交团频频集会，意大利公使建议列强联合向北京政府抗议，英国甚表同情，积极参与，但因列强态度不一，无法达成协议共同行动，白厅很失望。④ 不久，南京政府对苏绝交，驱逐苏联领事。蓝普森报告："南方反共，北方大骚动。12 月 17 日外长找我，担心日苏合作对付满洲。"⑤

---

① Lampson to FO, 30 Nov. 1927, FO371/12411［F8695/2/10］.

② Lampson to FO, 24 Nov. 1927, R. 25 Jan. 1928, FO371/13155［F376/1/10］.

③ Newton to FO, 5 Feb. 1928, R. 27 March, FO371/13155［F1465/1 10］; Lampson to FO, 16 Nov. 1927, FO371/12426［F8683/37/10］.

④ Lampson to FO, 19 Jan. 1928, FO371/13155［F308/1/10］; Lampson to FO, 8 Dec. 1927, FO371/12411［F9174/2/10］.

⑤ Lampson to FO, 19 Dec. 1927, FO371/12422［F9386/28/10］.

白厅收到 1927 年底南京外交部长伍朝枢对中外条约之宣言后，托乐批注云：伍朝枢的废约宣言（declaration of abrogation）很广泛，但当他被派去华盛顿谈判新条约时，他拒绝了，因他不认为这是正确时机。①

1928 年 1 月 30 日，蓝普森报告北京政府对待西约之方式：西班牙抗议依约只可修税商条款，北京政府则宣称有权终止（terminate）全约。中英条约条款与西约同。也许有人会说在《对华政策建议案》中我们同意尽快修改整个条约特权，只要中国有政府可谈。问题可能是 1858 年中英《天津条约》之"商务条款"（commercial articles）指什么？现在应有必要考虑我们的法律立场。中国到底有权要求修改哪些条约的哪些条款，我们进入谈判前应有明确定义。英约十年期满是何时？西约自批准日后六个月到期，比、法、日约自批准日起算，英约与西约同，未明确提及。若自签约日起算，中国政府可能在明年 6 月 26 日终止条约，或是要求修改全约或商务条款，我们要采何种方案？我想我们最好先预备严格的法律立场。普雷特批注云：蓝普森提出很重要的问题，我们条约中哪些条款应被视为商务条款？若中国提出修约日期为今年 6 月 26 日，我们可强有力地坚持应是 1930 年 10 月 24 日（1860 年 10 月 24 日换约）。我们应准备好谈判商约取代旧约，应再询问贸易部（Board of Trade）。②

《中波友好条约》5 月 19 日签署，蓝普森报告：此约有趣，成为近代中国野心目标"废除不平等条约"之另一里程碑，成为一先例，中国可利用其对付其他列强。此约依循奥约模式，在强调中国主权及与他国完全平等的立场上更进一步。波兰完全放弃（原来是俄罗斯、奥国或其他条约列强国民）之领事裁判权，换得贸易、旅行、居住有

---

① Lampson to FO, 7 Dec. 1927, FO371/13155 [F168/1/10].

② Lampson to FO, 30 Jan. 1928, R. 17 April 1928, FO371/13166 [F1806/7/10].

限的权利。中国成功地扣住最惠国待遇原则不给，只在一两个地方给予有限制的最惠国待遇。贸易部无疑会对此中国最后的条约有兴趣。细读完此约后我的感想是：波兰是小国，贸易上无足轻重，在华商业利益小，与大得多、富得多的中国，取得不错的条约。它承认放弃领事裁判权，承认中国关税自主，但这些是自始即不可避免的。它成功地取得国民与其他列强同等在华贸易、旅行、居住的权利，为波兰货取得与列强同样之税率待遇，这些都是它合理的成就。此新约是否可给波侨在华生命财产比条约列强享有之不平等条约有更大的保障，要将来才知道。[1]

北京政府覆灭后，南京国民政府外交部于7月7日发布《关于重订条约宣言》，托乐批注意见称：国民政府显然意欲继续北京对条约到期修改之程序。此外，加上立即"依正当程序"终止尚未到期者之步骤；这可能用于我们的天津条约，但尚不清楚什么是"依正当程序"。外相张伯伦批示：远东司正在考察修约的全部问题，当南京要求我们时，要采何态度？[2]

8月24日，远东司司长蒙西回答意大利使馆参赞，询问英国外交部对南京国民政府之态度时，云：英国不会急于考虑任何会导致完全承认南京政府之步骤，或进行任何谈判；此外，英国关心执行《对华政策建议案》之政策，若中国真正想在1929年1月实行关税自主，英国愿与之事先达成某种协议。[3]

五 结语

北洋末期是中国外交关键的演变阶段，就国际层面而言，苏联与英国竞争对中国外交的主导；就国内层面而言，北京政府与国民政府

---

[1]　Lampson to FO, 1 June 1928, R. 10 Aug., FO371/13155 [F4292/1/10].

[2]　Lampson to FO, 9 July 1928, FO371/13155 [F3632/1/10].

[3]　FO minute, Mounsey, 24 Aug. 1928, FO371/13158 [F4640/5/10].

互争民族主义的主导。核心的问题就在于修约，英国与北京政府的修约，是一个过去被忽视但十分重要的面向。

五卅之后，英国在华利益遭受中国民族主义强大威胁。英国外交部经激烈辩论后，拟定对华"修约"政策，落实华会以来，关税会议、法权调查会之精神，在1926年12月对华会列强宣布《对华政策建议案》，建议列强同意对华修约，并立即无条件同意征收华会附加税。但因日本反对不克落实，更遭到武汉政府以群众运动收回英租界之汉、浔案打击。英国仍坚持方针，于1927年1月，向南北政府提出《修约建议》，愿就法权及租界问题进行谈判。英国派员与武汉达成《归还汉浔英租界协定》后，即因国民政府内争，无法继续谈判。

英国对华新政策主要的对象原是国民政府，后来发现北京政府一样是民族主义者，立即与北京进行修约谈判；法权方面进行四次讨论，归还天津英租界谈判也几乎完成，但因种种因素，没有签署正式协定。

英国对华新政策主要目的，在于以自由精神回应中国民族主义的修约吁求，避免中国倒向苏联支持之激进废约路线，以保护在华庞大利益。鉴于华会列强意见分歧，华会决议多不能落实，英国乃断然发布《变更对华政策建议案》，呼吁列强无条件同意中国征收华会附加税。又如调查法权委员会在报告书要求中国继续改良司法，英国乃在《修约建议》中参照报告书第四编建议，主动表示愿意谈判放弃部分法权事项。英国主动做出让步，放弃一些次要利益，展现英国对中国之善意，但仍坚决维护主要利益。就结果而论，英国政策成功，在华利益大多保全，苏联势力退出中国，南京国民政府外交上回到修约之常轨。但过程有诸般波折，许多非英国设想的因素发挥了作用。

中国外交中的南北关系是一个关键。英国与北京政府之修约谈判，虽然并无实质成果，但对北洋修约外交的推动，有很大的帮助。北京政府自五卅以后逐渐形成"到期修约"新方针，自1926年初开始推动，先后向条约期满之法、日、比三国提出修约照会，遭到抗拒，到11月6日断然宣布《中比条约》期满失效。比利时提出国际法庭诉讼，并要求列强合作共同对北京施压，北京政府面临强大压力。此时，英国发表《对华政策建议案》，建议列强正视中国合理修约要求；华会列强见英国同情修约，只好追随，比利时乃延展法庭诉讼，同意与北京谈判新约，甚至于主动表示放弃天津租界。

换言之，英国对华新政策原来是针对国民政府，却与北京政府之"到期修约"若合符节，可谓无心插柳，成了"到期修约"的推手。北洋修约的进行，因中国内部因素，实质收获有限，但其修约方针，已实质影响到南京政府的外交。注意到此一重要转折，才能适度评价当时的中国外交。

天津英租界归还谈判，是理解英国当时对华政策的重要个案。英国在汉口让步，以表明其向中国民族主义妥协的态度；在上海采强硬路线，以吓阻暴民攻击租界。但是这两个个案都属例外性质，不能看成英国对华新政策的主体。英国对南北同时提出《修约建议》，明白显示英国真正的意图是通过谈判调整在华条约地位。但是国民政府未接受此前提，不久宁案爆发，打断了英国与国民政府间的官方来往。天津乃成为英国唯一可落实其《修约建议》之地，伦敦很想在此建立以谈判改变租界地位的成功先例。

英国外交部执行新政策的阻碍很多，首先是日本及国民政府的反对，其次是顾维钧想要全面修约，对零碎进行的《修约建议》不能满意。英国本身反对的声浪也很大，许多人对汉口协定不满，反对进一步归还租界；天津英国社会更是强烈反对归还谈判。在伦敦，财政部与工务部不愿牺牲在天津微不足道的利益，以配合外交部的对华政策。然而英国外交部下定决心排除万难，认为："如果此谈判能成功完成，将为英国政策奠下重要的一个基础，而这协定将成为中英关系史上的一个里程碑。因此值得为此做相当的牺牲以清除障碍达成协定……早日完成天津协定，是对华政策成功的关键。"① 即使在天津英国社会强烈反对重开谈判，而中国方面似乎对此兴趣不再时，伦敦仍坚持只要中国提起此事，就要完成此协定，以保持其宣示新政策的信用。这种坚持，显示了英国外交部对华修约的态度；因此，天津谈判的重要性不应被汉口及上海所遮蔽。

在中国外交方面，这个谈判是理解北洋修约特色很好的个案。首先，它显示了北京外交部与奉系军阀不同的态度。外交部在顾维钧主持下，坚持修改全部条约，拒绝接受英国的建议案，几乎使英国政策陷入困境。安国军则急于达成修约的具体成果，主要关心自身派系的利益，对顾维钧的修约做法不以为然。安国军的态度促成天津谈判顺利进行，帮助英国在短期内得到相当好的条件。其次，这个个案显示了北京政局不稳，使许多政界大老宁愿保留天津做紧急时的避难所，不乐见收回租界，此点帮助英国减轻重开谈判的压力。②

最后，虽然英国得到一个不错的协定草案，但是没能达成创造成功先例的构想，《修约建议》似乎未达成预期成果。然而这不能算是失败，因为在北伐时期的混乱中，英国鼓励了国民政府中温和的右派，阻吓激进的左派；又安抚了北京政府，避免汉口式的暴乱在天津发生；以略为修改市政章程保全了天津租界。此外，天津谈判又表明了英国以谈判调整在华条约地位的诚意，避免中国攻击其失信。

英国对北京政府的修约，抱持鼓励与配合的态度。尤其在与武汉谈判触礁后，英国对北京修约之观察，颇值得玩味。虽然英国与北京政府之修约谈判及归还天津租界谈判，都没有达成具体成果，但已展现其修约诚意，协助英国渡过北伐期间的难关；并在南京国民政府初

---

① "Crown Leases in British Concessions in China," F. O. Memo to Cabinet, 17 Aug. 1927, C. P. 226（27）, p. 212a, CAB 244/188.

② 有趣的是，顾维钧在天津英租界也有一幢房屋，北京政局不利时，就避居天津。当1928 年 6 月张作霖离开北京，顾氏被国民政府通缉时，即避入天津英租界，再转威海卫英国租借地，然后出国。

期，成为列强对华政策的主流，鼓励南京政府依循北洋末期"到期修约"方针，及英国《修约建议》的方式，与各国谈判修改条约。

第七节　中墨、中秘修约交涉

除条约列强外，有些与中国有条约关系的小国，或因华工问题，中国在该国利益较大，或因本身也受某些强国之压迫，希望去除最惠国待遇，要求修改或废除与中国之条约。当北洋末期执行"到期修约"方针的同时，也有中外条约遭对方要求废止，而北京政府千方百计拖延者。这种状况，恰与法、日、比、西等国条约在华的地位与处境相反，即中国在某些国家也享有利益，不愿放弃，却遭对方以旧约到期，要求期满废约，北京政府不承认对方有权片面废约，要求旧约继续有效。中国与墨西哥、秘鲁的条约关系，反映了中外关系的复杂性，本节探讨中国外交史中一个过去被忽略的面向，希望有助于更全面地理解"不平等条约"问题。

一　中墨修约交涉，1920～1925

清末，墨西哥开发需要华工，1899年12月14日驻美公使伍廷芳与墨西哥驻美公使在华盛顿订定《中墨通商条约》（以下简称《中墨商约》）。① 其中第15款云："若将来中国与各国另行议立中外交涉公律，以治侨居中国之外国人民，墨西哥亦应照办。"第19款云："此次议定条约，彼此恪守，自互换之日起，至满十年为期，若于款内有欲行变通之处，应俟计至期满之日，先期六个月，彼此备文知照，若未先期知照，仍应照此次议定条约办理。倘欲停止此约，必须预先知照，惟自知照之日起，仍须照行一年。"伍廷芳奏称：将历来中国与

---

① 该约交换批准日期不详，见王铁崖编《中外旧约章汇编》第1册，第938页。

各国所订条约，详审得失，将墨西哥与英、法、美所订条约比类参观，又以中外条约中最为持平的中秘、中巴条约为底本，历经磋磨，签订此约。在领事裁判权方面，"为日后治外国人张本，则外人受治于我，此实权舆"。^①此外，该约中墨互享最惠国待遇。

后来华工去者日多，墨国排华案四起，华侨受虐。加以墨国内乱，于1910～1917年爆发革命，1917年立宪会议通过宪法，捍卫主权，去除外国资本家种种特权以及领事裁判权。墨国政府欲废与中国签订之条约，杜绝华工入境，1919年11月墨国下议院通过，1920年初上议院也通过，咨送墨总统核夺。1920年11月11日，墨外部照会中国驻墨代办冯祥光云：按照《中墨商约》第19条，提议改订新约，希望中国政府同意，早日订约。^②

1920年，北京政府增设驻墨西哥、古巴、挪威、瑞典、玻利维亚五国使馆，9月任命政务司司长王继曾兼使墨、古两国，王使于12月6日行抵墨京，接任视事后，即遇此棘手要案。22日，王使报告称：墨外部来照，首叙停约，继言改订，是墨政府虽以修约为提议，实以废约为目的，关系重大，因应綦难。墨在我国一无商务利益，新约续订与否，于彼不生何等影响，而我华侨之在墨者，数达数万。旧约停止之期，转瞬已届，条约上之保障，先归消灭。依据条约规定，任何一方预先知照停约，一年期满即可停止。王使建议：重订新约旷日费时，不如与墨订定附约，既免牵动全约，亦可早观厥成。否则应声明新约未经订立以前，旧约依然有效。国力不强，不能强硬交涉，只有

---

① 《遵旨与墨西哥订约画押折》（1900年2月19日），丁贤俊、喻作凤编《伍廷芳集》上册，中华书局，1993，第76～77页；李育民：《晚清改进、收回领事裁判权的谋画与努力》，《近代史研究》2009年第1期，第45页。
② 《驻墨冯（祥光）代办2月2日呈》（1920年3月29日）、《收驻墨冯代办12日电》（1920年11月16日）、《照译墨外务省致冯代办照会》（1920年11月11日），外交档案：03-23-054-01-002、004、008。

虚与委蛇，而主客地位悬殊，深虑难操胜算，请外交部迅定方针指示。①

1921年1月8日，王使函告：若不承认墨国提议，则旧约将于1921年11月11日停止，必须立即谈判，要求旧约失效新约未订间之保护侨民问题。其询问外交部："我国方面有无相对条款，如领事裁判权之撤废，海关税率之自由等项，应如何酌量加入，亦请详细示遵，以便同时提出。"② 2月18日，外交部去电指示：用延宕之法，不成则重保侨；并要王使就当地情形及侨民需要，熟权利害，于新旧约绝续之交，预先筹拟条款及应付方法，以资参考。③ 3月1日，王使复电询问；8日，外交部指示：仍用推宕，以约文不清，我政府碍难承认其停约之请。④ 9日，王使复电再询问；18日，外交部指示："先与墨外部换文，声明保护侨商一节，应如拟办理。再本部现设立墨约研究会，将墨约存废问题讨论应付方法，俟议有端绪再行电达。"⑤

4月8日，王使与墨外部商议；14日，墨外部照会墨国对修约意见；次日，王使电告："墨外部来文，大旨：一、停约重在移民；二、现约期满华侨应照宪法保护；三、详列限制移民办法。如双方同意，即可换文展限。"⑥

由于旅墨华侨多系粤人，当时华工尚不断赴墨，加以广州于1921年4月7日成立"中华民国政府"，由伍廷芳、伍朝枢父子任外交部长、次长，北京外交部遂电询伍朝枢意见。伍朝枢函北京外交总长颜

---

① 《驻墨王（继曾）公使1920年12月22日咨》（1921年2月13日），外交档案：03-23-054-01-007。

② 《收驻墨王公使1月8日函》（1921年3月12日），外交档案：03-23-054-01-015。

③ 《电驻墨王公使》（1921年2月18日），外交档案：03-23-054-01-011。

④ 《电驻墨王公使》（1921年3月8日），外交档案：03-23-054-01-013。

⑤ 《电驻墨王公使》（1921年3月18日），外交档案：03-23-054-01-017。

⑥ 《收驻墨王公使15日电》（1921年4月17日），外交档案：03-23-054-02-002。

惠庆，认为此事无法延宕，应以中国未接墨国确切明文声明其欲停约之理由，不应承认其停约之知照，建议不接受废全约，而要墨方提出欲修之条款。[①]

18 日，外交部"墨约研究会"开会，决定另定专章，由中国自行限制移民；要求中墨旧约继续有效，并要求废领事裁判权。27 日，外交部采纳伍朝枢意见及墨约研究会决议，去电指示王使：仍主推宕，不成则对移民一节，另订专章，由我自行限制，唯须要求将现行条约继续有效，其已在墨之华侨仍应照约保护；并声明：我既允限制移民，彼应撤废在华领事裁判权，为交换之利益。[②]

就在此时，粤省侨工大批赴墨，要求使领保护。5 月 7 日，驻墨使馆电告：墨外部面称，近日入境华工日增；并称华工来墨事，曾迭次请外交部转达侨工局及粤省禁阻，此多数同时来墨，应付益觉困难，除向墨外部交涉外，务恳再电粤省，并转达侨工局严禁。[③] 13 日，外交部电王使：墨国仍重修约，续订新约，故主张请墨国提出拟修改条款，作为附约；协商期间，现约有效。中国既承认修改，彼亦不至坚持废约，希即迅速进行。其勉励王使云："使事重要，端赖荩筹，幸勿遽萌退志。"[④]

6 月 1 日，外交部将致墨外部照会，电王使交墨外部，并指出：此次墨外部来照，既称顺从世界趋势，重订与旧约相类之新约，是墨政府原意并非愿与中国为无约国，不过有以时异势殊拟加修改。现在中国政府与各国订立新约，均取平等相互主义，对于墨约亦不无欲行修改之处。中国政府之意，墨国政府既重在修改，似不如由两国将欲行修改之处提出，妥为商订，互换照会，作为该约附件；

---

① 《伍朝枢致总长洋文函》（未书日期，应为 1921 年初），外交档案：03 – 23 – 054 – 02 – 005。

② 《电驻墨王公使》（1921 年 4 月 27 日），外交档案：03 – 23 – 054 – 02 – 003。

③ 《收驻墨周秘书 7 日电》（1921 年 5 月 12 日），外交档案：03 – 23 – 054 – 02 – 006。

④ 《致驻墨王公使电》（1921 年 5 月 13 日），外交档案：03 – 23 – 054 – 02 – 007。

在附件未成议以前，旧约仍继续有效。① 4 日，王使将照会送交墨外部。

15 日，外交部收到王使 4 月 17 日函，称：墨方表示墨国人民生计关系，不能不限制移民，停约宗旨即在此点；建议：似可根据来文与之商定禁工办法，同时换文展限。② 函附 4 月 13 日墨外部照会，称：墨国欲设法限制中国移民，拟《中墨两国订定华工来墨条例》。外交部提出修改意见，电王使，以为开议根据。王使接 6 月底外交部指示后，7 月 1 日电陈先决问题三端，7 日接外交部电：照准。12 日，外交部照会墨外部：（1）请对华人入境不得横加抑阻；（2）要求撤废领事裁判权，与限制华工办法及全约展限两事，同时换文作为有效；（3）现约继续有效。③

中墨双方展开谈判。④ 8 月 31 日，墨外部致通牒，正式向中政府提议调停彼此移民办法，称：彼此协定将 1899 年《中墨商约》暂行修正，第一节即言明中墨政府同意将条约展限至正式修正为止，该协定准于换文一年内成立。希望中政府答允上开办法，依据国际公法暨中墨宪法开始修正原约。墨政府又告中政府云：墨政府将于修正某条，声明墨政府愿将在华领事裁判权取消。墨政府又云：别条修正亦已议及，唯与原文更改无多，且现注意者为航业等问题。⑤

双方协商重心在于《管理华工入墨协定》，改订华人入境办法。谈判进行顺利，9 月 26 日，谈成《暂行修改中墨 1899 年条约之协定》14 款，⑥ 双方换文。墨外部 1921 年 9 月 26 日来照称：

---

① 《函驻墨王公使》（1921 年 6 月 1 日），外交档案：03 - 23 - 054 - 02 - 019。
② 《收驻墨使馆 4 月 17 日函》（1921 年 6 月 15 日），外交档案：03 - 23 - 055 - 01 - 007。
③ 《驻墨使馆 7 月 12 日函》（1921 年 9 月 7 日），外交档案：03 - 23 - 056 - 01 - 009。
④ 《收驻墨王公使 21 日电》（1921 年 8 月 29 日），外交档案：03 - 23 - 055 - 02 - 020。
⑤ 《收驻墨使馆 8 月 31 日电》（1921 年 9 月 2 日），外交档案：03 - 23 - 056 - 01 - 002。
⑥ 见外交档案：03 - 23 - 056 - 01 各件；王铁崖编《中外旧约章汇编》第 3 册，第 191～196 页。

本照会特向贵国政府提议，对于两缔约国，彼此工人入境，依照下开暂行办法办理……深盼贵国政府对于上开条文加以赞同，并于将来正式修改条约时，彼此依照此次会议之友谊精神及国际通例，并按照两国宪法所规定之手续，和衷商订。关于此事，墨国政府欣愿向贵国政府预先声明：本国政府自愿表示将来正式修改条约，本国政府放弃在华之领事裁判权一事，当居修改各款之一。

中方《答复墨外部现约展限及禁工办法文》称：

贵国政府……提议协定两缔约国工人入境办法，以为现约暂时之改定，并声明将现约有效期间，展限至两缔约国将来商定对于现约为确定及正式修改之日为止，均经阅悉。本公使现奉本国政府训令，照拟办理。特向贵总长及贵国政府声明：中华民国政府承允下列各条款所载之暂行办法。①

王使报告称："此事墨政府久经延宕，最近竟以共和百年庆典派员一事，从速开议，所有争执各端，亦能较前让步，实非始料所及。"②

11 月 12 日，外交部收到王使寄到各文件，30 日呈报大总统，云：墨政府提出禁工条款，经王公使商承部意，与之迭次磋商，议定办法 14 条。本部详加核阅，该项禁工办法系取相互自禁主义。同时墨政府声明将现约效力展限，至将来订定新约之日为止；并预先承认抛弃领事裁判权。是华工赴墨，虽觉暂受限制，而两害取轻，似尚较

---

① 《收驻墨王公使 9 月 29 日函》（1921 年 11 月 12 日），外交档案：03-23-056-02-006。

② 《收驻墨王公使 26 日电》（1921 年 9 月 28 日），外交档案：03-23-056-02-010。

废约为得计，呈请鉴核施行。①

此次交涉对北京政府而言相当成功，以自行限制华工赴墨，换取旧约展期至新约成立之日，墨西哥并承诺抛弃领事裁判权。然后准备议订新商约，王继曾建议于开议前应详加研究：（1）现约如何按照换文修正？（2）我国应提出各点，领事裁判权墨国已允放弃，而现约中关税条款应否酌量改定，以为国定税则之初步？（3）正式修约地点在墨在京？请外交部训示。②

12月16日，外交部指示：此次换文，墨外部来照既经预先声明抛弃领事裁判权为将来修改条约之一端，自应规定专条，加入约内。至关税税则，应参照《中德协约》订明为两国内部法令规定之事件，以免再受旧约协定税则之束缚。其他各条应行修改之点，饬条约司详加研究。此外，王使熟谙侨民情形，望就地详细筹划，拟定条款，送部审核。至议约地点，仍以墨京为宜；盖北京外人方面，对于我国收回利权，每思破坏；墨京情形不同，磋商修改较易就范。外交部并嘉奖王使此次展限换文，因应咸宜，勤劳卓著；俟新约条款拟定后，应借重王使在墨京谈判，以竟全功。③

1922年春，王继曾拟就《中墨商约草案》22款，寄送外交部；同时墨外部政务司长称，该部拟备修约约稿，拟先行非正式讨论，俟双方议有眉目，再请政府核定，并派全权签押，免致形式过于郑重，磋商转费时日。④ 外交部研究约稿，认为《中墨商约草案》条文虽多半根据旧约，然于取消领事裁判权，暨侨民纳税之标准，生命财产之保障，均经一一规定，受法律上平等之待遇，思虑周密。乃进一步依据平

---

① 《呈大总统——呈报中墨条约议定办法换文由》（1921年11月30日），外交档案：03-23-056-02-010。

② 《收驻墨王公使10月15日函》（1921年12月15日），外交档案：03-23-056-02-016。

③ 《函驻墨王公使》（1921年12月16日），外交档案：03-23-056-02-018。

④ 《收驻墨使馆4月3日函》（1922年6月7日），外交档案：03-23-057-02-010。

等相互之宗旨，将条文字句意义更清楚明确，修订成《中墨商约草案》19 款，将禁工各条加入作为附件。12 月初，将意见及约稿函送王使。①

1923 年 1 月，王使复称："奉到核定中墨约稿，已于本日备具节略面交墨外部。"② 2 月 13 日，墨外部答复：约稿收到，正在研究对案。王使初步接洽结果，据称约稿大体可承受，但其一，条文中涉及最惠条款或类似者，须删改；其二，换文各款应列入正约；其三，华人入境条件及稽核手续，内部尚有意见。③

7 月，墨外部提出修正约稿，31 日，王使函送外交部。8 月 17 日，外交部电驻墨使馆，称：墨外部修改约稿，经部审核，与我方提案多有不同之点，自应详加研究，再向磋议，希本此旨先向墨外部声明。10 月，寄磋商要点及修正约稿 17 条、附件 11 条、答复节略，命就双方意见不同之点，先向墨外部提出接洽。④

1924 年 5 月 12 日，外交部参事岳昭燏出使墨西哥。7 月 28 日，外交部函送约稿给岳使，指出：墨国约稿最难同意之点，为将我国提案禁工附件列入正约，并加入种种严厉之条件，此与换文精神意义不符；主张关于禁工各节，应仍维持原案，以符 1921 年协定之本意。此外关税问题、条约效期、侨民损失各节，均为将来磋商条约中最要之点。8 月 6 日，岳使函送答复节略。⑤

6 月 8 日，岳使以当时墨国排华仍盛，"若遽尔提议修订约文，深恐于应行修正要点，或更难期就范，故拟略待时机再事进行"。⑥

---

①　《函驻墨王公使》（1922 年 12 月 5 日），外交档案：03 - 23 - 058 - 01 - 001。

②　《收驻墨王公使 15 电》（1923 年 1 月 17 日），外交档案：03 - 23 - 058 - 01 - 004。

③　《收驻墨王公使 19 电》（1923 年 2 月 20 日），外交档案：03 - 23 - 058 - 01 - 005。

④　《收驻墨王公使 7 月 31 日函》（1923 年 8 月）、《致驻墨使馆电》（1923 年 8 月 17 日）、《训令驻墨徐代办》（1923 年 10 月 15 日），外交档案：03 - 23 - 058 - 01 - 008、009、012。

⑤　《函驻墨岳（昭燏）公使》（1924 年 7 月 28 日）、《中墨订约节略》（1924 年 8 月 6 日），外交档案：03 - 23 - 058 - 01 - 015、016。

⑥　《收驻墨使馆 6 月 8 日函》（1925 年 8 月 19 日），外交档案：03 - 23 - 058 - 01 - 017。

二　中墨废约交涉，1925~1929

1924 年底，墨西哥政府对外采取积极反帝措施，与美国石油资本家斗争。1925 年 10 月，墨西哥向各国声明废约，以墨国与法、德、英、意、比、荷、瑞典、丹麦、挪威等国所订通商条约，或因将届期满，或因原约中曾声明可及时提议修改，同时分电驻使，径向各该国政府声明废止。且未先与驻墨之法、德、意等国公使接洽，该使等直至接获各本国政府电嘱探询废约缘由，始悉此举，使团议论，对墨外部如是举动深表不满。12 月，岳昭燏函告：密闻墨国此次同时忽向欧陆数国声明废止商约，要求另行修订，其意拟将旧约中有妨墨国权利之条款，一概删除，并拟以上年 10 月间墨国与日本所订之商约为蓝本。①

1925 年 8 月 5 日华会条约生效后，美国以华会召集国身份，邀请与中国"有条约关系"而未签约各国加入。遂于 10 月陆续邀请各国，包括墨西哥，加入该约。北京外交部认为《九国公约》加入各国应以与我尚有不平等旧条约关系者为限。其已订有平等新约者，自不在加入之列，遂与受邀各国交涉，极力劝阻加入。1926 年 6 月 11 日，外交部电令岳使与墨外部交涉。15 日，岳使电复：墨外部称一月余前接到美国邀请加入文件，半月前已答复赞同加入，中国对于墨国加入该约如别有意见，告知后当考虑有无方法纠正，并盼中墨修约得以早日议定等语。岳使询问应如何因应。② 19 日，外交部电示：修改商约事，彼既允早日议定，希即照 1924 年 7 月 28 日函送约稿，缮正提出磋商。③

---

① 《收驻墨岳公使 1925 年 12 月 26 日函》（1926 年 2 月 15 日），外交档案：03 - 23 - 058 - 01 - 019。1924 年 10 月 8 日，《日墨通商行船条约》签订，1925 年 5 月初在墨京互换批准，双方完全采用开放主义，以相互平等为原则。

② 《收驻墨岳公使 15 日电》（1926 年 6 月 16 日），外交档案：03 - 23 - 058 - 01 - 020。

③ 《发驻墨岳公使电》（1926 年 6 月 21 日），外交档案：03 - 23 - 058 - 02 - 001。

9月4日，岳使电告：1日墨国国会开幕，墨外部报告云：墨政府已于上年10月，将1899年《中墨商约》根据第19条正式取消。岳使诘问墨外部主管司长，据称上年10月20日墨外部具文，径托驻北京西班牙公使转送外交部。岳使询以有无复文，该司长答词含混。岳使除表示惋惜未同时通知他外，口头声明：根据1921年中墨换文第1款，旧约有效期应至正式修改之日为止。6日，面见墨外交总长，当再重申前说。岳使询问外交部曾否收到此项文件？应否再函达墨外部备案？①

6日，外交部复电称：所称西班牙驻京公使转送墨外部废约文件，本部并未收到，自难承认，即希根据中墨换文备文抗议；并询问修约约稿已否提出？② 8日，岳使电复：已函达墨外部备案；墨外长表示1921年换文，因未经国会通过，系属暂时性质；岳使驳以理当维持。③ 至于修约约稿，校对完竣后，14日提出。

30日，墨外部正式声明废止1899年《中墨商约》，一年后生效。10月1日，岳使电告：墨外部来文，称墨政府于1920年11月11日声明废止《中墨商约》，次年王继曾公使以不及修订新约，双方先商订换文，但此项换文实无法律效力，为时已久，新约尚未订定。墨国政府为求解决此项特殊状况起见，依据原约第19款，正式声明废止该约，换文随之取消；此项通知应于一年以后发生效力，希转达贵国政府。岳使认为：墨国此次废约，意在解除换文之束缚。④ 11日，驻墨使馆将墨外部来文译寄外交部，该文称：自1923年墨国提出约稿后，逾时已久，尚未能订定新约。附有《照译墨外部1926年9月1日印赠墨国国会报告书中关于废止德比等十一国及中墨条约说明

---

① 《收驻墨岳公使4日电》（1926年9月6日），外交档案：03-23-058-02-002。
② 《电驻墨岳公使》（1926年9月6日），外交档案：03-23-058-02-003。
③ 《收驻墨岳公使8日电》（1926年9月9日），外交档案：03-23-058-02-004。
④ 《收驻墨岳公使1日电》（1926年10月2日），外交档案：03-23-058-02-008。

书》，称：因前订各约有最惠国条款，决定将有此款各约一律声明废止；各国可仿《日墨商约》订新约。对于中墨换文，说明书指出：1921年9月16日墨外部与中国使馆换文，即日发生效力；迨1925年10月间，墨政府认为应与中国正式议定友好通商行船新约，故将1899年条约正式通知废止，按该约第19款规定，自通知日起一年后发生效力。①

外交部于11月25日拟《中墨修约节略》，称：1899年《中墨商约》各款有协定税则、领事裁判权等规定，为我国与外国所订不平等条约之一；现在我国正拟修改不平等条约，若根据换文驳复，将来我国另行提议废约，殊感困难；且该约第19款原有废约规定，墨国又主张换文无法律效力；际此墨国将各国商约概行作废，似难独许我保留该约，审时度势，似不如速与商订新约，早日成立，以便保护侨民，并贯彻我国修改不平等条约之宗旨。②

12月9日，条约研究会第4次常会讨论墨约事，王继曾主张先承认旧约到期可以废止，换文在新约未成立以前仍当有效。顾维钧云：现在情形略有不同，此层不便过于坚持。③因中国刚宣布废止《中比条约》，比国坚持新约未订定前，旧约仍有效力，北京政府陷入左右为难之困境。

1927年1月15日，北京阁议议决：中墨协定换文规定，《中墨商约》有效期展至正式修改之日为止，今新约既未成立，自不应遽行废止。唯倘能根据9月14日我方提出修正约稿，迅速开议，于现约有效期内，订一适应现在趋势，两国均可满意之新约，俾两国关系日益增进，中国亦可不坚持换文主张。17日，外交部电令岳使："希本此

---

① 《收驻墨使馆10月11日函》（1926年11月27日），外交档案：03-23-058-02-011。

② 《中墨修约节略》（1926年11月25日拟），外交档案：03-23-059-02、03-23-058-02各件。

③ 《前外交部条约研究会会议录》，《外交部档案》：缩影05000-143，第393～439页。

旨转复，催其克日开议新约，俾于期内成立，是为至要"。① 25 日，岳使复电，称：已函达墨外部，并切催开议；据称新约自以平等为主旨，现当积极研究，已商请随时交换意见。②

2 月 10 日，墨外部复称：废止旧约系根据第 19 款暨国际惯例，自应认为确定，旧约及换文效力至本年 9 月 30 日终止。③ 对于议定新约，墨外部表示：中国政府志切进行新约，墨国政府亦深表同情，现正将中国使馆前所送约稿积极研究，以便于最短时期内即可将此事之意见书送达。④

3 月 5 日，墨外部致文中国使馆，对于中方约稿并节略，表示种种意见。⑤ 5 月 16 日，外交部收到。6 月 10 日，条约研究会第 27 次常会，讨论墨外部声明废止《中墨商约》，并认为 1921 年换文无法律效力，同时对商议新约中，坚持种种严格限制条文，我国是否应与墨订约？订约与不订约，孰利孰弊？王继曾指出，外界以为我正可乘此时机，订立新约，无论如何其结果定能胜于旧约；然而该论调，实不明白内中真相。另我国主张必须新约成立旧约始可废弃，理由欠充足，主张从速议定新约，议约时应注意：新侨民入境条款、保护旧侨民、侨民损失应如何结束等项；尤其是保护一事，应争取与各国侨民得享同等之待遇，否则只有延期。⑥ 24 日，外交部将中方意见电告岳使，希向墨政府迅行婉商，务期于旧约期满前新约得以成立。⑦

---

①　《致驻墨岳公使电》（1927 年 1 月 17 日），外交档案：03 - 23 - 058 - 01 - 004。

②　《收驻墨岳公使 25 日电》（1927 年 1 月 26 日），外交档案：03 - 23 - 058 - 02 - 019。

③　《收驻墨岳公使 14 日电》（1927 年 2 月 15 日），外交档案：03 - 23 - 058 - 02 - 020。

④　《照译墨外部 1927 年 2 月 10 日第 2594 号节略》、《收驻墨岳公使 2 月 17 日函》（1927 年 4 月 18 日），外交档案：03 - 23 - 059 - 01 - 002。

⑤　《收驻墨岳公使 3 月 22 日函》（1927 年 5 月 16 日），外交档案：03 - 23 - 059 - 01 - 003。

⑥　《前外交部条约研究会会议录》，《外交部档案》：缩影 05000 - 143，第 1026 ~ 1059 页。

⑦　《电驻墨岳公使》（1927 年 6 月 24 日），外交档案：03 - 23 - 059 - 01 - 006。

9 月 1 日，外交部以旧约期限将于 30 日到期，电询岳使：尊处与墨政府磋商至何程度，本月能否结束？① 岳使电告：新约目前既不能急遽成立，只可设法将现约再行延期。2 日，条约研究会第 32 次常会，王荫泰云：“关于修约一事，墨国对我国所处地位，正与我国对日、比、西三国所处地位，适成一正比例。”② 会议最后决定：一面要求延长现约，一面强调新约未成，旧约仍当有效。3 日，岳使复电：“各节磋商，尚难就绪，改为附件，坚持须同正约性质，旧约应商延长时期，乞速裁示。”7 日，外交部指示：“墨约正在进行，为免两国条约关系中断，望转商墨政府，请其自动将墨约延长一年，或至少六个月；并查照 1 月 17 日部电，告以中国政府深盼新约在此期内成立，庶两国间关于废约看法之不同问题，可以无形解决。”③

岳使遵令，12 日送附件等修正案给墨外部；27 日，照会请延长约期。10 月 1 日，岳使电告：墨外部来文，略称容纳中国提议，延长六个月为限；又修正约稿 9 月中旬均已提出。岳使对条约司司长钱泰抱怨：延长约事，办理棘手，尤多失望。④

11 月 12 日，北京政府宣布《中西条约》期满作废。12 月 9 日，条约研究会第 42 次常会，讨论中墨条约案，墨政府同意展期六个月为限，一旦限满，而两国新约尚未成立，中国究应采取何种态度？沈瑞麟云：我国之于墨西哥，彼欲废约而我不愿废约，与我国之于西班牙适成一反比。顾维钧云：墨西哥正可援引我国对付西班牙之先例，以拒绝我国延长旧约之请求，乃彼计不出此，岂该国当轴诸公对于外界情形，竟若是昧然无知耶？沈瑞麟云：只可随时催促墨政府从速订

---

① 《电驻墨岳公使》（1927 年 9 月 1 日），外交档案：03 - 23 - 059 - 01 - 008。

② 《前外交部条约研究会会议录》，《外交部档案》：缩影 05000 - 143，第 1219 ~ 1252 页。

③ 《收驻墨岳公使 3 日电》（1927 年 9 月 4 日）、《电驻墨岳公使》（1927 年 9 月 7 日），外交档案：03 - 23 - 059 - 01 - 009、010。

④ 《收驻墨岳公使 1 日电》（1927 年 10 月 2 日），外交档案：03 - 23 - 059 - 01 - 019。

立新约，务期于此六个月时间内，将新约予以完成；主要问题在禁工、赔偿损失。钱泰云：约文大致均已就绪，现在所争论者，不过条件问题。顾维钧裁决：无期延长旧约事实上绝难办到，若旧约失效而新约尚未成立，双方处于无约地位，于华侨殊为不利，只有尽速议约，并密托有力华侨从旁疏通。①

北京希望能早日定议，而墨方冷淡，迟迟不答复。② 1928 年 2 月 25 日，外交部电令墨馆："现在展期届满，但新约仍未成立；且新约草案我方早经提出，延迟之责任在墨方，仰根据上述理由向墨外部口头切商延期。"③ 3 月 13 日，代办雷孝敏复电："墨外部来文，允将原约及换文展至十一月底。"④ 5 月 2 日，外交部令雷代办：我国修正约稿提出业已七个月，墨政府至今尚未答复，虽现约有效时期彼方允再展至 11 月底，假令其时新约尚未签订，而该国对于旧约不允再为展期，则两国邦交将因新约未成旧约已废，陷于一种不安情状，我国在墨利益必致受其影响。该代办再行切商墨政府，对于我国修正约稿早日予以满意答复，以期新约得于本届展期内告厥成功。⑤ 然而，北京政府不久即告倾覆。

南京政府统一全国后，致力于恢复关税自主及取消在华领事裁判权。《中墨商约》到 1928 年 11 月 30 日延长期满，1929 年 6~7 月，中国驻墨西哥公使李锦纶与墨国外长接洽取消领事裁判权。10 月 31 日《关于墨国放弃领事裁判权换文》，双方同意 1899 年《中墨商约》于 1928 年 11 月 30 日满期失效，在华墨人不再享有领事裁判权，中国请墨国正式宣告，墨西哥今后不复在华要求领事裁判权。中国声明：

---

① 《前外交部条约研究会会议录》，《外交部档案》：缩影 05000 - 143，第 1630 ~ 1640 页。

② 见外交档案：03 - 23 - 059 - 02 各件。

③ 《电驻墨雷代办》（1928 年 2 月 25 日），外交档案：03 - 23 - 059 - 02 - 015。

④ 《收驻墨雷（孝敏）13 日电》（1928 年 3 月 14 日），外交档案：03 - 23 - 059 - 02 - 018。

⑤ 《训令驻墨雷代办电》（1928 年 5 月 2 日），外交档案：03 - 23 - 059 - 03 - 010。

在中墨新约尚未议订之前，所有在华墨人之生命财产，中国政府当依照中国法律予以充分之保护，与其他友邦侨民一律待遇，绝不加以歧视，并深望墨外长保证，今后墨政府亦仍以相同之保护待遇留墨华侨，不加歧视。墨外长复照：墨国政府今后对中国制定法律、治理境内人民之主权，绝不加以非议或要求在华领事裁判权；本国继续予在墨华侨享受一般人民同等之保护。[①] 1944 年 8 月 1 日，中墨两国在墨西哥签署友好条约，1946 年 3 月 26 日在墨西哥互换。

三　中秘鲁修约交涉

1874 年（同治十三年）6 月 26 日，李鸿章与秘鲁全权签署《中秘通商条约》（以下简称《中秘条约》）正约 18 款，及《会议专条》，秘鲁礼待华工。[②]《中秘条约》第 16 款，双方互享最惠国待遇；第 18 款，自互换之日起，至满十年为止，先期六个月彼此备文知照如何酌量更改，方可再行筹议，若未曾先期声明，则章程仍照此次议定办理。次年 8 月 7 日，在天津交换批准。

后因秘鲁对约中“与最惠国一律待遇”不满，对华工移民问题也不满，[③] 认为该约于 1894 年期满失效。1909 年（宣统元年）8 月 17 日，驻美、秘公使伍廷芳与秘鲁外长于利马签订《中秘条约证明书》，承认商约继续有效力，每 12 年修约；又 28 日签署《废除苛例证明书》云，5 月 14 日秘鲁所颁停止中国人民入秘，中国使署抗议，双方集议，声明：废除该谕，中国自行设法限制中国人民出口来秘。[④] 事实上，原约

---

① 《关于墨国放弃领事裁判权换文》（1929 年 10 月 31 日），《国民党司法例规》下册，第 1457～1458 页，引自王铁崖编《中外旧约章汇编》第 3 册，第 734～736 页。

② 见王铁崖编《中外旧约章汇编》第 1 册，第 338～342 页。

③ 《收驻秘吴（勤训）代办 1923 年 10 月 25 日函》（1924 年 1 月 27 日）、《收驻秘史代办 1 月 19 日函》（1925 年 3 月 19 日），外交档案：03－23－066－01－016、068－02－009。

④ 见王铁崖编《中外旧约章汇编》第 2 册，第 585、597～598 页。王书中将后者签约日期误作 8 月 20 日。

大部分效力已被取消，华工、华商自由往来权及享受优待权皆丧失。

其后秘鲁又多次提议废约，1911 年 3 月 3 日，提七条修改意见，严禁华工，限制华商，驻秘使馆辩论年余，因辛亥革命而中止。秘鲁承认中华民国后，又提七条意见；1914 年 5 月 12 日，吴振麟代办抵任，再商谈此事，而华侨登岸已受秘鲁官员种种虐待。8 月 28 日，秘鲁外部致文吴代办，以华侨习俗不良为借口，坚持废止《中秘条约》。吴代办多方疏通，最后双方预备改订新约，但未订定前仍以旧约为标准，取消 8 月 28 日废约提议。① 吴振麟建议外交部准备改约，并利用此机会提议取消领事裁判权，仿日本改正条约先例，先向一较易措手之国家谋求取消，以为之先导。② 9～10 月，吴代办与秘外长交涉，重申“新约未订定以前，旧约仍有效力”。③

1922 年 12 月，秘鲁排华严重，代办罗忠诒及侨领屡电外交部告急。9 日，罗代办电：秘外部称，众议院坚持废除 1909 年条约，政潮日烈，势须敷衍，拟即照会贵馆定期废约。罗代办请暂缓照会。④

1923 年 8 月 19 日，秘鲁驻北京代办正式照会外交总长顾维钧，称：自 1909 年《中秘条约证明书》成立，规定华侨入秘办法，成为各种阻碍及不快情形之媒介，理宜废止；通告废弃《中秘条约证明书》，极愿重缔新约，代替 1914 年已告无效之《中秘条约》；秘鲁外部不久将提出友谊通商航船条约之草约，供中国政府考察，以为会议之基础。⑤ 28

---

① 《电驻秘鲁罗（忠诒）代办》（1923 年 3 月 5 日），外交档案：03－23－065－02－004。

② 《收驻秘鲁吴振麟代办驳消秘政府提议废约预备提出修约条件》（1915 年 8 月 13 日），外交档案：03－23－067－02－001。

③ 《使署通告——侨字第一号》：《前驻秘鲁代办吴振麟代电》附件（1923 年 3 月 8 日），外交档案：03－23－065－02－003。

④ 《收驻秘罗（忠诒）代办 9 日电》（1922 年 12 月 11 日），外交档案：03－23－065－01－001。

⑤ 《照译秘鲁白代办 8 月 19 日照会》（1923 年 9 月 3 日），外交档案：03－23－065－02－015。

日，驻日代办张元节函告：秘鲁驻日本公使来谈，称秘国政府以旧约历年太久，于商业贸易上均不适用，现拟与各国商议修订通商条约，将从前旧约作废，已于6月通告日本政府；并交一公函请转外交部。张代办答以改订新约，如以世界文明国家通例，取平等主义，中国政府似所欣愿。[①]

10月3日，外交总长顾维钧照复：不能同意秘鲁声明；1874年《中秘条约》经伍廷芳公使与贵国外部于1909年8月17日订立证明书，确认该约继续有效；其后贵国外部虽于1914年欲行声明废弃，当亦经我国驻秘使馆驳复，未予承认，迄今两国国际间之往来，均仍根据该约及证明书，不能承认来照谓已告无效。唯《中秘条约》及1909年8月28日证明书内，设于两国均有不便利之处而欲协商修改，贵国政府果能提出双方满意之条件，敝国政府亦未始不欲予以容许考虑之机会；今敝国政府郑重声明，新约未经议定，由两国政府批准实行以前，旧约及证明书仍当继续有效用，以维护两国友谊交际。[②]

8日，吴代办将此复照面交秘外部，并催询废约事。但秘鲁政府因政局不稳，不欲提及华约事，致受政敌口实，对此案采延宕态度。直到11月底政潮暂平，12月初始照复云：仍希望中国改约，在上次废约通知一年满期之日，即1924年8月19日前办妥。10日，吴振麟偕继任史悠明谒见秘外长，并表示不能赞同废约日期。20日，史悠明代办复照，郑重声明：新约未订立及批准以前，条约及证明书仍当继续有效。[③]

1924年2月22日，外交部电史代办云：去照应付得宜，《中秘条约》可以修改，但秘方称通知废约一年期满之说，于条约并无根据，

---

① 《收驻日本张代办8月28日函》（1923年9月2日），外交档案：03-23-065-02-011。

② 《电驻秘吴（勤训）代办》（1923年10月3日），外交档案：03-23-066-01-002。

③ 《收驻秘史代办10月21日函》（1924年2月11日），外交档案：03-23-066-02-002。

中政府歉难同意；该约第 18 条，双方仅有提议修改之权，无作废之规定，所谓十年为期，不过便于修改，并非过期作无约论；此次修改条约，中政府亦希望从速告竣，唯在提出修约内容意见以前，希望秘外部正式来文，声明新约未经批准，现约效力继续存在，以维两国睦谊，而符当初订约之本旨。① 又电：秘鲁既坚请改约，在我亟应切实研究筹备，究竟秘政府对于现约拟提何项修改，暨华工问题我方应如何应付，希该代办就地详加研究，拟具办法呈部核办。至我国近订新约，均取平等相互主义，对于收回领事裁判权，恢复关税自由，均为我国修约时注意之点，并希相机进行。② 25 日，史代办照会秘外部，请正式来文，声明新约未经批准，现约效力继续存在。但虽经迭次催询，秘外部一直未正式答复。

5 月 4 日，秘鲁大选，过渡内阁成立，16 日，史代办会晤秘新外长，重提改约事，据云秘政府现忙于大选筹备，无暇及此，深愿中政府先拟修改条款，以期于三四月内蒇事，并提及《日秘新约》谈判，其约可参考；史代办询问外交部是否愿先拟约稿。③

6 月 3 日，史悠明拟定约稿，交外交部修改。8 月 21 日，外交部寄约稿，称：所拟约稿大致妥协，唯关于最惠国条款，因前与各国所订旧约，多有损失国权之处，故订立新约，概行避去此款，应将约稿中关于援引第三国人民之处，一律删去；对保护华侨遗产，争取禁工不禁商等事，应与侨商讨论；指示即将约稿修正后，提向秘外部，接洽商订。9 月 23 日，史悠明复电，称秘外部因内阁将改组，请缓提商。④

1925 年 1 月 10 日，史代办电称：约事因庆典及他事耽搁，半年

---

① 《电驻秘史代办》（1924 年 2 月 22 日），外交档案：03 - 23 - 066 - 02 - 003。
② 《电驻秘史代办》（1924 年 2 月 22 日），外交档案：03 - 23 - 066 - 02 - 004。
③ 《收驻秘史代办 5 月 20 日函》（1924 年 7 月 3 日），外交档案：03 - 23 - 066 - 02 - 014。
④ 《电驻秘史代办》（1924 年 8 月 21 日）、《收驻秘鲁史代办 9 月 23 日电》（1924 年 10 月 19 日），外交档案：03 - 23 - 067 - 01 - 007、014。

以来，日船载来新旧华商络绎不绝，本地报纸已有非议；现约稿可提出，唯彼既重视日约，在我似亦不无依据，若彼询我国态度，应如何答复?① 15 日，外交部电令将约稿提交秘外部，指示称：《日秘新约》条文，处处规定与欧美人同等待遇；但中日情形不同，中国与欧美各国旧约，损失主权处甚多，近年订立新约，力图改善，故关于类似最惠国条款，均宜设法剔除，以免重受束缚；部意秘约仍照我方约稿即行提出，如秘外部以照日约为言，可告以日约内有可以引用者已充量采入，倘有其他应行采取之点，秘政府如有提议，中政府亦乐予考虑，唯须留意不宜令彼牵入与欧美各国同等字样为要。19 日，史代办函告中秘约稿已提出秘外部。②

3 月，智利为美国仲裁智、秘争界悬案忙碌，无暇与中磋商。③ 7 月，史悠明函告：将约稿另译西班牙文于 10 日送秘外部，并向秘外部强调：中国最注重者，为取消领事裁判权及收回关税自由权，此二事非但我国政府希望速达目的，即四万万国民亦同此心理；五卅惨案后，中国人民要求取消不平等条约，各方舆论，想贵总长亦有所闻。④ 秘外部则一直借词拖延，不肯答复，史代办屡催无效。

1926 年，施绍常公使继续交涉。⑤ 1927 年 10 月 14 日，施使谒见秘鲁总统雷该亚，催订新约。20 日，施使函告，秘鲁视 1874 年旧约为废止，1909 年证明书经交涉，允照旧办理。⑥

---

① 《收驻秘史代办 10 日电》（1925 年 1 月 11 日），外交档案：03－23－068－02－007。
② 《电驻秘史代办》（1925 年 1 月 15 日）、《收驻秘史代办 1 月 19 日函》（1925 年 3 月 19 日），外交档案：03－23－068－02－008、009。
③ 《收驻秘史代办 3 月 20 日函》（1925 年 5 月 8 日），外交档案：03－23－068－01－001。
④ 《收驻秘史代办 7 月 20 日函》（1925 年 9 月 10 日），外交档案：03－23－068－01－009。
⑤ 见外交档案：03－23－068 －01 各件。
⑥ 《收驻秘鲁施公使 1927 年 10 月 20 日函》（1928 年 1 月 6 日），外交档案：03－23－068－01－011。

四　结语

"废除不平等条约"并非中国之专利,1920年代,苏俄、土耳其、墨西哥、秘鲁等国都有先例,列强担心中国也宣布废约。当北京政府对列强实行"到期修约"方针前后,墨西哥、秘鲁亦宣称废除对外条约,意欲一举去除"最惠国条款",摆脱美国之条约特权。对中国更有排华运动,意欲限制华工华商入境,要求修约或废约,北京政府处境尴尬。

墨西哥于1920年11月依据条约到期条款,宣告废约,旧约一年后失效。北京政府承认修改,但不同意期满失效,声明新约未经订立以前,旧约依然有效。交涉之后,于1921年9月换文,北京政府以自行限制华工赴墨,墨国同意旧约展期至新约成立之日,并承诺将来修约时抛弃领事裁判权。但因禁工问题,新约商议不顺利。1925年10月,墨西哥同时对11国(包括中国)废约,以摆脱最惠国待遇。北京政府到1926年9月才知道,乃依据1921年换文驳斥。墨国以换文无效,30日正式通知中国废约,一年后生效,以解除换文之约束。当时北京政府宣布废止《中比条约》,无法坚持新约成立旧约始可废弃,只好开议新约。议约不顺利,1927年9月底《中墨商约》到期,墨国允准旧约延长六个月。1928年3月,墨允旧约再延至11月底。1928年11月底《中墨商约》期满失效,1929年10月31日中墨换文,墨国放弃领事裁判权,新约签订前双方善待侨民。

中秘1874年订约,秘鲁认为该约于1894年期满失效。伍廷芳于1909年与秘鲁订证明书,认定旧约仍有效,中国自禁华工入秘。其后秘鲁屡请废约,1914年再声明废约,交涉结果,双方预备改订新约,但未订定前仍以旧约为标准。1923年8月,秘鲁正式照会废1909年证明书,商议新约取代已废之旧约。10月,北京照复:愿修约,但新约未经议定实行前,旧约及证明书仍当继续有效用;秘鲁照复:1924

年 8 月 19 日一年期满之日前议订新约。双方交涉拖延无结果，秘鲁认为旧约已废，证明书照旧办理。

墨西哥依据条约之废约条款，宣告一年后生效；同时与 11 国废约，以摆脱最惠国待遇，情境与中国近似。秘鲁主张旧约期满失效，一年内议订新约，其理由与北京政府之"到期修改、期满作废"事实上一样。墨、秘先与日签订新约，要求各国依日约签订新约，与北京要求各国依照德、奥约签订新约也很像。北京政府对墨、秘废约坚持旧约不能废除只能修改，而在新约订定前旧约仍有效力，旧约期满后则要求展期，其理由与比利时、西班牙等国对待北京之"到期修约"也一样。只是主客易势，处境更加尴尬；好在墨、秘对北京与列强之交涉不太清楚，没有以子之矛攻子之盾，否则北京将会自打耳光，无法辩解。主客易势之基本原因，在于比、西在华利益大，中国在比、西利益小，废约对比、西不利。而中国在墨、秘侨民多，墨、秘在华侨民少，废约对华不利。至于北京"到期修约""到期修改、期满作废"等方针，应有受秘鲁、墨西哥先例启发之处。此外，赴墨、秘之华侨多来自广东，北京政府要征询广州之意见，南北对内互争，对外必须一致。而墨国内战革命的情况，也与中国近似，这些都是可再深入探讨的课题。

第八章　结语

北洋末期"到期修约"是中国外交的重要环节，但被"废除不平等条约"遮蔽，其历史意义与成果几乎完全被忽视。由本章各节所述，可知"到期修约"是五卅之后北洋修约一大突破，并创获成功先例，为南京国民政府所继承，诚为当时中国外交的主要脉络。过去学界只注重"革命外交"，未考虑到国民政府之"废约"不合国际惯例，并非外交之常态，事实上无法执行，不能累积成果，主要是革命高潮时的宣传。北洋"到期修约"有法理依据,引用《国联盟约》及"情势变迁"原则,[①] 利用旧约中修约之条款,诉诸国际公理正义及民意支持;又得益于 1920 年代,国际上苏联、土耳其、暹罗、秘鲁、墨西哥等国废约、修约潮流,及国内南方政府之"废约"威胁,迫使列强让步,取得丰硕成果。

北洋末期舍弃与列强集体商议之旧法,改采对个别国家修改到期条约之新法,主要原因在于旧法受列强互相牵制,迁延日久而无实效,华会条约、关税会议及法权调查委员会皆无具体成果,中国民意早已失去耐心。五卅之后,广州政府"废约"之说广受舆论支持,北京政府必须改弦易辙。此外,北洋修约累积了对德、奥、俄之改订平等新约,以及与无约各国平等订约之成果,使条约特权国数目逐渐减少;加以在交涉过程中修约法理诉求有长足进展,在在加强了中国的立场,让"不平等条约"在法理上、道德上越发站不住脚。

北洋外交之作为颇有可称道之处,尽管北京政府威权衰坠,政局动荡,但是外交界大老、名流、精英组成临时性的咨询委员会,专业性及代表性都相当强,能顺应民意掌握时机,贯彻修约宗旨,功不可没。当时北洋外交重视舆论民意,认定修约为全国一致之主张,将国家利益超越南北政争;许多修约交涉涵盖南方事务,如中法、中西、中墨等约,都显示南北携手一致对外。

北洋"到期修约"有坚持也有弹性,对比利时、西班牙坚持期满

---

① 北洋政府多次运用"情势变迁"原则,首次在 1919 年巴黎和会,1 月 28 日顾维钧在十人会之发言,见《秘笈录存》,第 74 页;金光耀、马建标选编《顾维钧外交演讲集》,上海辞书出版社,2006,第 14 页。1919 年 11 月 22 日,北京政府宣布废止《中俄声明文件》及《中蒙俄三方条约》、《俄蒙商务专条》;1920 年 1 月 28 日,宣布废除《呼伦贝尔条件》,皆引用之,参见本书第六章第一节。1923 年废除《中日民四条约》时,民间一再讨论之。1925 年五卅之后,6 月 24 日北京政府对华会列强提出《修约照会》,更明确使用。到 1926 年 11 月 6 日,北京政府宣布废止《中比条约》,则是首次用于废约。值得注意的是,广州政府于 1925 年 6 月 28 日宣言中,及南京国民政府都引用"情势变迁"原则,可见此原则实为中国修约主要国际法理依据,值得进一步探讨。

废约，对法国、日本则顺势展期。一则因为比、西国力较弱，北京选择比利时为突破口，策略成功；法、日则为大国，可实行种种报复手段。一则因比、西与中国关系较疏，废约之后影响不大，而印支及日本对华商务密切频繁，一旦废约，商民权益受害甚大；同时印支华侨事实上享有部分条约权益，法国并不介意废除旧约。

北京政府宣布废除中比、中西两个条约，树立了中国外交史的里程碑。废止《中比条约》时，北京外交部面对比利时提出国际法庭之威胁，毅然贯彻初衷，咨询国际法学家意见，勇敢迎战；适逢英国呼应修约主张，比利时见风转舵延缓诉讼，"到期修改、期满废约"方针遂得以立足。北京废止《中西条约》时，列强受到的震撼更大，虽欲集体抵制而不可能，各国体认到日后各自条约到期时，只能自求多福，"到期修约"进一步确立。

北洋"到期修约"与全球外交及列强在华互动密切相关。1920年代，传统帝国主义外交受到美国、苏联倡导的两种"新外交"，以及各地兴起的"民族主义"之攻击，在道德上摇摇欲坠。中国外交有受苏俄"列宁主义"影响的"革命外交"，也有受美国"威尔逊主义"影响走华会修约路线的外交；北洋末期"到期修约"应有受到苏联、土耳其及秘鲁、墨西哥废约先例的启发。此外，墨西哥、秘鲁皆与日本先签订新约，希望各国以日约为蓝本，去除特权。日本在秘、墨率先放弃特权，助秘、墨拒斥美国在拉美之特权；与美国率先与中国订新约，助中国抗拒日本在华条约权益，形成有趣的对比。

英国对"到期修约"发挥了临门一脚的作用，英国最早受"革命外交"之威胁，体认到列强不可能合作对华，决心自行其是，保护在华利益，决定以"修改条约"为对华新政策的基调。其发表《变更对华政策建议案》之目的，原在拉拢国民党之温和派，不料招致武汉反击，新政策无从推动。但英国对华"修约"与北京外交若合符节，促使比利时中止海牙诉讼，默认旧约到期失效，与北京谈判平等新约，建立了难能可贵的先例。英国决心贯彻对华新政策，持续与北京进行修约谈判，不但保全了在华主要利益，也诱导南京国民政府回归外交常轨。

日本是条约列强中对修约态度最强硬者，坚决反对旧约到期失效，反对中国有权片面废止旧约。此有民初"二十一条"交涉以来，中国朝野对日本条约权益之否认与抵制的旧恨，更有济南惨案起的新仇，日本成为南京国民政府外交上最为棘手的对手。1920 年代门罗主义与东亚门罗主义间之关系，以及苏、英竞相放弃在华特权，争取中国民族主义之好感，可供学界思索苏、英、美、日在东亚外交中之竞合关系，以及全球外交的多元风貌。

北京政府片面废止《中比条约》，在全球外交史中也有其意义。北京外交部在废约宣言中，对"不平等条约"一词的定义，有具体的法理依据，与"废除不平等条约"之革命意涵相较，对条约列强可能是更大的冲击，逼使列强面对法理上"不平等"的事实。美国国际法学会 1927 年年会，主题为"不平等条约的废止"①；1935 年，哈佛研究部发表的《条约法公约草案》第 28 条规定：情势变迁可以使条约失效但须经有权的国际法庭或机关宣布，其说明详见该研究部报告，②应都有受中国国家实践的影响。此外，北京与法、秘、墨修约交涉时，不愿放弃在印支及秘、墨之条约地位，以免影响到华侨利益，可知中外条约内容复杂，也有对中国有利的成分，学界应对所谓"不平等条约"概念，做更深入及更全面的思考，将中国外交置于全球外交脉络中考察，常可有助于超越民族主义狭隘的视野。

北洋末期"到期修约"留下丰富可贵的遗产，北伐完成之后，南

---

① 陈隆丰：《国家继承与不平等条约》，台北，三民书局，2003，第 41~42 页；张建华：《晚清中国人的国际法知识与国家平等观念——中国不平等条约概念的起源研究》，第 118 页。

② *American Journal of International Law*, 1935, Supplement, pp. 1006 – 1126。引自周鲠生《国际法》下册，第 579 页注 2。

京国民政府在"改订新约"时，明显继承北洋的方针。南京外交在口号及名称上虽然承继"反帝废约"之"革命外交"，但在实质上，显然与广州、武汉之"革命外交"差距较大，反倒与被它推翻的北京相当接近，外交上的连续性相当明显。由中比、中日等修约案例考察，南京国民政府在"改订新约"时，做出许多让步，较北洋末期修约有倒退，反映出南京外交的艰难处境与苦衷。尤其是因"最惠国待遇"造成个别修约的困境，以及国家发展落后造成实质上不平等的现实，让南京又回到集体修约的路子。从北洋、南京外交连续性视角考察，可对中国外交有更深入的理解。

结　论

　　中国是受"不平等条约"压迫和侵害最大而最久的一个大国,①
历经清末到北洋、国民政府、中华人民共和国,积数十年之努力,终
得摆脱条约束缚,争取到完整之主权与平等之国际地位。在此历程
中,中国与国际局势及国际法之发展互动频繁,本身外交理念与策略
也有重要演变,在中国及世界外交史上留下丰厚的遗产。然而,中国
历届政权一棒接一棒,丰富精彩的修约历程与成果,被"废除不平等
条约"观念遮蔽,至今仍在史家的研究视野之外,致使几代外交官的
努力遭遗忘,中国外交的诸多特色和发展历程被扭曲忽视,无法总结
成果,平心理解过去。

　　否定修约历程与成果后,"废约史"显得贫瘠单调,只能诉诸爱
国主义激情与高喊口号的政治宣传,许多 1920 年代受苏联影响的观
念,至今仍束缚我们对历史的诠释。被"国耻史""卖国史"遮蔽的
中国外交史,读来令人郁闷扼腕,教科书中充斥着"颟顸""误国"
"无能""卖国贼""汉奸""妥协""投降"等负面形容词。列强外

---

① 　周鲠生:《国际法》上册,第 43 页。

交档案中形容为狡猾、优秀、难缠的北洋外交官，在中国教科书中，却因未能坚持废约"政治不正确"，都成了"买办""走狗""西崽"，交涉成果被一笔勾销。

悲情的近代史理解，让国人在观念上仍受19世纪狭隘民族主义制约，今日亟应摆脱革命年代层累造成的政治神话与观念束缚，尊重史实做学术研究；庶可借由多元观点的呈现、辩论，形成全面均衡的历史理解，进而能与各国平心对话，观照彼此的世界观，大步迈向全球化时代。有鉴于此，本书尝试重建被"废除不平等条约"遮蔽的北洋修约史，并以多元视角诠释民国外交史。

本书要旨

本书主要依据档案做实证研究，重建北洋政府时期的修约历程。鸦片战争以来，清政府常因战败仓促订立城下之盟，又未谙西国通例，在条约中给予各国领事裁判权、协定关税、片面最惠国待遇等特权。至同治、光绪年间，识时之士稍稍讲求公法，渐有平等互惠之观念，但因先前诸约已经丧失许多权利，后来再订互惠之条约时，立足点已不平等，只能求不再丧失新的权利，或将已失权利加以较严格之限制。甲午、庚子之后，清政府被迫进一步丧失利权；加以来华无约国人，往往托庇于有约各国，使得在华外国人，事实上皆享有各种特权。

清末力行新政，仿日本以改革内政取得列强同意改正条约之先例，进行制定法典、设立新式法院等司法改革，为收回领事裁判权做准备。清政府与英、日、美三国修订商约，规定：若中国裁撤厘金，则同意加征关税；俟中国律例、审断相关事宜至臻妥善，即允放弃领事裁判权。同时，清政府也运用条约条文试图修约，与英、西两国有初步接触，并积极与俄国交涉改订《伊犁条约》，但在谈判过程中饱尝羞辱，乃利用辛亥革命，顺势搁置，是为"到期修约"之首次尝试。

民国肇造后，因内争不断政局动荡，加以列强在华利益一致，中国初无积极修约的想法。1914年欧战爆发后，中国被迫与日本签订《民四条约》，随即袁世凯帝制失败身亡；随后又为参战问题引发政争，导致南北分裂，北京政府受日本相当程度的影响。然而，民初在条约观念上有值得注意的发展，北京与无约国谈判建交时，坚持平等互惠不再给予特权，即使谈判不成，也不愿迁就。1915年签订之《中华智利通好条约》，首开未明文让予领事裁判权之先河，被誉为第一个平等条约。

1917年8月，北京政府对德、奥宣战，废止中德、中奥条约，收回两国租界，并颁布法规，将敌国人民纳入管辖，德、奥货物适用国定税则，收管德、奥侨民在华大量财产；日后对德、奥侨民之处置办法，扩大到所有无约国人民，使之不能再托庇于有约国之保护。凡此皆为中国外交之创举，为解除条约束缚，打开一个难能可贵的缺口。

1919年前后，国际及国内环境皆有利于中国修约。欧战后期，美国及苏俄揭橥公理正义外交原则；加以战后中东欧各国独立，南美诸国亦参与国际社会，这些新兴国家多对华同情，又为打入市场，热衷于与中国订约。巴黎和会期间，国内民族主义昂扬，纷纷成立外交团体，北京政府也致力于修约，朝有约国、战败国及无约国三个方向进行：对有约国，在和会中要求舍弃势力范围等七项特权，虽大会未予受理，但已系中国首次明确表达对条约束缚的不满；对战败国，要求废除旧约重订平等条约，得到允准，俄国革命后，北京政府也收回旧俄使领待遇；对无约国，1919年春北京政府颁令，无约各国愿与中国订约者，以平等为原则，脱离祖国另建新邦者，不能继承其祖国昔时条约上各种权利，侨居中国者，所有课税诉讼等事，悉遵守中国法令办理，于是将收回德、奥侨民领事裁判权及协定关税，扩大到所有

"无约国"及新成立诸国。12月，北京政府与玻利维亚订约建交，开创完全平等互惠条约之先例。

1920年11月，国际联盟召开第一届大会，中国代表顾维钧准备向大会提出修改条约案，后因判断局势不利，决定暂缓。次年，华盛顿会议召开，中国代表在会中主张应给予中国种种可能之机会，去除侵犯主权及关税自由之一切限制，并具体提出关税自主、撤废领事裁判权、取消外国驻军及警署等各项要求。当时列强欲缓和中国民族主义的不满，将部分中国要求纳入《九国公约》及多项条约中，但多附有先决条件，要求中国先改革内政、裁撤厘金，才能逐步放弃领事裁判权及协定关税。然而华会主要目的，在于缓和美、英、日在远东太平洋地区的紧张局势，并无对华让步诚意，加以中国内战不断，给列强种种延宕修约之口实。

北京外交部继续推动与无约国平等订约，先后与波斯、芬兰签署平等相互条约，另与捷克、爱沙尼亚、拉脱维亚等国有谈判接触，然因拒给领事裁判及协定关税等特权，无结果而终。

对战败及革命之德、奥、俄三国，北京政府坚持改订平等新约。中德自1920年9月开始谈判，由于德国急欲重返中国市场，北京处于有利地位，1921年5月签署之《中德协约》是第一个明文规范无最惠国待遇、领事裁判权、协定关税各款的平等新约；甚且，德国为了赎回侨民产业，承诺支付战事赔偿及俘虏收容费。几经谈判，于1924年6月换文解决自宣战以来的财务问题，德国支付中国现金、铁路债票息票、善后大借款到期息票，代还中国政府所欠德侨德商债务等项，总数约8400万元。德国则取回大批德产，德华银行复业，为恢复在华商务创造有利条件。《中德协约》不仅是近代中国第一个平等新约，也得到独一无二的战争赔款。

俄国自革命后外交陷于孤立，为争取中国支持，两次发表对华宣言，自愿放弃帝俄自中国掠夺之土地及各种特权，并自1920年起，多次派遣代表来华谈判复交。1924 年 5 月签署《中俄协定》，同意放弃部分特权，并"在会议中"废止旧约，订立平等新约。此约的签订，使俄国被誉为第一个主动自愿放弃条约特权、平等待华的列强，赢得当时国人的好感。事实上，中俄会议没有获致具体成果，未能订立新约。俄国旧约特权，因北京政府坚持，以《密件议定书》规范"概不施行"，然此并非苏俄的本意。广州政府则实行联俄，在谈判过程中支持苏俄立场，宣扬苏俄对华平等，助华进行"反帝废约"。

《中奥商约》于 1925 年 10 月签订，除如德、俄约中之平等政治条款外，还详列通商条款，是第一个平等互惠之通商条约，成为日后中国与列强改订新约之范本。以上三个平等新约，使部分旧列强在华侨民，受中国主权管辖，对条约列强形成道德上的压力。

1925 年五卅惨案及浔、汉、粤诸案相继发生，国人要求对外强硬交涉，修改一切不平等条约，彻底铲除中外冲突之根源。6 月 24 日，北京外交部照会华会列强，要求修正中外条约。9 月 4 日，八国复照，称：愿考虑修约，同意召开关税会议及法权调查会。10 月 26 日，关税特别会议在北京开幕，会中通过中国关税自主案，原则上同意解除中国关税上之限制，自 1929 年起实施国定税率。次年春北京附近又起内战，中国代表多数出亡，关税会议中止。法权会议于 1926 年初召开，9 月发表调查报告书，认为中国现阶段法庭、法典、监狱皆未达标准，建议继续做种种改进，然后才能放弃领事裁判权。关、法两会无具体成果而结束，国人咸认为列强无修改条约之诚意，对"不平等条约"之攻击愈趋激烈。

1926 年初，北京政府决定改采"到期修约"方针，陆续与条约期满国家个别谈判修改。该年到期者有《中法越南通商章程》《中日条约》《中比条约》三约。2 月 4 日，外交部向法国使馆送出修约照会，"到期修约"自此展开。由于法、日为强国，且未明白拒绝进行谈判，北京外交部暂时延长两国旧约，锁定国力较弱之比利时为试金石。4月，北京外交部通知比利时要求修约，比方以原约规定只有比国有权提议修约，宣称要向海牙国际法庭提出解释条约条文。外交部坚持新约要在六个月内议定，否则旧约到期失效，交涉至 10 月底旧约到期之日，比利时仍不愿接受外交部条件，北京政府乃毅然于 11 月 6 日宣布废止《中比条约》，是为中国外交史破天荒之壮举。比利时一面准备诉诸国际法庭，一面希望列强共同对北京施压，然适逢英国宣布对华新政策，主张顺应中国修约要求，比利时乃决定让步。1927 年 1 月，中比修约谈判开始，比利时主动宣布归还天津租界，表达善意，不久双方谈成新约草案，送交布鲁塞尔。

当时，武汉政府之 "革命外交" 正在高潮，1 月初群众冲击汉口、九江英租界，强行收回行政权；掌控北京的张作霖也威胁英国。英国为维护在华庞大利益，遂决心贯彻新政策，争取中国人民之好感，乃同时向北京及武汉提出《修约建议》七条，并与北京政府展开归还天津租界谈判。4 月，该项交涉已大体谈妥。同时，中日、中法修约谈判也陆续展开，北洋修约顺利推行。11 月，《中西条约》到期，因西班牙否认中国有权废约，拒绝谈判，外交部又毅然宣布废止该约。然而，南京国民政府成立后，列强对华外交重心转移，加以 "革命外交" 威胁消退，各国与北京之修约交涉趋于消极敷衍，静待中国尘埃落定。

1928 年，中丹、中葡、中意等条约到期，北京外交部分别交涉修约，然未有结果。北京政府在倾覆前，与波兰、希腊两国签订平等条约，是为北洋修约的最后成绩。

北洋修约史的历史意义

在实证研究的基础上，可进一步探讨北洋修约史的历史意义。如本书各章所述，北洋修约内容十分丰富，但在以 "废除不平等条约"

为主线的革命史论述中，几乎完全被遮蔽，前人的努力成果遭遗忘。主要原因在于近代强烈的中国民族主义，谴责列强对华之"不平等条约"为不公义，因而不能承认，必须废除。在此思维下，主张"修约"者等同于卖国，北洋修约遂无研究价值。但是若回归国际外交常轨，"修约"自属常态，北洋修约研究可将中国外交与全球外交及国际法发展脉络相联结，呈现丰富多彩的面向。

北洋修约案例，多涉及国际法理争议，对中国外交及国际法观念之发展，有重大意义。诸如"情势变迁"原则之运用、环绕"最惠国待遇"的个别或集体修约之讨论、废除领事裁判权与内地杂居的抉择、"国内法"与"国际条约"孰先之争议、是否为中比争议出席国际法庭等，都是当时中外争执的法理症结，也是研究中国外交与国际法发展的宝贵案例。

北洋修约史展现了许多近代中国的特色，与英美模式之"近代化理论"、苏联模式之"世界革命"典范、日本强调的"文明化"道路相较，更可诠释中国独特的内外环境及发展脉络。就外在环境而言，北洋修约将中国民族主义与"威尔逊主义""列宁主义"结合，又与德、奥战败国，及东欧、亚洲、拉美小国合纵连横，走出自己的道路。就内在环境而言，北洋外交虽有政局动荡、北京政府权威有限、中国发展落后等限制因素，但仍能有优异表现，主要原因在于外交决策专业而有效率。由于军阀对外交事务避之若浼，北京外交部由一小群外交精英掌控，人事相对稳定；五卅之后，由专家、大老、名流组成之条约研究会，发挥了重要的指导作用。其成员熟谙国际法，掌握国际潮流发展，以民族主义融合国际法理与公理正义原则，善用"民族自决""世界革命"的助力，利用英、美、苏联、日本在华之竞争，谋划对国家权益最有利的策略，摆脱条约的束缚。此外，北洋修约受民意舆论相当程度的支持，与奉天、新疆等地方当局对外也常能合作，尤其受益于广州"革命外交"之激进威胁，使列强对北京更愿意配合。

北洋修约理念的发展脉络，是中国外交史重要的组成部分。北京政府始终坚持依循外交途径设法终止不平等条款，一方面屡次在国际会议提议修改条约，另一方面依平等相互原则缔结新约。就修约观念与策略而言，民国建立后，阁议即议决：嗣后对于清朝遗留之各不平等条约不得续延，亦不得再订相似之约。欧战前，北京对新建交国要求平等订约，不再给予特权，但未能坚持。1917 年对德、奥宣战后，得以废止两国旧约；1919 年对无约国确定平等订约，对战败国及革命之德、奥、俄，坚持废止旧约改订平等新约，对条约特权诸国，先后在巴黎、华盛顿要求修改条约。在技术层面上，北京政府由 1915 年智利约之浑括主义，不明文给予领事裁判权以及互享最惠国待遇，到 1919 年与玻利维亚订约时，互换照会声明最惠国待遇不包括领事裁判权；1920 年与波斯订约时，明订去除领事裁判权；1921 年《中德协约》则无领事裁判权，无最惠国待遇，也无协定关税。以后各约，皆坚持完全去除不平等条文。到 1925《中奥商约》，更进一步完善通商条款。凡此皆可见北洋修约在观念及策略上，一步一步明确化。

五卅之后，北洋修约有重大的突破。鉴于集体修约成效不彰，北京政府决定改弦易辙，1926 年初确立"到期修约"方针。中比修约交涉期间，北京外交部在法理上依据十年修约条款，以及"情势变迁"原则，引用《国联盟约》第 19 条关于不适用条约应用情势变迁改订原则，在交涉实务上坚持旧约期满须改订，坚持修订全约（不限于商务条款）。当比利时拒绝谈判修约时，北京政府断然宣布终止《中比条约》，宣言中扣紧法律上"不平等"概念，指出比利时坚持单方面修约权，中国想要修约而无从着手，不得不宣言终止旧约。当比利时提出国际法庭裁判后，外交部强调此案争点在于：平等原则之适用于中比关系，此为政治性质，非法律问题，因绝无国家能允以国际平等之根本原则作为法律审问事件；并引用《国联盟约》主张应提出国联大会仲裁。1927 年 11 月，北京政府再宣布废止《中西条约》，理由是订约六十年来情势已有重大变迁，应根据平等相互原则另订新约，而西国坚持只修税则商务条款，故只有宣布旧约期满失效。①

北洋末期由"到期修约"发展成"到期修改、期满作废"，事实上是"修约"与"废约"两者的融合，兼具法理依据与革命精神。1928 年初，即有人指出：

> 废除不平等条约之最正当方法，当溶合二者而用之，即依法律手续而以革命精神行之是也。近来我国对外策略，殆已采用此项方法，如废除比、西诸约，一面以法律手续进行交涉；一面取决然态度，势在必行。无法律之手续，则不得国际之同情；无革命之精神，则不得最后之胜利。二者相并而行，然后事乃有济，此年来对外政策之所以比较成功也。②

整体而言，北洋修约先多次向列强提议修改，又成功与部分国家订立平等条约，五卅之后掌握国内外有利因素，发展出"到期修约"方针，将法律与政治路线融合为具体可行的方式，并能坚毅进行，宣告《中比条约》期满失效，渡过国际法庭的难关，迫使比利时进行修约谈判，开创成功先例。随后与日、法、西、英等国进行修约谈判，虽未能达成具体成果，但已让各国默认中国主张之旧约"期满失效"，依平等互惠原则谈判新约。

外交史实证研究，可发掘中国外交之特色，深入理解中国与列强之互动关系。北洋修约有其发展脉络，与国际法理有相当程度的对话，与列强也有丰富的交涉经验，最后总结出一条有法理依据，与中

---

① 值得注意的是，北京政府于此并未使用"不平等条约"一词，仅引用"情势变迁"及"期满失效"。

② 周鲠之：《废约运动之鸟瞰》（七），《晨报》1928 年 2 月 5 日。

国民意结合，摆脱条约束缚之可行道路，并开创成功先例，其历史意义应予肯定与重视。

中国外交的全面性

过去学界对民初外交史研究，多注重广州政府的表现，常失之片面。本书以北洋修约为主线，同时注意到中央与地方对外交涉的互动关系，展现当时中国外交较全面的图像。

北洋政府时期，由于中央权威衰坠，许多对外交涉，必须与地方政权合作进行，南北外交之互动，是当时中国外交一大特色。广州政府在 1919 年巴黎和会时，派代表参加中国代表团，并不顾北京之反对，坚持提出《废除一九一五年中日协定说帖》。1921 年则拒绝参加华盛顿会议，不承认该会有关中国之条约。此外，广州曾与北京合作，对葡萄牙交涉澳门争执。①

南北外交最重要的互动，仍在条约问题。1922 年以前，广州、北京都主张修改条约，孙中山采"联俄"政策后，广州外交走向不同道路。围绕《中俄协定》谈判与签订，南北有许多折冲，是理解双方外交互动的重要案例。

苏俄于 1919 年、1920 年两次对华宣言，表示愿意放弃帝俄在华条约特权及侵略成果，赢得国人好感。同时，北京及奉天当局把握时机清理旧俄权益，实质收回大部分特权。中苏谈判过程中，北京坚持废旧约及无条件交还中东路、外蒙古等先决条件，与苏俄代表激烈辩争。1923 年初，孙中山在《孙越宣言》中对外蒙撤军、中东路，做出重大让步。孙中山接受俄援容纳中共，认为苏联放弃特权平等对

---

① 参见陈三井、庄树华《中国对澳门主权交涉的一段历史考察（1919～1926）》，《港澳与近代中国学术研讨会论文集》，台北，"国史馆"，2000，第 367～392 页。

华，在中苏谈判过程中全力支持苏联。北方国民党在中苏谈判中，扮演重要角色，除王正廷主持对苏谈判外，国共党员鼓动舆论学界承认苏联，对北京政府争取国家利益形成压力。1924 年 5 月，《中俄协定》签署，苏联原则上愿放弃旧约特权，在"中俄会议"中议订新约取代旧约，在新约议订前，以《密件议定书》规范旧约"概不施行"。孙中山则力挺苏联，压制国民党内反对苏联与北京建交的声音。

由于华会之后条约束缚如故，国人不满日高，广州政府攻击列强，声称要"废除不平等条约"，渐成民心之所向。1924 年底，冯玉祥"首都革命"后，孙中山发表《北上宣言》，高举召开国民会议、废除不平等条约两大旗帜；然而在北京遭军阀抵制，无法施展抱负，于 1925 年春病逝，遗嘱中载明要尽快"废除不平等条约"，成为革命党奉行不渝之"总理遗教"。五卅之后，广州政府大肆宣传"反帝废约"，"废除不平等条约"之说更加深入人心。但若能将《密件议定书》及"中俄会议"一并考虑，当可更全面地理解当时之中苏以及南北关系。

五卅到北伐期间，南北外交互动频繁。1925 年 6 月 24 日，北京政府对华会列强发出修约照会，28 日广州政府发表宣言，主张"修约""废约"为泾渭分明之两途，抨击北京修约为"与虎谋皮"。广州凭借联俄及高昂民气，力行"革命外交"，运动群众组织省港大罢工。英国遭广州政府杯葛，对华贸易受损颇大，决心改变对华政策，宣布《变更对华政策建议案》，呼吁列强正视中国"修约"的正当性，争取国人之好感。英国对华新政策原是针对国民政府，却遭到"革命外交"之羞辱，反倒呼应了北洋"到期修约"，适时让比利时对北京让步；广州"废约"成为北洋"修约"的一大助力。

1927 年初，南北外交都有进展，武汉政府收回汉口、九江英租界，北京政府与比、日、法、英等国进行修约交涉。"修约"与"废约"互相竞争，如张作霖之急于收回天津英租界，就是欲以之与武汉收回汉、浔英租界抗衡。同时，双方也有互动，如因墨西哥、秘鲁粤籍华工问题，北京曾咨询广州意见。

四一二"清党"之后，南京国民政府成立，与苏联渐行渐远，逐步回归英、美主流世界秩序。1927 年 11 月 12 日，北京政府宣布《中西条约》期满失效，24 日南京外交部长伍朝枢也照会西使旧约作废，名义上用"废除不平等条约"，实质上是"到期修改、期满作废"，并抢先颁布《临时办法》，显示南京政府对于条约已然名实分离。12月广州暴动后，南京进一步绝俄反共，禁绝群众运动。1928 年 5 月，济案发生后，南北曾酝酿停止内争一致对外，联手在国联提案。6 月，北京政府覆灭，南京国民政府则继续修约。

整体而论，北京是当时的中央政府，与各国交涉的主体，南北外交有竞争，也有合作。透过《中俄协定》研究，可让学界从中国外交全面性的角度，思索"联俄容共""反帝废约"之复杂内涵，以及国共宣传与"革命外交"之源头等问题。北伐期间，北京是中央政府，要依据国际惯例与国际法理与各国交涉，国民政府是革命政权，可以宣传政治解决，不遵守法理。1926 年、1927 年之际，北洋修约与国民政府"废约"之威胁相辅相成，共同达成中国外交的重要突破。由全局观之，修约较合法理，可累积成果，但不易突破现状；革命可突破，但只能用之一时，是特例而非常态。将南北外交视为整体的两面，互相影响，可对中国外交有较全面均衡的认识。南京政府成立后，以中央自居，必须依据国际惯例与各国往来，其"废约"意涵与广州、武汉时期已大不相同，反倒与北洋末期趋近。

北洋政府时期，由于中央政府管辖范围有限，许多对外交涉牵及地方事务，必须与地方政权合作进行，北京除与广州互动外，也与奉天、新疆、滇、桂等地方当局，在修约事务上互有往来。新疆当局屡次要求废除《伊犁条约》之俄商特权，1918 年起，新疆省长兼督军杨增新不断建议北京"到期修约"，并在 1920 年率先与苏俄中亚当局签署《临时通商条件》，向俄商课税，并促使北京政府于 1922 年 1 月片面废除俄商减免税特权。俄国革命后，奉天当局乘机收回俄国在中东路区的特权，北京也出兵外蒙，于 1919 年 11 月颁布大总统令废除《中蒙俄三方条约》《俄蒙商务专条》。次年 1 月，又在东北地方官陈请之下，宣布《呼伦贝尔条件》失效。但在直奉对立时，奉天与北京有冲突，最明显的就是《中俄协定》与《奉俄协定》的扞格，为中俄会议平添许多枝节。此外，北京在交涉《中法越南通商章程》时，也派员与滇、桂两省当局接洽。中央与地方当局在外交事务上的合作与矛盾关系，是近代外交史上一个重要而有待进一步研究的课题。

中国外交的连续性

过去"革命史观"强调辛亥革命及大革命前后的断裂性，加以南京政府承继了广州、武汉国民政府之名称，又自称实行"革命外交"，外交史学者因而常关注北伐前后"革命外交"的演变，认为南京外交系继承武汉、广州的传统而来。本书则认为南京外交政策实脱胎自北洋，与广州、武汉外交的关系较淡；清末、北洋到南京政府在外交上有明显的连贯性。

民国外交部在人事上，多半继承清季外务部而来，[①] 外交政策上亦有强烈的连续性，从 1911 年中俄修订《伊犁条约》交涉即可看出。北洋与南京政府的关系则较为复杂，国民革命军推翻北京政府，常被视为是新旧交替，但从外交上考察，似非如此。广州国民政府"革命外交"之意识形态，与苏联"世界革命"相呼应；武汉国民政府外交则过于激进，与列强不断冲突。四一二之后，南京国民政府逐步回归

---

① 参见张齐显《北京外交部组织与人事之研究》，硕士学位论文，台中，中兴大学，2000。

主流世界秩序，世界革命色彩淡去，外交政策与"革命外交"渐行渐远，"废除不平等条约"丧失对外之实质意义，但是在对内争取政治资源与统治正当性时，必须继承孙中山之政治遗产。细考南京外交之精神、策略甚至于人事，都与北京外交部渊源甚深；南京政府的国际法主体地位继承北京，是代表全中国的中央政府。南京之世界观改走英美路线，加入主流世界秩序，放弃列宁主义打倒列强、废除不平等条约的意识形态，此点与广州、武汉时期大不相同。由人事面上看，南京外交部长伍朝枢、黄郛、王正廷等，都曾任职于北京；其司长、参事、秘书等重要干部，也有相当大的部分是北洋旧人；至于驻外使领，则全盘继承北洋。尤其是九一八事变后，北洋外交元老如顾维钧、颜惠庆、罗文幹等，大批回笼，出任外交部长、国联代表、驻外大（公）使等要职。北伐时"军事北伐，政治南伐"之说，在外交上有其合理性。

南京外交部自诩的改订新约成果，实质上延续北洋修约脉络。1928～1931年担任南京外交部长的王正廷，曾两度任北京外交总长，北洋末期"到期修约"方针即在他任内确立。北伐统一后，王正廷任南京外长，虽自称实行"革命外交"，遵循总理遗教"废除不平等条约"，但在实行方针上，即向记者透露：取消不平等条约，依循北京到期修改，继续进行。①

南京在北洋修约的基础上，继续与各国进行修约交涉，1928年下半年到1930年5月，与十余国签署关税条约或通好条约，恢复了关税自主权，并朝废除领事裁判权迈进，看似成果斐然；但由本书多个跨越北洋、南京的修约案例观之，多华而不实。北京外交部改定新约时，循《中奥商约》模式订定较详尽之商约，南京之改订新约，则循《中德协约》《中俄协定》模式，为通好条约性质，条文简略，只明

---

① 《申报》1928年6月16日，第4版。

订关税自主及法权平等原则，日后另议通商航海条约。南京重视的是各国同意中国关税自主，对旧约期满国则进一步要求名义上放弃领事裁判权，但在附件中做出种种让步与交换，徒务平等之虚名。

整体而论，探讨北伐期间中国外交的发展脉络，若单看广州、武汉到南京，国民政府"革命外交"之"废约"历程，容易以偏赅全。应注重北洋修约的发展历程，以及南京与北洋外交之传承关系，才能掌握中国外交之主脉。废约是革命高潮时的口号，可暂而不可久，长远来说，修约仍是主流。北京政府虽被推翻，其外交上的精神、策略与人才，仍传承下来继续为国家利益服务；注重清末、北洋到南京政府的连续性，可让学界对中国近代史的理解有更宽广的诠释空间。

多元丰富的近代史理解

从北洋修约的视角考察中国外交史，一方面可重建过去长期遭遮蔽的北洋修约历程，另一方面也看到过去被宣扬的"革命外交"成就，实基于许多片面扭曲的历史诠释之上。就被遮蔽的修约史而论，摆脱不平等条约束缚，是贯穿清末、北洋、南京各政权一致的目标。北京政府时期，在条约观念、修约策略上，有重要而持续的发展，并与广州外交有重要互动，相辅相成获致不俗的成果。北洋末期融合修约、废约之长，发展出"到期修改、期满作废"的可行策略，并获致成功先例，成为日后南京改订新约的重要依据。若能注意到中国外交的全面性，以及清末、北洋到南京外交的连续性，应能体认北洋修约在近代中国外交史中，实居于承先启后的关键地位。

就过去被宣扬的"革命外交"而论，本书指出广州政府联俄以后，由修约转向废约，与世界革命理念结合。然而"反帝废约"重要源头之苏联对华平等，由实证研究观之，政治宣传成分多过史实。而南京国民政府之改订新约方针，与北洋末期之到期修约相当接近。

台海两岸的中国近代史研究，迄今仍受"革命史观"影响很深，常以1911年辛亥革命、1925～1927年大革命及1949年作为重要分水岭，着重探讨革命的背景及影响，强调历史发展中的断裂与突变。近年来，许多研究指出该史观在历史诠释上破绽处处，常不能自圆其说。有些学者试图以"现代化范式"作为可能的替代选择，着力于中国现代化历程之研究。然而，现代化理论常因其浓厚的美国化色彩受到学界质疑，不一定是恰当的诠释架构。

从北洋修约史的视角观之，清末以来洋务新政是一条重要的发展脉络，南京国民政府也有其北洋渊源，若能以"北洋派"的角度考察近代史，或可提供革命与现代化之外，另一种贴近中国国情的历史诠释架构。清末民初，在政治、军事、外交、司法、实业等领域，最具影响力的北洋派，在革命史观之下，常被描绘为负面的形象。遭数十年贬抑、抹黑之后，北洋派早已声名狼藉，在国人的历史记忆中，常与洋务运动失败、北洋水师覆灭、北洋军阀卖国等刻板印象相联结。然而，从中外档案所见的北洋外交，表现相当优异，而清末到北洋、南京政府之间，外交上的传承性远大于断裂性。若能拨开革命宣传的迷雾，打破过去南北对立的迷思，以统合的视角重新考察民国历史，北洋派可提供革命与立宪之外，另一个务实的连续性视角；给予北洋派在政治、军事、外交、实业等方面较正面的评价，应可对近代史有更宽广多元丰富的理解可能。

本书研究之目的，并不在于自诩史家求真的本领，做翻案文章，也不在于以自己的研究成果否定他人的历史记忆，践踏他人珍视的传统。多年来，受革命宣传影响，"废除不平等条约"与"反帝废约"激发了广大人民的爱国情操，在收回国权上取得丰硕成果，已在历史上留下光荣的印记。"中国人站起来了"的民族自信心，是弥足珍贵的。多年宣传的影响，已是铁一般的历史事实，每个人的历史记忆应互相尊重。然而，过去的历史记忆，过度一元、单调、贫瘠，"反帝废约"激情在完成阶段性任务后，有可能会妨碍中国和平崛起的脚步，限制了迈向大国的历史想象空间。本书希冀能丰富国人对过去的理解，由比较忠于史实的历史诠释中，汲取更多的养分；从更多元丰富的记忆与诠释中，理解"过去"与"现在"的关系，摆脱过时政治神话的束缚，让我们对未来的想象与道路更宽广明朗，从而能大步迈入 21 世纪。

征引文献

一　档案

（一）中文

《外交档案》《外交部档案》，台北中研院近代史研究所档案馆藏。

《外交部档案》，台北"国史馆"藏。

《中央政治委员会速记录》，台北国民党党史馆藏。

（二）日文

外务省编《日本外交文书（昭和期I)》，东京，日本外务省，1989。

（三）英文

Cabinet Files.

Foreign Office.

FRUS (*Papers Relating to the Foreign Relations of the United States*).

Watt, D. C. & Bourne, K. eds., *BDFA* (*British Documents on Foreign Affairs*), Part Ⅱ, Series E, New York: University Publication of America, 1994, vol. 23.

二 档案汇编、史料集、政府公报

（一）中文

北京外交部编《外交文牍：民国元年至十年》，台北，文海出版社，1973。

财政科学研究所、中国第二历史档案馆编《民国外债档案史料》，档案出版社，1990。

程道德、郑月明、饶戈平编《中华民国外交史资料选编（1919～1931）》，北京大学出版社，1985。

《筹办夷务始末》，上海古籍出版社，1997。

《大清德宗景皇帝实录》，台北，鼎文书局，1980。

丁文江、赵丰田编《梁任公先生年谱长编初稿》，台北，世界书局，1958。

《共产国际、联共（布）与中国革命档案资料丛书》，中共中央党史研究室第一研究部译，北京图书馆出版社，1997～1998。

《顾维钧回忆录》，中华书局，1983。

《吉林文史资料选辑》第4辑，吉林人民出版社，1983。

季啸风、沈友益主编《中华民国史史料外编——前日本末次研究所情报资料》，广西师范大学出版社，1997。

《蒋中正总统档案：事略稿本》，台北，“国史馆”，2003～。

《近代史资料》，中国社会科学出版社，1978～。

辽宁省档案馆编《奉系军阀密信选辑》，中国档案出版社，1993。

罗家伦主编《革命文献》第9、18辑，台北，“中央”文物供应社，1955、1957。

天津档案馆、南开大学分校档案系编《天津租界档案选编》，天津人民出版社，1992。

《天津文史资料选辑》第 2 辑，天津人民出版社，1979。

外交部编《外交公报》，台北，文海出版社，1987。

外交部统计科编印《民国九年分外交年鉴》，1921。

王彦威纂辑，王亮编《清季外交史料》，台北，文海出版社，1985。

薛衔天等编《中苏国家关系史资料汇编（1917～1924）》，中国社会科学出版社，1993。

佚名辑《宣统政纪》，台北，文海出版社，1989。

中国第二历史档案馆编《中国国民党中央执行委员会常务委员会会议录》，广西师范大学出版社，2000。

中国第二历史档案馆编《中华民国史档案资料汇编》，江苏古籍出版社，1991。

中国第二历史档案馆编《南京国民政府外交部公报》，江苏古籍出版社，1990。

中国社会科学院近代史研究所《近代史资料》编辑室编《秘笈录存》，中国社会科学出版社，1984。

中研院近代史研究所编印《近代中国对西方及列强认识资料汇编》，1972～1980。

中研院近代史研究所编印《中俄关系史料·外蒙古（民国八年）》，1982～1984。

中研院近代史研究所编印《中俄关系史料·一般交涉（民国十年）》，1973。

中研院近代史研究所编印《中俄关系史料·中东路与东北边防附外蒙古（民国九年）》，1969。

（二）日文

國際聯盟支那調查外務省準備委員會編『日本と滿蒙』國際聯盟支那調查外務省準備委員會、1932。

三　报刊

（一）中文

《晨报》（北京）

《大公报》（天津）

《东方杂志》（上海）

《国闻周报》（上海）

《民国日报》（上海）

《申报》（上海）

《盛京时报》（沈阳）

《时报》（上海）

《时务报》（上海）

《顺天时报》（北京）

《向导》（上海）

《新民丛报》（横滨）

（二）英文

Woodhead，H. E. W. ed.，*The China Year Book*，Tientsin，1928.

四　著作

（一）中文

滨下武志：《中国、东亚与全球经济》，王玉茹、赵劲松、张玮译，社会科学文献出版社，2009。

车维汉、朱虹、王秀华：《奉系对外关系》，辽海出版社，2000。

陈博文撰述，王正廷校阅《中俄关系史》，商务印书馆，1928。

陈隆丰：《国家继承与不平等条约》，台北，三民书局，2003。

程天放：《使德回忆录》，台北，正中书局，1967。

丁凤麟、王欣之编《薛福成选集》，上海人民出版社，1987。

凤冈及门弟子编《梁燕孙先生年谱》，台北，台湾商务印书馆，1978。

戈尔布思主编《萨道义外交实践指南》，杨立义等译，上海译文出版社，1984。

顾维钧编《参与国际联合会调查委员会中国代表处说帖》，商务印书馆，1932。

郭剑林主编《北洋政府简史》，天津古籍出版社，2000。

郭廷以：《近代中国史纲》，台北，晓园出版社，1994。

国际问题研究社编《国联调查团报告书》，国际问题研究社，1932。

何启、胡礼垣：《新政真诠初编》，格致新报馆，1901。

何伟亚：《英国的课业：19世纪中国的帝国主义教程》，刘天路、邓红风译，社会科学文献出版社，2007。

赫德：《这些从秦国来——中国问题论集》，叶凤美译，天津古籍出版社，2005。

《红档杂志有关中国交涉史料选译》，张蓉初译，生活·读书·新知三联书店，1957。

洪钧培编《国民政府外交史》，华通书局，1930。

黄月波、于能模、鲍厘人编《中外条约汇编》，商务印书馆，1935。

贾士毅：《关税与国权》，商务印书馆，1927。

贾士毅：《民国续财政史》，商务印书馆，1933。

蒋恭晟：《中德外交史》，中华书局，1929。

金光耀、马建标选编《顾维钧外交演讲集》，上海辞书出版社，2006。

金光耀、王建朗主编《北洋时期的中国外交》，复旦大学出版社，

2006。

柯伟林：《蒋介石政府与纳粹德国》，陈谦平等译，中国青年出版社，1994。

李定一：《中美早期外交史》，台北，传记文学出版社，1978。

李恩涵：《北伐前后的"革命外交"（1925～1931）》，台北，中研院近代史研究所，1993。

李浩培：《条约法概论》，法律出版社，2003。

李嘉谷：《中苏关系（1917～1926）》，社会科学文献出版社，1996。

李信成：《杨增新在新疆》，台北，"国史馆"，1993。

李永胜：《清末中外修订商约交涉研究》，南开大学出版社，2005。

李育民：《中国废约史》，中华书局，2005。

李兆祥：《近代中国的外交转型研究》，中国社会科学出版社，2008。

梁启超：《饮冰室文集》，台北，中华书局，1960。

林明德：《近代中日关系史》，台北，三民书局，1984。

刘敬忠、田伯伏：《国民军史纲》，人民出版社，2004。

刘绍唐主编《民国人物小传》，台北，传记文学出版社，1985。

刘彦著，李方晨增订《中国外交史》，台北，三民书局，1962。

罗志田：《乱世潜流：民族主义与民国政治》，上海古籍出版社，2001。

骆惠敏编《清末民初政情内幕》，刘桂梁等译，知识出版社，1986。

马士：《中华帝国对外关系史》，上海书店出版社，2000。

满铁太平洋问题调查准备会编印《东北官宪所发排日法令辑》，1931。

钱泰：《中国不平等条约之缘起及其废除之经过》，台北，"国防研究院"，1959。

荣孟源主编《中国国民党历次代表大会及中央全会资料》，光明日报出版社，1985。

单冠初：《中国收复关税自主权的历程——以1927~1930年中日关税交涉为中心》，学林出版社，2004。

审议处编《筹办中俄交涉事宜公署意见书》，外交部中俄会议办事处刊印，1923。

水野明：《东北军阀政权研究》，郑梁生译，台北，"国立编译馆"，1998。

《孙中山全集》，中华书局，1981~1986。

唐启华：《北京政府与国际联盟（1919~1928）》，台北，东大图书，1998。

完颜绍元：《王正廷传》，河北人民出版社，1999。

《晚清外交使节文选译》，雷广臻译注，巴蜀书社，1997。

王尔敏：《晚清商约外交》，香港中文大学出版社，1998。

王建朗：《中国废除不平等条约的历程》，江西人民出版社，2000。

王晴佳：《台湾史学五十年（1950~2000）》，台北，麦田出版社，2002。

王绳组主编《国际关系史》，世界知识出版社，1995。

王世杰、胡庆育编《中国不平等条约之废除》，台北，"蒋总统对中国及世界之贡献丛编委员会"，1967。

王铁崖编《中外旧约章汇编》（第1、2、3册），生活·读书·新知三联书店，1957、1959、1962。

《王铁崖文选》，中国政法大学出版社，2003。

王聿均：《中苏外交的序幕》，台北，中研院近代史研究所，

1963。

王芸生：《六十年来中国与日本》，生活·读书·新知三联书店，1980。

王正廷：《中国近代外交史概要》，外交研究社，1928。

王卓然、刘达人主编《外交大辞典》，中华书局，1937。

温廷敬辑《茶阳三家文钞》，台北，文海出版社，1967。

吴景平：《从胶澳被占到科尔访华——中德关系 1861～1992》，福建人民出版社，1993。

吴梅东编《蔡元培文集》，台北，锦绣出版社，1995。

信夫清三郎编《日本外交史》，天津社会科学院日本问题研究所译，商务印书馆，1980。

徐国琦：《中国与大战》，马建标译，上海三联书店，2008。

许师慎编纂《国父当选临时大总统实录》，台北，"国史馆"，1967。

薛衔天：《中东铁路护路军与东北边疆政局》，社会科学文献出版社，1993。

《颜惠庆日记》，上海市档案馆译，中国档案出版社，1996。

俞辛焞：《近代日本外交研究》，天津古籍出版社，2006。

远东外交研究会编印《最近十年中俄之交涉》，1923。

《远东委员会关税会议录》，金问泗译，关税调查处，1921。

《曾纪泽遗集·日记》，岳麓书社，1983。

曾友豪：《民国外交史》，商务印书馆，1926。

《张荫桓日记》，上海书店出版社，2004。

张忠绂：《中华民国外交史》，台北，正中书局，1943。

中日条约研究会编印《中日条约全辑》，南京，1932。

周鲠生：《国际法》，武汉大学出版社，2007。

《最近中国外交关系》，曹明道译，正中书局，1935。

（二）日文

川島真『中國近代外交の形成』名古屋大學出版會、2004。

久保亨『戰間期中國「自立への摸索」：關稅通貨政策と經濟發展』東京大學出版會、1999。

林久治郎『滿洲事變と奉天總領事』原書房、1978。

岡本隆司・川島真主編『中國近代外交の胎動』東京大學出版會、2009。

堀川武夫『極東國際政治史序說—二十一箇條の研究』有斐閣、1958。

梨本祐淳『滿蒙重要懸案の解說』日本書院、1931。

衛藤瀋吉『東アジア政治史研究』東京大學出版會、1968。

（三）英文

Borg，Dorothy，*American Policy and the Chinese Revolution*，*1925 – 8*，New York：American Institute of Pacific Relations，1947.

Chi，Madeleine，*China Diplomacy*，*1914 – 1918*，Cambridge Mass.：Harvard Univ. Press，1970.

Cohen，Paul A.，*China Unbound*：*Evolving Perspectives on the Chinese Past*，London and New York：Routledge Curzon，2003.

Dayer，R. A.，*Finance and Empire*：*Sir Charles Addis*，*1861 – 1945*，London：Macmillan，1988.

Elleman，Bruce A.，*Diplomacy and Deception*：*The Secret History of Sino-Soviet Diplomatic Relations*，*1917 – 1927*，New York：M. E. Sharpe，1997.

Fung，Edmond S. K.，*The Diplomacy of Imperial Retreat*：*Britain's South China Policy*，*1924 – 1931*，New York：Oxford University，1991.

Glaim，Lorne Eugene，*Sino-German Relations*，*1919 – 1925*：*German Diplomatic*，*Economic*，*and Cultural Reentry into China After World War I*，Ph. D. thesis，Washington State Univ.，U. S. A.，1973.

Leong, Sow-theng, *Sino-Soviet Diplomatic Relations*, *1917 – 1926*, Canberra: Australian National University, 1976.

Levin, Gordon Jr. , *Woodrow Wilson and World Politics*: *America's Response to War and Revolution*, New York: Oxford University, 1968.

Lowe, Peter, *Great Britain and Japan*, *1911 – 1915*, London: Macmillan, 1969.

Nathan, Andrew, *Peking Politics*, *1918 – 1923*: *Factionalism and the Failure of Constitutionalism*, Berkeley: University of California, 1976.

Pollard, Robert, *China's Foreign Relations*, *1917 – 1931*, New York: Macmillan , 1933.

Pye, Lucian, *Warlord Politics*: *Conflict and Coalition in the Modernization of Republican China*, New York: Praeger, 1971.

Tang, Chi-hua, *Britain and the Peking Government*, *1926 – 1928*, Ph. D. dissertation, LSE, 1991.

Wang, Dong, *China's Unequal Treaties*: *Narrating National History*, Lanham: Lexington Books, 2005.

Willoughby, Westel W. , *Foreign Rights and Interests in China*, Baltimore: Johns Hopkins Press, 1927.

Xu, Guoqi, *China and the Great War*: *China's Pursuit of a New National Identity and Internationalization*, New York: Cambridge University, 2005.

Zhang, Yong-jin, *China in the International System*, *1918 – 1920*: *The Middle Kingdom at the Periphery*, London: Macmillan, 1991.

五 专文

(一)中文

敖光旭:《失衡的外交——国民党与中俄交涉 (1922～1924)》,

《中央研究院近代史研究所集刊》第 58 期，2007 年 12 月。

彼斯科娃：《1924~1929 年的苏中外交关系》，李颖译，《中共党史资料》第 75 辑，中共党史出版社，2000。

陈三井、庄树华：《中国对澳门主权交涉的一段历史考察（1919~1926)》，《港澳与近代中国学术研讨会论文集》，台北，"国史馆"，2000。

川岛真：《从废除不平等条约史看"外交史"的空间》，《近代史学会通讯》第 16 期，2002 年 12 月，台北，中研院近代史研究所。

戴东阳：《晚清驻外使臣与不平等条约体系》，博士学位论文，北京大学，2000。

樊明方：《辛亥革命前后中俄关于修订〈伊犁条约〉的交涉》，《近代史研究》1986 年第 4 期。

郭剑林、王继庆：《北洋政府外交近代化略论》，《学术研究》1994 年第 3 期。

何艳艳：《"国民外交"背景下的中苏建交谈判（1923~1924)》，《近代史研究》2005 年第 4 期。

侯中军：《不平等概念与近代中国的不平等条约》，《中国社会科学院研究生院学报》2006 年第 2 期。

侯中军：《不平等条约研究的若干理论问题——条约概念与近代中国的实践》，《人文杂志》2006 年第 6 期。

侯中军：《近代中国不平等条约及其评判标准的探讨》，《历史研究》2009 年第 1 期。

侯中军：《近代中国的不平等条约：标准与数量考析》，博士学位论文，中国社会科学院研究生院，2006。

黄文德：《北京外交团与近代中国关系之研究——以关余交涉案为中心》，硕士学位论文，台中，中兴大学，1999。

金光耀：《外交系初探》，金光耀、王建朗主编《北洋时期的中国外交》，复旦大学出版社，2007。

李国祁：《德国档案中有关中国参加第一次世界大战的几项记载》，《中国现代史专题研究报告》第4辑，台北，"中华民国史料研究中心"，1971。

李嘉谷：《十月革命后中苏关于中东铁路问题的交涉》，《近代史研究》1989年第2期。

李育民：《晚清改进、收回领事裁判权的谋划及努力》，《近代史研究》2009年第1期。

李育民：《中国共产党反对不平等条约的历史考察》，《中共党史研究》2003年第5期。

廖敏淑：《巴黎和会与中国外交》，硕士学位论文，台中，中兴大学，1998。

廖敏淑：《第一个平等新约——一九二五年中奥通商商约之初步研究》，《中兴史学》第3期，台中，1997年5月。

廖敏淑：《清代对外通商制度》，近代中国、东亚与世界国际学术讨论会会议论文，山东日照，2006年8月。

林军：《1924年奉俄协定及其评价》，《北方论丛》1990年第6期。

刘维开：《训政前期的党政关系（1928～1937）——以中央政治会议为中心的探讨》，（台北）《政治大学历史学报》第24期，2005年11月。

吕芳上：《北伐时期英国增兵上海与对华外交的演变》，《中央研究院近代史研究所集刊》第27期，1997年7月。

吕慎华：《袁世凯政府与中日二十一条交涉》，硕士学位论文，台中，中兴大学，2000。

吕慎华：《"中日满蒙条约善后会议"研究》，胡春惠、周惠民主编《两岸三地历史学研究生论文发表会论文集》，台北，政治大学，2001。

潘延光：《1867~1870 年的中英修约》，硕士学位论文，北京大学，2000。

戚世皓：《袁世凯称帝前后（1914~1916）：日本、英国、美国档案之分析与利用》，《汉学研究》第 7 卷第 2 期，台北，1989 年 12 月。

申晓云：《国民政府建立初期"改订新约运动"之我见——再评王正廷"革命外交"》，《南京大学学报》2001 年第 1 期。

申晓云：《南京国民政府"撤废不平等条约"交涉述评——兼评王正廷"革命外交"》，《近代史研究》1997 年第 3 期。

石楠：《〈中外旧约章汇编〉补正两则》，《近代史研究》1986 年第 2 期。

唐启华：《北伐时期的北洋外交——北洋外交部与奉系军阀处理外交事务的互动关系初探》，《中华民国史专题论文集·第一届讨论会》，台北，1992。

唐启华：《北洋外交与"凡尔赛—华盛顿体系"》，金光耀、王建朗主编《北洋时期的中国外交》，复旦大学出版社，2006。

唐启华：《北洋政府时期海关总税务司安格联之初步研究》，《中央研究院近代史研究所集刊》第 24 期下册，1995 年 6 月。

唐启华：《陆征祥与辛亥革命》，中国史学会编《辛亥革命与 20 世纪的中国》，中央文献出版社，2002。

唐启华：《欧战后德国对中国战事赔偿问题之初步研究》，《二十世纪的中国与世界论文选集》，台北，中研院近代史研究所，2001。

唐启华：《清末民初中国对"海牙保和会"之参与（1899~1917)》，（台北）《政治大学历史学报》第 23 期，2005 年 5 月。

唐启华：《五四运动与 1919 年中国外交之重估》，政治大学文学院编《五四运动八十周年学术研讨会论文集》，台北，1999。

唐启华：《中国对"二十一条"的抵制：兼论外交史中的神话与史实》，黄宽重主编《基调与变奏：七到二十世纪的中国》，台北，政治大学历史学系，2008。

　　唐启华：《中国废止〈中日民四条约〉之法理论点与修约运动的发展》，Seoul Conference on "Reconsideration of the so-called Korean Protectorate Treaty of Japan，1905"，2007 年 8 月。

　　《天津英租界皇冕契及其它》，俞鸿昌译，《近代史资料》总 118 号，中国社会科学出版社，2008。

　　田涛：《19 世纪下半期中国知识界的国际法观念》，《近代史研究》2000 年第 2 期。

　　王宠惠：《废除不平等条约之回顾与前瞻》，《困学斋文存》，台北，"中华丛书委员会" 印行，1957。

　　王栋：《20 世纪 20 年代 "不平等条约" 口号之检讨》，《史学月刊》2002 年第 5 期。

　　王海晨：《从 "满蒙交涉" 看张作霖对日谋略》，《史学月刊》2004 年第 8 期。

　　王海晨：《张作霖与 "二十一条" 交涉》，《历史研究》2002 年第 2 期。

　　王建朗、郦永庆：《50 年来的近代中外关系史研究》，《近代史研究》1999 年第 5 期。

　　王建朗：《日本与国民政府的 "革命外交"：对关税自主交涉的考察》，《近代史研究》2002 年第 4 期。

　　王建朗：《中国废除不平等条约的历史考察》，《历史研究》1997 年第 5 期。

　　王聿均：《加拉罕与广州革命政府》，《孙中山先生与近代中国学术讨论集》第 3 册，台北，孙中山与近代中国学术讨论集编辑委员会，1985。

　　王聿钧：《舒尔曼在华外交活动初探（1921～1925）》，《中央研究院近代史研究所集刊》第 1 期，1969 年 8 月。

吴翎君：《1923年北京政府废除〈中日民四条约〉之法理诉求》，（台北）《新史学》第19卷第3期，2008年9月。

吴孟雪：《加拉罕使华和旧外交团的解体》，《近代史研究》1993年第2期。

习五一：《论废止中比不平等条约——兼评北洋政府的修约外交》，《近代史研究》1986年第2期。

杨奎松：《瞿秋白与共产国际》，《近代史研究》1995年第6期。

杨天宏：《北洋外交与"治外法权"的撤废——基于法权会议所作的历史考察》，《近代史研究》2005年第3期。

叶景莘：《巴黎和会期间我国拒签和约运动的见闻》，《文史资料选辑》第2辑，中国文史出版社，1989。

张建华：《清朝早期的条约实践与条约观念（1689～1869）》，国民政府废除不平等条约六十周年国际学术讨论会会议论文，台北阳明山，2002年10月。

张建华：《孙中山与中国不平等条约概念的起始》，中国史学会编《辛亥革命与20世纪的中国》，中央文献出版社，2002。

张建华：《晚清中国人的国际法知识与国家平等观念——中国不平等条约概念的起源研究》，博士学位论文，北京大学，2003。

张齐显：《北京外交部组织与人事之研究》，硕士学位论文，台中，中兴大学，2000。

张水木：《巴黎和会与中德协约》，中华文化复兴运动推行委员会主编《中国近代现代史论集》第23编，台北，台湾商务印书馆，1986。

张水木：《德国无限制潜艇政策与中国参加欧战之经纬》，（台北）《中国历史学会史学集刊》第9期，1977年4月。

张振鹍：《"二十一条"不是条约——评〈中国近代不平等条约选编与介绍〉》，《近代史研究》1999年第3期。

张振鹍：《近代中外关系史研究50年：回顾与展望》，《河北学刊》2000 年第 6 期。

张振鹍：《论不平等条约——兼析〈中外旧约章汇编〉》，《近代史研究》1993 年第 2 期。

张振鹍：《再说"二十一条"不是条约——答郑则民先生》，《近代史研究》2000 年第 1 期。

郑则民：《关于不平等条约的若干问题——与张振鹍先生商榷》，《近代史研究》2000 年第 1 期。

周鲠生：《国际条约成立之条件（旅大问题之法律的观察）》，北京大学《社会科学季刊》第 1 卷第 3 号，1923 年 5 月。

方铭：《关于苏俄两次对华宣言和废除中俄不平等条约问题——兼答苏联学者》，《历史研究》1980 年第 6 期。

（二）日文

川島真「日本における民國外交史研究の回顧と展望（上）——北京政府期」『近きに在りて』第 31 號、1997 年 5 月。

川島真「中華民国北京政府の外交官試験」『中国の社会と文化』第 11 號、1996。

五百旗頭薰「鄰國日本の近代化——日本の條約改正と日清關係」岡本隆司・川島真主編『中國近代外交の胎動』東京大學出版會、2009。

坂野正高「第一次世界大戰から五三〇まで：國權回收運動史覺書」植田捷雄編『現代中國を繞る世界の外交』野村書店、1951。

高文勝「日中通商航海條約改正と王正廷」『情報文化研究』第 17 號、名古屋、2003。

（三）英文

Craft, Stephen G., "Angling for an Invitation to Paris: China's Entry into the First World War," *The International History Review*, XVI, Toranto, 1994.

Kirby, William C. , "The Internationalization of China: Foreign Relations at Home and Abroad in the Republican Era," *The China Quarterly*, No. 150, June 1997.

Tang, Chi-hua, "Britain and Warlordism in China: Relations with Chang Tso-lin, 1926 – 1928,"《兴大历史学报》第 2 期, 台中, 1992 年 3 月。

索　引

图书在版编目（CIP）数据

被"废除不平等条约"遮蔽的北洋修约史：1912 –
1928 / 唐启华著. －－修订本. －－北京：社会科学文献
出版社，2019.1（2025.1重印）
（社科文献学术文库. 文史哲研究系列）
ISBN 978 – 7 – 5201 – 2924 – 4

Ⅰ.①被…　Ⅱ.①唐…　Ⅲ.①北洋军阀政府 – 不平等
条约 – 史料　Ⅳ.①D829.15②K258.206

中国版本图书馆 CIP 数据核字（2018）第 132269 号

社科文献学术文库·文史哲研究系列
被"废除不平等条约"遮蔽的北洋修约史（1912 ~1928）（修订本）

著　　者／唐启华

出 版 人／冀祥德
项目统筹／宋荣欣
责任编辑／宋　超　赵　晨
责任印制／王京美

出　　版／社会科学文献出版社·历史学分社（010）59367256
　　　　　地址：北京市北三环中路甲 29 号院华龙大厦　邮编：100029
　　　　　网址：www.ssap.com.cn
发　　行／社会科学文献出版社（010）59367028
印　　装／三河市东方印刷有限公司

规　　格／开 本：787mm×1092mm　1/16
　　　　　印 张：47　字 数：625 千字
版　　次／2019 年 1 月第 2 版　2025 年 1 月第 4 次印刷
书　　号／ISBN 978 – 7 – 5201 – 2924 – 4
定　　价／268.00 元

读者服务电话：4008918866